教育部哲學社會科學研究重大課題攻關項目

「十一五」國家重點圖書出版規劃項目·重大工程出版規劃
國家社會科學基金重大項目
北京大學「九八五工程」重點項目

儒藏

精華編一冊
經部易類

儒藏

精華編

北京大學《儒藏》編纂中心

《儒藏》精華編第一册

首席總編纂　季羡林

項目首席專家　湯一介

總　編　纂　湯一介　龐　樸　孫欽善　安平秋（按年齡排序）

本 册 主 編　劉大鈞　林忠軍

《儒藏》精華編凡例

一、中國傳統文化以儒家思想爲中心。《儒藏》爲儒家經典和反映儒家思想、體現儒家經世做人原則的典籍的叢編。收書時限自先秦至清代結束。

二、《儒藏》精華編爲《儒藏》的一部分，選收《儒藏》中的精要書籍。

三、《儒藏》精華編所收書籍，包括傳世文獻和出土文獻。傳世文獻按《四庫全書總目》經史子集四部分類法分類，大類、小類基本參照《中國叢書綜録》和《中國古籍善本書目》，於個别處略作調整。凡單書已收入入選的個人叢書或全集者，僅存目録，並注明互見。出土文獻單列爲一個部類，原件以古文字書寫者一律收其釋文文本。韓國、日本、越南儒學者用漢文寫作的儒學著作，編爲海外文獻部類。

四、所收書籍的篇目卷次，一仍底本原貌，不選編，不改編，保持原書的完整性和獨立性。

五、對入選書籍進行簡要校勘。以對校爲主，確定内容完足、精確率高的版本爲底本，精選有校勘價值的版本爲校本。出校堅持少而精，以校正誤爲主，酌校異同。校記力求規範、精煉。

六、根據現行標點符號用法，結合古籍標點通例，進行規範化標點。專名號除書名號用角號（《》）外，其他一律省略。

七、對較長的篇章，根據文字内容，適當劃分段落。正文原已分段者，不作改動。千字以内的短文一般不分段。

八、各書卷端由整理者撰寫《校點説明》，簡要介紹作者生平、該書成書背景、主要内容及影響，以及整理時所確定的底本、校本（舉全稱後括注簡稱）及其他有關情況。重複出現的作者，其生平事蹟按出現順序前詳後略。

九、本書用繁體漢字豎排，小注一律排爲單行。

《儒藏》精華編第一册

經部易類

京氏易傳

〔漢〕京房撰
〔三國・吴〕陸績注
〔明〕范欽訂
郭彧校點

目録

校點説明

京房（公元前七七——前三七），字君明，原李姓，推律自定爲京氏。東郡頓丘（今河南省清豐縣西南）人。治《易》師事梁人焦延壽，焦氏從孟喜學易，其説長於災變，分六十四卦更直日用事，以風雨寒温爲候，各有占驗。京房盡得其術，用之尤精。其弟子嘗説「房言災異，未嘗不中」。初元四年（前四五），京房以孝廉爲郎。永光元年（前四三）、二年天下大饑，日蝕，京房數次上疏，預言災異，屢屢言中。漢元帝多次召見京房，詢問災變原由及救災辦法，於是京房上考功課吏法。行法期間屢被石顯、五鹿充宗等人構陷，後出爲魏郡太守。建昭二年（前三七），京房至魏郡僅月餘，即被檻送京師下獄。石顯等羅織罪名，告其「與張博通謀，誹謗政治，歸惡天子，詿誤諸侯王，狡猾不道」，十一月同其岳父張博一起被殺，年僅四十一。唐李淳風言其死，評曰「托神設教，因變敦獎，亡身達節，盡理輔諫」。（《乙巳占序》）

京房著作，《漢書·藝文志》載有《孟氏京房》十一篇、《災異孟氏京房》六十六篇、《京氏段嘉》十二篇，《漢書·五行志》則引《京房易傳》、《易妖占》二書。三國時，吴人陸績曾爲《京房易傳》做過注釋。陸氏博學多識，注易釋玄，年三十二而卒。後《隋書》、《唐書》均載有京房署名之書多種。至北宋神宗元豐壬戌（一〇八二），河北鉅野進士晁説之（字以道）得「文字顛倒舛訛」的《京氏易傳》於民間，服習三十有四年，「以其象數辨正文字之舛謬」，刊行於世。至明代，浙江鄞縣范欽校訂本書，范氏字堯卿，嘉靖進士，累官兵部右侍郎，喜購書，築天一閣藏之，有《天一閣集》。

《京氏易傳》有三卷。卷上、卷中以「八宫卦」次序説六十四卦，涉及「世系」、「起月與建候」、「積算」、「納干納支」、「卦氣」、「世應與飛伏」、「六親」、「五行生克」、「互體」、「占星」、「象之數」等内容。卷下文字不多，論及筮法、納甲、「卦氣」、「六位五行」、「四易」等内容。

傳世《京氏易傳》，主要有《四部叢刊》影印天一閣刊本和影印文淵閣《四庫全書》本。此次校點，以《四部叢刊》影印天一閣本爲底本，校以影印文淵閣《四庫全書》本（简称四庫本）。又《京氏易傳》卷下自「晁氏公武曰」至「積算雜占條例法具於别録」一段，与晁説之《景迂生集·記京房易傳後》一文大體相同，但有異文，不作對校，僅將《記京房易傳後》全文附録於後，以備參考。

校點者　郭　彧

京氏易傳卷上

吴鬱林太守陸績註
明兵部侍郎范欽訂

䷀乾下乾上乾。純陽用事。象配天，屬金。與坤爲飛伏。居世。❶壬戌土，癸酉金。《易》云：「用九，見群龍无首，吉。」純陽用九之德。九三，三公爲應。肖乾乾夕惕之憂，甲壬配外内二象。乾爲天地之首，分甲壬入乾位。積筭起己巳火至戊辰土，周而復始。吉凶之兆，積年起月，積日起時，積時起卦入本宫。五星從位起鎮星，土星入西方，麗西北，居壬戌爲伏位。參宿從位起壬戌。壬戌在世居宗廟。建子起潛龍，十一月冬至一陽生。建巳至極主亢位。四月龍見于辰，陽極陰來，吉去凶生，用九吉。配於人事爲首，乾爲首也。爲君父。乾象堅剛，天地之尊，故爲君父。於類爲馬、爲龍。天行運轉不息。降五行，頒六位，十二辰分六位，升降以時，消息吉凶。居西北之分野，陰陽相戰之地。《易》云「戰于乾」，乾爲陽，西北陰，陽入陰，二氣盛必戰。天六位，地六氣，六象六包，四象分萬物。陰陽無差，升降有等，陰陽二十四候，律吕調矣。人事吉凶見乎其象，造化分乎有無，故云：「變動不居，周流六虚。」六位純陽，陰象在中。陽中陰，陰中陽。陽爲君，陰爲臣；陽爲民，陰爲事。陽實陰虚，明暗之象，陰陽可知。三五爲陽，二四爲陰，初上潛亢。水配位爲福德，甲子水，是乾之子孫。木入金鄉居寶貝，甲寅木，是乾之財。土臨内象爲父母，甲辰土，是乾之父母。火來四上嫌相敵，壬午火，是乾之官鬼。金入金鄉木漸微，壬申金，同位傷木。宗廟上建

❶「居世」上，疑有脱誤。

戊亥，乾本位。戊亥乾之位。陽極陰生，降入姤卦。八卦例諸。

䷫巽下乾上姤。陰爻用事。金木互體，天下風行曰姤。姤，遇也。《易》曰「陰遇陽」。一陰初生，陽氣猶盛，陰未爲敵。與巽爲飛伏。元士居世，辛丑土，甲子水。尊就卑，子孫與父母相代位。定吉凶，只取一爻之象。多以少爲貴。九四諸侯，堅剛在上，陰氣處下。《易》云「繫于金柅」。巽，積陰入陽，辛壬降内外象。建庚午至乙亥。芒種、小雪。積筭起乙亥水至丙戌土，周而復始。災福之兆，生乎五行升降也。五星從位起太白，太白在西，居金位。井宿從位入辛丑。辛丑入土，元土臨母也。建午起坤宮初六爻。《易》云「履霜，堅冰至」。建亥，龍戰于野。戊亥是乾之位，乾伏本位必戰。積陰之地猶盛，故戰。配與人事爲腹、爲母。❶坤順容於物。於類爲馬。《易》云「行地無疆」。此釋一爻配坤象，本體是乾、巽。今贊贊一爻起陰，❷假坤象言之。內巽爲風，乾爲天。天下有風行，君子以號令告四方。巽入也，風入於坤，皆動也。故知天下有風，動其物也。天風氣象三十六候，三十六候，節氣降大風象。木入金爲始，金納木也。陰不能制於陽，附於「金柅」，易之柔道牽也。五行升降，以時消息。陰盪陽，❸降入遯。天山遯卦。

䷠艮下乾上遯。陰爻用事。陰盪陽遯。金土見象，山在天下爲遯。遯，退也。陰來陽退也，小人君子污隆，契斯義也。《易》云「遯世無悶」。與艮爲飛伏。❹大夫居世。建辛未爲月。丙午火，丙寅木。六二得應，與君位遇建焉。臣事君，全身遠害。遯，侯時也。建辛

❶「與」，四庫本作「于」。
❷「贊贊」，四庫本不重。
❸「陽」，四庫本無此字。
❹「艮」，原作「民」，據四庫本改。

未至丙子，陰陽遯去，終而伏位。從六月至十一月也。積筭起丙子至乙亥，周而復始。火土同宮，天與山遯。陽消陰長，無專於敗。《繫》云：「能消息者必，專者敗。」❶五星從位起太陰，鬼宿入位降丙辰。丙午臨元士。配於人事，爲背、爲手。艮爲背、手。於類爲狗，爲山石。內外升降，陰陽分數二十八候。分陰陽進退。土入金爲緩，積陽爲天，積陰爲地。山所地高峻，逼通於天。是陰長陽消，降入否。陰逼陽去，入天地否卦。

䷋坤下乾上否。內象陰長，純用陰事。天氣上騰，地氣下降，二象分離，萬物不交也。「小人道長，君子道消」。陰小人，陽君子。《易》云「否之匪人」。與坤爲飛伏。三公居世，乙卯木，甲辰土。上九宗廟爲應。君子以俟時，小人爲災。乙卯泰來。建壬申至丁丑，陰氣浸長。七月立秋，至十二月大寒。積筭起丁丑至丙子，周而復始。金土同宮，吉凶見矣。五星從位起歲星，木星入卦用事。柳宿從位降乙卯。乙卯臨三公。氣分氣候三十六。六六三十六，積筭吉凶。陰陽升降，陽道消鑠，陰氣凝結。君臣父子，各不迨及，陰盪陽來，道行矣。《易》云「其亡，其亡，繫于苞桑」。苞桑，則叢桑也。天地清濁，陰薄音搏。陽消，「天地盈虛，與時消息」。危難之世，勢不可久。五位既分，四時行矣。君子當危難世，獨志難不可久立，特處不改其操，將及泰來。上九云：「否極則傾，❷何可長也。」否極則泰來。陰長，降入于觀。九四被陰逼入觀卦。

䷓坤下巽上觀。內象陰道已成。威權在臣。雖大觀在上，而陰道浸長。與巽爲飛伏。諸侯臨世，辛未土，壬午火。反應元士而奉

❶「繫」，按：引文出《易緯乾鑿度》。

❷「極」，四庫本作「終」。

九五。君位也。《易》云：「觀國之光，利用賓于王。」臣道出於六四爻也。建癸酉至戊寅，陰陽交伏。秋分至立春。積筭起戊寅至丁丑，周而復始。用金爲首。金土火，互爲體。五星從位起熒惑，火星入卦，用事吉凶。星宿從位降辛未。星宿入諸侯宫，木星同位。土木分氣二十八，積筭分配六位，吉凶爻定數。陰陽升降，定吉凶成敗。取六四至于九五，成卦之終也。《易》云「觀我生」，我生，即道也。又云「風行地上」。君子之德風，小人之德草也。列象分爻，以定陰陽進退之道，吉凶見矣。地上見巽，積陰凝盛，降入于剥。九五退陰入剥卦。

䷖坤下艮上剥。柔長剛滅，天地盈虚。建戌至建亥。體象金爲本，隨時運變。水土用事，成剥之義，出於上九。《易》云：「碩果不食，君子得輿，小人剥廬。」君子全得剥道，安其位。小人終不可安也。與艮爲飛伏。丙子水，壬申金。天子治世，反應大夫。建甲戌至己卯，陰陽定候。寒露至春分。積筭起己卯木至戊寅木，周而復始。吉凶之兆，見于有象。純土配金用事。五星從位起鎮星，土星入卦。張宿從位降丙子。張宿入天子宫。❶金土分氣三十六。積筭六位起吉凶，天地盈虚氣候。《易》象云：「山附於地，剥。」君子俟時，不可苟變。存身避害，與時消息。春夏始生，天氣盛大。秋冬嚴殺，天氣消滅。故當剥道已成，陰盛不可逆。陽息陰專，升降六爻，反爲游魂，盪入晉。積陰反入晉卦。

䷢坤下離上晉。陰陽返復，進退不居。精粹氣純，是爲游魂。爲陰極剥盡，陽道不可盡滅，故返陽道。道不復本位，爲歸魂例入卦。金方以火土運用事，與艮爲飛伏。己酉金，丙戌土。❷

❶「宫」，原作「官」，據四庫本改。

❷「戌」，原誤作「戊」，據四庫本改。

諸侯居世，反應元士。建己卯至甲申，陰陽繼候。春分、立秋。積筭起甲申金至癸未土，周而復始。游魂取象配於正位，吉凶同矣。五星從位起太白，卦配金星入用。翼宿從位降己酉金。翼宿北方，入晉卦行事。二象分候二十八，運配金土。積筭氣候，無差於晷刻。吉凶列陳，象在其中矣。天地運轉，氣在其中矣。乾道變化，萬物通矣。乾分八卦，至大有復卦。六爻交通，至於六卦陰陽，相資相返，相剋相生，至游魂，復歸本位爲大有，故曰「火在天上，大有」，爲歸魂卦。定吉凶，配人事，五行象乾，爲指歸地。凡八卦，分爲八宮。每宮八卦，八八六十四卦。定吉凶，配人事，天地山澤草木日月昆虫，包含氣候足矣。

䷍乾下離上大有。卦復本宮，曰大有。內象見乾是本位。八卦本從乾宮起，至大有爲歸魂。純金用事，與坤爲飛伏。甲辰土，乙卯木。三公臨世，應上九爲宗廟。建戊寅至癸未。立春正月至大暑時也。積筭起癸未土至壬午火，周而復始。吉凶與乾卦同用。五星從位起太陰，太陰水星入卦用事。軫宿從位降甲辰，二十八宿分軫星，入大有卦用事，行度吉凶可見。金土分象三十六候，配陰陽升降。六位相盪，返復其道。復歸本位也。吉凶度數與乾卦同，分六五陰柔爲日，照于四方，象天行健。六龍御天。少者爲多之所宗，六五爲尊也。柔處尊位，以柔履剛，以陰處陽，能柔順於物，萬物歸附，故曰「照于四方」。《易》曰：「火在天上，大有。」離爲火、爲日，故曰大有。陰陽交錯，萬物通焉。陰退陽伏，返本也。乾象分盪八卦，入大有終也。乾生三男，次入震宮八卦。乾生三男，坤生三女。陽以陽，陰以陰，求奇耦定數于象也。

䷲震下震上震。分陰陽，交互用事。屬於木德，取象爲雷。出自東方，震有聲，故曰雷。雷能警於萬物，爲發生之始，故取東也。爲動之主，爲生之本。《易·繫》云「帝出乎震」。安不動主，❶静爲躁君。與巽爲飛伏。庚戌土，辛卯木。宗廟處上六。陰爲陽之主，震動，動須由陰陽交互，震動也。運數入丙子至辛巳。大雪至小滿。積筭起辛巳至庚辰，土宫配吉凶，周而復始。吉凶配木宫，以土用事。五星從位起歲星，水星入卦用事。❷角宿從位降庚戌土。庚戌入震用事，臨上六爻庚戌土位爲元首。内外木上二象俱震。《易》曰「震驚百里」，又云「畏鄰戒也」。震爲雷，聲驚于百里，春發秋收，順天行也。取象定吉凶。取象爲陽，配爻屬陰，故曰陰陽交錯而爲震。氣候分數三十六，定吉凶於頃刻毫氂之末，無不通也，無不備也。定陰陽數，考人之休咎，起于積筭，終于六位也。陰陽交互，陽爲陰，陰爲陽，陰陽二氣盪而爲象，故初九三陰爲豫。入豫卦。

䷏坤下震上豫。卦配火水木，以爲陽用事。《易》云「利建侯，行師」，又云「天地以順動，故日月不過，四時不忒」。坤順，震動。聖人以順動，則刑罰清而民服」。與坤爲飛伏。乙未土，庚子水。世立元士爲地易，奉九四爲正。正建丁丑至壬午。大寒、芒種。積筭起壬午至辛巳，以六爻定吉凶，周而復始。火土筭休咎。五星從位起熒惑，熒惑，火星入卦用事。亢宿從位降乙未土。亢宿配乙未土。上木下見土，内順外動，故爲悦豫，時有屯夷，事非一揆，爻象適時，有凶有吉。人之生世，亦復如斯。或逢治世，或逢亂時，出處存亡，其道皆系。《易》云「大矣哉」，陰陽升降。分數二十八，極大小之數，以定吉凶之道。積筭壬午入乙

❶「不」，四庫本作「爲」。

❷「水」，四庫本作「木」。

未，推吉凶。豫以陽適陰爲内順，成卦之義在於九四一爻。以陽盪陰，君子之道，變之於解。豫卦以陰入陽，成九四之德，之入解卦，陽入陰成解之德。

䷧坎下震上解。陰陽積氣，聚散以時，内險外動，必散。《易》云「解」者，散也。解也，品彙甲拆，雷雨交作。震雷，坎雨。積氣運動，天地剖判。成卦之義，在於九二。與坎爲飛伏。戊辰土，庚寅木。立大夫於世爲人，而六五降應，委權命於庶品。建戊寅至癸未。立春、大暑。推吉凶於陰陽，定運數於歲時。積筭起癸未至壬午，周而復始。土火入數起宮。五星從位起鎮星，鎮星土位。氐宿從位降戊辰。氐宿入戊辰。木下見水，動而險，陰陽會散，萬物通焉。升降屬陽盪陰，以陽爲尊。尊者高，而卑者低。變六三爲九三，恒卦。分氣候，定數極位於三十六。金水入數合卦，成數定日月時。變坎入巽，居内象爲雷風運動，鼓吹萬物謂之恒。入恒卦。

䷟巽下震上恒。久於其道，立於天地。雷與風行，陰陽相得，尊卑定矣。號令發而萬物生焉。萬物得其道也，生者道。一作進也。雷風行，而四方齊也。齊者，整肅。與巽爲飛伏。辛酉金，庚辰土。三公治世，應於上六宗廟。宗廟爻。建己卯至甲申。春分、立秋。金木起度數，積筭起甲申至癸未，周而復始。金木入宮。五星從位起太白，太白金星入卦用事。房宿從位降辛酉。房宿入卦，立秋用。上下二象見木，分陰陽於内外。内巽陰，外震陽。氣候分數三十八。金木入卦分節候。九三至於陽屯之位，不順所履，無定其位。恒者，常也。而九三以陽居位，立于陰陽交互之上，是知不久爲□所然。《易》云：「不恒其德，或承之羞。」陰陽升降，反於陰。君道漸進，臣下争權，運及於升。次降入升卦。

䷭巽下坤上升。陽升陰而陰道凝盛，未可便進，漸之曰升，升者進也。卦雖陰而取象於陽，故曰以陽用事。內巽陰，木陽也。與坤爲飛伏。癸丑土，庚午火。諸侯在世，元士爲應。候建庚辰至乙酉。清明、秋分。積筭起乙酉至甲申，周而復始。金水合木宮，❶見象定吉凶。五星從位起太陰，太陰水星入卦取象。心宿入位降癸丑。心宿入卦配土位。土下見木，內外俱順動，陰陽而長，歲時人事配吉凶，發乎動，占歲時人事，吉凶之兆見乎動。《易・繫》云：「吉凶悔吝，生乎動。」氣候配象數位三十六。分陰爻數，分陽爻數。自下升高以至於極，至極而反，以修善道而成其體。合抱之木，始於毫末。陰道革入陽爲坎，水與風見井。入井卦。

䷯巽下坎上井。陰陽通變不可革者，井也。井道以澄清不竭之象，而成於井之德也。《易》云「井者，德之基」，又云「往來井井」，見功也；「改邑不改井」，德不可渝也。井道，以澄清見用爲功也。井象，德不可渝變也。與坎爲飛伏。戊戌土，庚申金。九五處至尊，應用見本象。建辛巳至丙戌。小滿、寒露。積筭起丙戌至乙酉，周而復始。火土入卦起筭數。五星從位起歲星，木星入卦，東方用事。尾宿從位降戊戌。尾宿配戊戌入卦宮。坎下見風險於前，內外相資益於君。井以德立君，正民信德以其道也。賢人有位，君子不孤。《傳》曰：「德不孤，必有鄰。」六爻各處其務，反覆陰陽變化，各得其道也。氣候所象，定數於二十八。爻配陰陽，分人事吉凶，具見矣。天地之數，分於人事。近取諸身，遠取諸物。吉凶之兆，定於陰陽。陰生陽消，陽生陰滅，二氣交互，萬物生焉。震至於井，陰陽代位，

❶「宫」，四庫本作「官」。

至極則友，與巽爲終，退復於本，故曰游魂，爲大過。降入大過卦。

䷛巽下兑上大過。陰陽代謝，至於游魂。《繫》云：「精氣爲物，游魂爲變。是故知鬼神之情狀。」互體象乾，以金土定吉凶。去本末，取二五爲過之功。大者相過。與坎爲飛伏。丁亥水，戊申金。降諸侯，立元首，元士居應上。建丙戌至辛卯。起元氣，從丙戌至辛卯爲卦建。建者，則所生之位。今立建起至辛卯，取陰陽至位極處也。寒露至秋分。積算起辛卯至庚寅，周而復始。土木入卦用事。五星從位起熒惑，熒惑火星入卦。箕宿從位降丁亥。箕宿配丁亥水，合卦宮也。陰陽相盪，至極則反，反本及末於游魂。分氣候三十六。六爻極陰陽之數三十六，五行分配，定吉凶於積算。陽入陰，陰陽交互，反歸於本曰歸魂，降隨卦。入澤雷隨卦。

䷐震下兑上隨。震象復本，曰隨。內見震也。內象見震，曰本。從震起，至隨爲歸魂。純木用事，與巽爲飛伏。庚辰土，辛酉金。世立三公，應宗廟。建乙酉至庚寅。秋分、立春。積算起庚寅至己丑，土木入卦氣算。周而復始。吉凶定於算，數爲準。五星從位起鎮星，鎮星土入卦用事。計都從位降庚辰。計都配庚辰土，入卦分吉凶。氣候分數二十八。定數於六位。六位雖殊，吉凶象震，進退隨時，各處其位，無差晷刻。內外二象悦而動，隨附於物，係失在於六爻。《易》云「係丈夫，失小子」，又云「係小子，失丈夫」，此之謂也。吉凶定於起算之端，進退見乎隨時之義。金木交刑，水火相敵，休廢於時，吉凶生焉。震以一君二民，動得其宜。震一陽二陰，陽君陰民，得其正也。本於乾而生乎震，故曰「長男」。陰陽升降爲八卦，至隨爲定體。資於始而成乎終，坎降中男，而曰坎。互陽爻居中，爲坎卦。

䷜坎下坎上坎。積陰以陽處中，柔順不能履重剛之險，故以剛克柔而履險，❶而曰陽，是以坎爲屬中男分，北方之卦也。與離爲飛伏。戊子水，己巳火。世立宗廟，居於陰位，比近九五，金於坎道，❷遠於禍害。三公居應，亦爲陰暗。成坎之德，在於九五、九二也。内外居坎，陽處中而爲坎主。純陰得陽爲明，臣得君而安其居也，君得一作臣而顯其道也。❸建起戊寅至癸未。大暑、大雪。積筭起癸未至壬午，周而復始。金水入卦，本同宫氣候，起筭時日歲月吉凶。五星從位起太白，太白金星入水宫。牛宿從位降戊子。二十八宿從位八卦，周而復始。歲數運數三十六。❹配六位分陰陽，三百五十六餘日四分之一，分五行配運氣，吉凶見矣。内外俱坎，是重剛之位，《易》曰：「坎，陷也。」坎水能深陷于物，處坎之險，不可不習，故曰「習坎」。便習之。習後可得履于險而不陷。没者不以剛履柔，不能成坎之道也。震以陽居初，能震動於物，能爲動主。乾生震，一陽居於初，震爲長男。坎以陽居中，爲重剛之主，故以坎爲險。陽變陰成於險道，今以陰變陽，止於爲節。次入于節卦。

䷻兑下坎上節。水居澤上，澤能積水，陽止於陰，故爲節。節者，止也。陽盪陰而積實居中，悦内而險於前，陰陽進退，金水交運。與兑爲飛伏。丁巳火，戊寅木。元士立元首，見應諸侯。金火受其氣，納到内。建起甲申至己丑。爲本身節氣。立秋、大寒。積筭起己丑至戊子，周而復始。金水坎火運入卦，雜定吉凶。五星從位起太陰，太陰屬水，入卦用事。女宿從位降丁巳。配象入積筭。金上見水，本位相資。

❶「剛」，原作「剋」，據四庫本改。
❷「金」，四庫本作「全」。
❸「君得一作臣」，四庫本作「一作君得臣」。
❹上「數」字，四庫本作「候」。

二氣交争，失節則嗟。《易》云「不節若，則嗟若」。分氣候二十八。積筭起數二十八。中男入兑少女分，盪入陰，中位見陽。升降見長男，次入水雷屯。是則節儉入陽，盪九二爻體歸於陽，之入屯卦。❶

䷂震下坎上屯。内外剛長，陰陽升降，動而險。凡爲物之始，皆出先難後易。今屯則陰陽交争，天地始分，萬物萌兆在於動難，故曰屯。水在雷上，如雲雷交作天地，草昧經綸之始無出於此也。故《易》曰「屯如邅如，乘馬班如，泣血漣如」。屯難之際，盤桓不進之貌。難定乃通，《易》云「女子貞不字，十年乃字」。字，愛也。時通則道亨，合正匹也。土木應象，見吉凶。與震爲飛伏。庚寅木，戊辰土。世上見大夫，應至尊。陰陽得位，君臣相應，可以定難於草昧之世。建乙酉至庚寅。秋分、立春。積筭起庚寅至己丑，周而復始。土木配本宮起積筭。五星從位起歲星，木星入卦。虚宿從位降庚寅。虚宿入六二庚寅位。分氣候三十六。定吉凶之數。陽適陰入中女，子午相敵見吉凶。動入離象，見既濟。

䷾離下坎上既濟。二氣無衝，陰陽敵體，世應分君臣，剛柔得位，曰既濟。離坎分子午，水上火下，性相交敵不間隔，是曰既濟也。與離爲飛伏。己亥水，戊午火。世上見三公，應上見宗廟。内外陰陽相應，坎離相納上下交。坎水潤下，離火炎上，二氣相交爲既濟。五行相配，吉凶麗乎爻象。吉凶之兆，見乎爻象。建丙戌至辛卯。寒露、春分。卦氣分節氣，始丙戌受氣，至辛卯成正象。考六位，分剛柔，定吉凶。積筭起辛卯至庚寅，周而復始。土木見運入卦。五星從位起熒惑，熒惑，火星入卦。危宿從位降

❶「之」，四庫本作「次」。

己亥。危宿入己亥。分氣候二十八。定六爻之類，考吉凶之兆。坎入兑爲積陰，二象分俱陰。上下反覆，卦變革。坎入革，六四盪之入陽，變體爲陰也。

䷰離下兑上革。二陰雖交，志不相合，體積陰柔，爻象剛健，可以革變。兑上離下，中虚。務上下積陰，變改之兆，成物之體，故曰革。《易》云：「君子豹變，小人革面。」與兑爲飛伏。丁亥水，戊申金。諸侯當世，見元士。九五六二，爲履正位。天地革變，人事隨而更也。更者，變也。建始丁亥至壬辰。小雪、清明。水土配位。土水入卦。積筭起壬辰至辛卯，周而復始。五星從位起鎮星，土星入卦。室宿從位降丁亥。二十八宿，室宿入卦，革丁亥土。分氣候三十六，其數起元首。分陰陽之象數，吉凶生矣。上金下火，金積水而爲器。器能盛納於物。火變生而爲熟，生熟稟氣於陰陽，革之於物，物亦化焉。五行類五色，五色類萬物。稟和氣，氣節順，❶剛即逆，逆即反，反即敗。《易》云「己日乃孚」。孚猶信也。陰陽更始，動以見吉凶。震主動也。動以柔當位，剛會之光大，革變於豐。外卦兑入震，爲豐卦。

䷶離下震上豐。雷火交動，剛柔散，氣積則暗，動乃明。《易》云：「豐其屋，蔀其家，闚其户，闃其無人，❷三歲不覿，乃凶。」上六積暗而動，凶之於上反下，見陰之兆。火木分象，配於積陰。與震爲飛伏。庚申金，戊戌土。陰處至尊爲世，大夫見應。君臣相暗，世則可知。臣强君弱，爲亂世之始。建生戊子至癸巳。大雪、小滿。雷與火震動，曰豐，「宜日中」。夏至積陰生，豐當正應，吉凶見矣。日中也。積筭起癸巳至壬辰，周而復始。火土起筭。五星

❶「節」，四庫本作「即」。
❷「闃」，四庫本作「闃」。

從位起太白，太白金星入卦。壁宿從位降庚申。壁宿入坎至豐，庚申入土。分氣候二十八。積筭定六位，起數二十八。上木下火，氣稟純陽，陰生於內，陽氣雜，正性潰亂，極乃反爲游魂，入積陰。震入坤也。陰陽升降，反歸於本，變體於有無，吉凶之兆，或見於有，或見於無。陰陽之體，不可執一爲定象。於八卦，陽盪陰，陰盪陽，二氣相感而成體，或隱或顯，故《繫》云「一陰一陽之謂道」。一者，道也。外卦震降陰，入明夷。次入明之於人明夷卦。❶

䷣離下坤上明夷。積陰盪陽，六位相傷，外順而隔於明，處暗不分，一作「明」。傷於正道，曰明夷。夷者，傷也。五行升降，八卦相盪，變陽入純陰。春夏之秋冬也。陰道危，陽道安，故與震爲飛伏。癸丑土，庚午火。傷於明而動，乃見志。震動也。退位入六四，諸侯在世，元士爲應。君暗臣明，不可止。箕子與紂也。建起六四癸巳至戊戌。游魂及六四爻，數起小滿至寒露。積筭起戊戌至丁酉，周而復始。土金入卦起筭數。五星從位起太陰，太陰水星入卦。奎宿從位降癸丑。奎宿入明夷，配六四癸丑土上。分氣候三十六。三十六數入卦，起筭推吉凶。地有火，明於內，暗於外。當世出處，爲衆所疑之所及傷於明。❷《易》曰：「三日不食，主人有言。」陰陽進退，金水見火，氣不相合。六位相盪，四時運動，靜乃復本，故曰游魂。本以宮八卦相盪，❸六位推遷也。次降歸魂，入師卦。

䷆坎下坤上師。變離入陰陽於正道，❹復本歸坎，陽在其中矣。內卦坎爲本宮。處下卦

❶「之於人」三字，四庫本無。
❷「爲衆」句，四庫本作「爲衆疑之所及反傷於明」。
❸「本以」，四庫本作「以本」。
❹「陽」，四庫本作「傷」。

之中，爲陰之主，利於行師。《易》云「師者，衆也」。衆陰而宗於一，一陽得其貞正也。❶與離爲飛伏。離入坎也。陰陽相薄，剛柔遷位。戊午火，己亥水。世主三公，應爲宗廟。建始壬辰至丁酉。清明、秋分。積筭起丁酉至丙中，周而復始。金火入卦起筭。五星從位起歲星，歲星木入卦。婁宿從位降戊午。婁宿入坎卦，歸魂六三爻。分氣候二十八。起筭入卦吉凶。地下有冰，復本位，六五居陰處陽位，九二貞正能爲衆之主，不潰於衆。《易》云：「師，貞，丈人吉。」入卦始於坎，陰陽相盪，反至於極，則歸本坎中男。陽居九二稱中男。升降得失，吉凶悔吝，策於六爻，六爻之設出於蓍，蓍之得象而卦生。積筭起於五行，五行正則吉，極則凶。吉凶之象，顯於天地人事日月歲時。坎之變於艮，艮爲少男，少男處卦之末爲極也。震一陽居初爻，坎二陽處中，艮三陽處卦之末，故曰陽極爲少男。又云止也。次入艮卦。

䷳艮下艮上艮。乾分三陽爲長、中、少，至艮爲少男。本體屬陽，陽極則止，反生陰象。《易》云「艮，止也」。於人爲手、爲背，取象爲山、爲石、爲門、爲狗。上艮下艮二象，土木分氣候。與兑爲飛伏。丙寅木，丁未土，❷爲少男取少女相配。世上見宗廟，三公爲應。陰陽遷次，長幼分形。乾三生男，將至艮極，少長分形，長中分之謂建也。❸庚寅至乙未。❹立春、大暑。陰長陽極，升降六位，進退順時，消息盈虛。積筭起庚寅至己丑，周而復始。木上入卦。五星從位起熒惑，熒惑火星入卦。胃宿從位降丙寅。胃宿入卦分位。分數位三十六。配位六卦，分吉凶。

❶「一」，四庫本無此字。
❷「土」，原無，據四庫本補。
❸「謂」，四庫本作「爲」。
❹「庚」上，據上下文義，當脱「建始」二字。

金木相敵，升降以時，艮止於物背於物。《易》云「時止則止，時行則行」。剛極陽反，陰長積氣，止於九三，初六變陽，取其虛中，文明在内，成於賁。次降入賁卦。

䷕離下艮上賁。泰取象，上六柔來反剛，九二剛上文柔，成賁之體，止於文明。「賁者，飾也」，五色不成謂之賁，文彩雜也。山下有火，取象文明。火土分象，與離爲飛伏。己卯木，丙辰土。世立元士，六四諸侯在應。陰柔居尊，文柔當世。素尚居高，侯王無累，《易》云「賁于丘園，束帛戔戔」。建始辛卯至丙申。春分、立秋。積筭起丙申至乙未，周而復始。金土入卦起筭。五星從位起鎮星，鎮星入卦。昴宿從位降己卯。昴宿配賁卦，初九陽位起筭。分氣候二十八。起六位五行，筭吉凶。土火木分陰陽，相應爲敵體。上九積陽素尚，全身遠害，貴其正道。起於潛至於用九，假乾初上爲喻也。陰陽升降，通變隨時。離入乾，將之大畜，次降六二，中虛爲三連，入大畜卦。陰消陽長。

䷙乾下艮上大畜。陽長陰消，積氣凝盛，外止内健，二陰猶盛，成于畜義，《易》云「既處」。❶ 畜消時行，陽未可進，取於下卦，全其健道。君子以時，順其吉凶。與乾爲飛伏。甲寅木，丙午火。建始壬辰至丁酉。清明、秋分。積筭起丁酉至丙申，周而復始。金土入卦，分吉凶起筭。五星從位起太白，太白金星入卦推吉凶。畢宿從位降甲寅。畢宿入大畜九二甲寅上。九二大夫應世，應六五爲至尊。陰陽相應，以柔居尊，□□□□□□□爲畜之主。分氣候二十八。極陰陽之數，定吉凶之兆。山下有乾，金土相資，陽進陰止，積雨潤下，畜道光

❶「既處」上，四庫本有「既雨」二字。

也。乾象内進，君道行也。吉凶升降，陰陽得位，二氣相應，陽上薄陰。陰道凝結，上於陽長，爲雨反下。九居高位，極於畜道，反陽爲陰，入于兑象。六三應上九，上有陽九，反應六三，成于損道。次降損卦。乾入兑，九三之變六二。

䷨兑下艮上損。澤在山下，卑險於山。山高處上，損澤益山，成高之義，在於六三。在臣之道，奉君立誠，《易》云「損下益上」。乾九三變六三，陰柔益上九，臣奉君之義。與兑爲飛伏。丁丑土，内申金。三公居世，宗廟。❶六三，上九。建始癸巳至戊戌。小滿、寒露。積筭起戊戌至丁酉，周而復始。土火入官起積筭。五星從位起太陰，太陰水星入卦用事。觜宿從位降丁丑。二十八宿配觜宿，入損卦六三爻，❷起筭歲月日時。土星入卦配吉凶，陰陽相盪，位不居。土金入損卦起筭，陰陽相生，六位變動不居也。六爻有吉凶，四時變更，不可執一以爲規。六爻吉凶，隨時更變，或春或夏，或秋或冬，歲時運動。分氣候二十八。二十起數，❸筭吉凶八卦。陰陽升降，次艮入離，見睽之象。❹損益六爻，剛長陰，次入火澤睽卦。

䷥兑下離上睽。火澤二象，氣運一作「轉」。非合，陰消陽長，取象何比，惟陽是從。陰陽動静，剛柔分焉。先睽後合，其消通也。文明上照，幽暗分矣。兑處下，爲積陰暗之象也。離在上，爲明照于下。《易》云「見豕負塗，載鬼一車。先張之弧，後説之弧。遇雨則吉，群疑亡也」。❺先疑暗也，後説明也。與離爲飛伏。己酉金，丙戌土。諸侯立九四爲世，初元世爲應。

❶「宗廟」下，四庫本有「爲應」二字。
❷「六三爻」，原作「六爻三」，據四庫本改。
❸「二十」下，四庫本有「八」字。
❹「睽」，原作「暌」，據四庫本改。下同，不一一出校。
❺「遇」上，四庫本有「往」字。

建始甲午至己亥。芒種、小雪。積筭起己亥至戊戌。水土入卦。五星從位起歲星，歲木星入卦。參宿從位降己酉。二十八宿配參宿，入卦己酉土。分氣候三十六。起數積筭。金火二運合土宫，配吉凶於歲時。六五陰柔處文明，九二、四得立權臣。陰陽相盪，六位逆遷，變離入乾，健於外象，坎入履。陰陽推遷變化，六爻吉凶之兆著于要之爻，如臣事君，近多憂也。次降入天澤履卦。

䷉兑下乾上履。天下有澤，曰履。履者，禮也。得位吉，失位凶。當履之時。素尚吉，《易》云：「視履考祥，其旋元吉。」與乾爲飛伏。壬申金，丙子水。六丙屬八卦，艮六丙也。九五得位爲世身，九二大夫合應象。建始乙未至庚子。大暑、大雪。積筭起庚子至乙亥。❶金水入卦，配六位筭吉凶。五星從位起熒惑，熒惑火星入卦。井宿從位降壬申。二十八宿入卦，井宿入壬申。分氣候金火入卦，起於極數二十八。二十八數，起丙辰推吉凶。陽多陰少，宗少爲貴。得其所履則貴，失其所履則賤。《易》云：「眇能視，跛能履。」此履非其位六三也。吉凶取此文爲準。六位推遷，積欠起筭數。休王相破，資益可定吉凶也。升降反位，歸復止於六四，入陰爲游魂中孚卦。次入中孚卦。

䷼兑下巽上中孚。陰陽變動，六位周匝，反及游魂之卦。金木合土運入卦象。互體見艮，❷止於信義。中孚，信也。與乾爲飛伏。辛未土，壬午火。艮道革變升降，各稟正性。六四諸侯立世，應初九元士。九五履信，九二反應。氣候相合，内外相敵。陰勝陽，陽勝陰，剛柔相薄。六爻反應，柔順相合，吉凶見矣。建始庚子至乙巳。大雪、小滿。積筭起乙巳至甲辰，周而

❶「庚子至乙亥」，四庫本作「己亥至庚子」。

❷「艮」，原作「民」，據四庫本改。

復始。火土入卦起積筭。五星從位起鎮星，鎮星，土星。鬼宿從位降辛未。二十八宿配鬼宿，入卦推吉凶。分氣候三十六。配卦筭吉凶之位。風與澤二氣相合，「巽而説」，信及於物，物亦一作「必」。順焉。《易》云「信及豚魚」。豚魚，幽微之物，信尚及之，何况於人乎。兑入艮，六三入陽，内二陽歸陰，陰陽交互，復本曰歸魂。次降歸魂風山漸卦。内見艮。

䷴艮下巽上漸。陰陽升降，復本曰歸魂之象。巽下見艮，陰長陽消，柔道將進。艮變八卦終於漸，漸終降純陰入坤，分長女三陰之兆也，柔道行也。與兑爲飛伏。丙申金，丁丑上。九三三公居世，宗廟爲應。建始己亥至甲辰。小雪、清明。積筭起甲辰至癸卯，周而復始。土木見運入卦，筭吉凶。五星從位起太白，太白，西方之卦定吉凶。柳宿從位降丙申。二十八宿柳宿入卦定吉凶。分氣候二十八。定數配吉凶，入卦起筭。上木下土，風入艮象，漸退之象也。互體見離，主中文明。九五傳位，得進道明也。九五處互體卦之上，進文明也。六二陰柔得位，應至尊。《易》云：「鴻漸于磐，飲食衎衎。」賢人進位也。陰陽升降，八卦將盡，六十八爻陰陽相雜，❶順道進退，次于時也。少男之位，分於八卦，終極陽道也。陽極則陰生，柔道進也。降入坤宮八卦。陽卦三十二，宫爲陽，乾、震、坎、艮也。

京氏易傳卷上

❶「八」，四庫本作「四」。

京氏易傳卷中

吳鬱林太守陸績註
明兵部侍郎范欽訂

䷁坤下坤上坤。純陰用事，象配地，屬土，柔道光也。陰凝感與乾相納，臣奉君也。《易》云「黃裳元吉」，六二內卦陰處中，臣道正也。與乾爲飛伏。癸酉金，壬戌土。宗廟居世，三公爲應。未免「龍戰」之災，無成有終。陰成陽君，❶臣不敢爲物之始，陽唱陰和，君命臣終其事也。初六起「履霜」至於「堅冰」，陰雖柔順，氣亦堅剛，爲無邪氣也。建始甲午至己亥。純芒種、小滿。積算起己亥至戊戌，周而復始。土用事，入積算定吉凶。五星從位起太陰，太陰水星入卦。西南方之卦，鎮星入卦，配坤西南。星宿從位降癸酉金。二十八宿，入卦星宿降坤上六癸酉金。分氣候三十六。起積爲數三十六。陰中有陽，氣積萬象，故曰「陰中陰」。陰陽二氣，天地相接，人事吉凶見乎其象。六位適變，八卦分焉。六位變動，八卦顯著。陰雖虛，納于陽位稱實。六五、六三之類也。升降反復，不能久處，千變萬化，故稱乎「易」。易者，變也。陰極則陽來，陰消則陽長，衰則退，盛則戰。《易》云：「上六，龍戰于野，其血玄黃。」陽屬，乾配西北積陰之地，陰盛故戰。乾坤併處，天地之氣雜，稱玄黃也。陽盪陰，❷坤內卦初六適變，入陽曰震，陰盛陽微，漸來之義，故稱復。次降陽入地雷復卦。

䷗震下坤上復。陰極則反，陽道行一作「正」。也。《易》云「君子道長，小人道消」，又曰「七日來復」。七日，陽之稱也。七、九，稱陽之數

❶「成」，四庫本作「臣」。
❷「陽」下，四庫本有「來」字。

也。謂坤上六陰極陽戰之地，陰雖不能勝陽，然正當盛陽，不可輕犯，六陽涉六陰，反下七爻在初，故稱七日。日，亦陽也。 六爻反復之稱，註在前。《易》云「初九，不遠復，無祇悔」。反至初九，陽來陰復去違也。 六爻盛卦之體，總稱也。 月一陽，爲一卦之主。與震爲飛伏。庚子水，乙未土。 初九元士之世，六四諸侯見應。 建始乙未至庚子。大暑、大雪。見候起坤六月至十一月，戊子爲正朔，見復之兆。 積筭起庚子至己亥，積筭起庚子至己亥，十月至十一月，年亦然。 周而復始。 土水見候。 五星從位起歲星，歲星木星入復卦，合水土配吉凶。 張宿從位降庚子。二十八宿，分張宿入復卦庚子水上。 分氣候二十八。積筭起數二十八，定吉凶六爻。 坤上震下，動而順，是陽來盪陰，陰柔反去，剛陽復位。 君子進，小人退。《易》云「休復，元吉」，陽升陰降，變六二入兑象。 次併臨，二陽將進內爲悦。 陰去陽來氣漸隆，陰不敢拒陽，奉命而已。

火之入地澤臨卦。❶

䷒兑下坤上臨。 陽長陰消，悦而順。 金土應候，剛柔分。 震入兑，二陽剛，本體陰柔降入臨。 臨者，天也。❷ 陽爻健順，陽交退散，《易》曰：「君子之道。」《易》云：「至于八月，凶。」建丑至未也。 陽長，六爻反復，吉凶之道可見矣。至于八月，入遯。 與兑爲飛伏。丁卯木，乙巳火。 九二大夫立世，六五至尊應上位。 建始丙申至辛丑。立秋、大寒。 七月積氣至六月，吉凶隨爻考汙隆。旺則隆，衰則汙。 積筭起辛丑至庚子。積筭起金土入卦，推休咎于六爻。 五星從位起熒惑，熒惑火星入卦用事。 翼宿從位在丁卯。二十八宿，翼宿入卦九二爻木上。 分氣候三十六。定陰陽之數，起于三十六積筭。 坤下見兑，

❶「火之」，四庫本作「次降」。
❷「天」，四庫本作「大」。

悦澤臨，陽升陰降，入三陽乾象，入坤即泰卦。臨卦内象，先陽長逼陰成乾，爲泰象。外坤積陰，内兑亦爲陰，二陽合體，柔順之道不可貞。吉凶以時配於六位，用於陽長之爻，成臨之義。六三將變陽爻，至次降入泰卦。次入地天泰卦。

䷊乾下坤上泰。乾坤二象，合爲一運，天入地，交泰萬物生焉。小往大來，陽長陰危，金土二氣交合。《易》云：「泰者，通也。」通於天地，長於品彙，陽氣内進，陰氣升降。升降之道，成於泰象。與乾爲飛伏。甲辰土，乙卯木。三公立九三爲世，上六宗廟爲應。候建始丁酉至壬寅。秋分、立春。積筭起壬寅至辛丑，周而復始。金土位上起積筭吉凶。五星從位起鎮星，土星入卦。軫宿從位降甲辰。分氣候二十八。積筭起二十八數於甲辰位。地下有天，陽道浸長不可極，極則否成。三陽務上，坤順而往，往而不已，否道至。存泰之義，在於六五，陰居陽位，能順於陽，陰陽相納，二氣相感，終於泰道。外卦純陰，陽來剛柔，成于震象，降陽升，❶居乾上成大壯。次降陰升陽，入雷天大壯卦。

䷡乾下震上大壯。内外二象動而健，陽勝陰而爲壯。内陽升降，二象俱陽曰大壯。《易》曰：「羝羊觸藩，羸其角。」進退難也。壯不可極，極則敗。物不可極，極則反。故曰「君子用罔」，「小人用壯」。與震爲飛伏。庚午火，癸丑土。九四諸侯之世，❷初九元士在應。建始戊戌至癸卯。寒露至春分。積筭起癸卯至壬寅。土未入卦起積筭。❸五星從位起太白，太白金星入卦。角宿從位降庚午。二十八宿入卦配角宿，入大壯庚午九四爻上。分氣候三十六。積筭起數庚午

❶「降」上，四庫本有「陰」字。
❷「之」，四庫本作「立」。
❸「未」，四庫本作「木」。

火，定吉凶。雷在天上，健而動，陽升陰降，陽來盪陰，吉凶隨爻，著于四時。九四庚午火之位，入坤爲卦之本，起于子，滅于寅。陰陽進退，六位不居，周流六虛。外象震入兑，爲陰悦適，爻爲剛長。次降入夬，陽決陰之象。入澤天夬卦。

䷪乾下兑上夬。剛決柔，陰道滅，五陽務下，一陰危上。將反游魂，九四悔也。澤上於天，君道行也。夬五世六位，周而復始爲游魂，至九四成陰，入坎爲需。與兑爲飛伏。丁酉金，癸亥水。九五立世，九二大夫爲應。九五在兑象爲世，澤小於天也。建始己亥至甲辰。小雪、清明。積筭起甲辰至癸卯，周而復始。金木分乾兑，入坤象。入坤宫起積筭。五星從位起太陰，太陰水位入卦起筭。❶亢宿從位降丁酉。二十八宿配亢宿入夬卦，丁酉金上起。分氣候二十八。積筭起宫，二十八入卦，甲辰還丁酉金上，定吉凶。《易》云「澤上於天」，「夬」，「揚于王庭」。柔道消，消不可極，反於游魂。九四柔來文剛，陰道存也。陰之道，不可終否。剛柔相濟，日月明矣。天地定位，人事通也。凡卦，陰極陽生，陽極陰生，生生之義，不絶之貌。日月循環，天地交泰，陰陽相盪，六位交分，萬物生焉。故曰「雷動風行、山澤通氣」。人之運動，體斯合矣。人稟五常，三焦九竅，風火遞相兼濟，以一位虧四體，羸焉。陰陽升降，反復道也。次降入游魂水天需卦。

䷄乾下坎上需。雲上於天，凝於陰而待於陽，故曰需。需者，待也。三陽務上而隔於六四，路之險也。外卦坎水爲險，亦陰稱血也。坤之反覆，適陽入陰。夬卦九四入需卦，成六四陽之位也。❷陰陽交會運動，陰雨積而凝滯於陽，通

❶「位」，四庫本作「星」。

❷「陽」，四庫本作「陰」。

乃合也。群陽務上，一陰報之，故凝滯雨乃合。與兑爲飛伏。戊申金，丁亥水。游魂立世諸侯，應初九元士。建始甲辰至己酉。清明、秋分。積筭起己酉至戊申，周而復始。金土入乾坎。積筭起宫定吉凶。五星從位起歲星，歲星木星入卦。氐宿從位降戊申。二十八宿降氐宿入坤宫游魂卦，六四戊申金土起積筭吉凶。❶分氣候三十六。定吉凶，總三十六位起筭。乾外見坎，健而進，隘在前也。❷需與飲食，❸争於坎也。陰陽相激，勝負有倚，反爲不速，敬終有慶。陰陽漸消，陽道行行，反復其位，不妄於陰。坎降入歸魂水地比卦，坤之歸魂也。

䷇坤下坎上比。反本復位，陰陽相定，六爻交互，一氣在也。水在地上，九五居尊，萬民服也。比卦一陽五陰，少者爲貴，衆之所尊者也。比親於物，物亦附焉。「原筮」於宗，歸之於衆。諸侯列土，君上崇之。奉于宗祧，盟契無差，邦必昌矣。與乾爲飛伏。乙卯木，甲辰土。歸魂六之三公居世，應上六宗廟。建始癸卯至戊申。春分、立秋。積筭起熒惑，❹火星入卦。房宿從位降乙卯。二十八宿配房宿入坤歸魂乙卯木位上。分氣候二十八，積筭起二十八數。陰道將復，以陽爲主。一陽居尊，群陰宗之。六爻交分，吉凶定矣。地道之義，妻道同也。臣之附君，比道成也。歸魂復本，陰陽相成，萬物生也。故曰坤生三女，巽離兑分長中下，巽長女，離中女，兑少女。以陽求陰，乾之巽爲長女。

䷸巽下巽上巽。陽中積陰而巽順，本乾象，陰來盪成巽。巽者，順也。風從穴入於物，號令齊

❶「土」，四庫本作「上」。
❷「隘」，四庫本作「險」。
❸「與」，四庫本作「于」。
❹「起」下，四庫本有「戊申至丁未，周而復始。五星從位起」十四字。

順，天地明也。內外稟於一陰，順於天地道也。聲聞於外，遠彰柔順。陰陽升降，柔於剛也。本於堅剛，陰來又柔，東南向明，齊肅陰陽。與震爲飛伏。辛卯木，庚戌土。宗廟居世，三公在應。上九、九三。建始辛丑至丙午。大寒、芒種。積筭起丙午至乙巳，周而復始。火木與二十八宿，❶分虛宿入翼上九辛卯木土。❷分氣候其數三十六。分三十六數，入卦起筭。陰氣起陽，陽順於陰，陰陽和柔，升降得位，剛柔分也。陰不可盈，晷刻傾也。初六適變，陽來陰退，健道行也。三陽務進，外陰陽也。適變於內，外未從也。次降陰交於陽九，爲小畜卦。初六變初九也。

䷈乾下巽上小畜。《易》云：「密雲不雨，自我西郊。」小畜之義，在於六四，三陽連進於一危也。外巽體陰，畜道行也。巽之初六陰盪陽，氣感積陰不能固，退復本位。三連同往而不可見，成於畜義，外象明矣。一陰劣不能固陽，是以往也。外巽積陰能固陽，道成在上九，一爻之法也。《易》云「既雨既處」也。與乾爲飛伏。甲子水，辛丑土。初九元士居世，六四諸侯在應。建始壬寅至丁未。立春、大暑。積筭起丁未至丙午，周而復始。木土入乾巽。入宮起筭法。五星從位起太白，金星入卦起筭吉凶。尾宿從位降甲子。二十八宿入卦分尾宿，以小畜甲子水上起筭。分氣候，其數二十八。分二十八數，起宮推筭。一陰居六四，建子入陽宮，推其休咎處吉凶。剛健立陽爻，陰凝在巽體。《易》云：「輿說輹，夫妻反目。」不義之兆。夏至起純陰，陽爻位伏藏。冬至陽爻動，陰氣凝地。陰陽升降，以柔爲剛，見中虛文明，積氣居內象。

❶「火木」上，四庫本空缺二字。
❷「土」，四庫本作「上」。

九二適變入離。次降入風火家人卦。

䷤離下巽上家人。乾剛俱變，文明内外相應，九五應六二爻。陰陽得位，居中履正。火上見風，家人之象。閑邪存誠，嗃嗃得中。互體見文明，家道明也。内平遇坎險象，家人難也。酌中之義，在於六二。與離爲飛伏。己丑土，辛亥水。建始癸卯至戊申。春分、立秋。積筭起戊申至丁未，金土入離巽。金土入卦同積筭。大夫居世，應九五立君位。❶五星從位起太陰，太陰北方入卦起宫推筭。箕宿從位降己丑。二十八宿，分箕宿入家人卦，在己丑土上。分氣候，其數三十六。三十六起數家人卦，推入積筭休咎。火木分形，陰陽得位，内外相資，二氣相合。君君臣臣，父父子子，兄兄弟弟。《易》曰「家人嗃嗃」、「父子嘻嘻」，❷治家之道分於此也。吉凶之義，配五行進退，六五進退吉凶於陰陽，陰陽得起在於四時運動，吉凶見矣，分内外矣。二象配天地星辰，合命定吉凶。文明運動，變化之象，九三適陰入震，風爲雷合曰益。次降風雷益卦。

䷩震下巽上益。天地不交曰否，六二陰上柔剛，九四下降積陰，故爲益。《易》曰「損上益下」，雷動風行，男下女上，震男，巽女。陽益陰，君益於民之仰也。❸互見坤，坤道柔順，又外見艮，艮止陽益，陰止於陽，柔道行也。内外順動風雷益，四象分明，剛柔定矣。與震爲飛伏。庚辰土，辛酉金。六三三公居世，上九宗廟爲應。建始甲辰至己酉。清明、秋分。積筭起己酉至戊申，周而復始。土金入震巽。起積，配風雷益卦起宫。五星從位起歲星，木星入卦。計宿從位降庚辰。二十八宿，分計宿入風雷益六二庚辰

❶「大夫居世，應九五立君位」，據文義疑當在「與離爲飛伏」下。

❷「父子嘻嘻」，所見《易經》諸本均作「婦子嘻嘻」。

❸「仰」，四庫本作「象」。

土上。❶分氣候二十八。起二十八數，積筭吉凶，周而復始。陰陽二木合金土配象，四時運轉，六位交分，休廢旺生，吉凶見乎動爻。配日月星辰，進退運氣升降，復當何位。金、水、木、火、土。適變於外，陰入陽爻，二象健而動，屬於天地也。天陽，震雷亦陽也。二氣相激，動而健，天行也。陰陽相盪，次降入天雷无妄卦。

䷘震下乾上无妄。乾剛震動，二氣運轉，天下見雷，行正之道。剛正陽長，物无妄矣。內互見艮，止於純陽。外互見巽，順於陽道。天行健而動，剛正於物，物則順也。金木配象，吉凶明矣。金木配乾震入卦。與乾爲飛伏。壬午火，辛未土。九四諸侯在世，初九元士立應上。建始乙巳至庚戌。小滿、寒露。積筭起庚戌至己酉，周而復始。火土入乾震。火土分乾震，入无妄卦起積筭。五星從位起熒惑，火星入卦定吉凶。牛宿從位降壬午。二十八宿，分牛宿入无妄壬午火位上。分氣候三十六。三十六數，起卦積筭。上金下木，二象相衝，陰陽升降，健而動，內見一陽應動剛。五行分配，吉凶半矣。二氣各爭。九五適變，入文柔，陰盪陽，爻歸復位。剛柔履次，明在外，進退吉凶，見中虛。次降入火雷噬嗑卦。

䷔震下離上噬嗑。柔乘文剛，積氣居中，陰道明白，動見文明，雷電合，分威光，而噬嗑也。《易》曰：「頤中有物，曰噬嗑。」陰陽分中動而明，象雷電也。物有不齊，齧而噬，吉凶之道，象於五行，順則吉，逆則凶。火木合卦，配升降。與離爲飛伏。己未火，辛巳土。六五居尊，應六二大夫。建始丙午至辛亥。芒種、小雪。積筭起辛亥至庚戌，周而復始。火土入離震。分火土二位入噬嗑卦，起積筭爻，推配星

❶「土上」，四庫本作「上上」。

辰、歲月日時，進退吉凶。五星從位起鎮星，土星入卦。女宿從位降己未土。二十八宿，分女宿入卦六五己未土也。分氣候二十八。從二十八位數起，八卦筭吉凶。火居水上，陽中見陰，陽雜氣渾而溷。吉凶適變，隨時見也。返復陰，游魂入卦。降下九四，陽入陰。五行進退，始終之道，斯可驗矣。升降六爻，極返終下，降山雷頤卦。

䷚震下艮上頤。六位上下，周而復始。內外交互，降入純陰。見坤象居中。地之氣，萃在其中。上下陽位包陰。積純和之氣，見浩然之道，明矣。土木配象，吉凶從六虛。六虛，即六爻也。與震爲飛伏。丙戌土，己酉金。六四諸侯在世，元士之初九見應。建始辛亥至丙辰。小雪、清明。積筭起丙辰至乙卯，周而復始。土木入艮震。分土木二象，入卦筭吉凶。五星從位起太白，金星，西方，入八月卦上衝。虛宿從位降丙戌土。二十八宿，分虛宿入頤六四丙戌土上。分氣候三十六。起數二十八，推六爻吉凶之位。山下有雷，止而動，陰陽通變，分氣候內外剛而積中柔，升降游魂，下居六四，位特分復歸於本。游魂返居六四，入卦周始，爻位遷次，明矣。吉凶起於六四，次環六位，星宿躔次也。極則反本，降入歸魂山風蠱卦。

䷑巽下艮上蠱。適六爻陰陽上下，本道存也。氣運周而復始，山下見風，止而順，內互悅而動。《易》云「蠱者，事也」，先甲、後甲，事分而令行。金土合木象，復本曰歸魂。與震爲飛伏。辛酉金，庚辰土。九三歸魂立三公在世，應上九見宗廟。建始庚戌至乙卯。寒露、春分。積筭起乙卯至庚寅，周而復始。土木入艮巽。土、木分艮、巽宮。五星從位起太陰，太陰水星入卦用。危宿從位降辛酉金。二十八宿，危宿入巽歸魂山風蠱九三辛酉金位上。分氣候二十八。起積筭數二十八，卦宮定吉凶。木上見土，風落山，貞幹於父事，陰陽復位，長幼分焉。八卦循環始於巽，歸魂内象見還元。六爻進退，吉凶在於四時。積筭起宫從乎建始。卦用及身也。升陰陽，巽宫適變入離，文柔分矣。陰入陽退見中虚，次水中女。八卦相盪，陰陽定位，遷入離宫八卦，純火，以日用事。

䷝離下離上離。本於純陽，陰氣貫中，稟於剛健，見乎文明，故《易》曰「君子以繼明照于四方」。離卦中虚，始于乾象。純則健不能柔明，故以北方陰氣貫中柔，剛而文明也。陽爲陰主，陽伏於陰也。成卦義在六五。是以體離爲日、爲火。始於陽象而假以陰氣，純用剛健不能明照，故以陰氣入陽，柔於剛健而能順，柔中虚見火象也。是以離取中虚，氣炎方能照物。日昌火，本陽象也。純以陰又不能乾於物，純以陽又暴於物，故取陰柔於中女，能成於物也。與坎爲飛伏。己巳火，戊子土。宗廟爲世，應上見三公。上九、九三。建始戊申至癸丑。立秋至大寒。積筭起癸丑至壬子，火取胎月至本月。周而復始。土水二象入離火位。土水二位入卦起筭。五星從位起歲星，木星入火宫卦。室宿從位降己巳火，二十八宿，分室宿入離宫上九巳火上也。❶分氣候三十六。積筭起數三十六，立位定吉凶。内外二象，配於火土爲祥。土木入離爲祥。互見悦順，著於明兩。❷兑巽二象。陰陽升降，入初九適變從陰，止於艮象。内卦變也。吉凶從位起至六五，休廢在何爻。看當何位，金水木火土與本宫刑宫。次降入火山旅卦。初九爻變之。

䷷艮下離上旅。陰中見陽，盪入陽中，陰陽二氣交互見本象。火居山上，爲旅之義。離爲陰，初九爲陽，艮爲陽，初六爲陰。二氣交互，上下見木也。火在上，無止，象旅之義。《易》曰「旅人，先

❶「巳」上，四庫本有「己」字。
❷「兩」，四庫本作「麗」。

笑後號咷」，又曰「得其資斧」。仲尼爲旅人，固可知矣。旅卦爲取象火在山上，顯露無止。五行、八卦，消息去此還也。與艮爲飛伏。丙辰土，己卯木。其居初六元士，九四諸侯見應。建始己酉至甲寅。秋分、立春。積筭起甲寅至癸丑，周而復始。金入木土離艮。金木土入卦，起積筭。五星從位起熒惑，火星入卦見本象。壁宿從位降丙辰。二十八宿，壁宿入旅卦初六丙辰土位上起筭。分氣候三十六。分三十六數，起卦推筭。火土同宮，二氣合應，陰陽相對，吉凶分乎陰位。上九陽居宗廟，得喪于易。六五爲卦之主，不係于一，凶其宜也。内象適變，盪陰入陽。巽順於物進，退意器，外象明應内爲鼎，次降火從風入鼎。初九之初六，六二之九二，巽爲風二象火曰鼎。❶

䷱巽下離上鼎。木能巽火，故鼎之象亨飪見新，供祭明矣。《易》曰「鼎取新」，木見火中，發火木相資，象鼎之兆，下穴爲足，中虛見納，飪熟之義明矣。凡飪熟亨祀爲先，故曰「供祭明矣」。變，生也。陰陽得應，居中履順。三公之義，繼於君也。九三成鼎之德，六五委任得賢臣假之位，以斯明也。陰穴見火，順於上也。中虛見納，受辛於内也。金玉之鉉在乎陽，饗新亨飪在乎陰。與巽爲飛伏。辛亥水，己丑土。九二立大夫爲世，六五居尊見應。建始庚戌至乙卯。寒露、春分。積筭起乙卯至甲寅，周而復始。分土木入離巽。分土木二象，入爲巽配鼎卦。❷五星從位起鎮星，土星入火宮。奎宿從位降辛亥水。二十八宿，分奎宿入鼎卦九二辛亥位上。分氣候三十六。起宮數三十六，宮配卦筭吉凶。火居木上，❸二氣交合，陰陽巽順。器具形存，金玉堅剛配象。陰陽升降，六位遞相遷次。九三適變，以陽入陰，

❶「二」，四庫本作「離」。
❷「入爲巽」，四庫本作「入離巽」。
❸「上」，四庫本作「土」。

見乎坎險。鼎九三爻之義，陰成坎卦外象，坎外離，❶二氣不交，見未濟卦。降入水火未濟卦。

䷿坎下離上未濟。陰陽二位，各復本體，六爻交互，異於正象，離炎上，坎務下，二象不合，各殊陰陽交納，是以異於本象也。故取未濟名之。世應得位，陰陽殊塗，九二、六五。性命不交，吉凶列矣。坎性，離命。與坎爲飛伏。戊午火，己亥水。六三三公爲世，應宗廟。上九。建始辛亥至丙辰。小雪、清明。積筭起丙辰至丁卯。水土二象入離坎。分水土入卦。五星從位起太白，金星入離宮，卦分六爻。婁宿從位降戊午火。二十八宿，分婁宿入未濟六二戊午火位土，定吉凶入積筭。分氣候二十八。積筭二十八數至吉凶處。水火二象，坎離相納，受性本異，立位見隔，睽于上下，吉凶生也。子午之位。受刑見害，氣不合也。陰陽升降，入於外卦，適離爲艮，上著於象。艮上著離也。「天地盈虛，與時消息」，其大也。次降入山水蒙卦。

䷃坎下艮上蒙。積陽居陰，止於坎陷，養純正素，居中得位。《易》云「山下出泉，蒙」，二象摽正，天下通也。擊暗釋疑，陽道行也。內實外正，暗得明，陰附於陽，稚道亨也，故曰「蒙，養正」。與艮爲飛伏。丙戌土，乙酉金。諸侯立世，❷元士爲應。六四、初六。建始壬子至丁巳。大雪、小滿。積筭起丁巳至丙辰，周而復始。火土入艮坎。火土二象入卦同筭。五星從位起太陰，水星北方入宮起筭。胃宿從位降丙戌土。二十八宿，分胃宿入蒙卦六四丙戌土上。分氣候三十六。起數二十八，從六位推筭。山下見水，畜聚居中，分流萬派。六位不居，吉凶適變，水土分也。五行入卦筭吉凶，逐四時行囚廢王，吉則王，凶則廢。陰陽進退，歲時物也。六五陽中

❶「坎」上，四庫本有「內」字。

❷「侯」，四庫本作「位」。

積陰，入巽見陰中陽，二氣相盪，不可盈望。次降入風水渙卦。六五變入九五，陽中陰入陽中陽，適變往于他宮，位不出本宮。

䷺坎下巽上渙。水上見木，渙然而合。渙者，散也。內外健而順，納實居中正，互見動而上，虛舟行也。陰陽二象，資而益也。風行水上，處險非溺也。木浮于水也。九五履正，思順非偪也。與巽爲飛伏。辛巳火，己未土。九五居尊，大夫應。九二爻也。建始癸丑至戊午。大寒、芒種。積筭起戊午至丁巳，周而復始。火土入坎巽。火土二象入坎巽，配火宮渙卦起筭。五星從位起歲星，木星入火宮，木象。❶昴宿從位降辛巳火。二十八宿，分昴宿入渙九五辛巳火位上。分氣候，其數二十八。起筭從二十八位上推六爻吉凶，歲月日時爲候。內卦坎中滿，一陽居中，積實于內，風在外行，虛聲外順。吉凶之位，考乎四序。盛衰之道，在乎機要。陰陽死于位生于時，死于時生于位，進退不可詰。正盛則衰來，正衰則盛來。《易》曰：「積善之家必有餘慶，積不善之家必有餘殃。」八卦始終，六虛反復，游魂生巽入乾，爲天水訟卦。

䷅坎下乾上訟。生生不絕之謂道，六位不居返爲游魂。離宮八卦，以訟爲反四，五至四也。天與水違，曰訟。天道西行，水東流，其路背也。外象乾，西北方之卦。內坎水，正北方之卦，其流東也。二氣不交曰訟。五行所占，六位定吉凶，非所背順爲正。金與水，二氣相資，父子之謂。健與險，內外相激，家國之義。出象故以則，斯可驗矣。與巽爲飛伏。壬午火，辛未土。諸侯居世，元士見應。九四、初六。建始戊午至癸亥。芒種、小雪。積筭起癸亥至壬戌，周而復始。火水入卦。火水二象，入離宮配六位，積筭推日

❶「木」，四庫本作「本」。

月歲時。五星從位起熒惑，火星入火宫，同起積筭。畢宿從位降壬午火。二十八宿，分畢宿東方宿入離游魂天水訟卦九四壬午火土也。分氣候三十六。起宫，從三十六位筭吉凶。天下見水，陰陽相背，二氣不交，物何由生。吉凶宗於上九，進退見於九四。二居中履正，得其宜也。陰陽升降，復歸内象。陰去陽來復本位，内見離，同人。次降天火同人卦。次本陽，上下二爻陰，適變從離也。

䷌離下乾上同人。二氣同進，健而炎上，乾務上，離務下。❶ 同途異致，性則合也。《易》曰：「出門同人，又誰咎也。」九二得位居中，六三積陰待應。《易》曰：「先號咷而後笑。」隔於陽位，不能決勝先，故曰「號咷」，後獲合方喜也，故曰「後笑」也。八卦復位，六爻遷次，周而復始。上下不停，生生之義，易道祖也。天與火明而健，陽道正陰氣和也。六二居内卦中，能奉於陽。吉凶故象，五行昭然。金、木、水、火、土，配六位相生。與坎爲飛伏。己亥水，戊午火。歸魂立三公爲世，上九宗廟爲應。候建始丁巳至壬戌。小滿、寒露。積筭起壬戌至辛酉，周而復始。火土入乾離。火土二象入乾離，配六宫起積筭。五星從位起鎮星，土星入卦定其吉凶。觜宿從位降己亥水。二十八宿，分觜宿入離歸魂，配天火同人九三己亥水上。分氣候二十八。起積筭二十八，位數巡六爻，有吉凶入何位。火上見金，二氣雖同，五行相悖。六爻定位，吉凶之兆在乎五二。得時則順，失時則逆，陰陽升降，歲月分焉。爻象相盪，内外適變，八卦巡廻，歸魂復本。本静則象生，故適離爲兑，入少女分八卦於兑象。坎入兑宫八卦。❷

䷹兑下兑上兑。積陰爲澤，純金用體，畜

❶ 「離」，原作「坎」，據四庫本改。
❷ 「坎」，當作「次」。

水凝霜，陰道同也。上六陰生，與艮爲合。❶兑下六陰凝艮上，❷於陽健納兑爲妻，二氣合。土木入兑，水火應之。二陰合體，積于西郊。秋王。衝震入乾，❸氣類陰也。配象爲羊，物類同也。與艮爲飛伏。丁未土，丙寅木。上六宗廟在世，六三三公爲應。建始乙卯至庚申。春分、立秋。積筭起庚申至己未，周而復始。金土入兑宫。金土入兑宫起積筭。五星從位起太白，太白金星入卦。參宿從位降丁未土。二十八宿，分參宿入兑上六丁未土上。分氣候三十六。起宫筭從三十六數起，定吉凶。內卦互體見離巽，配火木入金宫，分貴賤於强弱。火强木弱。吉凶隨爻筭，歲月運氣逐休王。陰陽升降，變初九入初六，陽入陰爲坎象，正體見陽位，剛柔分，吉凶見也。適變內象入坎，爲困卦。兑內卦初九變入坎。

䷮坎下兑上困。澤入坎險，水不通，困。外稟內剛，陰道長也。陰陽不順，吉凶生也。《易》云："困于石，據于蒺藜，入于其宫，不見其妻，凶。"上下不應，陰陽不交，二氣不合，困卦上下無應，陰陽不交。六三陰，上六亦陰，無匹。入九五求陽，陽亦無納也。五行配六位，生悔吝，四時休王，金木交争。萬物之情，在乎幾微。與坎爲飛伏。戊寅木，丁巳火。初六元士爲世，九四諸侯在應。建始丙辰至辛酉。清明、秋分。積筭起辛酉至庚申，周而復始。土金入坎兑。分土金入坎兑，配金宫起筭。五星從位起太陰，水宿入兑卦起筭。井宿從位起太陰降戊寅。二十八宿，分井宿入困卦初六戊寅木。分氣候，其數二十八。二十八起宫入積筭，定吉凶。坎象互見，離火入兑，金水見運配吉凶。陰陽升降，坎

❶「艮」，原作「民」，據四庫本改。
❷「上」，四庫本作「土」。
❸「震」，四庫本作「艮」。

入坤，陰氣凝盛，降入萃。變通入萃卦。

䷬坤下兌上萃。金火分氣候，土木入兌宮，升降陰氣盛，剛柔相應合。九五定群陰，二氣悅而順。萃卦，丁酉金、乙巳火，二象刑而合也。澤上於地，積陰成萃。《易》曰「萃者聚」，吉凶生，陽氣合而悅。凡聚衆必慎防閑假，陽爲主，成萃之義，伏戎必豫備，衆聚去疑心。與坤爲飛伏。乙巳火，丁卯木。六二大夫居世，九五至尊見應。建始戊寅至癸未。立春、大暑。積筭起癸未至壬午，周而復始。土木入坤兌。分土木入兌宮起筭。五星從位起熒惑，火星入金水宮推吉凶也。翼宿從位降乙巳。二十八宿，分翼宿入萃六二位上。分氣候二十八。積筭起二十八數，六爻見吉凶。澤下見坤二氣順，木土入宮有愛惡，木惡土愛也。陰陽升降，陽氣來止於坤，象互見艮，艮爲陽。兌象納艮，陰氣强。男下女。次降澤山咸卦。

䷞艮下兌上咸。山下有澤，虛己畜物，陽中積陰，感於物也。陽下於陰，男女之道。内外相應，感類於象也。六二待聘，九五見召，二氣交感，夫婦之道，體斯合也。《易》曰「咸，感也」、「利，取女吉」。艮少男，兌少女，男下於女，取婦之象。與艮爲飛伏。丙申金，丁丑土。九三三公居世，上六宗廟爲應。建始戊午至癸亥。芒種、小雪。積筭起癸亥至壬戌，周而復始。火土入艮兌。分火土象入艮兌也。五星從位起熒惑，火星南方入金宮。柳宿從位降丙申。二十八宿，分柳宿入咸九三丙申金爻上。分氣候三十六。積筭起數，分三十六位起吉凶。土上見金，母子氣合，陰陽相應，剛柔定位，吉凶隨爻受氣，出則吉，刑則凶。陰陽等降入外，險止於内象，爲山水蹇卦。九四爻之入陰中剛。

䷦艮下坎上蹇。利於西南，民道通也。水在山上，蹇險難進，陰陽二氣否也。陰待於陽，柔道牽也。險而逆止，陽固陰長。處能竭至誠，於物爲合，蹇道亨也。《易》曰：「王臣蹇蹇，匪躬之故。」六二。與坎爲飛伏。戊申金，丁亥水。六四諸侯居世，初六元士在應。建始己未至甲子。大暑、大寒。積筭起甲子至癸亥，周而復始。土水入坎艮。水土二象入艮，配金宫起筭。五星從位起鎮星，土星入金宫。星宿從位降戊申。二十八宿，分星宿入蹇六四戊申金上。分氣候，其數三十六。積筭起數三十六，從六位五行。土上見水，柔而和此，五行相推二氣合，取象則陰陽相背也。九五適變入坤宫，宫比得朋，陰氣合也。外卦九五變入坤内見艮，故曰「得朋」也。將入謙卦取象。坎降入地山謙。

䷎艮下坤上謙。六位謙順，四象無凶，一陽居内卦之上，爲謙之主。《易》曰：「謙謙君子，利涉大川。」❶陰陽不争，處位謙柔。陰中見陽，止順於謙。有無之位，上下皆通。《易》曰「撝謙」，無不順也。與坤爲飛伏。癸亥水，丁酉金。六位居世，大夫在應。建始庚申至乙丑。立秋、大寒。積筭起乙丑至甲子，周而復始。金土入坤艮。金土二象，入兑宫起筭也。五星從位起太白，太白金星入兑宫卦。張宿從位降癸亥，二十八宿，分張宿入謙六五癸亥水上。分氣候二十八。積筭起數二十八位。坤在艮上順而止，五行入位象謙柔。吉凶隨爻適變。陰陽升降，至六五位返入游魂，變歸六四，盪六四一爻入陽也。八卦相離，四象分也。次降入雷山小過卦。

䷽艮下震上小過。六四適變，血脉通也。陽入陰，陰入陽，二氣降内外象，上下返應，二剛相適，九三、九四。土木入卦，分於二象，内艮外震。雷處高山，亢之極也。内柔無正性，危及於外。《易》曰：「飛鳥遺之音，不宜上，宜下。」與坤爲飛伏。庚午火，癸丑土。反歸九

❶ 「利」，所見《易經》諸本均作「用」。

四，諸侯立世，元士見應。建始乙丑至庚午。大寒、芒種。積筭起庚午至己巳，周而復始。土火入震艮。外土火二象入兑宮。五星從位起太陰，水星入卦游魂。翼宿從位降庚午。二十八宿，分翼宿入兑宮游魂小過卦九四庚午火上。分氣候三十六。積筭三十六，數六位吉凶。木下見土，二陽畜陰，六位相刑，吉位生也。❶上升下，陰陽反應，各私其黨。六爻適變，陰道悖也。升降進退，其道同也。之艮入兑，陰納與陽也。反復其位，次降入歸魂雷澤歸妹卦。

䷵兑下震上歸妹。陰復於本，悦動於外，二氣不交，故曰歸妹。歸者，嫁也。互見離坎，同於未濟。適陽從陰，剛從外至，九四至剛，六三悦柔。返無其應，凶並羊，❷涉卦之終，長何吉也。與艮爲飛伏。丁丑土，丙申金。三公歸魂之世，上六宗廟見應。建始甲子至己巳。大雪、小滿。積筭起己巳至戊辰，周而復始。水土入震兑。分水土二象入兑宮。五星從位起歲星，木星東方入兑宮歸魂。軫宿從位降丁丑土。二十八宿，分軫宿入兑歸魂六二丁丑土上，分吉凶起筭。分氣候三十八。積筭起三十八，數六位推五行數吉凶。雷居澤上，剛氣亢盛，陰陽不合，進退危也。震長男，兑少女。少女匹長男，氣非合也。吉凶在上六，處於動極，適變位定時，不可易之道也。五行考象，非合斯義。陰陽運動，適當何爻，或陰或陽，或柔或剛，升降六位，非取一也。兑歸魂，配六十四卦之終也。

京氏易傳卷中

❶「位」，四庫本作「凶」。
❷「並」，四庫本作「兑」。

京氏易傳卷下

吴鬱林太守陸績註
明兵部侍郎范欽訂

夫易者象也，爻者效也。聖人所以仰觀俯察，象天地、日月、星辰、草木萬物。順之則和，逆之則亂。夫細不可窮，深不可極。故揲蓍布爻，用之於下筮。分六十四卦，配三百六十四爻，❶序一萬一千五百二十策，定天地萬物之情狀。故吉凶之氣，順六爻上下，次之八、九、六、七之數，内外承乘之象，故曰「兼三才而兩之」。孔子曰：「陽三陰四，位之正也。」三者，東方之數。東方日之所出，又圓者徑一而開三也。四者，西方之數。西方日之所入，又方者徑一而取四也。言日月終天之道，故易卦六十四分上下，象陰陽也。奇耦之數，取之於乾坤。乾坤者，陰陽之根本。坎離者，陰陽之性命。分四營而成易，十有八變而成卦。卦象定吉凶，明得失。降五行，分四象，順則吉，逆則凶，故曰「吉凶悔吝生乎動」，又曰「明得失於四序」。言吉凶生乎動，五行休廢，内犯胎養合五行。運機布度，其氣轉易，主者亦當則天而行。❷與時消息，安而不忘亡，將以順性命之理，極蓍龜之源，重三成六，能事畢矣。分天地乾坤之象，益之以甲乙、壬癸，乾坤二分，天地陰陽之木，故分甲乙、壬癸，陰陽之終始。震巽之象配庚辛，庚陽入震，辛陰入巽。坎離之象配戊己，戊陽入

❶「六」，當爲「八」之誤。

❷「主」，四庫本作「王」。

坎，己陰入離。艮兑之象配丙丁。丙陽入艮，丁陰入兑。八卦分陰陽、六位、五行，光明四通，變易立節。天地若不變易，不能通氣。五行迭終，四時更廢。「變動不居，周流六虚。上下無常，剛柔相易，不可以爲典要，惟變所適。」吉凶共列于位，進退明乎機要。易之變化，六爻不可據，以隨時所占。《周禮·太卜》：「一曰《連山》，二曰《歸藏》，三曰《周易》。」初爲陽，二爲陰，三爲陽，四爲陰，五爲陽，六爲陰。一三五七九，陽之數。二四六八十，陰之數。陰主賤，陽主貴。陰從午，陽從子。子午分行，子左行，午右行。左右凶吉，吉凶之道，子午分時。立春正月節在寅，坎卦初六，立秋同用。雨水正月中在丑，巽卦初六，處暑同用。驚蟄二月節在子，震卦初九，白露同用。春分二月中在亥，兑卦九四，秋分同用。清明三月節在戌，艮卦六四，寒露同用。穀雨三月中在酉，離卦九四，霜降同用。立夏四月節在申，坎卦六四，立冬同用。小滿四月中在未，巽卦六四，小雪同用。芒種五月節在午，乾宫九四，大雪同用。夏至五月中在巳，兑宫初九，冬至同用。小暑六月節在辰，艮宫初六，小寒同用。大暑六月中在卯，離宫初九，大寒同用。孔子易云有四易：❶一世二世爲地易，三世四世爲人易，五世六世爲天易，游魂歸魂爲鬼易。八卦鬼爲繫爻，財爲制爻，天地爲義爻，天地即父母也。福德爲寶爻，福德即子孫也。同氣爲專爻。兄弟爻也。龍德十一月在子，在坎卦左行。虎刑五月午，在離卦右行。甲乙、庚辛天官，申酉地官。丙丁、壬癸天官，亥子地官。戊巳、甲乙天官，寅卯地官。壬癸、戊巳天官，辰戌地

❶「易云」，四庫本作「云易」。

官。靜爲悔，發爲貞。貞爲本，悔爲末。初爻上，二爻中，三爻下，三月之數以成一月。初爻三日，二爻三日，三爻三日，名九日。餘有一日，名曰閏餘。初爻十日爲上旬，二爻十日爲中旬，三爻十日爲下旬。三旬三十，積旬成月，積月成年。八八六十四卦，分六十四卦配三百八十四爻，成萬一千五百二十策，定氣候二十四，考五行於運命。人事天道，日月星辰，局於指掌。吉凶見乎其位，《繫》云「吉凶，悔吝生乎動」。❶寅中有生火，亥中有生木，巳中有生金，亦云上生之位。申中有生水。丑中有死金，戌中有死火，未中有死木，辰中有死水，土兼於中。建子陽生，建午陰生，二氣相衝，吉凶明矣。積筭隨卦起宫，乾坤震巽坎離艮兑，八卦相盪。二氣陽入陰、陰入陽，二氣交互不停，故曰「生生之謂易」。天地之内，無不通也。乾起巳，坤起亥，震起午，巽起辰，坎起子，離起丑，艮起寅，兑起□□。於六十四卦，遇王則吉，廢則凶。衝則破，刑則敗。死則危，生則榮。考其義理，其可通乎。分三十爲中，六十爲上，三十爲下，總一百二十，通陰陽之數也。新新不停，生生相續。故淡泊不失其所，確然示人。陰陽運行，一寒一暑。五行互用，一吉一凶。「以通神明之德，以類萬物之情」。故易所以斷天下之理，定之以人倫而明王道。八卦建五氣、立五常，法象乾坤，順於陰陽，以正君臣父子之義，故《易》曰：「元亨利貞。」夫作《易》所以垂教，教之所被，本被於有無。且易者，包備有無，有吉則有凶，有凶則有吉。生吉凶之義，始於五行，終於八卦。從無入有，見災於星辰也。從有入

❶「云」，原作「乎」，據四庫本改。

無，見象於陰陽也。陰陽之義，歲月分也。歲月既分，吉凶定矣。故曰：「八卦成列，象在其中矣。」六爻，上下天地，陰陽運轉。有無之象，配乎人事。八卦，仰觀俯察在乎人，隱顯灾祥在乎天，考天時察人事在乎卦。八卦之要，始於乾坤，通乎萬物，故曰：「易窮則變，變則通，通則久。」久於其道，其理得矣。卜筮非襲於吉，唯變所適，窮理盡性于兹矣。

晁氏公武曰：❶《漢·藝文志》，易京氏凡三種八十九篇。《隋·經籍志》有《京氏章句》十卷，又有《占候》十種七十三卷。《唐·藝文志》有《京氏章句》十卷，而《易占候》存者五種二十三卷。今其《章句》亡矣，乃略見於僧一行及李鼎祚之書。今傳者曰《京氏積筭易傳》三卷、❷《雜占條例法》一卷，或共題《易傳》四卷，而名皆與古不同。今所謂《京氏易傳》者，或題曰《京氏積筭易傳》者，疑隋、唐《志》之《錯卦》是也；《雜占條例法》者，疑《唐志》之《逆刺占災異》是也。《錯卦》在隋七卷、唐八卷，所謂《積筭雜》、《逆刺占灾異》十二卷是也。❸至唐《逆刺》三卷而亡其八卷。❹元祐八年高麗進書有《京氏周易占》十卷，疑《隋》《周易占》十二卷是也。是古易家有書而無傳者多矣。京氏之書，幸而與存者，纔十之一，尚何離夫師説邪？景迂嘗曰：余自元豐壬戌偶脱去舉子事業，便有志學《易》，而輒本好王氏，❺妄以

❶「晁氏公武」，據附録當即「晁氏説之」。
❷「積筭」，當在下句「雜占」上，説詳下注。
❸「積筭雜」下，據附録之文，當脱「占條例法者疑隋」七字。
❹「八」，依文義當作「九」。
❺「本」，四庫本在「王氏」下。據附録之文，當是「不」之訛。

謂弼之外，當自有名象者。果得《京氏傳》，而文字顛倒舛訛不可訓知。迨其服習甚久，漸有所窺。今三十有四年矣，乃能以其象數辨正文字之舛謬。於邊郡山房寂寞之中，而私識之曰，是書兆乾坤之二象以成八卦，凡八變而六十有四，於其往來升降之際，以觀消息盈虛於天地之元，而酬酢乎萬物之表者，炳然在目也。大抵辨三易、運五行、正四時、謹二十四氣、志七十二候，而位五星、降二十八宿。其進退以幾而爲一卦之主者，謂之世。奇耦相與，據一以起二而爲主之相者，謂之應。世之所位而陰陽之肆者，謂之飛。陰陽肇乎所配，乾與坤、震與坎、巽與離、艮與兑。而終不脱乎本，以飛某位之卦，乃伏某宮之位。以隱顯佐神明者，謂之伏。起乎世而周乎内外，參乎本數以紀月者，謂之建。終之始之，極乎數而不可窮，以紀日者，謂之積。會於中而以四爲用，一卦備四卦者，謂之互。乾建甲子於下，坤建甲午於上。八卦之上乃生一世之初。初一世之五位，乃分而爲五世之位。其五世之上乃爲游魂之世，五世之初乃爲歸魂之世，而歸魂之初乃生後卦之初。其建，剛日則節氣，乘日則中氣。其數虛則二十有八，盈則三十有六。蓋其可言者如此。若夫象遺乎意，意遺乎言，則錯綜其用，唯變所適。或兩相配，而論内外二象，若世與内，革，水火配位，離火，四世水。若世與外。用金木交爭，外先金，初世木。或不論内外之象，而論其内外之位。萃，土水入艮兑，初土、四水。或三相參，而論内外與飛，賁，土火木分陰陽，艮土、離火、飛水。若伏。旅，火土木入離艮，離火、艮土、休伏木。或相參，而論内外世應建伏。觀，金土火木互爲體。建金，水應内土，伏火外木。或不論内外，而論世建與飛伏。益，金土入震索也，與飛土，建與伏金。或兼論世應飛伏。復，水土見候，世應水土，飛伏水土。屯土木應象，世應土木，飛伏土水。或專論世應。夬，金木合乾先，入坤象。世金應木。蠱，金木入艮巽，世金應木。或論世之所忌。履，金火入卦，初九火，□九四火，克九五世金爻及乾文金。或論世之所生。巽，火木與巽同宮，世木巽木見火。於其所起，見其所滅。大壯，起于子滅于亥。於其所形，見其所生。隨，金木交形，水火相激，兑金巽木。故曰死於位生於時，死於時生於位。苟非彰往而察來，微顯而闡幽者，曷足以與此。前是小王變四千九十有六卦，後有管輅定乾之軌七百六卦復有八，坤之軌六百七十有二。其知之者，將可以語邵康節三易矣。徒小王之徒，唯知尚其詞耳。其謂斯何？昔魯商瞿子木受易孔子，五傳而至漢田何子裝，何授洛陽丁光，光授碭田王孫，王孫授東海孟喜，孟喜授梁焦贛延壽，延壽授房，房授東海殷嘉、河東姚平、河南乘弘。由是易有京房之學，而傳盛矣。有瞿牧自生者，不肯學京氏，曰京非孟氏學也。劉向亦疑京託之缺一字孟氏。❶不知當時爲何説也。今以當時之書驗之，蓋有《孟氏京房》十一篇，《災異孟氏京房》六十六篇與夫《京氏殷嘉》十二篇同爲一家之學，❷則其源委孰可誣哉！此亦學者不可不知也。若小王者，果何所授受邪？蓋自京氏爲王學有餘力，而王學之適京氏則無繇矣。或傳是書，而文字舛謬。得以予言而考諸。凡學不可就正者，缺以待來哲。積筭雜占條例法，具如別録。❸

❶「缺一字」，四庫本不注缺。

❷「災」，原作「以大」，四庫本作「以大災」。按，「以大」顯爲「災」之訛，今並據他書引文改。

❸「晁氏公武曰」至「具如別録」一段，本爲《景迂生集》之《記京房易傳後》，今附録該文於後，以備參考。

乾　姤遯否觀
剥晉大有
震　豫解恒升
井大過隨
坎　節屯既濟革
豐明夷師
艮　賁大畜損
睽離中孚漸
坤　復臨泰大壯
夬需比
巽　小畜家人益无妄
噬嗑頤蠱
離　旅鼎未濟蒙
渙訟同人
兑　困萃咸蹇
謙小過歸妹

京氏易傳卷下終

附録

記京房易傳後

《漢・藝文志》易京氏凡三種八十九篇，《隋・經籍志》有《京章句》十卷，又有《占候》十種七十三卷，《唐・藝文志》有《京章句》十卷，而《占候》存者五種二十三卷。今其《章句》亡矣，乃略見於僧一行及李鼎祚之書，而其傳者曰《易傳》三卷、《積算雜占條例法》一卷，或共題《易傳》四卷，而名皆與古不同。今所謂《京氏易傳》者，或題曰《京氏積算易傳》，疑《隋、唐志》之《錯卦》是也。《錯卦》在隋七卷、唐八卷，所謂《積算雜占條例法》者，疑《隋》《逆刺占災異》十二卷是也。至唐《逆刺》三卷而亡其九卷，元祐八年高麗進書有《京氏周易占》十卷，疑《隋志》《周易占》十二卷是也。自古易家有書而無師者多矣，京氏之書幸而與存者才十之一，尚何誰之師哉？説之自元豐壬戌偶脱去舉子事業，便有意學易，而輒不好王氏，妄以爲弼之外當自有名家者，果得《京氏傳》，而文字顛倒舛訛不可訓知。逮其服習既久，漸有所窺，今三十有四年矣。乃能以其象數辨正文字之謬，於邊郡山房寂寞之中，而私識之曰，是書兆乾坤之二象以成八卦，卦凡八變而六十有四，於其往來升降之際，以觀消息盈虛於天地之元，而酬酢乎萬物之表者，炳然在目也。大抵辨三易、運五行、正四時、謹二十四氣、悉七十二候，而位五星、降二十八宿，其進退以幾，而爲一卦之主者，謂之世。奇偶相與，據一以超二，而爲主之相者，謂之應。世之所位而陰陽肇乎所配，乾與坤、震與巽、坎與離、艮與兑。而終不脱乎本，以飛某卦之位，乃伏某宫之位。以隱賾佐神明者，謂之伏。起乎世而合内外，參乎本數以紀月者，謂之建。終終始始極乎數，而不可窮，以紀日者，謂之積。含於中而以四爲用，一卦備四卦者，謂之互。乾建甲子於初，坤建甲午於上，八卦之上乃生一世之初，一世之五位乃分而爲五世之位，其五世之上乃爲游魂之世，五世之初乃爲歸魂之世，而歸魂之初乃生後卦之初，其建剛日則節氣，柔日則中氣，其數虚則二十有八，盈則三十有六，蓋其可言者如此。若夫象遺乎意，意遺乎言，則錯綜其用，唯變所適，或兩相配而論内外二象，若世與内，革，水火配位，内離火，四世水。若世與外，困，金木交争，外兑金，初世木。或不論内外二象，而論其内外之位，萃，土水入艮，兑初土四水。或三相參而論内外與飛，賁，土火木分陰陽，艮土，離火，飛木。若伏，旅，火土木入離艮，離火，艮土，伏木。或相參而論内外世應建伏，觀，金土火木互爲體，建金，世應内土，伏火外木。不論内外而論世建與飛伏。益，金土入震巽，世與飛土，建與伏金。或兼論世應飛伏，復，水土見候，世應水土，飛伏水土。屯，土木應象，世應土木，飛伏土木。或專論世應，夬，金木合乾兑，入坤象，世金應木。蠱，金木入艮巽，世金應木。或論世之所忌，履，金火入卦，初九火，九四火克九五世金及乾之金。或論世之所生，巽，火木與巽同宫，世木，巽木，建火。於其所起見其所滅，大壯，起於子滅於亥。於其所刑見其所生，隨，金木交刑，水火相激，兑金巽木。故曰「死於位生於時，死於時生於位」。苟非彰往而察來，微顯而闡幽者，曷足以與此！前是焦小黄變四千九十有六卦，後有管輅定乾之軌七百六十有八、坤之軌六百七十有二，其知之者將可以語邵康節之易矣。彼小王之徒，唯知尚其辭耳，其謂斯何？昔魯商瞿子木受易孔子，五傳而至漢田何子裝，何授洛陽丁寬，寬授碭田王孫，王孫授東海孟喜，喜授梁焦贛延壽，延壽授房，房授東海殷嘉、河東姚平、河南乘弘，繇是易有京氏之學而傳盛矣。有瞿牧、白生者不肯京氏，曰京非孟氏學也。劉向亦疑京託之孟氏，予不知當時爲何説也？今以當時之説驗之，蓋有《孟氏京房》十一篇、《災異孟氏京房》六十六篇，與夫《京氏殷嘉》十二篇同爲一家之學，則其源委孰可誣哉！此亦學者不可不知也。若小王者，果何所授受邪？蓋自京氏爲王學有餘力，而王學之適京氏則無繇矣。或傳是書而文字舛繆，得以予言而考諸，今有不可就正者，闕以待來哲。《積算雜占條例法》具如別録。政和五年乙未五月庚辰嵩山晁説之記。

（選自晁説之《景迂生集》卷十八）

周易鄭注

〔東漢〕鄭　玄　撰
〔南宋〕王應麟　撰集
〔清〕丁　杰　後定
〔清〕張惠言　訂正
林忠軍　校點

目録

校點説明

鄭玄（一二七—二〇〇），字康成，東漢高密人。曾入太學，師第五元先，習《京氏易》、《公羊春秋》等今文經及《三統曆》、《九章算術》，又先後從張恭祖、馬融受《周禮》、《禮記》、《左傳》、《古文尚書》、《費氏易》等古文經。遊學十餘年，回鄉後聚徒講學，因黨錮之禍，閉門不出，遍注群經，著述百餘萬言。當時北海相孔融深敬之，告高密令特立「鄭公鄉」。他一生爲學，淡泊名利，建安中曾被徵爲大司農，不就。其著述今存《毛詩箋》、《周禮注》、《儀禮注》、《禮記注》，其他皆佚。《周易注》是其晚年之作，其注《易》以象數爲主，兼顧義理和訓詁。擅用爻辰、爻體、《三禮》注《易》，以别於漢代諸易家，對當時和後世的易學乃至整個經學研究産生了深遠的影響。鄭氏融通經學今古文，包括易學在内的鄭氏經學一統天下。南北朝時，經學有南學、北學之分，北學易學以鄭玄《易注》爲官學。然而，隋、唐定王弼易學爲一尊，鄭玄易學趨向式微。《新唐書》著録十卷，是唐時其書猶在，故李鼎祚《集解》多引之。宋《崇文總目》惟載一卷，所存者僅《文言》、《序卦》、《説卦》、《雜卦》四篇，餘皆散佚。至《中興書目》，始不著録，則亡於南北宋之間。幸有南宋王應麟，明胡震亨、姚士粦，清惠棟、孫堂、丁杰、張惠言、袁鈞、孔廣林、黄奭等人扶微起廢，先後輯佚成册。

在各種輯本中，丁杰輯、張惠言訂正《周易鄭注》十二卷本最具代表性。此輯本是在南宋王應麟輯和清惠棟等人輯本基礎上完成的。王應麟最早輯有《周易鄭康成注》一卷。該書從《周易集解》、《經典釋文》、諸經義疏、《文選》、《後漢書注》等書中匯輯《鄭氏易注》，但未注明鄭注的出處，其篇第淩亂，與經傳不相應。明胡震亨撰《易解附録》一卷，卷末有姚士粦《易解附録後語》，又增補鄭注二十五條。清惠棟輯有《鄭氏周易》三卷。惠氏輯本，凡王應麟書所已載者，皆一一考求原本，注明其出自某書。對王、胡、姚本重加編輯，採其未備，復增六十七條，移應麟《易贊》一篇於卷端，刪去所引諸經《正義》論互卦者八條。

丁杰輯《周易鄭注》十二卷，由張惠言訂正。丁氏輯本因王氏、惠氏兩本，重加考訂，刊去非《鄭氏易注》，又補鄭注二十餘條。王氏次序，本多顛錯，胡氏、惠氏雖遞加更定，而仍有未盡。丁氏皆案《鄭易》本文爲之整比，復摭補其未備者若干則。又於字之傳訛者，一一正之。依《周易正義》，重訂《鄭易》十二篇。張惠言又加覆案，其書遂更精密。而與姚氏以至丁杰及臧鏞堂所補之注，皆旁注「姚補」、「惠補」、「臧補」、「丁補」等二小字，注下又注明所出之書及考證。卷末張惠言附《正誤》八條，《易贊易論》一篇，又附載臧鏞堂所纂《叙録》。張惠言又有《周易鄭氏注》三卷輯本，大致與丁氏輯本相出入，也以惠棟本爲底本，參照丁本、盧本、孫本、臧本將《鄭氏易注》分爲上中下三卷。又丁杰後定本《鄭氏周易》三卷，陳方正删之，張惠言爲定本作序，因取其本校正體例，復據胡、惠兩家，參盧、孫、臧所校，其善者從之，而成兩卷本。又新補兩條。其與丁氏十二卷本不同的是未採用十二卷本的《周易》經傳全文，只取與《鄭氏易注》相關的《周易》經傳文。

因此，以清丁杰輯、張惠言訂正《周易鄭注》十二卷爲最完備，如清儒盧文弨在該書序中所言：「夫此書收檢於亡佚之餘，復經二三君子之博稽精覈，而得以完然無憾。」此輯本優於他本主要表現在三個方面：一、對鄭注取捨，比較嚴謹。南宋王應麟輯本最早，卻每條注文未注明出處，篇第淩亂，與經傳不相應。黄奭本後出，輯本最全，但擇之不精，故其中輯有非鄭注，如從《義海撮要》中輯有許多《易注》，不符合鄭意。比較而言，丁本對於未明鄭注者，進行考辨，取之有據，令人可信。二、彙集了王本、胡本、姚本、孫本等諸本所長，並比較諸本對鄭注作了詳細的文字校勘。三、依《周易正義》，重訂《鄭易》十二篇，即該本取《周易》經傳原文，將鄭注分附經傳相關文辭之下，以恢復《鄭易》之原貌。

故此次整理選擇清嘉慶二十四年（一八一九）

丁杰後定、張惠言訂正的《周易鄭注》十二卷爲底本,以清嘉慶、道光間刻張惠言《張皋文箋易詮全集》中《周易鄭氏注》三卷本(簡稱「全集本」)和民國二十三年(一九三四)補刻黄奭《黄氏遺書考》中《鄭氏周易注》本(簡稱「黄本」)及民國二十五年(一九三六)上海商務印書館據《湖海樓叢書》鉛印本(簡稱「民國本」)爲校本。

校點者　林忠軍

周易鄭注序

鄭康成注《周易》九卷，《唐書・藝文志》作十卷，至宋《崇文總目》則僅有一卷而已。鼂、陳兩家皆不著録，南宋説《易》家所引用，已非全文。至於末年，四明王厚齋迺復爲之裒輯，以成此書。明胡孝轅附梓於李氏《集解》之後，故凡已見《集解》者不録，姚叔祥更增補二十五則。皇朝東吴惠定宇棟復加審正，蒐其闕遺，理其次第，益加詳焉。蓋説經之道，貴於擇善而從，不可以專家自囿。況《易》含萬象，隨所取資，莫不具足。《鄭易》多論互體。《繫辭傳》曰：「雜物算德，辨是與非，則非其中爻不備。」又曰：「物相雜，故曰文。」此即互體之説所自出。王弼學孤行，遂置不講，而此書亦遂失傳。王氏蒐群籍而緝綜之功，蓋不細，其不能無誤，則以創始者，難爲功也。近者歸安丁小疋孝廉，復因胡氏、惠氏兩本，重加攷定，舉向來以鄭注《易乾鑿度》之文羼入者，爲栞去之。以《漢書》注所云，鄭氏乃即注《漢書》者，非指康成。又於字之傳譌者，如《小畜》之「輿説輻」，當作「輹」，《夬》之「壯於頄」，當作「頯」，一一正之。又王氏次序，本多顛錯，胡氏、惠氏雖迭加更定，而仍有未盡。今皆案《鄭易》本文，爲之整比，復摭補其未備者若干則，扶微振墜，使北海之學大顯於世，此厚齋諸君子之所重有望於後賢者。而丁實克纘之，非相違也，而相成也。豈與夫矜所獨得以呰謷前人之所短者之可比哉。余於厚齋所輯，若《詩攷》，若鄭注《古文尚書》及《論語》，若《左氏》賈、服等義，皆當訂正。惟《詩攷》稍加詳。此書雖亦瞻涉，然精力不及丁君遠甚。今覩此本，老眼爲之豁然增明，歸時攜以諗吾黨之有力者，合梓之，爲《王氏經學五書》，知必有應者乎。至於字音，鄭氏時未有反語及直音某字爲某者，後人因其義而知其讀，或去其比况之難曉者，而易以翻切之法，以便學者。雖非元文，要爲根本於鄭，不可廢也。夫此書收檢於亡佚之餘，復經二三君子之博稽精覈，而得以完然無憾。百世下讀是書者，其寶之哉。

乾隆四十有五年陽月，杭東里人盧文弨序。

周易上經乾傳第一

臧在東次爲九卷，分題如此。案《隋書》、《舊唐書》鄭注《周易》皆九卷。《釋文·序録》云：「十卷者，録一卷也。」朱子發《漢上叢説》云：「鄭、王本於費氏，康伯卒於輔嗣，則費氏之後，《易經》上下釐爲六卷，《繫辭》而下合爲三卷矣。」臧依王弼九卷之次是也。

又《釋文》引《七録》云：「十二卷。」十二卷之次，《正義》云：「先儒以《彖》、《象》附上下經，爲六卷。則《上繫》第七，《下繫》第八，《文言》第九，《説卦》第十，然則《序卦》第十一，《雜卦》第十二也。」鄭原本蓋如此，以下各卷題並同。

《詩》「毛詩國風」，《正義》云：「鄭注《周易》，大名在下。」

漢鄭氏注　宋王應麟撰集

歸安丁　杰後定

武進張惠言訂正

䷀乾下乾上乾，元亨利貞。初九，【注】《周易》以變者爲占，故稱九、稱六。《正義》。柳宗元《與劉禹錫論周易九六説書》云：「鄭玄注《易》亦稱：❶以變者占，故云九六也。」此條王附《易論》非，丁小疋正之。潛龍勿用。九二，見龍在田，利見大人。【注】二于三才爲地道，地上即田，故稱田也。《集解》。「九二利見九五之大人。」《正義》云：「鄭説。」凡疏有引原文者，有約義者。其不言注云者，皆約義，注文不如所引也，今皆界畫别之。九三，君子終日乾乾，夕惕若厲，无咎。【注】三于三才爲人道，有乾德而在人道，君子之象。《集解》。[姚補]惕，懼也。《釋文》。九四，或躍在淵，无咎。九五，飛龍在天，利見大人。【注】五于三才爲天道。天者，清明无形，而龍在焉，飛之象也。王無「也」字。《集解》。上九，亢龍有悔。【注】堯之末年，四凶在朝，是以

---

❶「玄」，原避清聖祖名諱，作「元」，今回改，以下同。

有悔，未大凶也。《正義》。用九，見群龍无首，吉。【注】爻《班傳》注作「六爻」。皆體乾，《班傳》注作「龍」。群龍之《班傳》注無「之」字。象。《班傳》注有「也」字。舜既受禪，王「禪」作「道」。《班傳》注無此句，有「謂」字。禹與稷、契、咎繇之屬，並在《班傳》注有「于」字。朝。《後漢書·郎顗傳》注。《班固傳》注。

《彖》曰：吕氏《古易音訓》曰：「鄭康成合《彖》、《象》于經，故加『彖曰』、『象曰』以别之，諸卦皆然。」朱震説亦同。大哉「乾元」，萬物資始，乃統天。【注】資，取也。統，本也。《釋文》。雲行雨施，品物流形，大明終始，六位時成，時乘六龍以御天。乾道變化，各正性命，保合太和，乃「利貞」。首出庶物，萬國咸寧。丁補

《象》曰：《音訓》。天行健，君子以自强不息。「潛龍勿用」，陽在下也。「見龍在田」，德施普也。「終日乾乾」，反復道也。「或躍在淵」，進无咎也。「飛龍在天」，大人造也。造，徂早反。《釋文》。【注】造，爲也。《釋文》。「亢龍有悔」，盈不可久也。「用九」，天德不可爲首也。

䷁坤下坤上坤，元亨，利牝馬之貞。君子有攸往，先迷後得主。利西南得朋，東北喪朋，安貞吉。初六，履霜，堅冰至。【注】讀「履」王作「履讀」。爲「禮」。《釋文》。臧在東云：「鄭本經文當作『禮』。鄭注之云：『禮』讀爲『履』。後人依注改經，又依經改注。」六二，直方【注】直也，方也，地之性。此爻得中氣而在地上，自然之性，廣生萬物，故生動直而且方。《禮記·深衣》正義。大，不習无不利。六三，含章可貞，或從王事，无成有終。六四，括囊，无咎无譽。六五，黄裳元吉。丁補

【注】如舜試天子，周公攝政。《隋書·李德林傳》。上六，龍戰于野，其血玄黄。❶【注】聖人喻龍，君子喻蛇。《儀禮·鄉射禮》疏。《三禮圖·弓矢》。

❶「黄」下，據《周易》原文，當有「用六利永貞」五字。

丁補《象》曰：　晁氏《古易序》曰：「鄭康成學費氏，初變古制，猶若今乾卦，《彖》、《象》繫之卦末，而卒大亂於王弼。」至哉「坤元」，萬物資生，乃順承天。　坤厚載物，德合无疆，含弘光大，品物咸亨。「牝馬」地類，行地无疆，柔順「利」「貞」，君子攸行，「先迷」失道，「後」順得常。「西南得朋」，乃與類行。「東北喪朋」，乃終有慶。「安貞」之「吉」，應地無疆。丁補《象》曰：同上。　地勢坤，君子以厚德載物。「履霜堅冰」，陰始凝也。　馴致其道，《釋文》云：「馴，徐音訓，此依鄭義。」

姚士粦《跋》引《釋文》「馴，從也。爲鄭注」，惠本用之。臧在東云：「《釋文》『馴，似遵反。向秀云：從也。』此釋王弼義也。又曰『徐音訓，此依鄭義』，謂徐仙民音馴爲訓，是依鄭義。《史記·五帝本紀》『能明馴德』，徐廣曰：『馴，古訓字。』又《五帝本紀》『百姓不親，五品不馴』，《周禮·地官·司徒》注『教所以親百姓，訓五品』。此鄭以馴爲訓之驗。」至「堅冰」也。「六二」之動，「直」以「方」也。「不習无不利」，地道光也。「含章可貞」，以時發也。「或從王事」，知光大也。「括囊无咎」，慎不害也。「黄裳元吉」，文在中也。「龍戰于野」，其道窮也。「用六永貞」，以大終也。

䷂震下坎上屯，元亨利貞。勿用有攸往，利建侯。　初九，磐桓，利居貞，利建侯。六二，屯如邅如，乘馬般如。《釋文》。【注】馬牝牡曰乘。同上。　匪寇婚冓，同上。【注】冓，猶會。同上。《正義》作「媾，猶會也」。　女子貞不字，十年乃字。六三，即鹿无虞，惟入於林中，君子機，【注】機，弩牙也。同上。　不如舍，往吝。六四，乘馬般如，求婚冓，往吉，无不利。九五，屯其膏，小貞吉，大貞凶。上六，乘馬般如，泣血漣如。《象》曰：屯，剛柔始交而難生，動乎險中，大「亨」「貞」。雷雨之動滿盈，天造草昧，宜「建侯」而不寧。【注】惠補造，成也。　草，草創。昧，《封侯表》注「創」下有「也」字，不重「昧」字。昧爽也。《文選》任彦升《天監三年策秀才文》注。《爲范尚書讓吏部封侯第一表》注。讀而曰能，惠作「而讀」。能，猶安也。《釋文》。《象》曰：雲雷，屯，[姚補]君子以經論。《釋文》：「論，音倫，鄭如字。」《正義》云：「鄭玄云：以綸爲論字。」今文譌「淪」。【注】[姚補]謂論撰禮樂，施政事。《釋文》。雖「磐桓」，志行正也。以貴下賤，大得民也。「六二」之難，乘剛也。「十年乃字」，反常也。「即鹿無虞」，以從禽也。從，子用反。《釋文》。「子」，舊譌作「于」。案《古易音訓》、《周易會通》、宋本《釋文》皆從「子」。「君子」舍之，「往吝」窮也。求而往，明也。「屯其膏」，施未光也。「泣血漣如」，何可長也。

䷃坎下艮上蒙，亨。匪我求童蒙，童蒙求我，初筮告，再三瀆，瀆則不告，利貞。【注】蒙者，蒙。蒙，物初生形，是其未開著之名也。人幼稚曰童。亨者，陽也。互體震，而得中，嘉會禮通。陽自動其中，德於宋本《玉海》「於」作「施」，胡本亦同。地道之上，萬物應之，而萌芽生。教授之師取象焉，修道藝於其室。而童蒙者，求爲之弟子，非己乎求之也。弟子初問，則告之以事義，不思其三隅相況以反解而筮者，此勤師而功寡，學者之災也。瀆筮則不復告，欲令思而得之，亦所以利義而幹事。❶《公羊傳》定十五年疏。王誤多「是也」二字，惠有「也」字。童，未冠之稱。[惠補]筮，問。[姚補]瀆，褻也。《釋文》。初六，發蒙，利用刑人，用説桎梏，【注】木在足曰桎，在手曰梏。《周禮·大司寇》疏。以往吝。九二，苞蒙，《釋文》。【注】苞，當作「彪」。彪，文也。同上。吉。納婦，吉。子克家。六三，勿用取女，見金夫，不有躬，无攸利。六四，困蒙，吝。六五，童蒙，吉。上九，[姚補]繫蒙，同上。

❶「利」，黄本按語云：「當作和。」

不利爲寇，利禦寇。《象》曰：蒙，山下有險。險而止，蒙。「蒙亨」，以亨行，時中也。「匪我求童蒙，童蒙求我」，志應也。「初筮告」，以剛中也。「再三瀆，瀆則不告」，瀆蒙也。蒙以養正，聖功也。《象》曰：山下出泉，蒙。君子以果行育德。「利用刑人」，以正法也。「子克家」，剛柔接也。「勿用取女」，行不順也。「困蒙」之「吝」，獨遠實也。「童蒙」之「吉」，順以巽也。【注】巽，當作「遜」。《釋文》。利用「禦寇」，上下順也。

䷄乾下坎上需，【注】需，讀爲秀，陽氣秀而不直前者，畏上坎也。《釋文》。有孚，光亨，貞吉，《釋文》云：「鄭總爲一句。」利涉大川。初九，需于郊，利用恒，无咎。九二，需于沚，《釋文》。惠改「沚」爲「𣲡」。《九經古義》云：「『沚』，當爲『𣲡』，與『沙』同。」案當爲「𣲡」是也。改作「𣲡」則非傳信之義，今若此類，並仍其舊。【注】惠補 沙，接水者。《詩·鳧鷖》正義引作「沙」。小有言，終吉。九三，需于泥，致戎至。《釋文》。六四，需于血，出自穴。九五，需于酒食，貞吉。上六，入于穴，有不速之客三人來，敬之，終吉。《象》曰：需，須也。險在前也，剛健而不陷，其義不困窮矣。「需，有孚光亨貞吉」，位乎天位，上「位」音「涖」。《釋文》。以正中也。「利涉大川」，往有功也。《象》曰：雲上于天，需。君子以飲食宴樂。【注】宴，享宴也。《釋文》。《音訓》作「宴享也」。「需於郊」，不犯難行也。「利用恒无咎」，未失常也。「需于沚」，衍在中也。雖「小有言」，以吉終也。「需于泥」，災在外也。自我「致戎」，敬慎不敗也。「需于血」，順以聽也。「酒食」「貞吉」，以中正也。「不速之客」來，「敬之終吉」，雖不當位，未大失也。

䷅坎下乾上訟，【注】辯財曰訟。《釋文》。有孚，咥，【注】咥，覺悔貌。同上。案《釋文》唯云「馬作咥」，鄭依馬也。惕。中吉，終凶。利見大人，不利涉大川。初六，不永所事，小有言，終吉。九二，不克訟，歸而逋，其邑人三百户无眚。【注】小國之下大夫，采地方一成，其定稅三百家，故三百户也。《雜記下》正義。　又見《坊記》，正義無末句。不易之田，歲種之。一易之田，休一歲乃種。再易之田，王作「地」。休二歲乃種，言至薄也。苟自藏隱，不敢與五相敵，則無眚災。《正義》。　王作「災眚」。眚，過也。《釋文》。　六三，食舊德，貞厲，終吉。或從王事，无成。九四，不克訟，復即命渝，安貞吉。【注】渝，然也。《釋文》。　九五，訟，元吉。上九，或錫之鞶帶，【注】「鞶帶，佩鞶之帶。」《周禮·巾車》疏不云鄭注。　終朝三拕之。　拕，徒可反。《釋文》。　「可」，今本《釋文》或作「何」，誤。　項安世《周易玩辭》引鄭云：「三拖，❶三加之也。」似亦非鄭原文。《象》曰：訟，上剛下險，險而健，訟。「訟，有孚咥惕中吉」，剛來而得中也。「終凶」，訟不可成也。「利見大人」，尚中正也。「不利涉大川」，入于淵也。《象》曰：天與水違行，訟。君子以作事謀始。「不永所事」，訟不可長也。雖「小有言」，其辯明也。「不克訟」，歸逋竄也。自下訟上，患至惙也。惙，陟劣反。《釋文》。【注】惙，憂也。同上。「食舊德」，從上吉也。「復即命渝安貞」，不失也。「訟元吉」，以中正也。以訟受服，亦不足敬也。

䷆坎下坤上 師，貞丈人吉，无咎。【注】「軍二千五百人爲師。」《周禮·夏官·序官》疏云：「師貞丈人吉无咎，軍二千五百人爲師。丈之言長也，以法度爲人之長，故吉而无咎，謂天子諸侯而主軍。」丁小疋云：「此疏脱『注云』二字，自『軍二千五百人』以下，皆鄭注也。」王伯厚集此注冠以『軍二千五百人爲師』句，人多疑所出，唯小疋能通之。」多以軍爲名，次以師爲名，少以旅爲名。師者，

❶「拖」，黄本作「拕」。

六

舉中之言。《詩・棫樸》正義。丈之言長，能御衆衆。衍字。王無此字。有朝當作「幹」。王無此字。正人之德，以法度爲人之長，此句見《釋文》，作「能以法度長於人」。又《詩・甫田》正義云：「師貞丈人吉无咎，言以禮法長於人，可依仗也。」吉而无咎，謂天子諸侯主軍者。《春官・天府》疏。初六，師出以律，否臧凶。否，方有反。《釋文》。九二，在師中，吉无咎。王三[惠補]賜命。同上。六三，師或輿尸，凶。六四，師左次，无咎。六五，田有禽，利執言，无咎。長子帥師，弟子輿尸，貞凶。上六，大君有命，開國承家，小人勿用。《象》曰：師，衆也。貞，正也。能以衆正，可以王矣。剛中而應，行險而順，以此毒天下，而民從之，吉，又何咎矣。《象》曰：地中有水，師。君子以容民畜衆。「師出以律」，失律凶也。「在師中吉」，承天寵也。【注】寵，光耀也。同上。「王三賜命」，懷萬邦也。「師或輿尸」，大无功也。「左次无咎」，未失常也。「長子帥師」，以中行也。「弟子輿尸」，使不當也。「大君有命」，以正功也。「小人勿用」，必亂邦也。

䷇坤下坎上比，吉。原筮，元永貞，无咎。不寧方來，後夫凶。初六，有孚比之，无咎。有孚盈缶，【注】爻辰在未，上值東井。井之水，人所汲用缶。缶，汲器。《詩・宛邱》正義。《釋文》有末句，云「汲器也」。終來有它，吉。六二，比之自內，貞吉。六三，比之匪人。六四，外比之，貞吉。九五，顯比，王用三敺，《釋文》。失前禽，【注】王因天下顯習兵于蒐狩焉。《左傳》正義作「王者習兵于蒐狩」。驅禽而射之，三則已發《左傳》疏作「法」。軍禮。《左傳》疏有「也」字。失前禽者，謂禽在前來者，不逆而射，《左傳》疏有「之」字。傍去又不射，唯其《左傳》疏作「背」。走者，順而射之，不中亦《左傳》疏作「則」。已，是皆《左傳》疏作「其」。所失。《左傳》疏作「所以失之」。用兵之法，亦如之，降者不殺，奔者不禁，《左傳》疏作「禦」。背敵不殺，惠本「敵」爲「者」，誤。《左傳》疏作「皆爲敵不敵已」。以仁恩養威之道。《左傳》疏「以」上有「加」字。《秋官·士師》疏。《左傳》桓四年正義。邑人不誡，吉。上六，比之无首，凶。《象》曰：比，吉也。比，輔也。下順從也。「原筮元永貞无咎」，以剛中也。「不寧方來」，上下應也。「後夫凶」，其道窮也。《象》曰：地上有水，比。先王以建萬國親諸侯。比之「初六」，「有它吉」也。「比之自内」，不自失也。「比之匪人」，不亦傷乎。「外比」於賢，以從上也。「顯比」之「吉」，位正中也。舍逆取順，「失前禽」也。「邑人不誡」，上使中也。「比之无首」，无所終也。

䷈乾下巽上 惠補 小畜，許六反。《釋文》。【注】畜，養也。同上。亨。密雲不雨，自我西郊。初九，復自道，何其咎，吉。九二，牽復，吉。九三，輿説輹，【注】輹，伏菟。《釋文》。輿下縛木，與王作「輿」，誤。軸相連，鉤心之木是也。上九《象傳》正義。夫妻反目。六四，有孚，血去惕出，无咎。九五，有孚攣如，富以其鄰。上九，既雨既處，尚德載，婦貞厲。月幾望，君子貞凶。《象》曰：小畜，柔得位而上下應之，曰小畜。健而巽，剛中而志行，乃「亨」。「密雲不雨」，尚往也。「自我西郊」，施未行也。《象》曰：風行天上，小畜。君子以懿文德。「復自道」，其義吉也。「牽復」在中，亦不自失也。「夫妻反目」，不能正室也。「有孚惕出」，「上合志也」。「有孚攣如」，「不獨富也」。「既雨既處」，德積載也。「君子征凶」，有所疑也。

䷉兑下乾上 履虎尾，不 惠補 噬人，亨。噬，音誓。《文選·西征賦》注。【注】噬，惠補 齧也。同上。初九，素履往，无咎。九二，履道坦坦，幽人貞吉。六三，眇能視，跛能履，履虎尾，噬人凶，武人爲于大君。九四，履虎尾，愬愬終吉。九五，夬履，貞厲。上九，視履考惠補詳，《晁氏易》。【注】惠補履道之終，考正詳備。同上。其旋元吉。《彖》曰：履，柔履剛也。説而應乎乾，是以「履虎尾，不噬人，亨」，剛中正，履帝位而不疚，光明也。《象》曰：上天下澤，履。君子以辯上下，定民志。「素履」之「往」，獨行願也。「幽人貞吉」，中不自亂也。「眇能視」，不足以有明也。「跛能履」，不足以與行也。「噬人」之「凶」，位不當也。「武人爲于大君」，志剛也。「愬愬終吉」，志行也。「夬履，貞厲」，位正當也。「元吉」在上，大有慶也。

周易上經泰傳第二

漢鄭氏注　宋王應麟撰集

歸安丁　杰後定
武進張惠言訂正

䷊乾下坤上泰，【注】泰，通也。《釋文》。小往大來，吉，亨。初九，拔茅音苗。《釋文》。茹以其彙，征《音訓》云：「彙，鄭作夤。」【注】丁補 夤，勤也。《釋文》。《音訓》。《釋文》：「彙，古文作『⿱艹胃』。董作『夤』，出也。鄭云：勤也。」《呂氏音訓》：「彙，董遇作『⿱艹夤』，出也。鄭作『夤』，勤也。」盧召弓云：「《釋文》不於『彙音胃類也』之下引鄭注，而在『董作夤出也』之下，可以知鄭本之亦作『夤』矣。」　晁氏《會通》載：《音訓》董遇作「夤」，餘同。吉。九二，苞荒，【注】荒，讀爲康，虛也。《釋文》。　《晁氏易》云：「鄭讀爲康，大也。」　臧在東云：「《詩·召旻》箋云：『荒，虛也。』《正義》云：『荒，虛。』釋詁文假使當訓『虛』，則正可云『荒，虛也』，何必改讀从『康』。晁氏所見《釋文》北宋本，作『大也』爲是，今本誤耳。」用馮河。不遐遺，朋亡，得尚于中行。九三，无平不陂，无往不復，艱貞无咎，勿恤其孚，于食有福。六四，翩翩，不富以其鄰，不戒以孚。六五，帝乙歸妹，以祉元吉。【注】五，爻辰在卯春爲陽中，萬物以生。生育者，嫁娶之貴，仲春之月嫁娶，男女之禮，福祿大吉。《周禮·天官·媒氏》疏。❶　《通典·嘉禮四·嫁娶時月議》引張融云：「《易·泰卦》六五『帝乙歸妹，以祉元吉』，舊說六五爻辰在卯春爲陽中，萬物生育，嫁娶大吉也。」即鄭氏此注。上六，城復于隍，【注】隍，惠補 壑也。《詩·韓奕》正義。勿用師，自邑告命，貞吝。《象》曰：「泰，小往大來，吉亨」，則是天地交而萬物通也，上下交而其志同也。內陽而外陰，內健

❶「天官」，當作「地官」。

而外順，内君子而外小人。君子道長，小人道消也。《象》曰：天地交，泰。后以財成天地之道，輔相天地之宜，以左右民。【注】財，節也。輔相、左右，助也。以者，取其順陰陽之節，爲出内之政。春崇寬仁，夏以長養，秋教收斂，冬勑蓋藏，皆可以成物助民也。《集解》。「拔茅」「征吉」，志在外也。「苞荒」「得尚于中行」，以光大也。「无往不復」，天地際也。「翩翩不富」，皆失實也。「不戒以孚」，中心願也。「以祉元吉」，中以行願也。「城復于隍」，其命亂也。

䷋坤下乾上否之匪人，不利君子貞，大往小來。初六，拔茅茹以其彙，貞吉，亨。六二，苞承，小人吉，大人否，亨。六三，苞羞。九四，有命，无咎。𠷎離祉。《釋文》云：「鄭作古『𠷎』字。」孫頤谷云：「《説文》古『疇』字，作『𠃬』，無此『𠷎』字也。鄭氏於《易》何獨取此一古字，以别於衆家。考古訓，『誰也』之『疇』字，作『𠷎』，與『田疇』字不同。疑鄭氏經本作『𠷎』，而訓爲『誰』。陸氏不察以爲古『疇』字也。《爾疋》『疇、孰，誰也』。郭璞注亦引《易》此句爲證，蓋本鄭義。」九五，休否，【注】休，惠補美也。《文選》謝靈運《還舊園作見顔范二中書》詩注。大人吉。其亡其亡，繫于苞桑。【注】苞，植也。否世之人，不知聖人有命，咸云：惠作「曰」。其將亡矣，其將亡矣，而聖乃自繫于植桑，不亡也。《文選》曹元首《六代論》注。猶紂囚文王於羑里之獄，四臣獻珍異之物，而終免于難，繫于苞桑之謂。《集解》。上九，傾否，先否後喜。

《彖》曰：「否之匪人，不利君子貞，大往小來」，則是天地不交而萬物不通也，上下不交而天下无邦也。内陰而外陽，内柔而外剛，内小人而外君子。小人道長，君子道消也。《象》曰：天地不交，否。君子以儉德辟難，不可榮以禄。「拔茅」「貞吉」，志在君也。「大人否亨」，不亂群也。「包羞」，位不當也。

「有命无咎」，志行也。「大人」之「吉」，位正當也。「否」終則「傾」，何可長也。

䷌离下乾上同人于野，亨。【注】乾爲天，离爲火，卦體有巽，巽爲風。天在上，火炎上而從之，是其性同于天也。火得風，然後炎上益熾，是猶人君在上施政教，使天下之人和同而事之。以是《義海撮要》作「事」。爲人和同者，君之所爲也，故謂之同人。風行无所不徧，徧則會通之德大行，故曰「同人于野，亨」。《集解》。利涉大川，利君子貞。初九，同人于門，无咎。六二，同人于宗，吝。【注】天子、諸侯后夫人無子不出。《儀禮·士昏禮》疏。《禮記·内則》正義。《詩·河廣》正義無「無子」二字。九三，伏戎于莽，升其高陵，【注】莽，叢木也。《釋文》。李心傳《丙子學易編下》有「大阜曰陵」句。三歲不興。九四，乘其庸，《釋文》。弗克攻，吉。九五，同人先號咷而後笑，大師克相遇。上九，同人于郊，无悔。《彖》曰：同人，柔得位得中，而應乎乾，曰同人。同人曰：「同人于野，亨，利涉大川。」乾行也。文明以健，中正而應，君子正也，唯君子爲能通天下之志。《象》曰：天與火，同人。君子以類族辯物。出門同人，又誰咎也。「同人于宗」，吝道也。「伏戎于莽」，敵剛也。「三歲不興」，安行也。「乘其庸」，義弗克也。其「吉」，則困而反則也。「同人」之「先」，以中直也。「大師」「相遇」，言相克也。「同人于郊」，志未得也。

䷍乾下离上大有，元亨。【注】六五體离，處乾之上，猶大臣有聖明之德，代君爲政，處其位，《義海撮要》下有「而」字。有其事而理之也。元亨者，又《義海撮要》無「又」字。能長群臣以善使，嘉會禮通。若周公攝政，朝諸侯于明堂是也。《集解》。初九，无交害，匪咎，艱則无咎。九二，大車以載，有攸往，无咎。九三，公用亨于天子，小人弗克。

九四，匪其彭，无咎。六五，厥孚交如，威如，吉。上九，自天祐之，吉无不利。《象》曰：大有，柔得尊位大中，而上下應之，曰大有。其德剛健而文明，應乎天而時行，是以「元亨」。《象》曰：火在天上，大有。君子以遏惡揚善，順天休命。《大有》「初九」，无交害也。「大車以載」，積中不敗也。「公用亨于天子」，小人害也。「匪其彭无咎」，明辯遰也。《釋文》。【注】遰，讀如「明星晳晳」。同上。「厥孚交如」，信以發志也。「威如」之「吉」，易而无備也。《大有》上「吉」，「自天祐」也。

䷎艮下坤上謙，凡「謙」字，惠皆改作「嗛」，非也。亨，君子有終。【注】艮爲山，坤爲地，山體高，今在地下，其于人道，高能下下，謙之象。亨者，嘉會之禮，以謙而王本無「而」字。爲主。謙者，自貶損以下人，惟艮之堅固，坤之厚順，乃能終之，故君子之人有終也。《集解》。初六，謙謙君子，用涉大川，吉。六二，鳴謙，貞吉。九三，勞謙，君子有終，吉。六四，无不利，撝謙。【注】撝，讀爲宣。《釋文》。六五，不富以其鄰，利用侵伐，无不利。上六，鳴謙，利用行師，征邑國。《象》曰：「謙亨」，天道下濟而光明，地道卑而上行，天道虧盈而益謙，地道變盈而流謙，鬼神害盈而福謙，人道惡盈而好謙。謙，尊而光，卑而不可踰，「君子」之「終」也。《象》曰：地中有山，謙。君子以捊多益寡，《釋文》。【注】捊，取也。同上。稱物平施。「謙謙君子」，卑以自牧也。【注】牧，養也。《文選》潘安仁《閒居賦》注。「鳴謙貞吉」，中心得也。「勞謙君子」，萬民服也。「无不利撝謙」，不違則也。「利用侵伐」，征不服也。「鳴謙」，志未得也。可用「行師」，征邑國也。

䷏坤下震上豫，利建侯行師。【注】坤，順也。震，動也。順其性而動者，莫不得其所，故謂之豫。

《義海》無此四字。豫，喜逸凡「逸」字，惠並改作「佚」，後不注。説樂之貌也。《義海撮要》無「也」字。震又《義海撮要》無此及下兩「又」字。爲今《集解》本誤作「謂」。雷，諸侯之象。坤又爲衆，師役之象，故「利建侯行師」矣。王無「矣」字。《集解》。初六，鳴豫，凶。六二，砎于石，《釋文》云：「古文作『砎』，鄭古八反。」【注】砎，謂磨砎也。同上。不終日，貞吉。六三，盱豫【注】盱，誇也。同上。悔，遲有悔。九四，由豫，大有得，勿疑朋盍簪。【注】由，用也。簪，速也。同上。六五，貞疾，恒不死。上六，冥豫，【注】冥，讀爲「鳴」。同上。成有渝，无咎。《象》曰：豫，剛應而志行，順以動，豫。豫順以動，故天地如之，而況「建侯行師」乎。天地以順動，故日月不過，而四時不忒。【注】忒，差也。同上。聖人以順動，故刑罰清而民服，豫之時義大矣哉。《象》曰：雷出地奮，豫。先王以作樂崇德，殷薦之上帝，以配祖考。【注】奮，動也。雷動於地上，而惠本脱「而」字。萬物乃豫也。以上又見《詩·殷其靁》正義，無「乃」字。以者，取其喜逸動摇，猶人至樂則手欲鼓之，足欲舞之也。崇，充也。殷，盛也。薦，進也。上帝，天也。自「以者」至此，亦見《文苑英華》七百六十二，「天也」作「天帝也」。《舊唐書·禮儀志》亦有「上帝天帝也」句，是《集解》脱「帝」字，王伯厚書删此一節三十五字，非矣。惠依《集解》補。王者功成作樂，以文得之者作籥舞，以武得之者作萬舞。《義海撮要》無二「者」字。各充其德而爲制，祀天地《義海撮要》「地」作「帝」是。以配祖考者，使《義海撮要》無「者」「使」二字。與天同饗其功也。故《孝經》云：《義海撮要》作「曰」。「郊祀后稷以配天，宗祀文王於明堂，《義海撮要》無「於明堂」三字。以配上帝。」是也。《集解》。「初六鳴豫」，志窮凶也。「不終日貞吉」，以中正也。「盱豫」「有悔」，位不當也。「由豫大有得」，志大行也。「六五貞疾」，乘剛也。「恒不死」，中未亡也。「冥豫」在上，何可長也。

䷐震下兌上隨，元亨利貞，无咎。【注】震，動也。兌，說也。內動之以《左傳》正義作「爲」。德，外說之以言，則天下之民咸《左傳》正義無「咸」字。慕其行而隨從之，《義海撮要》無「之」字及下句。故謂之隨也。以上又見《左傳》襄九年正義。既見隨從，能長之以善，通其嘉禮，和之以義，幹之以正，則功成而有福。若无此四德，則《義海撮要》無「若」字、「則」字，「德」作「者」。有凶咎焉。焦贛曰：「漢高帝與項籍，其明徵也。」「焦贛」以下，王刪，惠補。《義海撮要》亦無。《集解》。初九，官有渝，貞吉，出門交有功。【注】震爲大塗，又爲日門，當春分陰陽之所交也。是臣出君門，與四方賢人今《集解》本誤「才」。交，有成功之象也。昔舜「愼徽五典，五典克從，內今《集解》本誤「納」。于百揆，百揆時序，賓于四門，四門穆穆」，是其義也。《集解》。六二，係小子，失丈夫。六三，係丈夫，失小子。隨有求得，利居貞。九四，隨有獲，貞凶。有孚在道，以明何咎。九五，孚于嘉，吉。上九，❶拘係之，乃從維之。王用亨于西山。《象》曰：隨，剛來而下柔，動而說，隨。大「亨」「貞」「无咎」，而天下隨時，隨時之義大矣哉。《象》曰：澤中有雷，隨。君子以嚮晦入宴息。【注】惠補 晦，冥今誤作「宴」，《七經孟子考文》云：「宋本作『冥』。」也。猶人君既夕之後，入于宴寢而止息。《正義》。「官有渝」，從正吉也。「出門交有功」，不失也。「係小子」，弗兼與也。「係丈夫」，志舍下也。「隨有獲」，其義凶也。「有孚在道」，明功也。「孚于嘉吉」，位正中也。「拘係之」，上窮也。

䷑巽下艮上蠱，元亨，利涉大川。先甲三日，後甲三日。【注】甲者，造作新令之日。甲前三日，取改過自新，故用辛也。甲後三日，取丁寧之義，故用丁也。《正義》云：「鄭義。」又《正義序》云：「鄭氏之說

❶「九」，據《周易》原文，當爲「六」。

以爲，甲者，宣令之日，先之三日而用辛也，欲取改新之義。後之三日而用丁也，取其丁寧之義。」皆約義言之，非正注，文是以互異。

初六，幹父之蠱，有子考无咎。厲，終吉。九二，幹母之蠱，不可貞。九三，幹父之蠱，小有悔，无大咎。六四，裕父之蠱，往見吝。六五，幹父之蠱，用譽。上九，不事王侯，高尚其事。【注】上九艮爻，艮爲山，辰在戌，得乾氣，父老之象，是臣之致事也，故「不事王侯」。是不得事君，君猶高尚其所爲之事。《表記》正義。

此條雖《正義》不言注文，其爲鄭注無疑。王附末簡，既屬過疑，惠乃删之妄矣。《易漢學》以此條爲鄭注。

《彖》曰：蠱，剛上而柔下，巽而止，蠱。「蠱元亨」，而天下治也。「利涉大川」，往有事也。「先甲三日，後甲三日」，終則有始，天行也。《象》曰：山下有風，蠱。君子以振民育德。「幹父之蠱」，意承考也。「幹母之蠱」，得中道也。「幹父之蠱」，終无咎也。「裕父之蠱」，往未得也。「幹父」「用譽」，承以德也。「不事王侯」，志可則也。

䷒兑下坤上 臨，元亨利貞。至于八月有凶。【注】臨，大也。陽氣自此浸而長大，陽浸長矣。而有四德，齊功于乾，盛之極也。人之情，盛則奢淫，奢淫則王無「則」字。將亡，故戒以凶。王有「也」字。臨卦斗建丑而用事，殷之正月也。當文王之時，紂爲无道，故于是卦爲殷家著興衰之戒，以見周改殷正之數云。臨自周二月用事，訖其七月，至八月而遯凡「遯」字，惠並改作「遂」，後不注。卦受之。此終而復始，王命然矣。《集解》。

初九，咸臨，貞吉。九二，咸臨，吉，无不利。六三，甘臨，无攸利，既憂之，无咎。六四，至臨，无咎。六五，知臨，大君之宜，吉。上六，敦臨，吉，无咎。

《彖》曰：臨，剛浸而長，說而順，剛中而應，大亨以正，天之道也。「至于八月有凶」，消不久也。《象》曰：澤上有地，臨。君子以教思无窮，容保民无疆。「咸臨貞吉」，志行正也。「咸臨吉无不利」，未順命也。「甘臨」，位不當也。「既憂之」，咎不長也。「至臨无咎」，位當也。「大君之宜」，行中之謂也。「敦臨」之「吉」，志在内也。

䷓坤下巽上觀，盥而不薦，【注】坤爲地，爲衆。巽爲木，爲風。九五天子之爻，互凡「互」字，惠並改作「㸦」，後不注。體有艮，艮爲鬼門，又爲宮王作「門」，誤。闕。地上有木，而爲鬼門、宮闕者，天子宗廟之象也。《集解》。諸侯貢士於天子，鄉惠作「卿」，誤。大夫貢士於其君，必以禮賓之，唯主人盥而獻賓，賓盥而酢主人，設薦俎則弟子也。《儀禮·鄉飲酒禮》疏。有孚顒若。初六，童觀，【注】童，稚也。《釋文》。小人无咎，君子吝。六二，闚觀，利女貞。六三，觀我生，進退。六四，觀國之光，利用賓于王。九五，觀我生，君子无咎。上九，觀其生，君子无咎。《彖》曰：大觀在上，順而巽，中正以觀天下，觀。「盥而不薦，有孚顒若」，下觀而化也。觀天之神道，而四時不忒。聖人以神道設教，而天下服矣。《象》曰：風行地上，觀。先王以省方觀民設教。「初六童觀」，小人道也。「闚觀」「女貞」，亦可醜也。「觀我生進退」，未失道也。「觀國之光」，尚賓也。「觀我生」，觀民也。「觀其生」，志未平也。

周易上經噬嗑傳第三

漢鄭氏注　宋王應麟撰集

歸安丁　杰後定

武進張惠言訂正

䷔震下离上噬嗑，亨，利用獄。初九，屨校滅趾，无咎。六二，噬膚滅鼻，无咎。六三，噬腊肉遇毒，小吝，无咎。九四，噬乾胏【注】胏，簀也。惠無「也」字。《釋文》。得金矢，利艱，貞吉。六五，噬乾肉得黄金，貞厲，无咎。上九，何校滅耳，凶。【注】离爲槁木，坎爲耳，木在耳上，何校滅耳之象也。《集解》。[臧補]臣從君坐之刑。《書·康誥》正義。《象》曰：頤中有物，曰噬嗑。噬嗑而亨，剛柔分，動而明，雷電合而章，柔得中而上行。雖不當位，「利用獄」也。《象》曰：雷電，噬嗑。先王以明罰勑法。【注】勑，猶理也。《釋文》下有「一云整也」四字。按《六經正誤》云：「鄭解『勑』爲『理』，爲『整』。」「屨校滅趾」，不行也。「噬膚滅鼻」，乘剛也。「遇毒」，位不當也。「利艱貞吉」，未光也。「貞厲无咎」，得當也。「何校滅耳」，聰不明也。【注】目不明，耳不聰。《釋文》。

䷕离下艮上賁，亨，小利有攸往。【注】賁，變也，文飾之貌。《釋文》。賁，文飾也。离爲日，天文也。艮爲石，地文也。天文在下，地文在上，天地二文相飾成賁者也。《集解》。自「离爲日」至此，又見《詩·白駒》正義，「日」下重「日」字，「天文」下無「也」字，「石」下重「石」字，「天地」以下作「天地之文交相而成賁賁然」。猶人君以剛柔仁義之道，飾成其德也。剛柔雜，仁義合，然後嘉會禮通，故亨也。卦互體坎艮，艮止于上，坎險惠多一「止」字，誤。于下，夾震在中，故不利大行，小有所之則可矣。《集解》。 初九，賁其趾，舍輿而徒。《釋文》。【注】[姚補] 趾，足。 姚有「也」字。 同上。 六二，賁其須。 九三，❶賁如濡如，永貞吉。 六四，賁如燔如，白馬翰如，燔，音煩。 《釋文》。 丁小疋云：「《音訓》云：『音燔。』顧寧人《易音》引《釋文》云：『鄭玄本作蹯，音燔。』又引蔡邕賦爲證，當從『蹯』字。」 案：❷「進退未定」，則爲「蹯」，當是。然顧所見《釋文》即是今本，安得作「蹯」音「燔」乎！ 蓋顧即据《音訓》以義推之，盧召弓据顧氏以改《釋文》，或未安也。【注】六四，巽爻也。 有應於初九，欲自飾以適初，既進退未定，故皤當爲「蹯」。 如也。 白馬翰如，謂九三位在辰，得巽氣，爲白馬。 翰，猶幹也。 見六四適初未定，欲幹而有之。《禮記·檀弓》正義。 雅雨堂本《釋文》有「翰」，鄭云：「幹也。」他本皆作「白也」。王本見《玉海》者，此條末有「翰白也」三字。 蓋宋時《釋文》已誤，惠始校正鄭注，刪此三字。 雅雨本《釋文》當亦惠所定。 匪寇婚媾。 六五，賁于丘園，束帛戔戔，吝，終吉。 上九，白賁，无咎。《象》曰：「賁亨」，柔來而文剛，故「亨」。 分剛上而文柔，故「小利有攸往」。 天文也。 文明以止，人文也。 觀乎天文，以察時變。 觀乎人文，以化成天下。《象》曰：山下有火，賁。 君子以明庶政，无敢折獄。【注】折，斷也。《釋文》。 又云：「斷，音丁亂反。」「舍車而徒」，❸義弗乘也。《晁氏易》。 「賁其須」，與上興也。 「永貞」之「吉」，終莫之陵也。 「六四」當位，疑也。 「匪寇婚媾」，終无尤也。 「六五」之「吉」，有喜也。 「白賁无咎」，上得志也。

䷖坤下艮上剥，不利有攸往。 初六，剥牀以足，蔑貞凶。【注】蔑，輕慢。《釋文》。 六二，剥牀以辨，[丁補] 辨，符勉反。 《釋文》。【注】足上稱辨《釋

❶ 「九三」，原誤作「六三」，據《周易》原文改。
❷ 「案」下，全集本有「注云」二字。
❸ 「車」，據上經文當作「輿」字。

文》云：「辨，足上也。馬、鄭同。」謂近膝之下，詘王作「屈」。則相近，申王作「信」。則相遠，故謂之辨。辨，分也。《集解》。蔑貞凶。六三，剥之无咎。六四，剥牀以膚，凶。六五，貫魚以宮人寵，无不利。上九，碩果不食，君子得輿，小人剥廬。【注】小人傲很，當剥徹廬舍而去。《周禮·地官·遺人》疏。《彖》曰：剥，剥也，柔變剛也。「不利有攸往」，小人長也。【注】陰氣侵陽，上至于五，萬物雰落，故謂之剥也。《漢上易》引「萬物零落謂之剥」，作「零」字。五陰一陽，小人極盛，君子不可有所之，故「不利有攸往」也。《集解》。順而止之，觀象也。君子尚消息盈虛，天行也。《象》曰：山附于地，剥。上以厚下安宅。「剥牀以足」，以滅下也。「剥牀以辨」，未有與也。「剥之无咎」，失上下也。「剥牀以膚」，切近災也。【注】切，急也。《釋文》。「以宮人寵」，終无尤也。「君子得輿」，民所載也。「小人剥廬」，終不可用也。

䷗震下坤上復，【注】復，反也，還也。陰氣侵陽，陽失其位，至此始還反起于初，故謂之復。陽，君象。君失國而還反，道德更興也。《左傳》襄二十八年正義。亨。出入无疾，朋來无咎，反復其道，七日來復，【注】[姚補]建戌之月，以陽氣既盡，建亥之月，純陰用事，至建子之月，陽氣始生。隔此純陰一卦，卦主六日七分，舉其成數言之，而云「七日來復」。《正義序》云：「鄭引《易緯》之説。」利有攸往。初九，不遠復，无祇悔。【注】祇，病也。《釋文》。元吉。六二，休復，吉。六三，顰復，同上。顰，王本作「卑」。《晁氏易》云：「顰，鄭作卑。」厲无咎。六四，中行獨復。【注】[惠補]爻處五陰之中，度中而行，四獨應初。《漢上易傳》。六五，敦復，无悔。上六，迷復，凶，有裁眚。《釋文》。【注】異自内生曰眚，自外曰祥，害物曰災。當作「裁」。《釋文》。用行師，終有大敗，以其國君凶，至于十年不克征。《象》曰：「復亨」，剛反，動而以順行，是以「出入无疾，朋來无咎」。「反復其道，七日來復」，天行也。「利有攸往」，剛長也。復，其見天地之心乎。《象》曰：雷在地中，復。先王以至日閉關，商旅不行。【注】資貨而行曰商。旅，客也。同上。后不省方。「不遠」之「復」，以修身也。「休復」之「吉」，以下仁也。「顰復」之「厲」，義「无咎」也。「中行獨復」，以從道也。「敦復无悔」，中以自考也。【注】考，成也。同上。「迷復」之「凶」，反君道也。

䷘震下乾上无妄，【注】妄，猶望，謂无所希望也。《釋文》。元亨利貞。其匪正有眚，不利有攸往。初九，无妄，往吉。六二，不耕穫，不菑畬，【注】一歲曰菑，二歲曰新田，三歲曰畬。《詩·采芑》正義。則利有攸往。六三，无妄之災，或繫之牛，行人之得，邑人之災。九四，可貞，无咎。九五，无妄之疾，勿藥有喜。上九，无妄，行有眚，无攸利。《象》曰：无妄，剛自外來而爲主於內，動而健，剛中而應。大亨以正，天之命也。「其匪正有眚，不利有攸往」，无妄之往，何之矣。【注】惠補 妄之言望，人所望宜正，行必有所望，行而無惠改作「无」。所望，是失其正，何可往也。《後漢書·李通傳》注。天命不佑，《釋文》：「佑，本又作『祐』，馬云『右』，謂天不右行。」不言馬作「右」，則字本爲「右」。不特馬也，《集解》正作「右」字。案《說文》訓「助」之字正作「右」。佑，乃俗字。此條王作「祐」，惠改作「右」，爲是。然《釋文》正作「佑」字，若竟改字則後人或有以此改《釋文》者，故寧存本字，而注出之。【注】佑，助也。《釋文》。行矣哉。《象》曰：天下雷行，物與，无妄。先王以茂對時育萬物。「无妄」之「往」，得志也。「不耕穫」，未富也。「行人」得「牛」，「邑人」災也。「可貞无咎」，固有之也。「无妄」之「藥」，不可試也。「无妄」之「行」，窮之災也。

䷙乾下艮上大畜，利貞，不家食，吉。【注】自九三至上九有頤象。居外是不家食吉王無「吉」字。而養賢。《禮記·表記》正義。利涉大川。初九，有厲利已。九二，輿説輹。九三，良馬逐逐，【注】逐逐，兩馬走也。《釋文》。丁小疋云：「王氏《玉海》本，經注連書，故此條『良馬逐逐，兩馬走也』，胡孝轅本誤分之，以上『逐』爲經文，下『逐』爲注文。惠氏考《釋文》于經文增重『逐』字，而注仍胡本不重，非也。」利艱貞，日閑輿衛，日，人實反。《釋文》。【注】日習車徒。同上。閑，習。同上。利有攸往。六四，童牛之梏，惠定宇云：「晁氏謂『梏』，鄭作『角』，非也。」【注】巽爲木，互體震，震爲牛之足，足在艮體之中，艮爲手，持木以就足，是施梏。《周禮·大司寇》疏。元吉。六五，豶豕之牙，【注】牙，讀爲互。《釋文》。吉。上九，何天之衢，亨。何，《後漢書》注、《文選》注引皆作「荷」，古通字。【注】艮爲手，手上肩也。乾爲首，首肩之間荷物處。乾爲天，艮爲徑路，天衢象也。《後漢書·崔駰傳》注。《象》曰：大畜，剛健篤實，煇光日新，其德剛上而尚賢。「日新」絶句，「其德」連下句。《釋文》。能止健，大正也。「不家食吉」，養賢也。「利涉大川」，應乎天也。《象》曰：天在山中，大畜。君子以多識前言往行，以畜其德。「有厲利已」，不犯災也。「輿説輹」，中无尤也。「利有攸往」，上合志也。「六四元吉」，有喜也。「六五」之「吉」，有慶也。「何天之衢」，道大行也。【注】惠補 人君在上位，負荷天之大道。《文選》王文考《魯靈光殿賦》注。

䷚震下艮上頤，貞吉。觀頤，自求口實。【注】頤者，今《集解》本，「者」爲「中」字，誤。《左傳》正義作「者」，與王本同，惠删之，非也。口，車輔之名也。震動于下，艮止于上，口車動而上，《漢上易》引作「口車動而止」。因輔嚼物以養人，故謂之頤。頤，養也。以上又見《左傳》襄二十八年正義。「名」下無「也」字，「謂」下無「之」字，「頤養也」作「爲養也」。能行養則其幹事，故吉矣。二五离爻皆得中，离爲目，觀象也。觀頤觀其養賢與不肖也。頤中有物，曰口實。自二至五有二坤，坤載養物，而人所食之物皆存焉。觀其求可食之物，則貪廉之情可別也。《集解》。初九，舍爾靈龜，觀我朵頤，凶。【注】朵，動也。《釋文》。六二，顛頤，拂經于丘頤，征凶。六三，拂頤，貞凶。十年勿用，无攸利。六四，顛頤，吉。虎視眈眈，其欲逐逐，无咎。六五，拂經，居貞吉，不可涉大川。上九，由頤，厲吉，利涉大川。《象》曰：「頤貞吉」，養正則吉也。「觀頤」，觀其所養也。「自求口實」，觀其自養也。天地養萬物，聖人養賢以及萬民，頤之時大矣哉。《象》曰：山下有雷，頤。君子以慎言語，節飲食。「觀我朵頤」，亦不足貴也。「六二征凶」，行失類也。「十年勿用」，道大悖也。「顛頤」之「吉」，上施光也。「居貞」之「吉」，順以從上也。「由頤厲吉」，大有慶也。【注】惠補 君以得人爲慶。《漢上易傳》。《義海撮要》。

䷛巽下兑上大過，【注】惠補 陽爻過也。❶《漢上易傳》。棟橈，利有攸往，亨。初六，藉用白茅，无咎。九二，枯楊生荑，老夫得其女妻，无不利。枯，音姑。荑，音夷。《釋文》。《漢上易傳》云：「稊，《鄭氏易》作『荑』。」又《晁氏易》云：「華，鄭作『荑』，非是。」【注】枯，謂無姑山榆。荑，木更生，謂山榆之實。《釋文》。又云：「榆，羊朱反。」九三，棟橈，凶。九四，棟隆吉，有它吝。九五，枯楊生華，老婦得其士夫，无咎无譽。【注】以丈夫年惠脱「年」字。過，娶二十之女，老婦年過，嫁於胡、惠

❶「也」下，黄本有「卦四陽二陰，陽居用事之地，故曰大過。大者，過也」十九字。

並脱「於」字。三十之男，皆得其子。《詩·桃夭》正義。上六，過涉滅頂，凶，无咎。《象》曰：大過，大者過也。「棟橈」，本末弱也。剛過而中，巽而説行，「利有攸往」，乃亨。大過之時大矣哉。《象》曰：澤滅木，大過。君子以獨立不懼，遯世无悶。「藉用白茅」，柔在下也。「老夫」「女妻」，過以相與也。「棟橈」之「凶」，不可以有輔也。「棟隆」之「吉」，不橈乎下也。「枯楊生華」，何可久也。「老婦」「士夫」，亦可醜也。「過涉」之「凶」，不可咎也。

䷜坎下坎上習坎，有孚維心，亨，行有尚。初六，習坎，入于坎窞，凶。九二，坎有險，求小得。六三，來之坎坎，檢且枕。《釋文》。【注】木在手曰檢，木胡、惠刪此「木」字。在首曰枕。同上。入于坎窞，勿用。六四，尊酒簋，貳用缶，内約自牖，終无咎。【注】六四上承九五，又互體在震上。《禮記·禮器》正義。爻辰在丑，丑上值斗，可以斟之象。斗上有建星，建星之形似簋。貳，副也。建星上有弁星，弁星之形又如缶。天子、大臣以王命出會諸侯，主國尊于簋，副設玄酒以缶。《詩·宛邱》正義。自「天子」至末，又見《禮記·禮器》正義，無「主國」二字，「以缶」作「而用缶也」。九五，坎不盈，祇既平，【注】祇，當爲坻，小丘也。《釋文》。无咎。上六，繫用徽纆，寘于叢棘，三歲不得，凶。【注】繫，拘也。爻辰在巳，巳爲蛇，蛇之蟠屈似徽纆也。三五互體艮，又與震同體。艮爲門闕，于木爲多節。震之所爲，有叢拘之類。門闕之内，有叢木多節之木，是天子外朝左右九棘之象也。外朝者，所以詢事之處也。左嘉石，平罷民焉。右肺石，達窮民焉。罷民，邪惡之民也。上六乘陽，有邪惡之罪，故縛約徽纆置于叢棘，而後公卿以下議之。自「上六乘陽」至此，又見《詩·正月》正義。「上六」，無「六」字。「約」，作「以」。「後」，作「使」。其害人者，置之圜土，而施職事焉，以明刑恥之。能復者，上罪三年而赦，中罪二年而赦，下罪一年而赦。不得者，不自思以得正道，終不自改，而出胡、惠本多「諸」字。圜土者殺，故胡、惠本多「曰」字。凶。《公羊傳》宣元年疏。《象》曰：習坎，重險也。水流而不盈，行險而不失其信。「維心亨」，乃以剛中也。「行有尚」，往有功也。天險不可升也，地險山川丘陵也。王公設險以守其國，險之時用大矣哉。《象》曰：水洊至，習坎。君子以常德行習教事。「習坎入坎」，失道「凶」也。「求小得」，未出中也。「來之坎坎」，終无功也。「尊酒簋貳」，剛柔際也。「坎不盈」，中未大也。「上六」失道，「凶」，「三歲」也。

䷝离下离上离，利貞，亨。畜牝牛，吉。初九，履錯然，惠補 錯，七各反。《釋文》。臧在東云：「《考工記》：『弓人爲弓，老牛之角紾而昔』。鄭司農云：『昔，讀爲交錯之錯。』玄謂：『昔，讀履錯然之錯。』《釋文》：『錯，七各反』。李云：『鄭且苦反。』《易釋文》：『履錯，鄭、徐：七各反。馬：七路反。』疑當作『徐七各反，馬、鄭七路反』。『七路反』與『七苦反』同，❶讀爲措。鄭《易》本馬，馬、鄭多同。荀云：初欲履錯于二，亦讀錯爲措。馬、鄭、荀皆傳費氏《易》者也。」惠言謂：鄭讀當「七路反」是也。疑《釋文》之誤則非，《釋文》于《周禮》亦音「七各反」也。敬之，无咎。六二，黄离，元吉。【注】惠補 離，凡「離」字，皆當作「离」。惠改作「离」，今依元文。南方之卦。離爲火，土託《御覽》作「寄」。位焉，土色黄，火之子。喻子有明德，能附麗於《初學記》、《御覽》「於」下有「其」字。父之道。文王之《御覽》作「大」。子發、旦《御覽》無「旦」字。是也。《文選注》止此。《初學記》無此句。慎成其業，故吉矣。惠作「則吉也」，誤。《文選》顔延年《應詔讌曲水作詩》註。《御覽》一百四十六。《初學記・皇太子部》。九三，日昃之离，不擊缶而歌，《釋文》。【注】艮爻也。位近胡丑，丑上值弁星，弁星《爾雅・釋器》疏引本作「在」。

---

❶ 上兩「七」，全集本作「且」，以上文考之，當作「且」。

「弁星」二字不重。似缶。《詩》云「坎其擊缶」，則樂器亦有缶。《詩・宛邱》正義。 則大耋之嗟。《釋文》云：「鄭無『凶』字。」嗟，惠改作「差」。 【注】年踰七十。《詩・車鄰》正義。 《禮記・射義》正義「踰」作「餘」，末有「也」字。 九四，㐬王本作「突」，惠並改作「㐬」。 如其來如，焚如，死如，棄如。《晁氏易》云：「突，鄭作『㐬』，云：不孝子也。」 丁小疋云：「《說文・𠫓部》『𠫓』『㐬』二字注，應依《繫傳》本，鼎臣妄爲移其次序。 朱筠河翻刻毛本，于『𠫓』字注，改兩『突』字爲『𠫓』。 惠松厓校定《周易集解》，亦改『突』爲『𠫓』。 段懋堂駁之，是矣。 然段亦不知《鄭氏易》實作『㐬』，不作『突』也。」【注】震爲長子，爻失正，又互體兑，兑爲附決。 今《周禮》本，「子」上誤多「註」字。 子居明法之家而無正，何以自斷，其君父不志也。 突當爲「㐬」。 如，震之失正，不知其所如。 又爲巽，巽爲進退，不知所從。 不孝之罪，五刑莫大焉，得用議貴之辟刑之，若如所犯之罪。 焚如，殺其親之刑。 死如，殺人之刑也。 惠脱「也」字。 棄如，流宥之刑。《周禮・秋官・掌戮》疏。 六五，出涕沱若，戚嗟若，【注】丁補 自目出曰涕。《漢上易》。 吉。 上九，王用出征，有嘉折首，獲匪其醜，无咎。《象》曰：离，麗也。 日月麗乎天，百穀草木麗乎土，重明以麗乎正，乃化成天下，柔麗乎中正，故「亨」。 是以「畜牝牛吉」也。 《象》曰：明兩作，离。 大人以繼明照于四方。【注】作，起也。《釋文》。 惠補 明兩者，取君明，上下以明德相承，其于天下之事無不見也。《文選・謝宣遠張子房詩》注。 丁補 明明相繼而起，大人重光之象，堯、舜、禹、文、武之盛也。《漢上易》。 「履錯」之「敬」，以辟咎也。 「黄离元吉」，得中道也。 「日昃之离」，何可久也。 「㐬如其來如」，无所容也。 「六五」之「吉」，麗王公也。《釋文》。 「王用出征」，以正邦也。

周易下經咸傳第四

漢鄭氏注　宋王應麟撰集

歸安丁　杰後定
武進張惠言訂正

☶☱艮下兑上咸，亨，利貞，取女吉。【注】咸，感也。艮爲山，兑爲澤，山氣下，澤氣上，二氣通而相應，以生萬物，故曰咸也。其於人也，嘉會禮通，和順於義，幹事能正，三十之男有此三德，以下二十之女，正而相親説，取王誤作「娶」。之則吉也。《集解》。初六，咸其拇。【注】拇，足大指也。《釋文》。六二，咸其腓，【注】腓，膞腸也。同上。又云：「膞，音市轡反。」凶。居吉。九三，咸其股，執其隨，往吝。九四，貞吉，悔亡。憧憧往來，朋從爾思。九五，咸其脢，【注】脢，背脊肉也。同上。《正義》無「背」字，《晁氏易》作「夾脊肉」。无悔。上六，咸其輔頰舌。《彖》曰：咸，感也。柔上而剛下，二氣感應以相與。【注】惠補與，猶親也。同上。止而説，男下女，是以「亨利貞取女吉」也。天地感而萬物化生，聖人感人心而天下和平。觀其所感，而天地萬物之情可見矣。《象》曰：山上有澤，咸。君子以虚受人。「咸其拇」，志在外也。雖「凶居吉」，順不害也。「咸其股」，亦不處也。志在「隨」人，所「執」下也。「貞吉悔亡」，未感害也。「憧憧往來」，未光大也。「咸其脢」，志末也。「咸其輔頰舌」，媵口説也。《正義》。《釋文》云：「滕，虞作『媵』。鄭云：送也。」【注】媵，送也。咸道極薄，徒送口舌言語相感而已，不復有志於其間。《正義》。

☴☳巽下震上恒，亨，无咎，利貞。利有攸往。【注】恒，久也。巽爲風，震爲雷，雷風相須而養物，猶長女承長男，夫婦同心而成家，久長之道也。夫婦以嘉會禮通，故无咎。其能和順幹事，所行而善矣。《集解》。初六，濬恒，《釋文》。貞凶，無攸利。九二，悔亡。九三，不恒其德，咸承之羞。同上。【注】得正，「得正」上，孔《疏》加「爻辭」二字，王連引，惠刪「辭」字，存「爻」字，皆未是。互體爲乾，乾有剛健之德。體在巽，巽爲進退，是「不恒其德」也。又互體爲兑，兑爲毁折，是將有羞辱也。《禮記·緇衣》正義。自「巽爲進退」以下，又見《後漢書·馬廖傳》注，「是不恒其德也」作「不恒其德之象」。「爲兑」無「爲」字，「是將」作「後或」。《緇衣》正義不言此爲注文，證之《後漢書》注，則爲注無疑。《正義》或脱「注云」字耳。貞吝。九四，田无禽。六五，恒其德，貞婦人吉，夫子凶。【注】[以陰爻而處尊位，是天子之女。又互體兑，兑爲和説。至尊主家之女，惠誤作「主」。以和説幹其惠誤脱「其」字。家事，問正於人，故爲吉也。應在九二，又男子之象。體在巽，巽爲進退，是無所定而婦言是從，故云「夫子凶」也。]《禮記·緇衣》正義。此條亦不言注文。上六，振恒，凶。【注】振，摇落也。《釋文》。《象》曰：恒，久也。剛上而柔下，雷風相與，巽而動，剛柔皆應，恒。恒，「亨无咎利貞」，久於其道也。天地之道，恒久而不已也。「利有攸往」，終則有始也。日月得天而能久照，四時變化而能久成，聖人久於其道而天下化成。觀其所恒，而天地萬物之情可見矣。《象》曰：雷風，恒。君子以立不易方。「濬恒」之「凶」，始求深也。「九二悔亡」，能久中也。「不恒其德」，无所容也。久非其位，安得「禽」也。「婦人」貞吉，從一而終也。夫子制義，從婦凶也。「振恒」在上，大无功也。

䷠艮下乾上遯，亨，小利貞。【注】遯，逃去之名也。此句又見《釋文》，無「也」字。艮爲門闕，乾有健德，互體有巽，巽爲進退。君子出門行，有進退逃去之象。二「逃去」以下，《義海撮要》引之無「二」字，王「二」誤作「曰」。五得位而有應，是用正道得禮見召聘。

始仕他國，當尚謙謙，《義海撮要》作「謙損」，又無下句。小其和順之道，居小官幹小事，其進以漸，則遠妒忌之害，昔《義海撮要》無「昔」字。陳敬仲奔齊辭卿是也。《集解》。 初六，遯尾，厲，勿用有攸往。 六二，執之用黃牛之革，莫之勝說。 九三，係遯，有疾厲，畜臣妾，吉。 九四，好遯，君子吉，小人否。否，備鄙反。《釋文》。【注】否，塞也。同上。 九五，嘉遯，貞吉。 上九，肥遯，无不利。《象》曰：「遯亨」，遯而亨也。 剛當位而應，與時行也。【注】丁補 正道見聘，始仕他國亦遯而後亨也。《漢上易》。 此或即約卦注，姑存以備考。「小利貞」，浸而長也。 遯之時義大矣哉。《象》曰：天下有山，遯。 君子以遠小人，不惡而嚴。「遯尾」之「厲」，不往何災也。「執用黃牛」，固志也。「係遯」之「厲」，有疾憊也。【注】憊，困也。《釋文》。「畜臣妾吉」，不可大事也。「君子」「好遯」，「小人否」也。「嘉遯貞吉」，以正志也。「肥遯无不利」，无所疑也。

䷡乾下震上大壯，【注】壯，氣力浸强之名。《釋文》。利貞。 初九，壯于趾，貞凶，有孚。 九二，貞吉。 九三，小人用壯，君子用罔，貞厲。 羝羊觸藩，羸其角。同上。 九四，貞吉，悔亡，藩決不羸，壯于大輿之輹。 六五，喪羊于易。易，音亦。同上。【注】易，謂佼易也。❶同上。 无悔。上六，羝羊觸藩，不能退，不能遂，无攸利，艱則吉。《象》曰：大壯，大者壯也。 剛以動，故壯。大壯「利貞」，大者正也。 正大而天地之情可見矣。《象》曰：雷在天上，大壯。 君子以非禮弗履。「壯于趾」，其孚窮也。「九二貞吉」，以中也。「小人用壯」，「君子罔」也。「藩決不羸」，尚往也。「喪羊于易」，位

❶「佼」，黃本作「狡」。

不當也。「不能退，不能遂」，不祥也。同上。【注】祥，善也。同上。「艱則吉」，咎不長也。

䷢坤下离上晉，康侯用錫馬蕃庶，晝日三接。蕃，發袁反。庶，止奢反。接，音捷。《釋文》。今本《釋文》或無音者，❶誤也。《音訓》云：「庶，鄭讀爲遮。」【注】康，尊也，廣也。蕃庶，謂蕃遮禽也。接，勝也。《釋文》。初六，晉如摧如，【注】摧，讀如「南山崔崔」之「崔」。同上。貞吉。罔孚，裕无咎。六二，晉如愁如，愁，子小反。同上。【注】愁，變色貌。同上。貞吉，受兹介福，于其王母。六三，衆允，悔亡。九四，晉如鼫鼠，案《正義》引鄭爲「大鼠」，異于王弼之五伎，則鄭本當作「碩」字，《釋文》或略耳。惠氏乃改注之「碩」皆爲「鼫」，何哉。【注】《詩》云：「碩鼠碩鼠，無食我黍。」謂大鼠也。《正義》。貞厲。六五，悔亡，矢得勿恤。《釋文》。往吉，无不利。上九，晉其角，維用伐邑，厲吉无咎，貞吝。《象》曰：晉，進也。明出地上，順而麗乎大明，柔進而上行，是以「康侯用錫馬蕃庶，晝日三接」也。《象》曰：明出地上，晉。君子以自照明德。【注】地雖生萬物，日出於上，其功乃著，故君子法之，而以明自照其德。《集解》。「晉如摧如」，獨行正也。「裕无咎」，未受命也。「受兹介福」，以中正也。「衆允」之志，上行也。「鼫鼠」「貞厲」，位不當也。「矢得勿恤」，往有慶也。「維用伐邑」，道未光也。

䷣离下坤上明夷，利艱貞。【注】夷，傷也。日出《漢上易》引作「在」。地上，其明乃光，至其入地，王作「也」，《漢上易》、《義海撮要》並同。明則《漢上易》作「乃」。傷矣，故謂之明夷。《義海撮要》作「故曰明夷」，又無下句。日之明傷，猶聖人君子有明德而遭亂世，抑在下位，則宜自艱，无幹事政，《義海撮要》無「政」字。以避小人之害也。惠脱「也」字，《義海撮要》無「之

❶「音者」，全集本作「音捷者」。

害」字。《集解》。初九，明夷于飛，垂其翼，君子于行，三日不食，有攸往，主人有言。六二，明夷，睇于左股，《釋文》。【注】旁視爲睇，此句見《釋文》，「爲」作「曰」。六二辰在酉，酉在胡作「是」。西方。又下體离，离爲目。九三體在震，震東方。九三又在辰，辰得巽氣爲股。此謂六二有明德，欲承九三，故云「睇于左股」。《禮記·内則》正義。用拯馬【注】拯，承也。《釋文》。壯，吉。九三，明夷于南狩，得其大首，不可疾貞。六四，入于左腹，獲明夷之心，于出門庭。六五，箕子之明夷，利貞。上六，❶不明晦，初登于天，後入于地。《象》曰：明入地中，明夷。内文明而外柔順，以蒙大難，【注】[姚補]蒙，猶遭也。同上。文王似之。同上。「利艱貞」，晦其明也。内難而能正其志，箕子似之。同上。《象》曰：明入地中，明夷。君子以莅衆，用晦而明。「君子于行」，義「不食」也。「六二」之「吉」，順以則也。「南狩」之志，乃大得也。「入于左腹」，獲心意也。「箕子」之「貞」，明不可息也。「初登于天」，照四國也。「後入于地」，失則也。

䷤离下巽上家人，利女貞。初九，閑有家，【注】閑，習也。《釋文》。悔亡。六二，无攸遂，在中饋，【注】[惠補]二爲陰爻，得正于内。五，陽爻也，得正于外。猶婦人自修正于内，丈夫修正于外。「无攸遂」，言婦人无敢自遂也。爻體离，又互體坎，火位在下，水在上，飪之象也。饋，食也。此句又見《後漢書·王符傳》注，作「中饋，酒食也」。故云「在中饋」也。《後漢書·楊震傳》注。貞吉。九三，家人嗃嗃，《晁氏易》云：「嗃嗃，鄭作『熇熇』。案《釋文》劉作『熇熇』，在鄭、荀之後，以苦熱之意言之，『熇熇』爲合。」然晁似以劉爲鄭，未可謂《釋文》誤也。【注】嗃嗃，苦熱之意。

❶「上六」，原誤作「上九」，據《周易》原文改。

《釋文》。悔厲吉。婦子嘻嘻，【注】嘻嘻，驕佚胡作「逸」。喜笑之意。同上。終吝。六四，富家大吉。九五，王假有家，王、惠誤作「廟」。【注】假，登也。同上。勿恤，吉。上九，有孚，威如，終吉。《象》曰：家人，女正位乎內，男正位乎外，男女正，天地之大義也。家人有嚴君焉，父母之謂也。父父，子子，兄兄，弟弟，夫夫，婦婦，而家道正，正家而天下定矣。《象》曰：風自火出，家人。君子以言有物，而行有恒。「閑有家」，志未變也。「六二」之「吉」，順以巽也。「家人嗃嗃」，未失也。「婦子嘻嘻」，失家節也。「富家大吉」，順在位也。「王假有家」，交相愛也。「威如」之「吉」，反身之謂也。

䷥兌下离上 睽，音圭。《釋文》。小事吉。【注】睽，乖也。火欲上，澤欲下，猶人同居而異志也，《義海撮要》引無「也」字及下二句。故謂之睽。二五相應，君陰臣陽，君而應臣，故「小事吉」。《集解》。初九，悔亡，喪馬勿逐，自復。見惡人，无咎。九二，遇主于巷，无咎。六三，見輿曳，其牛挈，【注】牛角皆踊曰挈。《釋文》。《漢上易傳》云：「掣，鄭康成作『觢』，牛角踊也。」《音訓》誤作「掣」，《會通》依《釋文》作「挈」。丁小疋云：「《子夏傳》、虞翻《注》及《說文》並訓『一角仰』，即《爾雅》所謂『一俯一卬觭也』。故《子夏傳》作『𢍉』，許、虞作『觢』，荀爽竟作『觭』，與《爾雅》文合。鄭注訓『皆踊』，即《爾雅》所謂『皆踊觢也』。《爾雅》、《釋文》『觢』或作『挈』，鄭《易》作『挈』，亦與之合。」其人天且劓，无初有終。九四，睽孤，遇元夫，交孚，厲无咎。六五，悔亡，厥宗噬膚，往何咎。上九，睽孤，見豕負塗，載鬼一車，先張之弧，後說之壺。《釋文》。匪寇婚冓，往遇雨則吉。《象》曰：睽，火動而上，澤動而下，二女同居，其志不同行。說而麗乎明，柔進而上行，得中而應乎剛，是以「小事吉」。天地睽而其事同也，男女睽而其志通也，萬物睽而其事類也，睽之時用大矣哉。《象》曰：上火下澤，睽。君子以同而異。「見惡人」，以辟咎也。「遇主于巷」，未失道也。「見輿曳」，位不當也。「无初有終」，遇剛也。「交孚」「无咎」，志行也。「厥宗噬膚」，往有慶也。「遇雨」之「吉」，群疑亡也。

䷦艮下坎上蹇，利西南，不利東北，利見大人，貞吉。初六，往蹇，來譽。六二，王臣蹇蹇，匪躬之故。九三，往蹇，來反。六四，往蹇，來連。連，如字。《釋文》。【注】連，遲久之意。《釋文》。《正義》。九五，大蹇，朋來。上六，往蹇來碩，吉，利見大人。《彖》曰：蹇，難也，險在前也。見險而能止，知矣哉。「蹇利西南」，往得中也。【注】中，和也。《釋文》。「不利東北」，其道窮也。「利見大人」，往有功也。當位「貞吉」，以正邦也。蹇之時用大矣哉。《象》曰：山上有水，蹇。君子以反身脩德。「往蹇來譽」，宜待時也。《釋文》。「王臣蹇蹇」，終无尤也。「往蹇來反」，内喜之也。「往蹇來連」，當位實也。「大蹇朋來」，以中節也。「往蹇來碩」，志在内也。「利見大人」，以從貴也。

䷧坎下震上解，利西南，无所往，其來復吉，有攸往，夙吉。初六，无咎。九二，田獲三狐，得黃矢，貞吉。六三，負且乘，致寇至，貞吝。九四，解而拇，朋至斯孚。六五，君子維有解，吉，有孚于小人。上六，公用射隼于高墉之上，獲之，无不利。《彖》曰：解，險以動，動而免乎險，解。「解利西南」，往得衆也。「其來復吉」，乃得中也。「有攸往夙吉」，往有功也。天地解而雷雨作，雷雨作而百果草木皆甲宅，【注】木實曰果。皆，惠改作「解」，謬甚。讀如人倦之解。解，謂坼今《文選》誤作「拆」。呼。惠改作「嘑」，亦無據。皮曰甲，根曰宅。宅，居也。《文選》左太沖《蜀都賦》注。又云：「呼，火亞切。」解之時大矣哉。《象》曰：雷雨作，解。君子以赦過宥罪。剛柔之際，義「无咎」也。「九二貞吉」，得中道也。「負且乘」，亦可醜也。自我致戎，又誰咎也。「解而拇」，未當位也。「君子」「有解」，「小人」退也。「公用射隼」，以解悖也。

䷨兑下艮上損，【注】艮爲山，兑爲澤，互體坤，坤爲地。山在地上，澤在地下，澤以自損增山之高也，《義海撮要》引無「以」字、「也」字，「增」上有「以」字。猶諸侯損其《義海撮要》無「其」字。國之富，以貢獻于天子，故謂之損矣。《集解》。有孚，元吉，无咎，可貞，利有攸往。曷之用，二簋可用亨。【注】[四以簋進黍稷于神也。初字誤，當爲「三」。與二直，其四與五承上，故用二簋。四，巽爻也，巽爲木。五，离爻也，离爲日。日體圜，木器而圜，簋象也。]《考工記·旅人》疏不云注文。又《少牢饋食禮》疏云：「離爲日，日圓。巽爲木，木器象。」《詩·權輿》正義云：「離爲日，日體圓。巽爲木，木器圓，簋象。」三疏皆約義也。初九，已事遄往，无咎。酌損之。九二，利貞，征凶，弗損益之。六三，三人行，則損一人。一人行，則得其友。六四，損其疾，使遄有喜，无咎。六五，或益之十朋之龜，【注】《爾雅》云：「十朋之龜者，《禮記》正義無此二字。❶一曰神龜，二曰靈龜，三曰攝龜，四曰寶龜，五曰文龜，六曰筮龜，七曰山龜，八曰澤龜，九曰水龜，十曰火龜。」《正義》。《禮記·禮器》正義。弗克違，元吉。上九，弗損益之，无咎，貞吉，利有攸往，得臣无家。《象》曰：損，損下益上，其道上行。損而「有孚，元吉，无咎，可貞，利有攸往。曷之用，二簋可用亨」。「二簋」應有時，損剛益柔有時，損益盈虛，與時偕行。《象》曰：山

---

❶「二字」，全集本、黄本皆作「五字」。

下有澤，損。君子以徵忿懫欲。《釋文》。胡「欲」作「慾」。【注】徵，猶清也。懫，止也。《釋文》。「已事遄往」，尚合志也。「九二利貞」，中以爲志也。「一人行」，「三」則疑也。「損其疾」，亦可喜也。「六五」「元吉」，自上祐也。「弗損益之」，大得志也。

䷩震下巽上益，利有攸往，利涉大川。【注】陰陽之義，陽稱爲君，陰稱王無此「稱」字，《義海撮要》上句亦無此「稱」字。爲臣。今震一陽二陰，臣多於君矣。《義海撮要》無「矣」字。而四體《義海撮要》無「體」字。巽之不《義海撮要》作「下」，《集解》及王俱誤。應初，是天子損其所有以下諸侯也。人君之道，《義海撮要》無「之道」。以益下爲德，故謂之益也。《義海撮要》無「也」字及下二句。震爲雷，巽爲風，雷動風行，二者相成，《義海撮要》無此句。猶人君出教令，臣《義海撮要》「臣」下有「下」字。奉行之，故「利有攸往」。坎爲大川，故王無「坎爲大川故」五字，《義海撮要》同。「利涉大川」矣。惠作「也」，《義海撮要》無此字。《集解》。初九，利用爲大作，元吉，无咎。六二，或益之十朋之龜，弗克違，永貞吉。王用亨于帝，吉。六三，益之用凶事，无咎。有孚中行，告公用圭。六四，中行告公從，利用爲依遷國。九五，有孚惠心，勿問元吉，有孚惠我德。上九，莫益之，或擊之，立心勿恒，凶。

《彖》曰：益，損上益下，民説无疆，自上下下，其道大光。「利有攸往」，中正有慶。「利涉大川」，木道乃行。益動而巽，日進无疆。天施地生，其益无方。凡益之道，與時偕行。

《象》曰：風雷，益。君子以見善則遷，有過則改。「元吉无咎」，下不厚事也。「或益之」，自外來也。「益用凶事」，固有之也。「告公從」，以益志也。「有孚惠心」，勿問之矣。「惠我德」，大得志也。「莫益之」，偏辭也。「或擊之」，自外來也。

周易下經夬傳第五

漢鄭氏注　宋王應麟撰集

歸安丁　杰後定

武進張惠言訂正

䷪乾下兑上夬，揚于王庭。【注】夬，決也。陽氣浸長至于五。五，尊位也，而陰先之，是猶聖人積德説天下，以漸消去小人，至於受命爲天子，故謂之決。惠改作「夬」。揚，越也。五互體乾，乾爲君，又居尊位，王庭之象也。陰爻越其上，小人乘君子，罪惡上聞于聖人之朝，故曰「夬，王作「決」。揚于王庭」也。王無「也」字。《集解》。孚號有厲，告自邑，不利即戎，利有攸往。初九，壯于前趾，往不勝，爲咎。九二，惕號，音号。《釋文》。莫夜莫，如字。同上。【注】莫，無也。無夜，非一夜。同上。今本或作「非号夜」者，誤。有戎，勿恤。九三，壯于頯同上。惠誤作「頄」。【注】頯，夾面也。同上。有凶。君子夬夬，獨行遇雨，若濡有慍，无咎。九四，臀无膚，[姚補]其[惠補]行趑趄。趑，七私反。趄，七餘反。《釋文》。姚跋云：「次且，作『趑且』，卻行不前也。」「卻行」五字，乃馬注，姚誤引之，惠又引「趄，七餘反」。案《釋文》「且」本或作「趄」，或作「跙」，同七餘反。鄭既「次」字從「趑」，則「且」字爲「趄」可知，陸以與王弼或本同，故不復釋。而字之爲「趄」，當從惠本。牽羊悔亡，聞言不信。九五，莧陸【注】莧陸，商陸也。《釋文》。《正義》作「『莧陸』，一名『商陸』」。丁小疋曰：「依宋本《正義》，此句係馬《傳》，《兼明書》引之亦然，但譌『商』爲『章』耳。」夬夬，中行无咎。上六，无號，終有凶。《彖》曰：夬，決也，剛決柔也。健而説，決而和。「揚于王庭」，柔乘五剛也。「孚號有厲」，其危乃光也。「告自邑不利即戎」，所尚乃窮也。「利有攸往」，剛長乃終也。《象》曰：澤上於天，夬。君子以施禄及下，居德則忌。「不勝」而「往」，咎也。「有戎勿恤」，得中道也。「君子夬夬」，終「无咎」也。「其行趑趄」，位不當也。「聞言不信」，聰不明也。「中行无咎」，中未光也。「无號」之「凶」，終不可長也。

䷫巽下乾上遘，《釋文》。女壯，勿用取女。【注】姤，王作「遘」，下同。遇也。一陰承五陽，一女當五男，苟相遇耳。非禮之正，故謂之姤。女壯如是，壯健以王作「似」。淫，故不可取。婦人以婉娩爲其德也。《集解》。初六，繫于金柅，貞吉。有攸往，見凶，丁補 羸豕孚蹢躅。羸，力追反。《釋文》。《晁氏易》云：「鄭作虆。」九二，丁補 包有魚，包，百交反。《釋文》。无咎。不利賓。九三，臀无膚，其行趑趄，《釋文》。見上卦。厲，无大咎。九四，包无魚，起凶。九五，以杞包瓜，包，百交反。《釋文》。丁云：「《晁氏易》、鄭讀爲『庖』，非。」【注】杞，柳也。《釋文》。含章，有隕自天。上九，遘其角，吝，无咎。《彖》曰：遘，遇也，柔遇剛也。「勿用取女」，不可與長也。天地相遇，品物咸章也。剛遇中正，天下大行也。遘之時義大矣哉。《象》曰：天下有風，遘。后以施命誥四方。誥，起一反。《釋文》。誥，《音訓》、《會通》誤作「誥」。【注】誥，止也。《釋文》。王本、胡本、《音訓》、《會通》皆作「正也」，今《釋文》本亦有作「正」者。「繫于金柅」，柔道牽也。「包有魚」，義不及賓也。「其行趑趄」，行未牽也。「无魚」之「凶」，遠民也。「九五」「含章」，中正也。「有隕自天」，志不舍命也。「遘其角」，上窮吝也。

䷬坤下兑上萃，亨。王假有廟，利見大人，亨。利貞，用大牲吉，利有攸往。【注】萃，聚也。坤爲順，兑爲説。臣下以順道承事其君，説德居上待之，上下相應，有事而和通，故曰「萃亨」也。丁云：「《釋文》云：馬、鄭、虞、陸等並無『亨』字。据《集解》當有，或是《釋文》誤衍『鄭』耳。」假，至也。互有艮巽，巽王無此字。爲木，艮爲闕，木在闕上，宮室之象也。四本震爻，震爲長子。五本坎爻，坎爲隱伏，居尊而隱伏，鬼神之象。長子入闕升堂，祭祖禰之禮也，故曰「王假有廟」。二本离爻也，离爲目，居正應五，故曰「利見大人」矣。大牲，牛也。言大人有嘉會，時可幹事，必殺牛而王作「以」。盟，既盟則可以往，王脱此字。故曰「利往」。《集解》。初六，有孚不終，乃亂乃萃。若號，[丁補]號，户羔反。《釋文》。晁氏曰：「號，鄭爲號咷。」一握爲笑，【注】握，當讀爲「夫三爲屋」之「屋」。《釋文》。勿恤，往无咎。六二，引吉，无咎。孚乃利用禴。【注】禴，夏祭名。同上。六三，萃如嗟如，无攸利，往无咎，小吝。九四，大吉，无咎。九五，萃有位，无咎。匪孚，元永貞，悔亡。上六，齎咨涕洟，【注】齎咨，嗟歎之辭也。辭，姚作「聲」。以上[姚補]。自目曰涕，自鼻曰洟。同上。无咎。《彖》曰：萃，聚也。順以説，剛中而應，故聚也。「王假有廟」，致孝亨也。「利見大人亨」，聚以正也。「用大牲吉，利有攸往」，順天命也。觀其所聚，而天地萬物之情可見矣。《象》曰：澤上於地，萃。君子以除戎器，【注】除，去也。同上。戒不虞。「乃亂乃萃」，其志亂也。「引吉无咎」，中未變也。「往无咎」，上巽也。「大吉无咎」，位不當也。「萃有位」，志未光也。「齎咨涕洟」，未安上也。

䷭巽下坤上升，《釋文》。【注】升，當作「昇」。《義海撮要》引亦作「升」。上也。坤地巽木，木生地中，日長而《義海撮要》作「於」。日益高大也，故謂之升。升，進益之象矣。王無「矣」字，惠作「也」。《集解》。元亨，用見大人，勿恤，南征吉。初六，允昇，大吉。九二，孚乃利用禴，无咎。九三，昇虛邑。六四，王用亨于岐山，亨，許兩反。《釋文》。【注】亨，獻也。同上。吉，无咎。六五，貞吉，昇階。上六，冥昇，利于不息之貞。《象》曰：柔以時昇，巽而順，剛中而應，是以大亨。「用見大人勿恤」，有慶也。「南征吉」，志行也。《象》曰：地中生木，昇。君子以順德，積小以高大。「允昇大吉」，上合志也。「九二」之「孚」，有喜也。「昇虚邑」，无所疑也。「王用亨于岐山」，順事也。「貞吉昇階」，大得志也。「冥昇」在上，消不富也。

䷮坎下兑上困，亨，貞大人吉，无咎。【注】坎爲月，互體离，离爲日，兑爲暗昧，日所入也。今上弇王作「掩」。日月之明，猶君子處亂世，《集解》諱改「代」，今從王。爲小人所不容，故謂之困也。君子雖困，居險惠誤「儉」。能説，是以通而无咎也。《集解》。初六，臀困于株木，入于幽谷，三歲不覿。九二，困于酒食，朱韍方來，利用亨

王作「享」。祀。【注】二據初，辰在未，未爲土，王本誤作「正」。此二爲大夫有地之象。未上值天厨，酒食象。困于酒食者，采地薄，不足已用也。二與日爲體，❶离爲鎮霍，爻四爲諸侯，有明德受命當王者。离爲火，火色赤。四爻辰在午，時离氣赤又惠改「又」作「爲」。朱。以下王誤連引「是也文王將王天子制用朱韍」十二字，今删。《士冠禮》正義。朱深云云，當爲「于」。古「亐」字之誤，惠妄改作「曰」。赤。《詩·斯干》正義。金先生云：「《詩·斯干》箋：『芾者，天子純朱，諸侯黄朱。』疏云：『純朱，明其深也。黄朱，明其淺也。』引《乾鑿度》『天子之朝朱芾，諸侯之朝赤芾』，證『朱芾』爲『純朱』，『赤芾』爲『黄朱』，故引鄭氏困卦注『朱深於赤』爲證。今汲古閣本《詩疏》『困卦』譌爲『内卦』，『於赤』譌爲『云赤』，幸上下文義可證『云』字之譌。王氏沿譌，惠又改『云』爲『曰』，適與鄭義違反。」惠言案：《七經孟子考文》，宋板《詩疏》内卦「内」字尚作「困」，故伯厚能採入注；而定宇竟不知所出，此知集文不載出處，誤後學不少。征

---

❶「日」，黄本按語云：「當作四。」

凶，无咎。六三，困于石，據于蒺藜，入于其宮，不見其妻，凶。九四，來徐徐，困于金車，吝，有終。九五，劓刖，【注】劓刖，當爲倪仉。《釋文》。困于赤紱，乃徐有説，利用祭祀。上六，困于葛藟，于臲卼，曰動悔。有悔，征吉。《象》曰：困，剛揜也。險以説，困而不失其所，「亨」，其唯君子乎。「貞大人吉」，以剛中也。「有言不信」，尚口乃窮也。《象》曰：澤无水，困。君子以致命遂志。「入于幽谷」，幽不明也。「困于酒食」，中有慶也。「據于蒺藜」，乘剛也。「入于其宮，不見其妻」，不祥也。「來徐徐」，志在下也。雖不當位，有與也。「劓刖」，志未得也。「乃徐有説」，以中直也。「利用祭祀」，受福也。「困于葛藟」，未當也。「動悔有悔」，吉行也。

䷯巽下坎上井，【注】坎，水也。巽木，桔槔也。互體离兑，离外堅中虚，瓶惠脱「瓶」字。也。兑爲暗澤，泉口也。言桔槔引瓶下入泉口，汲水而出，井之象也。井以汲字當爲「養」。人，水无空竭，猶君子以政教養天下，惠澤无窮也。《集解》。井，法也。《釋文》。改邑不改井，无喪无得。往來井井，汔至亦未繘井。【注】姚補 繘，綆也。《釋文》。羸其瓶，【注】姚補 羸，讀曰「虆」。同上。凶。初六，井泥不食，舊井无禽。九二，井谷射鮒，丁補 射，音亦。《釋文》。甕敝漏。《釋文》。【注】九二，坎爻也。坎爲水，上直巽。生一當爲「九三」，惠改。艮爻也。艮爲山，山下有井，必因谷水胡本多一「本」字。所生。魚無大魚，但多鮒魚耳，言微小也。王無此句。盧召弓以爲此下並劉淵林語，非鄭注。夫感動天地，此魚之至大，射鮒井谷，此魚之至小，故以相況。《文選》左太沖《吴都賦》注。三字丁補 射，厭也。甕，停水器也。《釋文》。九三，井渫不食。【注】謂已浚渫也，猶臣修正其身，以事君也。《文選》王仲宣《登樓賦》注。爲我心惻。可用汲，王明竝受其福。六四，井甃，无咎。九五，井冽，寒泉食。上六，井收勿幕，有孚元吉。《象》曰：巽乎水而上水，井。井養而不窮也。「改邑不改井」，乃以剛中也。「汔至亦未繘井」，未有功也。「羸其瓶」，是以「凶」也。《象》曰：木上有水，井。君子以勞民勸相。「井泥不食」，下也。「舊井无禽」，時舍也。「井谷射鮒」，无與也。「井渫不食」，行惻也。求「王明」，受福也。「井甃无咎」，修井也。「寒泉」之「食」，中正也。「元吉」在上，大成也。

䷰离下兑上革，【注】革，改也。此句又見《釋文》。水火相息，而更用事，猶王者受命，改正朔，易服色，故謂之革也。惠無「也」字。《集解》。巳日乃孚。元亨利貞，悔亡。初九，鞏用黄牛之革。六二，巳日乃革之，征吉，无咎。九三，征凶，貞厲。革言三就，有孚。九四，悔亡，有孚，改命吉。九五，大人虎變，未占有孚。上六，君子豹變，臧補注云：「大人，謂天子。君子，謂諸侯。」惠言謂《儀禮·士相見禮》賈疏云：「『君子豹變』據諸侯，則『大人虎變』爲天子可知。」謂鄭望文注大人也。《禮記·禮運》孔疏云：「《易·革卦》『大人虎變』對『君子豹變』，故大人爲天子。」則鄭《易注》以「大人」爲「天子」，「君子」爲「諸侯」，其義是也。以爲注文如是，則妄矣。小人革面。征凶，居貞吉。《象》曰：革，水火相息，二女同居，其志不相得，曰革。「巳日乃孚」，革而信之。文明以說，大亨以正，革而當，其「悔」乃「亡」。天地革而四時成，湯武革命，順乎天而應乎人，革之時大矣哉。《象》曰：澤中有火，革。君子以治歷明時。「鞏用黄牛」，不可以有爲也。「巳日革之」，行有嘉也。「革言三就」，又何之矣。「改命」之「吉」，信志也。「大人虎變」，其文炳也。「君子豹變」，其文蔚也。「小人革面」，順以從君也。

☲☴巽下离上鼎，【注】鼎，象也。卦有水字誤，王本作「木」。火之用，互體乾兑，乾爲金，兑爲澤，澤鍾金而舍惠作「含」。水，爨以木火，鼎亨孰物之象。鼎亨孰以養人，猶聖君興仁義之道以教天下也，故謂之鼎矣。《集解》。元吉，亨。初六，鼎顛趾，利出否，得妾以其子，无咎。【注】顛，蹢也。趾，足也。無事曰趾，陳設曰足。二句又見《詩·七月》正義。爻體巽胡脱「巽」字。爲股，初爻在股之下，足象也，足所以承正鼎也。初陰爻而柔，與乾同體，以否正承《御覽》誤「正承」爲「趾象」。乾。乾爲君，以喻君夫人事君，若失正禮，蹢爲其足之道，❶情無怨，則當以和義出之。然如否者，嫁於天子，雖失禮，无出道，廢遠之而已。若其无子，不廢遠之，后尊如故，其犯六出，則廢之，自「嫁於天子」至此，又見《禮記·内則》正義，「廢遠之而已」，無「之」字，「如故」無「故」字。又見《儀禮·士昏禮》疏，不言注文。又《詩·河廣》正義有「嫁於天子」至「而已」。自「若其无子」以下十九字，《御覽》無。遠之，子廢。坤爲順，又爲子母牛。惠增「今」字。在后妃之旁側，妾之列王作「例」。也。有順德，子必賢，賢而立以爲世子，又何咎也。《御覽》一百四十六。九二，鼎有實，我仇有疾，【注】怨耦曰仇。《釋文》。《漢上易·叢説》云：「鄭以九四爲九二仇。」不我能即，吉。九三，鼎耳革，其行塞，雉膏不食。【注】雉膏，食之美者。今本「者」或作「也」，誤。《釋文》。方雨虧悔，終吉。九四，鼎折足，覆公餗，其形剭。音屋。《釋文》。剭，王作「屋」。分注云：「《釋文》『剭』，《周禮》注云：『其刑剭，音屋。』」《漢上易》云：「鄭作『其刑剭』。」惠定宇《九經古義》云：「形，古刑字。」【注】糝謂之餗。震爲竹，竹萌曰筍。筍者，餗之爲菜也。此句見《釋文》，云：「餗，菜也。」是八珍之食，臣下曠官，失君之美道，當刑之於屋中。《天官·醢人》疏。又《秋官·司烜氏》疏引鄭義，以爲：「餗，美饌。鼎三足，三公象。若三公傾覆王之美道，屋中刑之。」又《詩·韓奕》正義云：「餗，作『簌』。鄭注

❶「爲其」，全集本、黄本皆作「其爲」。

以『籔』爲八珍所用。」凶。六五，鼎黄耳，金鉉，【注】金鉉，喻明道，能舉君之官職也。《文選》潘安仁《西征賦》注。潘正叔《贈河陽》詩注。王元長《三月三日曲水詩序》注。王仲寶《褚淵碑文》注。王元亮《唐律名例一疏義》。利貞。上九，鼎玉鉉，大吉，无不利。《彖》曰：鼎，象也。以木巽火，亨飪也。聖人亨以亨上帝，而大亨以養聖賢。巽而耳目聰明，柔進而上行，得中而應乎剛，是以「元亨」。《象》曰：木上有火，鼎。君子以正位凝命。【注】凝，成也。《釋文》。「鼎顛趾」，未悖也。「利出否」，以從貴也。「鼎有實」，慎所之也。「我仇有疾」，終无尤也。「鼎耳革」，失其義也。「覆公餗」，信如何也。「鼎黄耳」，中以爲實也。「玉鉉」在上，剛柔節也。

䷲震下震上震，亨。【注】震爲雷，雷，動物之氣也。雷之發聲，猶人君出政教，以動中國之人也，故謂之震。以上亦見《詩·殷其靁》正義，「中國」作「國中」，「之人也」無「也」字。人君有善聲教，則嘉會之禮通矣。《集解》。震來虩虩，【注】虩虩，恐懼貌。《釋文》。笑言啞啞。【注】啞啞，樂也。同上。震驚百里，不喪匕鬯。【注】驚之言警，惠諷作「驚」，下同。戒也。此句《集解》無，用《詩正義》。雷發聲，聞於百里，古者諸侯之象。諸侯出教令，能警戒其國内，以上又見《詩·殷其靁》正義，「聞於百里」無「聞於」字，「諸侯出教令」，「出」上有「之」字。「能警戒」無「能」字，「國内」作「國疆之内」。則守其宗廟社稷，爲之祭主，不亡匕與鬯也。人君於祭之禮，匕牲體，薦鬯而已，其餘不親也。自「雷發聲」至此，又見《儀禮·特牲饋食》疏，「聞於」無「聞」字，「之象」無「之」字，「戒其」無「其」字，「不亡」下有「其」字，「鬯也」無「也」字，「於祭之禮」無「之禮」二字，「不親」下有「爲」字。升牢於俎，君匕之，臣載之。鬯，秬酒，芬芳脩王作「條」。鬯，因名焉。《集解》。《正義》引鄭玄云：「人君於祭祀之禮，尚牲薦鬯而已，其餘不足觀也。」又云：「鄭玄之義，秬鬯之酒，其氣條暢，故謂之鬯。」又《周禮·夏官·太僕》疏引「當發聲百里者，諸侯之象。人君於祭祀之禮，匕牲薦鬯而已，其餘不親」。 初九，震來虩虩，後笑言啞啞，吉。 六二，震來厲，億喪貝。億，於力反。《釋文》。【注】十萬曰億。同上。 躋于九陵，勿逐，七日得。 六三，震蘇蘇，【注】蘇蘇，不安也。同上。 震行无眚。 九四，震遂泥。 六五，震往來厲，億无喪，有事。 上六，震索索，視矍矍，【注】索索，猶縮縮，足不正也。矍矍，目不正。同上。 征凶。 震不于其躬，于其鄰，无咎。 婚冓有言。《象》曰：「震亨」，「震來虩虩」，恐致福也。「笑言啞啞」，後有則也。「震驚百里」，驚遠而懼邇也。 出可以守宗廟社稷，以爲祭主也。《象》曰：洊雷，震。君子以恐懼脩省。「震來虩虩」，恐致福也。「笑言啞啞」，後有則也。「震來厲」，乘剛也。「震蘇蘇」，位不當也。「震遂泥」，未光也。「震往來厲」，危行也。其「事」在中，大「无喪」也。「震索索」，中未得也。 雖「凶」「无咎」，畏鄰戒也。

䷳ 艮下艮上 艮其背，【注】艮爲山，山立峙各於其所，无相順之時，猶君在上，臣在下，恩敬不相與通，故謂之艮也。《集解》。艮之言很也。《釋文》。《音訓》、《會通》「很」作「限」。 不獲其身，行其庭，不見其人，无咎。 初六，艮其趾，无咎，利永貞。 六二，艮其腓，不拯其隨，其心不快。 九三，艮其限，列其䏰，《釋文》。《音訓》、《會通》「䏰」誤「夤」。【注】限，要也。《釋文》。 厲薰心。 六四，艮其身，无咎。 六五，艮其輔，言有序，悔亡。 上九，敦艮，吉。《象》曰：艮，止也。 時止則止，時行則行，動静不失其時，其道光明。 艮其止，止其所也。 上下敵應，不相與也。 是以「不獲其身，行其庭，不見其人，无咎」也。《象》曰：兼山，艮。君子以思不出其位。「艮其趾」，未失正也。「不拯其隨」，未退聽也。「艮其限」，危「薰心」也。「艮其身」，止諸躬也。「艮其輔」，以中正也。「敦艮」之「吉」，以厚終也。

䷴艮下巽上漸，女歸吉，利貞。初六，鴻漸于干，【注】干，謂大水之旁，故停水處。惠多「者」字，誤以《斯干》正義足句字爲本文。《詩·伐檀》正義。《斯干》正義。《釋文》無「謂大」二字及「之」字。小子厲，有言，无咎。六二，鴻漸于磐，飲食衎衎，吉。九三，鴻漸于陸，夫征不復，婦孕不育，【注】「九三上與九五互體爲離，離爲大腹，❶孕之象也。又互體爲坎，坎爲丈夫，坎爲水，水流而去，是「夫征不復」也。夫既不復，則婦人之道顛覆，故孕而不育。」《郊特牲》正義不言鄭注文。孕，猶娠也。《釋文》。凶。利禦寇。六四，鴻漸于木，或得其桷，无咎。九五，鴻漸于陵，婦三歲不孕，終莫之勝，吉。上九，鴻漸于陸，其羽可用爲儀，吉。《象》曰：漸之進也，「女歸吉」也。進得位，往有功也。進以正，可以正邦也。其位剛得中也。止而巽，動不窮也。《象》曰：山上有木，漸。君子以居賢德善俗。「小子」之「厲」，義「无咎」也。「飲食衎衎」，不素飽也。「夫征不復」，離群醜也。【注】姚補 離，猶去也。《釋文》。「婦孕不育」，失其道也。「利用禦寇」，順相保也。「或得其桷」，順以巽也。「終莫之勝吉」，得所願也。「其羽可用爲儀吉」，不可亂也。

䷵兌下震上歸妹，征凶，无攸利。初九，歸妹以娣，跛能履，征吉。九二，眇能視，利幽人之貞。六三，歸妹以須，【注】須，有《周禮》疏無「有」字。才智之稱。句又見《釋文》。天文有須女，屈原之姊宋本《詩疏》作「姊」，今或誤作「妹」。王作「姊」，惠改作「妹」，從俗本，非也。名女須。《詩·桑扈》正義。《周

❶「大」，原誤作「火」，據全集本與黃本改。

禮・天官・序官》疏。反歸以娣。九四，歸妹愆期，遲歸有時。六五，帝乙歸妹，其君之袂，不如其娣之袂良。月幾望，吉。上六，女承匡無實，《釋文》。盧召弓云：「宋本《釋文》鄭作『匡』，今誤爲『筐』。」【注】宗廟之禮，主婦奉筐當爲「匡」。米。《儀禮・特牲饋食禮》疏。《士昏禮》云：「婦入三月，而後祭行。」《詩・葛屨》正義。士刲羊無血，无攸利。《象》曰：歸妹，天地之大義也。天地不交，而萬物不興。歸妹，人之終始也。説以動，所歸妹也。「征凶」，位不當也。「无攸利」，柔乘剛也。《象》曰：澤上有雷，歸妹。君子以永終知敝。「歸妹以娣」，以恒也。「跛能履吉」，相承也。「利幽人之貞」，未變常也。「歸妹以須」，未當也。「愆期」之志，有待而行也。「帝乙歸妹」，「不如其娣之袂良」也。其位在中，以貴行也。「上六」「无實」，「承」虛「匡」也。

周易下經豐傳第六

漢鄭氏注　宋王應麟撰集
歸安丁　杰後定
武進張惠言訂正

䷶离下震上豐，【注】豐之言腆，惠改「倎」。充滿意也。《釋文》。亨，王假之，勿憂，宜日中。初九，遇其妃主，同上。【注】嘉耦曰妃。同上。雖旬无咎。【注】初脩禮上朝四，四以匹敵恩厚待之，雖留十日不爲咎。正以十日宋本《詩正義》作「旬日」。者，朝聘之禮，止於主國以爲限。聘禮畢，歸大禮，曰旬而稍。旬之外爲稍，久留非常。《詩·有客》正義。往有尚。六二，豐其蔀，《釋文》。【注】蔀，小席。同上。日中見斗，往得疑疾，有孚發若，吉。九三，豐其芾，同上。宋本《釋文》作「芾」，俗本作「韋」，惠改從「韋」，非是。【注】芾，祭祀之蔽膝。同上。日中見昧，同上。折其右肱，无咎。【注】三艮爻，艮爲手，互體爲巽，巽又爲進退，手而便於進退，右肱也。猶大臣用事於君，君能誅之，故无咎。《儀禮·覲禮》疏。九四，豐其蔀，日中見斗，遇其夷主，吉。六五，來章，有慶譽，吉。上六，豐其屋，蔀其家，闚其户，闃其无人。【注】闃，无人貌。《釋文》。三歲不覿，凶。《象》曰：豐，大也。明以動，故豐。「王假之」，尚大也。「勿憂宜日中」，宜照天下也。日中則昃，月盈則食。【注】惠補言皆有休已，无常盛。惠多「也」字。《公羊傳》定十五年疏。天地盈虛，與時消息，而況於人乎，況於鬼神乎。《象》曰：雷電皆至，豐。君子以折獄致刑。「雖旬无咎」，過旬災也。「有孚發若」，信以發志也。「豐其芾」，不可大事也。「折其右肱」，終不可用也。「豐其蔀」，位不當也。「日中見斗」，幽不明也。「遇其夷主」，「吉」行也。「六五」之「吉」，「有慶」也。「豐其屋」，[惠補]天際祥也。《釋文》。【注】際，當爲瘵。瘵，病也。同上。「闚其户，闃其无人」，自戕也。《釋文》云：「衆家同。」【注】戕，傷也。同上。

䷷艮下离上旅，小亨。旅，貞吉。初六，旅瑣瑣，斯其所取災。【注】瑣瑣，猶小小。王有「也」字。此句又見《釋文》，云：「瑣瑣，小也。」爻互體艮，艮小石，小小之象。三爲聘客，初與二，其介也。介當以篤實之人爲之，而用小人瑣瑣然。客主人爲言，不能辭曰非禮，不能對曰非禮，每者不能以禮行之，❶胡、惠並誤作「行」。則其所以得罪。《儀禮·聘禮記》疏。六二，旅即次，懷其資，得童僕貞。九三，旅焚其次，喪其童僕，貞厲。九四，旅于處，[今補]得其齊斧，《釋文》云：「衆家同。」我心不快。六五，射雉，一矢亡，終以譽命。上九，鳥焚其巢，旅人先笑後號咷，喪牛于易，凶。

《彖》曰：「旅小亨」，柔得中乎外而順乎剛，止而麗乎明，是以「小亨旅貞吉」也。旅之時義大矣哉。《象》曰：山上有火，旅。君子以明慎用刑，而不留獄。「旅瑣瑣」，志窮「災」也。「得童僕貞」，終无尤也。「旅焚其次」，亦以傷矣。以旅與下，其義「喪」也。「旅于處」，未得位也。「得其齊斧」，「心」未「快」也。「終以譽命」，上逮也。以旅在上，其義焚也。「喪牛于易」，終莫之聞也。

䷸巽下巽上巽，小亨，利有攸往，利見大人。初六，進退，利武人之貞。九二，巽在牀下，用史巫紛若，吉，无咎。九三，[丁補]頻巽，吝。《釋文》于王注「頻顣」云：「此同鄭意。」六四，悔亡，田獲三品。九五，貞吉，悔亡，无不利，无初有終。先庚三日，後庚三日，吉。上九，巽在牀

❶「者」，黄本按語云：「當作皆。」

下，喪其齊斧，貞凶。《彖》曰：重巽以申命，剛巽乎中正而志行，柔皆順乎剛，是以「小亨，利有攸往，利見大人」。《象》曰：隨風，巽。君子以申命行事。「進退」，志疑也。「利武人之貞」，志治也。「紛若」之「吉」，得中也。「頻巽」之「吝」，志窮也。「田獲三品」，有功也。「九五」之「吉」，位正中也。「巽在牀下」，上窮也。「喪其齊斧」，正乎凶也。

䷹兑下兑上兑，亨，利貞。初九，和兑，吉。九二，孚兑，吉，悔亡。六三，來兑，凶。九四，商兑【注】商，隱度也。《釋文》。未寧，介疾有喜。九五，孚于剥，有厲。上六，引兑。《彖》曰：兑，説也。剛中而柔外，説以「利貞」，是以順乎天而應乎人。説以先民，民忘其勞。説以犯難，民忘其死。説之大，民勸矣哉。《象》曰：姚補 離澤，兑。《釋文》。【注】姚補 離，猶併也。同上。君子以朋友講習。「和兑」之「吉」，行未疑也。「孚兑」之「吉」，信志也。「來兑」之「凶」，位不當也。「九四」之「喜」，有慶也。「孚于剥」，位正當也。「上六引兑」，未光也。

䷺坎下巽上涣，亨，王假有廟，利涉大川，利貞。初六，用拯馬壯，吉。九二，涣奔其机，悔亡。六三，涣其躬，无悔。六四，涣其群，元吉。涣有丘，匪夷所思。九五，涣汗其大號。【注】惠補 號，令也。《文選》張平子《東京賦》注。涣王居，无咎。上九，涣其血，去逖出，无咎。《彖》曰：「涣亨」，剛來而不窮，柔得位乎外而上同。「王假有廟」，王乃在中也。「利涉大川」，乘木有功也。《象》曰：風行水上，涣。先王以享于帝，❶立廟。「初六」之

❶「享」，原作「亨」，今據《周易》原文改。

「吉」，順也。「涣奔其机」，得願也。「涣其躬」，志在外也。「涣其群元吉」，光大也。「王居无咎」，正位也。「涣其血」，遠害也。

䷻兑下坎上節，亨，苦節不可貞。初九，不出户庭，无咎。九二，不出門庭，凶。六三，不節若，則嗟若，无咎。六四，安節，亨。九五，甘節，吉，往有尚。上六，苦節，貞凶，悔亡。《彖》曰：「節亨」，剛柔分而剛得中。「苦節不可貞」，其道窮也。説以行險，當位以節，中正以通。天地節而四時成，節以制度，不傷財，不害民。【注】空府藏，則傷財。力役繁，則害民。二者奢泰之所致。《後漢書·王符傳》注。《象》曰：澤上有水，節。君子以制數度，議德行。「不出户庭」，知通塞也。「不出門庭凶」，失時極也。「不節」之「嗟」，又誰咎也。「安節」之「亨」，承上道也。「甘節」之「吉」，居位中也。「苦節貞凶」，其道窮也。

䷼兑下巽上中孚，豚魚吉，【注】三辰在亥，亥爲豕。爻失正，故變而從小名，言豚耳。四辰在丑，丑爲鼈蟹。鼈蟹，魚之微者。爻得正，故變而從大名，言魚耳。三惠改「互」，非。體兑，兑爲澤。四上值天淵，二五皆坎爻，坎爲水，二浸澤，則豚利，五亦以水灌淵，則魚利。豚魚以喻小民也。而爲明君賢臣恩意所供養，故吉。《詩·無羊》正義。《易緯稽覽圖》末簡，有一條與此略同，蓋即《鄭易注》也，附録之，云：「孚，信也。兩陰在内，亦以五、以中和之氣候之。兩陰猶民，于君在上矣。臣在下，候行中正之道，政教信于民，故謂之中孚。兩陰者，三辰在亥爲豕。爻失正，故變而爲小名，言豚。四辰在丑爲鼈。鼈，魚之微者。爻爲正，變以其大節言魚。三體兑爲澤，四值天淵，二五皆坎爻如水，水以水度浸澤所養，故吉。互體是震，震爲木，二爻巽爲風，木在水上，而風行之，濟大川，象君能濟於難也。」中多錯誤，不可正審。利涉大川，利貞。初九，虞吉，有它不燕。九二，鳴鶴在陰，其子和之。我有好爵，吾與爾靡之。六三，得敵，或鼓或罷，或泣或歌。六四，月幾望，馬匹亡，无咎。九五，有孚攣如，无咎。上九，翰音登于天，貞凶。《彖》曰：中孚，柔在内而剛得中，説而巽，孚乃化邦也。「豚魚吉」，信及豚魚也。「利涉大川」，乘木舟虛也。【注】舟，謂集板，如今自空大木惠作「目空木大」，未知何據。爲之曰虛。《詩·谷風》正義。「中孚」以「利貞」，乃應乎天也。《象》曰：澤上有風，中孚。君子以議獄緩死。「初九虞吉」，志未變也。「其子和之」，中心願也。「或鼓或罷」，位不當也。「馬匹亡」，絶類上也。「有孚攣如」，位正當也。「翰音登于天」，何可長也。

䷽艮下震上小過，亨，利貞。可小事，不可大事，飛鳥遺之音，不宜上，上，如字。《釋文》。【注】上，謂君也。同上。宜下，大吉。初六，飛鳥以凶。六二，過其祖，遇其妣。不及其君，遇其臣，无咎。九三，弗過防之，從或戕之，凶。九四，无咎，弗過遇之，往厲必戒，勿用永貞。六五，密雲不雨，自我西郊，公弋取彼在穴。上六，弗遇過之，飛鳥離之，凶，是謂災眚。《彖》曰：小過，小者過而亨也。過以「利貞」，與時行也。柔得中，是以「小事吉」也。剛失位而不中，是以「不可大事」也。有「飛鳥」之象焉，「飛鳥遺之音，不宜上，宜下，大吉」，上逆而下順也。《象》曰：山上有雷，小過。君子以行過乎恭，喪過乎哀，用過乎儉。「飛鳥以凶」，不可如何也。「不及其君」，「臣」不可過也。「從或戕之」，「凶」如何也。「弗過遇之」，位不當也。「往厲必戒」，終不可長也。姚補「密雲不雨」，已尚也。《釋文》。【注】姚補尚，庶幾也。同上。「弗遇過之」，已亢也。

䷾离下坎上既濟，【注】既，已也，盡也。濟，度也。

《釋文》。亨小，利貞。初吉，終亂。初九，曳其輪，濡其尾，无咎。六二，婦喪其茀，【注】茀，車蔽也。同上。勿逐，七日得。九三，高宗伐鬼方，三年克之，小人勿用。六四，繻有衣袽，[姚補]繻，音須。《釋文》。終日戒。九五，東鄰殺牛，不如西鄰之禴祭。【注】互體爲坎也。王無「也」字。又互體爲離。離爲日，坎爲月。日出東方，東鄰象也。月出西方，西鄰象也。《禮記·坊記》正義。禴，夏祭之名。《詩·天保》正義。實受其福。上六，濡其首，厲。《象》曰：既濟「亨」，小者，亨也。「利貞」，剛柔正而位當也。「初吉」，柔得中也。「終」止則「亂」，其道窮也。《象》曰：水在火上，既濟。君子以思患而豫防之。「曳其輪」，義「无咎」也。「七日得」，以中道也。「三年克之」，憊也。【注】憊，劣弱也。《釋文》。「終日戒」，有所疑也。「東鄰殺牛」，「不如西鄰」之時也。「實受其福」，「吉」大來也。「濡其首厲」，何可久也。

䷿坎下离上未濟，亨，小狐汔濟，【注】汔，幾也。《釋文》。濡其尾，无攸利。初六，濡其尾，吝。九二，曳其輪，貞吉。六三，未濟，征凶，利涉大川。九四，貞吉，悔亡。震用伐鬼方，三年有賞于大國。六五，貞吉，无悔，君子之光，有孚，吉。上九，有孚于飲酒，无咎。濡其首，有孚失是。《象》曰：「未濟亨」，柔得中也。「小狐汔濟」，未出中也。「濡其尾，无攸利」，不續終也。雖不當位，剛柔應也。《象》曰：火在水上，未濟。君子以慎辨物居方。「濡其尾」，亦不知極也。「九二」「貞吉」，中以行正也。「未濟征凶」，位不當也。「貞吉悔亡」，志行也。「君子之光」，其暉吉也。「飲酒」濡首，亦不知節也。

周易繫辭上第七

漢鄭氏注　宋王應麟撰集

歸安丁　杰後定

武進張惠言訂正

天尊地卑，乾坤定矣。卑高以陳，貴賤位矣。【注】君臣尊卑之貴賤，如山澤之有高卑也。《禮記・樂記》正義。動靜有常，剛柔斷矣。【注】動靜，雷風也。《禮記・樂記》正義。方以類聚，物以群分，【注】類聚、群分，謂水火也。《禮記・樂記》正義。吉凶生矣。在天成象，【注】成象，日月星辰也。《禮記・樂記》正義。在地成形，【注】謂草木鳥獸也。《禮記・樂記》正義。《御覽》三十六作「形者，謂草木鳥獸」。變化見矣。是故剛柔相摩，[惠補]八卦相蕩。《釋文》云：「衆家同。」鼓之以雷霆，潤之以風雨。日月運行，一寒一暑。乾道成男，坤道成女。乾知大始，坤作成物。乾以易知，易，音亦。《釋文》。【注】[臧補]佼易。《詩・天作》正義。坤以簡能。易則易知，簡則易從。易知則有親，易從則有功。有親則可久，有功則可大。可久則賢人之德，可大則賢人之業。易簡而天下之理得矣。天下之理得，而成位乎其中矣。

聖人設卦觀象，繫辭焉而明吉凶，剛柔相推而生變化。是故吉凶者，失得之象也。悔吝者，憂虞之象也。變化者，進退之象也。剛柔者，晝夜之象也。六爻之動，三極之道也。【注】[惠補]三極，三才也。《釋文》。是故君子所居而安者，《易》之序也。所樂而翫者，《釋文》。爻之辭也。是故君子居則觀其象而翫其辭，動則觀其變而翫其占，是以自天祐之，吉无不利。象者，言乎象者也。爻者，言乎變者也。吉凶者，言乎其失得也。悔吝者，言乎其小疵也。无咎者，善補過也。是故列貴賤者存乎位，齊小大者存乎卦，辯吉凶者存乎辭，憂悔吝者存乎介，震无咎者存乎悔。【注】震，懼也。《釋文》。是故卦有小大，辭有險易。辭也者，各指其所之。《易》與天地準，【注】[姚補]準，中也，平也。同上。故能彌綸天地之道。仰以觀於天文，俯以察於地理，是故知幽明之故。原始及終，同上。故知死生之説。

精氣爲物，遊魂爲變，是故知鬼神之情狀。與天地相似，故不違。【注】精氣，謂七八也。遊魂，謂九六也。七八，木火之數也。王無「也」字。九六，金水之數。木火用事而物生，故曰「精氣爲物」。金水用事而物變，故曰「遊魂爲變」。精氣謂之神，遊魂謂之鬼。木火生物，金水終物，二物變化，其情與天地相似，故无所差違之也。《集解》。《禮記·樂記》正義引之云：「精氣謂七八，遊魂謂九六。遊魂謂之鬼，物終所歸。精氣謂之神，物生所信也。言木火之神生物東南，金水之鬼終物西北。二者之情，其狀與春夏生物、秋冬終物相似。」又《月令》正義引之云：「精氣謂七八，遊魂謂九六，則是七八生物、九六終物是也。」又《中庸》正義引之云：「木火之神生物，金水之鬼成物。」皆約義言之。知周乎萬物而道濟天下，【注】道，當作「導」。《釋文》。故不過。旁行而不流，樂天知命，故不憂。安土敦乎仁，故能愛。範圍天地之化而不過，【注】範，法也。《釋文》。曲成萬物而不遺，通乎晝夜之道而知，故神无方而易无體。一陰一陽之謂道，繼之者善也，成之者性也。仁者見之謂之仁，知者見之謂之知，百姓日用而不知，[姚補]故君子之道尟姚作「尠」，注同。矣。《釋文》。【注】[姚補]尟，少也。同上。

顯諸仁，臧諸用，《釋文》。【注】臧，善也。同上。鼓萬物而不與聖人同憂，盛德大業至矣哉。富有之謂大業，【注】[臧補]兼濟萬物，故曰富有。《御覽》四百七十一。日新之謂盛德。生生之謂易，成象之謂乾，效法之謂坤，極數知來之謂占，通變之謂事，陰陽不測之謂神。

夫《易》，廣矣大矣，以言乎遠則不禦，以言乎邇則静而正，以言乎天地之間則備矣。夫乾，其静也專，其動也直，是以大生焉。夫坤，其静也翕，其動也闢，是以廣生焉。廣大配天地，變通配四時，陰陽之義配日月，易簡之善配至德。子曰：「《易》，其至矣乎。夫《易》，聖人所以崇德而廣業也。知崇禮卑，崇效天，卑法地。天地設位，而易行乎其中矣。成性存存，道義之門。」

聖人有以見天下之賾，而擬諸其形容，象其物宜，是故謂之象。聖人有以見天下之動，而觀其會通，以行其典禮，繫辭焉以斷其吉凶，是故謂之爻。言天下之至賾賾，惠改作「嘖」。而不可惡也，[姚補]惡，烏洛反。姚作「落」。《釋文》。言天下之至賾而不可亂也。同上。【注】賾，當爲動。同上。擬之而後言，[姚補]儀之而後動，同上。汲古閣、雅雨堂本《釋文》並云：「鄭、姚、桓、玄、荀，『柔之』作『儀之』。」他本云：「陸、姚、桓、玄、荀，『柔之』。」未知孰是。擬議以成其變化。「鳴鶴在陰，其子和之，我有好爵，吾與爾靡之。」子曰：「君子居其室，出其言善，則千里之外應之，況其邇者乎。居其室，出其言不善，則千里之外違之，況其邇者乎。言出乎身，加乎民，行發乎邇，見乎遠。言行，君子之樞機，樞機之發，榮辱之主也。【注】樞，户樞也。機，弩牙也。《禮記》正義作「樞，謂户樞。機，謂弩牙」。户樞之發，或明或闇，弩牙之發，或中或否，以譬言語之發，有榮有辱。《禮記》正義作「以喻君子之言，或榮或辱」。《左傳》襄二十五年正義。《禮記·曲禮》正義。臧在東云：「《曲禮》『安定辭』注引《易》曰：『言語者，君子之樞機。』《正義》云：彼爲『言行』。鄭證經解無取於『行』，故變文爲『語』，非也。《左傳》『非文辭不爲功，慎辭哉』。杜註：『樞機之發，榮辱之主。』《正義》引鄭《易注》云『以譬言語之發，有榮有辱』，與此注所引經正合，可知鄭本經文是『言語』，今作『言行』爲失其真。杜注《左傳》時尚作『言語』，孔疏《禮記》時已作『言行』。」丁小疋云：「《抱朴子外篇·疾謬》《正郭》兩篇引《易》，『樞機』俱專指『言語』。盧景宣《大戴·踐阼篇》『機銘』注亦云：『言爲榮辱之主。』」言行，君子之所以動天地也，可不慎乎。」「同人先號咷而後笑。」子曰：「君子之道，或出或處，或默或語，二人同心，其利斷金，同心之言，其臭如蘭。」【注】丁補 蘭，香草也。《文選》張平子《東京賦》注。「初六，藉用白茅，无咎。」子曰：「苟錯諸地而可矣。藉之用茅，何咎之有？慎之至也。夫茅之爲物薄，而用可重也。慎斯術也 丁補 慎，時震反。《釋文》。【注】術，道。《釋文》。以往，其无所失矣。」「勞謙，君子有終，吉」。子曰：「勞而不伐，有功而不置，【注】置，當爲「德」。《釋文》。王本作「置」，當作「誌」。厚之至也。語以其功下人者也。德言盛，禮言恭。謙也者，致恭以存其位者也。」「亢龍有悔。」子曰：「貴而无位，高而无民，❶賢人在下位而无輔，是以動而有悔也。」「不出户庭，无咎。」子曰：「亂之所生也，則言語以爲階。君不密則失臣，臣不密則失身，幾事不密則害成，【注】惠補 幾，微也。密，静也。言不慎乎微而以動作，則禍變必成。《公羊傳》文六年疏。❷是以君子慎密而不出也。」子曰：「作《易》者，其知盜乎？《易》

❶「民」，原誤作「名」，今據《繫辭》原文改。

❷「文六年」，原誤作「文五年」，據黄本及《春秋公羊傳》原注文改。

曰：『負且乘，致寇至。』負也者，小人之事也。乘也者，君子之器也。小人而乘君子之器，盜思奪之矣。上慢下暴，盜思伐之矣。慢藏誨盜，野容誨淫。《釋文》。【注】言妖野容儀教誨淫佚也。王無下句，惠補而刪「也」字。《釋文》。謂惠刪「謂」字。惠補 飾其容而見於外曰冶。當作「野」，惠改。《後漢書・崔駰傳》注。《易》曰：『負且乘，致寇至。』盜之招也。」

大衍之數五十，其用四十有九，【注】天地之數五十有五，以五行氣通。劉牧《鉤隱圖》引作「以五行氣通於萬物」。凡五行減五，大衍又減一，故四十九也。《正義》。臧在東云：「此即《月令》正義之文，約取之。」衍，演也。《釋文》。天一生水於北，地二生火於南，天三生木於東，地四生金於西，天五生土於中。陽無耦，陰無配，臧在東云：「《周禮・校人》疏云：『陽無匹，陰無耦。』《洪範》正義云：『陽無匹，陰無偶。』二疏雖不稱鄭，以此疏驗之，蓋亦鄭《易注》。陽曰匹，陰曰耦。此疏誤也。」惠言謂：《左傳》正義「地六爲天一匹」，是陽稱匹。「天七爲地二耦」，是陰稱耦。臧説是也。未得相成。地六成水於北，與天一并。天七成火於南，與地二并。地八成木於東，與天三并。天九成金於西，與地四并。地十成土於中，與天五并也。惠刪「也」字。大衍之數五十有五，五行各氣并，氣并而減五，惟有五十。以五十之數，不可以爲七八九六、卜筮之占以用之，故惠無「故」字。更減其一，故四十有九也。《月令》正義。《義海撮要》引作「天地之數五十有五，其六以象六畫之數，故減之用四十九」。案鄭無「象六畫」之義，謬妄之甚。分而爲二以象兩，掛一以象三，揲之以四以象四時，【注】揲，取也。《釋文》。歸奇於扐以象閏。五歲再閏，故再扐而後掛。天數五，地數五，五位相得而各有合。【注】天地之氣，各有五。五行之次：一曰水，天數也。二曰火，地數也。三曰木，天數也。四曰金，地數也。五曰土，天數也。此五者，陰無匹，陽無耦，故又合之，地六爲天一匹也，天七爲地二耦也，地八爲天三匹也，天九爲地四耦也，地十爲天五四也。二五陰陽各有合，然後氣相得，施化行也。《左傳》昭九年正義。天數二十有五，地數三十，凡天地之數，五十有五，此所以成變化而行鬼神也。乾之策二百一十有六，坤之策百四十有四，凡三百有六十，當期之日。二篇之策萬有一千五百二十，當萬物之數也。是故四營而成《易》，十有八變而成卦，八卦而小成。引而伸之，觸類而長之，天下之能事畢矣。顯道神德行，是故可與酬酢，可與祐神矣。

子曰：「知變化之道者，其知神之所爲乎。」《易》有聖人之道四焉：以言者尚其辭，以動者尚其變，以制器者尚其象，以卜筮者尚其占。【注】此者存於器象，可得而用。《春官・大卜》疏。　孫頤谷云：「此者，當爲『此四者』，字脫也。韓康伯注云：『此四者存乎器象，可得而用也。』蓋襲用鄭語。王引『一切器物及造立皆是』，而刪『此者』二字，非也。」是故君子將有爲也，將有行也，問焉而以言。其受命也如嚮，无有遠近幽深，遂知來物。非天下之至精，其孰能與於此。參伍以變，錯綜其數。通其變，遂成天地之文。極其數，遂定天下之象。非天下之至變，其孰能與於此。易，无思也，无爲也，寂然不動，感而遂通天下之故。非天下之至神，其孰能與於此。夫《易》，聖人之所以極深而研機也。【注】丁補 研，喻思慮哲。《文選》潘元茂《册魏公九錫文》注。　又陸士衡《弔魏武帝文》注引云：「喻思慮也。」則此「哲」字，當爲「也」字之譌。　機，當作「幾」。幾，微也。《釋文》。唯深也，故能通天下之志。唯機也，故能成天下之務。唯神也，故不疾而速，不行而至。子曰「《易》有聖人之道四焉」者，此之謂也。

天一，地二，天三，地四，天五，地六，天七，地八，天九，地十。子曰：「夫《易》何爲者也？夫《易》開物成務，冒天下之道，如斯而已者也。」是故聖人以通天下之志，以定天下之業，以斷天下之疑。是故蓍之德圓而神，【注】蓍形圓而可以立變化之數，故謂之神也。《儀禮·少牢饋食禮》疏。卦之德方以知，六爻之義易以貢。聖人以此洗心，退藏於密，吉凶與民同患。神以知來，知以藏往，其孰能與於此哉！古之聰明叡知神武而不殺者夫！姚補 殺，所戒反。《釋文》。【注】丁補 不意殺也。《晁氏易》。是以明於天之道，而察於民之故，是興神物以前民用。聖人以此齊戒，以神明其德。《釋文》云：「衆家皆以『夫』字爲下句。」夫是故闔户謂之坤，闢户謂之乾，一闔一闢謂之變，往來不窮謂之通，見乃謂之象，形乃謂之器，制而用之謂之法，利用出入、民咸用之謂之神。

是故易有太極，【注】極中之道，淳和未分之氣也。《文選》張茂先《勵志詩》注。是生兩儀，兩儀生四象，四象生八卦，八卦定吉凶，吉凶生大業。是故法象莫大乎天地，變通莫大乎四時，縣象著明莫大乎日月，崇高莫大乎富貴。備物致用，立成器，以爲天下利，莫大乎聖人。探賾索隱，鉤深致遠，以定天下之吉凶，成天下之亹亹者，莫大乎蓍龜。《釋文》云：「莫善，本亦作『莫大』。」丁小疋云：「《公羊》注引《易》文作『莫善』。徐彦疏云：『今《易》本，「善」作「大」爲異』，即引彼注云云，知鄭《易》作『大』，不作『善』，注文『廣大無不包』，正詁『大』字。」【注】惠補 凡天下之善惡及没没之衆事，皆成定之，言其廣大無不包也。《公羊傳》定八年疏。不云鄭注，《公羊》疏皆用鄭義，此注是鄭可知。是故天生神物，聖人則之。天地變化，聖人效之。天垂象，見吉凶，聖人象之。河出圖，洛出書，聖人則之。【注】《春秋緯》云：「河以通乾出天苞，洛以流坤吐地符。」河龍圖發，洛龜書感，惠誤

「成」。河圖有九篇，洛書有六篇也。《集解》。《正義》。《易》有四象，所以示也。繫辭焉，所以告也。定之以吉凶，所以斷也。《易》曰：「自天祐之，吉无不利。」子曰：「祐者，助也。天之所助者順也，人之所助者信也。履信思乎順，有以尚賢也，《釋文》。是以『自天祐之，吉无不利』也。」

子曰：「書不盡言，言不盡意。」然則聖人之意，其不可見乎？子曰：「聖人立象以盡意，設卦以盡情僞，繫辭焉以盡其言，變而通之以盡利，鼓之舞之以盡神。」乾坤，其易之緼耶？乾坤成列，而易立乎其中矣。乾坤毁，則无以見易，易不可見，則乾坤或幾乎息矣。是故形而上者謂之道，形而下者謂之器，化而裁之謂之變，推而行之謂之通，舉而錯之天下之民謂之事業。是故夫象，聖人有以見天下之賾，而擬諸其形容，象其物宜，是故謂之象。聖人有以見天下之動，而觀其會通，以行其典禮，繫辭焉以斷其吉凶，是故謂之爻。極天下之賾者存乎卦，鼓天下之動者存乎辭，化而裁之存乎變，推而行之存乎通，神而明之存乎其人，默而成之，不言而信，存乎德行。

周易繫辭下第八

漢鄭氏注　宋王應麟撰集

歸安丁　杰後定

武進張惠言訂正

八卦成列，象在其中矣。因而重之，爻在其中矣。剛柔相推，變在其中矣。繫辭焉而命之，動在其中矣。吉凶悔吝者，生乎動者也。剛柔者，立本者也。變通者，趣時者也。吉凶者，貞勝者也。天地之道，貞觀者也。日月之道，貞明者也。天下之動，貞夫一者也。夫乾，確然示人易矣。夫坤，隤然示人簡矣。爻也者，效此者也。象也者，像此者也。爻象動乎内，吉凶見乎外，功業見乎變，聖人之情見乎辭。天地之大德曰生，聖人之大寶曰位。何以守位曰人，【注】丁補 持一不惑曰守。《詩·鳧鷖》正義。不言何經，丁次之此。案《詩》守成之義，次此是也。何以聚人曰財。理財正辭、禁民爲非曰義。

古者包犧氏之王天下也，【注】包，取王作「聚」。也。鳥獸全具曰犧。《釋文》。仰則觀象於天，俯則觀法於地，觀鳥獸之文與地之宜，近取諸身，遠取諸物，於是始作八卦，以通神明之德，以類萬物之情。作結繩而爲罔罟，以佃以漁，蓋取諸离。包犧氏没，神農氏作，【注】臧補 女媧修伏犧之道，無改作。《書正義孔序》。斲木爲耜，揉木爲耒，耒耨之利，以教天下，蓋取諸益。日中爲市，致天下之民，聚天下之貨，交易而退，各得其所，蓋取諸噬嗑。神農氏没，黃帝、堯、舜氏作，【注】惠補 金天惠多

「氏」字。高陽、高辛遵黄帝之道，無所改作，故不述焉。惠刪此句。《春官・大司樂》疏。通其變，使民不倦，神而化之，使民宜之。《易》窮則變，變則通，通則久，是以「自天祐之，吉无不利」。黄帝、堯、舜垂衣裳而天下治，蓋取諸乾坤。【注】[〖惠補〗始去羽毛。]《公羊傳》桓四年疏不云「鄭注」。乾爲天，坤爲地，天色玄，地色黄，故玄以爲衣，黄以爲裳，象天在上，地在下，土託位於南方。南方故云用纁。《詩・七月》正義。　又《禮記・王制》正義引注云：「土託位南方，南方色赤，黄而兼赤，故爲纁也。」　又《周禮・春官・司服》疏引注云：「乾爲天，其色玄。　坤爲地，其色黄。　但土無正位，託於南方，火赤色。　赤與黄，即是纁色，故以纁爲名也。」刳木爲舟，剡木爲楫，舟楫之利，以濟不通，致遠以利天下，蓋取諸涣。服牛乘馬，引重致遠，以利天下，蓋取諸隨。重門擊柝，惠並改「欜」。以待〖惠補〗虣客，蓋取諸豫。《釋文》。【注】豫，坤下震上，九四體震，又互體爲艮。艮爲門，震日所出亦爲門，重門象。艮又爲手，巽爻也，應在四，皆木也，手持二木也。手持二木以相敲，是爲「擊柝」。擊柝，爲守備警惠作「驚」。戒也。自「手持」至此，又見《左傳》哀七年疏，不重「擊柝」字，又無下「爲」字。四又互體爲坎，坎爲盜，五離爻爲甲胄戈兵。盜謂字誤，惠改作「甲胄」二字。持戈兵，是暴當作「虣」，惠改。客也。又以其卦爲豫，有守備則不可自逸。《周禮・天官・宫正》疏。斷木爲杵，掘地爲臼，臼杵之利，萬民以濟，蓋取諸小過。弦木爲弧，剡木爲矢，弧矢之利，以威天下，蓋取諸睽。上古穴居而野處，後世聖人易之以宫室，上棟下宇，以待風雨，蓋取諸大壯。古之葬者，厚衣之以薪，葬之中野，不封不樹，喪期无數，後世聖人易之以棺槨，蓋取諸大過。【注】[大過者，巽下兑上之卦。初六在巽體，巽爲木。上六位在巳，巳當巽位，巽又爲木。二木在外，以夾四陽，四陽互體爲二乾，乾爲君原有「爲」字，宋本《正義》無之。父，二木夾君父，是棺槨之象。」《檀弓》正義。 不言注文，王附於末，惠次注中，是也。 上古結繩而治，【注】事大，大結其繩。事小，小結其繩。《正義》。 又見《書・孔序》正義無二「結」字，首有「爲約」二字。胡又增「結繩」二字於上爲句，妄矣。 後世聖人易之以書契，【注】書之以木，❶刻其側爲契，各持其一，後以相考合。《書・孔序》正義。 《書・孔序》釋文引鄭云：「以書書木邊，言其事，刻其木，謂之書契也。」百官以治，萬民以察，蓋取諸夬。

是故《易》者，象也。象也者，像也。今補 《釋文》云：「衆家皆云：像，擬也。」彖者，材也。爻也者，效天下之動者也。是故吉凶生，而悔吝著也。陽卦多陰，陰卦多陽，其故何也？陽卦奇，陰卦耦。其德行何也？陽一君而二民，君子之道也。陰二君而一民，小人之道也。【注】一君二民，謂黄帝、堯、舜；謂地方萬里爲方千里者百，中國之民居七千里，七七四十九，方千里者四十九；夷狄之民居千里者五十一，是中國夷狄二民共事一君。二君一民，謂三代之末，以地方五千里一君，有五千里之土，五五二十五，更足以一君二十五，始滿千里之方五十，乃當堯、舜一民之地，故云二君一民。《禮記・王制》正義。 《易》曰：「憧憧往來，朋從爾思。」子曰：「天下何思何慮？天下同歸而殊塗，一致而百慮。天下何思何慮？日往則月來，月往則日來，日月相推，而明生焉。寒往則暑來，暑往則寒來，寒暑相推，而歲成焉。往者屈也，來者信也，屈信相感而利生焉。尺蠖之屈，以求信也。龍蛇之蟄，以存身也。精義入神，以致用也。利用安身，以崇德也。過此以往，未之或知也。窮神知化，德之盛也。」

《易》曰：「困于石，據于蒺藜，入于其

❶「以」，全集本、黄本皆作「于」。

宮，不見其妻，凶。」子曰：「非所困而困焉，名必辱。非所據而據焉，身必危。既辱且危，死期將至，妻其可得見耶？」《易》曰：「公用射隼于高庸之上，獲之，无不利。」子曰：「隼者，禽也。弓矢者，器也。射之者，人也。君子藏器於身，待時而動，何不利之有？動而不括，是以出而有獲，語成器而動者也。」子曰：「小人不恥不仁，不畏不義，不見利不勸，不威不懲。小懲而大誡，此小人之福也。《易》曰：『屨校滅趾，无咎。』此之謂也。善不積不足以成名，惡不積不足以滅身，小人以小善爲无益而弗爲也，以小惡爲无傷而弗去也，故惡積而不可掩，罪大而不可解。《易》曰：『何校滅耳，凶。』」子曰：「危者，安其位者也。亡者，保其存者也。亂者，有其治者也。是故君子安而不忘危，存而不忘亡，治而不忘亂，是以身安而國家可保也。《易》曰：『其亡其亡，繫于苞桑。』」子曰：「德薄而位尊，知小而謀大，力小而任重，鮮不及矣。《易》曰：『鼎折足，覆公餗，其形渥，❶凶。』言不勝其任也。」子曰：「知幾，其神乎。君子上交不諂，下交不瀆，其知幾乎。幾者，動之微，吉之先見者也。君子見幾而作，不俟終日。《易》曰：『砎于石，不終日，貞吉。』砎如石焉，寧用終日，斷可識矣。君子知微知彰，知柔知剛，萬夫之望。」子曰：「顔氏之子，其殆庶幾乎？【注】臧補 庶，幸也。幾，覬也。《詩·兔爰》正義。有不善未嘗不知，知之未嘗復行也。《易》曰：『不遠復，无祇悔，元吉。』天地絪緼，萬物化醇，男女覯精，【注】覯，合也。男女以陰陽合其精氣。《詩·草蟲》正義。萬物化生。《易》曰：『三人

❶「渥」，據鄭本經文當作「剭」。

行，則損一人。一人行，則得其友。』言致一也。」子曰：「君子安其身而後動，易其心而後語，定其交而後求，君子脩此三者，故全也。危以動，則民不與也。懼以語，則民不應也。无交而求，則民不與也。莫之與，則傷之者至矣。《易》曰：『莫益之，或擊之，立心勿恒。凶。』」

子曰：「臧補乾坤，其易之門户耶。」臧在東云：「《釋文》『其易之門邪』，本又作『門户邪』。案鄭《易贊》引作『門户邪』，是鄭本有『户』字。」乾，陽物也。坤，陰物也。陰陽合德而剛柔有體，以體天地之撰，以通神明之德。其稱名也，雜而不越。於稽其類，其衰世之意耶？夫《易》，彰往而察來，而微顯闡幽，開而當名，辯物、正言、斷辭則備矣。其稱名也小，其取類也大。其旨遠，其辭文，其言曲而中，其事肆而隱。因貳以濟民行，【注】貳，當爲式。王誤作「式」。《釋文》。以明失得之報。

《易》之興也，其於中古乎？丁補《集解》虞氏云：「鄭君以文王爲中古。」作《易》者，其有憂患乎？【注】臧補文王因而演《易》。《正義·八論》。是故履，德之基也。謙，德之柄也。復，德之本也。恒，德之固也。損，德之脩也。【注】脩，治也。《釋文》。益，德之裕也。困，德之辯也。惠譌作「辨」。【注】辯，別也。遭困之時，君子固窮，小人窮則濫，德於是別也。《集解》。井，德之地也。巽，德之制也。履，和而至。謙，尊而光。復，小而辯於物。恒，雜而不厭。損，先難而後易。益，長裕而不設。【注】設，大也。《周禮·攷工記》曰：「中其莖，設其後。」《周禮》以下，王刪，惠補《周禮·攷工記·桃人》疏。困，窮而通。井，居其所而遷。巽，稱而隱。履以和行。謙以制禮。復以自知。恒以一德。

損以遠害。益以興利。困以寡怨。井以辯義。巽以行權。《易》之爲書也不可遠，爲道也屢遷，變動不居，周流六虚，上下无常，剛柔相易，不可爲典要，唯變所適。其出入以度，外内使知懼，又明於憂患與故。无有師保，如臨父母。初率其辭而揆其方，既有典常。苟非其人，道不虚行。《易》之爲書也，原始要終，以爲質也。六爻相雜，唯其時物也。其初難知，其上易知，本末也。初辭擬之，卒成之終。若夫雜物算德，《釋文》。【注】算，數也。同上。辯是與非，則非其中爻不備。噫亦要存亡吉凶，則居可知矣。居，音基。《釋文》。《音訓》、《會通》云：「居，作『其』。」【注】惠補居，辭。惠多「也」字。《釋文》。知者觀其彖辭，【注】彖辭，爻辭也。同上。則思過半矣。

二與四同功而異位，其善不同，二多譽，四多懼，近也。柔之爲道不利遠者，其要无咎，其用柔中也。三與五同功而異位，三多凶，五多功，貴賤之等也。其柔危，其剛勝邪？《易》之爲書也，廣大悉備，有天道焉，有人道焉，有地道焉，兼三才而兩之，故六。六者，非它也，三才之道也。道有變動，故曰爻。爻有等，故曰物。物相雜，故曰文。文不當，故吉凶生焉。《易》之興也，其當殷之末世、周之盛德邪？當文王與紂之事邪？【注】惠補 據此言，以《易》是惠删「是」字。文王所作，斷可知矣。《左傳》昭二年正義。又《左傳·序》正義約之云：「案據此文，以爲《易》是文王所作。」是故其辭危，危者使平，易者使傾。其道甚大，百物不廢，懼以終始，其要无咎，此之謂《易》之道也。

夫乾，天下之至健也，德行恒易以知險。夫坤，天下之至順也，德行恒簡以知阻。能説諸心，能研諸侯之慮，定天下之吉凶，成天下之亹亹者。【注】亹亹，没没也。《釋文》没没，王作「汲汲」。丁小疋云：「鄭注前文『亹亹』云：『没没之衆事』，已見《公羊》疏，知作『汲汲』者誤。」是故變化云爲，吉事有祥，象事知器，占事知來。天地設位，聖人成能。人謀鬼謀，【注】惠補 鬼謀，謂謀卜筮於廟門。惠誤連引「是也」二字。《儀禮·士冠禮》疏。百姓與能。八卦以象告，爻彖以情言，剛柔雜居，而吉凶可見矣。變動以利言，吉凶以情遷，是故愛惡相攻，姚補 惡，烏洛反。姚作「落」。《釋文》。而吉凶生。遠近相取，而悔吝生。情僞相感，而利害生。凡《易》之情，近而不相得則凶，或害之，悔且吝。將叛者，其辭慙。中心疑者，其辭枝。吉人之辭寡，躁人之辭多，誣善之人其辭游，失其守者其辭屈。

周易文言第九

漢鄭氏注　宋王應麟撰集

歸安丁　杰後定、
武進張惠言訂正

元者，善之長也。亨者，嘉之會也。利者，義之和也。貞者，事之幹也。君子體仁足以長人，【注】[惠補]體，生也。《文選》陸士衡《贈顧交阯公真詩》注。　惠言謂：生仁不辭，荀爽、京房之本，「仁」皆作「信」，或疑鄭本「仁」作「人」也。嘉會足以合禮，利物足以和義，貞固足以幹事。君子行此四德者，故曰：「乾元亨利貞。」

初九曰：「潛龍勿用。」何謂也？子曰：「龍德而隱者也。不易乎世，不成乎名，【注】當隱之時，以從世俗，不自殊異，無所成名也。《集解》。　遯世无悶，不見是而无悶，樂則行之，憂則違之，確乎其不可拔，【注】確，堅高之貌。此句[姚補]。拔，移也。《釋文》。　潛龍也。」九二曰：「見龍在田，利見大人。」何謂也？子曰：「龍德而正中者也。庸言之信，庸行之謹，[惠補]閑邪以存其誠，《晁氏易》。　善世而不伐，德博而化。《易》曰：『見龍在田，利見大人。』君德也。」九三曰：「君子終日乾乾，夕惕若，厲，无咎。」何謂也？子曰：「君子進德脩業[惠補]及時，故无咎。同上。　忠信，所以進德也。脩辭立其誠，所以居業也。知至至之，可與幾也。知終終之，可與存義也。是故居上位而不驕，在下位而不憂，故乾乾因其時而惕，雖危无咎矣。」九四曰：「或躍在淵，无咎。」何謂也？子曰：「上下无常，非爲邪也。進退无恒，非離群也。君子進德脩業，欲及時也，故无咎。」九五曰：「飛龍在天，利見大人。」何謂也？子曰：「同聲相應，同氣相求。水流濕，火就燥。雲從龍，風從虎。聖人作【注】作，起也。《釋文》。而萬物覩。本乎天者親上，本乎地者親下，則各從其類也。」上九曰：「亢龍有悔。」何謂也？子曰：「貴而无位，高而无民，賢人在下位而无輔，是以動而有悔也。」

「潛龍勿用」，下也。「見龍在田」，時舍也。「終日乾乾」，行事也。「或躍在淵」，自試也。「飛龍在天」，上治也。「亢龍有悔」，惠補 窮志災也。《晁氏易》。乾元「用九」，天下治也。

「潛龍勿用」，陽氣潛藏。「見龍在田」，天下文明。「終日乾乾」，與時偕行。「或躍在淵」，乾道乃革。「飛龍在天」，乃位乎天德。「亢龍有悔」，與時偕極。乾元「用九」，乃見天則。

乾元者，始而亨者也。利貞者，情性也。惠補《晁氏易》。《漢上易傳》。乾始而以美利利天下，《晁氏易》。不言所利，大矣哉。大哉乾乎，剛健中正，純粹精也。六爻發揮，旁通情也。時乘六龍，以御天也。雲行雨施，天下平也。

君子以成德爲行，日可見之行也。潛之爲言也，隱而未見，行而未成，是以君子弗用也。君子學以聚之，問以辯之，寬以居之，仁以行之。《易》曰：「見龍在田，利見大人。」君德也。九三重剛而不中，上不在天，下不在田，故乾乾因其時而惕，雖危无咎矣。九四重剛而不中，上不在天，下不在田，中不在人，故或之。或之者，疑之也，故无咎。夫大人者，與天地合其德，與日月合其明，與四時合其序，與鬼神合其吉凶。先天而天弗違，後天而奉天時。天且不違，而況於人乎，況於鬼神乎。亢之爲言也，知進而不知退，知存而不知亡，知得而不知喪，其唯聖人乎。知進退存亡而不失其正者，其唯聖人乎。

坤至柔而動也剛，至静而德方，後得主而有常，含萬物而化光，坤道其順乎，承天而時行。

積善之家必有餘慶，積不善之家必有餘殃。【注】殃，禍惡也。《釋文》。臣弑其君，子弑其父，非一朝一夕之故，其所由來者漸矣，由辯之不早辯也。《易》曰「履霜堅冰至」，蓋言順也。直，其正也。方，其義也。君子敬以直内，義以方外，敬義立而德不孤。「直方大，不習无不利」，則不疑其所行也。陰雖有美含之，以從王事，弗敢成也。地道也，妻道也，臣道也。地道无成，而代有終也。天地

變化，草木蕃，天地閉，賢人隱。《易》曰「括囊无咎无譽」，蓋言謹也。君子黄中通理，正位居體，美在其中而暢於四支，發於事業，美之至也。陰疑於陽必戰，爲其慊於陽也，故稱龍焉。《釋文》云：「嫌，鄭作『溓』。」此誤以鄭讀爲鄭本也。又不言鄭無「无」字，亦脱。《漢上易傳》云：「鄭本作『爲其兼於陽也』。」其無「无」字得之，而「兼」字又譌，當依《詩正義》定作「爲其慊於陽也」。王本誤，今依惠。【注】慊，讀如「群公溓」之「溓」。古書篆作立心，與水相近，讀者失之，故作溓。溓，雜也。陰，謂此上六也。陽，謂今消息用事，乾也。上六爲蛇，得乾氣雜似龍。《詩·采薇》正義。今《正義》本「慊」、「溓」字互易。孔又云：「《文言》爲心邊兼，鄭似水邊兼。」則今本寫誤可知。今從惠定本。猶未離其類也，故稱血焉。夫玄黄者，天地之雜也，天玄而地黄。

周易説卦第十

漢鄭氏注　宋王應麟撰集

歸安丁　杰後定

武進張惠言訂正

昔者聖人之作《易》也，【注】昔者，聖人，謂伏犧、文王也。《書·孔序》正義。幽贊於神明而生蓍，參天兩地而倚數，【注】天地之數備於十，乃三之以天，兩之以地，而倚託大演之數五十也。必三之以天、兩之以地者，天三覆，地二載，欲王作「必」。極於數，庶惠多「幾」字。得吉凶之審也。《正義》。觀變於陰陽而立卦，發揮於剛柔【注】揮，揚也。《釋文》。而生爻，和順於道德而理於義，窮理盡性以至於命。【注】言窮其義理，盡惠多「其」字。人之情[惠補]性，以至於命，吉凶所定。《文選》陸士衡《弔魏武帝文》注。

昔者聖人之作《易》也，將以順性命之理，是以立天之道曰陰與陽，立地之道曰柔與剛，立人之道曰仁與義。兼三才而兩之，故《易》六畫而成卦。【注】[惠補]三才，天地人之道。六畫，畫六爻。《儀禮·士冠禮》疏。分陰分陽，迭用柔剛，故《易》六位而成章。

天地定位，山澤通氣，雷風相薄，【注】薄，入也。《釋文》。水火不相射，八卦相錯。數往者順，知來者逆，是故《易》逆數也。雷以動之，風以散之，雨以潤之，日以烜之，艮以止之，兑以説之，乾以君之，坤以藏之。帝出乎震，齊乎巽，相見乎离，致役乎坤，説言乎兑，戰乎乾，勞乎坎，成言乎艮。萬物出乎震。震，東方也。齊乎巽。巽，東南也。齊也者，言萬物之絜齊也。离也者，明也，萬物皆相見，南方之卦也。聖人南面而聽天下，嚮明而治，蓋取諸此也。坤也者，地也，萬物皆致養焉，故曰致役乎坤。兑，正秋也，萬物之所説也，故曰説言乎兑。戰乎乾。乾，西北之卦也，言陰陽相薄也。坎也者，水也，正北方之卦也，勞卦也，萬物之所歸也，故曰勞乎坎。艮，東北之卦也，萬物之所成終而所成始也，故曰成言乎艮。【注】惠補 萬物出於震，雷發聲以生之也。齊乎《義海撮要》作「於」。巽，相見於离，《義海撮要》無此句。風摇長《義海撮要》作「動」。以齊之也。潔，惠改「絜」。猶新。《義海撮要》此下有「也」字，又有「相見於离」句。萬物皆相見，日照之使光大。萬物皆致養焉，《義海撮要》無「焉」字。地氣含養，使有秀實。《義海撮要》作「使秀實也」。萬物之所説，草木皆老，猶以澤氣説成之。戰言陰陽相薄，西北陰也，而乾以純陽臨之，猶君臣對合也。坎，勞卦也。水性勞而不倦，萬物之所歸也，萬物自春出生於地，冬氣閉藏，還皆入地。萬物之所成終而所成始，言萬物陰氣終，陽氣始，皆艮之用事。《義海撮要》有「也」字。《漢上易》。《義海撮要》。丁補 坤不言方所者，言地之養物，不專一也。《正義》。

神也者，妙萬物而爲言者也。惠改「妙」作「眇」。案《釋文》：「王肅、董遇作『眇』。董云：『眇，成也。』」鄭注云「共成萬物」，則義與董同，惠改爲「眇」非妄，但以無明據，姑從闕文。【注】惠補 共成萬物，物不可得而分，故合謂之神。《漢上易》。《義海撮要》。動萬物者，莫疾乎雷。撓萬物者，莫疾乎風。燥萬物者，莫熯乎火。説萬物者，莫説乎澤。潤萬物者，莫潤乎水。終萬物始萬物者，莫盛乎艮。盛，音成。《釋文》。【注】盛，裹也。同上。王本及《音訓》、《會通》並誤作「裹也」。惠補 故水火相逮，釋文云：「鄭無『不』字。」雷風不相悖，山澤通氣，然後能變化，既成萬物也。

乾，健也。坤，順也。震，動也。巽，入也。坎，陷也。離，麗也。艮，止也。兑，説也。

乾爲首，坤爲腹，震爲足，巽爲股，坎爲耳，离爲目，艮爲手，兑爲口。[丁補]《漢上易》云：「鄭本此章在『乾爲馬』之前。」【注】[惠補]兑爲口，兑上開似口。《漢上易》。

乾爲馬，坤爲牛，震爲龍，巽爲雞，坎爲豕，离爲雉，艮爲狗，《周禮・秋官・序官》疏引：「《説卦》『艮爲狗』，艮卦在丑，艮爲止，以能吠守止人，則屬艮。以能言，則屬兑，兑爲言故也。」此與鄭義合，王附卷末。臧在東云：「當删『以能』『以』字，及『則屬艮』以下，附於注。」惠言謂「以能言則屬兑」，亦必是《易》義。不然，賈爲《秋官》言，但當云「屬艮」，不當取兑象也。然疏不言注文，唯約義耳。兑爲羊。【注】其畜好剛鹵。《周禮・夏官・羊人序官》疏。

乾，天也，故稱乎父。坤，地也，故稱乎母。震一索而得男，故謂之長男。巽一索而得女，故謂之長女。坎再索而得男，故謂之中男。离再索而得女，故謂之中女。艮三索而得男，故謂之少男。兑三索而得女，故謂之少女。乾爲天，【注】[惠補]天清明无形。《漢上易》。爲圜，爲君，爲父，爲玉，爲金，爲寒，爲冰，爲大赤，爲良馬，爲老馬，爲瘠馬，【注】凡骨爲陽，肉爲陰。同上。爲駁馬，爲木果。

坤爲地，爲母，爲布，爲釜，爲吝嗇，爲均，[丁補]《内則》注云：「《易・説卦》『坤爲均』」，今亦或作『旬』也。」《周禮・地官・均人》疏云：「《易》『坤爲均』，今書亦有作『旬』者。」爲子母牛，爲大輿，爲文，爲衆，爲柄，其於地也爲黑。

震爲雷，爲龍，【注】[惠補]龍，讀爲尨，取日出時色雜也。《漢上易》。爲玄黄，爲專，[姚補]市戀反。市，姚作「守」，惠作「布」。《釋文》。爲大塗，【注】[惠補]國中三道曰塗，震上值房心，塗而大者，取房有三塗焉。《漢上易》。爲長子，爲決躁，爲蒼筤竹，爲萑葦，【注】[惠補]竹類。同上。其於馬也，爲善鳴，爲馵足，爲作足，爲的顙。其於稼也，爲反生，【注】[惠補]生而反出也。同上。其究爲健，爲蕃鮮。

巽爲木，爲風，爲長女，爲繩直，[惠補]爲墨，《晁氏易》。爲工，爲白，爲長，爲高，爲進退，爲不果，爲臭，其於人也，爲寡髮，寡，王改作「宣」。《周禮・考工記・車人》「一矩有半謂之宣」注：「巽爲宣髮。」疏云：「《易》作『寡』不作『宣』者，『宣』、『寡』義通。」据此疏文，則王改非也。【注】寡髮，取四月靡草死，髮在人體，猶靡草在地。《周禮・攷工記・車人》疏。 爲黄顙，《釋文》。 《漢上易・叢説》。 爲多白眼，爲近利市三倍，其究爲躁卦。

坎爲水，爲溝瀆，爲隱伏，爲矯輮，《釋文》。 爲弓輪。其於人也，爲加憂，爲心病，爲耳痛，爲血卦，爲赤。其於馬也，爲美脊，爲亟心，爲下首，爲薄蹄，爲曳。其於輿也，爲多眚，爲通，爲月，【注】[惠補]臣象也。《文選》謝希逸《月賦》注。 爲盜。其於木也，爲堅多心。

离爲火，爲日，爲電，【注】[惠補]取火，明也。久明似日，暫明似電也。《集解》。 爲中女，爲甲胄，爲戈兵。其於人也，爲大腹，爲乾卦。【注】乾當爲幹。此句又見《漢上易・叢説》、《音訓》、《會通》，云：「當作幹。」陽在外，能幹正也。《釋文》。 爲鼈，爲蟹，爲蠃，爲蚌，爲龜。【注】[惠補]骨在外。疏云：「注皆云骨在外。」惠以「皆」字爲注文，非也。《周禮・考工記・梓人》疏。 《藝文類聚》九十六及《御覽》九百四十一引「離爲蠃」，注云：「剛在外也。」其於木也，爲科上槀。惠作「藁」。 《釋文》。【注】[惠補]科上者，陰在内爲疾。《漢上易》。 艮爲山，爲徑路，【注】[惠補]田間之道曰徑路。艮爲之者，取山間鹿兔之蹊。《初學記》二十四。 爲小石，爲門闕，爲果蓏，爲閽寺，爲小指，《晁氏易》。 爲狗，爲鼠，爲黚喙之屬，《釋文》。《音訓》、《會通》云「陸作黚」，並注文二句，皆爲陸注。【注】謂虎豹之屬，貪冒之類。《釋文》。《漢上易・叢説》。惠補 取其爲山獸。《漢上易・叢説》。其於木也，爲堅多節。

兑爲澤，爲少女，爲巫，爲口舌，爲毁折，爲附決。其於地也，爲剛鹵，爲妾，爲陽。王弼本爲「羊」。【注】惠補 此陽謂爲《音訓》無「爲」字。養，臧在東云：「此陽謂爲養，『謂』當作『讀』。《釋文》云：『虞作羔。』虞注爲『女使』，義與鄭同，亦當作『養』。虞云：『舊讀爲羊，已見上，此爲再出，非孔子義也。』使，作『羔』，爲小羊，仍再出矣。蓋舊讀爲『羊』，及鄭本作『陽』，皆聲近之譌。《釋文》載虞本爲『羔』，則『養』字之脱其下半耳。」无家女行賃炊爨，今時有之，賤於妾也。《晁氏易》。《漢上易》。

周易序卦第十一

漢鄭氏注　宋王應麟撰集

歸安丁　杰後定

武進張惠言訂正

有天地，然後萬物生焉。盈天地之間者，惟萬物，故受之以屯。屯者，盈也。屯者，物之始生也。物生必蒙，故受之以蒙。蒙者，蒙也，物之穉也。【注】蒙，幼小之貌，齊人謂萌爲蒙也。《集解》。凡兩見：一《序卦》注，一分附卦前。下云卦前注者，皆仿此。物穉不可不養也，【注】言孩穉不養則不長也。同上。故受之以需。需者，飲食之道也。飲食必有訟，故受之以訟。【注】訟，猶争卦前注作「諍」。也。言飲食之會，胡、惠譌作「惠」。恒多争也。《集解・序卦》注。訟必有衆起，故受之以師。師者，衆也。衆必有所比，故受之以比。❶比者，比也。比必有所畜，故受之以小畜。物畜然後有禮，故受之以履。履惠補然後安，故受之以泰。《晁氏易》云：「無『而泰』二字。」泰者，通也。物不可以終通，故受之以否。物不可以終否，故受之以同人。與人同者，物必歸焉，故受之以大有。惠補有大有不可以盈，同上。故受之以謙。有大而能謙必豫，故受之以豫。【注】言同卦前注作「國」，惠改「同」從「國」。惠言謂：同既大者，綜上「同人」、「大有」而言，義無取「國」，作「國」非也。既大而有謙德，卦前注作「能謙」，无「德」字。則於政事恬豫。「雷出地奮，豫。」豫，卦前注不重「豫」字。行出而喜樂之意。《集解序卦》注。豫必有隨，【注】喜樂

❶「故受之以比」五字，原脱，據《周易》原文補。

而出，人則隨從。《孟子》曰：「吾君不游，吾何以休。吾君不豫，吾何以助。」此之謂也。《正義》。 故受之以隨。以喜隨人者，必有事，故受之以蠱。蠱者，事也。有事而後可大，故受之以臨。臨者，大也。物大然後可觀，故受之以觀。可觀而後有所合，故受之以噬嗑。嗑者，合也。物不可以苟合而已，故受之以賁。賁者，飾也。致飾然後亨則盡矣，亨，許兩反。《釋文》。 故受之以剥。剥者，剥也。物不可以終盡，剥窮上反下，故受之以復。復則不妄矣，故受之以无妄。惠補 有无妄，物然後可畜，故受之以大畜。《晁氏易》。 物畜然後可養，故受之以頤。頤者，養也。不養則不可動，故受之以大過。【注】以養賢者，宜過於厚。《正義》。 物不可以終過，故受之以坎。坎者，陷也。陷必有所麗，故受之以離。離者，麗也。

有天地然後有萬物，有萬物然後有男女，有男女然後有夫婦，有夫婦然後有父子，有父子然後有君臣，有君臣然後有上下，有上下然後禮義有所錯。夫婦之道不可以不久也，【注】言夫婦當有終身之義。夫婦之道，謂咸、恒卦前注作「者」。也。《集解》。 卦前注。 故受之以恒。恒者，久也。惠補 物不可以終久於其所，故受之以遯。《晁氏易》。 遯者，退也。物不可以終遯，故受之以大壯。物不可以終壯，故受之以晉。晉者，進也。進必有所傷，故受之以明夷。夷者，傷也。傷於外者，必反其家，故受之以家人。家道窮必乖，故受之以睽。睽者，乖也。乖必有難，故受之以蹇。蹇者，難也。物不可以終難，故受之以解。解者，緩也。緩必有所失，故受之以損。損而不已必益，故受之以益。益而不已必決，故受之以夬。夬者，決也。決必有所遇，故受之以遘。遘者，遇也。物相遇而後聚，故受之以萃。萃者，聚也。聚而上者謂之昇，故受之以昇。昇而不已必困，故受之以困。困而上者必反下，故受之以井。井道不可不革，故受之以革。革物者莫若鼎，故受之以鼎。主器者莫若長子，【注】惠補 謂父退居田里，不能備祭宗廟，長子當親視滌濯鼎俎。《禮記·曲禮》正義。故受之以震。震者，動也。物不可以終動，動必止之，故受之以艮。艮者，止也。物不可以終止，故受之以漸。漸者，進也。進必有所歸，故受之以歸妹。得其所歸者必大，故受之以豐。豐者，大也。窮大者，必失其居，故受之以旅。旅而无所容，故受之以巽。巽者，入也。入而後説之，故受之以兑。兑者，説也。説而後散之，故受之之以渙。渙者，離也。物不可以終離，故受之以節。節而信之，故受之以中孚。有其信者必行之，故受之以小過。有過物者必濟，故受之以既濟。物不可窮也，故受之以未濟，終焉。

周易雜卦第十二

漢鄭氏注　宋王應麟撰集

歸安丁　杰後定

武進張惠言訂正

乾剛坤柔，比樂師憂。臨觀之義，或與或求。[惠補]屯見而不失其居，見，如字。《釋文》。蒙雜而著。震，起也。艮，止也。[惠補]損、益，衰盛之始也。《釋文》。引見《音訓》、《會通》，今《釋文》無之。大畜，時也。无妄，災也。萃聚而昇不來也。謙輕而豫怠也。噬嗑，食也。賁，无色也。兑[惠補]説而巽伏也。《晁氏易》。隨，无故也。蠱，則飭也。《釋文》。王本及《音訓》、《會通》引《釋文》並作「飾」，今本《釋文》有作「節」者，誤也。剥，爛也。復，反也。晉，晝也。明夷，誅也。井通而困相遇也。咸，速也。恒，久也。涣，離也。節，止也。解，緩也。蹇，難也。睽，外也。家人，内也。否、泰反其類也。大壯則止，遯則退也。大有，衆也。同人，親也。革，去故也。鼎，取新也。小過，過也。中孚，信也。豐，[今補]多故。《釋文》云：「衆家以此絶句。」親寡，旅也。离上而坎下也。小畜，寡也。履，不處也。需，不進也。訟，不親也。大過，顛也。【注】[惠補]自此以下，卦音《會通》作「旨」。不協，似錯亂失正，弗敢改耳。《晁氏易》。遘，遇也，柔遇剛也。漸，女歸待男行也。頤，養正也。既濟，定也。歸妹，女之終也。未濟，男之窮也。夬，決也，剛決柔也。君子道長，[惠補]小人道消也。《晁氏易》。

注無所附

[丁補]命所受，天命也。《文選》曹子建《贈白馬王彪》詩注。或當在「窮理盡性以至於命」下，或曰「樂天知命」之注。

[臧補]事之以牛羊。《詩·緜》正義説太王事引此。

[臧補]行誅之後致太平。《詩·周頌譜》正義。

正誤

泰初九。王引注云：「彙，類也。茹，牽引也。茅喻君有潔白之德，臣下引其類而仕之。」惠云：「出《劉向傳》注。」

丁小疋云：「《漢書》注云『鄭氏曰「彙，音謂，類也」』云云，下云：『師古曰：「此泰卦初九爻辭。」』顯知鄭所釋者，非《易》爻辭，故師古以泰初九實之。康成訓『彙』爲『勤』，見於陸氏《釋文》，此『彙』訓『類』，判然不同，《漢書・敘例》有鄭氏，不知其名，此即若人之《漢書》注耳。」

小過。王引注云：「中孚爲陽，貞於十一月子，小過爲陰，貞於六月未，法於乾坤。」惠不知所出。

丁小疋云：「此全出《易緯・乾鑿度》，非康成自下語。厚齋爲《漢上易》所誤，故以次此。定宇又爲厚齋所誤。」

兩儀生四象。王引注云：「布六於北方以象水，布八於東方以象木，布九於西方以象金，布七於南方以象火。」惠不知所出。

丁小疋云：「此《乾鑿度》注，王氏誤以爲《易》注。」

可觀而後有所合。王引注云：「《易乾鑿度》曰：『陽起於子，陰起於午。天數大分，以陽出离，以陰入坎，坎爲中男，离爲中女。太乙之行，出從中男，入從中女，因陰陽男女之偶爲終始也。』」惠不知所出。

丁小疋云：「《後漢書・崔駰傳》注引鄭玄注《易鑿度》語，以釋《達旨篇》『扶陽日出，順陰而入』之文，與上文『可觀而有所合』句不相涉也。厚齋不審，誤以《乾鑿度》注爲《易》注，定宇未能是正。」

動静有常，剛柔斷矣。惠引注云：「陽動陰静，剛柔之斷也。」出《穀梁疏》、《公羊疏》。

惠言案：《公羊疏》不見此文，《穀梁》莊三年疏有之，不言鄭注。案《樂記》注云：「動静，陰陽用事。」疏云：「鄭注《易》云：『動静，雷風也。』」而此云「陰陽用事」者，亦得會通也。若《易》注正有陽動陰静之文，疏當引以證「陰陽用事」矣，明此非鄭注也。

下經之末。王夾注云：「凡卦爻二至四，三至五，兩體交互各成一卦，先儒謂之互體。」丁云：「出《儀禮·覲禮》疏、莊二十二年《左傳》正義。」

惠言謂：《易》有互體，自田何以來傳之。《集解》所見，京房、荀爽、宋衷、虞翻皆有明文，非康成獨得之解。厚齋以論互體爲康成之學，故載此條，又附入服虔《左傳》注二條，此厚齋鄭學之淺也，惠刪之是已。

師之臨。《左傳》宣十二年正義引服虔云：「坎爲水，坤爲衆，又互體震，震爲雷。雷，鼓類。又爲長子，長子帥衆鳴鼓巡水而行，行師之象也。」王氏曰：「以互體説《易》，蓋本諸康成，今附卷末。」❶

上六，女承筐无實，士刲羊无血。《左傳》僖十五年正義云：「服虔以離爲戈兵，兑爲羊，震變爲離，是用兵刺羊之象也。三至五有坎象，坎爲血，血在羊上，故刺无血也。震爲竹，竹爲筐，震變爲離，離爲火，火動而

❶「末」下，全集本有「惠刪之」三字。

上，其施不下，故筐无實也。」

惠言謂：易有互體，自子夏、田何，非康成所造，何得以他人之説，概以附康成，既即以服《春秋》出於鄭氏，然此集鄭《易》，非集鄭《春秋》也，惠删之良是。

乾道變化。王引《月令》正義云：「謂先有舊形，漸漸改者，謂之變。雖有舊形，忽改者，謂之化。及本无舊形，非類而改，亦謂之化。」

惠言案：此孔疏語，王氏附於注，惠已删之。

易贊易論

《正義》云：「易贊及易論。」《世説》注作「序易」。

易一名而函三義：《世説》注作「易之爲名也，一言而含三義。」易簡《世説》注作「簡易」。一也，變易二也，不易三也。故《世説》注無「故」字。《繫辭》云：《世説》注作「曰」。「乾坤，其《世説》注無「其」字。《易》之緼邪。」《世説》注作「也」。又云：《世説》注無此二字。「《易》之門户邪。」《世説》注作「也」。又云：「夫《世説》注「云」作「曰」，無「夫」字，下句同。乾，確然示人易矣。夫坤，隤然示人簡矣。易則易知，簡則易從。」此言其易簡之《世説》注作「簡易」，無「之」字。法則也。又云：《世説》注「云」作「曰」，又有「其」字。「爲道也屢遷，變動不居，周流六虚，上下无常，剛柔相易，不可《世説》注有「以」字。爲典要，唯變所適。」此言順時變易、出入移動者也。《世説》注作「此則言其從時出入移動也」。又云：《世説》注作「曰」。「天尊地卑，乾坤定矣。卑高以陳，貴賤位矣。動静有常，《世説》注誤作「爲」。剛柔斷矣。」此《世説》注有「則」字。言其張設布列不易者《世説》注無「者」字。也。《正義》止此。據此惠作「兹」。三義而説易之道，廣矣大矣。《周易正義·八論》。《世説新語·文學論》。

夏曰《連山》，殷曰《歸藏》，周曰《周易》。《書·洪範》正義引「夏曰」二句，作「易贊」，《周官·大卜》疏同。《禮記·祭義》正義引三句作「易贊」。《連山》者，象山之出雲，連連不絶。《歸藏》者，萬物莫不歸藏於其中。《周易》者，言易道周普无所不備。同上。惠删之，非是。

神農重卦。《正義·八論》云：「鄭玄之徒以爲，神農重卦。」 此條王附《易贊》，惠删。

虙羲作十言之教，曰：乾，坤，震，巽，坎，离，艮，兑，消，息。无文字，謂之易。《漢上易傳》引「鄭康成曰」云云。《左傳》定四年正義引《易》云：「伏羲作十言之教，曰：乾，坤，震，巽，坎，离，艮，兑，消，息。」 此條王附《易贊》，惠删。

以上遵武進張惠言訂正丁氏本。

叙録

武進臧鏞堂纂

《漢書・藝文志》：「秦燔書，而《易》爲筮卜之事，傳者不絶。漢興，田何傳之，訖於宣元，有施、孟、梁丘、京氏列於學官，而民間有費、高二家之説。劉向以中古文《易經》校施、孟、梁丘經，或脱去『无咎』、『悔亡』，唯費氏經與古文同。」

《後漢書・鄭玄傳》：「造太學受業，師事京兆第五元先，始通《京氏易》、《公羊春秋》、《三統厤》、《九章算術》，又從東郡張恭祖受《周官》、《禮記》、《左氏春秋》、《韓詩》、《古文尚書》。以山東無足問者，乃西入關，因涿郡盧植，事扶風馬融。融門徒四百餘人，升堂進者五十餘生。融素驕貴，玄在門下，三年不得見，乃使高業弟子傳受於玄。玄日夜尋誦，未嘗怠倦。會融集諸生考論圖緯，聞玄善算，乃召見於樓上，玄因從質諸疑義，問畢辭歸。融喟然謂門人曰：「鄭生今去，吾道東矣。」

《儒林傳》：「東萊費直傳《易》，授琅邪王横，爲費氏學，本以古字，號《古文易》。又沛人高相傳《易》，授子康及蘭陵毋將永，爲高氏學。施、孟、梁丘、京氏四家，皆立博士，費、高二家未得立。建武中，范升傳《孟氏易》，以授揚政。而陳元、鄭衆皆傳《費氏易》。其後馬融亦爲其傳。融授鄭玄，玄作《易注》，荀爽又作《易傳》，自是費氏興，而京氏遂衰。」

鄭君《自序》云：「遭黨錮之事逃難，注《禮》。黨錮事解，注《古文尚書》、《毛詩》、《論語》。爲袁譚所逼，來至元城，乃注《周易》。」《唐會要》七十七。《文苑英華》七百六十六。

《三國志・三少帝紀》：「高貴鄉公幸太學，問博士淳于俊曰：『孔子作《彖》、《象》，鄭玄作注，雖聖賢不同，其所釋經義一也。今《彖》、《象》不與經文相連，而注連之，何也？』俊對曰：『鄭玄合《彖》、《象》於經者，欲使學者尋省易了也。』帝曰：『若鄭玄合之於學誠便，則孔子曷爲不合，以了學者乎？』俊對曰：『孔子恐其與文王相亂，是以不合，此聖人以不合爲謙。』帝曰：『若聖人以不合爲謙，則鄭玄何獨不謙邪？』俊對曰：『古義宏深，聖問奧遠，非臣所能詳盡。』」

《宋書・禮志》太常荀崧上疏曰：「《周易》一經有鄭玄注，其書根源誠可深，惜宜爲《鄭易》博士一人。」

《經典釋文・序録》：「漢初，立《易》楊氏博士，宣帝復立施、孟、梁丘之《易》，元帝又立《京氏易》，費、高二家不得立，民間傳之。《後漢書》：費氏興，而高氏遂微。永嘉之亂，施氏、梁丘之《易》亡，孟、京、費之《易》，人無傳者。唯鄭康成、王輔嗣所注行於世，而王氏爲世所重。江左中興，《易》唯置王氏博士。太常荀崧奏請，置《鄭易》博士，詔許。值王敦亂不果立。馬融《傳》十卷，《七録》云『九卷』。荀爽《注》十卷，《七録》云『十一卷』。鄭玄《注》十卷，《録》一卷，《七録》云『十二卷』。《隋書・經籍志》：《周易》九卷，後漢大司農鄭玄注。梁又有漢南郡太守馬融注《周易》一疑十。卷，亡。《周易》馬、鄭、二王四家《集解》十卷。」

《周易正義・八論》：「其《彖》、《象》等十翼之辭，以爲孔子所作，先儒更无異論，但數十翼亦有多家。既文王《易經》本分爲上下二篇，則區域各别，《彖》、《象》釋卦，亦當隨經而分，故一家數十翼，云：《上彖》一，《下彖》二，《上象》三，《下象》四，《上繫》五，《下繫》六，《文言》七，《説卦》八，《序卦》九，《雜卦》十。鄭學之徒並同，此説今亦依之。」

《正義》坤初六《象》：「夫子所作《象辭》，元在六爻經辭之後，以自卑退，不敢干亂先聖正經之辭。及至輔嗣之意，以爲《象》者本釋經文，宜相附近，其義易了，故分爻之《象辭》，各附其當爻下言之，猶如元凱注《左傳》，分經之年與傳相附。」

《正義》《説卦》第九：「先儒以孔子十翼之次，乾坤《文言》在二《繫》之後，《説卦》之前。以《彖》、《象》附上下二經爲六卷，則《上繫》第七，《下繫》第八，《文言》第九，《説卦》第十。輔嗣以舊「以」誤作「之」，今從宋本校。《文言》分附乾、坤二卦，故《説卦》爲第九。」

鏞堂按：所言先儒，是王弼以前人，知鄭康成等此《文言》本在第九篇，篇自爲卷。自王弼分入乾、坤兩卦，遂升《説卦》爲第九之明證。

《舊唐書·經籍志》：「《周易》九卷，鄭玄注。又十卷，馬、鄭、二王《集解》。」

《新唐書·藝文志》：「馬融《章句》十卷，鄭玄注《周易》十卷，馬、鄭、二王《集解》十卷。」

晁説之《古易跋》：「先儒謂費直專以《彖》、《象》、《文言》參解《易》爻，以《彖》、《象》、《文言》入卦中者，自費氏始。初，費氏不列學官，惟行民間。至漢末，陳元方、鄭康成之徒，皆學費氏，古十二篇之《易》遂亡。孔穎達又謂：『輔嗣之意，《象》本釋經，宜相附近分爻之《象》辭，各附當爻。』則費氏初變亂古制時，猶若今乾卦《彖》、《象》繫卦之末歟。古經始變於費氏，而卒大亂於王弼，惜哉。奈何後之儒生尤而傚之。杜預分《左氏傳》於經，宋衷、范望輩散《太玄·贊》與《測》於八十一首之下，是其明比也。揆觀其初，乃如《古文尚書》，司馬遷、班固《序傳》，楊雄《法言·序篇》云爾。今民間《法言》列《序篇》於其篇首，與學官書不同，概可見也。唐李鼎祚又取《序卦》冠之卦首，則又效小王之過也。劉牧云：『《小象》獨乾不繫於爻辭，尊君也。』石守道亦曰：『孔子作《彖》、《象》於六爻之前，《小象》係逐爻之下，惟乾悉屬之於後者，讓也。』嗚呼，他人尚何責哉。」

呂祖謙《書古易後》：「東京馬融、鄭玄皆爲費氏學，其書始盛行。今學官所列王弼《易》，雖宗莊、老，其書固鄭氏書也。《費氏易》在漢諸家中，最近古，最見排擯，千載之後，巋然獨存，豈非天哉。」

《朱□書晁氏古易後》：「先儒雖言費氏以《彖》、《象》、《文言》參解《易》爻，然初不言其分傳以附經也。至謂鄭康成始合《彖》、《象》於經，則《魏志》之言甚明。而《詩疏》亦云：漢初爲傳訓者，皆與經別行。三傳之文，不與經連，故石經書《公羊傳》皆無經文，而《藝文志》所載《毛詩詁訓傳》亦與經別。及馬融爲《周禮注》，乃欲省學者兩讀，故具載本文，而就經爲注。馬、鄭相去不遠，蓋傚其意而爲之爾。今所定復爲十二篇者，古經之舊也，王弼注本之乾卦，蓋存鄭氏所附之例也。坤以下六十三卦，又弼之所自分也。」

《書臨漳所刊易後》：「右《古文周易》經傳十二篇，亡友東萊呂祖謙伯恭父之所定，而《音訓》一篇，則其門人金華王莘叟之所筆受也。」

「《音訓》則妄意，其猶或有所遺脱。莘叟蓋言書甫畢而伯恭父没，是則固宜，然亦不敢輒補也。爲之別見於篇後云：淳熙九年夏六月庚子朔旦，新安朱□謹書。」

朱鑑《呂氏音訓跋》：「先公著術經傳，悉加音訓，而於《易》獨否者，以有東萊先生此書也。鑑既刊《啓蒙》、《本義》，念《音訓》不可闕，因取寶婺、臨漳、鄂渚本，親正訛誤六十餘字，而并刊之。如《豫》爻之『簪』，晁作『戠』，婺漳、鄂本作『戯』。《損·象》之『窒』，晁作『眷』，婺本作『眷』，漳作『眷』，鄂作『眷』，則有未詳者，然非有害於文義，已足爲善本矣。」

鏞堂按：《呂氏音訓》，晁氏曰：「虞作『戩』，『戩』乃『戠』之譌。此『戯』字，蓋又『戩』之譌也。『眷』字，《説文》本作『眘』，《釋文》云：『陸作「眘」』是也。《叙録》引『慎徽五典』作『眘徽』，及此作『眷』皆誤。」晁作「眷」之「眷」，當本作「眘」不误，後轉寫失之。

董真卿季真《周易會通·凡例一》：「東萊呂氏《音訓》，朱子所深取，見《古易序》中，又公孫鑑《跋》之云：『先公著述經傳悉加音訓，而於《易》獨否者，以有東萊先生此書也。』惜刊《本義》者不曾附入，遂使此書幾至無傳，今得善本悉附經文，間有未備者，仍存《程傳》之末。」

《玉海·鄭氏周易序》：「鄭康成學《費氏易》，爲注九卷，多論互體，以互體求《易》，《左氏》以來有之。凡卦爻二至四、三至五兩體交互，各成一卦，是謂一卦含四卦。《繫辭》謂之『中爻』，所謂『八卦相盪，六爻相雜，唯其時物，雜物撰德』是也。唯乾、坤無互體，蓋純乎陽，純乎陰也。餘六子之卦，皆有互體，坎之六畫，其互體含艮、震，而艮、震之互體，亦含坎。離之六畫，其互體含兑、巽，而兑、巽之互體，亦含離。三陽卦之體，互自相含。三陰卦之體，亦互自相含也。王弼尚名理，譏互體，然注睽六三曰：『始雖受困，終獲剛助。』睽自初至五成困，此用互體也。弼注比六五舊誤作「四」，今改。之類，或用康成之説。鍾會著論，寧波教授。丁小雅云：「見《魏志·鍾會王弼傳》。」力排互體，而荀顗難之。江左鄭學與王學並立，荀崧謂『康成書根源』。疑有脱字。顔延之爲祭酒，黜鄭置王。齊陸澄《詒王儉書》云：『《易》自商瞿之後，雖有異家之學，同以象數爲宗，數百舊無「百」字，丁小疋據《南齊書·陸澄傳》補。年後乃有王弼之説。』王濟云：『弼所誤者多，何必能頓廢先儒。今若宏儒鄭注不可廢，河北諸儒專主鄭氏。』隋興，學者慕弼之學，遂爲中原之師，此景迂晁氏所慨歎也。《易》有聖人之道四焉，理義之學，以其辭耳，變象占其可闕乎？李鼎祚云：『鄭多參天象，王全釋人事，易道豈偏滯於天人哉。』今鄭注不傳其説，間見於鼎祚《集解》及《釋文》、《詩》、《三禮》、《春秋》義疏、《後漢書》、《文選》注，因綴而録之，先儒象數之學，於此猶有考云。然康成箋《詩》多改字，注《易》亦然。如：『包蒙』爲『彪』，『豶豕之牙』爲『互』，『包荒』讀爲『康』，『錫馬蕃庶』讀爲『蕃遮』，『皆甲宅』之『皆』讀爲『解』，『一握爲笑』之『握』讀爲『屋』，其説近乎鑿，學者盍謹擇焉。厭常喜新，其不爲荄兹者幾希。按自「然康成箋《詩》」以下當削，伯厚尚未足與言鄭學也。浚儀王應麟識。」

《玉海跋》：「康成注《易》九卷，多論互體，江左與王輔嗣學並立。荀崧謂『其書根源』。顔延之爲祭酒，黜鄭置王。齊陸澄《詒王儉書》云：『《易》自商瞿之後，雖有異家之學，同以象數爲宗，數百年後乃有王弼之説。』王濟云：『弼所誤者多，何必能頓廢前儒，河北諸儒專主鄭氏。』隋興，學者慕弼之學，遂爲中原之師，唐因之。今鄭注不傳，此景迂晁氏所慨歎也。李鼎祚云：『鄭多參天象，王全釋人事，易道豈偏滯於天人者哉。』合《彖》、《象》於經，蓋自康成始，其説閒見於鼎祚《集解》及《釋文》、《易》、《詩》、《三禮》、《春秋》義疏、《後漢書》、《文選》注。應麟讀《易》之暇，輯爲此編，庶幾先儒象數之學，猶有考焉。癸酉季夏哉生明汲古堂書。」

《玉海·藝文》：「近世古書亡缺，鄭氏所注第九，總《文言》、《説卦》、《序卦》、《雜卦》四篇，學者不能知其次，乃謂之《鄭氏文言》。」

《文獻通考·經籍考》鄭康成《易注》，《崇文總目》曰：「今唯《文言》、《説卦》、《序卦》、《雜卦》合四篇，餘皆逸，指趣淵確，去聖人未遠也，中興亡。」

《王氏談録》：「公言祕閣有《鄭氏注易》一卷，《文言》自爲篇，而陸氏《大玄》篇第中各異。考之足以見《古易經》之舊次。」

《宋史·藝文志》：「鄭玄《周易文言注義》一卷。」

鏞堂按：此王伯厚所云「學者不能知其次，乃謂之鄭氏《文言》」也，甚可哂矣。鄭注《詩》、《禮》中所引《易》義皆用京氏學，與《易注》用費學不同，今附録於後。

《毛詩·草蟲》：「亦既見止，亦既覯止，我心則降。」傳：「覯，遇也。」箋云：「既覯，謂已昏也。始者憂於不當，今君子待己以禮，庶自此可以寧父母，故心下也。《易》曰：

『男女覯精，萬物化生。』」《正義》曰：「謂之遇者，男女精氣相覯遇，故引《易》以明之。」按今《易》「覯」作「構」。鄭注云：「合也。」《爾雅・釋詁》：「遘，遇也。」《詩》傳、箋本此。《易・姤卦》《釋文》云：「古文作『遘』，鄭同。」《集解》引鄭注云：「姤，遇也。」《序卦》：「姤者，遇也。」並當作「遘」。《易注》又訓爲「合者」，《詩・野有蔓草》：「邂逅相遇。」毛傳：「邂逅，不期而會。」《釋文》：「逅，本亦作『遘』。」按《釋詁》：「會，合也。」《易・屯卦》：「匪寇昏媾。」鄭注云：「冓，猶會也。」是「遘」、「遇」、「會」、「合」四字義並得通也。

《采薇》：「曰歸曰歸，歲亦陽止。」箋云：「十月爲陽，時坤用事，嫌於無陽，故以名此月爲陽。」《正義》曰：「彼説坤卦，自以上六爻辰在巳爲義。巳至四月，故消息爲乾，非十月也。且《文言》『慊於無衍。陽』爲心邊兼，鄭從水邊兼，初無嫌字，如疑「知」。與此異。」按：鄭本作「慊於陽」，《集解》本作「兼於陽」，引《九家易》曰：「陰陽合居，故曰兼陽。」王弼本作「嫌於陽」。注云：「爲其嫌於非陽而戰。」兼、慊、嫌皆聲相近，故文異，而本無「无」字，則同。今本皆作「嫌於无陽」，豈因《詩箋》而誤衍乎？惠定宇云：「蓋唐以後亂之。」

《白駒》：「皎皎白駒，賁然來思。」傳：「賁，飾也。」箋云：「《易》卦疑「象」。曰：『山下有火，賁。』賁，黄白色也。」《釋文》：「賁，徐音奔，毛、鄭全用《易》爲釋。」《正義》曰：「賁卦離下艮上，艮爲山，離爲火，故言『山下有火』，以火照山之石，故黄白色也，蓋謂其衣服之飾也。」按《易注》云「文飾之貌」，與《毛傳》義同。王肅《易注》云「黄白色」，與箋義同。然則《詩箋》所用，蓋《易》今文家舊説。

《無羊》：「大人占之，衆維魚矣，實維豐年。」箋云：「魚者，庶人之所以養也。今人衆相與捕魚，則是歲熟相供養之祥也。《易・中孚卦》曰：『豚魚吉。』」《正義》曰：「孟子曰：『七十者，可以食雞豚。』豚魚，俱是養老之物，按：此言當有所本。故引之以證魚可供養也。彼注意，以豚魚喻小民，按：彼，彼《易注》也。與此乖者，以《象》云『豚魚吉，信及豚魚』，喻恩澤及民，觀《象》爲説，此則斷章取義，故不同也。」

《瓠葉》：「幡幡瓠葉，采之亨之，君子有酒，酌言嘗之。」箋云：「亨，熟也。熟瓠葉者，以爲飲酒之葅也。此君子謂庶人之有賢行者也。其農功畢，乃爲酒漿，以合朋友，習禮講道藝也。酒既成，先與父兄室人亨，瓠葉而飲之，所以急和親親也。飲食而曰嘗者，以其爲之主於賓客，賓客則加之以羞。《易·兑·象》曰：『君子以朋友講習。』」《正義》曰：「所會朋友，必爲講習，以《易》有此言以著義，故知此合朋友爲習禮講藝。」

《思齊》：「不顯亦臨，無射亦保。」箋云：「臨，視也。保，猶居也。文王之在辟廱也，有賢才之質而不明者，亦得觀於禮，於六藝無射才者，亦得居於位，言養善，使之積小致高大。」

《下武》：「媚兹一人，應侯順德。」箋云：「可愛乎武王，能當此順德，謂能成其祖考之功也。《易》曰：『君子以順德，積小以高大。』」《正義》曰：「升卦巽下坤上，故言木生地中，木漸而順長以成樹，猶人順德以成功。定本作『慎德』，準約此《詩》上下及《易》，宜爲『順』字，又《集註》亦作『順』。」按《周易音義》：「以順德，如字，王肅同，本又作『慎』，師同。」據此知德明之師，本作「以慎德」。王弼當作「慎」字，陸、孔皆作「順」，蓋爲王肅所誤也。《集解》作「以慎德」。虞翻曰：「二之五，艮爲慎，故慎德。」虞治《孟氏易傳》，業五世。許叔重備偁《孟氏易》爲古文，可證古文《易》作「慎德」。先師傳《費氏易》，費亦古文，《鄭易》當同虞翻，作「慎」，蓋《詩經·下武》「應侯順德」，毛氏古文作「順」。齊、魯、韓今文作「慎」。《易經·象傳》「君子以慎德」，費氏、孟氏古文作

「慎」，京氏等今文作「順」。先師注《詩》宗毛，注《易》本費，箋《詩》引用之《易》則京氏，而非費氏。王肅好與鄭異，故注《毛詩》而私用三家，於《家語・弟子行》既作「應侯慎德」，復改毛經「順」字爲「慎」，所以有定本之誤從。於《易》文竊取京氏「順」字，以見異於鄭本，遂致亂費氏之經。顔師古《漢書・叙傳下》注引《詩》曰「媚兹一人，應侯順德」，與《詩》正義所言定本正出一手，史證《口訣義》引何妥《易》作「慎德」。按何妥亦本王弼。

《民勞》：「戎雖小子，而式宏大。」箋云：「戎，猶女也。式，用也。宏，猶廣也。今王女雖小子自遇，而女用事於天下甚廣大也。《易》曰：『君子出其言善，則千里之外應之，況其邇者乎。出其言不善，則千里之外違之，況其邇者乎。』是以此戒之。」

《天作》：「彼，作矣，文王康之；彼，徂矣，岐有夷之行。」傳：「夷，易也。」箋云：「彼，彼萬民也。徂，往。行，道也。彼萬民居岐邦者，皆築作宫室，以爲常居，文王則能安之。後之往者，又以岐邦之君有佼易之道故也。《易》曰：『乾以易知，坤以簡能，易則易知，坤則易從。易知則有親，易從則有功。有親則可久，有功則可大。可久則賢人之德，可大則賢人之業。』以此訂大王文王之道，卓爾與天地合其德。」《正義》曰：「言乾以佼易，故爲知。坤以凝簡，故爲能。人能佼易則其情易知，凝簡則其行易從。情易知則人親之，故『易知則有親』。行易從則功可就，故『易從則有功』。人以物不我親，不能以久，故『有親則可久』。由舉事無功，不能以大，故『有功則可大』。爲物所親，事可長久，是爲德有所成，故『可久則賢人之德』。舉事有功，道可廣大，是爲業有所就，故『可大則賢人之業』。生人能事德業而已，易簡爲之，無往不究，故彼又云『易簡而天下之理得』，是天地之德，易簡而已。岐邦之君，亦有易簡之行，是與天地同功。」按「佼易」之義，必本先師《易注》。《易釋文·繫辭上》：「易知，以豉反。鄭、荀、董並音亦。」又《大壯》：「喪羊於易，以豉反，鄭音亦，謂佼易也。」《詩》毛傳：「夷，易也。」及鄭箋「佼易」，及引《易》文並當音「亦」。《釋文》：「夷、易，羊鼓反。」下除《易》曰，皆同誤也。 《公羊》注有「佼易」，宋板《爾雅》疏引《白虎通》有「佼易」。

《周禮·宫正》：「夕擊柝而比之。」注：「鄭司農云：『柝，戒守者所擊也。《易》曰：「重門擊柝，以待暴客。」《春秋傳》曰：「魯擊柝，聞於邾。」』」

《均人》：「凡均力政，以歲上下。豐年則公旬用三日焉，中年則公旬用二日焉，無年則公旬用一日焉。」注：「公，事也。旬，均也。讀如『畇畇原隰』之『畇』。《易》『坤爲均』，今書亦有作『旬』者。」釋曰：「《易》『坤爲地』，地德均平，是以均爲義。今《易》書有作『旬』字者，『旬』與『均』俱有均平之意，故引爲證。」按：《尚書大傳》「推六律六吕，旬十有二變」。鄭注云：「旬，均也。」今俗本作「詢」譌。

《媒氏》：「令男三十而娶，女二十而嫁。」注：「二三者，天地相承覆之數也。《易》曰『參天兩地而奇數』焉。」《釋文》：「奇數，於綺反。本或作倚，音同。」釋曰：「《易·繫辭》云：『天一地二，天三地四，天五地六。』按，此二字衍文。是就奇數之中，天三度生，地二度生，象天三覆地二載，「載」字舊脱，據《易正義》補。故云天地相承覆之數。」《周易音義》：「而倚，於綺反。馬云：依也。王肅：其綺反。云：立也。虞同。蜀才作奇，通。」《易正義》引鄭云：「倚託大衍之數。」《集解》載虞翻、崔憬注，皆訓「依」爲「立」，是馬、鄭、二王、虞、崔等皆作「倚數」。《周禮音義》「大書奇數」。賈疏云：「就奇數之中，天三度生，地二度生。」是《周禮》注明作「奇」字。陸云「本或作奇」者，此妄人依今本《周易》所改，非也。然則鄭注《易》與注《禮》所據本不同，注《易》是費氏本。先師本傳云：「始通《京氏易》。」注《禮》在注《易》之前，則《周禮》注作「奇」字，所據蓋《京氏易》也。蜀才作「奇」與《周禮》注正合。蜀才《易注》十卷，見《釋文・序録》及《隋志》。《七録》云：「不詳何人。」《顔氏家訓・書證篇》云：「謝靈、夏侯該並讀數千卷書，皆疑是譙周。」王儉《四部書目》及《七志》云：「王弼後人。」當非是，果爲王弼後人安得更作「奇數」。

《司尊彝》：「祼用虎彝蜼彝。」注：「鄭司農云：『蜼，讀爲「蛇虺」之「虺」，或讀爲「公用射隼」之「隼」。』」

《天府》：「季冬，陳玉以貞來歲之媺惡。」注：「問事之正曰貞。問歲之美惡，謂問於龜。大卜職，大貞之屬。」鄭司農云：「貞，問也。《易》曰：『師，貞丈人吉。』問於丈人。《國語》曰：『貞於陽卜。』」按《文言》：「貞者，事之幹也。」《師・象》：「貞，正也。」《易注》云：「有幹正人之德。」本此。《周禮・天府》《太卜》注皆訓「貞」爲「問」，與《易注》不同，蓋亦費、京之異也。先後鄭並傳《費氏易》，而注引用之《易》皆京氏舊誼，故《天府》注仲師引《易》證「貞」之爲「問」，《太卜》注康成亦引《易》證「貞」之爲「問」，又可見仲師所引《易》義，與康成意盡同也。

《太卜》：「掌三易之灋。」注：「易者，揲蓍變易之數，可占者也。」釋曰：「《易・繫辭》云：『分而爲二以象兩，掛一以象三，揲之以四以象四時，歸奇於扐以象閏。』此是揲蓍變易之數，可占者也。按《易》文卦畫，七八爻稱九六，用四十九蓍。三多爲交錢，六爲老陰也。三少爲重錢，舊亦誤作「單錢」，據《儀禮・士冠禮》疏改正。九爲老陽也。兩多一少爲單錢，七爲少陽也。兩少一多爲坼錢，三字舊脱，據《儀禮》疏補。八爲少陰也。夏、殷《易》以七、八不變爲占，《周易》以九、六變者爲占。」

「以邦事作龜之八命，二曰象。」注：「象謂有所造立也。《易》曰：『以制器者尚其象。』」

「凡國大貞。」注：「鄭司農云：『貞，問也。國有大疑，問於蓍龜。』玄謂貞之爲問，問於正者必先正之，乃從問焉。《易》曰：『師，貞丈人吉。』」

《掌固》注：「固，國所依阻者也。國曰固，野曰險。《易》曰：『王公設險，以守其固。』」釋曰：「引之證固是在國，王公設之以守國。」按今注疏本同，《易》作「守其國」。《玉海・職官》引鄭注是「固」字，今據改。《魏書・高閭傳》閭上表曰：「《易》稱『王公設險，以守其固』。」北監本作「固」。又《三國志・魏高堂隆傳》棧潛曰：「王公設險，以固其國。」亦「守其固」之誤也。

《大司馬之職》：「比小事大，以和邦國。」注：「比猶親。使大國親小國，小國事大國，相合和也。《易・比・象》曰：『先王以建萬國親諸侯。』」釋曰：「其卦坤下坎上，坤爲土，坎爲水，水得土而流，土得水而柔，是水土和合，故《象》『先王建萬國親諸侯』，謂法卦行事，使諸侯相親。」

《羅氏》：「蜡則作羅襦。」鄭司農云：「襦，細密之羅。襦，讀爲『繻有衣袽』之『繻』。」《釋文》：「袽，女居反，字又作絮。」

《校人》：「凡頒良馬而養乘之，乘馬一師四圉。三乘爲皁，皁一趣馬。三皁爲毄，毄一馭夫。六毄爲廄，廄一僕夫。」注：「自乘至廄，其數二百一十六匹。《易》『乾爲馬』，此應乾之筴也。」釋曰：「按《易》天一生水北方，地二生火南方，天三生木東方，地四生金西方，天五生土中央，是謂陽無匹，陰無耦。又地六成水北方，天七成火南方，地八成木東方，天九成金西方，地十成土中央，是謂陽有匹，陰有耦。龜取生數一、二、三、四、五，蓍取成數六、七、八、九、十。若然，東方、南方生長之方，故七爲少陽，八爲少陰。西方、北方成熟之方，故九爲老陽，六爲老陰。不取十者，中央配四方故也。是以《易》之六爻，卦畫七八爻稱九六。七、八、九、六既配四方，故九六皆以四乘之。乾之六爻，以四乘九，四九三十六，六爻故二百一十六，是謂乾之筴也。」

《小司寇之職》：「以八辟麗邦灋，附刑罰。」注：「麗，附也。《易》曰：『日月麗乎天。』附，猶著也。」釋曰：「天者，自然之氣。日月本在虚空，而附自然之氣，故得爲附著也。」

《朝士》：「掌建邦外朝之灋。」注：「鄭司農云：『外朝在路門外，内朝在路門内。左九棘，右九棘。故《易》曰「係用徽纆，示於叢棘」。』」《釋文》：「示於，之豉反，又如字，本或作寘。」按古文「寘」字，今文假借聲近字作「示」。《釋文》云：「寘，劉作示。」鄭注本《費氏易》必作「寘」字，作「示」者，蓋今文《京氏易》。仲師好古，雖傳《費易》，要其功令所班，誦習之本，亦爲「示」字可知。

《掌戮》：「凡殺其親者，焚之。」注：「親，緦服以内也。焚，燒也。《易》曰：『焚如死如棄如。』」釋曰：「不孝之罪，五刑莫大焉，得用議貴之辟刑之，各舊誤「若」，今改。如所犯之罪，引之者，證『焚如』是殺其親之刑也。」

《司烜氏》：「若屋誅，則爲明竁焉。」注：「屋，讀如其『刑剭』之『剭』。剭誅，謂所殺不於市而以適甸師氏者也。」《釋文》：「刑剭，徐音屋，劉音握。」釋曰：「屋誅，謂甸師氏屋舍中誅，則王之同族及有爵者也。」按《周禮》疏，《醢人》、《司烜氏》引《鄭易》，「形」皆作「刑」。注云：「刑之於屋中。《周易音義》：『形渥，鄭作剭，音屋。』是鄭氏注《禮》注《易經》之本，與義並同也。」

《考工記》：「通四方之珍異以資之，謂之商旅。」注：「商旅，販賣之客也。《易》曰：『至日商旅不行。』」

「石有時以泐。」注：「鄭司農云：『泐，讀如「再扐而後卦」之「扐」。泐，謂石解散也。夏時盛暑大熱則然。』」

「車有六等之數。」注：「車有天地之象，人在其中焉。六等之數，灋《易》之三材六畫。」釋曰：「《易·說卦》云：『兼三才而兩之，故《易》六畫而成卦。』兼三才者，天有陰陽，地有剛柔，人有仁義。三才六畫，一才兼二畫，故車之六等灋之也。」按賈氏所述，與《樂記》正義合，必本鄭《易注》。

「輈人爲輈。行數千里，馬不契需。」注：「鄭司農云：『契，讀爲「爰契我龜」之「契」。需，讀爲「畏需」之「需」，謂不傷蹄，不需道里。』」《釋文》：「需，音須，又乃亂反。」釋曰：「需，讀爲『畏需』之『需』，謂從《易·需卦》之需。」按：乃亂反，則爲耎，音須，非也。先師《易注》云：「陽氣耎而不直前者，畏上坎也。」與司農「畏需」義正同，賈疏知讀爲「畏需」，從需卦之「需」者，據先師《易注》而知之也。

「車人之事，半矩謂之宣。」注：「頭髮皓落曰宣。半矩，尺三寸三分寸之一，人頭之長也。柯欘之木頭取名焉。《易》『巽爲宣髮』。」舊誤作「寡髮」，今據《疏》改。釋曰：「云頭髮皓落曰宣者，以得謂宣去之義。人髮皓白則落墮，故云此者解頭名宣意也。今《易》文不作『宣』作『寡』者，蓋『宣』、『寡』義得兩通，故鄭爲『宣』不作『寡』也。」《周易音義》：「寡髮，本又作宣。」按馬、鄭、王弼《易》本皆作「寡髮」，蓋《費氏易》如此。《周禮》注作「宣髮」，則先師始通《京氏易》也，《集解》亦作「宣髮」，虞翻曰：「爲白，故宣髮。」《考工記》疏具有二文，錯誤幾不可讀，余爲正之。

「弓人爲弓。老牛之角紾而昔。」注：「鄭司農云：『昔，讀爲「交錯」之「錯」，謂牛角觕理錯也。』玄謂『昔』，讀『履錯然』之『錯』。」《釋文》：「錯，七各反，李云：鄭且苦反。」釋曰：「昔，讀爲『交錯』之『錯』者，讀從《詩》『獻酬交錯』。讀『履錯然』之『錯』者，讀從離卦爻辭。」按《周易音義》：「履錯，鄭、徐七各反，馬七路反。」疑作「徐七各反」，馬、鄭「七路反」。王弼注：「錯然，敬慎之貌也。」徐仙民爲王音，故「七各反」。「七路反」與「且苦反」同，讀爲「措」。《鄭易》本馬，馬、鄭多同。又《集解》引荀爽曰：「火性炎上，故初欲履錯於二。」亦讀「錯」爲「措」。馬、鄭與荀皆傳《費氏易》者也。

「厚其帤則木堅，薄其帤則需。」注：「需，謂不充滿。鄭司農云：『帤，讀爲「襦有衣絮」之「絮」，帤，謂弓中裨。』」《釋文》：「衣絮，本亦作帤。《周易》作『袽』，皆女居反。中裨，符支反，又音卑。」釋曰：「弓中裨者，造弓之法，弓幹雖用整木，仍於幹上裨之，乃得調適也。」按帤，謂弓中裨，此「帤」字，亦當作「絮」。

《儀禮·士冠禮》：「筮與席所卦者。」注：「筮所以問吉凶，謂蓍也。所卦者，所以畫地記爻。《易》曰：『六畫而成卦。』」釋曰：「筮法依七、八、九、六之爻而記之，但古用木畫地，今則用錢。以三少爲重錢，重錢則九也。三多爲交錢，交錢則六也。兩多一少爲單錢，單錢則七也。兩少一多爲拆錢，拆錢則八也。」

「玄端，玄裳、黄裳、雜裳可也。」注：「上士玄裳，中士黄裳，下士雜裳。雜裳者，前玄後黄。《易》曰：『夫玄黄者，天地之雜也，天玄而地黄。』」

《鄉飲酒禮》記：「亨於堂東北」，注：「祖陽氣之所始也，陽氣主養。《易》曰：『天地養萬物，聖人養賢以及萬民。』」釋曰：「引《易·頤·彖辭》者，義取養賢能而賓舉之事。」

《鄉射禮》記：「楅長如笴，博三寸，厚寸有半，龍首。其中蛇交」，注：「兩端爲龍首，中央爲蛇身相交也。蛇龍，君子之類也。」釋曰：「《易》云：『龍戰于野，其血玄黃。』鄭注云：『聖人喻龍，君子喻蛇。』是蛇龍總爲君子之類也。交者，象君子取矢於楅上也。」

《覲禮》：「乃右肉袒於廟門之東。」注：「右肉袒者，刑宜施於右也。凡以禮事者左袒，入更從右者，臣益純也。《易》曰：『折其右肱，无咎。』」釋曰：「凡卦爻三至四，二至五，兩體交互各成一卦，先儒謂之互體。故鄭隨其義而注云：『引之者，證刑理宜於右之義。』」按義與《易注》不同，《易注》主君言之，《禮注》主臣言之。

《少牢饋食禮》：「左執筮，右兼執韇以擊筮。」注：「將問吉凶焉，故擊之以動其神。《易》曰：『蓍之德圓而神。』」

《禮記·曲禮》：「安定辭。」注：「審言語也。《易》曰：『言語者，君子之樞機。』」《正義》曰：「《論語》云『駟不及舌』，故審言語也。《易》曰者，《易·繫辭》之文也。引之者，證審言語之事。彼爲『言行』，鄭云『言語』者，既證經辭，無取於行，故變文爲語也。」按先師斷不輕改聖經以就己意，孔説非也。《左氏襄二十五年傳》：「非文辭不爲功，慎辭哉。」注：「樞機之發，榮辱之主。」《正義》引鄭《易注》云：「以譬言語之發，有榮有辱。」與此注所引經正合，可證鄭所據本是「言語」。今作「言行」，爲失其真。杜注《左傳》時尚作「言語」，孔疏《禮記》時已作「言行」。　丁小疋云：「《抱朴子外篇·疾謬》《正郭》兩篇，引《易》『樞機』，俱專指『言語』。盧景宣《大戴·踐阼篇》注亦云：『言爲榮辱之主。』」

《檀弓》：「戎事乘翰。」注：「翰，白色馬也。《易》曰：『白馬翰如。』」按《易注》云：「翰，猶幹也。」與此異。

《王制》：「論辨然後使之。」注：「辨，謂考問得其定也。《易》曰：『問以辨之。』」

《月令》：「其數八。」注：「數者，五行佐天地生物成物之次也。《易》曰：『天一地二，天三地四，天五地六，天七地八，天九地十。』而五行自水始，火次之，木次之，金次之，土爲後。木生數三，成數八。但言八者，舉其成數。」《正義》曰：「引《易》曰以下者，《易・下繫》文也。天陽地陰，陽數奇，陰數耦。陽所以奇者，陽爲氣，氣則渾沌爲一，無分別之象，又爲日，日體常明，無虧盈之異，故其數奇。其陰數所以耦者，陰爲形，形則有彼此之殊，又爲月，月則有晦朔之之別，故其數耦也。」

「其日丙丁。」注：「丙之言炳也，時萬物皆炳然著見而强大，又因以爲日名焉。《易》曰：『齊乎巽，相見乎離。』」

《禮運》：「故天生時而地生財，人其父生而師教之。四者，君以正用之，故君者，立於無過之地也。」注：「順時以養財，尊師以教民，而以治政，則無過差矣。《易》曰：『何以守位曰仁，何以聚人曰財。』」《釋文》：「何以守位曰仁，本亦作『人』。」《周易音義》曰：「人，王肅、卞伯玉、桓玄、明僧紹作仁。」可證《鄭易》及王弼本皆作「人」，《正義》作「仁」，謂必信仁愛，誤也。《本義》作「人」，云：「曰人之人，今本作仁，吕氏從古，蓋所謂非衆罔與守邦。」鏞堂按：《費氏古文易》作「人」，《京氏今文易》作「仁」，先師注《易》用古文，注《禮》用《京氏易》，《禮運》注不當作「人」。王肅好與鄭異，故《易》本反作「仁」也。《後漢書・蔡邕傳》：「蓋聞聖人之大寶曰位，故以仁守位，以財聚人。」李賢注：「何以守位曰仁。」《文選》張平子《東京賦》：「且天子有道守在海外，守位以仁，不恃隘害。」李善注用《周易》曰「何以守位曰仁」，與先師《禮注》同，皆用今文《易》也。《禮注》「尊師以教民，治政無過差」，皆仁字意，故引《易》以證之，余弟和貴以《大學》「有人此有土」證之，謂古文作「人」字是。

「故明於順，然後能守危也。」注：「能守自危之道也。君子居安如危，小人居危如安。《易》曰：『危者，安其位。』」《正義》曰：

「謂所以今日危亡者，正爲不知畏懼，偷安其位，故致危也。」

《禮器》：「諸侯以龜爲寶。」注：「古者貨貝寶龜，大夫以下有貨耳。《易》曰：『十朋之龜。』」

「五獻之尊，門外缶。」注：「缶，大小未聞也。《易》曰：『尊酒簋，貳用缶。』」按《正義》引《鄭易》亦作「尊」，今本加木旁作「樽」。

《郊特牲》：「故天子牲孕弗食也，祭帝弗用也。」注：「孕，任子也。《易》曰：『婦孕不育。』」

《内則》：「不敢噦、噫、嚏、咳、欠、伸、跛、倚、睇視。」注：「睇，傾視也。《易》曰：『明夷，睇于左股。』」《周易音義》：「夷於，如字，子夏作睇，鄭、陸同。云：旁視曰睇。京作眱。」睇同。

「由命士以上，及大夫之子，旬而見。」注：「旬當爲均，聲之誤也。有時適妾同時生子，子均而見者，以生先後見之。《易·說卦》『坤爲均』，今亦或作『旬』也。」《正義》曰：「按《易·說卦》以『坤爲均』，象地之均平。今《易》之文，或以『均』爲『旬』者，是均得爲旬也。皇氏云：『母之禮見子，象地之生物均平，故引《易》以爲均。』非也。」按：「象地之均平」，蓋本先師《易注》，故皇氏據之以說《禮》，然鄭注引《易》之意，則當從孔說。

《明堂位》：「崇坫康圭。」注：「崇，高也。康，讀爲『亢龍』之『亢』，又爲高坫，亢所受圭，奠於上焉。」《釋文》：「康圭，音抗，苦浪反。出注。」按：今《易》皆作「亢」，不作「抗」。鄭注《尚書大傳》引《禮志》「亢世子法於伯禽」，今文王世子作「抗」。注：「抗，猶舉也。」是亢、抗義通也。《史記·仲尼弟子列傳》「原亢」，《家語七十弟子解》作「原抗」。

《學記》：「教人不盡其材。」注：「材，道也，謂師有所隱也。《易》曰：『兼三才而兩之。』謂天地人之道。」《正義》曰：「伏犧書上法天，下法地，中法人，謂之三才。《説卦》云：『立天之道曰陰與陽，立地之道曰柔與剛，立人之道曰仁與義。』三才各有其兩，故云『兼三才而兩之』而有六爻也。」

《樂記》：「聲相應，故生變。」注：「樂之器，彈其宮，則衆宮應。《易》曰：『同聲相應，同氣相求。』」

「宮亂則荒，其君驕。商亂則陂，其官壞。」注：「荒，猶散也。陂，傾也。《書》曰：『王耄荒。』《易》曰：『无平不陂。』」按：陂，傾也。可補鄭《易注》。

「幽則有鬼神。」注：「助天地成物者也。《易》曰：『是故知鬼神之情狀，與天地相似。』《五帝德·説黄帝德》曰：『死而民畏其神者百年。』《春秋傳》曰：『若敖氏之鬼。』然則聖人之精氣謂之神，賢知之精氣謂之鬼。」《正義》曰：「熊氏云：『《繫辭》鬼神者，謂七八九六，自然之鬼神。』又聖人賢人鬼神，與自然鬼神，俱能助天地而成物，故鄭總引之也。」

「著不息者，天也。」注：「著，猶明白也。息，猶休止也。《易》曰：『天行健，君子以自强不息。』」

《祭統》：「此天子之樂也，康周公故以賜魯也。」注：「康，猶褒大也。《易·晉卦》曰：『康侯用錫馬。』」

《經解》：「故禮之教化也微，其止邪也於未形，使人日徙善遠罪，而不自知也，是以先王隆之也。《易》曰：『君子慎始，差若豪氂，繆以千里。』此之謂也。」注：「隆，謂尊盛之也。始，謂其微時也。」《正義》曰：「此《易·繫辭》文也。」《太史公自序》：「故《易》曰：『失之毫釐，差以千里，故曰臣弑君，子弑父，非一旦一夕之故也，其漸久矣。』」《集解》徐廣曰：「一云差以毫釐，一云繆以千里。」駰案：「今《易》無此語，《易緯》有之。」《司馬遷傳》「故《易》曰『差以毫釐，謬以千里，故臣弑君，子弑父，非一朝一夕之故，其漸久矣』」。師古曰：「今《易經》及《彖》、《象》、《繫辭》並無此語，所稱《易緯》者，則有之焉，斯蓋易家之別説者也。」按：太史公作「失之毫釐，謬以千里，臣弑君」上有「故」字，或作「差以」者，上下皆非。今《史記》作「故曰臣弑君」。依《漢書》「曰」字衍。《禮記》「出七十子之徒」，而引《易》有「君子慎始」三句，知非出《緯書》。蓋漢初傳《易》者，俱失此經，惟太史公能知其次，故引用之。此當在《文言傳・坤卦》「積善之家」四句下。孔仲達謂《易・繫辭》文，非也。《經解》「止邪於未形」，與《文言傳》「由來者漸」，須「早辨」，義正合。《文言傳》「蓋言順也」，順，當讀爲「慎」，此「慎」字與上「君子慎始」之「慎」一氣緊相貫注。朱子《本義》曰：「古字順、慎通用，此當作慎言，當辨之於微也。」按朱子雖不知《文言傳》有脱文，而此注則深得經意矣。考漢《易》蓋多作「順」字。《集解》引荀爽曰：「乾氣加之性而堅，象臣順君命而成之。」《周易音義》：「言順，如字。」《春秋繁露・基義篇》云：「履霜堅冰，蓋言遜也。」按：遜，亦順也。《後漢書・宦者列傳論》：「《易》曰『履霜堅冰至』，云所從來久矣。今迹其所以，亦豈一朝一夕哉。」李賢注：「《易》曰：『履霜堅冰至』，亦言順也。」

《坊記》：「故君子約言，小人先言。」注：「言人尚德不尚言也。約與先，互言爾。君子約，則小人多矣。小人先，則君子後矣。《易》曰：『君子以多識前言往行，以畜其德。』」

「故食禮，主人親饋，則客祭，主人不親饋，則客不祭，故君子苟無禮，雖美不食焉。《易》曰：『東鄰殺牛，不如西鄰之禴祭，寔受其福。』」注：「東鄰，謂紂國中也。西鄰，謂文王國中也。此辭在既濟。既濟離下坎上，離爲牛，坎爲豕。西鄰禴祭，則用豕與，言殺牛而凶，不如殺豕受福，喻奢而慢不如儉而敬也。《春秋傳》曰：『黍稷非馨，明德惟馨。』信矣。」《釋文》：「寔受，時力反，《易》作『實』。」《正義》曰：「鄭《易注》九五一爻，有坎有離，此注總論既濟之卦，下體爲離，上體爲坎，與《易注》不同。」按《古文易》作「實」，《今文易》作「寔」。

「故君子於有饋者弗能見，則不視其饋。《易》曰：『不耕穫，不菑畬，凶。』」注：「言必先種之乃得穫，若先菑乃得畬也，安有無事而取利者乎？田一歲曰菑，二歲曰畬，三歲曰新田。」《正義》曰：「無妄震下乾上，六二既在震卦，居中得位，宜合仕者，謂合事九五，被六三所隔，不得往仕，是道之不行。雖食其禄，猶不耕穫割，不菑畬田，無功得物，是其凶。引之者，證貪財之事。」

《中庸》：「『維天之命，於穆不已』，蓋曰天之所以爲天也。『於乎不顯，文王之德之純』，蓋曰文王之所以爲文也，純亦不已。」注：「天所以爲天，文王所以爲文，皆由行之無已，爲之不止，如天地山川之云也。《易》曰：『君子以慎德積小以成按毛本衍「成」字，宋本無。高大。』是與。」《釋文》：「慎德，如字，一本又作『順』。」

「質諸鬼神而無疑，知天也。」注：「知天知人，謂知其道也。鬼神從天地者也。《易》曰：『故知鬼神之情狀，與天地相似。』」

《表記》：「子曰：『無辭不相接也，無禮不相見也，欲民之毋相褻也。《易》曰：「初筮告，再三瀆，瀆則不告。」』」注：「瀆之言褻也。」《正義》曰：「蒙卦坎下艮上，艮爲山，坎爲水，山下出泉，是物之蒙昧童蒙之象也。筮，問也。言童蒙初來問者，師則告之，若再三來問，是爲褻瀆。問既褻瀆，師則不復告之。引之者，證無相褻瀆之義也。」

「故君子不以小言受大禄，不以大言受小禄。《易》曰：『不家食，吉。』」注：「此大畜卦辭也。《彖》曰：『不家食吉，養賢也。』

言君有大畜積，不與家食之而已，必以祿賢者，賢有大小，祿有多少。」

「故君使其臣，得志則慎慮而從之，否則孰慮而從之，終事而退，臣之厚也。《易》曰：『不事王侯，高尚其事。』」注：「言臣致仕而去，不復事君也。君猶高尚其所爲之事，言尊大其成功也。」

《緇衣》：「子曰：『南人有言曰：「人而無恒，不可以爲卜筮。」古之遺言與？龜筮猶不能知也，而況於人乎？《易》曰：「不恒其德，或承之羞。」「恒其德，偵婦人吉，夫子凶。」』」注：「羞，猶辱也。偵，問也。問正爲偵。婦人，從人者也，以問正爲常德則吉。男子當專行幹事，而以問正爲常德，是亦無恒之人也。」《釋文》：「德偵，音貞，《周易》作『貞』。」《易注》云：「以和説幹其家事。」不訓「貞」爲問。《禮注》云：「問正爲貞。」不訓「貞」爲幹事。此言男子當事行幹事者，此因《象傳》「夫子制義」言之，非既訓爲問正，又訓爲幹事，自岐其義也。

《深衣》：「負繩抱方者，以直其政，方其義也。故《易》曰：『坤六二之動，直以方也。』」注：「言深衣之直方，應《易》之文也。政，或爲『正』。」

《左氏傳》僖十五年：「初，晉獻公筮嫁伯姬於秦，遇歸妹䷵之睽䷥。史蘇占之，曰：『不吉。其繇曰：「士刲羊，亦無衁也。女承筐，亦無貺也。」』」《正義》曰：「服虔以離爲戈兵，兑爲羊，震變爲離，是用兵刺羊之象也。三至五有坎象，坎爲血，血在羊上，故刺無血也。震爲竹，竹爲筐，震變爲離，離爲火。火動而上，其施不下，故筐無實也。」

宣十二年：「知莊子曰：『此師殆哉。《周易》有之，在師䷆之臨䷒，曰：「師出以律，否臧凶。」』」《正義》曰：「服虔云：『坎爲水，坤爲衆。又互體震，震爲雷，雷鼓類。又爲長子，長子帥衆，鳴鼓巡水而行，行師之象也。臨兑爲澤，坤爲地，居地而俯視於澤，臨下之義，故名爲臨。』」

王伯厚曰：「以互體説《易》，蓋亦本諸康成，今附卷末。」

漢魏二十一家易注

〔清〕孫堂 撰

陳居淵 校點

目録

校點説明

孫堂，字步升，浙江平湖人，清乾嘉間（一七三六—一八二〇）諸生。他潛心研究易學，從事於古代易學資料的搜集、整理和考證，所編《漢魏二十一家易注》爲其代表作。

《漢魏二十一家易注》凡三十三卷，輯録上自《子夏易傳》，下至南齊劉瓛《周易義疏》的二十一家研究易學的著作。由於年代久遠，這些著作早已不傳，部分内容散見於唐陸德明《經典釋文》、孔穎達《周易正義》及李鼎祚《周易集解》等書。經孫堂研究和彙輯，我們今天仍能略見其貌。它們是：一、（春秋）卜商《子夏易傳》一卷。二、（漢）孟喜《周易章句》一卷。三、（漢）京房《周易章句》一卷。四、（漢）馬融《周易傳》一卷。五、（漢）荀爽《周易注》一卷。六、（漢）鄭玄《周易注》三卷補遺一卷，（宋）王應麟輯，（清）惠棟增補，孫堂重校。七、（漢）劉表《周易章句》一卷。八、（漢）宋衷《周易注》一卷。九、（吴）陸績《周易述》一卷，（明）姚士粦輯，孫堂增補。十、（魏）董遇《周易章句》一卷。十一、（吴）虞翻《周易注》十卷附録一卷。十二、（魏）王肅《周易注》一卷。十三、（吴）姚信《周易注》一卷。十四、（晉）王廙《周易注》一卷。十五、（晉）張璠《周易解》一卷。十六、（晉）向秀《周易義》一卷。十七、（晉）干寶《周易注》一卷，（元）屠曾輯，孫堂補。十八、（蜀）范長生《蜀才周易注》一卷。十九、（年代不明）翟玄《周易義》一卷。二十、（漢）《九家周易集注》一卷。二十一、（南齊）劉瓛《周易義疏》一卷。

《漢魏二十一家易注》比較全面地反映了自漢代至魏晉時期易學的面貌，爲漢學家研究象數易學提供了較爲詳實的文本依據，具有一定的社會影響。阮元作序稱該書「虚衷纂録，有功於先儒」。

《漢魏二十一家易注》引用歷代文獻約百種，編撰體例不依唐代李鼎祚《周易集解》，而是各家分列。具體言之，各家之前撰有小序以明該易注的源流，兼論作者與著作的宗旨及得失，具有導讀的性質。其次，每條經注下皆綴拾異文，拾遺補闕，間引通假之字，以利讀者比照。再次，若遇疑惑，則援經引史，網羅整比，詳加考訂，獨抒己見，從而彙輯和保存了豐富的易學史資料。

在同時代學者如張澍關於《子夏易傳》的輯本，丁杰與張惠言關於鄭玄《易注》的輯本，臧庸關於馬融《易注》、王肅《易注》的輯本等基础上，孫堂也進行了新的補充。如陸績《易注》較明代姚士粦原輯本多四分之一的内容，姚信《易注》、王廙《易注》、《蜀才易注》較稍後馬國翰的《玉函山房輯佚書》多四條、一條不等，張璠《集解》則訂正了朱彝尊以張璠爲「張倫」之誤，干寶《易注》糾正了元代屠曾輯本之失，馬國翰輯本無《九家周易集注》。凡此種種，都顯示出該書的學術特色和價值。

《漢魏二十一家易注》孫堂本人於嘉慶四年（一七九九）刻於映雪草堂。今臺灣地區由嚴靈峰據以影印入《無求備齋易經集成》。此次整理校點，即以《無求備齋易經集成》影印本爲底本。《無求備齋易經集成》影印時諸家次第有兩種發生混亂，已依原刊本移正。原無目録，今補製。此書别無刊本，主要利用《四庫全書》本《周易注疏》（簡稱「注疏」）和《周易集解》（簡稱「集解」）作他校；同時也參考其他輯本的校勘成果，如王應麟《周易鄭康成注》、惠棟《增補鄭氏周易》等（俱《四庫全書》本）。凡錯訛、異文、脱漏，一律不改本文，而在校勘記中説明。凡各家《易》注及小注中所引《周易》原文，加引號。小注中「正義」二字非專指《周易正義》，故統一不加書名號。

校點者　陳居淵

漢魏二十一家易注序

兵部侍郎兼都察院右副都御史巡撫浙江等處地方提督軍務兼理糧餉阮元譔

平湖諸生孫堂步升輯漢以來《易》注二十一家，起漢韓《子夏傳》，終齊劉子珪《義疏》。内鄭康成《注》四卷、虞仲翔《注》十卷，餘家各一卷，每卷有小序，頗見章法，持論亦允。注有古文通借之字，則援引經傳小學疏證之。或爲前人所言，則詳其姓氏而不攘爲己有。生蓋篤志研經，虛衷纂録，有功於先儒，著績於《易》學者也。夫士而知從事於經，難矣。從事於經，而不敢自爲之説，采漢魏之微言，搜孟、京之逸説，拾遺補闕，罔羅整比，爲尤難。蓋非實事求是，而有一毫希功近名之心，不能爲古人如此勞悴也。生年方少壯，而精力甚鋭，終歲矻矻一編不去手，故其所成就者，已足觀若此。如更以餘力及諸經，或《尚書》古今文，《詩》毛、魯、韓而皆爲之致力，其所學必有與年俱進者。余閲兹編，有深望焉。

漢魏二十一家易注序

班氏《儒林傳》云：「秦禁學，《易》爲筮卜之書，獨不禁，故傳受者不絕。」然則漢之《易》學，無非先聖之遺旨可知矣。田子裝之《易》，本於商瞿子木，班氏既明言之。至於焦延壽、京君明之《易》，前儒謂其獨得隱士之説，然而焦、京之言卦氣，實本孟長卿，唐一行「六、《卦議》」所引長卿之説可證也。長卿蓋傳田《易》者也。論者又謂焦、京用納甲、飛伏、五行生克之法，不類聖人之經，而不知皆經之所本有。經曰「先甲三日」、「後甲三日」，「先庚三日」、「後庚三日」。又曰「七日來復」，《小畜》上九、《中孚》六四皆曰「月幾望」，非即納甲之所自昉乎！朱子發云：「凡卦見者爲飛，不見者爲伏。」《説卦》説巽「其究爲躁卦」，謂巽下有伏震也。非飛伏之明見於經者乎！經曰：「天數五，地數五，五位相得，而各有合。」所謂五位者，非即五行之位乎！焦、京之依經立説如是，而或疑爲異端，可與？費長翁之《易》，史言其長於卦筮而亡章句。康成多以互體論《易》，蓋本《大傳》，學也。顧漢末鄭、荀所傳，皆費氏之學也。雜物撰德，非中爻不備之旨。慈明所論乾升坤降，實符《春秋傳》史墨所推魯君失民、季氏得民之説。慈明之《易》，嘗見偁於虞仲翔。仲翔之《易》，亦正與慈明相出入。蓋仲翔之高曾祖父皆傳孟《易》者也。夫漢《易》之旁搜遠紹，傳受有本，盡若此。説《易》者，更何以加兹易漢？而魏俗尚玄虚，❶王輔嗣迺倡爲得意忘象之説，而以清言言《易》，易學始大變，然漢《易》猶未盡微也。至唐貞觀中，孔仲達等奉詔撰《五經正義》，於《易》獨取王氏，而諸家漸廢。千百年來，踵輔嗣而起者，皆騖爲空談性命之説，先漢經師之説棄如土梗，而漢《易》遂掃地盡矣。夫《易》有聖人之道四焉，謂辭也，變也，象與占也。黜漢《易》而倣王《易》，是於聖人之道去其三而僅留其一也，尚可以爲《易》乎？堂究心漢學，歷有年所，凡遺説之散見群籍者，披覽所及輒裒録之，用以補唐李氏《集解》之所未備。《集解》依經列注，自漢至唐，雜采三十五家之説。此則以《釋文·序録》所載諸家，輯其注之僅存者，并綴拾其異文，依元書之目，各爲一編，故自子夏訖劉子珪而止。唯是識限方隅，挂漏難免，當世博雅君子，儻能示所不逮，是則堂之厚幸也夫。皇清嘉慶四年歲在屠維協洽秋七月哉生霸，平湖後學孫堂書於映雪艸堂。

❶ 「玄」，原作「元」，係避清聖祖諱，今改回。下同，不再一一出校。

漢魏二十一家易注援引書目

周易唐石經

京房易傳注陸績

鄭康成周易注王應麟輯

鄭康成周易注惠棟輯

陸績易解姚士粦輯

干寶易解屠曾輯

周易正義孔穎達。宋本、明神廟時監本、汲古閣本、乾隆四年武英殿栞本

周易釋文陸德明。呂氏音訓本、明神廟注疏本、乾隆四年武英殿栞本、山井鼎《七經孟子攷文》引元文本、通志堂本、雅雨堂本、抱經堂攷證本。

周易集解李鼎祚。《津逮秘書》本、《秘册彙函》本、雅雨堂本。

周易口訣義史徵

易數鉤隱圖劉牧

漢上易傳朱震

漢上易叢説朱震

漢上易卦圖朱震

呂氏古易音訓引晁説之

周易古占法程迥

周易本義朱子

周易義海撮要李衡

周易玩辭項安世

易圖説吳仁傑

易裨傳林至

丙子學易編李心傳

周易輯聞趙汝楳

易筮宗趙汝楳

學易記李簡

周易會通董真卿

周易折中
仲氏易 毛奇齡
易圖明辯 胡渭
周易述 惠棟
周易本義辯證 惠棟
易漢學 惠棟
易音 顧炎武
參同契 魏伯陽
易緯乾鑿度注 鄭康成
易緯稽覽圖
尚書序
尚書正義 孔穎達
尚書釋文 陸德明
尚書大傳
尚書大傳注 鄭康成
毛詩 唐石經
詩序

毛詩箋 鄭康成
毛詩正義 孔穎達
毛詩釋文 陸德明
毛詩艸木鳥獸蟲魚疏 陸璣
讀詩記 吕祖謙
詩攷 王應麟
韓詩外傳
周禮注 鄭康成
周禮疏 賈公彦
周禮釋文 陸德明
儀禮注 鄭康成
儀禮疏 賈公彦
禮記注 鄭康成
禮記正義 孔穎達
禮記釋文 陸德明
大戴禮記
三禮圖 聶崇義

禮書陳祥道
春秋左傳唐石經
春秋左傳注杜預
春秋左傳正義孔穎達
春秋左傳釋文陸德明
春秋公羊傳注何休
春秋公羊傳疏徐彥
春秋公羊釋文陸德明
春秋穀梁傳集解范甯
春秋穀梁傳疏楊士勛
春秋穀梁釋文陸德明
春秋繁露董仲舒
論語義疏皇侃
論語釋文陸德明
孟子注趙岐
孟子疏孫奭
孟子音義孫奭

爾雅注郭璞
爾雅注鄭樵
爾雅疏邢昺
爾雅釋文陸德明
鄭志鄭小同
六經正誤毛居正
六經奥論鄭樵
六經天文編王應麟
五經説熊朋來
五經文字張參
群經音辯賈昌朝
七經孟子攷文山井鼎
九經古義惠棟
古經解鉤沈余蕭客
經義攷朱彝尊
方言注郭璞
釋名劉熙

廣雅張揖
小爾雅孔鮒
急就篇注顔師古
急就篇補注王應麟
説文解字許慎
説文繫傳徐鍇
玉篇顧野王
字林吕忱
汗簡郭忠恕
類篇司馬光
六書故戴侗
鐘鼎款識薛尚功
嘯堂集古録王俅
隸釋洪适
隸續洪适
廣韻
集韻丁度

小學紺珠王應麟
一切經音義唐釋元應
國語注韋昭
戰國策注高誘
戰國策注鮑彪
戰國策校注吴師道
史記司馬遷
史記集解裴駰
史記正義張守節
史記索隱司馬貞
漢書班固
漢書注顔師古
漢藝文志攷證王應麟
後漢書范蔚宗
後漢書注李賢
兩漢刊誤補遺吴仁傑
三國志注裴松之

晉書 房喬
隋書 魏徵
北史 李延壽
舊唐書 劉昫
新唐書 歐陽修
資治通鑑音注 胡三省
逸周書
路史注 羅苹
東觀漢記
西京雜記 葛洪
華陽國志 常璩
十六國春秋 崔鴻
通典 杜佑
文獻通攷 馬端臨
通志 鄭樵
水經注 酈道元
山海經
唐律疏義 長孫無忌
世説新語注 劉峻
列女傳 劉向
本艸綱目 李時珍
管子
晏子春秋
家語注 王肅
莊子
鶡冠子
列子注 張湛
列子釋文 殷敬順
墨子
荀子注 楊倞
吕氏春秋注 高誘
淮南子注 高誘
新書 賈誼
太玄經 揚雄

太平御覽李昉
事物紀原高承
錦繡萬花谷叢書闕名
事文類聚祝穆
山堂群書攷索章俊卿
玉海王應麟
楚辭章句王逸
文心雕龍劉勰
文選注李善
文苑英華宋白
韓文攷異朱子
直齋書録解題陳振孫
摭古遺文李登
金石文字記顧炎武

白虎通班固
顔氏家訓顔之推
黄氏日抄黄震
容齋隨筆洪邁
學齋佔畢史繩祖
野客叢書王楙
瑞桂堂暇録闕名
兼明書鄴光庭
坦齋通編邢凱
埤雅陸佃
困學紀聞王應麟
鼠璞戴埴
廣川書跋董逌
丹鉛總録楊慎
北堂書鈔虞世南
藝文類聚歐陽詢
初學記徐堅

仝輯姓氏

費鑑如損廬
馮應元曉園
張躍鱗撝菴
袁步先東嶠
陸樹人春泉
袁路先翥亭
張守銓竹泉
朱元墫椒雨
何文焕蘅洲
孫　基蘭齋
孫　謀耳泉
孫　坡印浦

張敬基澹齋
陸錫麒蓮濱
孫　燾萱階校虞翻《易》
周用錫晉園
張守銘雲湄
朱爲弼茮堂
張鳴盛喈樂
朱方增虹舫
吴兆羹梅嵒
孫　逵雲浦
孫　坤菊谿
孫　勝筠林

子夏易傳序

《子夏易傳》，《七略》以爲韓嬰書，《漢志》有《韓氏》二篇，蓋即是書也。然《隋志》已云殘闕，前漢蓋寬饒引《韓氏易》云：「五帝官天下，三王家天下。」當即二篇中義。後人展轉依託，益爲十一卷，或曰唐張弧僞撰，或曰非也。宋程迥《古占法》云：「近世有陋儒用王弼本爲之注，亦託云子夏，凡先儒所引，此本皆無之。熙寧中，房審權萃訓詁百家，乃取後贋本。」案：房氏元書已亡，李衡《義海撮要》蓋删房書而成之者。觀其所引子夏説，則盡出今本，羅苹《路史注》亦然。舊本之散見者，自唐人所引外，惟朱氏震、晁氏説之、趙氏汝楳、王氏應麟四家之書閒取之，然朱氏《漢上易卦圖》所引「七日來復」注，王氏《玉海》三十六卷所引「大衍之數」注，又閒涉今本。蓋唐以後舊本，久已散亡，故爲今本所淆亂。兹特輯其與今本異者，凡七十條。云《子夏易傳》者，仍劉氏《七略》、《釋文·序録》之舊也。孫堂識。

子夏易傳

平湖孫堂步升輯

上經

乾：

乾，元亨利貞。

元，始也。亨，通也。利，和也。貞，正也。言乾秉純陽之性，正義作「言此卦之德有純陽之性」。故能首出庶物，各得元始、開通、和諧、貞固，不失其宜。正義作「自然能以陽氣始生萬物，而得元始亨通，能使物性和諧，各有其利，又能使物堅固貞正。得終此卦，自然令物有此四種，使得其所，故謂之四德」。是以君子法乾而行四德，正義作「言聖人亦當法此卦而行善道，以長萬物，物得生存而爲元也。又當以嘉美之事，會合萬物，令使開通而爲亨也。又當以義協和萬物，使物各得其理而爲利也。又當以貞固幹事，使物各得其正而爲貞也。是以聖人法乾而行此四德，故曰『元亨利貞』」。故曰「元亨利貞」矣。《集解》。正義。

初九，潛龍勿用。

龍所以象陽也。《集解》。

上九，亢龍有悔。

亢，極也。《釋文》。

坤：

先迷後得主。

先迷後得主也。《漢上易傳》。

屯：

初九，磐桓。

磐桓，猶桓旋也。《漢上易傳》。

六二，屯如邅如。

如，辭也。《釋文》。

乘馬班如。乘，音繩。《釋文》。

班如，相牽不進貌。《釋文》。正義。

訟：

无眚。

妖祥曰眚。《釋文》。

師：

師，貞，大人吉。❶《集解》。《古占法》。

大人，王者之師也。❷《集解》。

比：

比，吉。

地得水而柔，水得土《釋文》、《口訣義》俱作「地」。而流，比之象也。《釋文》作「故曰比」。夫凶者，生于乖争，今既親比，故云「比，吉」也。《集解》。《釋文》。《口訣義》。《漢藝文志攷證》。《困學紀聞》。

比之初六，有它吉也。

非應，稱它也。一作「非應，故稱它」。《古占法》。《漢上易傳》。《會通》。

六三，比之匪人。

處非其位，非人道也。《漢上易傳》。

小畜：

輿説輹。❸《漢上易傳》。堂案：此「輿」字，疑當作「車」。

輻，一作「軸」，訛。車劇也。正義。輹，車下伏菟也。《左傳》正義。《丹鉛總録》。

九五，有孚戀如。❹

戀，思也。《釋文》。堂案：古「攣」字，亦作「戀」。見《隸釋·北海相景君碑》《廣漢屬國侯李翊碑》。

尚得載。晁氏。堂案：得、德古通用。《史記·項羽本紀》「吾爲若德」，《漢書》作「吾爲公得」，晉灼曰：「字或

---

❶「大人」，注疏、集解作「丈人」。

❷「大人」下，集解有「立」字。

❸「輹」，注疏、集解作「輻」。

❹「戀」，注疏、集解作「攣」。

作『德』。」《戰國・韓策》「毋秦患而德楚」，《趙策》「殘亂宋德」，一本「德」皆作「得」。

月近望。❶《釋文》。晁氏。堂案：晁氏云：「古文讀近爲既，《詩》『往近王舅』是也。」此實當作「既」。

履：

愬愬終吉。

愬愬，恐懼貌。《釋文》。《口訣義》作「恐懼之貌也」。

泰：

翩翩。不富，以其鄰。

翩翩，輕舉貌。《釋文》。

帝乙歸妹，以祉元吉。

帝乙歸妹，湯之歸妹也。《漢上易傳》。《輯聞》。《困學紀聞》。

上六，城復于堭。❷《釋文》。

堭，是城下池也。正義仍引作「隍」。

大有：

九二，大輿以載。❸晁氏。

九四，匪其旁。❹《釋文》。

旁，盛滿貌。《漢上易傳》。

嗛：❺《釋文》。《兩漢刊誤補遺》。

嗛，謙也。《釋文》。

六四，无不利，撝謙。

撝謙，化謙也。《漢上易傳》。

豫：

六三，紆豫，❻悔。《釋文》。

朋盍簪。

簪，疾也。《釋文》。

---

❶「近」，注疏、集解作「幾」。

❷「堭」，注疏、集解作「隍」。

❸「輿」，注疏、集解作「車」。

❹「旁」，注疏、集解作「彭」。

❺「嗛」，注疏、集解作「謙」。下同。

❻「紆」，注疏、集解作「盱」。

蠱：

先甲三日，後甲三日。

　先甲三日者，辛壬癸也；後甲三日者，乙丙丁也。《集解》。

噬嗑：

九四，噬乾脯。❶《釋文》。

賁：

賁于丘園，束帛殘殘。❷《釋文》。《漢藝文志攷證》。

　五匹爲束，三玄二纁象陰陽。《釋文》。《漢藝文志攷證》。

復：

有災眚。

　傷害曰災，妖祥曰眚。《釋文》。

頤：

六二，顛頤弗經。❸

　弗，輔弼也。《釋文》。

其欲攸攸。❹《釋文》。《困學紀聞》。

習坎：

湜于叢棘。❺《釋文》。

離：

嘁嗟若。

　嘁，子六反。咨慙也。《釋文》。

下　經

咸：

柔上而剛下，二氣感應以相與。止而説，男下女，是以亨，利貞，取女吉也。

　婦人學于舅姑者也。《漢上易傳·説卦》引云：

❶「脯」，注疏、集解作「胏」。
❷「殘殘」，注疏、集解作「戔戔」。
❸「弗」，注疏、集解作「拂」。
❹「攸攸」，注疏、集解作「逐逐」。
❺「湜」，注疏、集解作「寘」。

「義與『漸，女歸吉』同。」

初六，咸其踇。❶《釋文》。

九五，咸其脢。

在脊曰脢。正義。

遯：

上九，肥遯。

肥，饒裕也。正義。《釋文》。《丙子學易編》。

晉：

晉如碩鼠。❷《釋文》。《漢上易傳》。《輯聞》。

明夷：

睇于左股。❸

旁視曰睇。《釋文》。

用拼馬壯，❹吉。《釋文》。《漢上易傳》。

睽：

其牛𢍺。❺

𢍺，一角仰也。《釋文》。堂案：今《説文》云「觢，一角仰也」，徐鉉曰「從𢍺省」，與此訓同。《釋文》引《説文》云「觢，之世反。角一俯一仰」，《爾雅》云「角一俯一印，觭皆踊觢」，並與此異。

益：

風雷益。

雷以動之，風以散之，萬物皆益。正義。

夬：

孯羊悔亡。❻《釋文》。晁氏。

九五，莧陸夬夬。

莧陸，木根草莖，剛下柔上也。正義。《學齋佔畢》。《兼明書》。

姤：

❶「踇」，注疏、集解作「拇」。
❷「碩」，注疏、集解作「鼫」。
❸「睇」，注疏作「夷」。
❹「拼」，注疏、集解作「拯」。
❺「𢍺」，注疏作「掣」，集解作「觢」。
❻「孯」，注疏、集解作「牽」。

繫于金鑈。❶《釋文》。

以杞苞瓜。❷《釋文》。正義云：「《子夏傳》曰『作杞匏瓜』。」

杞梓連抱瓜，陰實而蔓生，象陰之來，綿綿未已。《輯聞》。

困：

九四，來荼荼。❸

荼荼，音圖。內不定之意。《釋文》。堂案：《荀子・大略篇》「諸侯御荼」，楊倞注云：「荼，古舒字。」《禮・玉藻》「諸侯荼，前詘後直」，注云：「荼，讀爲『舒遲』之『舒』。」《毛詩》「荆舒是懲」，《史記》作「荆荼是徵」，虞翻本亦作「荼」。荼云舒遲也。此及翟玄「荼音圖」云云，未詳。

井：

九二，井谷射鮒。

鮒謂蝦蟇。《釋文》。鮒是蝦蟇也。《口訣義》。

井中蝦蟆，呼爲鮒魚也。正義。堂案：《呂氏春秋・孟夏紀》「螻蟈鳴」，高誘注云：「螻蟈，蝦蟇也。」《淮南・時則訓》注又云：「螻，螻蛄也。蟈，蝦蟇也。」《周禮》「蟈氏」，鄭司農云：「蟈，讀爲蜮。蜮，蝦蟇也。《月令》『螻蟈鳴』，故曰『掌去鼃黽』。鼃黽，蝦蟇屬。」書或爲「掌去蝦蟇」。《說文》「鼃，蝦蟆也」，「蜮，短狐也。蜮，又從國」。徐鉉曰：「蟈，今俗作古獲切，以爲蝦蟆之別名。」《月令》，《釋文》引蔡氏云「蟈，蛙也」。蛙，即蝦蟆也。《爾雅》「蟼蟇」，郭璞云「蛙類」，鄭樵云「即蝦蟇」。《玉篇》「蟼，蝦蟇也」，又云「螻蟈，蝦蟇」。諸書皆以蛙蟈、蝦蟆爲一物。然案《急就篇》「水蟲，科斗、鼃、蝦蟆」，顏師古注云：「鼃，一名螻蟈，色青，小形而長。蝦蟆，一名蟼，大腹而短脚。」《本草》：「蛙似蝦蟆，而背青緑色，尖嘴細腹。」《莊子・秋水篇》「子獨不聞夫埳井之鼃乎」，司馬彪云「鼃，水蟲，形似蝦蟆」。《漢書・五行志》「武帝元鼎五年秋，蛙與蝦蟆群鬭」，是蛙與蟈爲一物，蝦蟇又一物也。《子夏傳》以鮒魚爲蝦蟇者，王應麟《急就篇補注》云：「鮒，小魚也。似鯉，色黑而耐寒。

❶「鑈」，注疏、集解作「柅」。
❷「苞」，注疏、集解作「包」。
❸「荼荼」，注疏、集解作「徐徐」。下同。

《易》『井谷射鮒』,音付。《子夏傳》謂蝦蟇。」又引《廣雅》「鮒,鰿也」,以爲即今之鯽魚。案《文選注》引鄭康成《易注》云「鮒魚,言微小也」,又云「此魚之至小」。鮑彪《國策注》亦云「鮒,魚之小者」。是鮒又小魚之通稱。蝦蟇,魚屬,故呼蝦蟇爲小魚,未聞以鯽魚爲蝦蟇也。

六四,井甃,无咎。

甃,脩治也。《釋文》。正義作「亦治也」。

鼎:

其形握。❶《漢上易傳》。堂案:《戰國策》顔斶曰「禍必握」,吴師道校云「《高士傳》『握』作『渥』」,是二字通。

歸妹:

利幽人无「之」字。貞。晁氏。

六三,歸妹以嬬。❷

嬬,媵之妾也。晁氏。

士刲羊无血。

血謂四,士刲羊三而无血。《漢上易傳》。

豐:

九三,豐其芾。❸

芾,小也。《釋文》。堂案:此訓本《爾雅》,《説文》「芾」作「市」,以爲「朱市」字。《玉篇》又甫味切,云「蔽市小皃」。《毛詩》「蔽」、「芾」字,皆從艸。《魏元丕碑》亦作「蔽芾」。此「芾」字,讀爲去聲,與鄭、干本不同。

日中見昧。❹

昧,星之小者。《釋文》。

旅:

得其齊斧。❺《釋文》。《丙子學易編》。

渙:

用拼馬壯,❻吉。

拼,取也。《釋文》。

中孚:

---

❶「握」,注疏、集解作「渥」。
❷「嬬」,注疏、集解作「須」。
❸「芾」,注疏、集解作「沛」。
❹「昧」,注疏、集解作「沬」。
❺「齊」,注疏、集解作「資」。
❻「拼」,注疏、集解作「拯」。下同。

我與爾縻之。❶《漢上易傳》。

既濟：

既濟，亨。

陽已下陰，萬物皆成。《漢上易傳》。

婦喪其髴。❷《釋文》。

禠有衣茹。❸《釋文》。

未濟：

小狐汔濟。

坎稱小狐。《漢上易傳·説卦》引。

子夏易傳一卷

❶「縻」，注疏、集解作「靡」。

❷「髴」，集解同，注疏作「茀」。

❸「禠」，注疏、集解作「繻」。「茹」，注疏、集解作「袽」。

孟喜周易章句序

孟喜字長卿，東海蘭陵人，與施讎、梁丘賀同受《易》於田何。《漢・藝文志》三家並有《章句》，而施氏、梁丘氏之《易》，至梁已亡。案：《禮記・郊特牲》疏引施讎《易》説云：「三王之樂，可得觀乎！」《漢上易傳・升卦》「允升」引施讎作「𠦝几升」，云：「𠦝几，進也。」餘不概見，梁丘賀《章句》無攷。惟《孟氏易》，《七録》十卷，《隋志》八卷，新舊《唐書》、《釋文・序録》並云十卷。今其書雖亡，其軼猶見於他説。許慎《説文解字序》稱《易孟氏》，《説文》所引皆《孟氏易》也。唐釋一行曰：「《孟氏章句》，其説《易》本於氣，而後以人事明之。」今觀諸家所謂六日七分、七十二候、十二月消息及六十四卦分月用事之法，皆本於孟氏，是《章句》雖亡而未盡亡也。綴爲一編，猶存一家之學云。孫堂識。

孟喜周易章句

上下經

平湖孫堂步升輯

乾：

夕惕若，夤。❶《說文》。

忼龍有悔。❷《說文》。堂案：《汗簡》引古《周易》同。

時乘六龍以御天。

天子駕六。《詩·干旄》正義。

利之足以和義。《釋文》。

坤：

陰疑於陽必戰。

陰乃上薄疑似于陽，必與陽戰也。《集解》。

屯：

乘馬驙如。❸《說文》。堂案：抱經堂《釋文攷證》，《說文》當作「屯如驙如」，作「乘馬」者，涉下而誤。詳馬融《易》。

泣涕惪如。❹《說文》。

蒙：

再三黷。❺《說文》。

以往遴。《說文》。堂案：《說文·口部》亦作「吝」。

九二，彪蒙吉。❻

彪，文也。晁氏。

小畜：

車說輹。❼《說文》。晁氏引同。堂案：今《說文》本

❶「夤」，注疏、集解作「厲」。
❷「忼」，注疏、集解作「亢」。
❸「驙」，注疏、集解作「班」。
❹「涕惪」，注疏、集解作「血漣」。
❺「黷」，注疏、集解作「瀆」。
❻「彪」，注疏、集解作「包」。
❼「輹」，注疏作「輻」。

履：

「車」或作「輿」。

履虎尾，虩虩恐懼，❶終吉。《説文》。

泰：

包荒，用馮河。《説文》。

帝乙歸妹，以祉元吉。

《易》有周人五號。帝天稱，一也。王美稱，二也。天子爵號，三也。大君者，興盛行異，四也。大人者，聖人一作「明」。德備，五也。《禮記·曲禮》正義。

豫：

殷薦無「之」字。上帝，以配祖考。《説文》。晁氏引同。

噬嗑：

噬乾[illegible]。❷《説文》。

大畜：

僮牛之告。❸《説文》。

習坎：

禔既平。❹《説文》。

離：

百穀艸木麗於土。《説文》。

日昃之離。《説文》。

𠫓亦作「㐬」。如，❺其來如。《説文》。

咸：

咸其輔俠舌。《釋文》。堂案：古「頰」字與「夾」通。《公羊》、《穀梁》定十年經「公會齊侯于頰谷」，《左氏》作「夾谷」。古「夾」字亦與「俠」通。《西嶽華山亭碑》「士卒俠路」，洪适云「碑以『俠』爲『夾』」。

恒：

❶「虩虩」，注疏、集解作「愬愬」。
❷「[illegible]」，注疏、集解作「肉」。
❸「僮牛之告」，注疏作「童牛之牿」，集解作「童牛之告」。
❹「禔」，注疏作「祇」。
❺「𠫓」，注疏作「突」，集解作「㐬」。

榰恒，❶凶。《説文》。

晉，《説文》。《釋文》云：「晉，孟作『齊』，子西反。」晁氏云：「案：齊，古文。晉，篆文。」

明出地上，晉。《説文》。

矢得勿恤。《釋文》。

明夷：

抍馬壯，吉。❷《説文》。

箕子之明夷。

陰陽氣亡箕子，箕子者，萬物方荄兹也。《漢書》本傳。堂案：此蜀人趙賓説，云受孟喜，喜嘗名之。顔師古曰：「荄兹者，言其根荄方滋茂也。」《釋文》引劉向亦云今《易》「箕子」作「荄滋」。

睽：

其牛觢。❸《説文》。

其人天且剠。❹《説文》。

損：

君子以徵忿恎浴。《釋文》。晁氏云：「孟作『谷』，谷，古文『欲』字。」堂案：《隸釋・老子銘》「谷」字亦作「浴」。

巳事遄往。❺《説文》。

益：

風雷益。

雷以動之，風以散之，萬物皆益。正義以爲與子夏同。

莫益之，偏辭也。

偏，周帀也。《釋文》。

夬：

其行越趄。❻《説文》。

莧陸夬夬。

莧陸，獸名。決有兑，兑爲羊也。《路史・疏

❶「榰」，注疏作「振」、集解作「震」。

❷「抍」，注疏、集解作「拯」。

❸「觢」，注疏作「掣」。

❹「剠」，注疏作「劓」。

❺「巳」，注疏、集解作「祀」。

❻「越趄」，注疏、集解作「次且」。

佗紀》注。堂案：《説文》：「莧，山羊細角者，從兔足，苜聲，讀若丸。」「莧，莱也。從艸，見聲。」閑旦反，孟訓爲獸，則此字當從兔足，苜聲，不從艸，見聲。

姤：

繫于金檷。《釋文》云：「柅，《説文》作『檷』。」

升：

初六，𡙇升，❶大吉。《説文》。堂案：《汗簡》引古《周易》同。

困：

槷，⿰臬出。《説文》。

困于葛藟，于劓⿰臬出。《釋文》云：「臲，《説文》作『劓』。卼，《説文》作『⿰臬出』。」

井：

甕敝漏。《釋文》云：「甕，《説文》作『罋』。」

革：

水火相熄。《釋文》云：「息，《説文》作『熄』。」

君子豹變，其文斐也。❷《説文》。

鼎：

䰞餗。堂案：《説文》引此二字。疑出鼎卦，故列於此。

艮：

不承其隨。❸晁氏。

艮其限。《説文》。

裂其䏰。❹晁氏。

歸妹：

《象》曰：歸妹以娣，无「以」字。恒也。晁氏。

六三，歸妹以嬬。❺

嬬，媵之妾也。晁氏。

豐：

日中則稷。❻《釋文》。堂案：「稷」與「昃」通，《尚書》「日昃不暇」，《成陽靈臺碑》作「日稷不夏」，《穀梁春秋》

❶「𡙇」，注疏、集解作「允」。

❷「斐」，注疏、集解作「蔚」。

❸「承」，注疏、集解作「拯」。

❹「䏰」，注疏、集解作「夤」。

❺「嬬」，注疏、集解作「須」。

❻「稷」，注疏、集解作「昃」。

經「戊午日下稷」，《左氏》、《公羊》皆作「昃」。

遇其妃主。❶

嘉耦曰妃。《漢上易傳》。堂案：妃，《説文》音芳非切，《玉篇》又音配，詳鄭氏《易》。

日中見主。《釋文》。堂案：主，今作「斗」，古「斗」字亦有主音。《周禮・鬯人》「大喪之大渳，設斗」，彼《釋文》云「斗，音主」。

豐其屋。《説文》。堂案：《汗簡》引古《周易》同。

窒其無人。❷《釋文》。

天際祥也。堂案：經文「際」字，殿版《注疏攷證》引作「降」。

天降下惡祥也。《集解》。

顨。《説文》云：「此《易・顨卦》爲長女，爲風者。」

中孚：

自冬至初，中孚用事，一月之策，九、六、七、八，是爲三十。而卦以地六，候以天五，五六相乘，消息一變，十有二變而歲復初。坎、離、震、兑，二十四氣，次主一爻，其初則二至、二分也。坎以陰包陽，故自北正，微陽動于下，升而未達，極于二月，凝涸之氣消，坎運終焉。春分出于震，始據萬物之元，爲主于内，則群陰化而從之，極于南正，而豐大之變窮，震功究焉。離以陽包陰，故自南正，微陰生于地下，積而未章，至于八月，文明之質衰，離運終焉。仲秋陰形于兑，始循萬物之末，爲主于内，群陽降而承之，極于北正，而天澤之施窮，兑功究焉。故陽七之静始于坎，陽九之動始于震，陰八之静始于離，陰六之動始于兑，故四象之變皆兼六爻，而中節之應備矣。《新唐書・志十七》，一行「六、《卦議》」。《小學紺珠》節引。

我有好爵，吾與爾靡之。

❶「妃」，注疏、集解作「夷」。
❷「窒」，注疏、集解作「闃」。

好，小也。靡，共也。《釋文》。

月既望。❶

既望，十六日也。晁氏。

既濟：

婦喪其髴。❷

髴，鬒髮也。晁氏。

需亦作「繻」。有衣䋈。《説文》。《六經正誤》云：「《説文》作『絮』，作『䋈』誤。」堂案：《説文》：「絮，敝緜也。從糸，如聲。息據切。」「䋈，絜緼也。一曰敝，䋈從系，奴聲。《易》曰：『需有衣䋈。』女余切。」《釋文》亦引作「䋈」，毛以爲誤，未知所據。

未濟：

小狐汔濟，濡其尾。

坎，穴也。狐穴居，小狐濟水，未濟一步下其尾，故曰「汔濟濡尾」。《漢上易傳》。

震用伐鬼方。

震，敬也。晁氏。

上下繫辭

繫辭焉而明之。❸《释文》。

夫乾隺然。❹《説文》。

夫坤退然，❺示人簡矣。《釋文》。

聖人之大保曰位。《釋文》。堂案：「保」與「寶」通，古「保」字作「㑩」。《春秋左氏》莊六年經「齊人來歸衛俘」，杜預注云：「《公羊》、《穀梁》皆作『衛寶』，此《傳》亦言寶。唯此經言俘，疑經誤。」正義云：「案《説文》保從人，采省聲，古文保不省，然則古字通用『寶』，或『㑩』字與『俘』相似，故誤作『俘』耳。」

古者伏戲氏之王天下也。

❶「既」，注疏、集解作「幾」。
❷「髴」，注疏、集解作「茀」。
❸「明」，注疏、集解作「命」。
❹「隺」，注疏、集解作「確」。
❺「退」，注疏、集解作「隤」。

伏，服也。戲，化也。《釋文》。

耒耜之利，❶以教天下。

耘，除草。《釋文》。《丙子學易編》。

犕牛乘馬。❷《說文》。

重門擊㯷。亦作「欜」。《說文》。

象也者，象也。❸《釋文》。

天地壹壺。《說文》。

雜而不越。《說文》。

說卦

參天兩地。《說文》。

燥萬物者，莫暵乎離。《說文》。晁氏引同。堂案：今《繫傳》本「離」亦作「火」，云「火，離也」。

爲駒顙。亦作「的」。《說文》。

爲黔喙。《說文》。晁氏云「無『之屬』二字」。

序卦

飲食必有訟，故受之以訟。

陰陽養萬物，必訟而成之。君臣養萬民，亦訟而成之。《古占法》。《困學紀聞·漢藝文志考證一》。

雜卦

雜，亂也。《釋文》。

堂案：《禮·王制》正義引《易》孟氏說云「年二十行役，三十受兵，六十還兵」三句，與《韓詩》說同，附録之。

孟喜周易章句一卷

❶「耜」，注疏、集解作「耨」。

❷「犕」，注疏、集解作「服」。

❸「象」，注疏作「像」。

京房周易章句序

漢有兩京房，一爲楊何弟子；一頓丘人，字君明，焦延壽弟子。案：《焦氏易林》十六卷，今存。又《易林變占》十六卷，佚。鄭康成注隨卦，引焦贛之言曰「漢高帝與項籍，其明徵也」，竹垞太史以爲《變占》中語。楊何弟子《易》不傳，今所傳者，《易傳》三卷及妖占、飛候等散見於他説者，皆君明書也。案：梁《七録》及《隋志》又載有《章句》十卷，《釋文・序録》云「十二卷」，今亡矣。乃摭拾其所散見者，合爲一卷。先儒孟、京並偁，蓋其説往往與孟氏同云。孫堂識。

京房周易章句

平湖孫堂步升輯

上下經

乾：

時乘六龍以御天。

天子駕六。《詩・干旄》正義。《事物紀原》。

君子體信，足以長人。《釋文》。

利之足以和義。《釋文》。

坤：

東北喪朋。

女既嫁，降父之服。臣既仕，先公後私。《漢上易傳》。

蒙：

九二，彪蒙，❶吉。

彪，文也。晁氏。

小畜：

尚得載。晁氏。

月近望。❷晁氏。

泰：

帝乙歸妹，以祉元吉。

《易》有周人五號。帝天稱，一也。王美稱，二也。天子爵號，三也。大君者，興盛行異，四也。大人者，聖人德備，五也。《曲禮・正義》。湯嫁妹之辭曰：「無以天子之尊而乘諸侯，無以天子之富而驕諸侯，陰之從陽，女之順夫，本天地之義也。往事爾夫，必以禮義。」《輯聞》。《困學紀聞》。

❶「彪」，注疏、集解作「包」。

❷「近」，注疏、集解作「幾」。

否：

繫于包桑。

桑有衣食人之功，聖人亦有天覆地載之德，故以喻。《集解》。

大有：

公用享于天子。

享，獻也。《釋文》。《漢上易傳》。《六經正誤》。

謙：

鬼神害盈而富謙。《釋文》。堂案：《説文》云「富，備也」，《禮·祭統》云「福者，備也」，《釋名》云「福，富也」，《郊特牲》云「富也者，福也」，富、福同義，古「福」字作「畐」，又與「富」形相近。《慎令劉脩碑》亦云「鬼神富謙」。

六四，无不利，揮謙。❶ 晁氏。《漢上易傳》。

上下皆通曰撝謙。《義海撮要》。

豫：

而四時不貸。《釋文》。堂案：古「忒」字作「貣」，《五經文字》曰：「貸相承，或借爲貣。」今案：《書·洪範》「卜五，占用二，衍忒」，《史記·宋世家》作「衍貣」，《管子》「如四時之不貣」，皆古「忒」字。經典亦作「貸」，《禮·月令》「宿離不貸」，注云「不差忒也」；又「無或差貸」，《吕氏春秋》貸作「忒」。

隱薦之上帝，以配祖考。《釋文》。堂案：「殷」與「隱」古或通用。《詩》「殷其靁」，彼《釋文》云：「殷音隱。」《隸釋·劉熊碑》「勤恤民殷」，亦以「殷」爲「隱」。

六三，汙豫，❷悔。《釋文》。

朋盍撍。《釋文》。堂案：陸氏希聲云「撍，今捷字」。

隨：

王用享于西山。

享，祭也。晁氏。

觀：

上，❸賓也。晁氏。

❶「揮」，注疏、集解作「撝」。
❷「汙」，注疏、集解作「盱」。
❸「上」，注疏、集解作「尚」。

上九，觀其生，君子无咎。

言大臣之義，當觀賢人，知其性行，推而貢之。《漢書·五行志》。堂案：經注及各史引《易傳》文甚多，以非章句不入此條，《九經古義》采之，因附録焉。

剥：

六三，剥无之字。无咎。晁氏。

六四，剥牀以簠。❶

簠，謂祭器。《釋文》。《困學紀聞》。

君子德輿。《釋文》。

復：

崩來无咎。❷《釋文》。

无祇悔。

祇，安也。晁氏。堂案：此「祇」字及坎卦「祇既平」，吕忱《字林》、《五經文字》、《群經音辯》皆從衣作「袛」，唐石經坎卦亦作「袛」，然相沿已久，不敢妄改，諸家本並同。

无妄：

大旱之卦，萬物皆死，无所復望。《集解》虞翻引。

大畜：

利涉大川，應乎天也。

謂二變五，體坎，故利涉大川。五，天位，故曰「應乎天」。《集解》。

頤：

觀我揣頤。❸《釋文》。

揣，動也。晁氏。《集韻》。《類篇》。堂案：「揣」字，三書俱引作「[土+耑]」，云「動也」，字從土，音多果切。《廣雅·釋詁》「揣，動也」，從手，説文無「[土+耑]」字，《六經正誤》亦曰「京作揣，作[土+耑]誤」。今據《廣雅》改。

習欿：❹《釋文》。

❶「簠」，注疏、集解作「膚」。

❷「崩」，注疏、集解作「朋」。

❸「揣」，注疏、集解作「朵」。

❹「欿」，注疏、集解作「坎」。

欿，險也，陷也。《釋文》。

水臻至。《釋文》。堂案：《爾雅·釋詁》：「臻、仍，乃也。」《廣雅》：「仍，再也。」古字「乃」與「仍」通，臻即再字之義。

樽酒簋。句。貳用缶。句。晁氏。

内約自牖。

内自約束。晁氏。

禔既平。❶禔音支。《釋文》。晁氏。

離：

則大經之嗟。❷《釋文》。

㐬如，其來如。晁氏。

咸：

憧憧往來。《釋文》。

大壯：

小人用壯，君子罔也。

壯，一也。小人用之，君子有而不用。《會通》。

明夷：

眱于左股。❸《釋文》。

家人：

《象》曰：家人嗃嗃，未失也。婦子嘻嘻，失家節也。

治家之道，于此備矣。《漢上易傳》。

睽：

後説之壺。❹《釋文》。

解：

君子以赦過尢罪。❺《釋文》。

困：

❶「禔」，注疏、集解作「祗」。
❷「經」，注疏、集解作「耋」。
❸「眱」，注疏、集解作「夷」。
❹「壺」，注疏作「弧」。
❺「尢」，注疏、集解作「宥」。

九五，劓劊。❶《釋文》。
井：
可用汲。
言我道可汲而用也。《史記索隱》卷二十。
王明並受其福。
上有明王，汲我道而用之，天下並受其福，故曰「王明並受其福」也。《史記索隱》卷二十。
革：
《象》曰：大人虎辨，❷其文炳也。晁氏。
虎文疏而著。《漢上易傳》。
鼎：
其刑劅。❸
刑在頄为劅。晁氏。
艮：
不承其隨。❹晁氏。
列其朋。❺晁氏。
歸妹：
歸妹以娣，无「以」字。恒也。晁氏。
六三，歸妹以嫥。❻
嫥，媵之妾也。晁氏。
中孚：
九二，鳴鶴在陰。
九二處和，體震，則震爲鶴。《漢上易傳》。
吾與爾劘之。《釋文》。《集韻》平聲一，「劘」、「𢉖」二字並收，云京房從刀。晁氏曰「京作『靡』」，非是。
六四，月近望。❼《釋文》。
既濟：

❶「劊」，注疏、集解作「刖」。
❷「辨」，注疏、集解作「變」。
❸「刑劅」，注疏、集解作「形渥」。
❹「承」，注疏、集解作「拯」。
❺「朋」，注疏、集解作「夤」。
❻「嫥」，注疏、集解作「須」。
❼「近」，注疏、集解作「幾」。

繻有衣絮。❶《釋文》。《五經文字》。

未濟：

震用伐鬼方。

震，敬也。晁氏。

上下繫辭

是故剛柔相磨。❷

相磨，相磑切也。《釋文》。

鼓之以雷霆。

霆者，雷之餘氣，挺生萬物也。《釋文》。

易之序也。❸

序，次也。《釋文》。《丙子學易編》。

辯吉凶者存乎辭。

辯，明也。《釋文》。《丙子學易編》。

辭有險易。

險，惡也。易，善也。《釋文》。

易與天地準，故能彌綸天下之道。

準，等也。彌，遍；綸，知也。《釋文》。《丙子學易編》。

旁行而不留。❹《釋文》。

聖人有以見天下之嘖。❺

嘖，情也。《釋文》。

以行其等禮。❻《釋文》。

吾與爾劘之。❼《釋文》。

大衍之數五十，其用四十有九。

五十者，謂十日、十二辰、二十八宿也。凡五十，其一不用者，天之生氣，將欲以虛來

❶「絮」，注疏、集解作「袽」。
❷「磨」，注疏、集解作「摩」。
❸「序」，集解作「象」。
❹「留」，注疏、集解作「流」。
❺「嘖」，注疏、集解作「賾」。
❻「等」，注疏、集解作「典」。
❼「劘」，注疏、集解作「縻」。

實，故用四十九焉。正義。《義海撮要》。《漢上易傳》。《易圖説》。《鉤隱圖》。《筮宗》。《禮書》七十三。《群書考索·別集三》。《玉海》三十六。

故再扐而後卦。

再扐而後布卦。《釋文》。

是故，可與酬醋。《釋文》。堂案：抱經堂《攷證》云：「案《説文》：『酢，醶也。』『醋，客酌主人也。』後來每互易用之，京氏尚不失其舊。」

六爻之義易以工。❶《釋文》。

聖人以此先心。❷《釋文》。

古者伏戲氏之王天下也。

伏，服也。戲，化也。《釋文》。

斲木爲耜，揉木爲耒。

耜，耒下耓也。耒，耜上句《會通》作「曲」。木也。《釋文》。《會通》。《丙子學易編》。

象也者，象也。❸《釋文》。

説卦

日以晅之。❹

晅，乾也。《釋文》。

坎爲㲋。❺《釋文》。

爲柴馬。❻

柴馬多筋幹。《釋文》。

爲遴嗇。❼《釋文》。

爲朱足。❽「朱」一作「末」。《漢上叢説》亦引作「末」。

❶「工」，注疏、集解作「貢」。
❷「先」，注疏、集解作「洗」。
❸「象」，注疏、集解作「像」。
❹「晅」，注疏、集解作「烜」。
❺「㲋」，注疏、集解作「豕」。
❻「柴」，注疏、集解作「瘠」。
❼「遴」，注疏、集解作「吝」。
❽「朱」，注疏、集解作「作」。

陽在下。《釋文》。

爲矯柔。❶《釋文》。

爲螺。❷《釋文》。《漢上叢説》。

爲果墮。《釋文》。《漢上叢説》。晁氏云：「墮，古文『蓏』字。」

序　卦闕

雜　卦

謙輕而豫治也。❸《釋文》。

京房周易章句一卷

❶「柔」，注疏、集解作「輮」。
❷「螺」，注疏、集解作「蠃」。
❸「治」，注疏、集解作「怠」。

馬融周易傳序

後漢馬融字季長。與陳元、鄭衆並傳費直之學。費氏《章句》，梁《七録》止存四卷。唐時又殘闕，陳、鄭二家書名無攷。案：史徵《口訣義・觀》大象引鄭衆曰：「從俗所爲順民之教，故君子治人不求變俗是也。如封太公於齊，五月報政，爲簡其君臣禮，從俗。不同伯禽，於魯變其俗，易其禮，三年報政也。」《震》九四「震遂泥」引鄭衆曰：「身既不安，豈能安衆也。」《兑》大象引鄭衆曰：「樂躭於酒則有沈酗之凶，志累於樂則有傷性之患，所以君子樂之美者，莫過於尚《詩》、《書》，敦習道義。教之盛矣，樂斯在焉。」陳元説無攷。惟融《易傳》，《釋文・序録》載有十卷。荀悦曰：「融著《易解》，頗生異説。」觀其訓義，亦平正無奇。第言卦氣，多與荀、虞諸家不合，昔人嘗譏之。然融固一代經師，遊其門者多大儒，所注《周易》外，又注《書》、《詩》、三《禮》、《論語》、《孝經》及《三傳異同説》，《漢記》稱其才高博洽，諒非虚語也。孫堂識。

馬融周易傳

平湖孫堂步升輯

上　經

乾：

初九，潛龍勿用。

卦辭，文王；爻辭，周公。《正義》序。《漢上叢説》。趙氏《輯聞》。董氏《會通》。《瑞桂堂暇録》。《群書考索》前集一續集三。物莫大於龍，故借龍以喻天之陽氣也。初九建子之月，陽氣始動於黄泉，既未萌芽，猶是潛伏，故曰「潛龍」也。《集解》。

聖人作而萬物覩。

作，起也。《史記・伯夷傳》集解。堂案：《釋文》作「鄭云『起也』，馬作『起』」。《經義考》引馬經文「聖人作」爲「聖人起」，此云「作，起也」，未知孰是。

坤：

西南得朋，東北喪朋。

孟秋之月，陰氣始著，而坤之位，同類相得，故西南得朋。孟春之月，陽氣始著，陰始從陽，失其黨類，故東北喪朋。《集解》虞翻引。喪，失也。《釋文》。

由辯之不早辯也。

辯，别也。《釋文》。

屯：

初九，槃桓。❶

槃桓，旋也。《釋文》。胡三省《資治通鑑注》。

六二，屯如邅如。

邅如，難行不進之貌。《釋文》。堂案：抱經堂

❶「槃」，集解作「盤」。

《釋文攷證》臧氏琳云：「《説文》辵部無『邅』字。走部『趁，𧼮也』，『𧼮，趁也』；馬部『駗，馬載重難行也』，『驙，駗驙也。《易》曰「乘馬驙如」。』」然則「邅如」字當作「驙」，《説文》當作「屯如驙如」，作「乘馬」者，涉下而誤。「載重難行」之義，與馬融「難行不進之貌」正合，則馬氏亦當作「驙」。今作「邅」者，蓋古或借作「𧼮」字，走與辵偏傍相近，遂誤作「邅」也。

乘馬班如。

班，班旋不進也。正義。《義海撮要》。抱經堂《釋文攷證》臧氏琳云：「馬融云：班旋不進義，當作『般』。」然則馬融亦讀「班」爲「般」，與鄭本合。古「般」、「班」字通。《書序》「班宗彝」，《釋文》：「班，本又作『般』。」《左傳》成十三年「鄭公子般自訾求入于大宫」，《釋文》：「般，本亦作『班』。」《漢書·禮樂志》「般裔裔」，師古曰「般讀與班同」。王弼云「涉遠而行，難可以進，故曰乘馬班如」，則王意亦作「般」，陸德明云「如字」，此誤也。堂案：左氏襄公十八年《傳》「有班馬之聲」，郭璞《爾雅注》引「班」作「般」。趙岐《孟子注》「公輸子魯班」，疏引《淮南》墨子見楚王爲證云「是公輸即魯般也」。《戰國策》「公輸般」，高誘注云「公輸般，魯班之號也」，吴氏《國策校注》云「般，它書或作『班』」。《周禮·内饔》、《禮·内則》「馬黑脊而般臂」，《太玄經》「涣爵般秩」，皆以「般」爲「班」。般旋，字音⿰黹去，又通盤。《説文》：「般，北潘切，辟也。象舟之旋，從舟，從殳，殳所以旋也。」《爾雅·釋言》「般，還也」，彼《釋文》云「般，一音蒲安反，還音旋」。《廣雅·釋訓》「般桓，不進也」，《屯》初九「般桓」，馬融云「旋也」。《明夷》「夷于左股」，馬融作「左般」，云「旋也」，義並同。

匪寇，婚媾。

重婚曰媾。《釋文》。正義。

君子幾，不如舍，往吝。

吝，恨也。《釋文》。

上九，繫蒙。❶《釋文》。

蒙：

需：

❶「繫」，注疏、集解作「擊」。

光亨貞吉。總爲一句。《釋文》。

有不速之客三人來。

速，召也。《釋文》。

訟：

有孚，咥惕，❶中吉。中，丁仲反。《釋文》。

咥，讀爲躓，猶止也。《釋文》。《集韻》。《類篇》云「咥，陟利切」。

无眚。

眚，災也。《釋文》。

渝安貞，吉。渝，以朱反。

渝，變也。《釋文》。

上九，或錫之鞶帶，終朝三褫之。

鞶，大也。旦至食時爲終朝。《釋文》。鞶帶，大帶衣也。《口訣義》。

師：

師，貞，丈人吉。

二千五百人爲師。《釋文》。

以此毒天下而民從之。

毒，治也。《釋文》。

否臧凶。否，方有反。《釋文》。

比：

六三，比之匪人。

匪，非也。《釋文》。

王用三驅。

三驅者，一曰乾豆，二曰賓客，三曰君庖。《釋文》。

小畜：

車説輹。❷

乾爲車，《集解》虞翻引。輹，車下縛也。《釋文》。

六四，有孚，血去，惕出，无咎。

❶「咥」，注疏、集解作「窒」。

❷「車説輹」，注疏、集解作「輿説輻」。

血當作恤，憂也。《釋文》。

九五，有孚攣如。

攣，連也。《釋文》。

履：

履虎尾，不咥人。

咥，齕。《釋文》。

履帝位而不疚。

疚，病也。《釋文》。

九四，履虎尾，虩虩終吉。❶

虩虩，許逆反。恐懼也。《釋文》。

泰：

泰，大也。《釋文》。

謙：

天道毀盈而益謙。❷《釋文》。

六四，无不利，撝謙。

撝，猶離也。《釋文》。

豫：

豫，樂。《釋文》。

殷薦之上帝，以配祖考。

殷，盛也。《釋文》。

六二，扴于石。❸

扴，觸小石聲。《釋文》。

九四，猶豫。

猶豫，疑也。《釋文》。

朋盍臧。❹《釋文》。

上六，冥豫。

冥，昧，耽於樂也。《釋文》。

蠱：

先甲三日，後甲三日。

甲在東方，艮在東北，故云「先甲」。巽在

❶「虩虩」，注疏、集解作「愬愬」。

❷「毀」，注疏、集解作「亏」。

❸「扴」，注疏、集解作「介」。

❹「臧」，注疏、集解作「簪」。

東南，故云「後甲」。所以十日之中，唯稱甲者。甲爲十日之首，蠱爲造事之端，故舉初而明事始也。言所以三日者，不令而誅謂之暴，故令先後各三日，欲使百姓徧習行而不犯也。《集解》。《義海撮要》節引。

初六，幹父之蠱，有子考。絶句。无咎。《釋文》。

六四，裕父之蠱。

裕，寬也。《釋文》。

觀：

觀，盥而不薦，有孚顒若。

盥者，進爵灌地以降神也。此是祭祀盛時。及神降薦牲，其禮簡略，不足觀也。國之大事，唯祀與戎。王道可觀，在於祭祀。祭祀之盛，莫過初盥降神。故孔子曰：「禘自既灌而往者，吾不欲觀之矣。」此言及薦簡略，則不足觀也。以下觀上，見其至盛之禮，萬民信敬，故云「有孚顒若」。孚，信。顒，敬也。《集解》。

初六，童觀。

童，猶獨也。《釋文》。

噬嗑：

初九，屨校滅趾，无咎。校，音教。《釋文》。

六二，噬膚滅鼻，无咎。

柔脆肥美曰膚。《釋文》。《漢上易叢説》。

六三，噬腊肉。

晞于陽而煬于火曰腊肉。《釋文》。

九四，噬乾胏。

有骨謂之胏。《釋文》。

聰不明也。

耳无所聞。《釋文》。

賁：

白馬翰如。

翰，高也。《釋文》。

束帛戔戔。
戔戔，委積貌。《釋文》。
剥：
初六，剥牀以足，蔑貞凶。
剥，落也。蔑，無也。《釋文》。
剥牀以辨。
辨，音辦具之辦。足上也。《釋文》。
復：
无祇悔。祇，之是反。《釋文》。
祇，辭也。《集韻》上聲五。
六三，頻復。
憂，頻也。《釋文》。
无妄：
无妄，元亨利貞。
妄，猶望，謂无所希望也。《釋文》。
天命不右。❶
謂天不右行。《釋文》。《集解》虞翻引。

先王以茂對時育萬物。
茂，勉也。對，配也。《釋文》。
不菑畬。
菑，田一歲也。畬，田三歲也。《釋文》。
大畜：
輿説輹。
説，解也。《釋文》。
曰閑輿衛。
閑，習。《釋文》。
何天之衢。
四達謂之衢。《釋文》。
頤：
虎視眈眈。
兑爲虎。《漢上易傳》。眈眈，虎下視貌。《釋文》。
由頤，厲吉。

❶「右」，注疏、集解作「祐」。下同。

厲，危。《釋文》。

大過：

初六，藉用白茅。

在下曰藉。《釋文》。

九五，枯楊生華，老婦得其士夫。

初爲女妻，上爲老婦。《集解》虞翻引。

習坎：

係用徽纆。

徽纆，索也。《集解》李鼎祚引。《穀梁》疏十二。

離：

履錯然。錯，七路反。《釋文》。

則大耋之嗟。

七十曰耋。《釋文》。

下　經

咸：

初六，咸其拇。

拇，足大指也。《釋文》。

憧憧往來。

憧憧，行貌。《釋文》。

九五，咸其脢。

脢，背脊肉也。正義。《漢上易傳》。

上六，咸其輔。

輔，上頷也。《釋文》。正義。

恒：

上六，振恒，凶。

振，動也。《釋文》。

遯：

九四，好遯，君子吉，小人否。

好遯，君子吉，言雖身外乃心在王室，此之謂也。小人則不然，身外心必怨也。《太平御覽》五百一《逸民部》。

大壯：

壯，傷也。《釋文》。

君子用罔。

罔，无。《釋文》。

羝羊觸藩，羸其角。

藩，籬落也。羸，大索也。《釋文》。

晉：

晉，康侯用錫馬蕃庶。

康，安也。《釋文》。

受茲介福。

介，大也。《釋文》。

矢得勿恤。

離爲矢。《釋文》。

明夷：

夷于左般。❶

般，旋也。日隨天左旋也。《釋文》。史繩祖《學齋佔畢》引陸德明《音義》云「左股，馬融、王肅音股，字作『般』，般，旋也」云云。堂案：般，「盤」字之省。漢隸又省作「股」。石經《尚書》殘碑《盤庚》字作「般」，《仲秋下旬碑》「盤桓」字作「股」，楊孟文《石門頌》、《孔府君碑》陰亦以「股」爲「般」，與股肱「股」字形同，故諸家異讀耳。史氏以爲「音『股』，字作『般』」，誤矣。

六五，箕子之明夷，利貞。

箕子，紂之諸父。明于天道洪範之九疇，德可以王，故以當五。知紂之惡，無可奈何，同姓恩深，不忍棄去，被髮佯狂，以明爲暗，故曰「箕子之明夷」。卒以全身爲武王師，名傳無窮，故曰「利貞」矣。《集解》。《義海撮要》節引。

家人：

家人，利女貞。

家人以女爲奧主。長女、中女各得其正，故特曰「利女貞」矣。《集解》。《會通》。

風自火出，家人。

❶「般」，注疏、集解作「股」。

木生火，火以木爲家，故曰「家人」。火生于木，得風而盛，猶夫婦之道，相須而成。《集解》。《義海撮要》節引。

閑有家。

閑，闌也，防也。《釋文》。

家人嗃嗃，婦子嘻嘻。

嗃嗃，説樂自得貌。嘻嘻，笑聲。《釋文》。

王假有家。

假，大也。《釋文》。

睽：音圭。《釋文》。

其人天且劓。

剠鑿其額曰天。《釋文》。《漢上易傳》。

後説之壺。❶《釋文》。

蹇：

初六，❷往蹇來連。

連，亦難也。《釋文》。

解：

雷雨作而百果草木皆甲宅。❸

宅，根也。《釋文》。

上六，公用射隼于高墉之上。

墉，城也。《釋文》。

損：

或益之，十朋之龜。

案：《爾雅》云：「十朋之龜者，一曰神龜，二曰靈龜，三曰攝龜，四曰寶龜，五曰文龜，六曰筮龜，七曰山龜，八曰澤龜，九曰水龜，十曰火龜。」正義。

夬：

其行趑且。❹

趑，卻行不前也。且，語助也。《釋文》。

❶ 「壺」，注疏作「弧」。
❷ 「初六」，注疏、集解作「六四」。
❸ 「宅」，注疏、集解作「坼」。
❹ 「趑」，注疏、集解作「次」。

九五，莧陸夬夬。

莧陸，商陸也。《釋文》。一名商陸，正義。《學齋佔畢》。一名章陸，《兼明書》。或名當陸。《輯聞》。

姤：

初六，繫于金柅。

柅者，在車之下，所以止輪令不動者也。正義、《學易記》。

九五，以杞包瓜。包，百交反。《釋文》。晁氏云「讀爲庖」。

杞，大木也。《釋文》。正義。

萃：

萃，❶无「亨」字。王假有廟。《釋文》。

若號。號，户羔反。《釋文》。

孚乃利用禴。

禴，殷春祭名。《釋文》。

齎咨涕洟。

齎咨，悲聲、怨聲。《釋文》。《丙子學易編》。

升：

九三，升虛邑。

升，高也。虛，丘也。❷《釋文》。

王用亨于岐山。

亨，許兩反。祭也。《釋文》。

困：

九四，來徐徐。

徐徐，安行貌。《釋文》。

井：

井甃，无咎。

甃爲瓦，裏下達上也。《釋文》。

井收，勿幕。

收，汲也。《釋文》。

---

❶「萃」下，注疏、集解有「亨」字。

❷「丘」，原作「邱」，係避孔子名諱，今改回。下不一一出校。

革：

革，水火相息。

革，改也。息，滅也。《釋文》。《黄氏日抄》。

初九，鞏用黄牛之革。

鞏，九勇反。固也。《釋文》。

大人虎變，未占，有孚。

大人虎變，虎變威德，折衝萬里，望風而信，以喻舜舞干羽而有苗自服，周公脩文德越裳獻雉，故曰「未占，有孚」矣。《集解》。《義海撮要》。

鼎：

覆公餗。

餗，健也。《釋文》。餗，謂糜也。《穀梁》疏九。

鼎黄耳，金鉉。

鉉，扛鼎而舉之也。《釋文》。

震：

震來虩虩，笑言啞啞。

虩虩，恐懼貌。啞啞，笑聲。《釋文》。

震蘇蘇。

蘇蘇，尸禄素餐貌。《釋文》。

震索索，視矍矍。

索索，内不安貌。矍矍，中未得之貌。《釋文》。

艮：

不抍其隨。

抍，舉也。《漢上易傳》。《釋文》作「承，舉也」。堂案：抍、承字通。顧氏《金石文字記》云：「《博陵太守孔彪碑》，其文有云『抍馬者』，《易·明夷》《涣》皆曰『用拯馬壯』，拯字，《子夏傳》、《説文》、《字林》並作『抍』，音升，一音承，上舉也。漢時所傳如此。而今作『拯』者，唐開成以後所定也。」又案：《方言》「抍，拔也。出氼爲抍。」氼，古溺字。《周禮·職幣》注「振，猶抍也」，《大司徒》注「振窮，抍救天下之窮者也」。又作「撜」，《淮南子》「子路撜溺而受牛謝」注「撜音蒸，舉也。升出溺人」，則「撜」與「抍」同爲一字矣。古又有作「承」者，《列子》「使弟子並流而承之」。

艮其限，列其夤。

限，要也。夤，夾脊肉也。《釋文》。

厲熏心。

熏灼其心。《漢上易傳》。《集解》虞翻引。

漸：

鴻漸于磐，飲食衎衎。

山中石磐紆，故稱磐也。正義。《釋文》。衎衎，饒衍。《釋文》。

鴻漸于陸。

山上高平曰陸。《釋文》。

或得其桷。

桷，榱也。《釋文》。

歸妹：

婦妹愆期。

愆，過也。《釋文》。

士刲羊无血。

刲，刺也。《釋文》。

豐：

王假之。

假，古雅反。大也。《釋文》。

豐其蔀。

蔀，小也。《釋文》。

日中見昧。❶

昧，輔星也。《釋文》。晁氏以爲馬同薛。

闃其无人。

闃，无人貌。《釋文》。

自戕也。❷

戕，慈羊反。殘也。《釋文》。

旅：

旅瑣瑣。

❶「昧」，注疏、集解作「沬」。

❷「戕」，注疏、集解作「藏」。

瑣瑣，疲弊貌。《釋文》。

其義焚也。❶

義，宜也。《釋文》。

兑：

介疾有喜。

介，大也。《釋文》。

涣：

用拯馬壯，吉。

拯，舉也。《釋文》。

既濟：

婦喪其茀。❷

茀，方拂反。首飾也。《釋文》。

繫辭上

堂案：正義云：「『天尊地卑』爲第一章，『聖人設卦觀象』爲第二章，『彖者，言乎象者』爲第三章，『精氣爲物』爲第四章，『顯諸仁，藏諸用』爲第五章，『聖人有以見天下之賾』爲第六章，『初六，藉用白茅』爲第七章，『大衍之數』爲第八章，『子曰知變化之道』爲第九章，『天一天二』爲第十章，❸『是故易有太極』爲第十一章，『子曰書不盡言』爲第十二章。馬季長、荀爽、姚信等又分『白茅』章後，取『負且乘』更爲別章，成十三章。」

在天成象。

象者，日、月、星。《禮・樂記》正義。

在地成形。

植物、動物也。《禮・樂記》正義。

是故剛柔相摩，八卦相蕩。

摩，切也。蕩，除也。《釋文》。

而易成位乎其中。《釋文》。

三極之道也。

三極，三統也。《釋文》。《丙子學易編》。

所樂而玩者，爻之辭也。

玩，貪也。《釋文》。

❶「焚」，注疏、集解作「喪」。

❷「茀」，注疏、集解作「髴」。

❸下「天」字，注疏、集解作「地」。

悔吝者，言乎其小疵也。

疵，瑕也。《釋文》。

震无咎者存乎悔。

震，驚也。《釋文》。《丙子學易編》。

犯違天地之化而不過。❶《釋文》。

故君子之道尠矣。

尠，少也。《釋文》。

爻法之謂坤。❷

爻，如字。放也。《釋文》。

言天下之至嘖，而不可惡也。惡，烏落反。《釋文》。

大衍之數五十，其用四十有九。

易有太極，北辰是也。一作「謂北辰也」。太極生兩儀，兩儀生日月，日月生四時，四時生五行，五行生十有二月，十有二月生二十四氣，北辰居位一作「中」。不動，其餘四十有九轉運而用也。正義。《義海撮要》。《易圖說》。《筮宗》。《禮書》七十三。《群書考索》別集三。《玉海》三十六。

歸奇於扐以象閏。

扐，指間也。《釋文》。

可與祐神矣。

祐，配也。《釋文》。

子曰：知變化之道者，其知神之所爲乎？

子曰爲章首。《集解》虞翻引。

古之聰明睿知神武而不殺者夫！殺，所戒反。《釋文》。

是故易有太極。

太極，北辰也。《釋文》。

繫辭下

夫乾，確然示人易矣。夫坤，隤然示人簡矣。

---

❶「犯違」，注疏、集解作「範圍」。

❷「爻」，注疏作「效」。

確然，剛貌；隤然，柔貌也。《釋文》。

作結繩而爲罟，❶以佃以漁。

罟，猶网也。取獸曰佃，取魚曰漁。《釋文》。

耒耨之利，以教天下。

耨，鉏也。《釋文》。

重門擊柝。

柝，兩木相擊以行夜。《釋文》。

覆公粥。《釋文》。堂案：「粥」字古作「鬻」，亦作「餗」。《爾雅》作「鬻」，云「糜也」，《説文》云「倉也，或從倉束」，《字林》亦作「粥」。三字通。

易之興也，其於中古乎？

文王爲中古。《集解》虞翻引。

損，德之循也。❷《釋文》。堂案：韓昌黎《復志賦》「懲此志之不脩兮」，朱子《攷異》：「脩，莆田方氏作『循』」，云唐人書脩近循，《楚辭》亦有誤者。」今案：二字古書多溷，不自唐人始也。左氏昭二十九年《傳》「少皞氏有四叔：曰重、曰該、曰脩、曰熙」，又云「脩及熙爲玄冥師」。《吕氏春秋・孟冬紀》「脩」作「循」，《戰國策》「循法無愆」，「厲氣循城」，「苟可循也」。「循」本亦作「脩」，《史記・孝文紀》「乃循從代來功臣」。《漢書》「循」作「脩」，《三國志》「郭循」亦作「郭脩」。《莊子・天地篇》、《鶡冠子・王鈇篇》「脩」「循」二字，本亦互異。《太平御覽》引《晏子春秋》云「反聖王之德，而脩滅君之行」，今本作「而循滅君之行」。又引《白虎通》云「循道無窮即佩環」，本亦作「脩道無窮則佩環」，皆其證也。《隷釋・北海相景君銘》趙氏云：「碑陰載故吏自都昌丘暹而下十九人，❸皆作脩行。漢隷『循』、『脩』二字頗相近，恐是借用耳。」《隷續》云「『循』、『脩』二字，隷法只争一畫」，然則此「脩」字作「循」，亦係漢隷之譌。

《易》之爲書也，不可遠。遠，袁萬反。《釋文》。

而揆其方。

方，道也。《釋文》。

噫！亦要存亡吉凶，則居可知矣。

❶「爲」下，注疏、集解有「網」字。

❷「循」，注疏、集解作「修」。

❸「丘」下，注疏有「台」字。

噫，於力反。辭也。居，如字。處也。《釋文》。

知者觀其彖辭。

彖辭，卦辭也。《釋文》。

說　卦

昔者聖人之作《易》也。

伏犧得河圖而作《易》。《正義序》。《玉海》三十五。

參天兩地而倚數。

五位相合，以陰從陽。天得三合，謂一、三與五也。地得兩合，謂二與四也。正義。

倚，依也。《釋文》。

雷風相薄。

薄，入也。《釋文》。

震一索而得男。

索，數也。《釋文》。

其於人也，爲宣髮。❶

宣爲寡髮。《集解》虞翻引。

爲矯輮。《釋文》。

爲果蓏。

果，桃李之屬。蓏，瓜瓠之屬。《釋文》。

爲黔喙之屬。

黔喙，肉食之獸，謂豺狼之屬。黔，黑也。陽玄在前也。《集解》。

序　卦闕

雜　卦闕

馬融周易傳一卷

❶「宣」，注疏作「寡」。

荀爽周易注序

《易》六十四卦，卦每六爻，六六三百六十，四六二十四，爲爻三百八十四，諸儒言《易》皆然。惟荀爽一名諝，字慈明。以八純卦之爻六八四十八，加乾坤二用爲五十，則又三百八十六爻矣。且據爻象承應、陰陽變化之義解説經意，如乾升坤降之説，皆能發諸儒所未發。故孝靈之際，知《易》者，首推荀爽也。孫堂識。

荀爽周易注

平湖孫堂步升輯

上　經

乾：

九三，君子終日乾乾，夕惕若厲，无咎。

日以喻君，謂三居下體之中而爲之君。❶承乾行乾，故曰「乾乾」。夕惕以喻臣，謂三臣於五。則疾修柔順，危去陽行，故曰「无咎」。《集解》。

大哉乾元，萬物資始。

謂分爲六十四卦，萬一千五百二十册，皆受始于乾也。册取始于乾，猶萬物之生稟于天。❷《集解》。《義海撮要》。

大明終始。

乾起坎而終于離，坤起于離而終于坎。離坎者，乾坤之家而陰陽之府，故曰「大明終始」也。《集解》。《義海撮要》。《困學紀聞》。《六經天文編》。《玉海》三十五。

六位時成。

六爻隨時而成乾。《集解》。

潛龍勿用，陽在下也。

氣微位卑，雖有陽德，潛藏在下，故曰「勿用」也。《集解》。

見龍在田，德施普也。

見者，見居其位。田謂坤也。二當升坤五，故曰「見龍在田」。大人謂天子，見據

❶「中」，集解作「終」。

❷「稟」，集解作「本」。

尊位，臨長群陰，德施于下，故曰「德施普也」。《集解》。

或躍在淵，進无咎也。

乾者，君卦。四者，陰位。故上躍居五者，欲下居坤初，求陽之正。地下稱「淵」也。陽道樂進，故曰「進无咎也」。《集解》。

飛龍在天，大人造也。

飛者，喻无所拘。天者，首事造制。大人造法，見居天位，聖人作而萬物覩，是其義也。《集解》。

利者，義之和也。

陰陽相和，各得其宜，然後利矣。《集解》。

貞者，事之幹也。

陰陽正而位當，則可以幹舉萬事。《集解》。

君子體信，❶足以長人。《釋文》。

利之足以和義。❷《釋文》。

庸言之信。

處和應坤，故曰「信」。《集解》。

德博而化。

處五據坤，故德博。群陰順從，故能一作「物」，訛。化也。《集解》。

修辭立其誠，所以居業也。

修辭謂終日乾乾，立誠謂夕惕若厲，居業謂居三也。《集解》。

九四曰：或躍在淵，无咎。何謂也？子曰：上下无常，非爲邪也。

乾者，君卦。四者，臣位也。故欲上一作「進」。躍居五。下者，當下居坤初。得陽正位，故曰「上下无常，非爲邪也」。《集解》。

進退无恒，非離群也。

進謂居五，退謂居初。故「進退无恒，非離

---

❶「信」，注疏、集解作「仁」。

❷「之」，注疏、集解作「物」。

群也」。《集解》。

水流溼。

陽動之坤而爲坎。坤者純陰，故曰「溼」也。《集解》。

火就燥。

陰動之乾而成離。乾者純陽，故曰「燥」也。《集解》。

雲從龍。

龍喻王者，謂乾二之坤五爲坎也。《集解》。

風從虎。

虎喻國君，謂坤五之乾二，爲巽而從三也。三者，下體之君，故以喻國君。《集解》。

本乎天者親上。

謂乾九二，本出於乾，故曰「本乎天」。而居坤五，故曰「親上」。《集解》。

本乎地者親下。

謂坤六五，本出於坤，故曰「本乎地」。降居乾二，故曰「親下」也。《集解》。

上九曰：亢龍有悔，何謂也？子曰：貴而无位。

在上故貴，失位一作「正」。故无位。《集解》。

賢人在下位。

謂上應三，三陽德正，故曰「賢人」。別體在下，故曰「在下位」。《集解》。

而无輔。

兩陽无應，故无輔。《集解》。

是以動而有悔也。

升極當降，故有悔。《集解》。

時乘六龍，以御天也。

御者，行也。陽升陰降，天道行也。《集解》。

雲行雨施，天下平也。

乾升于坤曰「雲行」，坤降于乾曰「雨施」。乾坤二卦成兩既濟，陰陽和均而得其正，故曰「天下平」。《集解》。

潛之爲言也，隱而未見，行而未成，是以君子弗用也。

隱而未見，謂居初也。行而未成，謂行之坤四，陽居陰位，未成爲君。乾者，君卦也。不成爲君，故不用也。《集解》。

夫大人者，與天地合其德。

與天合德，謂居五也。與地合德，謂居二也。《集解》。

與日月合其明。

謂坤五之乾二成離，離爲日。乾二之坤五爲坎，坎爲月。《集解》。

天且弗違，而況于人乎？

人謂三。《集解》。

況於鬼神乎？

神謂天，鬼謂地也。《集解》。

亢之爲言也，知進而不知退。

陽位在五，今乃居上，故曰「知進而不知退」也。《集解》。

知存而不知亡。

在上當陰，今反爲陽，故曰「知存而不知亡」也。《集解》。

知得而不知喪。

得謂陽，喪謂陰。《集解》。

其唯聖人乎！知進退存亡而不失其正者，其唯聖人乎！

進謂居五，退謂居二。存謂五爲陽位，亡謂上爲陰位也。再出聖人者，上聖人謂五，下聖人謂二也。《集解》。

坤：

西南得朋，東北喪朋。

陰起于午，至申三陰，得坤一體，故曰「西南得朋」。陽起于子，至寅三陽，喪坤一體，故曰「東北喪朋」。《集解》虞翻引。《漢上易叢説》。

至哉坤元，萬物資生。

謂萬一千五百二十册，皆受始于乾，由坤而生也。册生于坤，猶萬物成形出乎地也。《集解》。

含弘光大。❶

乾二居坤五爲含，坤五居乾二爲弘。坤初居乾四爲光，乾四居坤初爲大也。《集解》。

品物咸亨。

天地交，萬物生，故咸亨。《集解》。

六二，直方大。

大者，陽也。二應五，五下動之，則應陽出直，布陽于四方。《集解》。

不習无不利。

物唱乃和，不敢先有所習。陽之所唱，從而和之，无不利也。《集解》。

上六，龍戰于野。

消息之位，坤在于亥，下有伏乾，爲其嗛于陽，故稱龍也。《集解》。

坤至柔。

純陰至順，故柔也。《集解》。

至静而德方。

坤性，至静，得陽而動，布于四方也。《集解》。

坤道其順乎，承天而時行。

承天之施，因四時而行之也。《集解》。

由變之不早變也。❷《釋文》。晁氏云：「辯，古文『變』字。」

《易》曰：履霜堅冰至，蓋言順也。

霜者，乾之命令，坤下有伏乾。履霜堅冰，蓋言順也。乾氣加之性而堅，象臣順君命而成之。《集解》。

---

❶「弘」，原作「宏」，係避清高宗諱，今改回。下不一一出校。

❷「變」，注疏、集解作「辯」。

直方大，不習无不利，則不疑其所行也。

直方大，乾之唱也。不習无不利，坤之和也。陽唱陰和而无所不利，故不疑其所行也。《集解》。

陰雖有美，含之，以從王事，弗敢成也。

六三陽位，下有伏陽。坤，陰卦也。雖有伏陽，含藏不顯。以從王事，要待乾命，不敢自成也。《集解》。《義海撮要》。

《易》曰：括囊，无咎无譽。蓋言謹也。

六四陰位，迫近于五，雖有成德，當括而囊之，謹慎畏敬也。《集解》。《義海撮要》。

陰凝於陽必戰。❶《釋文》。

爲其嗛于陽也。❷《釋文》。

猶未離其類也，故稱血焉。

實本坤卦，故曰「未離其類也」。血以喻陰順陽也。《集解》。

夫玄黃者，天地之雜也。

消息之卦，坤位在亥，下有伏乾。陰陽相和，故言天地之雜也。《集解》。

天玄而地黃。

天者陽，始于東北，故色玄也。地者陰，始于西南，故色黃也。《集解》。

屯：

《彖》曰：屯，剛柔始交而難生，動乎險中，大亨貞。

物難在始生，此本坎卦也。案：初六升二，九二降初，是剛柔始交也。交則成震，震爲動也，上有坎，是動乎險中也。動則物通而得正，故曰「動乎險中，大亨貞」也。《集解》。

雷雨之動滿形。

❶「凝」，注疏、集解作「疑」。

❷「嗛」，注疏、集解作「嫌」。「于」下，注疏、集解有「无」字。

雷震雨潤，則萬物滿形而生也。《集解》。

天造草昧。

謂陽動在下，造生萬物于冥昧之中也。《集解》。

宜建侯而不寧。

天地初開，世尚屯難，震位承乾，故宜建侯。動而遇險，故不寧也。《集解》。

君子以經論。

屯難之代，萬事失正。經者，常也；論者，理也。君子以經論，不失常道也。《集解》。晁氏節引。

《象》曰：雖盤桓，志行正也。

盤桓者，動而退也。謂陽從二動而退居初，雖盤桓，得其正也。《集解》。

以貴下賤，大得民也。

陽貴而陰賤，陽從二來，是以貴下賤，所以得民也。《集解》。

六二，屯如邅如。

陽動而止，故屯如也。陰乘于陽，故邅如也。《集解》。

蒙：

蒙亨，以亨行時中也。

此本艮卦也。案：二進居三，三降居二，剛柔得中，故能通發蒙時，令得時中矣。故曰：「蒙亨，以亨行時中也。」《集解》。

童蒙求我，志應也。

二與五，志相應也。《集解》。

再三瀆，瀆則不告，瀆蒙也。

再三，謂三與四也。皆乘陽不敬，故曰「瀆」。瀆不能尊陽，蒙氣不除，故曰「瀆蒙也」。《集解》。

《象》曰：童蒙之吉，順以巽也。

順于上，巽于二，有似成王任用周、召也。

《集解》。

上九，繫蒙。❶ 晁氏。

需：

《象》曰：需于沙，衍在中也。

二應于五，水中之剛，故曰「沙」。知前有沙漠而不進也。體乾處和，美德優衍在中而不進也。《集解》。《義海撮要》。

雖小有言，以吉終也。

二與四同功，而三據之，故小有言。乾雖在下，終當升上，二當居五，故終吉也。《集解》。《義海撮要》。

九三，需于泥，致寇至。

親與坎接，故稱「泥」。須止不進，不取于四，不致寇害。《集解》。

九五，需于酒食，貞吉。

五互離坎，水在火上，酒食之象。需者，飲食之道，故坎在需家爲酒食也。雲須時欲降，乾須時當升，五有剛德，處中居正，故能帥群陰，舉坎以降，陽能正居其所則吉，故曰「需于酒食」也。《集解》。

上六，入于穴。

需道已終，雲當下入穴也。雲上升極，則降而爲雨，故《詩》云「朝隮于西，崇朝其雨」，則還入地，故曰「入于穴」。雲雨入地，則下三陽動而自至者也。《集解》。《義海撮要》。

有不速之客三人來，敬之終吉。

三人，謂下三陽也。須時當升，非有召者，故曰「不速之客」焉。乾升在上，君位以定，坎降在下，當循臣職，故敬之終吉也。《集解》。《義海撮要》。

《象》曰：不速之客來，敬之終吉。雖不當

❶「繫」，注疏、集解作「擊」。

位，未大失也。

上降居三，雖不當位，承陽有實，故終吉，无大失矣。《集解》。

訟：

訟，有孚。

陽來居二而孚于初，故曰「訟有孚」也。《集解》。《義海撮要》。

利見大人，尚中正也。

二與四訟，利見于五。五以中正之道，解其訟也。《集解》。

不利涉大川，入于淵也。

陽來居二，坎在下爲淵。《集解》。

《象》曰：天與水違行，訟。

天自西轉，水自東流，上下違行，成訟之象也。《集解》。

《象》曰：不克訟，歸通竄也。❶

三不克訟，故逋而歸。坤稱邑，二者，邑中之陽人。歸逋，❷逃也。謂逃失邑中之陽人。《集解》。

自下訟上，患至掇也。

下與上爭，即取患害，如拾掇小物而不失也。坤有三爻，故云「三百户无眚」。二者，下體之君。君不爭，則百姓无害也。《集解》。

上九，或錫之鞶帶，終朝三拕之。❸

二四爭三，二本下體，取之有緣。「或」者，疑之辭也。以三錫二，於義疑矣。爭競之世，分理未明，故或以錫二。終朝者，君道明，三者，陽成功也。君明道盛，則奪二與四，故曰「終朝三拕之」也。鞶帶，宗廟之服。三應于上，上爲宗廟，故曰「鞶帶」也。

❶「通」，集解作「逋」。
❷「歸」，集解無此字。
❸「拕」，注疏、集解作「褫」。

《集解》。

師：

《象》曰：師，衆也。貞，正也。能以衆正，可以王矣。

謂二有中和之德而據群陰，上居五位，可以王也。《集解》。

不臧凶。❶晁氏。

王三錫命，懷萬邦也。

王謂二也。三者，陽德成也。德純道盛，故能上居王位而行錫命，群陰歸之，故曰「王三錫命，懷萬邦也」。《集解》。

六四，師左次，无咎。

左謂三也，❷陽稱左。次，舍也。二與四同功，四承五，五无陽，故呼二舍于五，四得承之，故无咎。《集解》。

六五，田有禽，利執言，无咎。

田，獵也。謂二帥師禽五，五利度二之命，執行其言，故无咎也。《集解》。

《象》曰：長子帥師，以中行也。

長子謂九二也。五處中應二，受任帥師，當上升五，故曰「長子帥師，以中行也」。《集解》。

上六，大君有命，開國承家。

大君謂二。師旅已息，既上居五，當封賞有功，立國命家也。開國，封諸侯；承家，立大夫也。《集解》。

比：

後夫凶，其道窮也。

後夫謂上六。逆禮乘陽，不比聖王，其義當誅，故其道窮凶也。《集解》。《義海撮要》。

初六，有孚，比之无咎。

❶「不」，注疏、集解作「否」。

❷「三」，集解作「二」。

初在應外，以喻殊俗。聖王之信，光被四表。絶域殊俗，皆來親比，故无咎也。《集解》。

有孚盈缶，終來有它，吉。

《象》曰：比之初六，有它吉也。

缶者應内，以喻中國。孚既盈滿中國，終來及初，非應，故曰「它」也。象曰「有它吉」者，謂信及非應，然後吉也。《集解》。

上六，比之无首，凶。

陽欲无首，陰以大終，陰而无首，不以大終，故凶也。《集解》。《義海撮要》。

小畜：

自我西郊，施未行也。

體兑位秋，故曰「西郊」也。時當收斂，臣不專賞，故施未行，喻文王也。《集解》。

《象》曰：有孚惕出，上合志也。

血以喻陰，四陰臣象，有信順五。惕，疾也。四當去初，疾出從五，故曰「上合志也」。《集解》。

《象》曰：既雨既處，德積載也。君子征凶，有所疑也。

卦以一陰畜四陽，故密雲不雨。上處畜之極，故陽德上通。猶畜德不已，澤乃行也。澤行則物安，故既雨既處也。既，盡也。盡雨澤、盡安處之，此乃上畜德能積載，與三陽同志而无私應也。《義海撮要》。

履：

履虎尾，不咥人，亨，利貞。今本脱「利貞」二字。

《彖》曰：履，柔履剛也。

謂三履二也。二五无應故无元，以乾履兑故有通。六三履二非和正，故云「利貞」也。《集解》。

初九，素履，往无咎。

《象》曰：素履之往，獨行願也。

初九者潛位，隱而未見，行而未成。素履者，謂布衣之士，未得居位。獨行禮義，不失其正，故无咎也。《集解》。《義海撮要》。

視履考詳。❶

詳，審也。晁氏。堂案：古「祥」字亦作「詳」。《尚書·君奭》云「其終出于不祥」，石經殘碑作「其道出于不詳」。《吕刑》「告爾祥刑」，《後漢書·劉愷傳》、鄭康成《周禮》注，「祥刑」字皆作「詳」。昭十一年《春秋經》「盟于祲祥」，服虔引「祥」亦作「詳」。

泰：

《象》曰：天地交，泰。

坤氣上升，以成天道。乾氣下降，以成地道。天地二氣，若時不交，則爲閉塞。今既相交，乃通泰。《集解》。

后以裁成天地之道。❷《釋文》。

用馮河，不遐遺。

河出於乾，行於地中，陽性欲升，陰性欲承，馮河而上，不用舟杭。自地升天，道雖遼遠，三體俱上，不能止之，故曰「不遐遺」。《集解》。

朋亡，得尚于中行。

中謂五，坤爲朋，朋亡而下，則二上居五，而行中和矣。《集解》。

帝乙歸妹，以祉元吉。

婦人謂嫁曰歸，言湯巳娶禮，歸其妹於諸侯也。《後漢書》本傳。

否：

初六，拔茅茹，以其彙，貞吉，亨。

拔茅茹，取其相連。彙者，類也。合體同包，謂坤三爻同類相連，欲在下也。貞者，正也。謂正居其所，則吉也。《集解》。

❶「詳」，注疏、集解作「祥」。
❷「裁」，注疏、集解作「財」。

六二，包承，小人吉，大人否亨。

二與四同功，爲四所包，故曰「包承」也。小人，二也。謂一爻獨居，間象相承，得繫於陽，故吉也。大人謂五。乾坤分體，天地否隔，故曰「大人否」也。二五相應，否義得通，故曰「否亨」矣。《集解》。

六三，包羞。

《象》曰：包羞，位不當也。

卦性爲否，其義否隔。今以不正，與陽相承，爲四所包。違義失正而可羞者，以位不當故也。《集解》。

《象》曰：有命无咎，志行也。

謂志行於群陰也。《集解》。

其亡其亡。

陰欲消陽，由四及五，故曰「其亡其亡」。謂坤性順從，不能消乾使亡。《集解》。

繫于包桑。

包者，乾坤相包也。桑者，上玄下黄，以象乾坤也。乾職在上，坤體在下，雖欲消乾，繫其本體，不能亡也。《集解》。

同人：

《象》曰：天與火，同人。

乾舍於離，相與同居，故曰「同人」也。《集解》。

六二，同人于宗，吝。

宗者，衆也。三據二陰，二與四同功，五相應，初相近。上下衆陽皆欲與二爲同，故曰「同人于宗」也。陰道貞静，從一而終，今宗同之，故吝也。《集解》。《義海撮要》。

大有：

《象》曰：火在天上，大有。

謂夏，火王在天，萬物並生，故曰「大有」也。《集解》。

謙：

天道下濟而光明。

乾來之坤，故下濟。陰去爲離，陽來成坎。日月之象，故光明也。《集解》。

君子以捊多益寡。

捊，取也。《釋文》。堂案：此訓與《廣雅》同。捊，曹憲音皮侯切。《玉篇》引《詩・原隰》「裒矣」，「裒」作「捊」，云聚也。是「裒」、「捊」字通。古「聚」字或省作「取」，詳鄭氏《易》。

初六，謙謙君子，用涉大川，吉。

初最在下爲謙，二陰承陽亦爲謙，故曰「謙謙」也。二陰一陽，相與成體，故曰「君子」也。九三體坎，故用涉大川吉也。《集解》。《義海撮要》。

九三，勞謙，君子有終，吉。

體坎爲勞，終下二陰，君子有終，故吉也。《集解》。

《象》曰：勞謙君子，萬民服也。

陽當居五，自卑下衆，降居下體，君有下國之意也。衆陰皆欲撝陽，上居五位，群陰順陽，故萬民服也。《集解》。《義海撮要》。

六四，无不利，撝謙。

四得位處正，家性爲謙，故无不利。陰欲撝三，使上居五，故曰「撝謙」。撝，猶舉也。《集解》。《義海撮要》。

六五，不富以其鄰。

鄰謂四與上也。自四以上乘陽，乘陽失實，故皆不富。五居中有體，故總言之。《集解》。

利用侵伐，无不利。

謂陽利侵伐，來上无敢不利之者。《集解》。

《象》曰：利用侵伐，征不服也。

不服謂五也。《集解》。

豫：

朋盍宗。❶《釋文》。

《象》曰：冥豫在上，何可長也。

陰性冥昧，居尊在上而猶豫説，故不可長。《集解》。

隨：

大亨貞无咎。

隨者，震之歸魂。震歸從巽，故大通。動爻得正，故利貞。陽降陰升，嫌於有咎。動而得正，故无咎。《集解》。

蠱：

蠱，元亨，而天下治也。

蠱者，巽也。巽歸合震，故元亨也。蠱者，事也。備物致用，故天下治也。《集解》。

六五，幹父之蠱，用譽。

體和應中，承陽有實。用斯幹事，榮譽之道也。《集解》。

《象》曰：不事王侯，志可則也。

年老《義海》作「年高」。事終，不當其位，體艮爲止，故不事王侯。據上臨下，重陰累實，故志可則。《集解》。《義海撮要》節引。

臨：

至于八月有凶。

兑爲八月。《集解》虞翻引。

《象》曰：澤上有地，臨。

澤卑地高，高下相臨之象也。《集解》。

《象》曰：咸臨貞吉，志行正也。

陽始咸升，以剛臨柔。得其正位而居，是吉，故曰「志行正」。《集解》。

《象》曰：咸臨吉无不利，未順命也。

陽感至二，當升居五，群陰相承，故无不利也。陽當居五，陰當順從，今尚在二，故曰「未順命也」。《集解》。《義海撮要》節引。

❶ 「宗」，注疏、集解作「簪」。

《象》曰：至臨无咎，位當也。

四與二同功，欲升二至五，己得承順之，故曰「至臨」也。陽雖未乘，處位居正，故得无咎，是位當也。《集解》。

六五，知臨，大君之宜，吉。

《象》曰：大君之宜，行中之謂也。

五者，帝位。大君謂二也。宜升上居五位吉，故曰「知臨，大君之宜」也。二者處中，行升居五，五亦處中，故曰「行中之謂也」。《集解》。

上六，敦臨，吉，无咎。

上應於三，欲因三升二，過應於陽，敦厚之意，故曰「敦臨，吉，无咎」。《集解》。

觀：

六三，觀我生進退。

《象》曰：觀我生進退，未失道也。

我謂五也。生者，教化生也。三欲進觀於五，四既在前而三故退，❶未失道也。《集解》。《義海撮要》。

噬嗑：

六三，噬昔肉遇毒，小吝，无咎。

《象》曰：遇毒，位不當也。

昔肉謂四也。三以不正，噬取異家，法當遇罪，故曰「遇毒」。爲艮所止，所欲不得，故小吝也。所欲不得，則免於罪，故无咎矣。《集解》。

九四，噬乾胏。音甫。《釋文》。

《象》曰：貞厲无咎，得當也。

謂陰來正居是而厲陽也。以陰厲陽，正居其處而无咎者，以從下明上，不失其中，所堂案：「所」當作「故」。言「得當」。《集解》。

上九，何校滅耳，凶。

❶「故退」，注疏、集解作「退故」。

爲五所何，故曰「何校」。據五應三，欲盡滅坎，三「三」，《義海》作「上」。體坎爲耳，故曰「滅耳凶」。上以不正，侵欲无已，奪取異家。惡積而不可弃，罪大而不可解，故宜凶矣。《集解》。《義海撮要》節引。

賁：

《彖》曰：賁亨，柔來而文剛，故亨。分剛上而文柔，故小利有攸往。

此本泰卦。謂陰從上來，居乾之中。文飾剛道，交於中和，故亨也。分乾之二，居坤之上。上飾柔道，兼據二陰，故小利有攸往矣。《集解》。

六四，賁如波如。❶《釋文》。堂案：今本「皤」字，《廣韻》一薄波切，音婆；一博禾切，音波。此直作「波如」，疑聲之誤。

白馬翰如。

翰，高也。《釋文》。

六五，賁于丘園，束帛戔戔，吝終吉。

《象》曰：六五之吉，有喜也。

艮山震林。失其正位，在山林之閒，賁飾丘陵，以爲園圃，隱士之象也。五爲王位，體中履和，勤賢之主，尊道之君也。故曰「賁于丘園，束帛戔戔」。君臣失正，故吝。能以中和，飾上成功，故終吉而有喜也。《集解》。

剥：

《彖》曰：剥，剥也，柔變剛也。

謂陰外變五。五者至尊，爲陰所變，故曰「剥也」。《集解》。

滅征凶。❷堂案：「滅」、「蔑」字通。《周語》「蔑棄五則」，韋昭注云「蔑，滅也」。《晉書·張駿傳》「江吴寂蔑」，以「蔑」爲「滅」。

❶「波」，注疏、集解作「皤」。
❷「滅征凶」，注疏、集解作「蔑貞凶」。

滅，猶削也。《釋文》。

六三，剥无咎。晁氏云「无『之』字」。

《象》曰：剥无咎，❶失上下也。

衆皆剥陽，三獨應上，无剥害意，是以无咎。《象》曰：「失上下也。」《集解》。

復：

利有攸往，剛長也。

利往居五，剛道浸長也。《集解》。

復其見天地之心乎？

復者，冬至之卦。陽起初九，爲天地心，萬物所始，吉凶之先，故曰「見天地之心」矣。《集解》。《義海撮要》。

用行師，終有大敗，以其國君凶。

坤爲衆，故用行師也。謂上行師而距於初，陽息上升，必消群陰，故終有大敗。國君謂初也。受命復道，當從下升。今上六行師，王誅必加，故以其國君凶也。《集解》。《義海撮要》。

頤：

《象》曰：山下有雷，頤。君子以慎言語，節飲食。

雷爲號令，今在山下閉藏，故慎言語。雷動於上，以陽食陰，艮以止之，故節飲食也。言出乎身，加乎民，故慎言語，所以養人也。飲食不節，殘賊群生，故節飲食以養物。《集解》。飲食失宜，患之所起。《口訣義》。

其欲悠悠。❷《釋文》。

大過：

九五，枯楊生華，老婦得其士夫，无咎无譽。

初陰失正當變，數六爲女妻。二陽失正，

❶「剥」下，注疏、集解有「之」字。

❷「悠悠」，注疏、集解作「逐逐」。

數九爲老夫。以五陽得正位不變，數七爲士夫。上陰得正，數八爲老婦。《集解》虞翻引。晁氏。

習坎：

水流而不盈。

陽動陰中，故流。陽陷陰中，故不盈也。《集解》。

行險而不失其信。

謂陽來爲險而不失中，中稱信也。《集解》。

《象》曰：求小得，未出中也。

處中而比初三，未足爲援，雖求小得，未出于險中。《集解》。

離：

《象》曰：離，麗也。

陰麗於陽，相附麗也。亦爲別離，以陰隔陽也。離者，火也。託於木，是其附麗也。煙燄飛升，炭灰降滯，是其別離也。《集解》。

是以畜牝牛吉也。

牛者，土也。生土於火。離者陰卦，牝者陰性，故曰「畜牝牛吉」矣。《集解》。

明兩作。

作，用也。《釋文》。

初九，履錯然，敬之无咎。

火性炎上，故初欲履錯於二。二爲三所據，故敬之則无咎矣。《集解》。

九三，日昃之離。

初爲日出，二爲日中，三爲日昃，以喻君道衰也。《集解》。

則大耋之差。《釋文》。

九四，𠫓如，其來如。焚如，死如，棄如。

陽升居五，光炎宣揚，故𠫓如也。陰退居四，灰炭降墜，故其來如也。陰以不正，居尊乘陽，曆盡數終，天命所誅。位喪民畔，下離所害，故焚如也。以離入坎，故死如也。火息灰損，故棄如也。《集解》。

六五，出涕池⿰若⿱山殳。❶《釋文》。堂案：「池」與「沱」通。《周禮·職方氏》「其川虖池」，彼《釋文》云「池，徒多切」。《禮·禮器》「必先有事于惡池」，彼《釋文》云「池，大何反」。《山海經》作「滹沱」。

六五陰柔，退居於四，出離爲坎，故出涕池若而下，以順陰陽也。《集解》。

下　經

咸：

天地感而萬物化生。

乾下感坤，故萬物化生於山澤。《集解》。

初六，咸其母。

母，陰位之尊。《釋文》。

六二，咸其肥。❷

肥謂五也。尊盛，故稱肥。《釋文》。

恒：

恒亨，无咎，利貞，久于其道也。

恒，震世也。巽來乘之，陰陽合會，故通无咎。長男在上，長女在下，夫婦道正，故利貞，久于其道也。《集解》。

利有攸往，終則有始也。

謂乾氣下終，始復升上居四也。坤氣上終，始復降下居初者也。《集解》。

能久中也。

乾爲久也。能久行中和，以陽據陰，故曰「能久中也」。《集解》。

九三，不恒其德，或承之羞，貞吝。

與初同象，欲據初隔二。與五爲兑，欲説之隔四。意无所定，故不恒其德。與上相應，欲往承之，爲陰所乘，故或承之羞也。

❶「池⿰若⿱山殳」，注疏、集解作「沱若」。

❷「肥」，注疏、集解作「腓」。

貞吝者，謂正居其所，不與陰通也。无居自容，故貞吝矣。《集解》。

遯：

小利貞，浸而長也。

陰稱小，浸而長，則將消陽，故利正居二，與五相應也。《集解》。

有疾備也。❶《釋文》。

畜臣妾吉，不可大事也。

大事謂與五同任天下之政。潛遯之世，但可居家畜養臣妾，不可治國之大事。《集解》。

大壯：

剛以動，故壯。

乾剛震動，陽從下升，陽氣大動，故壯也。《集解》。

羝羊觸藩，羸其角。

三與五同功爲兑，故曰「羊」，終始陽位，故曰「羝」，藩謂四也。三欲觸四而危之，四反羸其角，角謂五也。《集解》。

晉：

是以康侯用錫馬蕃庶。

陰進居五，處用事之位。陽中之陰，侯之象也。陰性安靜，故曰「康侯」。馬謂四也。五以下群陰錫四也。坤爲衆，故曰「蕃庶」矣。《集解》。

六五，悔亡，矢得，勿恤，往吉无不利。

五從坤動而來爲離，離者，射也，故曰「矢得」。陰居尊位，故有悔也。以中盛明，光照四海，故悔亡，勿恤吉无不利也。《集解》。

《象》曰：維用伐邑，道未光也。

陽雖在上，動入冥豫，故道未光也。《集解》。

明夷：

❶「備」，注疏、集解作「憊」。

内文明而外柔順，以蒙大難。

明在地下，爲坤所蔽，大難之象。大難，文王君臣相事，故言大難也。《集解》。

文王似之。❶《釋文》。

箕子似之。❷《釋文》。

初九，明夷于飛，垂其翼。君子于行，三日不食。

火性炎上，離爲飛《會通》作「朱」。鳥，故曰「于飛」。爲坤所抑，故曰「垂其翼」。陽爲君子，三者，陽德成也。日以喻君，不食者，不得食君禄也。一作「不得君禄食也」。陽未居五，陰暗在上，初有明德，恥食其禄，故曰「君子于行，三日不食」也。《集解》。《義海撮要》。《會通纂注》。

《象》曰：君子于行，義不食也。

暗昧在上，有明德者，義不食禄也。《集解》。

六四，入于左腹，獲明夷之心，于出門庭。

陽稱左，謂九三也。腹者，謂五居坤，坤爲腹也。四得位比三，應於順首，❸欲上三居五，❹以陽爲腹心也，故曰「入于左腹，獲明夷之心」。言三當出門庭，升五君位。《集解》。

箕子之明夷。

箕爲荄，子爲滋。《釋文》「鄒湛云」。

家人：

家人有嚴君焉，父母之謂也。

離巽之中有乾坤，故曰「父母之謂也」。《集解》。

父父，子子，兄兄，弟弟，夫夫，婦婦，而家道正，正家而天下定矣。

---

❶「似」，注疏、集解作「以」。
❷「似」，注疏、集解作「以」。
❸「應」，集解作「處」。
❹「上三」，集解作「三上」。

父謂五，子謂四。兄謂三，弟謂初。夫謂五，婦謂二也。各得其正，故天下定矣。《集解》。

君子以言有物而行有恒。

風火相與，必附于物。物大火大，物小火小。君子之言，必因其位。位大言大，位小言小。不在其位，不謀其政。故言有物也。大暑爍金，火不增其烈。大寒凝冰，火不損其熱。故曰「行有恒」矣。《集解》。

初九，閑有家，悔亡。

《象》曰：閑有家，志未變也。

初在潛位，未干國政，閑習家事而已，未得治官，故悔。居家理治，可移于官，守之以正，故悔亡。而未變從國之事，故曰「志未變也」。《集解》。

六二，无攸遂，在中饋，貞吉。

六二處和得正，得正有應，有應有實，陰道之至美者也。坤道順從，故无所得遂。供餚中饋，酒食是議，故曰「中饋」。居中守正，永貞其志則吉，故曰「貞吉」也。《集解》。

九三，家人確確。❶《釋文》。

睽：

是以小事吉。

小事者，臣事也。百官異體，四民殊業，故睽而不同。剛者，君也。柔得其中而進于君，故言小事吉也。《集解》。

《象》曰：上火下澤，睽。

火性炎上，澤性潤下，故曰「睽」也。《集解》。

君子以同而異。

大歸雖同，小事當異。百官殊職，四民異業，文武並用，《義海》作「文武不同」。威德相反，共歸於治，故曰「君子以同而異」也。

❶「確確」，注疏、集解作「嗃嗃」。

《集解》。《義海撮要》節引。

其牛觭。❶《釋文》。堂案：《爾雅》及今《説文》並云「角一俯一卬觭」。《爾雅釋文》引樊光云：「傾角曰觭。」

蹇：

蹇利西南，往得中也。

西南謂坤。乾動往居坤五，故得中也。《集解》。

不利東北，其道窮也。

東北，艮也。艮在坎下，見險而止，故其道窮也。《集解》。

當位貞吉，以正國也。❷《釋文》。

謂五當尊位正，居是，群陰順從，故能正邦國。《集解》。

《象》曰：往蹇來連，當位實也。

蹇難之世，不安其所。欲往之三，不得承陽，故曰「往蹇」也。來還承五，則與至尊相連，故曰「來連」也。處正承陽，故曰「當位實也」。《集解》。《義海撮要》。

解：

解利西南，往得衆也。

乾動之坤而得衆，西南衆之象也。《集解》。

无所往。

陰處尊位，陽无所往也。《集解》。《義海撮要》。

其來復吉，乃得中也。

來復居二，處中成險，故曰「復吉」也。《集解》。《義海撮要》。

有攸往夙吉，往有功也。

五位无君，二陽又卑，往居之者則吉。據五解難，故有功也。《集解》。《義海撮要》。《漢上易傳》節引。

天地解而雷雨作。

---

❶「觭」，注疏作「掣」，集解作「㸷」。

❷「國」，原作「邦」，注疏、集解作「邦」。係避漢高祖諱。下不一一出校。

謂乾坤交通，動而成解卦。坎下震上，故雷雨作也。《集解》。

雷雨作而百果草木皆甲宅。❶今本「宅」作「坼」，從古文「宅」而訛。

解者，震世也。仲春之月，草木萌牙，雷以動之，雨以潤之，日以烜之，故甲宅也。《集解》。

九四，解而母。《釋文》。

損：

損而有孚。

謂損乾之三，居上孚二陰也。《集解》。

元吉无咎。

居上據陰，故元吉无咎。以未得位，嫌於咎也。《集解》。

可貞。

少男在下，❷少女雖年尚幼，必當相承，故曰「可貞」。《集解》。

利有攸往。

謂陽利往居上。損者，損下益上，故利往居上。《集解》。

曷之用？二簋可用享。

二簋謂上體二陰也。上爲宗廟。簋者，宗廟之器，故可享獻也。《集解》。

初九，已事顓往。❸《釋文》。

《象》曰：一人行，三則疑也。

一陽在上則教令行，三陽在下則民衆從也。❹《集解》。

夬：

孚號有厲，其危乃光也。

信其號令于下，衆陽危去上六，陽乃光明

❶「宅」，注疏、集解作「坼」。
❷「下」，集解作「上」。
❸「已」，集解作「祀」。
❹「從」，集解作「疑」。

也。《集解》。

不利即戎，所尚乃窮也。

不利即尚兵戎，而與陽争必困窮。《集解》。

壯于前止。❶《釋文》。

錫號，莫夜。❷

錫，賜也。《釋文》。

君子夬夬，獨行遇雨。

九三體乾，乾爲君子。三五同功，二爻俱欲決上。故曰「君子夬夬」也。獨行謂一爻獨上，與陰相應，爲陰所施，故遇雨也。《集解》。

若濡有慍，无咎。

雖爲陰所濡，能慍不説，得无咎也。《集解》。

九五，莧陸夬夬。

莧謂五，陸謂三，兩爻決上，故曰「夬夬」也。莧者，葉柔而根堅且赤，以言陰在上六也。陸亦取葉柔根堅也。去陰遠，故曰「陸」，言差堅於莧。莧根小，陸根大。五體兑柔居上，莧也。三體乾剛，在下根深，故謂之陸也。《集解》。晁氏節引。

姤：

天地相遇，品物咸章也。

謂乾成於巽而舍於離。坤出於離，與乾相遇。南方夏位，萬物章明也。《集解》。《漢上易傳》節引。

胞有魚。❸《釋文》。堂案：《禮・祭統》「夫祭有畀煇、胞、翟、閽者」，又云「胞者，肉吏之賤者也」，彼《釋文》云「胞，步交反」。《天官》「庖人」，《漢書》作「胞人」，顔師古云「『胞』與『庖』同」。

萃：

《彖》曰：萃，聚也。順以説，剛中而應，故

❶ 「止」，注疏、集解作「趾」。
❷ 「錫」，注疏、集解作「惕」。
❸ 「胞」，注疏、集解作「包」。

聚也。

謂五以剛居中，群陰順説而從之，故能聚衆也。《集解》。

取以正也。❶《釋文》。

《象》曰：澤上於地，萃。

澤者卑下，流潦歸之，萬物生焉，故謂之萃也。《集解》。

君子以慮戎器。❷《釋文》。堂案：《説文》：「慮，謀思也。」左氏宣十二年《傳》「前茅慮無」，杜注「慮有無也」，正義云：「明爲思慮其所無之事，使知而爲之備也。」疑即此義。

上六，齎資涕洟，无咎。

《象》曰：齎資涕洟，未安上也。

此本否卦。上九陽爻，見滅遷移，以喻夏桀殷紂。以上六陰爻代之，若夏之後封東婁公于杞，殷之後封微子于宋。去其骨肉，臣服異姓，受人封土，未安居位，故曰「齎資涕洟，未安上也」。《集解》。

升：

巽而順，剛中而應，是以大亨。

謂二以剛居中而來應五，故能大亨，上居尊位也。《集解》。

用見大人勿恤，有慶也。

大人，天子，謂升居五見爲大人。群陰有主，无所復憂而有慶也。《集解》。

《象》曰：地中生木，升。

地謂坤，木謂巽。地中生木，以微至著，升之象也。《集解》。

初六，允升，大吉。

謂一體相隨，允然俱升。初欲與巽一體，升居坤上，位尊得正，故大吉也。《集解》。

❶「取」，注疏、集解作「聚」。

❷「慮」，注疏、集解作「除」。

《漢上易傳》節引。

九三，升虛邑。

坤稱邑也。五虛无君，利二上居之，故曰「升虛邑，无所疑也」。《集解》。《義海撮要》節引。

六四，王用亨于岐山，吉无咎。

此本升卦也。巽升坤上，據三成艮，巽爲岐，艮爲山，王謂五也。通有兩體，位正衆服，故吉也。四能與衆陰退避當升者，故无咎也。《集解》。

《象》曰：貞吉升階，大得志也。

陰正居中，爲陽作階，使升居五。己下降二，與陽相應，故吉而得志。《集解》。

上六，冥升，利于不息之貞。

坤性暗昧，今升在上，故曰「冥升」也。陰用事爲消，陽用事爲息。陰正在上，陽道不息，陰之所利，故曰「利于不息之貞」。《集解》。

《象》曰：冥升在上，消不富也。

陰升失實，故消不富也。《集解》。

困：

《彖》曰：困，剛弇也。

謂二五爲陰所弇也。《集解》。《義海撮要》。

險以説。

此本否卦，陽降爲險，陰升爲説也。《集解》。《義海撮要》。

困而不失其所亨，其唯君子乎？

謂二雖弇陰陷險，猶不失中，與正陰合，故通也。喻君子雖陷險中，不失中和之行也。《集解》。《義海撮要》。

貞大人吉，以剛中也。

謂五雖弇于陰，近无所據，遠无所應。體剛得中，正居五位，則吉无咎也。《集解》。《義海撮要》。

有言不信，尚口乃窮也。

陰從二升上六，成兑爲有言，失中爲不信，動而乘陽，故曰「尚口乃窮也」。《集解》。《義海撮要》。

《象》曰：入于幽谷，幽不明也。

爲陰所弇，故不明。《集解》。

利用享祀，征凶，无咎。

二升在廟，五親奉之，故「利用享祀」。陰動而上，失中乘陽，陽下而陷，爲陰所弇，故曰「征凶」。陽來降二，雖位不正，得中有實，陰雖去中，上得居正，而皆免咎，故曰「无咎」也。《集解》。

九五，𪖙鼿。❶

𪖙鼿，不安貌。《釋文》。《丙子學易編》。

利用祭祀，受福也。

謂五爻合同，據國當位而主祭祀，故受福也。《集解》。

井：

《象》曰：巽乎水而上水，井。

巽乎水，謂陰下爲巽也。而上水，謂陽上爲坎也。木入水出，井之象也。《集解》。

改邑不改井，乃以剛中也。

剛得中，故爲改邑。柔不得中，故爲不改井也。《集解》。

无喪无得。

陰來居初，有實爲无喪，失中爲无得也。《集解》。

往來井井。

此本泰卦，陽往居五，得坎爲井，陰來在下亦爲井，故曰「往來井井」也。《集解》。《漢上易傳》引第四句。

---

❶「𪖙鼿」，注疏、集解作「劓刖」。

汔至，亦未繘。❶

汔至者，陰來居初，下至汔竟也。繘者，所以出水通井道也。今乃在初，未得應五，故未繘也。繘者，綆汲之具也。《集解》。

井，羸其瓶，是以凶也。

井謂二，瓶謂初。初欲應五，今爲二所拘羸，故凶也。《集解》。

九二，井谷耶鮒。❷《釋文》。

九三，井渫不食，爲我心惻。

渫去穢濁，清絜之意也。三者得正，故曰「井渫」。不得據陰，喻不得用，故曰「不食」。道既不行，故我心惻。《集解》。

可用汲，王明，並受其福。

謂五可用汲三，則王道明而天下並受其福。《集解》。

六四，井甃，无咎。

坎性下降，嫌於從三。能自脩正，以甃輔五，故无咎也。《集解》。《義海撮要》。

上六，井甃，❸勿幕。《釋文》。

革：

六二，巳日乃革之，征吉无咎。

日以喻君也。謂五巳居位爲君，二乃革，意去三應五，故曰「巳日乃革之」。上行應五，去卑事尊，故曰「征吉无咎」也。《集解》。《義海撮要》。

九三，征凶，貞厲。

三應於上，欲往應之，爲陰所乘，故曰「征凶」。若正居三而據二陰，則五來危之，故曰「貞厲」也。《集解》。《義海撮要》。

鼎：

三鼎形同，以足爲異。董逌《廣川書跋》引九家

❶「繘」下，注疏、集解有「井」字。

❷「耶」，注疏、集解作「射」。

❸「甃」，注疏、集解作「收」。

《彖》曰「鼎，象也」注一條，以九家爲荀爽。仲林余氏《經解鉤沈》撮引此二句，亦作荀説。堂案：「三鼎形同」句，係九家元文；「以足爲巽」句，似董氏約其義而爲之。今已引見兩書，姑並存之。

《象》曰：❶鼎，象也。以木巽火，亨飪也。

巽入離下，中有乾象。木火在外，金在其内，鼎鑊亨飪之象也。《集解》。《會通》。

《象》曰：木上有火，鼎。

木火相因，金在其閒，調和五味，所以養人，鼎之象也。《集解》。

《象》曰：鼎顛趾，未悖也。

以陰承陽，故未悖也。《集解》。

其刑渥。❷晁氏。

震：

震來愬愬。❸《釋文》。

億喪貝。喪如字，貝音敗。《釋文》。

貝，覆也。《群經音辯》。

九四，震隊泥。泥，乃低反。《釋文》。隊，《漢上易傳》引作「隧」。堂案：《荀子·禮論篇》「暴慢、恣睢、輕俗以爲高之屬，入焉而隊」，楊倞注云：「隊，古『墜』字，墮也。」左氏成十二年《傳》「俾隊其師」，《集韻》云：「本作『墜』，亦作『隧』。」《列子》「矢隧地而塵不揚」，殷敬順《釋文》「隧音墜」。《論語》「未墜於地」，石經殘碑作「隧」，《陳球碑》「世業不隊」，以「隊」爲「墜」，《陳君閣道碑》同。《中常侍樊安碑》「俾不失隧」，《魏橫海將軍呂君碑》「大命隕隧」，亦以「隧」爲「墜」，是「隊」、「隧」皆古「墜」字。

艮：

初六，艮其止。❹《釋文》。

九三，艮其限。

限，要也。《釋文》。

❶「象」，注疏、集解作「彖」。
❷「刑」，注疏作「形」。
❸「愬愬」，注疏、集解作「虩虩」。
❹「止」，注疏、集解作「趾」。

列其胥。❶

互體有坎，坎爲胥。《釋文》。

厲動心。《集解》虞翻曰：「荀氏以熏爲動，讀作『動』。」

《釋文》直作「動」。

互體有震，震爲動。《釋文》。

漸：

初六，鴻漸于干。

干，山閒澗水也。《釋文》。

婦乘不育。❷《釋文》。堂案：惠徵君定宇云：「《周禮·薙氏》注『含實』曰『繩音孕』，棟謂『繩』當爲『⿰月黽』字之誤也。《管子·五行》篇『⿰月黽婦不銷弃』，注云『⿰月黽』古『孕』字，《太玄》『馴首』訓曰『⿰女黽其膏人，一月而膏』。『⿰女黽』與『⿰月黽』同。《汗簡》云『《古文尚書》以⿰月黽爲孕，孕讀如繩』。《易·漸》九三『婦孕不育』，荀爽本『孕』作『乘』，乘、繩聲近，故九五云『鴻漸于陵，婦三歲不孕，終莫之勝』。」案如惠說，九五爻辭荀爽本「孕」亦當作「乘」。

歸妹：

六三，歸妹以嬬。❸《釋文》。

月既望。❹《釋文》。

豐：

日中則昃。

豐者，至盛，故日中。下居四，日昃象也。《集解》。

《象》曰：雷電皆至，豐。君子以折獄致刑。

豐者，陰據不正，奪陽之位而行以豐。故折獄致刑，以討除之也。《集解》。

雖均无咎。❺《釋文》。堂案：「均」、「旬」古通用。《周禮·均人》「公旬」注云「旬，均也」，《易》「坤爲均」，今書亦有作「旬」者。《禮·內則》「旬而見」注云「旬當爲均，聲之誤也」。

❶「列其胥」，注疏、集解作「裂其夤」。
❷「乘」，注疏、集解作「孕」。
❸「嬬」，注疏、集解作「須」。
❹「既」，注疏、集解作「幾」。
❺「均」，注疏、集解作「旬」。

旅：

《彖》曰：旅小亨。

謂陰升居五，與陽通者也。《集解》。

巽：

《象》曰：隨風，巽。君子以申命行事。

巽爲號令，兩巽相隨，故申命也。法教百端，令行爲上，貴其必從，故曰「行事」也。《集解》。《義海撮要》節引。

《象》曰：進退，志疑也。

風性動，進退，欲承五，爲二所據，故志以疑也。《集解》。《義海撮要》。

九二，巽在牀下。

牀下，以喻近也。二者軍帥，三者號令，故言牀下，以明將之所專，不過軍中事也。《集解》。

用史巫紛若，吉无咎。

史以書勳，巫以告廟。紛，變；若，順也。謂二以陽應陽，君所不臣，軍帥之象。征伐既畢，書勳告廟，當變而順五則吉，故曰「用史巫紛若，吉无咎」矣。《集解》。

《象》曰：紛若之吉，得中也。

謂二以處中和，故能變。《集解》。

《象》曰：頻巽之吝，志窮也。

乘陽无據，爲陰所乘，號令不行，故志窮也。《集解》。《義海撮要》。

喪其齊斧，貞凶。

軍罷師旋，亦告于廟。還斧于君，故喪齊斧。正如其故，不執臣節，則凶。故曰「喪其齊斧，貞凶」。《集解》。

渙：

王假有廟，王乃在中也。

謂陽來居二，在坤之中爲立廟。假，大也。言受命之王，居五大位，上體之中，上享天帝，下立宗廟也。《集解》。

《象》曰：風行水上，渙。先王以享于帝立廟。

謂受命之王，收集散民，上享天帝，下立宗廟也。陰上至四承五爲享帝，陽下至二爲立廟也。離日上爲宗廟，而謂天帝。宗廟之神所配食者，王者所奉，故繼於上。至於宗廟，其實在地。地者，陰中之陽，有似廟中之神。《集解》。

六三，渙其躬，无悔。

體中曰躬，謂渙三。使承上爲志在外，故无悔。《集解》。

匪弟所思。❶《釋文》。堂案：篆文「夷」作「[illegible]」，「弟」作「[illegible]」，二字形近，故轉隸者誤以「夷」爲「弟」。

渙王居，无咎。

布其德教，王居其所，故无咎矣。《集解》。

節：

《象》曰：苦節貞凶，其道窮也。

乘陽于上，无應于下，故其道窮也。《集解》。

中孚：

兩巽對合，外實中虛。《漢上易叢説》。

豚魚吉，信及豚魚也。

豚魚謂四三也。艮爲山陸，豚所處。三爲兑澤，魚所在。豚者卑賤，魚者幽隱。中信之道，皆及之矣。《集解》。

初九，虞吉，有它不燕。

虞，安也。初應于四，宜自安虞，无意于四則吉，故曰「虞吉」也。四者乘五，❷有它意于四則不安，故曰「有它不燕」也。《集解》。

《象》曰：初九虞吉，志未變也。

初位潛藏，未得變而應四也。《集解》。

---

❶「弟」，注疏、集解作「夷」。

❷「乘」，集解作「承」。

六三，得敵，或鼓或罷，或泣或歌。

三四俱陰，故稱敵也。四得位，有位故鼓而歌。三失位失一作「无」。實，❶故罷而泣之也。《集解》。《義海撮要》。

六四，月既望。❷《釋文》。

小過：

《彖》曰：小過，小者過而亨也。過以利貞，與時行也。

陰稱小，謂四應初，過二而去，三應上，過五而去，五處中，見過不見應，故曰「小者過而亨也」。《集解》。《義海撮要》。

往厲必戒，勿用永貞。

四往危五，戒備於三，故曰「往厲必戒」也。勿長居四，當動上五，故曰「勿用永貞」。《集解》。

既濟：

《彖》曰：既濟亨，小者亨也。

天地既交，陽升陰降，故小者亨也。《集解》。

《象》曰：水在火上，既濟。君子以思患而豫防之。

六爻既正，必當復亂，故君子象之，思患而豫防之，治不忘亂也。《集解》。

六二，婦喪其紱。❸《釋文》。

《象》曰：濡其首厲，何可久也。

居上濡五，處高居盛，必當復危，故何可久也。《集解》。

未濟：

《彖》曰：未濟亨，柔得中也。

柔上居正，與陽合同，故亨也。《集解》。

雖不當位，剛柔應也。

---

❶「失」，集解作「無」。

❷「既」，注疏、集解作「幾」。

❸「紱」，注疏、集解作「茀」。

雖剛柔相應而不以正，由未能濟也。《集解》。《義海撮要》。

六三，未濟，征凶，利涉大川。

未濟者，未成也。女在外，男在內，婚姻未成，征上從四則凶。利下從坎，故利涉大川矣。《集解》。《義海撮要》。

繫辭上

堂案：正義云：「『天尊地卑』爲第一章，『聖人設卦觀象』爲第二章，『彖者言乎象者』爲第三章，『精氣爲物』爲第四章，『顯諸仁藏諸用』爲第五章，『聖人有以見天下之賾』爲第六章，『初六藉用白茅』爲第七章，『大衍之數』爲第八章，『子曰知變化之道』爲第九章，『天一地二』爲第十章，『是故易有太極』爲第十一章，『子曰書不盡言』爲第十二章，馬季長、荀爽、姚信等，又分『白茅』章後取『負且乘』更爲別章，成十三章。」

天尊地卑，乾坤定矣。

謂否卦也。否七月，萬物已成，乾坤各得其位，定矣。《集解》。

卑高以陳，貴賤位矣。

謂泰卦也。《集解》。

乾道成男，坤道成女。

男謂乾初適坤爲震，二適坤爲坎，三適坤爲艮，以成三男也。女謂坤初適乾爲巽，二適乾爲離，三適乾爲兑，以成三女也。《集解》。

坤化成物。

物謂坤任育體，萬物資生。《集解》。

乾以易知。易音亦。《釋文》。

有親則可久，有功則可大。

陰陽相親，雜而不厭，故可久也。萬物生息，種類繁滋，故可大也。《集解》。

天下之理得，而易成位乎其中矣。今本脱「易」字。

陽位成於五，五爲上中，陰位成於二，二爲下中，故易成位乎其中也。《集解》。

而明吉凶。

因得明吉，因失明凶也。《集解》。

悔吝者，憂虞之象也。

憂虞小疵，故悔吝也。《集解》。

變化者，進退之象也。

春夏爲變，秋冬爲化，息卦爲進，消卦爲退也。《集解》。

剛柔者，晝夜之象也。

剛爲乾，柔爲坤。乾爲晝，坤爲夜，晝以喻君，夜以喻臣也。《集解》。

故能弥綸天下之道。

弥，終也。綸，迹也。《釋文》。

仰以觀于天文，俯以察于地理。

謂陰升之陽，則成天之文也。陽降之陰，則成地之理也。《集解》。

是故知幽明之故。

幽謂天上地下，不可得覩者也，謂否卦變成未濟也。明謂天地之閒，萬物陳列，著于耳目者，謂泰卦變成既濟也。《集解》。

知周乎萬物。

二篇之册，萬有一千五百二十，當萬物之數，故曰「知周乎萬物」也。《集解》。

樂天知命，故不憂。

坤建于亥，乾立于巳。陰陽孤絶，其法宜憂。坤下有伏乾爲樂天，乾下有伏巽爲知命，陰陽合居，故不憂。《集解》。

安土敦乎仁，故能愛。

安土謂否卦，乾坤相據，故安土。敦仁謂泰卦，天氣下降，以生萬物，故敦仁。生息萬物，故謂之愛也。《集解》。

曲成萬物而不遺。

謂二篇之册，曲成萬物无遺失也。《集解》。

通乎晝夜之道而知。知音智。《釋文》。

晝者謂乾，夜者坤也。通於乾坤之道，无

所不知矣。《集解》。

盛德大業至矣哉！

盛德者天，大業者地也。《集解》。

生生之謂易。

陰陽相易，轉相生也。《集解》。

廣大配天地。

陰廣陽大配天地。《集解》。

陰陽之義配日月。

謂乾舍於離，配日而居，坤舍於坎，配月而居之義是也。《集解》。

易簡之善配至德。

乾德至健，坤德至順。乾坤易簡，❶相配于天地，故易簡之善配至德。《集解》。

聖人有以見天下之動，而觀其會通。

謂三百八十四爻，陰陽動移，各有所會，各有所通。《集解》。

言天下之至賾，而不可亞也。

亞，次也。《釋文》。惠徵君棟云：晁氏以「亞」爲古文「善惡」字，非也。「惡」乃古文「亞」。《尚書大傳》曰「王升舟入水，鼓鐘惡，觀臺惡，將舟惡，宗廟惡」，康成注云「惡讀爲亞」。宋時有玉印曰「周惡父印」，劉原甫以爲即條侯「亞父」。《史記》盧綰孫他之封「惡谷侯」，《漢書》作「亞谷」，是「惡」皆讀爲「亞」。堂案：《商器款識》有「亞鼎」、「亞尊」、「亞卣」、「亞觚」，是「亞」乃古字也。舊説云《正譌》謂：「『亞』本塗飾字，餘皆借義，既爲借義所奪，小篆遂從土作『堊』字，從心作『惡』字以別之。『亞』、『堊』、『惡』本一字，秦《詛楚文》以「亞駝」代「滹池」，則因聲借用明矣。」然則「亞」非古文「惡」，「惡」亦非古文「亞」，古「亞」字或借作「惡」，後來二字又通用耳。《釋文》「惡，於嫁反」，亦以「惡」爲「亞」。《周禮·肆師》注引《尚書大傳》文，「惡」字正作「亞」。

言行，君子之樞機。

艮爲門，故曰「樞」。震爲動，故曰「機」也。《集解》。

❶「易簡」，集解作「簡易」。

大衍之數五十，其用四十有九。

卦各有六爻，六八四十八，加乾坤二用，凡有五十。乾初九潛龍勿用，故用四十九也。正義。《義海撮要》。《漢上叢説》。《易圖説》。《鉤隱圖》。《筮宗》。《禮書》七十三。《群書考索·别集》三。《玉海》三十六。

此所以成變化而行鬼神也。

在天爲變，在地爲化，在地爲鬼，在天爲神。《集解》。

乾之册，二百一十有六。

陽爻之册三十有六，乾六爻皆陽，三六一百八十，六六三十六，合二百一十有六也。陽爻九合四時，四九三十六，是其義也。《集解》。

坤之册，百四十有四。

陰爻之册二十有四，坤六爻皆陰，二六一百二十，四六二十四，合一百四十有四也。陰爻六合二十四氣，四六二百四十也。《集解》。

是故四營而成易。

營者，謂七八九六也。《集解》。

十有八變而成卦。

二揲册，掛左手一指閒。三指閒滿，而成一爻。又六爻，三六十八，故十有八變而成卦也。《集解》。

可與侑神矣。❶《釋文》。堂案：古「祐」字作「右」，「右」或通「侑」。《周禮·大祝》「享右祭祀」，注云「右讀爲侑」。

子曰：知變化之道者，其知神之所爲乎？

「子曰」爲章首。《集解》虞翻引。《吴志·虞翻傳》注。

以制器者尚其象。

結繩爲网罟，蓋取諸離，此類是也。《集解》。

❶「侑」，注疏、集解作「祐」。

夫易，聖人之所以極深而研幾也。

謂伏羲畫卦，窮極易幽深。文王繫辭，研盡易幾微者也。《集解》。

六爻之義易以功。❶《釋文》云：「『貢』，京、陸、虞作『工』，荀作『功』。」堂案：「功」、「貢」義同。《周禮·太宰》注云：「貢，功也。古『功』字通『工』。」《春官·肆師》「凡師不功」，注云：「故書『功』爲『工』，鄭司農『工』讀爲『功』，古者『工』與『功』同字。」《魏志·管輅傳》注「拙而不功也」，「工拙」字亦作「功」。

聖人以此先心。❷《釋文》。

以神明其德夫。絶句。《釋文》。

往來不窮謂之通。

謂一冬一夏，陰陽相變易也。十二消息，陰陽往來无窮已，故通也。《集解》。

見乃謂之象，形乃謂之器。

謂日月星辰，光見在天而成象也。萬物生長，在地成形，可以爲器用者也。《集解》。

制而用之謂之法。

謂觀象于天，觀形于地，制而用之，可以爲法。《集解》。

吉凶生大業。

一消一息，萬物豐殖，富有之謂大業。《集解》。

變通莫大乎四時。

四時相變，終而復始也。《集解》。

天垂象，見吉凶，聖人象之。

謂在旋璣玉衡，以齊七政也。《集解》。

鼓之舞之以盡神。

鼓者，動也。舞者，行也。謂三百八十四爻，動行相反其卦，所以盡易之神也。《集解》。

❶「功」，注疏、集解作「貢」。
❷「先」，注疏、集解作「洗」。

乾坤毁，則无以見易。

毁乾坤之體，則无以見陰陽之交易也。《集解》。

神而明之，存乎其人。

苟非其人，道不虚行也。《集解》。

繫辭下

日月之道，貞明者也。

離爲日。日中之時，正當離位，然後明也。月者，坎也。坎正位衝離，衝謂十五日，月當日衝，正值坎位，亦大圓明。故曰「日月之道，貞明者也」。言日月正當其位，乃大明也。《集解》。

功業見乎變。

陰陽相變，功業乃成者也。《集解》。

理財正辭，禁民爲非，曰義。

尊卑貴賤，衣食有差，謂之理財。名實相應，萬事得正，謂之正辭。咸得其宜，故謂之義也。《集解》。

仰則觀象於天。

震巽爲雷風，坎離爲日月也。《集解》。

俯則察法於地。❶《本義辯證》云。

觀鳥獸之文。

乾爲馬，坤爲牛，震爲龍，巽爲雞之屬是也。《集解》。

近取諸身。

乾爲首，坤爲腹，震爲足，巽爲股也。《集解》。

遠取諸物。

乾爲金玉，坤爲布釜之類是也。《集解》。

以通神明之德。

❶「察」，注疏、集解作「觀」。

乾坤爲天地，離坎爲日月，巽震爲雷風，艮兑爲山澤，此皆神明之德也。《集解》。

往者詘也。❶

陰氣往，則萬物詘者也。《集解》。

來者信也。

陽氣來，則萬物信者也。《集解》。

尺蠖之詘，❷以求信也。

以喻陰陽氣詘以求信也。《集解》。

過此以往，未之或知也。

出乾之外，无有知之。《集解》。

存而不忘亡。

謂除堂案：《釋文》「除」當作「慮」。戎器，戒不虞也。《集解》。

治而不忘亂。

謂思患而逆防之。《集解》。

《易》曰：其亡其亡。

存不忘亡也。《集解》。

繫于包桑。

桑者，上玄下黄。乾坤相包以正，故不可亡也。❸《集解》。

萬夫之望。

聖人作而萬物覩。《集解》。

子曰：乾坤，其易之門邪！

陰陽相易，出於乾坤，故曰「門」。《集解》。

乾，陽物也。坤，陰物也。

陽物天，陰物地也。《集解》。

易之興也，其于中古乎。

文王爲中古。《集解》虞翻引。

損，德之脩也。

懲忿窒慾，所以脩德。《集解》。

❶「詘」，注疏、集解作「屈」。下同。

❷「詘」，注疏、集解作「屈」。

❸「亡」，集解作「忘」。

益，德之裕也。

見善則遷，有過則改，德之優裕也。《集解》。

謙，尊而光。

自上下下，其道大光也。《集解》。

恒，雜而不厭。

夫婦雖錯居，不厭之道也。《集解》。

益以興利。

天施地生，其益无方，故興利也。《集解》。

《易》之爲書也，廣大悉備。

以陰易陽謂之廣，以陽易陰謂之大。《易》與天地準，固悉備也。《集解》。

成天下之娓娓者。❶

娓娓者，陰陽之微，可成可敗也。順時者成，逆時者敗也。《集解》。

將叛者其辭慙。

謂屯六三往吝之屬也。《集解》。

中心疑者其辭枝。

或從王事无成之屬也。《集解》。

躁人之辭多。

謂睽上九之屬也。《集解》。

誣善之人其辭游。

游豫之屬也。《集解》。

失其守者其辭詘。❷

謂泰上六「城復于隍」之屬也。《集解》。

説卦

幽贊於神明而生蓍。

幽，隱也。贊，見也。神者在天，明者在地，神以夜光，明以晝照。蓍者，册也。謂陽爻之册，三十有六，陰爻之册，二十有四，二篇之册，萬有一千五百二十。上配

---

❶「娓娓」，注疏、集解作「亹亹」。下同。

❷「詘」，注疏、集解作「屈」。

列宿，下副物數。生蓍者，謂蓍從中生也。《集解》。

雷以動之。

謂建卯之月，震卦用事，天地和合，萬物萌動也。《集解》。

風以散之。

謂建巳之月，萬物上達，布散田野。《集解》。

雨以潤之。

謂建子之月，含育萌芽也。《集解》。

日以烜之。烜，休遠反。

謂建午之月，太陽欲長者也。《集解》。

艮以止之。

謂建丑之月，消息畢止也。《集解》。

兑以説之。

謂建酉之月，萬物成孰也。《集解》。

乾以君之。

謂建亥之月，乾坤合居，君臣位得也。《集解》。

爲柴馬。

柴馬多筋幹。《釋文》。

爲朱足。❶朱一作「末」。

陽在下。《釋文》。

爲長女。

柔在初。《集解》。

爲工。

以繩木，故爲工。《集解》。

爲進退。

風行无常，故進退。《集解》。

爲不果。

風行或東或西，故不果。《集解》。

爲矯橈。❷《釋文》。《漢上易叢説》。

❶「朱」，注疏、集解作「作」。

❷「橈」，注疏、集解作「輮」。

爲極心。❶

極，中也。《釋文》。

爲日。

陽外光也。《集解》。

爲中女。

柔在中也。《集解》。

序卦

盈天地之閒者唯萬物，故受之以屯。屯者，盈也。

謂陽動在下，造生萬物于冥昧之中也。《集解》。

物穉不可不養也，故受之以需。需者，飲食之道也。

坎在乾上，中有離象，水火交和，故爲飲食之道也。《集解》。

履而泰然後安，故受之以泰。泰者，通也。今本衍「而泰」二字。

謂乾來下降，以陽通陰也。《集解》。

有事然後可大，故受之以臨。臨者，大也。

陽稱大，謂二陽動升，故曰「大也」。《集解》。

致飾而後亨則盡矣，故受之以剥。剥者，剥也。

極飾反素，文章敗，故爲剥也。《集解》。

有无妄，物然後可畜，故受之以大畜。今本脱一「物」字。

物不妄者，畜之大也。畜積不敗，故大畜也。《集解》。

雜卦

臨觀之義，或與或求。

❶「極」，注疏、集解作「亟」。

臨者教思无窮，故爲與。觀者觀民設教，故爲求也。《集解》。

明夷，誅也。

誅，滅也。《釋文》。

大有，終也。❶《釋文》。堂案：「終」、「衆」字通。《儀禮·士相見》篇「衆皆若是」，注云「今文『衆』爲『終』」。《史記·五帝紀》「怙終賊刑」，徐廣曰「『終』一作『衆』」。

豐多故親。絶句。寡，旅也。別爲句。《釋文》。

荀爽周易注一卷

---

❶「終」，注疏、集解作「衆」。

雅雨堂元序

鄭氏之學，立於學官，自漢魏六朝數百年來，無異議者。唐貞觀中，孔穎達撰《五經正義》，《易》用王輔嗣，《書》用孔子國，而二經之鄭義遂亡。今傳者惟三《禮》、《毛詩》而已。然北宋時，鄭《易》猶存。《文言》、《説卦》、《序卦》、《雜卦》四篇，載於《崇文總目》，故朱漢上震、晁嵩山説之俱引其説。至南宋，而四篇亦佚。於是浚儀王厚齋應麟始裒群籍，爲《鄭氏易》一卷，前明胡孝轅震亨刊其書，附《李氏易傳》之後。往余讀《五經正義》所采鄭《易》，間及爻辰。初未知爻辰爲何物，及攷鄭注《周禮・太師》與韋宏嗣昭注《周語》，乃律家合辰，樂家合聲之法。蓋乾坤十二爻，左右相錯。《乾鑿度》所云閒時而治六辰，故謂之爻辰也。漢儒説《易》，並有家法，其不苟作如此。第厚齋所集，尚有遺漏。吾友元和惠子定宇世通古義，重加增輯，并益以漢上、嵩山之説，釐爲三卷。今依孝轅之例，仍附於李《傳》之後，用廣其傳於世。余學《易》有年，每講求漢儒遺書以求印正，雖斷簡殘編，未敢有所忽略。此書之傳，雖不及三《禮》、《毛詩》之完具，然漢學《易》義無多，存之以備一家，好古之士，或有攷於斯。德州盧見曾撰。

元序❶

鄭康成學費氏《易》，爲注九卷，多論互體。以互體求《易》，《左氏》以來，有之。凡卦爻二至四，三至五，兩體交互，各成一卦，是謂一卦含四卦，《繫辭》謂之中爻，所謂「八卦相盪，六爻相雜，唯其時物，雜物撰德」是也。唯乾坤无互體，蓋純乎陽，純乎陰也。餘六子之卦，皆有互體。坎之六畫，其互體含艮震，而艮震之互體，亦含坎。離之六畫，其互體含兑巽，而兑巽之互體，亦含離。三陽卦之互體自相含，三陰卦之互體亦自相含也。王弼尚名理，譏互體，然注睽六二曰「始雖受困，終獲剛助」，睽自初至五成困，此用互體也。弼注比六四之類，或用康成之説。鍾會著論，力排互體，而荀顗難之。江左鄭學，與王學並立。荀崧謂康成書根源。❷顔延之爲祭酒，黜鄭置王。齊陸澄詒王儉書云：「易自商瞿之後，雖有異家之學，同以象數爲宗。數年後，乃有王弼之説。」王濟云：「弼所誤者多，何必能頓廢先儒。」今若弘儒，鄭注不可廢。河北諸儒，專主鄭氏。隋興，學者慕弼之學，遂爲中原之師，此景迂晁氏所慨歎也。易有聖人之道四焉，理義之學，以其辭耳，變、象、占其可闕乎！李鼎祚云：「鄭多參天象，王全釋人事，易道豈偏滯於天人哉？」今鄭注不傳，其説間見于鼎祚

❶ 此序原在「鄭康成周易注卷中」後，今依例移於此。

❷ 「根源」下，四庫本朱彝尊《經義考》有小字「闕」。

《集解》及《釋文》、《詩》、三《禮》、《春秋》義疏、《後漢》、❶《文選注》，因綴而録之，先儒象數之學於此猶有攷云。然康成箋《詩》，多改字，注《易》亦然。如「包蒙」爲「彪」，「豮豕」之「牙」爲「互」，「包荒」讀爲「康」，「錫馬蕃庶」讀爲「蕃遮」，「皆甲宅」之「皆」讀爲「解」，「一握爲笑」之「握」讀爲「屋」，其説近乎鑿。學者盍謹擇焉，厭常喜新，其不爲荄茲者幾希。浚儀王應麟識。

❶「後漢」，朱彝尊《經義考》作「後漢書」。

鄭氏易贊

易之爲名也，一言而函三義。簡易，一也。變易，二也。不易，三也。故《繫辭》云：「乾坤，其易之緼邪？」又曰：「易之門户邪？」又曰：「夫乾，確然示人易矣；夫坤，隤然示人簡矣。」「易則易知，簡則易從。」此言其易簡之法則也。又曰：「其爲道也婁遷。變動不居，周流六虛，上下无常，剛柔相易。不可爲典要，唯變所適。」此言從（一作順。）時變易，出入移動者也。又曰：「天尊地卑，乾坤定矣。卑高以陳，貴賤位矣。動静有常，剛柔斷矣。」此言張設布列不易者也。據兹三義，而説《易》之道廣矣大矣。堂案：鄭氏《易贊》見《世説新語・文學門》劉峻注，又見《正義・序》。

鄭康成周易爻辰圖❶

十二月爻辰圖

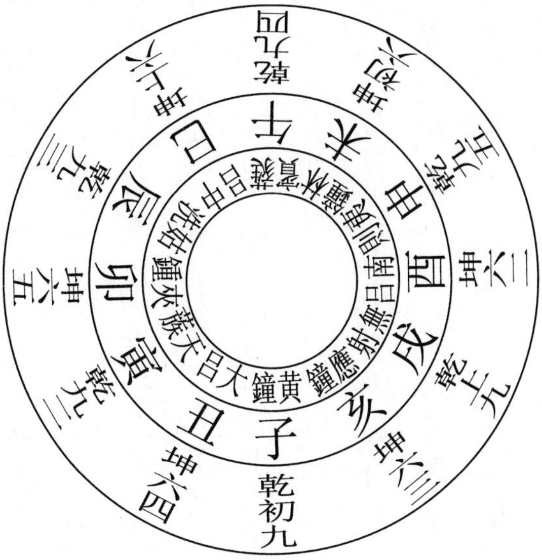

惠定宇曰：《周易乾鑿度》曰：「乾陽也，坤陰也，並如而交錯行。乾貞於十一月子，左行，陽時六。康成注云：「貞，正也。初爻以此爲正。次爻左右者，各從次數之。」坤貞於六月未，乾坤，陰陽之主。陰退一辰，故貞於未。右行，陰時六，以順成其歲。歲終從於屯蒙。」歲終，則從其次，屯、蒙、需、訟是也。又云：「陰卦與陽卦同位者，退一辰，以未爲貞，其爻右行，間時而治六辰。」陰陽同位，陰退一辰，謂左右交錯相避。棟案：《乾鑿度》之說，與十二律相生圖合。鄭于《周禮・太師》注云：「黃鍾，初九也。下生林鍾之初六，林鍾又上生太蔟之九二，太蔟又下生南呂之六二，南呂又上生姑洗之九三，姑洗又下生應鍾之六三，應鍾又上生蕤賓之九四，蕤賓又上生大呂之六四，大呂又

❶ 此題原無，據目録補。

下生夷則之九五，夷則又上生夾鍾之六五，夾鍾又下生無射之上九，無射又上生中吕之上六。」韋昭注《周語》云：「十一月黄鍾，乾初九也。十二月大吕，坤六四也。正月太蔟，乾九二也。二月夾鍾，坤六五也。三月姑洗，乾九三也。四月中吕，坤上六也。五月蕤賓，乾九四也。六月林鍾，坤初六也。七月夷則，乾九五也。八月南吕，坤六二也。九月無射，乾上九也。十月應鍾，坤六三也。」鄭氏注《易》、陸績注《太玄》皆同前説。是以何妥《文言》注，以初九當十一月，九二當正月，九三當三月，九四當五月，九五當七月，上九當九月也。宋儒朱子發作十二律圖，六二在巳，六三在卯，六五在亥，上六在酉，是坤貞于未而左行，其誤甚矣。今作圖以正之。

爻辰所值二十八宿圖

右圖朱子發云：「子寅辰午申戌，陽也，乾之六位。未巳卯丑亥酉，此亦誤，當云未酉亥丑卯巳，所謂右行陰時六也。陰也，坤之六位。位之升降，不違其時，故曰大明終始，六位時成。」棟案：康成注《月令》云：「正月宿直尾箕，八月宿直昴畢，六月宿直鬼，又云「六月宿直東井」。九月宿直奎，十月宿直營室。」又云：「卯宿直房心，二月。申宿直參伐。」七月。又注「季冬」云：「此月之中，日歷虛危。」《參同契》曰：「青龍處房六兮，春花震東卯；白虎在昴七兮，秋芒兑西酉；朱雀在張二兮，離南午。」又云：「含元虛危，播精於子。」皆與圖合。若以日所歷言之，則右行而周二十八舍，《明堂》、《月令》所謂「孟春之月，日在營室」是也，與此不同。堂案：《參同契·三相類》後語篇「離南午」三字上，有「正陽」二字。

鄭康成周易注卷上

浚儀王應麟伯厚撰集
東吴惠棟定宇增補
平湖孫堂步升重校

上經

乾：

九二，見龍在田，利見大人。

二于三才爲地道，地上即田，故稱田也。《集解》。九二「利見」九五之「大人」。正義。

九三，君子終日乾乾，夕惕若厲，无咎。

三于三才爲人道，有乾德而在人道，君子之象。《集解》。惕，懼也。《釋文》。

九五，飛龍在天，利見大人。

五于三才爲天道。天者，清明无形，而龍在焉，飛之象也。《集解》。堂案：元本无「也」字，今據《集解》補。

上九，亢龍有悔。

堯之末年，四凶在朝，是以有悔，未大凶也。正義。

用九，見群龍无首，吉。

六爻皆體乾，一作「龍」。群龍之象也。舜既受道，「道」，一作「禪」。禹與稷、契、咎繇之屬，並在于朝。《後漢·郎顗傳》注、《班固傳》注。

萬物資始，乃統天。

資，取也。統，本也。《釋文》。

大人造也。

造，徂早反。爲也。《釋文》。

文言傳附。

君子體仁，足以長人。

體，生也。《文選注》二十四。

不成名。❶《釋文》。

當隱之時，以從世俗，不自殊異，無所成名也。《集解》。

確乎其不可拔。

確，堅高之貌。拔，移也。《釋文》。

閑邪以存其誠。《會通》晁氏云。

君子進德脩業，及時，故无咎。晁氏。

聖人作。

作，起也。《釋文》。

亢龍有悔，窮志災也。❷晁氏。

利貞者，情性也。《漢上易》。晁氏同。

乾始而以美利利天下。晁氏云。

坤：

履霜，堅冰至。

履讀爲「禮」。《釋文》。

馴致其道。

馴，從也。《釋文》。

六二，直方。❸

直也、方也，地之性。此爻得中氣而在地上，自然之性，廣生萬物，故生動直而且方。《禮記·深衣》正義。堂案：熊氏《經説》云：「《鄭氏古易》云：『坤爻辭履霜、直方、含章、括囊、黄裳、玄黄協韻，故象傳、文言皆不釋「大」，疑「大」字衍。』」

龍戰于野。

聖人喻龍，君子喻蛇。《儀禮》注：「蛇龍，君子之類。」

必有餘殃。

殃，禍惡也。《釋文》。

爲其溓于陽也。❹《釋文》謂「鄭作謙」，譌。故稱龍焉。

❶「成」下，注疏、集解有「乎」字。

❷「志」，注疏、集解作「之」。

❸「方」下，注疏、集解下有「大」字。

❹「溓」，注疏、集解作「嫌」。

溓讀如「群公慊」之「慊」，古書篆作立心，與水相近，讀者失之，故作「溓」。慊，雜也。陰謂此上六也。陽謂今消息用事，乾也。上六爲蛇，得乾氣雜似龍。《詩·采薇》正義。堂案：抱經堂《釋文攷證》「慊」、「溓」二字，並改正。

屯：

天造草昧，宜建侯而不寧。

造，成也。草，草創。昧，昧爽也。《文選注》三十八。讀而曰能，能猶安也。《釋文》。堂案：《類篇》云「而，奴登切」。

君子以經論。

謂論撰書禮樂，施政事。《釋文》。正義曰：「劉表、鄭玄以『綸』爲『論』字。」

六二，乘馬般如。堂案：《釋文》云：「班，鄭本作『般』。」

馬牝牡曰「乘」。《釋文》。

匪寇昏冓。

冓，猶會也。《釋文》。堂案：此句亦見《正義》。《釋文》無「也」字，《正義》有。

君子機，❶不如舍。

機，弩牙也。《釋文》。

以從禽也。從，子用反。《釋文》。堂案：「子」字舊作「于」，今據《攷證》改。

蒙：

蒙，亨。匪我求童蒙，童蒙求我，初筮告，再三瀆，瀆則不告。

蒙者，蒙。蒙，物初生形，是其未開著之名也。人幼稚曰童，未冠之稱。亨者，陽也。瀆，褻也。筮，問也。互體震而得中，嘉會禮通。陽自動其中，德施地道之上，萬物應之而萌牙生。教授之師取象焉，脩道藝

❶「機」，注疏、集解作「幾」。

于其室，而童蒙者求爲之弟子，非己乎求之也。弟子初問則告之以事義，不思其三隅相況以反解而筮者，此勤師而功寡，學者之災也。瀆筮則不復告，欲令思而得之，亦所以利義而幹事也。《公羊》疏。

《釋文》。

初六，用說桎梏。

木在足曰桎，在手曰梏。《周禮·大司寇》疏。

九二，苞蒙。❶

「苞」當作「彪」，彪，文也。《釋文》。

順以巽也。

「巽」當作「遜」。《釋文》。堂案：「巽」，古「遜」字。《書·堯典》「汝能庸命，巽朕位」，彼《釋文》云：「巽音遜，馬云讓也。」

上九，繫蒙。❷《釋文》。

需：

需讀爲秀，陽氣秀而不直前者，畏上坎也。《釋文》。

光亨貞吉。《釋文》云：「鄭揔爲一句。」

位音涖。乎天位。《釋文》。

君子以飲食宴樂。

宴，享宴也。《釋文》。

九二，需于沚。❸《釋文》。

沚，接水者。《詩·鳧鷖》正義引作「沙」。堂案：《說文》云：「沙，譚長說，或從尐。」

致戎至。❹《釋文》。

訟：

辯財曰訟。《釋文》。

有孚，咥。❺

❶「苞」，注疏、集解作「包」。
❷「繫」，注疏、集解作「擊」。
❸「沚」，注疏、集解作「沙」。
❹「戎」，注疏、集解作「寇」。
❺「咥」，注疏、集解作「窒」。

咥，覺悔貌。《釋文》。

九二，歸而逋其邑人三百户，无眚。

小國之下大夫采地方一成，其定税三百家，故三百户也。《雜記》正義。不易之田，歲種之；一易之田，休一歲乃種；再易之田，休二歲乃種，言至薄也。苟自藏隱，不敢與五相敵，則无災眚。《正義》。眚，過也。《釋文》。

患至惙也。❶

惙，陟劣反。憂也。《釋文》。

渝安貞吉。

渝，然也。《釋文》。堂案：《爾雅·釋言》「渝，變也；俞，然也」，鄭訓爲「然」，疑當作「俞」。

上九，或錫之鞶帶。

鞶帶，佩鞶之帶。《周禮·巾車》疏。

終朝三拕之。❷ 拕，徒可反。《釋文》。堂案：惠徵君定宇曰：高誘注《淮南子》「拕，奪也」，晁以道讀爲「拕紳」之「拕」，項平菴言拕者「三加之也」，並失之。

師：

軍二千五百人爲師。多以軍爲名，次以師爲名，少以旅爲名。師者，舉中之言。堂案：此條見《詩·棫樸》正義。

丈人吉。

丈之言長，能御衆，有正人之德，以法度爲人之長，吉而无咎，謂天子諸侯主軍者。《春官·天府》疏。《釋文》。堂案：《釋文》云「丈人能以法度長於人」。

初六，否臧凶。否，方有反。《釋文》。

九二，王三賜命。《釋文》。堂案：《書序》「平王錫晉文侯秬鬯圭瓚」，馬融本「錫」作「賜」。《禹貢》「錫士姓」，《史記》作「賜士姓」。《左氏春秋經》「王使毛伯衛來錫公命」，唐石經作「來賜」。古本「錫」字多作「賜」。

❶「惙」，注疏、集解作「掇」。

❷「拕」，注疏、集解作「褫」。

承天寵也。

寵，光燿也。《釋文》。堂案：「燿」字舊作「耀」，今據《攷證》改。

比：

初六，有孚盈缶。

爻辰在未，上值東井。井之水，人所汲用缶。缶，汲器也。《詩·宛邱》正義。《釋文》。

九五，王用三敺，《釋文》。失前禽。

王因天下顯，習兵于蒐狩焉。驅禽而射之，三則已，法一作「發」。軍禮也。失前禽者，謂禽在前來者不逆而射之，傍去又不射，唯背走者，順而射之，不中則一作「亦」。已，是皆所以失之。用兵之法亦如之，降者不殺，奔者不禁，背者不殺，加以仁恩養威之道。《秋官·士師》疏。《左傳》桓四年正義。

小畜：

畜，許六反。養也。《釋文》。

九三，輿説輻。❶

輻，伏菟。《釋文》。謂輿下縛木，與軸相連，鉤心之木是也。堂案：此條見《正義》。

履：

履虎尾，不噬人，❷亨。

噬，音誓。齧也。《文選注》十。

視履考詳。

履道之終，考正詳備。晁氏。

泰：

通也。《釋文》。

后以財成天地之道，輔相天地之宜，以左右民。

財，節也。輔相、左右，助也。以者，取其順陰陽之節，爲出内之政。春崇寬仁，夏以長養，秋教收斂，冬勑蓋藏，皆可以成物

❶「輻」，集解作「車」。

❷「噬」，注疏、集解作「咥」。

助民也。《集解》。

初九，拔茅茹以其彙，征吉。

彙，音謂。類也。堂案：吕氏《音訓》引《釋文》云「鄭作夤，勤也」，❶誤。茹，牽引也。茅音苗。堂案：《類篇》引此字云「眉鑣切，菅也」，《集韻》同義。喻君，有絜白之德，臣下引其類而仕之。《漢書・劉向傳》注。

九二，苞荒。❷

荒，讀爲康，虚也。《釋文》。堂案：《集韻》⿰阝康、㯩、荒並云虚也。《廣韻》引《爾雅》作「⿰阝康」。司馬相如《長門賦》「委參差以㯩梁」，李善注引《方言》云：「㝩，虚也，與『㯩』同。」今《爾雅》、《方言》皆作「漮」，《爾雅釋文》云：「字又作『㱂』，方言作『㝩』，郭云本或作『荒』。」今《方言》注云「或作㱂」，並同此義，亦通作「康」。《穀梁傳》：「四穀不升謂之康。」《廣雅》作「㱂」，《韓詩外傳》作「荒」，《太平御覽》引《淮南・天文訓》云「十二歲一荒」，高誘本「荒」作「康」。《詩・小雅・賓之初筵》云「酌彼康爵」，箋云：「康，虚也。」《大雅・召旻》篇「我居圉卒荒」，箋云：「荒，虚也。」又《逸周書・謚法解》「凶年無穀曰穅，穅，虚也」，張守節《史記正義》引「穅」作「荒」。又「好樂怠政曰荒」。《漢書・諸侯王表》有「中山穅王昆侈」，顔師古注引此句「荒」作「穅」，是「穅」字古亦通「荒」。

六五，帝乙歸妹，以祉元吉。

五爻辰在卯，春爲陽中，萬物以生。生育者，嫁娶之貴。仲春之月，嫁娶，男女之禮，福禄大吉。《周禮・媒氏》疏。堂案：此條亦見杜氏《通典》，但不云鄭注。

上六，城復于隍。

隍，壑也。《詩・韓奕》正義。

否：

九四，疇離祉。《釋文》。堂案：《說文》：「𠷎，古文疇字。」

❶「鄭作夤，勤也」，《釋文》作「董作夤，出也。鄭云勤也」。

❷「苞」，注疏、集解作「包」。

九五，休否。

休，美也。《文選注》二十五。

其亡其亡，繫于苞桑。❶

苞，植也，否。世之人不知聖人有命，咸曰「其將亡矣，其將亡矣」。而聖乃自繫于植桑不亡也。《文選注》五十二。猶紂囚文王於羑里之獄，四臣獻珍異之物而終免于難，繫于苞桑之謂。《集解》。

同人：

同人于野，亨。

乾爲天，離爲火，卦體有巽，巽爲風。天在上，火炎上而從之，是其性同于天也。火得風然後炎上益熾，是猶人君在上施政教，使天下之人和同而事之，以是爲人和同者，君之所爲也，故謂之同人。風行无所不徧，徧則會通之德大行，故曰「同人于野，亨」。《集解》。

六二，同人于宗。

天子、諸侯后、夫人無子不出。《儀禮・士昏禮》疏。《詩・河廣》正義。堂案：此條亦見《内則》正義。

九三，伏戎于莽。

莽，叢木也。《釋文》。

九四，乘其庸。《釋文》。堂案：庸，古「墉」字。《詩・大雅》「因是謝人，以作爾庸」，《毛傳》：「庸，城也。」《禮・王制》「附于諸侯，曰附庸」，注云：「附庸，小城也。」

大有：

大有，元亨。

六五體離，處乾之上。猶大臣有聖明之德，代君爲政，處其位有其事而理之也。元亨者，又能長群臣以善使，嘉會禮通。若周公攝政，朝諸侯于明堂是也。《集解》。

❶「苞」，集解作「包」。

明辯遰也。❶

遰，讀如明星哲哲。《釋文》。

嗛：堂案：《釋文》「惟子夏作『嗛』」，顔師古《漢書・藝文志》注則云「『嗛』與『謙』通」。李善《文選注》、郭忠恕《汗簡》並云「嗛」古「謙」字。

嗛，亨，君子有終。

艮爲山，坤爲地。山體高，今在地下。其於人道，高能下下，嗛之象。亨者，嘉會之禮，以嗛爲主。嗛者，自貶損以下人，唯艮之堅固，坤之厚順，乃能終之，故君子之人有終也。《集解》。

君子以捊多益寡。

捊，取也。《釋文》。堂案：「捊」，唐石經作「裒」，今本作「裒」。《爾雅・釋詁》「裒，聚也」，彼《釋文》云：「裒，蒲侯反。本或作『捊』。」《玉篇》云：「捊，步溝切。《詩》云『原隰捊矣』，捊，聚也。今《詩》亦作『裒』。」鄭、荀諸家訓「捊」爲「取」者，《説文》云「捊，引取也」，《玉篇》引《説文》作「引聚也」。《漢書・五行志》「取不達茲謂不知」，顔師古注云「取，讀爲聚」。《易・萃卦》「聚以正也」，荀本「聚」作「取」。「取」、「聚」字通，「捊」亦有二訓也。

卑以自牧也。

牧，養也。《釋文》。《文選注》十六。

六四，撝嗛。

撝，讀爲宣。《釋文》。

豫：

豫，利建侯，行師。

坤，順也。震，動也。順其性而動者，莫不得其所，故謂之豫。豫，喜佚説樂之貌也。震又爲雷，諸侯之象。坤又爲衆，師役之象。故利建侯行師矣。《集解》。

四時不忒。

忒，差也。《釋文》。

❶「遰」，注疏、集解作「哲」。

《象》曰：雷出地奮，豫。先王以作樂崇德，殷薦之上帝以配祖考。

奮，動也。雷動於地上，❶萬物乃豫也。以者，取其喜佚動摇。猶人至樂，則手欲鼓之，足欲舞之也。崇，充也。殷，盛也。薦，進也。上帝，天帝也。堂案：今《集解》作「上帝，天也」。王者功成作樂。以文得之者作籥舞，以武得之者作萬舞，各充其德而爲制。祀天地以配祖考者，使與天同饗其功也，故《孝經》云「郊祀后稷以配天，宗祀文王於明堂以配上帝」是也。《集解》。堂案：「殷，盛也」三句亦見《後漢·郎顗傳》注。「上帝，天帝也」句又引見《舊唐書·禮儀志》、《文苑英華》七百六十二《明堂議》。

六二，砎于石。

砎，古八反。謂磨砎也。❷《釋文》。

六三，盱豫。

盱，誇也。《釋文》。

九四，由豫，大有得，勿疑，朋盍簪。

由，用也。簪，速也。《釋文》。

上六，冥豫。

冥，讀爲鳴。《釋文》。堂案：《類篇》「冥，眉兵切，暗也」，《集韻》收庚韻，義同。

隨：

隨，元亨，利貞，无咎。

震，動也。兑，説也。內動之爲堂案：「爲」一作「以」。德，❸外説之以言，則天下之民，❹咸慕其行而隨從之，故謂之隨也。既見隨從，能長之以善，通其嘉禮，和之以義，幹之以正，則功成而有福。若无此四德，則

❶「上」下，集解有「而」字。
❷「砎」，注疏、集解作「介」。
❸「爲」，集解作「以」。
❹「民」，集解作「人」。

有凶咎焉。焦贛曰：「漢高帝與項籍，其明徵也。」《集解》。《左傳》襄九年正義。

君子以嚮晦入宴息。

晦，宴也。猶人君既夕之後，入於宴寢而止息。正義。堂案：注首句「晦，宴也」，「宴」字當從宋本、毛本作「冥」。《爾雅·釋言》云「晦，冥也」，《公羊》僖十五年傳、成十六年傳並云「晦者何？冥也」，《穀梁》僖十五年傳義同。又《説文》云「夕者，冥也」，鄭下注云「既夕之後」，與諸書合。今作「宴」者，因字形相近而訛。

出門交有功。

震爲大塗，又爲日門，當春分，陰陽之所交也。是臣出君門，與四方賢人交，有成功之象也。昔舜慎徽五典，五典克從。內于百揆，百揆時序。賓于四門，四門穆穆，是其義也。《集解》。

蠱：

先甲三日，後甲三日。

甲者，造作新令之日。先之三日，而用辛也，欲取改過自新之義。後之三日，而用丁也，取其丁寧之義。正義。堂案：首句是正義，「先之」以下是正義序。

臨：

至于八月有凶。

臨，大也。陽氣自此浸而長大。陽浸長矣，而有四德，齊功於乾，盛之極也。人之情，盛則奢淫，奢淫將亡，故戒以凶也。臨卦斗建丑而用事，殷之正月也。當文王之時，紂爲无道，故于是卦爲殷家著興衰之戒，以見周改殷正之數云。臨自周二月用事，訖其七月，至八月而遂卦受之。❶此終而復始，王命然矣。《集解》。

❶「遂」，集解作「遯」。

觀：

觀，盥而不薦。

坤爲地，爲衆。巽爲木，爲風。九五，天子之爻。互體有艮，艮爲鬼門，又爲宫闕。地上有木而爲鬼門、宫闕者，天子宗廟之象也。《集解》。諸侯貢士於天子，鄉大夫貢士於其君，必以禮賓之，唯主人盥而獻賓，賓盥而酢主人，設薦俎則弟子也。堂案：此條見《鄉飲酒禮》疏，「鄉大夫」舊作「卿大夫」，今改正。

初六，童觀。

童，稚也。《釋文》。

噬嗑：

先王以明罰勑法。

勑，猶理也。《釋文》。

九四，噬乾胏。

胏，簀也。《釋文》。堂案：元本无「也」字，今據《釋文》補。

上九，何校滅耳，凶。

離爲槁木，坎爲耳，木在耳上，何校滅耳之象也。《集解》。

聰不明也。

目不明，耳不聰。《釋文》。

賁：

賁，亨，小利有攸往。

賁，文飾也。離爲日，天文也。艮爲石，地文也。天文在下，地文在上，天地二文，相飾成賁者也。一云「天地之文交相而成賁」。賁，然也。猶人君以剛柔仁義之道飾成其德也。剛柔雜，仁義合，然後嘉會禮通，故亨也。卦互體坎艮，艮止于上，坎險止于下，夾震在中，故不利大行，小有所之則可矣。《詩·白駒》正義。《集解》。賁，變也，文飾之貌。《釋文》。

无敢折獄。

折，斷也。《釋文》。

初九，賁其趾，舍輿而徒。❶《釋文》。

趾，足。《釋文》。

義不乘也。❷晁氏。

六四，賁如蹯如。❸蹯音煩。《釋文》。堂案：「蹯」，元本作「燔」，山井鼎引元文同。顧氏《易音》引作「蹯」，云「漢蔡邕《述行賦》『棄馬蹯而不進兮』，即此字」，今據改正。陸績《易》「蹯」字同。

六四，巽爻也。有應於初九，欲自飾以適初，既進退未定，故蹯如也。《檀弓》正義。

白馬翰如。翰，寒案反。《釋文》。

謂九三位在辰，得巽氣爲白馬。翰，猶幹也。見六四適初未定，欲幹而有之。《檀弓》正義。堂案：《釋文》引「翰，猶幹也」一句，一本作「翰，白也」，誤。

剥：

不利有攸往，小人長也。

陰氣侵陽，上至于五，萬物霝落，故謂之剥也。五陰一陽，小人極盛，君子不可有所之，故不利有攸往也。《集解》。

蔑貞凶。

蔑，輕慢。《釋文》。

剥牀以辨。

足上稱辨。謂近膝之下，屈則相近，信則相遠，❹故謂之辨。辨，分也。《集解》。堂案：足上「上」字，舊作「下」，今改正。《釋文》云「辨，鄭符免反。足上也」，義同。

切近災也。

切，急也。《釋文》。

小人剥廬。

❶「輿」，注疏、集解作「車」。
❷「不」，注疏、集解作「弗」。
❸「蹯」，注疏、集解作「皤」。
❹「信」，集解作「申」。

小人傲很，當剥徹廬舍而去。《天官・遺人》疏。❶

復：

復，亨。

復，反也，還也。陰氣侵陽，陽失其位，至此始還反，起于初，故謂之復。陽君象，君失國而還反，道德更興也。《春秋》正義。

七日來復。

建戌之月，以陽氣既盡。建亥之月，純陰用事。至建子之月，陽氣始生。隔此純陰一卦，卦主六日七分，舉其成數言之，而云「七日來復」。正義序。堂案：此條《群書考索》續集三亦引。

商旅不行。

資貨而行曰商。旅，客也。《釋文》。

无祇悔。

祇，病也。《釋文》。

六三，顰復。❷《釋文》。堂案：晁氏云「鄭作『卑』」，卑，古文「顰」字。

六四，中行獨復。

爻處五陰之中，度中而行，四獨應初。《漢上易傳》。

中以自考也。

考，成也。《釋文》。

有烖眚。《釋文》。堂案：烖，《釋文》本作「灾」，陸德明曰：「案《說文》：烖，正字也。灾，或字也。災，籀文也。」

異自内生曰眚，自外曰祥，害物曰災。《釋文》。

无妄：

妄，猶望，謂无所希望也。《釋文》。

无妄之往，何之矣。

❶「天官」，當爲「地官」之誤。

❷「顰」，注疏、集解作「頻」。

妄之言望，人所望宜正，行必有所望，行而无所望，是失其正，何可往也。《後漢書・李通傳》注。

天命不右。❶

右，助也。《釋文》。

不菑畬。

一歲曰菑，二歲曰新田，三歲曰畬。堂案：此條見《采芑》詩箋，正義以爲《易注》同。

大畜：

不家食，吉。

自九三至上九，有頤象，居外是不家食，吉而養賢。《表記》正義。

煇光日新。絶句。其德連下句。剛上而尚賢。《釋文》。

良馬逐逐。❷堂案：《顏氏家訓・書證》篇引此句，亦作「逐逐」。

逐逐，兩馬走也。《釋文》。堂案：元本脱一「逐」字，今補。

日閑輿衛。日，人實反。

日習車徒。《釋文》。

六四，童牛之梏，元吉。晁氏謂：「梏」鄭作「角」，非也。

巽爲木，互體震，震爲牛之足，足在艮體之中，艮爲手，持木以就足，是施梏。《大司寇》疏。堂案：此條鄭小同《鄭志》同。

六五，豶豕之牙。

牙，讀爲互。《釋文》。堂案：今文「互」，隸書或作「㸦」，與「牙」形相近，故鄭讀爲互。雅雨堂本「互」作「㸦」，凡互體之「互」亦作「㸦」。《廣韻》云「互，俗作㸦」，今據改。

上九，何天之衢。

艮爲手，手上肩也。乾爲首，首肩之間荷

❶「右」注疏、集解作「祐」。

❷「逐逐」，注疏、集解作「逐」。

物處。乾爲天，艮爲徑路，天衢象也。《後漢・崔駰傳》注。

道大行也。

人君在上位，負荷天之大道。《文選注》十一。

頤：

頤，貞吉。觀頤，自求口實。

頤，口車輔之名也。震動于下，艮止于上。口車動而上，因輔嚼物以養人，故謂之頤。頤，養也。能行養則其幹事，故吉矣。二五離爻皆得中，離爲目，觀象也。觀頤，觀其養賢與不肖也。頤中有物曰口實，自二至五，有二坤，坤載養物，而人所食之物皆存焉。觀其求可食之物，則貪廉之情可別也。《集解》。

觀我朵頤。

朵，動也。《釋文》。

大有慶也。

君以得人爲慶。《漢上易傳》。

大過：

陽爻過也。《漢上易傳》。

九二，枯楊生荑，❶老夫得其女妻。

枯，音姑。謂無姑。山榆，羊朱反。荑音夷。木。更生，謂山榆之實。《釋文》。以丈夫年過娶二十之女，老婦年過嫁於三十之男，皆得其子。《詩・桃夭》正義。堂案：元本無「於」字，今據正義補。

習坎：

六三，檢且枕。

木在手曰檢，在首曰枕。《釋文》。

六四，尊酒簋，貳用缶，内約自牖。

六四上承九五，又互體在震上。爻辰在丑，丑上值斗，可以斟之象。斗上有建星，

❶「荑」，注疏、集解作「稊」。

建星之形似簋。貳，副也。建星上有弁星，弁星之形又如缶。天子大臣以王命出會諸侯，主國尊于簋，副設玄酒而用缶也。《詩·宛丘》正義。《禮器》正義。

九五，祇既平。

祇當爲坻，小丘也。《釋文》。

上六，繫用徽纆，寘于叢棘，三歲不得，凶。

堂案：《周禮·朝士》注引「繫」作「係」，《周禮釋文》「寘」作「示」，殿版《周禮》注亦作「示」。

繫，拘也。爻辰在巳，巳爲蛇，蛇之蟠屈似徽纆也。三五互體艮，又與震同體。艮爲門闕，于木爲多節。震之所爲，有叢拘之類。門闕之内，有叢木、多節之木，是天子外朝左右九棘之象也。外朝者，所以詢事之處也。左嘉石平罷民焉，右肺石達窮民焉。罷民，邪惡之民也。上六乘陽，有邪惡之罪，故縛以一作「約」。徽纆，置于叢棘，而使一作「後」。公卿以下議之，其害人者，置之圜土，而施職事焉，以明刑恥之。能復者，上罪三年而赦，中罪二年而赦，下罪一年而赦。不得者，不自思以得正道，終不自改而出諸圜土者，殺。故曰「凶」。《公羊》疏。

離：

明兩作，離。大人以繼明照于四方。

作，起也。《釋文》。明兩者，取君明上下以明德相承，其於天下之事無不見也。《文選注》二十一。

六二，黃離，元吉。❶

離，南方之卦。離爲火，土託位焉。土色黃，火之子，喻子有明德，能附麗於其父之道。文王之堂案：《御覽》作「太」。子發、旦堂

❶「六二」此條，注疏、集解均在「初九」條之後。

案：《御覽》無「旦」字。是也。愼堂案：《初學記》作「順」。成其業，則堂案：《御覽》作「故」。吉矣。《文選注》二十、《御覽》一百四十六。堂案：此條亦見《初學記·儲宮部》。

初九，履错然。❶錯，七各反。《釋文》。

九三，不擊缶而歌。《釋文》。艮爻也。位近丑，丑上值弁星，弁星似缶。《詩》云「坎其擊缶」，則樂器亦有缶。《詩·宛丘》正義。

則大耋之差。❷《釋文》云「鄭無『凶』字」。年踰一作「餘」。七十也。《詩·車鄰》正義。《禮記·射義》正義。《爾雅》疏。

麗王公也。《釋文》。

九四，㐬如其來如，焚如，死如，棄如。震爲長子，爻失正，又互體兑。兑爲附，決堂案：一有「注」字。子居明法之家，而無正，何以自斷其君父，不志堂案：「志」一作「忍」。也。㐬如，震之失正，不知其所如。又爲巽，巽爲進退，不知所從。不孝之罪，五刑莫大焉，得用議貴之辟刑之，若如所犯之罪。焚如，殺其親之刑。死如，殺人之刑。棄如，流宥之刑。《秋官·掌戮》疏。

❶「初九」此條，注疏、集解均在「六二」條前。

❷「差」，注疏、集解作「嗟」。

鄭康成周易注卷中

浚儀王應麟伯厚撰集
東吴惠棟定宇增補
平湖孫堂步升重校

下經

咸，亨，利貞，取女吉。

咸，感也。艮爲山，兑爲澤，山氣下，澤氣上，二氣通而相應，以生萬物，故曰「咸」也。其於人也，嘉會禮通，和順於義，幹事能正。三十之男，有此三德，以下二十之女，正而相親説，娶之則吉也。《集解》。

二氣感應以相與。

與，猶親也。《釋文》。

初六，咸其拇。

足大指也。《釋文》。

六二，咸其腓。

膊腸也。膊，市轡反。《釋文》。

九五，咸其脢。

脢，背脊肉也。《釋文》。

媵口説也。

媵，送也。《釋文》。咸道極薄，徒送口舌，言語相感而已，不復有志于其間。正義。堂案：正義云「滕，鄭玄作『媵』」，朱子云「滕、騰通用」。案今文「騰」，古文作「媵」。《儀禮・燕》及《大射》篇「媵觚于賓」，注云「媵，送也」，今文「媵」皆作「騰」。《公食大夫》篇「衆人騰羞者」，注云「騰當作『媵』」。

恒：

恒，亨，无咎，利貞。

恒，久也。巽爲風，震爲雷。雷風相須而養物，猶長女承長男，夫婦同心而成家，久長之道也。夫婦以嘉會禮通，故无咎。其能和順幹事，所行而善矣。《集解》。

初六，濬恒。《釋文》。堂案：晁氏曰「『濬』，古文；『浚』，篆文。」《玉篇》云：「濬，深也。同『浚』，古文作『濬』。」

九三，不恒其德，咸承之羞。❶《釋文》。

爻得正，互體爲乾，乾有剛健之德；體在巽，巽爲進退，不恒其德之象。又互體兑，兑爲毁折，是將有羞辱也。《緇衣》正義。堂案：此條亦見《後漢書·馬廖傳》注末句，「是將」二字，《後漢書》作「後或」。

六五，恒其德，貞，婦人吉，夫子凶。

以陰爻而處尊位，是天子之女。又互體兑，兑爲和説。至尊主家之主，❷以和説幹家事，問正於人，故爲吉也。應在九二，又男子之象，體在巽，巽爲進退，是無所定而婦言是從，故云「夫子凶」也。《緇衣》正義。

上六，振恒。

振，摇落也。《釋文》。

遯：

遯，亨小利貞。

遯，逃去之名也。艮爲門闕，乾有健德，互體有巽，巽爲進退，君子出門，行有進退、逃去之象。二五得位而有應，是用正道，得禮見召聘。始仕他國，當尚嗛。嗛，小其和順之道。居小官幹小事，其進以漸，則遠妬忌之害，昔陳敬仲奔齊辭卿是也。《集解》。堂案：《釋文》引首句「遯，逃去之名」。

有疾憊也。

憊，困也。《釋文》。

小人否。

❶「咸」，注疏、集解作「或」。

❷「主」，四庫本《周易鄭康成注》、《增補鄭氏周易》作「女」。

否，備鄙反。塞也。《釋文》。

大壯：

壯，氣力浸强之名。《釋文》。

九三，纍其角。❶《釋文》。

六五，喪羊于易。音亦。

謂佼易也。《釋文》。

不祥也。

祥，善也。《釋文》。

晉：

晉，康侯用錫馬蕃庶。

康，尊也，廣也。蕃發袁反。庶，止奢反。謂蕃遮禽也。《釋文》。

晝日三接。

接，音捷。勝也。堂案：此句見《釋文》、《集韻》及《群經音辯》引並同。《禮·内則》注「接，讀爲捷，捷，勝也」，與此訓合。《春秋左氏》莊十二年經：「宋萬弒其君捷」，《公羊》、《穀梁》「捷」字皆作「接」，是「接」與「捷」古通。

《象》曰：明出地上，晉，君子以自照明德。

地雖生萬物，日出於上，其功乃著，故君子法之，而以明自照其德。《集解》。

初六，晉如摧如。

摧，讀如「南山崔崔」之「崔」。《釋文》。堂案：《集韻》引云「摧，退也」。

六二，晉如愁如。愁，子小反。《釋文》。堂案：此字《群經音辯》亦引。

愁，變色貌。《釋文》。

九四，晉如碩鼠。❷

《詩》云「碩鼠碩鼠，无食我黍」，謂大鼠也。正義。堂案：元本經文及注，「碩鼠」皆作「鼫鼠」。《説文》「鼫，五伎鼠也」，《詩·魏風·碩鼠》篇箋同序義，訓「碩」爲「大」。正義：「陸璣疏云：『今河東有大鼠，能人

❶ 「纍」，注疏、集解作「羸」。

❷ 「碩」，注疏、集解作「鼫」。

立，交前兩脚於頸上，跳舞善鳴，食人禾苗，人逐則走入樹空中。亦有五伎，或謂之雀鼠。其形大，故《序》云大鼠也。魏國，今河北縣，言其方物，宜謂此鼠非鼫鼠也。』案此經作『碩鼠』，訓之爲『大』，不作『鼫鼠』之字，其義或如陸言也。」據此，知鄭箋《詩》既訓「碩」爲「大」，此引《詩》不當復作「鼫鼠」，且《易》正義引此文亦作「碩鼠」，故改之。

六五，矢得，❶勿恤。《釋文》。

明夷：

明夷，利艱貞。

夷，傷也。日出地上，其明乃光，至其入地，明則傷矣。故謂之明夷。日之明傷，猶聖人、君子有明德而遭亂世，抑在下位，則宜自艱，无幹事政，以避小人之害也。《集解》。堂案：元本末句无「也」字，今據《集解》補。

以蒙大難。

蒙，猶遭也。《釋文》。

文王似之。《釋文》。堂案：《漢書·高帝紀》「鄉者，夫人兒子皆以君」，如淳曰「『以』或作『似』」，《史記》作「夫人嬰兒皆似君」。

箕子似之。❷《釋文》。

六二，明夷睇于左股。❸《釋文》。

旁視爲睇。六二辰在酉，酉在一作「是」。西方，又下體離，離爲目。九三體在震，震東方。九三又在辰，辰得巽氣爲股。此謂六二有明德，欲承九三，故云「睇于左股」。《內則》正義。堂案：《釋文》引首句「旁視曰睇」。

用拯馬。

拯，承也。《釋文》。

家人：

閑有家。

閑，習也。《釋文》。

❶「矢」，注疏、集解作「失」。
❷「似」，注疏、集解作「以」。
❸「睇」，注疏、集解作「夷」。

六二，无攸遂，在中饋。

二爲陰爻，得正于內。五，陽爻也，得正于外，猶婦人自修正于內，丈夫修正于外。无攸遂，言婦人无敢自遂也。爻體離，又互體坎，火位在下，水在上，飪之象也。饋，酒食也。故云「在中饋」也。《後漢書·楊震傳》注。《王符傳》注。

家人熇熇。❶ 堂案：元本作「嗃嗃」，今據晁氏改。

熇熇，苦熱之意。《釋文》。

婦子嘻嘻。

嘻嘻，驕佚喜笑之意。《釋文》。

王假有廟。❷

假，登也。《釋文》。

睽：音圭。《釋文》。

睽，小事吉。

睽，乖也。火欲上，澤欲下，猶人同居而志異也。故謂之睽。二五相應，君陰臣陽，君而應臣，故小事吉。《集解》。

六三，其牛㸷。❸

牛角皆踊曰㸷。《釋文》。堂案：此釋本《爾雅》。《爾雅》云「角一俯一仰，觭。皆踊，觢」，彼《釋文》云「『觢』，本或作『㸷』」。

後說之壺。❹《釋文》。

蹇：

往得中也。

中，和也。《釋文》。

初六，宜待時也。❺《釋文》。

六四，往蹇，來連。

連，如字。遲久之意。《釋文》。

❶「熇熇」，注疏、集解作「嗃嗃」。
❷「廟」，注疏、集解作「家」。
❸「㸷」，注疏、集解作「掣」。
❹「壺」，注疏作「弧」。
❺「時」，注疏、集解無此字。

解：

天地解而雷雨作，雷雨作而百果草木皆甲宅。❶

木實曰果，解讀如人倦之解，解謂拆嘑。嘑，火亞反。皮曰甲，根曰宅。宅，居也。《文選·蜀都賦》注。

損：

艮爲山，兑爲澤，互體坤，坤爲地。山在地上，澤在地下，澤以自損，增山之高也。猶諸侯損其國之富，以貢獻于天子，故謂之損矣。《集解》。

二簋可用亨。❷

四以簋進黍稷于神也。初與二直，其四與五承上，故用二簋。四，巽爻也。巽爲木。五，離爻也。離爲日。日體圜，木器而圜，簋象也。《考工記·瓬人》疏。《少牢饋食禮》疏。《詩·權輿》正義。

或益之十朋之龜。❸

案《爾雅》云「十朋之龜者，一曰神龜，二曰靈龜，三曰攝龜，四曰寶龜，五曰文龜，六曰筮龜，七曰山龜，八曰澤龜，九曰水龜，十曰火龜」。《禮器》正義。正義。

君子以懲忿懫欲。❹

懲，猶清也。懫，止也。《釋文》。

益：

益，利有攸往，利涉大川。

陰陽之義，陽稱爲君，陰稱爲臣。今震一陽二陰，臣多於君矣。而四體巽之下，應初，是天子損其所有以下諸侯也。人君之道，以益下爲德，故謂之益也。震爲雷，巽

❶「宅」，注疏、集解作「坼」。
❷「亨」，注疏、集解作「享」。
❸此條，注疏、集解在「君子」條之後。
❹「懫」，注疏、集解作「窒」。

爲風，雷動風行，二者相成，猶人君出教令，臣奉行之，故利有攸往，利涉大川也。《集解》。

夬：

夬，揚于王庭。

夬，決也。陽氣浸長，至于五。五，尊位也，而陰先之。是猶聖人積德説天下，以漸消去小人，至於受命爲天子，故謂之夬。揚，越也。五互體乾，乾爲君，又居尊位，王庭之象也。陰爻越其上，小人乘君子，罪惡上聞于聖人之朝，故曰「夬，揚于王庭」也。《集解》。

九二，惕號，音号。莫夜。莫如字。《釋文》。

莫，无也。无夜非一夜。《釋文》。

九三，❶壯于頯。堂案：「頯」字舊作「頄」，今據《釋文》改。

頯，夾面也。《釋文》。

九五，莧陸。❷

莧陸，一名商陸。《釋文》。正義。堂案：此是正義文，《釋文》作「莧陸，商陸也」。

其行趑趄。❸趑，七私反。趄，七餘反。《釋文》。

遘：《釋文》。堂案：「遘」古字，「姤」俗字。《唐石經·雜卦傳》「遘，遇也」亦作「遘」。

遘，❹女壯，勿用取女。

遘，遇也。一陰承五陽，一女當五男，苟相遇耳，非禮之正，故謂之遘。女壯如是，壯健似淫，故不可娶。婦人以婉娩爲其德也。《集解》

后以施命誥四方。❺

❶「三」，原誤作「二」，據通行本《周易》改。

❷此條，注疏、集解在「其行」條之後。

❸此條，注疏、集解在「九五」之前。

❹「遘」，注疏、集解作「姤」。下同。

❺「誥」，注疏、集解作「詰」。

詁，起一反。正也。《釋文》。堂案：「正」字舊作「止」，今據《攷證》改，山井鼎引元文同。

以杞包瓜。

杞，柳也。《釋文》。包，百交反。

萃：

萃，王假有廟，《釋文》。利見大人，亨，利貞。用大牲吉，利有攸往。

萃，聚也。坤爲順，兑爲說。臣下以順道承事其君，說德居上待之，上下相應，有事而和通，故曰「萃，亨」也。案：《釋文》「亨」字疑衍。假，至也。互有艮巽，巽爲木，艮爲闕，木在闕上，宮室之象也。四本震爻，震爲長子。五本坎爻，坎爲隱伏，居尊而隱伏，鬼神之象。長子入闕升堂，祭祖禰之禮也，故曰「王假有廟」。二本離爻也，離爲目，居正應五，故利見大人矣。大牲，牛也。言大人有嘉會時可幹事，必殺牛而盟，既盟則可以往，故曰「利往」。《集解》。

君子以除戎器。

除，去也。《釋文》。

一握爲笑。

握，當讀爲「夫三爲屋」之「屋」。《釋文》。堂案：《集韻》引云「握，小皃」。

孚乃利用禴。

禴，夏祭名。《釋文》。

齎咨涕洟。

齎咨，嗟歎之辭也。自目曰涕，自鼻曰洟。《釋文》。

昇：《釋文》。

昇，上也。坤地巽木，木生地中，日長而上，猶聖人在諸侯之中，明德日益高大也，故謂之昇。昇，進益之象也。《集解》。

六四，王用亨于岐山。

亨，許兩反。獻也。《釋文》。

困：

困，亨。

坎爲月，互體離，離爲日，兑爲暗昧，日所入也。今上弇日月之明，猶君子處亂代，爲小人所不容，故謂之困也。君子雖困，居儉能説，是以通而无咎也。《集解》。

九二，困于酒食，朱韍方來，❶利用亨祀。❷

二據初，辰在未，未爲土，此二爲大夫，有地之象。未上值天厨，酒食象。困于酒食者，采地薄不足已用也。二與日爲體離，爲鎮霍。堂案：「霍」一作「瞿」，《儀禮注疏攷證》云「此緯書」，無攷。爻四爲諸侯，有明德受命當王者。離爲火，火色赤。四爻辰在午時，離氣赤爲朱是也。文王將王，天子制用朱韍，《士冠禮》疏。朱深曰赤。堂案：此句見《詩·斯干》正義。曰，正義作「云」，王應麟元本亦作「云」。鄭注《乾鑿度》云「朱赤雖同，而有深淺之差」，與此句義同。

九五，劓刖。

劓刖當爲倪仉。《釋文》。

井：

坎，水也。巽木，桔槔也。互體離兑。離外堅中虚也。❸兑爲暗澤，泉口也。言桔槔引瓶下入泉口汲水而出，井之象也。井以汲人，水无空竭，猶君子以政教養天下，惠澤无窮也。《集解》。井，法也。《釋文》。

汔至，亦未繘井。

繘，綆也。《釋文》。

羸其瓶。

羸，讀曰虆。《釋文》。

九二，井谷射鮒，甕《釋文》。敝漏。

❶「韍」，注疏、集解作「紱」。
❷「亨」，注疏、集解作「享」。
❸「虚」下，集解本有「瓶」字。

九二，坎爻也。坎爲水，上直巽。九三，艮爻也。艮爲山，山下有井，必因谷水所生魚無大魚，但多鮒魚耳，言微小也。夫感動天地，此魚之至大，射鮒井谷，此魚之至小，故以相況。《文選・吴都賦》注。甕，停水器也。《釋文》。

井渫不食。

謂已浚渫也。猶臣修正其身以事君也。《文選・登樓賦》注。

革：

革，改也。水火相息而更用事，猶王者受命改正朔，易服色，故謂之革。《集解》。

鼎：

鼎，象也。卦有木火之用，互體乾兑，乾爲金，兑爲澤，澤鍾金而含水，爨以木火，鼎亨孰物之象。鼎亨孰以養人，猶聖君興仁義之道，以教天下也，故謂之鼎矣。《集解》。

君子以正位凝命。

凝，成也。《釋文》。

初六，鼎顛趾，利出否，得妾以其子，无咎。

顛，踣也。趾，足也。無事曰趾，陳設曰足。爻體巽爲股，初爻在股之下，足象也。足所以承正鼎也。初陰爻而柔，與乾同體，以否正承乾。乾爲君，以喻君夫人事君，若失正禮，踣其爲足之道，情無怨，則當以和義出之。然如否者，嫁于天子，雖失禮，无出道，廢遠之而已。若其无子，不廢遠之，后尊如故，其犯六出，則廢之，遠之，子廢。坤爲順，又爲子母牛，今在后妃之旁側。妾之例也。有順德，子必賢，賢而立以爲世子，又何咎也。《士昏禮》疏。《内則》正義。《御覽》一百四十六。堂案：此條《詩・河廣》正義引「嫁於天子雖失禮無出道遠之而已」十四字。

我仇有疾。

怨耦曰仇。《釋文》。

雉膏不食。

雉膏，食之美者。《釋文》。

九四，鼎折足，覆公餗，其刑剭。❶音屋。《釋文》。

糝謂之餗，震爲竹，竹萌曰筍，筍者，餗之爲菜也。餗美饌，是一作「具」。八珍之食，鼎三足，三公象。若三公傾覆王之美道，屋中刑之。《天官·醢人》疏。《秋官·司烜氏》疏。《詩·韓奕》正義。堂案：《秋官·司烜氏》「邦若屋誅」，注云「屋，讀如『其刑剭』之『剭』」，與《釋文》同。

六五，金鉉。

金鉉，喻明道能舉君之官職也。《文選·西征賦》注。《唐律義疏》。

震：

震，亨。

震爲雷，雷，動物之氣也。雷之發聲，猶人君出政教以動國中之人也。故謂之震。人君有善聲教，則嘉會之禮通矣。《集解》。《詩·召南》正義。

震驚百里，不喪匕鬯。

驚之言警戒也。雷發聲聞于百里，古者諸侯之象。諸侯之出教令，能警戒其國疆之内。《詩·召南》正義。則守其宗廟、社稷，爲之祭主，不亡其匕與鬯也。人君於祭之禮，尚一作「匕」。牲體、薦鬯而已，其餘不親爲也。一云「其餘不足觀也」。《特牲饋食禮》疏。升牢於俎，君匕之，臣載之。鬯，秬酒，芬芳條鬯，因名焉。《集解》。堂案：正義鄭云「人君於祭祀之禮，尚牲薦鬯而已，其餘不足觀也」，節引二句，與《集解》文微異。

❶「剭」，注疏、集解作「渥」。

震來虩虩。

恐懼貌。《釋文》。

笑言啞啞。

樂也。《釋文》。

億喪貝。

十萬曰億。於力反。《釋文》。

六三，震蘇蘇。

蘇蘇，不安也。《釋文》。

上六，震索索，視矍矍。

索索，猶縮縮，足不正也。矍矍，目不正。《釋文》。

艮：

艮其背。

艮爲山，山立峙各於其所，无相順之時，猶君在上，臣在下，恩敬不相與通，故謂之艮也。《集解》。艮之言很也。《釋文》。

九三，艮其限，列其䏰。❶《釋文》。

限，要也。《釋文》。堂案：《集韻》「䏰，夾脊肉也」，與「夤」同。

漸：

初六，鴻漸于干。

干謂大水之旁，故停水處者。《詩・伐檀》正義、《斯干》正義。《釋文》。

夫征不復，婦孕不育。

九三上與九五互體爲離，離爲大腹，孕之象也。又互體爲坎，坎爲丈夫，坎爲水，水流而去，是夫征不復也。夫既不復，則婦人之道顛覆，故孕而不育。《郊特牲》正義。

孕，猶娠也。《釋文》。

歸妹：

六三，歸妹以須。

須，有才智之稱。天文有須女，屈原之妹

❶「列其䏰」，注疏作「列其夤」，集解作「裂其夤」。

名女須。《詩·桑扈》正義。堂案：此條亦見《周禮·冢宰》疏，首句無「有」字，末句「妹」字作「姊」，《詩》正義引此注及《鄭志·答泠剛》俱云「屈原之妹」，或賈、孔所見本不同也。「須」字古與「胥」通，故《詩箋》、《周禮》注「胥」字下賈、孔二疏並引《易》注「須」字爲證。「女須」字，古亦作「嬃」。《漢書·高后紀》「吕禄過其姑吕嬃」，顏師古注云「嬃，吕后妹」，《詩》正義引作「屈原之妹」，義與顏同。然案《説文》「賈侍中説，楚人謂姊爲嬃」，王逸《楚辭注》亦云「女嬃，屈原姊」。又《水經》「江水又東過秭歸縣之南」注，袁山松曰：「屈原有賢姊，聞原放逐，亦來歸，喻令自寬全，鄉人冀其見從，因名曰秭歸。」《廣韻》引云「『姊』與『秭』同音」，是賈疏作「姊」字更有據。

女承匡无實。❶ 堂案：「匡」字舊作「筐」，今據《攷證》改。

宗廟之禮，主婦奉匡米。堂案：此條見《儀禮·特牲饋食禮》疏。《士昏禮》云：「婦入三月而後祭行。」《詩·葛屨》正義。

豐：

豐之言腆，充滿意也。《釋文》。堂案：「腆」字舊作「倎」，今據《攷證》改。

日中則昃，月盈則食。

言皆有休已，無常盛也。《公羊》疏。

初九，遇其妃主。

嘉耦曰妃。《釋文》。堂案：此釋本《左氏》桓二年傳，彼《釋文》云「妃，芳菲反」，與《説文》同。《玉篇》又音配，古「配」字多作「妃」。《衛風·氓》詩序「喪其妃耦」，「妃」讀爲「配」。《大雅·皇矣》篇正義引某氏曰「天立厥妃」，毛本「妃」作「配」，《左氏》文十四年傳「子叔姬妃齊昭公」，彼《釋文》云「『妃』本亦作『配』」。又昭九年《傳》「妃以五成」，「妃」亦音配。

雖旬无咎。

初修禮上朝四，四以匹敵恩厚待之，雖留十日，不爲咎。正以十日者，朝聘之禮，止於主國，以爲限。聘禮畢歸，大禮曰旬而

❶「匡」，注疏、集解作「筐」。

稍。旬之外爲稍，久留非常。《詩·有客》正義。

六二，豐其菩。❶

菩，小席。《釋文》。

九三，豐其芾。❷堂案：元本作「豐其韋」，下注云「一作『芾』」，今據《攷證》改。

芾，祭祀之蔽膝。《釋文》。堂案：芾，《説文》作「市」，云「韠也。上古衣蔽前而已，市以象之」，音分勿切。又云「韍，篆文市」，徐鉉云「俗作紱」。今案《鐘鼎款識》周宰辟父敦「朱市」字皆作「芾」，是「芾」亦古字也。《詩·曹風·候人》篇「三百赤芾」，毛傳云「芾，韠也」，《小雅·采菽》篇「赤芾在股」，箋云「芾，大古蔽膝之象也」，並與此同。

日中見昧。❸《釋文》。

折其右肱。

三艮爻，艮爲手，互體爲巽，巽又爲進退，手而便于進退，右肱也。猶大臣用事于君，君能誅之，故无咎。《儀禮·覲禮》疏。

闃其无人。

闃，无人貌。《釋文》。

天際祥也。❹《釋文》。

際當爲瘵。瘵，病也。《釋文》。

自戕也。❺

戕，傷也。《釋文》。

旅：

初六，旅瑣瑣，斯其所取災。

瑣瑣，猶小小也。爻互體艮，艮小石，小小之象。三爲聘客，初與二，其介也。介當以篤實之人爲之，而用小人瑣瑣然。客主人爲言，不能辭曰非禮，不能對曰非禮。

❶「菩」，注疏、集解作「蔀」。
❷「芾」，注疏、集解作「沛」。
❸「昧」，注疏、集解作「沬」。
❹「際」，注疏、集解作「降」。
❺「戕」，注疏、集解作「藏」。

每者不能以禮行之，則其所以得罪。《儀禮・聘禮》疏。堂案：《釋文》引首句「瑣瑣，小也」。

兑：

離澤，❶兑。

離，猶併也。《釋文》。

九四，商兑。

商，隱度也。《釋文》。

涣：

涣汗其大號。

號，令也。《文選注》三。

節：

節以制度，不傷財，不害民。

空府藏則傷財，力役繁則害民，二者奢泰之所致。《後漢書・王符傳》注。

中孚：

中孚，豚魚吉。

三辰在亥，亥爲豕。爻失正，故變而從小名言豚耳。四辰在丑，丑爲鼈蟹，鼈蟹，魚之微者。爻得正，故變而從大名言魚耳。互體互，一作「三」。兑，兑爲澤，四上值天淵，二五皆坎爻，坎爲水，二浸澤，則豚利，五亦以水灌淵，則魚利。豚魚，以喻小民也。而爲明君賢臣恩意所供養，故吉。《詩・無羊》正義。堂案：《太平御覽》四百三十卷《人事部》引「豚魚，喻小民也」句，不云某注，疑即鄭注也。

乘木舟虚也。

舟謂集板，如今自空大木爲之曰虚。《詩・谷風》正義。

小過：

小過，亨，利貞。

中孚爲陽，貞于十一月子。小過爲陰，貞于六月未，法于乾坤。堂案：此條見《乾鑿度》。

❶「離」，注疏、集解作「麗」。

不宜上。

上，如字。謂君也。《釋文》。

密雲不雨，已尚也。❶堂案：「尚」、「上」古字通用，《毛詩·陟岵》篇「上慎旃哉」，《魯詩》殘碑「上」作「尚」。

尚，庶幾也。《釋文》。

既濟：

既，已也，盡也。濟，度也。《釋文》。

六二，歸喪其茀。❷

茀，車蔽也。《釋文》。堂案：《詩·衛風·碩人》篇「翟茀以朝」，正義曰：「茀，車蔽也。婦人乘車不露見，車之前後設障以自隱蔽，謂之茀。」

憊也。

劣弱也。《釋文》。

繻有衣袽。繻音須。《釋文》。

九五，東鄰殺牛，不如西鄰之禴祭。

互體爲坎也，又互體爲離。離爲日，坎爲月。日出東方，東鄰象也。月出西方，西鄰象也。《坊記》正義。堂案：元本無三「也」字，今據正義補。禴，夏祭之名。堂案：此句見《詩·天保》正義。

未濟：

小狐汔濟。

汔，幾也。《釋文》。

鄭康成周易注卷中

❶「尚」，注疏、集解作「上」。
❷「歸」，注疏、集解作「婦」。

鄭康成周易注卷下

浚儀王應麟伯厚撰集
東吳惠棟定宇增補
平湖孫堂步升重校

繫辭上傳

天尊地卑，乾坤定矣，卑高以陳，貴賤位矣。

君臣尊卑之貴賤，如山澤之有高卑也。《樂記》正義。

動静有常，剛柔斷矣。

雷，風也。陽動陰静，剛柔之斷也。《樂記》正義。《穀梁》疏。《公羊》疏。

方以類聚，物以群分。

謂水火也。《樂記》正義。

在天成象。

日月星辰也。《樂記》正義。

在地成形。

謂草木鳥獸也。《樂記》正義。《御覽》三十六。

八卦相蕩。《釋文》。

乾以易知。易音亦。《釋文》。

三極之道也。

三極，三才也。《釋文》。

君子居則觀其象而翫其辭。《釋文》。堂案：《釋文》云「『而玩』，鄭作『翫』」，上文「所樂而玩」，❶亦當作「翫」。

震无咎者存乎悔。

震，懼也。《釋文》。

易與天地準。

準，中也，平也。《釋文》。

---

❶「樂」，集解作「變」。

原始及終。❶《釋文》。

精氣爲物，遊魂爲變，是故知鬼神之情狀，與天地相似，故不違。

精氣，謂七八也。遊魂，謂九六也。七八，木火之數。九六，金水之數。木火用事而物生，故曰「精氣爲物」。金水用事而物變，故曰「遊魂爲變」。精氣謂之神，遊魂謂之鬼。木火生物，金水終物，二物變化，其情與天地相似，故无所差違之也。《集解》。《樂記》正義。

而道濟天下。

道當作導。《釋文》。堂案：《說文》：「道，所行道也。導，導引也。」古「導」字，亦省作「道」。《論語》「道千乘之國」，今本與漢石經同，皇侃本改作「導」。《漢書·文帝紀》「令各率其意，以道民焉」，顏師古注云「道，讀曰『導』」。

範圍天地之化。

範，法也。《釋文》。

故君子之道尟矣。

尟，少也。《釋文》。

臧諸用。

臧，善也。《釋文》。堂案：臧，古「藏」字，今字別作「藏」。賈誼《新書·傅職》篇「不舉不臧」，《大戴禮》作「藏」。《荀子·解蔽篇》「心未嘗不臧也」，楊倞注云：「『臧』讀爲『藏』。」《墨子·耕柱篇》「不舉而自臧」，《玉海》引作「藏」。《詩·小雅·隰桑》篇「中心藏之」，箋云「藏，善也」。然《說文》無「藏」字，徐鉉曰：「《漢書》通作『臧』字，從艸，後人所加。」

言天下之至嘖而不可惡也。❷惡，烏落反。《釋文》。

言天下之至嘖而不可亂也。❸

嘖，當爲動。《釋文》。

❶「及」，注疏、集解作「反」。
❷「嘖」，注疏、集解作「賾」。
❸「嘖」，注疏、集解作「動」。

樞機之發，榮辱之主也。

樞，户樞也。機，弩牙也。户樞之發，或明或闇。弩牙之發，或中或否。以喻君子之言，或榮或辱。一云「以譬言語之發，有榮有辱」。《禮記·曲禮》正義。《左傳》襄二十五年正義。

慎斯術也。

術，道。《釋文》。

有功而不置。❶

置，當爲德。《釋文》。堂案：抱經堂《攷證》云「『置』、『德』古通用」，《大戴·哀公問五義》云「躬行忠信，其心不置」，《荀子·哀公篇》「言忠信而心不德」。

君不密則失臣，臣不密則失身，幾事不密則害成。

幾，微也。密，静也。言不慎于微而以動作，則禍變必成。《公羊》疏。

野容誨淫。❷

謂飾其容而見于外曰野。《後漢·崔駰傳》注。堂案：元本無「謂」字，今據《後漢書》注補。言妖野容儀，教誨淫泆也。《釋文》。堂案：元本無「也」字，據《釋文》補。

大衍之數五十，其用四十有九。

天地之數五十有五，以五行氣通。凡五行減五，大衍又減一，故四十九也。正義。

衍，演也。揲，取也。《釋文》。天一生水于北，地二生火于南，天三生木于東，地四生金于西，天五生土于中，陽无耦，陰无配，未得相成。地六成水于北，與天一并。天七成火于南，與地二并。地八成木于東，與天三并。天九成金于西，與地四并。地十成土于中，與天五并。大衍之數五十有五，五行各氣并，氣并而減五，惟有五十，

❶「置」，注疏、集解作「德」。

❷「野」，注疏、集解作「冶」。

以五十之數，不可以爲七、八、九、六，卜筮之占以用之，更減其一，故四十有九也。《月令》正義。

天數五，地數五，五位相得而各有合。

天地之氣各有五，五行之次：一曰水，天數也。二曰火，地數也。三曰木，天數也。四曰金，地數也。五曰土，天數也。此五者，陰无匹，陽无耦，故又合之。地六爲天一匹也。天七爲地二耦也。地八爲天三匹也。天九爲地四耦也。地十爲天五匹也。二五陰陽各有合，然後氣相得，施化行也。《春秋》正義。

以制器者尚其象。

此四者，存于器，象可得而用。一切器物及造立皆是。《春官・太卜》疏。堂案：元本首句無「四」字，遵殿版《周禮疏》補。

聖人之所以極深而研機也。❶

機，當作幾。幾，微也。《釋文》。

蓍之德圓而神。

蓍形圓而可以立變化之數，故謂之神也。《少牢饋食禮》疏。

神武而不殺者夫。殺，所戒反。《釋文》。

易有太極。

極中之道，淳和未分之氣也。《文選注》十九。

兩儀生四象。

布六于北方以象水，布八于東方以象木，布九于西方以象金，布七于南方以象火。堂案：此條見《乾鑿度》注，並見《漢上易叢説》。

定天下之吉凶，成天下之亹亹者，莫善乎蓍龜。❷

凡天下之善惡及没没之衆事皆成定之，言

❶「機」，注疏、集解作「幾」。
❷「善」，注疏、集解作「大」。

其廣大無不包也。《公羊》疏。

有以尚賢也。❶《釋文》。

河出圖，洛出書，聖人則之。

《春秋緯》云：「河以通乾出天苞，洛以流坤吐地符。」河龍圖發，洛龜書成。河圖有九篇，洛書有六篇也。《集解》。堂案：此條亦見正義。

繫辭下傳

古者包犧氏之王天下也。

包，取一作「聚」。也。鳥獸全具曰犧。《釋文》。

黃帝堯舜垂衣裳。

始去羽毛。《公羊》疏。金天氏、高陽、高辛遵黃帝之道，無所改作。《春官·大司樂》疏。

蓋取諸乾坤。

乾爲天，其色玄。坤爲地，其色黃。《王制》正義。

重門擊柝，以待虣客。《釋文》。

豫坤下震上，九四體震，又互體有艮，艮爲門，震日所出，亦爲門，重門象。艮又爲手，巽爻也。應在四，皆木也。手持二木也。手持二木以相敲，是爲擊柝。擊柝爲守備驚戒也。四又互體爲坎，坎爲盜，五離爻，爲甲冑戈兵，盜甲冑持戈兵，是虣客也。又以其卦爲豫，有守備則不可自佚。《天官·宮正》疏。

後世聖人易之以棺槨，蓋取諸大過。

大過者，巽下兑上之卦。初六在巽體，巽爲木，上六位在巳，巳當巽位，巽又爲木，二木在外，以夾四陽，四陽互體爲二乾，乾

❶「有以尚賢也」，注疏、集解無此五字。

爲君，爲父，二木夾君父，一作「是」。棺椁之象。《檀弓》正義。堂案：此條正義不言鄭注，王應麟以爲説本康成。

上古結繩而治。

結繩爲約。事大，大結其繩。事小，小結其繩。正義。堂案：此條亦見《書・孔序》正義。

後世聖人易之以書契。

書之于木，刻其側爲契，各持其一，後以相考合。《書》正義。堂案：此條《事文類聚・别集三》亦引。

陽一君而二民，君子之道也。陰二君而一民，小人之道也。

一君二民，謂黄帝、堯、舜，謂地方萬里爲方千里者百。中國之民居七千里，七七四十九，方千里者四十九，四裔之民居千里者五十一，❶是中國、四裔二民共事一君。二君一民，謂三代之末，以地方五千里一君有五千里之土，五五二十五，更足以一君二十五，始滿千里之方五十，乃當堯、舜一民之地，故云「二君一民」。《王制》正義。

君子知微知章。

知微，謂幽昧。知章，謂明顯也。《文選・西征賦》注。堂案：此條今《文選》不云「鄭注」。

男女覯精。

覯，合也。男女以陰陽合其精氣。《詩・草蟲》正義。

因貳以濟民行。

貳，當爲弍。《釋文》。堂案：《説文》「貳，副益也」，「二，地之數也」，古文「二」作「弍」。

損，德之脩也。

脩，治也。《釋文》。

困，德之辨也。

❶「四裔」，《禮記正義》作「夷狄」。下同。

辨，别也。遭困之時，君子固窮，小人窮則濫，德于是别也。《集解》。

益，長裕而不設。

設，大也。《周禮・攷工》曰：「中其莖，設其後。」《攷工・桃氏》疏。

若夫雜物算德。

算，數也。《釋文》。堂案：「算」字今本作「撰」，《周禮・大司馬》「群吏撰車徒」之「撰」，鄭亦讀曰「算」。

則居可知矣。居音基，辭也。堂案：舊本《釋文》「辭」下無「也」字，王應麟《集注》及抱經堂校正《釋文》并無「辭」字。

知者觀其彖辭。

彖辭，爻辭也。《釋文》。

當文王與紂之事邪。

據此言以《易》文王所作，斷可知矣。《左傳》昭二年正義。

成天下之亹亹者。

亹亹，没没也。《釋文》。堂案：此訓已見上《公羊》定八年疏，《爾雅・釋言》云「亹亹，蠠没，勉也」，郭璞注「蠠没，猶黽勉」。《詩・大雅・文王》篇「亹亹文王，令聞不已」，箋云「勉勉乎不倦」。《禮・禮器》「君子達亹亹焉」，注云「亹亹，勉勉也」。此注「没没」字，猶言「勉勉」，蓋即《爾雅》「蠠没」之義。王應麟元本及别本《釋文》、山井鼎引元文「没没」作「汲汲」，俱誤。

人謀鬼謀。

鬼謀，謂謀卜筮於廟門是也。《士冠禮》疏。

愛惡相攻。惡，烏落反。《釋文》。

説卦傳

昔者聖人之作《易》也。

謂伏犧、文王也。《尚書・孔序》正義。

參天兩地而倚數。

天地之數備於十，乃三之以天，兩之以地，而倚託大演之數五十也。必三之以天，兩之以地者，天三覆，地二載，必極於數，庶幾得吉凶之審也。正義。

窮理盡性以至於命。

言窮其義理，盡其人之情性，以至于命，吉凶所定。《文選注》六十。

發揮於剛柔。

揮，揚也。《釋文》。

兼三才而兩之，故易六畫而成卦。

三才，天、地、人之道。六畫，畫六爻。《士冠禮》疏。

雷風相薄。

薄，入也。《釋文》。

萬物出乎震，震東方也。齊乎巽，巽東南也。齊也者，言萬物之絜齊也。離也者，明也，萬物皆相見，南方之卦也。聖人南面而聽天下，嚮明而治，蓋取諸此也。坤也者，地也，萬物皆致養焉，故曰「致役乎坤」。兑，正秋也，萬物之所說也，故曰「說言乎兑」。戰乎乾，乾西北之卦也，言陰陽相薄也。坎者，水也。正北方之卦也，勞卦也，萬物之所歸也，故曰「勞乎坎」。艮，東北之卦也，萬物之所成終而所成始也，故曰「成言乎艮」。

萬物出於震，雷發聲以生之也。齊於巽，相見於離，風搖動以齊之也。絜，猶新也。萬物皆相見，日照之使光大。萬物皆致養焉，地氣含養使有秀實也。萬物之所說，草木皆老，猶以澤氣說成之。戰言陰陽相薄，西北陰也，而乾以純陽臨之，猶君臣對合也。坎，勞卦也，水性勞而不倦，萬物之所歸也。萬物自春出生于地，冬氣閉藏，還皆入地。萬物之所成終而所成始，言萬物陰氣終，陽氣始，皆艮之用事也。《漢上易》九卷。《周易折中》。

神也者，眇萬物而爲言者也。❶

共成萬物，物不可得而分，故合謂之神。《漢上易》。

莫盛乎艮。

盛，音成。裏也。《釋文》。

故水火相逮。《釋文》。

兑爲羊。

其畜好剛鹵。《夏官·羊人序官》疏。

兑爲口。

上開似口。《漢上易》。

乾爲天。

天清明无形。《漢上易》。

爲瘠馬。

凡骨爲陽，肉爲陰。《漢上易》。

爲龍。❷

龍，讀爲龙，取日出時色雜也。《漢上易傳》。

堂案：《周禮·犬人》「用駹可也」，注云：「故書『駹』作『龍』，『龍』讀爲『駹』，謂不純色也。」《牧人》「用龙可也」，注云：「故書『龙』作『庬』，『庬』當爲『龙』，謂雜色不純。」是「龙」、「駹」義同。古「駹」字多作「龍」，虞、干本經文「龍」改爲「駹」。古「庬」字亦通「駹」，《集韻》引《詩·長發》篇爲「下國駿庬」，《齊詩》作「駿駹」。

爲專。專，布戀反。《釋文》。

爲大塗。

國中三道曰塗，震上值房心，塗而大者，取房有三塗焉。《漢上易》。

爲萑葦。

竹類。《漢上易》。

爲反生。

生而反出也。《漢上易》。

爲繩直，爲墨。❸ 晁氏云。

❶「眇」，注疏、集解作「妙」。

❷「龍」，注疏、集解作「駹」。

❸「墨」，注疏、集解作「工」。

其於人也爲宣髮。

宣髮取四月靡草死，髮在人體，猶靡草在地。《攷工・車人》疏。

爲黄顙。❶《釋文》

爲矯輮。《釋文》。

爲月。

臣象也。《文選・月賦》注。

爲電。

取火明也，久明似日，暫明似電也。《集解》。

爲乾卦。

乾當爲幹，陽在外，能幹正也。《釋文》。

爲鼈，爲蟹，爲蠃，爲蚌，爲龜。

皆骨在外。《攷工・梓人》疏。

爲科上槀。堂案：「槀」，元本作「藁」，《釋文》云「鄭作槀」，今據改正。

科上者，陰在内爲疾。《漢上易》。

爲徑路。

田間之道曰徑路。艮爲之者，取山間鹿兔之蹊。《初學記》二十四。堂案：此條《錦繡萬花谷叢書・後集》二十五亦引。

爲小指。❷晁氏云。

爲黚喙之屬。《釋文》。

謂虎豹之屬，貪冒之類，取其爲山獸。《漢上易》、《釋文》。

爲陽。❸今本「羊」。堂案：古「陽」字與「羊」通。《淮南・汜論訓》「山出梟陽」，高誘注云：「梟陽，山精也。」《爾雅》「狒狒」，郭璞注云「梟羊也」，陸德明云「狒狒」，《説文》作「𥝋𥝋」，讀若費費。一曰「梟陽」，今《説文》作「梟羊」，《通志・六書略》引同。《列女傳》「晉人有畢羊」，《國語》、《國策》並作「陽」。《漢綏民校尉熊君碑》「治歐羊《尚書》」，又以「羊」爲「陽」。

此陽謂爲養，无家女行賃炊爨，今時有之，賤于妾也。《漢上易》。晁氏仝。

❶「黄」，注疏、集解作「廣」。

❷「小」，注疏、集解無此字。

❸「陽」，注疏作「羊」，集解作「羔」。

序卦傳

物生必蒙，故受之以蒙。蒙者，蒙也，物之稺也。

蒙，幼小之貌，齊人謂萌爲蒙也。《集解》。

物稺不可不養也。

言孩稚不養，則不長也。《集解》。

飲食必有訟，故受之以訟。

訟，猶争一作「静」。也。言飲食之會，恒多争也。《集解》。

履然後安，❶故受之以泰。晁氏云。

有大有不可以盈。❷晁氏云。

有大而能嗛必豫，❸故受之以豫。

言國既大而有嗛德，則於政事恬豫。雷出地奮，豫。❹豫，行出而喜樂之意。《集解》。

豫必有隨。

喜樂而出，人則隨從。《孟子》曰：「吾君不游，吾何以休。吾君不豫，吾何以助。」此之謂也。正義。

可觀而後有所合。

《易乾鑿度》曰：「陽起于子，陰起于午。天數大分，以陽出離，以陰入坎，坎爲中男，離爲中女。太乙之行，出從中男，入從中女，因陰陽男女之偶爲終始也。」堂案：此條見《後漢書·崔駰傳》注。

致飾然後亨則盡矣。❺亨，許兩反。《釋文》。

有无妄，物然後可畜。項安世《周易玩辭》。晁氏同。

❶「履」下，注疏、集解有「而泰」二字。

❷下「有」字，注疏、集解作「者」。

❸「嗛」，注疏、集解作「謙」。下同。

❹「豫」，集解作「逸」。

❺「然」，集解作「而」。

故受之以大過。

以養賢者，宜過于厚。正義。

夫婦之道，不可以不久也。

言夫婦當有終身之義，夫婦之道，謂咸、恒也。《集解》。

物不可以終久於其所，❶故受之以遯。晁氏云。

主器者，莫若長子。

謂父退居田里，不能備祭宗廟，長子當親視滌濯鼎俎是也。《曲禮》正義。

雜卦傳

屯見而不失其居。見如字。《釋文》。

損益，衰盛之始也。《釋文》引見《會通》，今《釋文》無之。

兑説而巽伏也。❷晁氏云。

蠱則飾也。《釋文》。堂案：「飾」字今作「飭」，漢隸通。《吕氏春秋・貴公》篇「日醉而飾服」，高誘注云「飾讀曰飭」。又《先己》篇「子女不飭」，注云「不文飭也」。《太平御覽》引「飭」作「飾」，唐石經此《雜卦》文及《詩》「戎車既飭」，皆作「飾」。

大過，顛也。

自此以下，卦音不協，似錯亂失正，弗敢改耳。晁氏。

小人道消也。❸晁氏云。

鄭康成周易注卷下

❶「於」，注疏、集解作「居」。

❷「説」，注疏、集解作「見」。

❸「消」，注疏、集解作「忧」。

鄭康成周易注補遺

平湖孫堂步升輯

上　經

乾：

初九。

《周易》以變者爲占，故稱九、稱六。《易論》引見王應麟《集注》。正義云「鄭康成注《易》」。

乾道變化。

謂先有舊形漸漸改者，謂之變。雖有舊形忽改者，謂之化。及本无舊形非類而改，亦謂之化。《禮記·月令》正義。堂案：此條及蠱上九注、《説卦》「艮爲狗」注兩條，《周禮》《禮記》正義引俱不言鄭注，王應麟《集注》本附于卷末，以爲説本康成，今仍補入。

坤：

黄裳，元吉。

如舜試天子、周公攝政。《隋書·李德林傳》。

師：

大君有命。

命，所受天命也。《文選注》二十四。

同人：

升其高陵。

大阜曰陵。《丙子學易編》。

蠱：

初六，幹父之蠱，有子，考无咎。厲，終吉。

《象》曰：幹父之蠱，意承考也。

子改父道，始雖勞《仲氏易》作「厲」。而終則吉。蓋其《仲氏易》無「蓋其」二字。事若不順，而其《仲氏易》無「其」字。意則在于承其父《仲氏易》作「而意則順也」。也。董氏《會通》。堂案：此條及離爻辭「出涕沱若」注、鼎彖曰「以木巽火」注，《會通》引鄭氏俱不注明康成云云。今案「鼎彖曰注」見《集解》，離爻辭注首句「自目出曰涕」亦見萃卦，《釋文》疑必是康成說，惟此條文義頗不類。毛太史《仲氏易》引作「鄭玄」，或別有據，今姑存之，不敢臆斷也。

上九，不事王侯，高尚其事。

上九艮爻，艮爲山，辰在戌，得乾氣，父老之象，是臣之致事也。故不事王侯，是不得事君，君猶高尚其所爲之事。《禮·表記》正義。

大畜：

曰閑輿衛。

閑，習。《釋文》。

離：

出涕沱若。

自目出曰涕。人爲煙所衝，則出涕曰沱若，以下卦離火衝突之烈也。董氏《會通》。

下經

遘：❶

虆豕孚蹢躅。❷《音訓》。晁氏。虆，一作「纍」。《釋文》作「羸」，云「鄭力追反」。

包有魚。包，百交反。《釋文》。

萃：

若號。《釋文》云「號，户羔反」。晁氏云「號爲號咷」。

井：

井谷射鮒。

射，音亦。厭也。《釋文》。

鼎：

覆公餗。

餗，菜也。《釋文》。堂案：「餗」亦通「蔌」。《詩·大

❶「遘」，注疏、集解作「姤」。

❷「虆」，注疏、集解作「羸」。

雅・韓奕》篇「其蔌維何」，正義引《易》注及經文皆作「蔌」。

漸：

離群醜也。

離，猶去也。《釋文》。

中孚：

中孚，豚魚吉，利涉大川，利貞。

孚，信也。兩陰在内，亦以五以中和之氣候之。兩陰，猶民于君在上矣，臣在下候，行中正之道，政教信于民，故謂之中孚。兩陰者，三辰在亥爲豕，爻失正，故變而爲小名言豚。四辰在丑爲鱉。鱉，魚之微者，爻爲正，變以其大節言魚。三體兑爲澤，四值天淵，二五皆坎爻如水，水以水度浸澤所養，故吉。互體是震，震爲木，二爻巽爲風，木在水上，而風行之，濟大川，象君能濟於難也。《易緯稽覽圖》。堂謹案：聚珍版《易緯稽覽圖》末附此條云：「按以上乃鄭氏《易》義之文，《毛詩・無羊》篇正義亦引此文，惟缺首尾數語，而正義自『浸澤』以下尚有『五亦以水灌淵則魚利，豚魚，以喻小民也。而爲明君賢臣恩意所供養，故吉』云云。此亦缺而未載，疑脱落也。《稽覽圖》内有此文者，蓋後人以此書專論卦氣起《中孚》之義，故引鄭氏《易》説附入，以相闡發，並非《易緯》本文。」據此，則此條是《易》注之文，元本止録《無羊》正義，今補録之。

繫辭上下傳

慎斯術也以往。

慎，時震反。《釋文》。

而不殺者夫。

不意殺也。《音訓》。晁氏。堂案：此句不可解，疑有脱誤。

夫易，聖人之所以極深而研機也。❶

研喻思慮。《文選・册魏公九錫文》注。《陸士衡

❶「機」，注疏、集解作「幾」。

文》注。

何以守位？曰仁。

持一不惑曰守。《詩・鳧鷖序》正義。

黄帝、堯、舜垂衣裳。

土託位南方，南方色赤，黄而兼赤，故爲纁也。《禮・王制》正義。聶崇義《三禮圖》二十。王應麟《集注》。

蓋取諸乾坤。

乾爲天，坤爲地。天色玄，地色黄，故玄以爲衣，黄以爲裳，象天在上，地在下。《詩・豳風・七月》正義。堂案：《太平御覽》六百八十九《服章部》引此句注云「上衣下裳，乾坤之象」，亦當是鄭注。

後世聖人易之以書契。

以書，書木邊，言其事，刻其木，謂之書契。《書序》釋文。《文獻通考・經籍一》。堂案：此條仲林余氏《經解鉤沈》引作《易注》，今據補入。

易之興也，其於中古乎。

文王爲中古。《集解》虞翻引。

作易者，其有憂患乎。

文王囚而演易。正義序。

說卦

坤也者，地也，萬物皆致養焉，故曰「致役乎坤」。

坤不言方者，所言地之養物不專一也。正義。

乾爲首，坤爲腹，震爲足，巽爲股，坎爲耳，離爲目，艮爲手，兑爲口。《漢上易傳》曰：「鄭本此章在『乾爲馬』之前。」

艮爲狗。

艮卦在丑，艮爲止，以能吠守止人則屬艮。以能言則屬兑，兑爲言故也。《周禮・秋官》正義。

爲均。

均，今亦或作旬也。《禮記・内則》注。《周禮・均人》注。

爲羊。

羊，女使。項氏《玩辭》。堂案：此與朱氏、晁氏所引「陽」字注不同，疑誤。

序　卦闕

雜　卦闕

易贊易論附

夏曰《連山》，殷曰《歸藏》，周曰《周易》。連山者，象山之出雲，連連不絕。歸藏者，萬物莫不歸藏于其中。周易者，言易道周普无所不備。正義序。神農重卦，正義序。《漢上易傳》。《山堂考索》前集一、續集三、別集三。《瑞桂堂暇録》。《事物紀原》。伏羲作十言之教，以厚君民之别。曰：乾、坤、震、巽、坎、離、艮、兑、消、息，无文字，謂之易。《左傳》定四年正義。《漢上易傳》。《路史・禪通紀》注。堂案：已上三條，王應麟元本附録卷末，今據補。

鄭康成周易注補遺一卷

劉表周易章句序

《釋文・序録》：「劉表字景升。《章句》五卷。」《七録》云：「九卷，目一卷。」案《釋文》引劉氏凡四人：劉歆、劉昞、劉瓛及劉表也。劉歆、劉昞不見于《序録》，唯乾卦「大人造也」，《釋文》云：「造，劉歆父子作『聚』。」豐卦「雖旬无咎」，《釋文》云：「旬，劉昞作『鈞』。」餘不引。劉瓛注《繫辭》，見《序録》，然亦唯《繫辭》「洗」字注有云：「劉瓛，悉殄反，盡也。」餘亦不概見。劉歆等三人，《釋文》皆明指其名，餘但言「劉云」者，殆皆謂劉表《章句》矣。觀坎上六「三股曰徽，兩股曰纆」之注，李氏《集解》、《穀梁》楊疏皆言劉表，而《釋文》但言「劉云」可證也。第毛檢討奇齡《仲氏易》此條引作劉表，餘俱作劉瓛注。《大畜》「童牛之牿」，注「牿之言角」，《釋文》亦但言「劉云」。惠徵君棟《九經古義》則作劉歆説。《繫辭》「知以藏往」，《釋文》但言「劉作『臧』」，不詳其名。《本義辯證》則作劉瓛，俱未知何據，願以質諸世之博古者。《經義攷》第四卷「《易》惟譚天人神致用」云云六句，見劉勰《文心雕龍・宗經》篇，引作劉表，亦誤，特爲辯正。孫堂識。

劉表周易章句

平湖孫堂步升輯

上下經

乾：

《象》曰：天行健。

言健者，詳其名也。正義。

屯：

君子以經論。❶ 正義曰：「劉表、鄭玄以『綸』爲『論』字。」

師：

不臧凶。❷ 晁氏。

小畜：

月近望。❸ 晁氏。

謙：

《象》曰：地中有山，謙。

地中有山，以高下下，故曰「謙」。謙之爲道，降己升人。山本地上，今居地中，亦降體之義，故爲謙象也。《集解》。

剥：

六三，剥无「之」字。无咎。❹ 晁氏。

復：

反復其道。復，芳福反。《釋文》。

无祇悔。

祇，安也。晁氏。

大畜：

君子以多志前言往行。《釋文》。堂案：《論語・述

---

❶「論」，注疏、集解作「綸」。

❷「不」，注疏、集解作「否」。

❸「近」，注疏、集解作「幾」。

❹「剥」下，注疏、集解有「之」字。

而》篇「多見而識之」，《白虎通義》：「識」引作「志」。《子張》篇「賢者識其大者，不賢者識其小者」，《隸釋》、石經殘碑亦作「志」。《周禮・保章氏》「以志星辰日月之變動」，注云「志，古文『識』」。

曰閑輿衞。

曰，猶言也。《釋文》。

六四，童牛之牿。

童，妄也。牿之言角也。《釋文》。

六五，豶豕之牙。

豕去勢曰豶。《釋文》。

頤：

《象》曰：山下有雷，頤。

山止于上，雷動于下，頤之象也。《集解》。

觀我端頤。❶

端頤，多辨也。晁氏。

顛頤，弗經于丘頤。

弗，輔弼也。晁氏。

其欲跾跾。❷

跾跾，遠也。《釋文》。堂案：《釋文》：「逐逐，薛云速也。《子夏傳》作『攸攸』，《志林》云『攸』當爲『逐』，荀作『悠悠』，劉作『跾』，云遠也。《説文》跾，音式六反。」一訓與抱經堂《攷證》「臧氏琳云『《説文》跾，疾也』」。一訓與薛云「速也」合，長也。一訓與劉云「遠也」合，貪利則欲速而志高遠。此字當從劉表作「跾」，攸、悠皆借用同聲字。《漢書・叙傳下》「其欲浟浟」，師古引《易》「其欲浟浟」，云「浟浟，欲利之貌，浟亦攸之俗字」，然亦可見本不作「逐」也。虞喜《志林》妄云「攸」當爲「逐」，王弼等同之，漢《易》皆不作「逐」。

習欿：

水流行不休，故曰「習」。欿，險也，陷也。《釋文》。

水洊至。

洊，仍也。《釋文》。

❶ 「端」，注疏、集解作「朵」。

❷ 「跾跾」，注疏、集解作「逐逐」。

樽酒簋，句。貳用缶。句。晁氏。

上六，係用徽纆。堂案：《爾雅·釋詁》「係，繼也」，《穀梁》注引此係作「繼」，《一切經音義》云：「係，古文繫、繼二形同，古詣反。係，綴也。繫，束也。」

三股曰徽，兩股曰纆，皆索名。《釋文》。《穀梁》疏十二。《集解》李氏引。

示于叢棘。❶《釋文》。堂案：《詩·小雅·鹿鳴》篇「示我周行」，《箋》云：「示，當作『寘』。」正義云：「古者『寘』、『示』同讀，故改從『寘』也。」《中庸》「治國其如示諸掌乎」，鄭注云：「示，讀如『寘諸河干』之『寘』。」《穀梁》注引此亦作「示」。

言衆議于九棘之下也。《釋文》。

咸：

憧憧往來，朋從爾思。

憧憧，意未定也。《釋文》。

家人：

家人熇熇。❷《釋文》。堂案：《説文》無「嗃」字，新附始有之。鄭箋《詩》云「多行熇熇，慘毒之惡」，注《易》作「熇」，云「苦熱之意」，是古字皆從火。

睽：

六三，見輿曳，其牛觢。❸

牛角皆踊曰觢。《釋文》。堂案：此訓本《爾雅》，與《説文解字》異。

損：

君子以澂忿懫欲。❹

澂，清也。懫，止也。《釋文》。

萃：

孚乃利用爚。❺《釋文》。堂案：《集韻》：「爚，弋灼切，音藥，本作『礿』，夏時祭也，同『禴』。」鄭康成注云：「禴，夏祭之名。」此作「爚」，字異義同。

---

❶「示」，注疏、集解作「寘」。

❷「熇」，注疏、集解作「嗃」。

❸「觢」，注疏作「掣」。

❹「懫」，注疏、集解作「窒」。「澂」，注疏、集解作「懲」。

❺「爚」，注疏、集解作「禴」。

繫辭

知以臧往。❶

臧，善也。《釋文》。

說卦闕

序卦闕

雜卦闕

劉表周易章句一卷

❶「臧」，注疏、集解作「藏」。

宋衷周易注序

昔劉表開立學官，博求儒士，使五業從事宋忠等撰定五經章句。忠注《世本》及《周易》。《世本》久不傳，注釋家嘗引之。《易注》十卷，隋時已亡其全書，李氏《集解》、史氏《口訣義》閒采其說，《釋文》録其異字、異義不過四五條，餘書不多見也。忠一名衷，《釋文·序録》：「衷字仲子，南陽章陵人。」王應麟曰：「字仲孚，一字仲子。」孫堂識。

宋衷周易注

平湖孫堂步升輯

上下經

乾：

《象》曰：天行健，君子以自强不息。

晝夜不懈，以健詳其名。餘卦各當名，不假于詳也。《口訣義》。《集解》何妥引。

用九，天德不可爲首也。

用九，六位皆九，故曰「見群龍」。純陽，則天德也。萬物之始，莫能先之，不可爲首。先之者凶，隨之者吉，故曰「无首吉」。《集解》。

閑邪存其誠。

閑，防也。防其邪而存其誠也。一作「焉」。二在非其位，故以閑邪言之。能處中和，故以存誠言之。《集解》。

君子進德脩業。

業，事也。三爲三公。君子處公位，所以進德脩業也。《集解》。

坤：

《象》曰：地勢坤。

地有上下九等之差，故以形勢言其性也。《集解》。

地道无成，而代有終也。

臣子雖有才美，含藏以從其上，不敢有所成名也。地得終天功，臣得終君事，婦得終夫業，故曰「而代有終也」。《集解》。

需：

《象》曰：雲上於天，需。

雲上于天，須時而降也。《集解》。

師：

弟子輿尸，使不當也。

弟子，謂六三也。失位乘陽，處非所據，衆不聽從，師人分北，或敗績死亡，輿尸而還，故曰「弟子輿尸」。謂使不當其職也。《集解》。

開國承家。

陽當之五，處坤之中，故曰「開國」。陰下之二，在二承五，故曰「承家」。開國，謂析土地以封諸侯，如武王封周公七百里地也。承家，立大夫爲差次，立大夫因采地名。正其功勳，行其賞禄。《集解》。

泰：

《象》曰：无平不陂，❶无往不復，天地際也。晁氏。

位在乾極，應在坤極，天地之際也。地平極則險陂，天行極則還復，故曰「无平不陂，无往不復」也。《集解》。

《象》曰：翩翩不富，皆失實也。

四互體震，翩翩之象也。陰虚陽實，坤今居上，故言失實也。《集解》。

否：

《象》曰：天地不交，否。

天地不交，猶君臣不接。天氣上升而不下降，地氣沈下又不上升。二氣特隔，故云「否」也。《集解》。

噬嗑：

《象》曰：雷電噬嗑。

雷動而威，電動而明，二者合而其道彰也。用刑之道，威明相兼。若威而不明，恐致刑濫。❷明而无威，不能伏物。故須雷電

❶「无平不陂」，注疏、集解無此句。
❷「刑」，集解作「淫」。

並合，而噬嗑備。《集解》。

復：

《象》曰：雷在地中，復。先王以至日閉關，商旅不行，后不省方。

商旅不行。自天子至公侯，不省四方之事。將以輔遂陽體，成致君道也。制之者，王者之事。奉之者，爲君之業也。故上言先王，而下言后也。《集解》。

頤：

《象》曰：頤，貞吉，養正則吉也。

頤者，所由飲食，自養也。君子割不正不食，況非其食乎！是故所養必得賢明，自求口實必得體宜，是謂養正也。《集解》。

恒：

《象》曰：雷風，恒。君子以立不易方。

雷以動之，風以散之，二者常相薄而爲萬物用。故君子象之，以立身守節而不易道也。《集解》。

遯：

遯之時義大矣哉。

太公遯殷，四皓遯秦之時也。《集解》。

益：

益，利有攸往。

明君之德，必須損己而利人，則下盡益矣。君能以益物爲意，動而无有違者，即斯以往，何所往不利，故曰「利有攸往」也。《口訣義》。

夬：

九五，莧陸夬夬。

莧，莧菜也。陸，當陸也。《釋文》。莧，蕒。陸，當陸。《輯聞》。陸，商陸也。《學齋佔畢》。

姤：

羸豕孚蹢躅。

羸，大索，所以繫豕者也。巽爲股，又爲進退，股而進退則蹢躅也。初應于四，爲二所據，不得從應，故不安矣。體巽爲風，動搖之貌也。《集解》。

革：

已日乃孚。

人性習常，不説改易，及變之後，樂其所成，故即日不孚，已日乃孚矣。故曰「已日乃孚」也。已，竟也。《口訣義》。

《象》曰：大人虎變，其文炳也。

陽稱大，五以陽居中，故曰「大人」。兑爲白虎，九者，變爻，故曰「大人虎變，其文炳也」。《集解》。

鼎：

《象》曰：鼎黄耳，中以爲實也。

五當耳，中色黄，故曰「鼎黄耳」。兑爲金，又正秋，故曰「金鉉」。公侯，謂五也。上尊故玉，下卑故金，金和良，可柔屈，喻諸侯順天子。《集解》。

《象》曰：玉鉉在上，剛柔節也。

以金承玉，君臣之節。上體乾爲玉，故曰「玉鉉」。雖非其位，陰陽相承，剛柔之節也。《集解》。

巽：

九二，巽在牀下。

巽爲木，二陽在上，初陰在下，牀之象也。二无應于上，退而據初，心在于下，故曰「巽在牀下」也。《集解》。

小過：

有飛鳥之象焉，飛鳥遺之音。

二陽在内，上下各陰，有似飛鳥舒翮之象，故曰「飛鳥」。震爲聲音，飛而且鳴，鳥去而音止，故曰「遺之音」也。《集解》。

既濟：

初九，曳其輪，濡其尾，无咎。

《象》曰：曳其輪，義无咎也。

離者，兩陽一陰，陰方陽圓，輿輪之象也。其一在坎中，以火入水必敗，故曰「曳其輪」也。初在後稱尾。尾濡輪曳，咎也。得正有應，于義可以危而无咎矣。《集解》。

上下繫辭

故知死生之説。

説，始鋭反。舍也。《釋文》。

夫乾，其靜也專，其動也直，是以大生焉。

乾靜不用事，則清靜專一，含養萬物矣。動而用事，則直道而行，導出萬物矣。一專一直，動靜有時，而物无夭瘁，是以大生也。《集解》。

夫坤，其靜也翕，其動也闢，是以廣生焉。

翕，猶閉也。坤靜不用事，閉藏微伏，應育萬物矣。動而用事，則開闢群蟄，敬導沈滯矣。一翕一闢，動靜不失時，而物无災害，是以廣生也。《集解》。

致寇至。堂案：《釋文》：「寇，徐邈或作『戎』，❶宋衷云『戎』誤。」

天垂象，見吉凶，聖人象之。

天垂陰陽之象，以見吉凶，謂日月薄蝕，五星亂行。聖人象之，亦著九六爻位，得失示人，所以有吉凶之占也。《集解》。

鼓天下之動者存乎辭。

欲知天下之動者，在于六爻之辭也。《集解》。

何以守位？曰仁。

守位當得士、大夫、公、侯，有其仁賢，兼濟天下。《集解》。

❶「邈」，《經典釋文》無此字。

説　卦

故水火无不字。相逮。《釋文》。

乾爲天。

乾動作不解，天亦轉運。《集解》。

爲圜。

動作轉運，非圜不能，故爲圜。《集解》。

爲駮馬。

天有五行之色，故爲駮馬也。《集解》。

爲木果。

群星著天，似果實著木，故爲木果。《集解》。

其於稼也，爲反生。

陰在上，陽在下，故爲反生。謂枲豆之類，戴甲而生。《集解》。《漢上易傳》作「戴甲而出」。

巽爲木。

陽動陰静，二陽動于上，一陰安静于下，有似于木也。《集解》。

坎爲水。

坎陽在中，内光明，有似于水。《集解》。

爲矯揉。❶《釋文》。《漢上易傳》。

曲者更直爲矯，直者更曲爲揉。水流有曲直，故爲矯揉。《集解》。堂案：《釋文》「宋云使曲者直，直者曲爲揉」，專訓「揉」字，似有脱文。據《集解》云云，則《釋文》當云「使曲者直爲矯，直者曲爲揉」，首句增「爲矯」二字。

其於馬也，爲美脊。

陽在中央，馬脊之象也。《集解》。

爲曳。

水摩地而行，故曳。《集解》。

其於木也，爲折上槀。

陰在内則空中，木中空則上折槀也。《集

❶「揉」，注疏、集解作「輮」。

解》。

艮爲山。

二陰在下，一陽在上。陰爲土，陽爲木。土積于下，木生于上，山之象也。《集解》。

爲果蓏。

木實謂之果，草實謂之蓏。桃李瓜瓞之屬，皆出山谷也。《集解》。

爲閽寺。

閽人主門，寺人主巷。艮爲主，此職皆掌禁止者也。《集解》。

兑爲澤。

陰在上，令下溼，故爲澤也。《集解》。

序　卦

有事然後可大，故受之以臨。臨者，人也。事立功成，可推而大也。《集解》。

雜　卦闕

宋衷周易注一卷

陸績周易述序

陸績《易注》十五卷，見《隋志》，《釋文・序録》云：「《周易述》十三卷。」已亡。今所傳止一卷，見《鹽邑志林》。乃明姚士粦采李氏《集解》、陸氏《釋文》及績所注京房《傳》彙成之者。《四庫全書簡明目録》云：「凡一百五十條。」今取《集解》等三書以校姚本，知所采尚有遺漏。堂於所已采者，既爲正其舛誤，更取其所遺漏者增入之。又益以它書所引之説，各注所出，於其下加一「補」字以别之，較元輯多四之一，然恐陸説之散佚者仍未盡也。《吴志》：績字公紀，吴郡吴人。仕爲鬱林太守，加偏將軍，作《渾天圖》、注《易》、釋《玄》，皆傳於世。《太平御覽》等書或引作陸續者，誤也。案：《後漢・獨行傳》陸續吴人，生三子，其少子褒，褒生子康，康少子績，是續乃績之曾大父也。字形相近，故傳寫者誤耳。

孫堂識。

陸績周易述

海鹽姚士鱗叔祥撰集
平湖孫堂步升增補

上經

乾：

乾，元亨利貞。

卦辭，文王。正義序。《瑞桂堂暇録》【補】。

初九，潛龍勿用。

爻辭，周公。正義序。《瑞桂堂暇録》。《群書考索》前集一、續集三【補】。

陽在初，稱初九。去初之二，稱九二，則初復七。陰在初，稱初六。去初之二，稱六二，則初復八矣。《漢上易傳》。《易禆傳外篇》【補】。

上九，亢龍有悔。

陽極陰來，吉去凶生。京氏《易傳》注。

用九，見群龍无首，吉。

純陽用九之德。京氏《易傳》注。

六位時成。

十二時分六位，升降以時，消息吉凶。京氏《易傳》注。

大人造也。正義云：「造，爲『造至』之『造』。」【補】。

利之足以和義。《釋文》。

聖人作而萬物覩。

陽氣至五，萬物茂盛，故譬以聖人在天子之位。功成制作，萬物咸見之矣。《集解》。

六爻發揮，旁通情也。

乾六爻發揮變通旁通於坤，坤來入乾，以成六十四卦，故曰「旁通情也」。《集解》。《義海撮要》。

坤：

或從王事，无成有終。

陰臣陽君，臣不敢爲物之始。陽唱陰和，君命臣終其事也。京氏《易傳》注。

上六，龍戰于野，其血玄黄。

乾配西北，積陰之地，陰盛故戰。乾坤併處，天地之氣雜，稱玄黄也。戌亥是乾之位，乾伏本位，積陰之地，猶盛故戰。京氏《易傳》注。

爲其嗛于陽也。❶《釋文》。堂案：元輯此條下有「行地無疆」經文一句，下注「行」，今作「應」，似誤引，今删之。

屯：

雲雷屯，君子以經論。❷

水在雷上，如雲雷交作，天地草昧，經論之始，无出於此也。京氏《易傳》注。

初九，盤桓，利居貞。

屯難之際，盤桓不進之貌。京氏《易傳》注。

女子貞不字，十年乃字。

字，愛也。時通則道亨，合正匹也。京氏《易傳》注。

蒙：

匪我求童蒙。

六五陰爻，在蒙暗，又體艮少男，故曰「童蒙」。京氏《易傳》注。

九二，彪蒙吉。❸

彪，文也。《音訓》晁氏【補】。

需：

六四，需于血。

外卦坎水爲險，亦陰，稱血也。京氏《易傳》注。

---

❶「于」下，注疏、集解有「无」字。

❷「論」，注疏、集解作「綸」。

❸「彪」，注疏、集解作「包」。

訟：

天與水違行，訟。

天道西行，水東流，其路背也。外象乾，西北方之卦。内坎水，正北方之卦，其流東也。二氣不交曰訟。京氏《易傳》注。

師：

師，貞，丈人吉。

丈人者，聖人也。帥師未必聖人，若漢高祖、光武，應此義也。《集解》。《義海撮要》節引。堂案：此條元輯列在《序卦》，今從《集解》本易正。師爲衆首，法長而行。《口訣義》【補】。

《象》曰：地中有水，師。

坎在坤内，故曰「地中有水」。師，衆也。坤中衆者，莫過於水。《集解》。

師出以律，不臧凶。❶《音訓》晁氏【補】。

九二，在師中，吉。

陽居九二也。京氏《易傳》注。

比：

比卦一陽五陰，少者爲貴，衆之所尊者也。京氏《易傳》注。

比之初六，有它吉也。

變而得正，故吉。《漢上易傳》【補】。

小畜：

密雲不雨，尚往也。

一陰劣不能固陽，是以往也。京氏《易傳》注。

九三，輿説輹，❷夫妻反目。

不義之兆。京氏《易傳》注【補】。

履：

剛中正，履帝位而不疚，❸光明也。堂案：《釋文》云「疚，陸本作『疾』」，呂氏《音訓》同，元輯仍作「疚」，今改正。

❶「不」，注疏、集解作「否」。

❷「輹」，注疏、集解作「輻」。

❸「疾」，注疏、集解作「疚」。

當履之時。京氏《易傳》注。

《象》曰：上天下澤，履。君子以辯上下，定民志。

履者，禮也。京氏《易傳》注【補】。

眇能視，跛能履。

此履非其位，六三也。京氏《易傳》注。

泰：

上六，城復于隍。

三陽務上，坤順而往，往而不已，否道至。京氏《易傳》注。

否：

小人道長，君子道消。

陰，小人。陽，君子。京氏《易傳》注。

其亡其亡，繫于包桑。❶

包，本也。言其堅固不亡，如以巽繩繫也。《集解》。苞桑則叢桑也。京氏《易傳》注。

否極則傾，何可長也。堂案：今本「否終則傾」，京氏《易傳》作「否極則傾」。

否極則泰來。京氏《易傳》注。

同人：

九五，同人先號咷而後笑。

隔於陽位，不能決勝，故曰「先號咷」。後獲合方喜，故曰「後笑」。京氏《易傳》注。

大有：

火在天上，大有。

離爲火、爲日，故曰「大有」。京氏《易傳》注。

豫：

《象》曰：匪其彭，无咎，明辯逝也。❷《釋文》【補】。

天地以順動，故日月不過而四時不忒。

坤順震動。京氏《易傳》注。

六三，紆豫。❸《音訓》晁氏【補】。

❶「包」，注疏作「苞」。

❷「逝」，注疏、集解作「晢」。

❸「紆」，注疏、集解作「盱」。

隨：

動而説。

震一陽二陰，陽君陰民，得其正也。京氏《易傳》注。

大亨貞无咎，而天下隨之。❶《音訓》晁氏【補】。

王用亨于西山。

亨，許兩反。祭也。《釋文》。晁氏曰：「陸績作『享』。」堂案：《説文》「亯從高省」，音許兩切，又音許庚切。「亨」、「享」止一字，篆文「亯」作「[illegible]」，轉隸者又誤以「[illegible]」爲「[illegible]」，始分二字矣。今經典「享」字多作「亨」，《張公神碑》元「亨」字又作「享」。《釋文攷證》云：「古音二字通用，凡惇、𩋉、錞、淳、醇、啍、敦、鶉。」

臨：

至于八月有凶。

建丑至未，至于八月入遯。京氏《易傳》注。

觀：

風行地上。

君子之德風，小人之德草也。京氏《易傳》注。

六三，觀我生。

我生，即道也。京氏《易傳》注。

利用賓于王。

臣道出于六四爻也。京氏《易傳》注。

《象》曰：觀國之光，上賓也。❷《音訓》晁氏【補】。

噬嗑：

動而明。

象雷電也。京氏《易傳》注。

九四，噬乾胏，得金矢，利艱貞吉。

《象》曰：利艱貞吉，未光也。

肉有骨謂之胏。離爲乾肉，又爲兵矢。失位用刑，物亦不服，若噬有骨之乾胏也。金矢者，取其剛直也。噬胏雖復艱難，終得伸其剛直。雖獲正吉，未爲光大也。《集

❶「之」，注疏、集解作「時」。

❷「上」，注疏、集解作「尚」。

解》。《義海撮要》引首句。

賁：

六四，賁如皤如，❶白馬翰如。皤音煩。《釋文》。

堂案：皤，元輯作「皤」，無音，今從顧氏《易音》改作「皤」。

震爲馬、爲白，故曰「白馬翰如」。《集解》。

堂案：元輯此下誤連李鼎祚之説，今刪去。

剥：

《象》曰：山附于地，剥。

艮爲山，坤爲地，山附于地，謂高附于卑，貴附于賤，君不能制臣也。《集解》。

君子得輿，小人剥廬。

君子全得剥道，安其位，小人終不可安也。《集解》。❷

復：

七日來復。

七日，陽之稱也。七九，稱陽數也。謂坤上六，陰極陽戰之地。陰雖不能勝，陽不可輕犯，六陽涉六陰，反下七爻在初，故稱七日。日，亦陽也。京氏《易傳》注。

初九，不遠復，无禔悔。❸《釋文》。

反至初九，陽來陰復。遠，違也。京氏《易傳》注。禔，安也。《釋文》。

大畜：

六四，童牛之牿。

牿當作角。《釋文》。堂案：元輯正文作「童牛之角」，此四字無，今從《釋文》。

頤：

天地養萬物，聖人養賢以及萬民。

上下陽位，包陰也。京氏《易傳》注。

❶「皤」，注疏、集解作「皤」。

❷「君子」至「安也」凡十六字，《集解》不載，僅見《陸子易解》「剥卦」條。

❸「禔」，注疏、集解作「祇」。

大過：

大過，大者過也。

大者相過。京氏《易傳》注。

習坎：

坎水能深陷於物，處坎之險，不可不習，故曰「習坎」。便習之習，後可履于險而不陷没者，不以剛履柔，不能成坎之道也。京氏《易傳》注。

水流而不盈。

水性趨下，不盈溢崖岸也。月者，水精。月在天，滿則虧，不盈溢之義也。《集解》【補】。

維心亨，乃以剛中也。

内外居坎，陽處中而爲坎，主純陰得陽，爲明臣得君而安其居也。君得一明臣，而顯其道。京氏《易傳》注。

《象》曰：水洊至，習坎。君子以常德行，習教事。

洊，再；習，重也。水再至而益，通流不舍晝夜，重重習相隨以爲常，有似于習。故君子象之，以常習教事，如水不息也。《集解》。

險且枕。

枕，閑礙險害之貌。《釋文》。

内約自誘。❶《釋文》【補】。堂案：《詩・大雅・板》之篇「天之牖民」，《毛傳》云「牖，道也」，正義云「『牖』與『誘』，古字通用，故以爲導也」，《韓詩外傳》「牖」作「誘」。

離：

明兩作，離。君子以繼明照于四方。❷堂案：京氏《易傳》「大人」作「君子」。

離卦中虛，始於乾象，純剛健不能柔明，故以北方陰氣貫中，柔剛而文明也。京氏《易傳》注。

❶「誘」，注疏、集解作「牖」。

❷「君子」，注疏、集解作「大人」。

下　經

咸：

咸，亨，利貞，取女吉。

艮少男，兑少女，男下于女，取婦之象。京氏《易傳》注。

天地感而萬物化生。

天地因山澤孔竅以通其氣，化生萬物也。《集解》。

恒：

九三，不恒其德。

恒者，常也。而九三以陽居位，立於陰陽交互之上，是知不久爲失所然。京氏《易傳》注。

遯：

遯之時義大矣哉。

謂陽氣退，陽氣將害，❶隨時遯避，其義大矣。《集解》。

《象》曰：天下有山，遯。

遯，退也。京氏《易傳》注。遯，俟時也。京氏《易傳》注【補】。

初六，遯尾，厲，勿用有攸往。

陰氣已至于二，而初在其後，故曰「遯尾」也。避難當在前，而在後，故厲。往則與災難會，故勿用有攸往。《集解》。

大壯：

内陽升降，二象俱陽曰大壯。京氏《易傳》注。

君子以非禮弗履。

天尊雷卑，君子見卑乘尊，終必消除，故象以爲戒，非禮弗履。《集解》。

喪羊于場。❷

❶「陽」，集解作「陰」。

❷「場」，注疏、集解作「易」。

場，謂疆場也。《釋文》。

晉：

晉，康侯。

康，安也，樂也。《釋文》。

明夷：

睇于左股。❶

旁視曰睇。《釋文》。

家人：

正家而天下定矣。

聖人教先從家始，家正則天下化之，脩己以安百姓者也。《集解》。

婦子喜喜。❷《釋文》。

九五，王假有家，勿恤吉。

假，大也。五得尊位，據四應二，以天下爲家，故曰「王大有家」。天下正之，故无所憂則吉。《集解》。

睽：

説而麗乎明。

兑處下，爲積陰暗之象也。離在上，爲明照于下。京氏《易傳》注。

先張之弧，後説之壺。❸

先疑，暗也。後説，明也。京氏《易傳》注。

蹇：

當位貞吉，以正國也。❹《釋文》。

《象》曰：山上有水，蹇。君子以反身脩德。

水在山上，失流通之性，故曰「蹇」。水本應山下，今在山上，終應反下，故曰「反身」。正義【補】。

九五，大蹇朋來。

外卦九五，變入坤内見艮，故曰「得朋」也。

❶「睇」，注疏、集解作「夷」。

❷「喜喜」，注疏、集解作「嘻嘻」。

❸「壺」，注疏作「弧」。

❹「國」，注疏、集解作「邦」。

京氏《易傳》注【補】。

解：

天地解而雷雨作。

震雷坎雨。京氏《易傳》注。

雷雨作而百果草木皆甲宅。❶

宅，根也。《釋文》。

解而拇。

拇，足大指。《釋文》。

損：

損下益上。

乾九三變六三，陰柔，益上九，臣奉君之象。京氏《易傳》注。

君子以徵忿脊欲。❷ 堂案：此與明神廟本《釋文》同，《樂記》正義云「皆謂省約」，今《釋文》作「昚欲」。案《説文》「昚」古「愼」字，朱氏鬱儀云「昚」本古「腎」字。君子嗇精寶神，故借爲「愼」字，是作「昚」義尤長。

益：

風雷益。

内外順動，風雷益。四象分明，剛柔定矣。

京氏《易傳》注。

夬：

《象》曰：澤上于天，夬。

水氣上天，決降成雨，故曰「夬」。《集解》。

姤：

姤之時義大矣哉。

天地相遇，萬物亦然，故其義大也。《集解》。

天下有風，姤。君子以號令告四方。❸ 堂案：京氏《易傳》「后」字作「君子」，「施命」作「號令」，「誥」字作「告」。

巽，入也，風入于物，皆動也。故知天下有

❶「宅」，注疏、集解作「坼」。

❷「脊」，注疏、集解作「窒」。

❸「君子以號令告四方」，注疏、集解作「后以施命誥四方」。

風動其物也。京氏《易傳》注。

羸豕孚蹢躅。

羸讀爲累。《釋文》。堂案：元輯正文作「累豕」，此四字無，今從《釋文》。

萃：

萃，❶《釋文》云「無『亨』字」。王假有廟。

王五廟上也。王者聚百物以祭其先，諸侯助祭于廟中。假，大也。言五親奉上矣。《集解》。《義海撮要》節引。

《象》曰：澤上於地，萃。君子以除戎器，戒不虞。

除，猶脩治也。《釋文》。《丙子學易編》。凡聚衆必慎防閑，假陽爲主，成萃之義。伏戎必豫備，衆聚去疑心。京氏《易傳》注。

升：

地中生木，升。君子以順德，積小以高大。

合抱之木，始于毫末。京氏《易傳》注。

王用亨于岐山。亨，許兩反。《釋文》。

困：

困卦上下不應，陰陽不交，六三陰，上六亦陰无配，入九五求陽，陽亦无納也。京氏《易傳》注。

九五，𪖐鼿。❷

𪖐鼿，不安貌。《釋文》。堂案：元輯經文九五「𪖐鼿」作「劓刖」，下注「劓刖」當爲「倪伔」，蓋誤解《釋文》也。案《釋文》云「『劓刖』，荀、王肅本作『𪖐鼿』，云不安貌。陸同」，謂陸與荀、王同也。李氏《丙子學易編》、毛太史《仲氏易》引義皆然。《釋文》又云「鄭云『劓刖』當爲『倪伔』」，「倪伔」二字是鄭義，非陸義也。姚氏誤以「陸同」二字連下，故有此失，今改正。下同。

《象》曰：𪖐鼿，志未得也。

无據无應，故志未得也。二言朱紱，此言

❶「萃」下，注疏、集解有「亨」字。

❷「𪖐鼿」，注疏、集解作「劓刖」。下同。

赤紱，二言亨祀，此言祭祀，傳互言耳，无他義也。謂二困五，三困四，五初困上，斯乃迭困之義也。《集解》。

井：

井，改邑不改井。

井道以澄清見用爲功也，井象德不可渝變也。京氏《易傳》注。

木上有水，井。君子以勞民勸相。

井以德立君正民，信德以其道也。京氏《易傳》注。

井收勿幕。

收，井幹也。《釋文》。

革：

巳日乃孚。

孚，猶信也。京氏《易傳》注。

《象》曰：君子豹變，其文蔚也。

兑之陽爻稱虎，陰爻稱豹。豹，虎類而小者也。君子小於大人，故曰「豹變，其文蔚也」。《集解》。

鼎：

鼎象也，以木巽火，亨飪也。

木見火中發，火木相資，象鼎之兆。下穴爲足，中虛見納，飪熟之義明矣。京氏《易傳》注。

九三，鼎耳革。

九三成鼎之德。京氏《易傳》注。

六五，鼎黃耳，金鉉，利貞。

《象》曰：鼎黃耳，中以爲實也。

六五委任賢臣，假之位也。京氏《易傳》注。

得中承陽，故曰「中以爲實」。《集解》。

震：

震驚百里。

震爲雷聲，驚于百里，春發秋收，順天行也。取象定吉凶。京氏《易傳》注。

不喪匕鬯。

匕者，棘匕，橈鼎之器。正義【補】。

艮：

不承其隨。❶《音訓》。晁氏【補】。

漸：

漸之進也，女歸吉也。進得位，往有功也。

艮變八卦終于漸。漸終降純陰入坤，分長女三陰之兆也，柔道行也。京氏《易傳》注。

初六，鴻漸于干。

水畔稱干。《釋文》。

六二，鴻漸于磐，飲食衎衎，吉。

賢人進位也。京氏《易傳》注。

六四，鴻漸于木，或得其桷。

桷，榱也。《釋文》。

九五，鴻漸于陵。

陸、陵俱是高處，然陵卑于陸也。《口訣義》【補】。

歸妹：

歸者，嫁也。京氏《易傳》注【補】。

征凶。

震長男，兑少女，少女匹長男，氣非合也。京氏《易傳》注。

歸妹以嬬。❷

嬬，妾也。《釋文》。堂案：元輯「嬬」作「孺」，今改正。《廣雅》「妻謂之嬬」，《説文》及《玉篇》皆云「嬬，下妻也」。

九四，歸妹愆期，遲歸有時。

遲，待也。《釋文》【補】。

豐：

上六，豐其屋，蔀其家，闚其户，闃其无人，三歲不覿，凶。

上六積暗而動，凶之于上反下，見陰之兆。

❶「承」，注疏、集解作「拯」。

❷「嬬」，注疏、集解作「須」。

京氏《易傳》注。

旅：

山上有火，❶旅。

火在上，无止象，旅之義。京氏《易傳》注。

初六，旅瑣瑣，斯其所取災。

瑣瑣，小也。艮爲小石，故曰「旅瑣瑣」也。履非其正，應離之始，離爲火，艮爲山，以應火，災焚自取也。故曰「斯其所取災」也。《集解》。

巽：

本乾象，陰成盪、成巽，巽者，順也。京氏《易傳》注。

《彖》曰：重巽以申命。

巽爲命令，重命令者，欲丁寧也。《集解》。《義海撮要》。

剛巽乎中正而志行。

二得中，五得正，體兩巽，故曰「剛巽乎中正」也。皆據陰，故志行也。《集解》。《義海撮要》。

柔皆順乎剛，是以小亨。

陰爲卦主，故小亨。《集解》。《義海撮要》。

兑：

説以先民。

兑下六陰凝，艮上于陽健，納兑爲妻，二氣合也。京氏《易傳》注。

渙：

渙者，散也。京氏《易傳》注。

乘木有功也。

虛舟行也。京氏《易傳》注。

風行水上，渙。

木浮于水也。京氏《易傳》注。

中孚：

❶「上」，原誤作「下」，據通行本《周易》改。

中孚：信也。京氏《易傳》注。

豚魚吉，信及豚魚也。

豚魚幽微之物，信尚及之，何況於人乎！京氏《易傳》注。

我有好爵，吾與爾靡之。《釋文》。《漢上易傳》。

既濟：

離坎分子午，水上火下，性相交敵，不間隔，是曰既濟也。京氏《易傳》注。

《象》曰：三年克之，備也。❶

備當爲憊；憊，困劣也。《釋文》【補】。

未濟：

離炎上，坎務下，二象不合，各殊陰陽也。京氏《易傳》注。

繫辭上

鼓之以雷霆。

鼓，鼓動也。《釋文》。

六爻之動。

陰陽失位則變，得位則否，故以陽居陰位，陽居陰位則動。《易裨傳》外篇【補】。

三極之道也。

極，至也。《釋文》。天有陰陽二氣，地有剛柔二性，人有仁義二行，六爻之動，法乎此也。此三才極至之道也。初四下極，二五中極，三上上極也。《集解》。

是故君子所居而安者，易之序也。

序，象也。《釋文》。

辯吉凶者存乎辭。

吉凶之兆，見乎爻象。京氏《易傳》注。

生生之謂易。

凡卦陰極陽生，陽極陰生，生生之義，不絕

❶「備」，注疏、集解作「憊」。

之貌。京氏《易傳》注【補】。

繫辭焉以斷其吉凶，是故謂之爻。

爻配陰陽，分人事，吉凶具見矣。京氏《易傳》井卦注【補】。

夫乾，其靜也顓。❶ 堂案：今文「專」，《釋文》引陸本或作「塼」，亦作「摶」。抱經堂《攷證》云「《左傳》『若琴瑟之專』一亦作『摶』」。《史記·始皇本紀》「摶心揖志」，皆與「專」同。元輯作「顓」，與《釋文》異。然案《史記》、《漢書》「專」字亦作「顓」，顏師古云「顓與專同」。元輯作「顓」或別有據，今仍之。

儀之而後動。❷《釋文》【補】。堂案：呂氏《音訓》引《釋文》云：「『議之』，陸績、姚、桓玄、荀柔之作『儀之』。」別本《釋文》「陸」字下脱一「績」字。明神廟本、盧氏雅雨堂本「陸」字又改作「鄭」，故《經義攷》亦引爲鄭義。然案下文「以動者尚其變」，《集解》引陸注明云「儀之」，是陸非鄭無疑。

子曰：勞而不伐，有功而不置，❸厚之至也。《釋文》。

野容誨淫。❹

言妖野容儀，教誨淫佚也。《釋文》。

凡三百有六十，當期之日。

日月十二交會，積三百五十四日有奇爲一會。今云三百六十當期，則實十二月六日也。❺十二月爲一期，故云「當期之日」也。《集解》。

是故四營而成易。

分而爲二以象兩，一營也。掛一以象三，二營也。揲之以四以象四時，三營也。歸奇于扐以象閏，四營也。謂四度營爲，方成之一爻者也。《集解》。

❶「顓」，注疏、集解作「專」。
❷「儀」，注疏、集解作「議」。
❸「置」，注疏、集解作「德」。
❹「野」，注疏、集解作「冶」。
❺「實」，集解作「入」。「十二」，集解作「十三」，下同。

以動者尚其變。

變爲爻之變化，當儀之而後動矣。《集解》。

堂案：「儀」字，元輯作「議」，今據雅雨堂本改。

通其變，遂成天地之爻。❶《釋文》【補】。

夫《易》開物成務。

開物謂庖犧引信八卦，重以爲六十四。觸長爻册，至于萬一千五百二十，以當萬物之數，故曰開物。聖人觀象而制網罟耒耜之屬，以成天下之務，故曰「成務」也。《集解》。

六爻之義易以工。❷《釋文》。

退藏於密。

受蓍龜之報應，決而退藏之於心也。《集解》。

古之聰明睿知，神武而不殺者夫。殺如字，《釋文》【補】。

是興神物，以前民用。

神物，蓍也。聖人興蓍，以别吉凶，先民而用之，民皆從焉，故曰「以前民用」也。《集解》。

聖人以此齊戒，以神明其德。

聖人以蓍能逆知吉凶，除害就利，清絜其身，故曰「以此齊戒」也。吉而後行，舉不違失。其德富盛，見稱神明，故曰「神明其德」也。《集解》。

利用出入，民咸用之謂之神。

聖人制器，以周民用，用之不遺，故曰「利用出入」也。民皆用之，而不知所由來，故謂之神也。《集解》。

天地變化，聖人效之。

天有晝夜、四時變化之道，聖人設三百八

❶「爻」，注疏、集解作「文」。

❷「工」，注疏、集解作「貢」。

十四爻以效之矣。《集解》。

變而通之以盡利。

變三百八十四爻，使相交通，以盡天下之利。《集解》。

舉而措之，天下之民謂之事業。

變通盡利，觀象制器，舉而措之于天下，民咸用之，以爲事業。《集解》。

而擬諸其形容，象其物宜，是故謂之象。

此明設立象盡意，❶設卦盡情僞之意也。《集解》。

極天下之賾者，存乎卦。

言卦象極盡天下之深情也。《集解》。

繫　辭　下

因而重之。

凡八卦分爲八宫，每宫八卦，八八六十四卦。京氏《易傳》晉卦注【補】。

天地之道，貞觀者也。

言天地正，可以觀瞻爲道也。《集解》。

日月之道，貞明者也。

言日月正，以明照爲道矣。《集解》。

夫坤，妥然示人簡矣。❷《釋文》。

何以聚人？曰財。

人非財不聚，故聖人觀象制器，備物盡利，以業萬民而聚之也。蓋取聚人之本矣。《集解》。

觀鳥獸之文。

謂朱鳥、白虎、蒼龍、玄武四方二十八宿經緯之文。《集解》。

斲木爲耜。

❶「設」，集解作「説」。
❷「妥」，注疏、集解作「隤」。

耜廣五寸。《釋文》。堂案：《釋文》云：「耜，京云耒，下耜也。陸云『廣五寸』。」元輯多「耒下耜也」四字，今刪去。

易，窮則變，變則通，通則久，是以自天右之，❶吉无不利。

陰窮則變爲陽，陽窮則變爲陰，天之道也。庖犧作網罟，教民取禽獸，以充民食。民衆獸少其道窮，則神農教播殖以便之。❷此窮變之大要也。窮則變，變則通，與天終始，故可久。民得其用，故无所不利者也。❸《集解》。

既辱且危，死其將至，❹妻其可得見邪？

六三從困辱之家，變之大過，爲棺槨死喪之象，故曰「死其將至，妻不可得見」也。《集解》。

《易》曰：其亡其亡，繫于包桑。

自此以上，皆謂否陰滅陽之卦。五在否家，雖得中正，常自懼以危亡之事者也。《集解》【補】。

周流六虛。

六虛，即六爻也。京氏《易傳》頤卦注【補】。

道有變動，故曰爻。

天道有晝夜、日月之變，地道有剛柔、燥濕之變，人道有行止、動靜、吉凶、善惡之變，聖人設爻以效三者之變，故謂之爻者也。《集解》。

危者使平。

文王在紂世，有危亡之患，故于《易》辭，多趨危亡。本自免濟，建成王業，故《易》爻辭「危者使平」，以象其事。否卦九五「其

❶「右」，注疏、集解作「祐」。
❷「便」，集解作「變」。
❸「者」，集解無此字。
❹「其」，注疏、集解作「期」。

亡其亡，繫于包桑」之屬是也。《集解》。

易者使傾。

易，平易也。紂安其位，自謂平易，而反傾覆，故《易》爻辭「易者使傾」，以象其事。明夷上六「初登于天，後入于地」之屬是也。《集解》。

說卦

雷風相薄。

相薄，相附薄也。《釋文》【補】。

水火不相射。

射，音亦。厭也。《釋文》。

帝出乎震。

安爲動主，静爲躁君。京氏《易傳》注。

齊也者，言萬物之絜齊也。

齊者，整肅萬物，得其道也。京氏《易傳》恒卦注【補】。

戰乎乾，乾西北之卦也，言陰陽相薄也。

乾爲陽，西北陰，陽入陰，二氣盛，必戰。京氏《易傳》乾卦注【補】。

動萬物者，莫疾乎雷。

震主動也。京氏《易傳》革卦注【補】。

燥萬物者，莫熯乎火。

離火炎上。京氏《易傳》既濟卦注【補】。

潤萬物者，莫潤乎水。

坎水潤下。京氏《易傳》既濟卦注【補】。

水火无不字。相逮。《釋文》【補】。

乾爲首、爲君、爲父。堂案：此條元輯京房《易傳》文，與《說卦》文不同，下二條倣此。

乾爲首也。乾象堅剛，天地之尊，故曰「君父」。京氏《易傳》注。

坤爲腹、爲母。

坤順容于物。京氏《易傳》注。

乾爲馬、爲龍。

天行運轉不息。京氏《易傳》注。

艮爲手。

艮爲背手。京氏《易傳》遯卦注【補】。

坤，地也，故稱乎母。

取含養也。《太平御覽》三十六《地部》【補】。

震一索而得男，故謂之長男。

乾生三男，京氏《易傳》大有卦注。少長分形，艮卦注。震一陽居初爻，師卦注。震爲長男。坎卦注【並補】。

巽一索而得女，故謂之長女。

坤生三女。同上。大有卦注。巽長女。比卦注【並補】。

坎再索而得男，故謂之中男。

坎二陽居中，陽居九二，稱中男。同上，師卦注【補】。

離再索而得女，故謂之中女。

離，中女。同上，比卦注【補】。

艮三索而得男，故謂之少男。

艮三陽，處卦之末，陽極爲少男。同上，師卦注【補】。

兑三索而得女，故謂之少女。

兑，少女。同上，比卦注【補】。

爲反生。

反當爲阪。《釋文》。堂案：元輯經文作「阪生」，注云「『阪』當作『反』」，別本《釋文》同。惠徵君定宇曰：「反，古『阪』字。《前漢·地理志》『蒲阪』字作『反』。《劉寬碑陰》同此。當仍經文作『反』，讀爲『阪』。」今據正與神廟本《釋文》合。

爲風。

風，土氣也。巽，坤之所生，故爲風。亦取靜于本，而動于末也。《集解》。

爲矯輮。《釋文》。堂案：元輯有「輮讀爲柔」四字，不見《釋文》，今刪去。

爲小石。

艮剛卦之小，故爲小石者也。《集解》。

序　卦 闕

雜　卦

艮，止也。

乾三生男，將至艮極，京氏《易傳》艮卦注。又云「止也」。師卦注【並補】。

明夷，誅也。

誅，傷也。《釋文》。

大有，衆也。

柔處尊位，以柔履剛，以陰處陽，能柔順于物，萬物歸附。京氏《易傳》大有卦注【補】。

歸妹，女之終也。

兑歸魂，配六十四卦之終也。京氏《易傳》歸妹卦注【補】。

陸績周易述一卷

董遇周易章句序

弘農董遇，字季直，《魏志》稱其歷注經傳行於世。李鼎祚集《易》解三十餘家，而獨不及遇。何與？今攷其《章句》遺説，與諸家互有異同。在當時，要是鄭、荀一流。以視祖尚清虚、徒序浮義者，相去固已遠矣。亟録之，以補李氏之闕。孫堂識。

董遇周易章句

平湖孫堂步升輯

上下經

乾：

君子體信，❶足以長人。《釋文》。

坤：

爲其嗛于陽也。❷《釋文》。

屯：

天造草昧。

草昧，微物。《釋文》。

泰：

拔茅茹以其彙，❸貞吉。

彙，出也。《釋文》。

謙：

君子以捊多益寡。

捊，取也。《釋文》。

噬嗑：

九四，噬乾胏。胏音甫。《釋文》。

賁：

賁如皤如。

馬作《集韻》作「馬」。足橫行曰「皤」。音槃。《釋文》。《集韻》平聲二。

白馬翰如。

翰，馬舉頭高卬也。《釋文》。《輯聞》。

剥：

君子德車。❹《釋文》。

❶「信」，注疏、集解作「仁」。
❷「嗛」，注疏、集解作「嫌」。
❸「彙」，注疏、集解作「彚」。
❹「德車」，注疏、集解作「得輿」。

无妄：

不菑畬。

菑，反草也。悉耨曰畬。《釋文》。

夬：

莧陸夬夬。

莧，人莧也。陸，商陸也。正義。《學齋佔畢》。

前人以莧陸、當陸爲二草，陸之爲葉，差堅于莧。莧根小，陸根大。趙氏《輯聞》。堂案：《本艸集解》莧凡六種：赤莧、白莧、灰莧、紫莧、五色莧、馬莧也。人、白二莧可入藥，但大者爲白莧，小者爲人莧耳。《爾雅·釋艸》「遂薚馬尾」，《廣雅》「馬尾蔏陸」，郭璞云「今江東爲當陸」。《説文》「薚」作「募」，云「枝枝相值，葉葉相當」，或云多當陸路而生，故曰「當陸」。

既濟：

婦喪其髢。❶《釋文》。堂案：《詩·鄘風·君子偕老》篇「鬒髮如雲，不屑髢也」，正義「髢，髲也」，《説文》云「髲，益髮也。言人髮少，聚他人髮益之」，《左傳》「使髡之以爲吕姜髢」是也。神廟本《釋文》及《經義考》作「婦喪其笄」，未知孰是。

上下繫辭

鼓之以雷霆。

鼓，鼓動也。《釋文》。

乾以易知。易音亦。《釋文》。

辯吉凶者存乎辭。

辯，別也。《釋文》。

大衍之數五十，其用四十有九。

天地之數五十有五者，其六以象六畫之數，故減之而用四十九。正義。《漢上易傳》。《易圖説》。《鉤隱圖》。《筮宗》。《山堂考索》前集一、別集三。《禮書》七十三。《玉海》三十六。

聖人以此先心。❷《釋文》。

❶「髢」，注疏、集解作「茀」。

❷「先」，注疏、集解作「洗」。

夫坤，妥然示人簡矣。❶《釋文》。

象也者，象也。❷《釋文》。

説　卦

水火不相射。

射，音亦。厭也。《釋文》。

眇萬物而爲言者也。❸

眇，成也。《釋文》。

爲幹卦。《釋文》。堂案：《列子》「木葉幹殼」，張湛注云「幹，音乾」，是古「乾」字亦作「幹」。

序　卦闕

雜　卦闕

董遇周易章句一卷

❶「妥」，注疏、集解作「隤」。

❷「象」，注疏、集解作「像」。

❸「眇」，注疏、集解作「妙」。

虞翻周易注序

唐釋一行云：「十二月卦，出自孟喜《章句》。」然則焦、京分卦值日之法，皆孟學也。虞翻字仲翔。亦淵源孟學者。顧其説則較焦、京爲更密。蓋一歲之候，由月而積，六畫之卦，自三畫始。焦、京皆以六十四卦分一歲之候，而未嘗以八卦推一月中朔、晦、弦、望之象也。易者，象也。《大傳》云：「縣象著明，莫大乎日月。」又曰：「陰陽之義配日月。」故虞之解《大傳》云：「日月縣天，成八卦象。三日莫，震象出庚，八日，兑象見丁，十五日，乾象盈甲，十六日旦，❶巽象退辛，二十三日，艮象消丙，三十日，坤象滅乙，晦夕朔旦，坎象流戊，日中則離，離象就己。」其説實焦、京所未發。其《上易注奏》云：「臣依經立注。」又云：「易道在天，三爻足矣。」不信然與。惜其書久佚，《集解》所録，與三十餘家相閒，以經文準之，殆不能半。然虞之大義，至今未泯者，不可謂非李氏之功。今以《集解》爲主，而更采他書以附益之，釐爲十卷，此依《釋文・序録》，《隋志》則云「九卷」。以志不忘元書之意云爾。孫堂識。

❶「六」，集解作「七」。

虞翻别傳附録

《虞翻别傳》：翻初立《易》注，奏上曰：「臣聞《六經》之始，莫大陰陽，是以伏羲仰天縣象，而建八卦，觀變動六爻爲六十四，以通神明，以類萬物。臣高祖父故零陵太守光少治孟氏《易》，曾祖父故平輿令成纘述其業，至臣祖父鳳爲之最密。臣先考故日南太守歆，❶受本于鳳，最有舊書。世傳其業，至臣五世。前人通講，多玩章句，雖有祕説，於經疏闊。臣生遇亂世，長於軍旅，習經於枹鼓之間，講論於戎馬之上，蒙先師之説，依經立注。又臣郡吏陳桃夢臣與道士相遇，放髮被鹿裘，布易六爻，撓其三以飲臣，臣乞盡吞之。道士言易道在天，三爻足矣。豈臣受命，應當知經！所覽諸家解不離流俗，義有不當實，輒悉改定，以就其正。孔子曰：『乾元用九而天下治。』聖人南面，蓋取諸離，斯誠天子所宜協陰陽致麟鳳之道矣。謹正書副上，惟不罪戾。」翻又奏曰：「經之大者，莫過於易。自漢初以來，海内英才，其讀易者，解之率少。至孝靈之際，潁川荀諝號爲知易，臣得其注，有愈俗儒，至所説西南得朋，東北喪朋，顛倒反逆，了不可知。孔子歎易曰：『知變化之道者，其知神之所爲乎！』以美大衍四象之作，而上爲章首，尤可怪笑。又南郡太守馬融，名有俊才，其所解釋，復不及諝。孔子曰：『可與其學，未可與適道』，

❶「先」，中華書局排印本《三國志》作「亡」。

豈不其然！若乃北海鄭玄，南陽宋忠，雖各立注，忠小差玄而皆未得其門，難以示世。」《三國志》本傳裴松之注。

孔融答虞翻書曰：「示所著《易傳》，自商瞿以來，舛錯多矣。去聖彌遠，衆說騁辭。曩聞延陵之理樂，今覩吾子之治《易》，知東南之美者，非徒會稽之竹箭也。又觀象雲物，察應寒温，原其禍福，與神合契，可謂探索旁通者已。方世清聖上求賢者，梁丘以卦筮寧世，劉向以《洪範》昭名，想當來翔，追蹤前烈，相見乃盡，不復多陳。」《藝文類聚》五十五，與《吴志》本傳節文不同。

虞翻周易注卷一

平湖孫堂步升輯

上經

乾：

初九，潛龍勿用。

爻辭，周公所作。《春秋左傳序》疏。

九三，君子終日乾乾，夕惕若，厲，无咎。

謂陽息至三，二變成離，離爲日，坤爲夕。《集解》。已下《集解》，依雅雨堂本元文校正。

九五，飛龍在天，利見大人。

謂四已變，則五體離。離爲飛，五在天，故飛龍在天，利見大人也。謂若庖犧觀象於天，造作八卦，備物致用，以利天下，故曰「飛龍在天」。天下之所利見也。《集解》。

雲行雨施，品物流形。

已成既濟，上坎爲雲，下坎爲雨，故雲行雨施。乾以雲雨流坤之形，萬物化成，故曰「品物流形」也。《集解》。

君子以自强不息。

君子謂三。乾健，故强。天一日一夜過周一度，故自强不息。《老子》曰「自勝者强」。《集解》。

終日乾乾，反復道也。

至三體復，故反復道，謂否泰反其類也。《集解》。

樂則行之，憂則違之。

陽出初震，爲樂爲行，故樂則行之。坤死稱憂，隱在坤中，遯世无悶，故憂則違之也。《集解》。

確乎其不可拔，潛龍也。

確，剛貌也。乾剛潛初，坤亂於上，君子弗用。隱在下位，確乎難拔，潛龍之志也。《集解》。

九二曰：見龍在田，利見大人。何謂也？

子曰：龍德而正中者也。

中，下之中。二非陽位，故明言能正中也。《集解》。

《易》曰：見龍在田，利見大人，君德也。

陽始觸陰，當升五爲君。時舍於二，宜利天下。直方而大，德无不利，明言君德。地數始二，故稱「《易》曰」。《集解》。堂案：《釋文》：「虞翻注《參同契》云『易字，從日下月』。」

九三曰：君子終日乾乾，夕惕若，厲，无咎。何謂也？子曰：君子進德脩業。

乾爲德，坤爲業。以乾通坤，謂爲進德脩業。《集解》。

是故居上位而不驕。

天道三才，一乾而以至三乾成，故爲上。夕惕若厲，故不驕也。《集解》。

在下位而不憂。

下位謂初，隱於初，憂則違之，故不憂。《集解》。

九五曰：飛龍在天，利見大人。何謂也？子曰：同聲相應。

謂震、巽也。庖犧觀變而放八卦。雷風相薄，故相應也。《集解》。

同氣相求。

謂艮、兑。山澤通氣，故相求也。《集解》。

水流溼，火就燥。

離上而坎下，水火不相射。《集解》。

雲從龍。

乾爲龍，雲生天，故從龍也。《集解》。

風從虎。

坤爲虎，風生地，故從虎也。《集解》。

聖人作而萬物覩。

覩，見也。聖人則庖犧。合德乾五，造作八卦，以通神明之德，以類萬物之情。五動成離，日出照物皆相見，故曰「聖人作而萬物覩」也。《集解》。

則各從其類也。

方以類聚，物以群分。乾道變化，各正性命。觸類而長，故各從其類。《集解》。

見龍在田，時舍也。

二非王位，時暫舍也。《集解》。

乾元者，始而亨者也。

乾始開通，以陽通陰，故始通。《集解》。

乾始而以美利利天下。❶

美利，謂雲行雨施，品物流形，故利天下也。《集解》。

不言所利，大矣哉。

天何言哉！四時行焉，百物生焉，故利者大也。《集解》。

君子以成德爲行，日可見之行也。

謂初。乾稱君子，陽出成爲上德。堂案：疑作「陽出上爲成德」。雲行雨施則成離，日新之謂上堂案：「上」疑作「盛」。德，故日可見之行。《集解》。

君子學以聚之，問以辯之。

謂二。陽在二，兑爲口，震爲言，爲講論。坤爲文，故學以聚之，問以辯之。兑象君子以朋友講習。《集解》。

寬以居之，仁以行之。

震爲寬仁，爲行，謂居寬行仁，德博而化也。《集解》。

《易》曰：見龍在田，利見大人，君德也。

重言君德者，大人善世不伐，信有君德，後

❶「而」，集解作「能」。

天而奉天時，故詳言之。《集解》。

九三，重剛而不中。

以乾接乾，故重剛。位非二五，故不中也。《集解》。

或之者，疑之也。

非其位，故疑之也。《集解》。

與鬼神合其吉凶。

謂乾神合吉，坤鬼合凶。以乾之坤，故與鬼神合其吉凶。《集解》。

先天而天弗違。

乾爲天，爲先，大人在乾五，乾五之坤五，天象在先，故先天而天弗違。《集解》。

後天而奉天時。

奉，承行。乾三之坤初堂案：疑作「乾二之坤二」。成震，震爲後也。震春兑秋，坎冬離夏，四時象具，故後天而奉天時，謂承天時行，順也。《集解》。

坤：

坤，元亨，利牝馬之貞。

謂陰極陽生，乾流坤形，坤含光大，凝乾之元，終於坤亥，出乾初子，品物咸亨，故元亨也。坤爲牝，震爲馬，初動得正，故利牝馬之貞矣。《集解》。

西南得朋，乃與類行。

謂陽得其類，月朔至望，從震至乾，與時偕行，故乃與類行。《集解》。

東北喪朋，乃終有慶。

陽喪滅坤，坤終復生，謂月三日，震象出庚，故乃終有慶。此指説易道陰陽消息之大要也。謂陽月三日，變而成震出庚，至月八日，成兑見丁，庚西丁南，故西南得朋。謂二陽爲朋，故兑君子以朋友講習。《文言》曰「敬義立而德不孤」，《彖》曰「乃與類行」。二十九日，消乙入坤，滅藏於癸，乙東癸北，故東北喪朋。謂之以坤滅乾，坤爲喪故也。馬君云：「孟秋之月，陰氣始著，而坤之位，同類相得，故『西南得朋』。孟春之月，陽氣始著，陰始從陽，失其黨類，故東北喪朋。」失之甚矣。而荀君以爲陰起於午，至申三陰，得坤一體，故曰「西南得朋」。陽起於子，至寅三陽，喪坤一體，故東北喪朋。就如荀說，從午至申，經當言南西得朋，子至寅，當言北東喪朋。以乾變坤而言喪朋，經以乾卦爲喪耶！此何異於馬也。《集解》。

安貞之吉。

坤道至静，故安。復初得正，故貞吉。《集解》。

應地无疆。

震爲應。陽正於初，以承坤陰，地道應，故應地无疆。《集解》。

《象》曰：地勢坤，君子以厚德載物。

勢，力也。君子謂乾，陽爲德，動在坤下。君子之德車，故厚德載物。《老子》曰「勝人者有力」也。《集解》。

六三，含章可貞。

貞，正也。以陰包陽，故含章。三失位，發得正，故可貞也。《集解》。

或從王事，无成有終。

謂三已發成泰，乾爲王，坤爲事，震爲從，故或從王事。地道无成而有終，故无成有終。《集解》。

六四，括囊，无咎无譽。

括，結也。謂泰反成否，坤爲囊，艮爲手，巽爲繩，故括囊。在外，多咎也。得位承五，繫于包桑，故无咎。陰在二多譽，而遠在四，故无譽。《集解》。

後得主而有常。

坤陰先迷，後順得常。陽出初震，爲主、爲常也。《集解》。

積善之家，必有餘慶。

謂初。乾爲積善。以坤牝陽，滅出復震爲餘慶，謂東北喪朋，乃終有慶也。《集解》。

積不善之家，必有餘殃。

坤積不善，以臣弒君。以乾通坤，極姤生巽，爲餘殃也。《集解》。

臣弒其君，子弒其父。

坤消至二，艮子弒父，至三成否，坤臣弒君。上下不交，天下無邦，故子弒父，臣弒君也。《集解》。

非一朝一夕之故，其所由來者漸矣。

剛爻爲朝，柔爻爲夕。乾爲寒，坤爲暑，相推而成歲焉，故非一朝一夕，所由來漸矣。《集解》。

直其正也，方其義也。

謂二。陽稱直。乾，其靜也專，其動也直，故直其正。方謂闢，陰開爲方。坤，其靜也翕，其動也闢，故方其義也。《集解》。

君子敬以直内，義以方外，敬義立而德不孤。

陽息在二，故敬以直内，坤位在外，故義以方外。謂陽見兑丁，西南得朋，乃與類行，故德不孤。孔子曰「必有鄰」也。《集解》。

天地變化，草木蕃。

謂陽息坤成泰，天地反。堂案：「反」疑作「交」。以乾變坤，坤化升乾，萬物出震，故天地變化，草木蕃矣。《集解》。

天地閉，賢人隱。

謂四。泰反成否，乾稱賢人，隱藏坤中。以儉德避難，不榮堂案：否大象「榮」當作「營」。以禄，故賢人隱矣。《集解》。

君子黄中通理，正位居體。

謂五。坤息體觀，地色黄，坤爲理。以乾

通坤，故稱通理。五正陽位，故曰「正位」。艮爲居，體謂四支也。艮爲兩肱，巽爲兩股。故曰「黄中通理，正位居體」。《集解》。

美在其中而暢於四支。

陽稱美，在五中。四支謂股肱。《集解》。

陰凝於陽必戰。❶《釋文》。

爲其嗛于陽也。❷《釋文》。

屯：

屯，元亨利貞。

坎二之初，剛柔交震，故元亨。之初得正，故利貞矣。《集解》。

勿用有攸往，利建侯。

之外稱往。初震得正，起之欲應，堂案：疑作「起欲之應」。動而失位，故勿用有攸往。震爲侯。初剛難拔，故利以建侯，老子曰「善建者不拔」也。《集解》。

《彖》曰：屯，剛柔始交而難生。

乾剛坤柔，坎二交初，故始交。確乎難拔，故難生也。《集解》。

雷雨之動滿形。❸今本「形」訛「盈」。

震雷坎雨，坤爲形也。謂三已反正，成既濟，坎水流坤，故滿形。謂雷動雨施，品物流形也。《集解》。

天造草昧，宜建侯而不寧。

造，造生也。草，草創物也。坤冥爲昧，故天造草昧。成既濟定，故曰「不寧」，言寧也。《集解》。

初九，盤桓利居貞，利建侯。

震起艮止，動乎險中，故盤桓。得正得民，故利居貞。謂君子居其室，慎密而不出

❶「凝」，注疏、集解作「疑」。
❷「嗛」，注疏、集解作「嫌」。「于」下，注疏、集解有「无」字。
❸「形」，注疏、集解作「盈」。

也。《集解》。

六二，屯如邅如，乘馬班如。

屯邅，盤桓，謂初也。震爲馬作足，二乘初，故乘馬。班，躓也。馬不進，故班如矣。《集解》。

匪寇婚媾，女子貞不字，十年乃字。

匪，非也。寇謂五，坎爲寇盜，應在坎，故匪寇。陰陽德正，故婚媾。字，妊娠也。三失位，變復體離，離爲女子，爲大腹，故稱字。今失位爲坤，離象不見，故女子貞不字。坤數十，三動反正，離女大腹，故十年反常乃字，謂成既濟定也。《集解》。

六三，即鹿无虞，惟入于林中。

即，就也。虞謂虞人，掌禽獸者。艮爲山，山足稱鹿，鹿，林也。三變體坎，坎爲藂木，山下，故稱林中。坤爲兕虎，震爲麋鹿，又爲驚走，艮爲狐狼。三變，禽走入于林中，故曰「即鹿无虞，惟入林中」矣。《集解》。

君子幾不如舍，往吝。

君子謂陽已正位。幾，近；舍，置；吝，疵也。三應於上，之應歷險，不可以往，動如失位，故不如舍之，往必吝窮矣。《集解》。

六四，乘馬班如。

乘三也。謂三已變，坎爲馬，故曰「乘馬」，馬在險中，故班如也。或説乘初，初爲建侯，安得乘之也。《集解》。

《象》曰：求而往，明也。

之外稱往。體離，故明也。《集解》。

九五，屯其膏。

坎雨稱膏，《詩》云「陰雨膏之」，是其義也。《集解》。

《象》曰：屯其膏，施未光也。

陽陷陰中，故未光也。《集解》。

上六，乘馬班如。

乘五也。坎爲馬，震爲行，艮爲止，馬行而止，故班如也。《集解》。

《象》曰：泣血漣如，何可長也？

謂三變時，離爲目，坎爲血，震爲出，血流出目，故泣血漣如。柔乘於剛，故不可長也。《集解》。

蒙：

蒙，亨。

艮三之二。亨謂二，震剛柔接，故亨。蒙亨，以通行時中也。《集解》。

匪我求童蒙，童蒙求我。

童蒙謂五，艮爲童蒙，我謂二也。震爲動起，嫌求之五，故曰「匪我求童蒙」。五陰求陽，故童蒙求我，志應也。艮爲求。二體師象，坎爲經，謂禮有來學無往教。《集解》。

利貞。

二五失位，利變之正，故利貞。蒙以養正，聖功也。《集解》。

蒙以養正，聖功也。

體頤故養。五多功，聖謂二，二志應五，變得正而亡其蒙，故聖功也。《集解》。《漢上易傳》節引。

《象》曰：山下出泉，蒙。

艮爲山，震爲出，坎泉流出，故山下出泉。《集解》。

君子以果行育德。

君子謂二，艮爲果，震爲行。育，養也。二至上有頤養象，故以果行育德也。《集解》。

初六，發蒙，利用刑人，用說桎梏，以往吝。

發蒙之正。初爲蒙始而失其位，發蒙之正以成兑，兑爲刑人，坤爲用，故曰「利用刑人」矣。坎爲穿木，震足艮手，互與坎連，故稱桎梏。初發成兑，兑爲説，坎象毁壞，故曰「用説桎梏」。之應歷險，故以往吝。吝，小疵也。《集解》。

《象》曰：利用刑人，以正法也。

坎爲法，初發之正，故正法也。《集解》。

九二，包蒙吉，納婦吉，子克家。

《象》曰：子克家，剛柔接也。

坤爲包，應五據初，初堂案：下「初」字疑作「又」，或作「二」。與三四同體，包養四陰，故包蒙吉。震剛爲夫，伏巽爲婦，二以剛接柔，故納婦吉。二稱家，震長子，主器者，納婦成初，堂案：「初」疑作「家」。故有子克家也。《集解》。

六三，勿用娶女，見金夫，不有躬，无攸利。

謂三，誡上也，金夫謂二。初發成兑，故三稱女，兑爲見，陽稱金，震爲夫，三逆乘二陽，所行不順，爲二所淫，上來之三陟陰，故曰「勿用娶女，見金夫」矣。坤身稱躬，三爲二所乘，兑澤動下，不得之應，故不有躬。失位多凶，故无攸利也。《集解》。

《象》曰：勿用娶女，行不順也。

失位乘剛，故行不順也。《集解》。

六五，童蒙吉。

艮爲童蒙，處貴承上，有應於二，動而成巽，故吉也。《集解》。

上九，擊蒙，不利爲寇，利禦寇。

體艮爲手，故擊。謂五已變，上動成坎稱寇，而逆乘陽，故不利爲寇矣。禦，止也。此寇謂二，坎爲寇。巽爲高，艮爲山，登山備下，順有師象，故利禦寇也。《集解》。

《象》曰：利用禦寇，上下順也。

自上禦下，故順也。《集解》。

需：

需，有孚，光亨，貞吉。

大壯四之五。孚謂五。離日爲光，四之五得位正中，故光亨。貞吉謂壯于大轝之輻堂案：《大壯》九四「輻」當作「腹」。也。《集解》。

利涉大川，往有功也。

謂二失位，❶變而涉坎，坎爲大川，得位應五，故利涉大川。五多功，故往有功也。《集解》。

君子以飲食宴樂。

君子謂乾。坎水兑口，水流入口爲飲，二失位，變體噬嗑，爲食，故以飲食。陽在内稱宴。大壯震爲樂，故宴樂也。《集解》。

九二，需于沙，小有言，終吉。

沙謂五，水中之陽稱沙也。二變之陰稱小，大壯震爲言，兑爲口，四之五，震象半見，故小有言。二變應之，故終吉。《集解》。

《象》曰：需于沙，衍在中也。

衍，流也。中謂五也。《集解》。

自我致寇，敬慎不敗也。

離爲戎，乾爲敬，陰消至五遯，臣將弑君，四上壯坤，故敬慎不敗。《集解》。

訟：

訟，有孚，窒惕，中吉。

遯三之二也。孚謂二。窒，塞止也。惕，懼二也。二失位，故不言貞。遯將成否，則子弑父，臣弑君，三來之二得中，弑不得行，故中吉也。《集解》。

終凶。

二失位，終止不變，則入于淵，故終凶也。《集解》。

君子以作事謀始。

君子謂乾三，來變坤爲作事，坎爲謀，乾知大始，故「以作事謀始」。《集解》。

❶「二」，集解作「三」。

初六，不永所事，小有言，終吉。

永，長也。坤爲事，初失位而爲訟始，故不永所事也。小有言謂初四易位成震言，三食舊德，震象半見，故小有言。初變得正，故終吉也。《集解》。

九二，不克訟，歸而逋。

謂與四訟，坎爲隱伏，故逋。乾位剛在上，坎濡失正，故不克也。《集解》。

其邑人三百户，无眚。

眚，災也，坎爲眚。謂二變應五，乾爲百，坤爲户，三爻，故三百户。坎化爲坤，故无眚。《集解》。

六三，食舊德，貞厲終吉。

乾爲舊德，食謂初，四、二已變之正，三動得位，體噬嗑食，四變食乾，故食舊德。三變在坎，正危，貞厲。得位，故終吉也。《集解》。

或從王事，无成。

乾爲王，二變否時，坤爲事，故或從王事。道无成而代有終，故曰「无成」。坤三同義也。《集解》。

九四，不克訟，復即命渝，安貞吉。

失位，故不克訟。渝，變也。不克訟，故復位，變而成巽，巽爲命令，故復即命渝。動而得位，故安貞吉，謂二已變坤安也。《集解》。

上九，或錫之鞶帶。

錫謂王之錫命。鞶帶，大帶，男子鞶革。初四已易位，三二之正，巽爲腰帶，故鞶帶。《集解》。

終朝三拕之。❶

位終乾上，二變時，坤爲終，離爲日，乾爲

❶「拕」，注疏、集解作「褫」。

甲，日出甲上，故稱朝。應在三，三變時，艮爲手，故終朝三拕之。使變應己，則去其鞶帶，體坎乘陽，故《象》曰「不足敬也」。《集解》。

《象》曰：以訟受服，亦不足敬也。

服謂鞶帶。終朝見拕，乾象毁壞，故不足敬。《集解》。

師：

《彖》曰：師，衆也。貞，正也。能以衆正，可以王矣。

坤爲衆。謂二失位，變之五爲比，故能以衆正，乃可以王矣。《集解》。

君子以容民畜衆。

君子謂二。容，寬也。坤爲民衆，又堂案：「又」字疑衍。畜養也。陽在二，寬以居之，五變執言時，有頤養象，故以容民畜衆矣。《集解》。

六三，師或輿尸，凶。

坎堂案：「坎」疑作「坤」。爲尸，坎爲車多眚，同人離爲戈兵，爲折首，失位乘剛无應，尸在車上，故輿尸凶矣。《集解》。堂案：此條毛本、胡本俱作「盧氏」説。

六五，田有禽，利執言，无咎。

田謂二，陽稱禽。震爲言，五失位，變之正，艮爲執，故利執言，无咎。《集解》。

長子帥師。

長子謂二，震爲長子。在師中，故帥師也。《集解》。

弟子輿尸，貞凶。

弟子謂三，三體坎，坎震之弟而乾之子。失位乘陽，逆，故貞凶。《集解》。

上六，大君有命。

同人乾爲大君，巽爲有命。《集解》。

開國承家。

承，受也。坤爲國，二稱家。謂變乾爲坤，欲令二上居五爲比，故開國承家。《集解》。

小人勿用。

陰稱小人。坤虛无君，體迷復凶，坤成乾滅以弑君，故小人勿用。《集解》。

《象》曰：大君有命，以正功也。

謂五多功。五動正位，故正功也。《集解》。

小人勿用，必亂邦也。

坤反君道，故亂邦也。《集解》。

比：

比，吉。

師二上之五，得位，衆陰順從，比而輔之，故吉。與大有旁通。《集解》。

不寧方來，上下應也。

水性流動，故不寧，坤陰爲方，上下應之，故方來也。《集解》。

後夫凶。

後謂上，夫謂五也。坎爲後，艮爲背，上位在背，後无應乘陽，故後夫凶也。《集解》。

先王以建萬國，親諸侯。

先王謂五，初陽已復，震爲建、爲諸侯，坤爲萬國、爲腹，坎爲心。腹心親比，故以建萬國，親諸侯。《詩》曰「公侯腹心」，是其義也。《集解》。

初六，有孚比之，无咎。

孚謂五。初失位，變來得正，故无咎也。《集解》。

有孚盈缶，終來有它，吉。

坤器爲缶，坎水流坤，初動成屯。屯者，盈也。故盈缶。終變得正，故終來有它吉，在內，稱來也。《集解》。

六三，比之匪人。

匪，非也。失位无應，三又多凶，體剥傷象，弑父弑君，故曰「匪人」。《集解》。

六四，外比之，貞吉。

在外體，故稱外。得位比賢，故貞吉也。《集解》。

九五，顯比。

五貴多功，得位正中，初三以變體重明，故顯比。謂顯諸仁也。《集解》。

王用三驅，失前禽。

坎五稱王，三驅謂驅下三陰，不及於初，故失前禽。謂初已變成震，震爲鹿，爲驚走，鹿之斯奔，則失前禽也。《集解》。

邑人不戒，吉。

坤爲邑，師震爲人，師時坤虛无君，使師二上居五中，故不戒吉也。《集解》。

《象》曰：顯比之吉，位正中也。

謂離象明，正上中也。《集解》。

舍逆取順，失前禽也。

背上六，故舍逆。據三陰，故取順。不及初，故失前禽。《集解》。

邑人不戒，上使中也。

謂二，使師二上居五中。《集解》。

上六，比之无首，凶。

首，始也。陰道无成而代有終，无首凶。《集解》。

《象》曰：比之无首，无所終也。

迷失道，故无所終也。《集解》。

虞翻周易注卷一

虞翻周易注卷二

平湖孫堂步升輯

小畜：

健而巽，剛中而志行，乃亨。

需上變爲巽，與豫旁通。豫堂案：「豫」疑作「乾」。四之坤初爲復，復小陽潛，所畜者少，故曰「小畜」。二失位，五剛中正，二變應之，故志行乃亨也。《集解》。

密雲不雨，尚往也。

密，小也，兑爲密。需坎升天爲雲，墜地稱雨。上變爲陽，坎象半見，故密雲不雨，上往也。《集解》。

自我西郊，施未行也。

豫坤爲自我，兑爲西，乾爲郊，雨生於西，故自我西郊。九二未變，故施未行矣。《集解》。

君子以懿文德。

君子謂乾。懿，美也。豫坤爲文，乾爲德，離爲明，初至四體夬爲書契，乾離照坤，故懿文德也。《集解》。

初九，復自道，何其咎，吉。

《象》曰：復自道，其義吉也。

謂從豫四之初成復卦，故復自道。出入无疾，朋來无咎，何其咎，吉。乾稱道也。《集解》。

《象》曰：牽復在中，亦不自失也。

變應五，故不自失，與比二同義也。《集解》。

九三，車説輹。❶《漢上易傳》同。

豫坤爲車、爲輹，至三成乾，坤象不見，故

❶「車説輹」，注疏、集解作「輿説輻」。

車説輹。馬君及俗儒皆以乾爲車，非也。《集解》。

夫妻反目。

豫震爲夫、爲反，巽爲妻，離爲目，今夫妻共在四，離火動上，目象不正，巽多白眼，夫妻反目。妻當在内，夫當在外，今妻乘夫而出在外，象曰「不能正室」。三體離需，飲食之道，飲食有訟，故争而反目也。《集解》。

六四，有孚，血去惕出，无咎。

孚謂五。豫坎爲血爲惕，惕，憂也。震爲出，變成小畜，坎象不見，故血去惕出。得位承五，故无咎也。《集解》。

九五，有孚孿如，富以其鄰。

孚五謂二也。孿，引也。巽爲繩，豫艮爲手，二失位，五欲其變，故曰「孿如」。以，及也。五貴稱富，鄰謂三，兑西震東稱鄰，二變承三，故富以其鄰，《象》曰「不獨富」。二變爲既濟，與東西鄰同義。《集解》。

上九，既雨既處，尚得載，婦貞厲。晁氏曰「『德』虞作『得』」。

既，已也。應在三，坎水零爲雨，巽爲處，謂二已變，三體坎雨，故既雨既處。坎雲復天，坎爲車，積載在坎上，故上得積載。巽爲婦，坎成巽壞，故婦貞厲。《集解》。

月幾望，君子征凶。

幾，近也。坎月離日，上已正，需時成坎，與離相望，兑西震東，日月象對，故月幾望。上變陽消，之坎爲疑，故君子征，有所疑矣。與歸妹、中孚月幾望義同也。《集解》。

《象》曰：既雨既處，得積載也。

巽消承坎，故得積載。坎習爲積也。《集解》。

君子征凶，有所疑也。

變坎爲盜，故有所疑也。《集解》。

履：

履虎尾，不咥人，亨利貞。❶ 今本脱「利貞」二字。

謂變訟初爲兑也，與謙旁通。以坤履乾，以柔履剛。謙坤爲虎，艮爲尾，乾爲人，乾兑乘謙，震足蹈艮，故履虎尾。兑悦而應，虎口，與上絶，故不咥人。剛當位，故通。俗儒皆以兑爲虎，乾履兑，非也。兑剛鹵，非柔也。《集解》。

《彖》曰：履，柔履剛也。

坤柔乾剛，謙坤籍乾，故柔履剛。《集解》。

説而應乎乾。

説，兑也。明兑不履乾，故言應也。《集解》。

剛中正，履帝位而不疚，光明也。

剛中正謂五，謙震爲帝，五，帝位，坎爲疾病，乾爲大明，五履帝位，坎象不見，故履帝位而不疚，光明也。《集解》。

《象》曰：上天下澤，履。君子以辯上下，定民志。

君子謂乾。辯，别也。乾天爲上，兑澤爲下，謙坤爲民，坎爲志，謙時坤在乾上，變而爲履，故辯上下，定民志也。《集解》。

初九，素履，往无咎。

應在巽爲白，故素。履四失位，變往得正，故「往无咎」。初已得正，使四獨變，在外稱往，《象》曰「獨行願也」。《集解》。

九二，履道坦坦，幽人貞吉。

二失位，變成震，爲道、爲大塗，故履道坦坦。訟時二在坎獄中，故稱幽人。之正得位，震出兑説，幽人喜笑，故貞吉也。《集解》。《會通》節引。

❶「利貞」，注疏、集解無此二字。

《象》曰：幽人貞吉，中不自亂也。

雖幽訟獄中，終辯得正，故不自亂。《集解》。

六三，眇而視，❶跛而履。

離目不正，兑爲小，故眇而視，視，上應也。訟坎爲曳，變震時爲足，足曳故跛而履。俗儒多以兑刑爲跛，兑折震足爲刑人，見刑斷足者，非爲跛也。《集解》。

履虎尾，咥人凶。

艮爲尾，在兑下，故履虎尾。位在虎口中，故咥人凶。既跛又眇，視步不能，爲虎所囓，故咥人凶。《象》曰「位不當也」。《集解》。

武人爲于太君。

乾象在上爲武人，三失位，變而得正成乾，故曰「武人爲于大君，志剛也」。《集解》。

九四，履虎尾，愬愬終吉。

體與下絶，四多懼，故愬愬。變體坎，得位，承五應初，故終吉。《象》曰「志行也」。《集解》。

九五，夬履，貞厲。

謂三上已變，體夬象，故夬履。四變，五在坎中也，爲上所乘，故貞厲。《象》曰「位正當也」。《集解》。

上九，視履考詳，其旋元吉。

應在三，三先視上，故上亦視三，故曰「視履考詳」矣。考，稽；詳，善也。乾爲積善，故考詳。三上易位，故其旋元吉，象曰「大有慶也」。《集解》。

泰：

泰，小往大來，吉亨。

陽息坤反，否也。坤陰詘外爲小往，乾陽信內稱大來，天地交，萬物通，故吉亨。《集解》。

❶「而」，注疏、集解作「能」。下同。

后以財成天地之道。

后，君也。陰升乾位，坤，女主，故稱后。坤富稱財，守位以人，聚人以財，故曰「成天地之道」。《集解》。

輔相天地之宜，以左右民。

相，贊。左右，助之。震爲左，兑爲右，坤爲民，謂以陰輔陽，《詩》曰：「宜民宜人，受禄于天。」《集解》。

初九，拔茅茹，以其彙，征吉。

《象》曰：拔茅征吉，❶志在外也。

否泰反其類，否巽爲茅。茹，茅根。艮爲手。彙，類也。初應四，故拔茅茹以彙。震爲征，得位應四，征吉。外謂四也。《集解》。堂案：此上王弼注一條，毛本、胡本俱誤作虞説，今删之。

九二，包巟，用馮河，不遐遺，朋亡，得尚于中行。

《象》曰：包巟，得尚于中行，以光大也。

在中稱包。巟，大川也。馮河，涉河；遐，遠；遺，亡也。失位，變得正，體坎，坎爲大川，爲河，震爲足，故用馮河。乾爲遠，故不遐遺。兑爲朋，坤虚无君，欲使二上，故朋亡。二與五易位，故得上于中行，震爲行，故光大也。《集解》。

九三，无平不陂，无往不復。

陂，傾，謂否上也。平謂三，天地分，故平。天成地平，謂危者使平，易者使傾。往謂消外，復謂息内。從三至上體復，堂案：「復」下疑有「象」字。終日乾乾，反復道，故无平不陂，无往不復。《集解》。

艱貞无咎，勿恤其孚，于食有福。

艱，險；貞，正；恤，憂；孚，信也。二之五

❶「征」，注疏、集解作「貞」。

得正，在坎中，故艱貞。坎爲憂，故勿恤。陽在五孚險，坎爲孚，故有孚。體噬嗑食也，二上之五據四，則三乘二，故于食有福也。《集解》。

六四，翩翩，不富以其鄰。

二五變時，四體離飛，故翩翩。坤虛无陽，故不富。兑西震東，故稱其鄰。三陰乘陽，不得之應，《象》曰「皆失實也」。《集解》。

不戒以孚。

謂坤。邑人不戒，故使二升五，信來孚邑，故不戒以孚。二上體坎，中正。《象》曰「中心願也」。與比邑人不戒同義也。《集解》。

六五，帝乙歸妹，以祉元吉。

震爲帝，坤爲乙，帝乙，紂父。歸，嫁也。震爲兄，兑妹，故嫁妹。祉，福也。謂五變體離，離爲大腹，則妹嫁而孕。得位正中，故以祉元吉也。《集解》。

上六，城復于隍。

否艮爲城，故稱城。坤爲積土。隍，城下溝。無水稱隍，有水稱池。今泰反否，乾壞爲土，艮城不見而體復象，故城復于隍也。《集解》。

勿用師，自邑告命。貞吝。

謂二動時體師，陰皆乘陽，行不順，故勿用師。坤爲目邑，❶震爲言，兑爲口，否巽爲命。今逆陵陽，故自邑告命。命逆不順，陰道先迷，失實遠應，故貞吝。《集解》。

否：

否之匪人，不利君子貞，大往小來。

陰消乾，又反泰也。謂三。比坤滅乾。以臣弑其君，子弑其父，故曰「匪人」。陰來滅陽，君子道消，故不利君子貞。陰信陽

❶「目邑」，集解作「自邑」。

詘，故大往小來。則是天地不交而萬物不通，與比三同義也。《集解》。

君子以儉德辟難，不可營晁氏同。以禄。❶

君子謂乾。坤爲營，乾爲禄。難謂坤爲弑君，故以儉德辟難。巽爲入，伏乾爲遠，艮爲山，體遯象，謂辟難，遠遁入山，故不可營以禄。「營」或作「榮」，「儉」或作「險」。《集解》。

《象》曰：大人否亨，不亂群也。

否，不也。物三稱群，謂坤三陰亂弑君，大人不從，故不亂群也。《集解》。

上九，傾否，先否後喜。

《象》曰：否終則傾，何可長也。

否終必傾，盈不可久，故先否。下反於初，成益，體震。民説无疆，故後喜。以陰剥陽，故不可久也。《集解》。

同人：

同人曰，同人于野，亨。利涉大川，乾行也。

旁通師卦。巽爲同，乾爲野，師震爲人。二得中應乾，故曰「同人于野，亨」。此孔子所以明嫌表微。師震爲夫，巽爲婦，所謂二人同心。故不稱君臣、父子、兄弟、朋友，而故言人耳。乾四上失位，變而體坎，故曰「利涉大川，乾行也」。《集解》。

唯君子爲能通天下之志。

唯，獨也。四變成坎，坎爲通、爲志，故能通天下之志。謂五以類族辯物，聖人作而萬物覩。《集解》。

君子以類族辯物。

君子謂乾。師坤爲類，乾爲族。辯，別也。乾陽物，坤陰物，體姤，天地相遇，品物咸章，以乾照坤，故以類族辯物。謂方以類

❶「營」，注疏、集解作「榮」。

聚，物以群分。孔子曰「君子和而不同」，故於同人家見以類族辯物也。❶《集解》。

初九，同人于門，无咎。

乾爲門，謂同於四。四變應初，故无咎也。《集解》。

九三，伏戎于莽，升其高陵，三歲不興。

巽爲伏，震爲草莽，離爲戎。謂四變時，三在坎中，隱伏自藏，故伏戎于莽也。巽爲高，師震爲陵，以巽股升其高陵。爻在三，乾爲歲。興，起也。動不失位，故三歲不興也。《集解》。

九四，乘其庸，❷弗克攻，吉。

巽爲庸。四在巽上，故乘其庸。變而承五，體訟。乾剛在上，故弗克攻則「吉」也。《集解》。

九五，同人先號咷而後笑，大師克相遇。

應在二，巽爲號咷，乾爲先，故先號咷。師震在下，故後笑。震爲後笑也。乾爲大，同人反師，故大師。二至五，體姤遇也，故相遇。《集解》。

上九，同人于郊，无悔。

乾爲郊，失位无應，與乾上九同義，當有悔。同心之家，故无悔。《集解》。

大有：

大有，元亨。

與比旁通。柔得尊位大中，應天而時行，故元亨也。《集解》。

其德剛健而文明，應乎天而時行，是以元亨。

謂五。以日應乾而行於天也。時謂四時也。大有亨，比初動成震爲春，至二兑爲秋，至三離爲夏，坎爲冬，故曰「時行」。以

❶「家」，集解作「象」。

❷「庸」，注疏、集解作「墉」。下同。

乾亨坤，是以元亨。《集解》。

君子以遏惡揚善，順天休命。

遏，絶。揚，舉也。乾爲揚善，坤爲遏惡，爲順。以乾滅坤。體夬，揚于王庭，故遏惡揚善。乾爲天休，二變時，巽爲命，故順天休命。《集解》。

初九，无交害，匪咎，艱則无咎。

害謂四，四離火爲惡人，故无交害。初動震爲交，比坤爲害。匪，非也。艱，難。謂陽動比初成屯。屯，難也。變得位，艱則无咎。《集解》。

《象》曰：大有初九，无交害也。

害，謂四。《集解》。

九二，大轝以載，❶有攸往，无咎。堂案：轝，古「輿」字。《史記·封禪書》「乘轝」字同此。

比坤爲大轝，乾來積上，故大轝以載。往謂之五。二失位，變得正應五，故有攸往，无咎矣。《集解》。堂案：此下《象》曰「大轝以載，積中不敗也」，雅雨堂本引盧氏注曰「乾爲大車，故曰大車以載。體剛履中，可以任重，有應於五，故所積皆中而不敗也」云云，毛本、胡本俱作虞説，李衡《義海撮要》同。但上文既云「坤爲大轝」，此又云「乾爲大車」，必非一人之説，且虞無「乾爲大車」之義，故删之。

九三，公用亨于天子，小人弗克。

天子謂五。三，公位也。小人謂四。二變得位，體鼎象，故公用亨于天子。四折鼎足，覆公餗，故小人不克也。《集解》。

《象》曰：公用亨于天子，小人害也。

小人謂四也。《集解》。

九四，匪其尫，❷无咎。《釋文》同。

匪，非也。其位堂案：「位」字疑衍。尫，足尫，體行不正。四失位，折震足，故尫。變而

❶ 「轝」，注疏、集解作「車」。

❷ 「尫」，注疏、集解作「彭」。下同。

得正，故无咎。「尫」或爲「彭」，作「旁」聲，字之誤。《集解》。

《象》曰：匪其尫无咎，明辯折也。❶《釋文》同。

折之離，故明辯折也。四在乾則尫；在坤爲鼠；在震噬胏得金矢；在巽折鼎足；在坎爲鬼方；在離焚死；在艮旅于處，言无所容；在兑睽孤孚厲。三百八十四爻，獨无所容也。《集解》。

六五，厥孚交如，威如吉。

孚，信也。發而孚二，故交如。乾稱威，發得位，故威如吉。《集解》。

上九，自天右之，❷吉无不利。

謂乾也。右，助也。大有通比，坤爲自，乾爲天，兑爲右，故自天右之。比坤爲順，乾爲信。天之所助者順，人之所助者信。履信思順，又以尚賢，故自天右之，吉无不利。《集解》。

謙：

謙，亨。

乾上九來之坤，與履旁通，天道下濟，故亨。彭城蔡景君説剥上來之三。《集解》。

君子有終。

君子謂三，艮終萬物，故君子有終。《集解》。

天道虧盈而益謙。

謂乾盈履上，虧之坤三，故虧盈。貴處賤位，故益謙。《集解》。

地道變盈而流謙。

謙二堂案：「二」疑作「三」。以坤變乾盈，坎動而潤下，水流溼，故流謙也。《集解》。

鬼神害盈而福謙。

鬼謂四，神謂三，坤爲鬼害，乾爲神福，故

❶「折」，注疏、集解作「晢」。下同。

❷「右」，注疏、集解作「祐」。下同。

鬼神害盈而福謙也。《集解》。

人道惡盈而好謙。

乾爲好，爲人，坤爲惡也。故人道惡盈。從上之三，故好謙矣。《集解》。

謙尊而光，卑而不可踰。

天道遠，故尊光。三位賤，故卑。坎水就下，險弱難勝，故不可踰。《集解》。

君子以捊多益寡，稱物平施。

君子謂三。捊，取也。艮爲多，坤爲寡，乾爲物，爲施，坎爲平。謙乾盈益謙，故以捊多益寡，稱物平施。《集解》。

《象》曰：鳴謙，貞吉，中心得也。

中正謂二，坎爲心也。《集解》。

上六，鳴謙，利用行師，征邑國。

應在震，故曰「鳴謙」。體師象，震爲行，坤爲邑國，利五之正，己得從征，故利用行師，征邑國。《集解》。

豫：

豫，利建侯行師。

復初之四，與小畜旁通。坤爲邦國，震爲諸侯。初至五體比象，四利復初，故利建侯。三至上體師象，故行師。《集解》。

豫順以動，故天地如之，而況建侯行師乎！

小畜乾爲天，坤爲地。如之者，謂天地亦動以成四時，而況建侯行師，言其皆應而豫也。《集解》。

天地以順動。

豫變通小畜，坤爲地，動初至三成乾，故天地以順動也。《集解》。

故日月不過而四時不忒。

過謂失度。忒，差迭也。謂變初至需，離爲日，坎爲月，皆得其正，故日月不過。動初時，震爲春，至四兑爲秋，至五坎爲冬，離爲夏，四時爲「爲」疑作「位」。正，❶故四時不忒。通變之謂事，蓋此之類。《集解》。

聖人以順動，則刑罰清而民服。

清猶明也。動初至四，兑爲刑，至坎爲罰。坎兑體正，故刑罰清。坤爲民，乾爲清，以乾乘坤，故民服。《集解》。

豫之時義大矣哉。

順動天地，使日月四時皆不過差，刑罰清而民服，故義大也。《集解》。

初六，鳴豫，凶。

應震善鳴，失位，故鳴豫凶也。《集解》。

《象》曰：初六鳴豫，志窮凶也。

體剥蔑貞，故志窮凶也。《集解》。

六二，介于石。

介，纖也。與四爲艮，艮爲石，故介于石。《集解》。

不終日，貞吉。

與小畜通，應在五，終變成離，離爲日，得位。欲四急復初，己得休之，故不終日，貞吉。《集解》。

九四，由豫，大有得。勿疑，朋盍戠。❷《釋文》同此，晁氏引作「戠」。

由，自從也。據有五陰，坤以衆順，故大有得，得群陰也。坎爲疑，故勿疑。小畜兑爲朋。盍，合也。坤爲盍。戠，聚會也。堂案：《釋文》引此句云「戠，叢合也」。坎爲聚，坤爲衆。衆陰並應，故朋盍戠。「戠」，舊作「撍」、作「宗」也。《集解》。

六五，貞疾，恒不死。

恒，常也。坎爲疾，應在坤，坤爲死。震爲

❶「爲」，集解作「位」。

❷「戠」，注疏、集解作「簪」。下同。

反生，位在震中，與坤體絶，故貞疾，恒不死也。《集解》。

上六，冥豫，成有渝，无咎。

應在三，坤爲冥。渝，變也。三失位无應多凶，變乃得正，體艮成，故成有渝，无咎。《集解》。

隨：

隨，元亨利貞，无咎。

否上之初。剛來下柔，初上得正，故元亨利貞，无咎。《集解》。

《象》曰：隨，剛來而下柔，動而説，隨。

否乾上來之坤初，故剛來而下柔。動，震；説，兑也。《集解》。

而天下隨時。

乾爲天，坤爲下。震春兑秋。三四之正，坎冬離夏。四時位正，時行則行，故天下隨時矣。《集解》。

六二，係小子，失丈夫。

應在巽，巽爲繩，故稱係。小子謂五。兑爲少，故曰「小子」。丈夫謂四。體大過老夫，故稱丈夫。承四隔三，故失丈夫。三至上有大過象，故與老婦、士夫同義。體咸象，夫死大過，故每有欲嫁之義也。《集解》。

《象》曰：係小子，弗兼與也。

已係於五，不兼與四也。《集解》。

六三，係丈夫，失小子。隨有求得，利居貞。

隨家陰隨陽。三之上无應，上係於四，失初堂案：「初」疑作「五」。小子，故係丈夫失小子。艮爲居，爲求，謂求之正，得位遠應，利上承四，堂案：「四」疑作「五」。故利居貞矣。《集解》。

九四，隨有獲，貞凶。有孚在道，以明何咎。

謂獲三也。失位相據，在大過死象，故貞

凶。象曰「其義凶矣」。孚謂五，初震爲道。三已之正，四變應初，得位在離，故有孚在道，以明何咎。象曰「明功也」。《集解》。

《象》曰：隨有獲，其義凶也。

死在大過，故凶也。《集解》。

有孚在道，明功也。

功謂五也。三四之正，離爲明，故明功也。《集解》。

九五，孚于嘉，吉。

坎爲孚，陽稱嘉，位五正，故吉也。《集解》。

《象》曰：孚于嘉吉，位正中也。

凡五言中正，中正皆陽得其正，以此爲例矣。《集解》。

上六，拘係之，乃從維之。

應在艮，艮手爲拘。巽爲繩，兩係稱維。故拘係之，乃從維之。在隨之上而無所隨，故維之。象曰「上窮」，是其義也。《集解》。

王用亨于西山。晁氏曰：「亨，虞作『享』。」

否乾爲王，謂五也。有觀象，故亨。兑爲西，艮爲山，故王用亨于西山也。《集解》。

亨，祭也。晁氏。

《象》曰：拘係之，上窮也。

乘剛无應，故上窮也。《集解》。

蠱：

蠱，元亨。

泰初之上，❶與隨旁通。剛上柔下，乾坤交，故元亨也。《集解》。

利涉大川。

謂二失位，動而之坎，❷故利涉大川也。

❶「上」下，集解有「而」字。

❷「坎」下，集解有「也」字。

《集解》。

《象》曰：蠱，剛上而柔下，巽而止，蠱。

泰初之上故剛上，坤上之初故柔下，上艮下巽，故巽而止，蠱也。《集解》。

先甲三日，後甲三日，終則有始，天行也。

謂初變堂案：《天文編》作「變初」。成乾，乾爲甲。至二成離，離爲日。謂乾三爻在前，故先甲三日。賁，時也。變三至四體離，至五成乾。乾三爻在後，故後甲三日。无妄時也。易出震消息，歷乾坤象，乾爲始，坤爲終，故終則有始。乾爲天，震爲行，故天行也。《集解》。《六經天文編》。

君子以振民育德。

君子謂泰乾也。坤爲民，初上撫坤，故振民。乾稱德，體大畜須養，故以育德也。《集解》。

初六，幹父之蠱，有子考无咎，厲，終吉。

幹，正。蠱，事也。泰乾爲父，坤爲事，故幹父之蠱。初上易位，艮爲子，父死大過稱考，故有子考。變而得正，故无咎，厲，終吉也。《集解》。

九二，幹母之蠱，不可貞。

《象》曰：幹母之蠱，得中道也。

應在五，泰坤爲母，故幹母之蠱。失位，故不可貞。變而得正，故貞而得中道也。《集解》。

六四，裕父之蠱，往見吝。

裕，不能争也。孔子曰：「父有争子，則身不陷於不義。」四陰體大過本末弱，故裕父之蠱。兑爲見。變而失正，故往見吝。《象》曰「往未得」，是其義也。《集解》。《義海撮要》引首句。

《象》曰：裕父之蠱，往未得也。

往失位，折鼎足，故未得。《集解》。

六五，幹父之蠱，用譽。

《象》曰：幹父用譽，承以德也。

譽謂二也。二五失位，變而得正，故用譽。變二使承五，故承以德。二乾爻，故稱德矣。《集解》。

上九，不事王侯。

泰乾爲王，坤爲事。應在於三，震爲侯。坤象不見，故不事王侯。《集解》。

高尚其事。

謂五已變，巽爲高。艮陽升在坤上，故高尚其事。《集解》。

臨：

臨，元亨利貞。

陽息至二，與遯旁通。剛浸而長，乾來交坤，動則成乾，故元亨利貞。《集解》。

至于八月有凶。

與遯旁通。臨消於遯，六月卦也。於周爲八月。遯弑君父，故至于八月有凶。荀公以兑爲八月。兑於周爲十月，言八月，失之甚矣。《集解》。

《彖》曰：臨，剛浸而長。

剛謂二也。兑爲水澤。自下浸上，故浸而長也。《集解》。

説而順，剛中而應。大亨以正，天之道也。

説，兑也。順，坤。剛中謂二也。四陰皆應之，故曰「而應」。大亨以正，謂三動成乾，天得正爲泰，天地交通，故亨以正，天之道也。《集解》。《義海撮要》節引。

君子以教思无窮，容保民无疆。

君子謂二也。震爲言，兑口講習。學以聚之，問以辯之。坤爲思。剛浸長，故以教思无窮。容，寬也。二寬以居之，仁以行之，坤爲容、爲民，故保民无疆矣。《集解》。

初九，咸臨，貞吉。

咸，感也。得正應四，故貞吉也。《集解》。

《象》曰：咸臨貞吉，志行正也。

初在卦下，四當臨之。陽升之世，陰亦下降。初動而説，往感于四，四順其欲，相與志行其正，猶賢人思治。願奉其上，上能用之，以爲臨者也。《義海撮要》。堂案：虞注皆言象，此條文義不類，疑《義海》誤引，今姑存之。

九二，咸臨，吉无不利。

得中多譽，兼有四陰，體復初元吉，故无不利。《集解》。

六三，甘臨，无攸利，既憂之，无咎。

《象》曰：甘臨，位不當也。既憂之，咎不長也。

兑爲口，坤爲土，土爰稼穡作甘。兑口銜坤，故曰「甘臨」。失位乘陽，故无攸利。言三失位无應，故憂之。動而成泰，故咎不可長也。《集解》。《會通》節引。

六四，至臨，无咎。

至，下也。謂下至初應，當位有實，故无咎。《集解》。

觀：

《象》曰：大觀在上，順而巽，中正以觀天下。

謂陽息臨二，直方大，臨者，大也，在觀上，故稱大觀。順，坤也。中正謂五。五以天神道觀示天下，咸服其化，賓於王庭。《集解》。

觀，盥而不薦，有孚顒若，❶下觀而化也。

觀反臨也。以五陽觀示坤民，故稱觀。盥，沃盥。薦，羞牲也。孚，信，謂五。顒顒，君德有威容貌。若，順也。坎爲水，坤爲器。艮手臨坤，坎水沃之，盥之象也。故觀盥而不薦。孔子曰：「禘自既灌，吾

❶「顒」，原作「⿰禺百」，係避清仁宗諱，今改回。下同，不一一出校。

不欲觀之矣。」巽爲進退，容止可觀，進退可度，則下觀其德而順其化。上之三，五在坎中，故有孚顒若，下觀而化。《詩》曰「顒顒卬卬，如珪如璋」，君德之義也。《集解》。

觀天之神道，而四時不忒。

忒，差也。神道謂五，臨震兑爲春秋。三上易位，坎冬離夏。日月象正，故四時不忒。《集解》。

聖人神道設教，❶而天下服矣。今本「聖人」下有「以」字。

聖人謂乾，退藏於密而齊於巽，以神明其德教，故聖人設教，坤民順從，而天下服矣。《集解》。

初六，童觀，小人无咎，君子吝。

艮爲童。陰小人，陽君子。初位賤，以小人乘君子，故无咎，陽伏陰下，故君子吝矣。《集解》。

六二，闚觀，利女貞。

臨兑爲女。竊觀稱闚。兑女反成巽，巽四五得正，故利女貞。艮爲宫室，坤爲闔户。小人而應五，故闚觀，女貞，利不淫視也。《集解》。

六三，觀我生進退。

坤爲我，臨震爲生，生謂坤生民也。巽爲進退，故觀我生進退。臨震進之五，得正居中，故《象》曰「未失道」。《集解》。

六四，觀國之光，利用賓于王。

坤爲國，臨陽至二，天下文明。反上成觀，進顯天位，故觀國之光。王謂五陽，陽尊賓坤，坤爲用、爲臣。四在王庭，賓事於五，故利用賓于王矣。《詩》曰「莫敢不來

❶「聖人」下，注疏、集解有「以」字。

賓，莫敢不來王」，是其義也。《集解》。

九五，觀我生，君子无咎。

我，身也。謂我生。堂案：疑作「我，坤也，坤爲我」。生謂生民。震生象反。坤爲死喪。嫌非生民，故不言民。陽爲君子。在臨二失位，之五得道處中，故君子无咎矣。《集解》。

《象》曰：觀我生，觀民也。

坤爲民，謂三也。坤體成，故觀民也。《集解》。

上九，觀其生，君子无咎。

應在三，三體臨震，故觀其生。君子謂三，之三得正，故无咎矣。《集解》。

《象》曰：觀其生，志未平也。

坎爲志、爲平，上來之三，故志未平矣。《集解》。

虞翻周易注卷二

虞翻周易注卷三

平湖孫堂步升輯

噬嗑：

噬嗑，亨，利用獄。

否五之坤初，坤初之五，剛柔交，故亨也。坎爲獄，艮爲手，離爲明，四以不正而係於獄，上當之三，蔽四，成豐折獄致刑，故利用獄。坤爲用也。《集解》。

《象》曰：頤中有物曰噬嗑。

物謂四，則所噬乾脯也。頤中无物則口不噬，故先舉頤中有物曰噬嗑也。《集解》。

初九，屨校滅趾，无咎。

屨，貫。趾，足也。震爲足，坎爲校，震没坎下，故屨校滅趾。初位得正，故无咎。《集解》。堂案：此條毛、胡本作侯果説。

《象》曰：屨校滅趾，不行也。

否坤小人，以陰消陽。其亡其亡，故五變滅初，否坤殺不行也。《集解》。

六二，噬膚滅鼻，无咎。

噬，食也。艮爲膚，爲鼻。鼻没水坎中，隱藏不見，故噬膚滅鼻。乘剛，又得正多譽，故无咎。《集解》。

六三，噬昔肉遇毒，小吝，无咎。

三在膚裏，故稱肉。離日熯之爲昔。坎爲毒。故噬昔肉遇毒。毒謂矢毒也。失位承四，故小吝。與上易位，利用獄成豐，故无咎也。《集解》。

六五，噬乾肉，得黄金，貞厲无咎。

陰稱肉。位當離，日中烈，故乾肉也。乾金黄，故得黄金。貞，正。厲，危也。變而得正，故无咎。《集解》。

賁：

賁，亨。

泰上之乾二，乾二之坤上，柔來文剛，陰陽交，故亨也。《集解》。

小利有攸往。

小謂五。五失正，動得位體離，以剛文柔，故小利有攸往。《集解》。

天文也。

謂五利變，之正成巽體離，艮爲星，離日坎月，巽爲高，五天位，離爲文明，日月星辰高麗於上，故稱天之文也。《集解》。

文明以止，人文也。

人謂三，乾爲人。文明，離；止，艮也。震動離明。五變據四，二五分則止文三，故以三爲人文也。《集解》。

觀乎天文，以察時變。

日月星辰爲天文也。泰震春兑秋，賁坎冬離夏。巽爲進退，日月星辰進退盈縮，謂朓側朒也。曆象在天成變，故以察時變矣。《集解》。

觀乎人文，以化成天下。

泰乾爲人，五上動，體既濟。賁離象重明麗正，故以化成天下也。《集解》。

君子以明庶政，无敢折獄。

君子謂乾，離爲明，坤爲庶政，故明庶政。坎爲獄，三在獄得正，故无敢折獄。噬嗑四不正，故利用獄也。《集解》。

初九，賁其趾。

應在震，震爲足，故賁其趾也。《集解》。

舍車而徒。

應在艮，艮爲舍，坎爲車。徒，步行也。位在下，故舍車而徒。《集解》。

六五，賁于丘園，束帛戔戔，吝終吉。

艮爲山，五半山，故稱丘。木果曰園。故

賁于丘園也。六五失正，動之成巽，巽爲帛、爲繩，艮手持，故束帛。以艮斷巽，故戔戔。失位无應，故吝。變而得正，故終吉矣。《集解》。

《象》曰：六五之吉，有喜也。

五變之陽，故有喜。凡言喜慶皆陽爻，束帛戔戔，委積之貌。《集解》。

上九，白賁无咎。

在巽上，故曰「白賁」。乘五陰，變而得位，故无咎矣。《集解》。

《象》曰：白賁无咎，上得志也。

上之正得位，體成既濟，故曰「得志」。坎爲志也。《集解》。

剥：

剥，不利有攸往。

陰消乾也。與夬旁通。以柔變剛，小人道長。子弒其父，臣弒其君，故不利有攸往也。《集解》。

順而止之，觀象也。

坤順艮止，謂五消觀成剥，故觀象也。《集解》。

君子尚消息盈虚，天行也。

乾爲君子，乾息爲盈，坤消爲虚，故君子尚消息盈虚，天行也。則出入無疾，反復其道。易虧巽消艮，出震息兑，盈乾虚坤，故於是見之耳。《集解》。

初六，剥牀以足，蔑貞凶。

此卦坤變乾也。動初成巽，巽木爲牀；復震在下，爲足，故剥牀以足。蔑，无。貞，正也。失位无應，故蔑貞凶。震在陰下，《象》曰「以滅下也」。《集解》。堂案：此下「象曰」盧氏注一條，毛本、胡本俱誤作虞翻，今删之。

六二，剥牀以辨，蔑貞凶。

指閒稱辨。剥，剥堂案：下「剥」字疑作「動」。二成艮。艮爲指，二在指間，故剥牀以辨。无應在剥，故蔑貞凶也。《集解》。

六四，剥牀以膚，凶。

辨上稱膚，艮爲膚。以陰變陽，至四乾毁，故剥牀以膚。臣弑君，子弑父，故凶矣。《集解》。

六五，貫魚，以宫人寵，无不利。

剥消觀五，巽爲魚、爲繩，艮手持繩貫巽，故貫魚也。艮爲宫室，人謂乾，五以陰代陽，五貫乾爲寵人，陰得麗之，故以宫人寵。動得正成觀，故无不利也。《集解》。《會通》節引。

上九，碩果不食，君子德車，❶小人剥廬。

艮爲碩果，謂三已復位，有頤象，頤中无物，故不食也。夬乾爲君子、爲德，坤爲車、爲民，乾在坤，故以德爲車。小人謂坤，艮爲廬，上變滅艮，坤陰迷亂，故小人剥廬也。《集解》。

復：

出入无疾，朋來无咎。

謂出震成乾，入巽成坤。坎爲疾，十二消息不見坎象，故出入无疾。兑爲朋，在内稱來，五陰從初，初陽正，息而成兑，故朋來无咎矣。《集解》。

利有攸往。

陽息臨成乾，小人道消，君子道長，故利有攸往矣。《集解》。

《彖》曰：復，亨。

陽息坤，與姤旁通，剛反交初，故亨。《集解》。

剛反動而以順行。

剛從艮入坤，從堂案：「從」下疑有「坤」字。反

❶「車」，注疏、集解作「輿」。

震，故曰「反動」。坤順震行，故而以順行。是以陽不從上來反初，故不言剛自外來。是以明不遠之復，入坤出震義也。《集解》。

反復其道，七日來復，天行也。

謂乾成坤，反出於震而來復，陽爲道，故復其道。剛爲晝日，消乾六爻爲六日。剛來反初，故七日來復，天行也。《集解》。《玉海》三十五節引。

復其見天地之心乎！

坤爲復。謂三復位時，離爲見，坎爲心，陽息臨成泰，乾天坤地，故見天地之心也。《集解》。

《象》曰：雷在地中，復。先王以至日閉關，商旅不行，后不省方。

先王謂乾初，至日，冬至之日，坤闔爲閉關。巽爲商旅，爲近利市三倍，姤巽伏初，故商旅不行。姤象曰「后以施命誥四方」，今隱復下，故后不省方。復爲陽始，姤則陰始。天地之始，陰陽之首。已言先王，又更言后，后，君也。六十四卦，唯此重耳。《集解》。

六三，頻復，厲无咎。

頻，蹙也。三失位，故頻復，厲。動而之正，故无咎也。《集解》。《義海撮要》節引。

六四，中行獨復。

《象》曰：中行獨復，以從道也。

中謂初，震爲行，初一陽爻，故稱獨。四得正應初，故曰「中行獨復，以從道也」。俗説以四位在五陰之中而獨應復，非也。四在外體，又非內象，不在二五，何得稱中行耳。堂案：「耳」字疑誤。《集解》。《漢上易傳》節引。

上六，迷復，凶，有災眚。

坤冥爲迷，高而无應，故凶。五變正時，坎爲災眚，故有災眚也。《集解》。

用行師，終有大敗，以其國君凶。

三復位時，而體師象，故用行師。陰逆不順，坤爲死喪，坎流血，故終有大敗。姤乾爲君，滅藏於坤，坤爲異邦，故國君凶矣。《集解》。

至于十年不克征。

坤爲至，爲十年。陰逆坎臨，故不克征。謂五變設險，故帥師敗，喪君而无征也。《集解》。

《象》曰：迷復之凶，反君道也。

姤乾爲君，坤陰滅之，以國君凶，故曰「反君道也」。《集解》。

无妄

无妄，元亨利貞。

遯上之初。此所謂四陽二陰，非大壯則遯來也。剛來交初，體乾，故元亨。三四失位，故利貞也。《集解》。《漢上易》。《卦圖》節引。

其匪正有眚，不利有攸往。

非正謂上也。四已之正，上動成坎，故有眚。變而逆乘，天命不右，❶故不利有攸往矣。《集解》。

動而健，剛中而應，大亨以正，天之命也。其匪正有眚，不利有攸往。

動，震也。健，大亨堂案：「大亨」二字疑衍。謂乾。剛中謂五，而應堂案：「應」下疑有「謂」字。二，大亨以正，堂案：「正」下疑有「謂」字。變四承五，乾爲天，巽爲命，故曰「大亨以正，天之命也」。《集解》。

无妄之往，何之矣。

謂四已變，上動體屯，坎爲泣血漣如，故何之矣。《集解》。

天命不右，行矣哉。

❶「右」，注疏、集解作「祐」。下同。

天，五也。巽爲命。右，助也。四已變成坤，天道助順。上動逆乘巽命，故天命不右。行矣哉，言不可行也。馬君云「天命不右行」，非矣。《集解》。

《象》曰：天下雷行，物與无妄。

與，謂堂案：「謂」字疑衍。舉。妄，亡也。謂雷以動之，震爲反生，萬物出震，无妄者也，故曰「物與无妄」。《序卦》曰「復則不妄矣，故受之以无妄」。而京氏及俗儒以爲大旱之卦，萬物皆死，无所復望，失之遠矣。有无妄，然後可畜，不死明矣。若物皆死，將何畜聚，以此疑也。《集解》。

先王以茂對時育萬物。

先王謂乾，乾盈爲茂，艮爲對時體頤養象，萬物出震，故以茂對時育萬物。言物皆死，違此甚矣。《集解》。《漢上易傳》節引。

初九，无妄往吉。

謂應四也。四失位，故命變之正，四變得位，承五應初，故往吉，在外稱往也。《集解》。

《象》曰：无妄之往，得志也。

四變應初，夫妻體正，故往得志矣。《集解》。

六二，不耕穫，不菑畬，則利有攸往。

有益耕象，无坤田，故不耨。震爲禾稼，艮爲手，禾在手中，故稱穫。田在初，一歲曰菑。在二，二歲曰畬。初爻非坤，故不菑而畬也。得位應五，利四變之益，則坤體成，有耒耨之利，故利有攸往。往應五也。《集解》。

《象》曰：不耕穫，未富也。

四動坤虛，故未富也。《集解》。

六三，无妄之災，或繫之牛。行人之得，邑人之災。

《象》曰：行人得牛，邑人災也。

上動體坎，故稱災。四動之正，坤爲牛，艮爲鼻、爲止，巽爲桑、爲繩。繫牛鼻而止桑下，故或繫之牛也。乾爲行人，坤爲邑人。乾四據三，故行人之得。三係於四，故邑人之災。或説以四變則牛，應初震，坤爲死喪，故曰「行人得牛，邑人災也」。《集解》。

九四，可貞无咎。

動則正，故可貞。承五應初，故无咎也。《集解》。

《象》曰：可貞无咎，固有之也。

動陰承陽，故固有之也。《集解》。

九五，无妄之疾，勿藥有喜。

四已之正，上動體坎，坎爲疾，故曰「无妄之疾」也。巽爲木，艮爲石，故稱藥。坎爲多眚，藥不可試，故勿藥有喜。康子饋藥，丘未達，故不嘗，此之謂也。《集解》。《會通》節引。

上九，无妄行有眚，无攸利。

動而成坎，故行有眚。乘剛逆命，故无攸利。天命不右，行矣哉。《集解》。

大畜

大畜，利貞。

大壯初之上，其德剛上也。與萃旁通，二五失位，故利貞。此萃五之復二，成臨。臨者，大也。至上有頤養之象，故名大畜也。《集解》。

不家食吉，利涉大川。

二稱家，謂二五易位成家人，家人體噬嗑食，故利涉大川，應乎天也。《集解》。

《象》曰：大畜，剛健篤實，輝光日新。

剛健謂乾，篤實謂艮。二已之五，利涉大川。互體離坎，離爲日，故煇光日新也。《集解》。

能健止，大正也。

健，乾。止，艮也。二五易位，故大正。舊讀言能止健，誤也。《集解》。

不家食吉，養賢也。

二五易位成家人，今體頤養象，故不家食吉，養賢也。《集解》。

君子以多志前言往行，❶以畜其德。

君子謂乾。乾爲言，震爲行，坎爲志。乾知大始，震在乾前，故志前言往行。有頤養象，故以畜其德矣。《集解》。

《象》曰：有厲利已，不犯災也。

謂二變正，四體坎，故稱災也。《集解》。

九二，輿堂案：「輿」疑當作「車」。説腹。❷

萃坤爲車、爲腹，坤消乾成，故車説腹。腹或作「輹」也。《集解》。

九三，良馬逐，利艱貞吉，日閑輿衛。

乾爲良馬，震爲驚走，故稱逐也。謂二已變，三在坎中，故利艱貞吉。離爲日，二至五體師象，坎爲閑習。坤爲車輿，乾人在上，震爲驚衛，講武閑兵。故曰「日閑輿衛」也。《集解》。晁氏節引。

利有攸往。

《象》曰：利有攸往，上合志也。

謂上應也。五已變正，上動成坎，坎爲志，故利有攸往，與上合志也。《集解》。

六四，童牛之告，❸元吉。

《象》曰：六四元吉，有喜也。

艮爲童。五已之正，萃坤爲牛。告謂以木楅其角。大畜，畜物之家，惡其觸害。艮爲手，爲小木。巽爲繩。繩縛小木，橫著牛角，故曰「童牛之告」。得位承五，故元

❶「志」，注疏、集解作「識」。下同。
❷「腹」，注疏、集解作「輹」。下同。
❸「告」，注疏、集解作「牿」。下同。

吉而喜。喜謂五也。《集解》。

六五，豶豕之牙，吉。

二變時，坎爲豕。劇豕稱豶，令不害物。三至上體頤象。五變之剛，巽爲白，震爲出。剛白從頤中出，牙之象也。動而得位，堂案：「位」下疑有「故」字。豶豕之牙吉。《集解》。

《象》曰：六五之吉，有慶也。

五變得正，故有慶也。《集解》。

上九，何天之衢，亨。

何，當也。衢，四交道。乾爲天，震艮爲道，以震交艮，故何天之衢，亨。上變，坎爲亨也。《集解》。

《象》曰：何天之衢，道大行也。

謂上據二陰，乾爲天道，震爲行，故道大行矣。《集解》。

頤：

頤，貞吉。

晉四之初，與大過旁通。養正則吉，謂三之正，五上易位，故頤貞吉。反復不衰，與乾、坤、坎、離、大過、小過、中孚同義，故不從臨觀四陰二陽之例。或以臨二之上。兑爲口，故有口實也。《集解》。《漢上易叢説》節引。

觀頤。

離爲目，故觀頤，觀其所養也。《集解》。

自求口實。

或以大過、兑爲口，或以臨、兑爲口，坤爲目，❶堂案：「目」疑作「自」。艮爲求。口實，頤中物。謂其自養。《集解》。

聖人養賢以及萬民。

乾爲聖人，艮爲賢人。頤下養上，故聖人

❶「目」，集解作「自」。

養賢。坤陰爲民，皆在震上，以貴下賤，大得民，故以及萬民。《集解》。

頤之時大矣哉。

天地養物，聖人養賢，以及萬民。人非頤不生，故大矣。《集解》。

初九，舍爾靈龜，觀我朵頤，凶。

晉離爲龜，四之初，故舍爾靈龜。坤爲我，震爲動。謂四失離入坤，遠應多懼，故凶矣。《集解》。《漢上易叢説》節引。

六三，拂頤，貞凶，十年勿用，无攸利。

三失位，體剥。不正相應，弑父弑君，故貞凶。坤爲十年，動无所應，故十年勿用，无攸利也。《集解》。《會通》。

《象》曰：十年勿用，道大悖也。

弑父弑君，故大悖也。《集解》。

六四，顛頤吉，虎眎眈眈，❶其欲逐逐，无咎。

《象》曰：顛頤之吉，上施光也。

晉四之初，謂三已變，故顛頤。與屯四乘坎馬同義。坤爲虎，離爲目。眈眈，下眎貌。❷逐逐，心煩，坤爲吝嗇，坎水爲欲。故其欲逐逐。得位應初，故无咎。謂上已反，三成離，故上施光也。《集解》。

六五，拂經，居貞吉，不可涉大川。

失位，故拂經。无應順上，故居貞吉。艮爲居也。涉上成坎，乘陽无應，故不可涉大川矣。《集解》。

上九，由頤，厲吉。

由，自從也。體剥居上，衆陰順承，故由頤。失位，故厲。以坤艮自輔，故吉也。《集解》。

利涉大川。

❶「眎」，注疏、集解作「視」。下同。

❷「貌」，集解作「類」。

《象》曰：由頤厲吉，大有慶也。

失位，故厲。之五得正成坎，坎爲大川，故利涉大川。變陽得位，故大有慶也。《集解》。《義海撮要》、《漢上易傳》俱節引。

大過：

大過，棟橈。

大壯五之初，或兑三之初。棟橈謂三，巽爲長木，稱棟。初上陰柔，本末弱，故棟橈也。《集解》。《義海撮要》節引。

利有攸往，亨。

謂二也。剛過而中，失位无應，利變應五，之外稱往，故利有攸往，乃亨也。《集解》。

《彖》曰：大過，大者過也。

陽稱大，謂二也。二失位，故大者過也。《集解》。

剛過而中，巽而説行，利有攸往，乃亨。

剛過而中謂二。説，兑也。故利有攸往。大壯震五之初，故亨。與遯二同義。❶《集解》。

大過之時大矣哉。

國之大事，在祀與戎。藉用白茅，女妻有子，繼世承祀，故大矣哉。《集解》。

君子以獨立不懼，遯世无悶。

君子謂乾初，陽伏巽中，體復一爻，潛龍之德，故稱獨立不懼。憂則違之，乾初同義，故遯世无悶也。《集解》。

初六，藉用白茅，无咎。

位在下稱藉，巽柔白爲茅，故藉用白茅。失位，咎也。承二，過四應五士夫，故无咎矣。《集解》。《義海撮要》節引。

九二，枯楊生稊，老夫得其女妻，无不利。

稊，穉也。楊葉未舒稱稊。巽爲楊，乾爲

❶「二」，集解作「而」。

老，老楊故枯。陽在二也，十二月時，周之二月。兑爲雨澤，枯楊得澤復生稊。二體乾老，故稱老夫。女妻謂上兑。兑爲少女，故曰「女妻」。大過之家，過以相與，老夫得其女妻，故无不利。《集解》。《會通》節引。

《象》曰：老夫女妻，過以相與也。

謂二過初與五，五過上與二。獨大過之爻，得過其應，故過以相與也。《集解》。

九三，棟橈凶。

《象》曰：棟橈之凶，不可以有輔也。

本末弱，故橈。輔之益橈，故不可以有輔。陽以陰爲輔也。《集解》。

九四，棟隆吉，有它吝。

隆，上也。應在於初，己與五意在於上，故棟隆，吉。失位，動入險而陷於井，故有它吝。《集解》。

《象》曰：棟隆之吉，不橈乎下也。

乾爲動直，遠初近上，故不橈下也。《集解》。

九五，枯楊生華，老婦得其士夫，无咎无譽。

陽在五也。夬三月時，周之五月。枯楊得澤，故生華矣。老婦謂初，巽爲婦，乾爲老，故稱老婦也。士夫謂五，大壯震爲夫，兑爲少，故稱士夫。五過二使應上，二過五使取初，五得位，故无咎。陰在二多譽，今退伏初，故无譽。體姤淫女，故過以相與，使應少夫。《象》曰「亦可醜也」。舊説以初爲女妻，上爲老婦，誤矣。馬君亦然。荀公以初陰失正當變，數六爲女妻。二陽失正，數九爲老夫。以五陽得正位，不變，數七爲士夫。上陰得正，數八爲老婦。此何異俗説也。悲夫學之難。而以初本爲小，反以上末爲老，後之達者，詳其義焉。《集解》。

《象》曰：枯楊生華，何可久也。老婦士夫，亦可醜也。

乾爲久，枯而生華，故不可久也。婦體姤淫，故可醜也。《集解》。

上六，過涉滅頂，凶，无咎。

大壯震爲足，兑爲水澤，震足没水，故過涉也。頂，首也。乾爲頂，頂没兑水中，故滅頂凶。乘剛，咎也。得位，故无咎。與滅耳同義也。《集解》。

習坎：

習坎，有孚。

乾二五之坤，與離旁通。于爻，觀上之二。習，常也。孚，信。謂二五。水行往來，朝宗于海，不失其時，如月行天，故習坎爲堂案：「爲」疑作「有」。孚也。《集解》。《漢上易叢説》節引。

維心亨。

坎爲心。乾二五旁行流坤，陰陽會合，故亨也。《集解》。

行有尚。

行謂二，尚謂五也。二體震爲行，動得正應五，故行有尚，往有功也。《集解》。

《彖》曰：習坎，重險也。

兩象也。天險地險，故曰「重險也」。《集解》。

行險而不失其信。

信謂二也。震爲行。水性有常，消息與月相應，故不失其信矣。《集解》。

行有尚，往有功也。

功謂五，二動應五，故往有功也。《集解》。

天險不可升也。

謂五在天位，五從乾來，體屯難，故天險不可升也。《集解》。

地險山川丘陵也。

坤爲地，乾二之坤，故曰「地險」。艮爲山，坎爲川，半山稱丘，丘下稱陵，故曰「地險山川丘陵也」。《集解》。

王公設險，以守其邦。

王公，大人。謂乾五，坤爲邦，乾二之坤成坎險。震爲守，有屯難象，故王公設險，以守其邦。離言王用出征，以正邦是也。《集解》。

《象》曰：水洊至，習坎。君子以常德行，習教事。

君子謂乾五。在乾稱大人，在坎爲君子。坎爲習，爲常，乾爲德，震爲行，巽爲教令，坤爲事，故以常德行習，教事也。《集解》。

初六，習坎，入于坎窞，凶。

《象》曰：習坎入坎，失道凶也。

習，積也。位下，故習。坎爲入，坎中小穴稱窞。上无其應，初二失正，故曰「失道凶」矣。《集解》。

九二，坎有險，求小得。

陽陷陰中，故有險。據陰有實，故求小得也。《集解》。

六三，來之坎坎，險且枕，入于坎窞，勿用。

坎在内稱來，在坎終坎，堂案：疑作「在内稱來，在外稱之」。故來之坎坎。枕，止也。艮爲止。三失位，乘二則險。承五隔四，故險且枕。入于坎窞，體師三輿，堂案：「輿」下疑有「尸」字。故勿用。《集解》。忱，止也。閑礙險害之貌。晁氏。

六四，尊酒，❶簋貳，用缶。

震主祭器，故有尊簋。坎爲酒。簋，黍稷器。三至五有頤口象，震獻在中，故爲簋。坎爲木，震爲足，坎酒在上，尊酒之象。貳，副也。坤爲缶。禮有副尊，故貳用缶

❶「尊」，注疏、集解作「樽」。下同。

耳。《集解》。晁氏節引。

内約自牖，終无咎。

坎爲内也。四陰小，故約。艮爲牖。坤爲户，艮小光照户牖之象。貳用缶，堂案：「貳用缶」三字疑衍。故内約自牖。得位承五，故无咎。《集解》。

《象》曰：尊酒簋，❶剛柔際也。

乾剛坤柔，震爲交，故曰「剛柔際也」。《集解》。

九五，坎不盈，禔既平，❷无咎。堂案：禔，晁氏引作「祇」。

盈，溢也。艮爲止，堂案：「艮爲止」句，疑當在「謂水流而不盈」下。謂水流而不盈。坎爲平。禔，安也。艮止坤安，故禔既平。得位正中，故无咎。《集解》。

《象》曰：坎不盈，中未光大也。

體屯五中，故未光大也。《集解》。

上六，係用徽纆，寘于叢棘，三歲不得，凶。

徽纆，黑索也。觀巽爲繩，艮爲手，上變入坎，故係用徽纆。寘，置也。坎多心，故叢棘。獄外種九棘，故稱叢棘。二變則五體剥，剥傷坤殺，故寘于叢棘也。不得謂不得出獄。艮止坎獄，乾爲歲，五從乾來，三非其應，故曰「三歲不得，凶」矣。《集解》。《漢上易叢説》節引。以置九棘，取改過自新，故曰「係用徽纆，寘于叢棘」也。若置之九棘之中，而不能改過自新，必致罪咎，故曰「三歲不得，凶」也。《口訣義》。

離：

離，利貞亨。

坤二五之乾，與坎旁通。於爻，遯初之五。

❶「尊」，注疏、集解作「樽」。

❷「禔」，注疏、集解作「祇」。下同。

柔麗中正，故利貞亨。《集解》。

畜牝牛吉。

畜，養也。坤爲牝牛，乾二五之坤成坎，體頤養象，故畜牝牛吉。俗説皆以離爲牝牛，失之矣。《集解》。

日月麗乎天。

乾五之坤成坎，爲月；離爲日。日月麗天也。《集解》。

百穀草木麗乎地。❶

震爲百穀，巽爲草木，坤爲地。乾二五之坤成坎，震體屯。屯者，盈也。盈天地之閒者，唯萬物。萬物出震，故百穀草木麗乎地。《集解》。

重明以麗乎正，乃化成天下。

兩象，故重明。正謂五陽。陽變之坤來化乾，以成萬物，謂離日化成天下也。《集解》。

柔麗乎中正，故亨。

柔謂五陰，中正謂五伏陽。出在坤中畜牝牛，故中正而亨也。《集解》。

《象》曰：明兩作，離。

兩謂日與月也。乾五之坤成坎，坤二之乾成離。離坎，日月之象，故明兩作，離。作，成也。日月在天，動成萬物，故稱作矣。或以日與火，爲明兩作也。《集解》。

大人以繼明照于四方。

陽氣稱大人，則乾五大人也。乾二五之光，繼日之明。坤爲方。二五之坤，震東兑西，離南坎北，故曰「照于四方」。《集解》。

戚差若，❷吉。

坎爲心，震爲聲，兑爲口，故戚嗟若。動而得正，尊麗陽，故吉也。《集解》。

❶「地」，注疏、集解作「土」。下同。

❷「差」，注疏、集解作「嗟」。

上九，王用出征，有嘉折首，獲匪其醜，无咎。王謂乾。乾二五之坤成坎，體師象。震爲出，故王用出征。首謂堂案：「謂」下疑有「乾」字。坤，二五來折乾，故有嘉折首。醜，類也。乾征得坤陰類，乾陽物，故獲非其醜，无咎矣。《集解》。

《象》曰：王用出征，以正邦也。乾五出征坤，故正邦也。《集解》。

虞翻周易注卷三

虞翻周易注卷四

平湖孫堂步升輯

下經

咸：

咸，亨利貞，取女吉。

咸，感也。坤三之上成女，乾上之三成男。乾坤氣交以相與，止而説，男下女，故通利貞，取女吉。《集解》。

聖人感人心而天下和平。

乾爲聖人，初四易位成既濟，坎爲心、爲平，故聖人感人心而天下和平。此保合太和，品物流形也。《集解》。

觀其所感，而天地萬物之情可見矣。

謂四之初，以離日見天，坎月見地，縣象著明，萬物見離，故天地萬物之情可見也。《集解》。

君子以虚受人。

君子謂否乾。乾爲人，坤爲虚。謂坤虚三受上，故以虚受人。艮山在地下爲謙，在澤下爲虚。《集解》。

初六，咸其母。❶

《象》曰：咸其母，志在外也。

母，足大指也。艮爲指，坤爲母，故咸其母。失位遠應，之四得正，故志在外，謂四也。《集解》。《漢上易傳》節引。

九三，咸其股，執其隨，往吝。

《象》曰：咸其股，亦不處也。志在隨人，所

❶「母」，注疏、集解作「拇」。下同。

執下也。

巽爲股，謂二也。巽爲隨，艮爲手，故稱執。三應於上，初四已變歷險，故往吝。巽爲處女也。男已下女，以艮陽入兑陰，故不處也。凡士與女未用，堂案：「用」疑作「應」，毛本亦作「應」。皆稱處矣。志在於二，故所執下也。《集解》。

九四，貞吉悔亡，憧憧往來，朋從爾思。

失位，悔也。應初動得正，故貞吉而悔亡矣。憧憧，懷思慮也。之内爲來，之外爲往。欲感上隔五，感初隔三，故憧憧往來矣。兑爲朋，少女也。艮初變之四，坎心爲思，故曰「朋從爾思」也。《集解》。《義海撮要》。

《象》曰：貞吉悔亡，未感害也。

坤爲害也。今未感坤初，體遯弑父，故曰「未感害也」。《集解》。

憧憧往來，未光大也。

未動之離，故未光大也。《集解》。

九五，咸其脢，无悔。

脢，夾脊肉也。堂案：《漢上易傳》引此句「夾」作「背」。謂四已變坎爲脊，故咸其脢。得正，故无悔。《集解》。

上六，咸其酺頰舌。堂案：酺，《集解》作「輔」。今從《釋文》，下同。

耳目之間稱酺頰。四變堂案：「變」下疑有「離」字。爲目，坎爲耳，兑爲口舌，故曰「咸其酺頰舌」。《集解》。

《象》曰：咸其酺頰舌，膢口説也。

膢，送也。不得之三，山澤通氣，故膢口説也。《集解》。戴埴《鼠璞》引首句。堂案：《釋文》云「滕，虞作『膢』」，晁氏、項氏俱云「虞作『騰』」，説見《鄭氏易》。

恒：

恒，亨，无咎，利貞。

恒，久也。與益旁通。乾初之坤四，剛柔皆應，故通。无咎，利貞矣。《集解》。

利有攸往。

初利往之四，終變成益，則初四二五皆得其正。終則有始，故利有攸往也。《集解》。

天地之道，恒久而不已也。

泰，乾坤爲天地。謂終則復始，有親則可久也。《集解》。

日月得天而能久照。

動初，成乾爲天，至二離爲日，至三坎爲月，故日月得天而能久照也。《集解》。

四時變化而能久成。

春夏爲變，秋冬爲化。變至二離夏，至三兑秋，至四震春，至五坎冬，至，堂案：此「至」字衍，毛本無。故四時變化而能久成，謂乾坤成物也。《集解》。

聖人久於其道，而天下化成。

聖人謂乾，乾爲道，初二已正，四五復位，成既濟定。乾道變化，各正性命。有兩離象，重明麗正，故化成天下。《集解》。

觀其所恒，而天地萬物之情可見矣。

以離日照乾，坎月照坤，萬物出震，故天地萬物之情可見矣，與咸同義也。《集解》。

君子以立不易方。

君子謂乾三也。乾爲易、爲立，坤爲方，乾初之坤四，三正不動，故立不易方也。《集解》。

《象》曰：浚恒之凶，始求深也。

浚，深也。初下稱浚，故曰「浚恒」。乾初爲淵，故深矣。失位變之正，乾爲始，故曰「始求深也」。《集解》。

九二，悔亡。

失位，悔也。動而得正，處中多譽，故悔亡也。《集解》。

九四，田无禽。

《象》曰：久非其位，安得禽也。

田謂二也。地上稱田。无禽謂五也。九四失位，利二上之五，已變承之，故曰「田无禽」。言二五皆非其位，故象曰「久非其位，安得禽也」。《集解》。

六五，恒其德，貞，婦人吉，夫子凶。

動正成乾，故恒其德。婦人謂初，巽爲婦，終變成益，震四復初，婦得歸陽，從一而終，故貞婦人吉也。震乾之子而爲巽夫，故曰「夫子」。終變成益，震四從巽，死於坤中，故夫子凶也。《集解》。

《象》曰：婦人貞吉，從一而終也。

一謂初，終變成益，以巽應初震，故從一而終也。《集解》。

夫子制義，從婦凶也。

震没從巽，入坤，故從婦凶矣。《集解》。

上六，震恒，凶。

《象》曰：震恒在上，大无功也。

震，動也。晁氏。在震上，故震恒。五動乘陽，故凶。終在益上，五遠應，堂案：「應」下疑有「二」字。故无功也。一作「三遠應，故无功也」。《集解》。

遯：

遯，亨。

陰消姤二也。艮爲山，巽爲入，乾爲遠，遠山入藏，故遯。以陰消陽，子弑其父，小人道長，避之乃通，故遯而通，則當位而應，與時行也。❶《集解》。

小利貞。

小陰謂二，得位浸長，以柔變剛，故小利貞。《集解》。

❶「行」下，集解有「之」字。

剛當位而應，與時行也。

剛謂五而應堂案：「應」下疑有「謂」字。二，艮爲時，故與時行矣。《集解》。

君子以遠小人，不惡而嚴。

君子謂乾，乾爲遠、爲嚴。小人謂陰，坤爲惡、爲小人，故以遠小人，不惡而嚴也。《集解》。

《象》曰：遯尾之厲，不往何災也。

艮爲尾也。初失位，動而得正，故遯尾厲。之應成坎爲災，在艮宜静，若不往於四，則无災矣。《集解》。

六二，執之用黄牛之革，莫之勝説。

艮爲手稱執，否坤爲黄牛，艮爲皮，四變之初，則坎水濡皮，離日乾之，故執之用黄牛之革。莫，无也。勝，能。説，解也。乾爲堅剛，巽爲繩，艮爲手，持革縛三在坎中，故莫之勝説也。《集解》。

九三，係遯，有疾厲，畜臣妾吉。

厲，危也。巽爲堂案：「爲」下疑有「係」字。四變時，九三體坎，坎爲疾，故有疾厲。遯陰剥陽，三消成坤，與上易位，坤爲臣，兑爲妾，上來之三，據坤應兑，故畜臣妾吉也。《集解》。

畜臣妾吉，不可大事也。

三動入坤，坤爲事，故不可大事也。《集解》。

九四，好遯，君子吉，小人否。

否乾爲好、爲君子，陰稱小人。動之初，故君子吉。陰在四多懼，故小人否。得位承五，故无凶咎矣。《集解》。

九五，嘉遯貞吉。

乾爲嘉。剛當位應二，故貞吉。謂三已變，上來之三成坎，《象》堂案：「象」下疑有「故」字字，毛本同。曰「以正志也」。《集解》。

上九，肥遯无不利。

乾盈爲肥，二不及上，故肥遯无不利。❶

《象》曰「无所疑也」。《集解》。

大壯：

大壯，利貞。

陽息，泰也。壯，傷也。大謂四，失位爲陰所乘，兑爲毁折，堂案：「折」下疑有「故」字。傷。與五易位乃得正，故利貞也。《集解》。

大壯利貞，大者正也。

謂四進之五乃得正，故大者正也。《集解》。

正大而天地之情可見矣。

正大謂四，之五成需，以離日見天，坎月見地，故天地之情可見也矣。《集解》。

初九，壯于趾，征凶，有孚。

趾謂四。征，行也。震足爲趾、爲正，初得位，四不征之五，故「凶」。坎爲孚，謂四上之五成坎，已得應四，故有孚。《集解》。

《象》曰：壯于趾，其孚窮也。

應在乾終，故其孚窮也。《集解》。

九二，貞吉。

《象》曰：九二貞吉，以中也。

變得位，故貞吉。動體離，故以中也。《集解》。

九三，小人用壯，君子用罔，貞厲。

應在震也。三陽君子，小人謂上。上逆故用壯。謂二已變離，離爲罔，三乘二，故君子用罔。體乾夕惕，故貞厲也。《集解》。

羝羊觸藩，纍其角。❷《釋文》。

九四，貞吉悔亡，藩決不纍。堂案：纍，《集解》作「羸」。此從《釋文》。壯于大轝之腹。

❶ 「利」下，集解有「故」字。

❷ 「纍」，注疏、集解作「羸」。下同。

《象》曰：藩決不羸，尚往也。

失位，悔也。之五得中，故貞吉而悔亡矣。體夬象，故藩決。震四上處五，則藩毀壞，故藩決不羸。坤爲大轝、爲腹，四之五折坤，故壯于大轝之腹。而《象》曰「尚往」者，謂上之五。《集解》。決，讀爲「夬決」之「決」。晁氏。

六五，喪羊于易，无悔。

四動成泰，坤爲喪也。乾爲易，四上之五，兑還屬乾，故喪羊于易。動各得正，而處中和，故无悔矣。《集解》。

上六，羝羊觸藩，不能退，不能遂，无攸利，艱則吉。

應在三，故羝羊觸藩。遂，進也。謂四已之五體坎，上能變之巽，巽爲進退，故不能退，不能遂。退則失位，上則乘剛，故无攸利。坎爲艱，得位應三利上，故艱則吉。《集解》。

《象》曰：不能退，不能遂，不詳也。

乾善爲詳。不得三應，故不詳也。《集解》。

艱則吉，咎不長也。

巽爲長，動失位爲咎，不變之巽，故咎不長也。《集解》。

晉：

晉，康侯用錫馬蕃庶，晝日三接。

觀四之五。晉，進也。坤爲康，康，安也。初動體屯，震爲侯，故曰「康侯」。震爲馬，坤爲用，故用錫馬。艮爲多，坤爲衆，故蕃庶。離日在上，故晝日。三陰在下，故三接矣。《集解》。

《象》曰：明出地上，晉。君子以自照明德。

君子謂觀乾，乾爲德，坤爲自，離爲明。乾五動，以離日自照，故以自照明德也。《集解》。

初六，晉如摧如，貞吉，罔孚，裕无咎。

晉，進；摧，憂愁也。應在四，故晉如。失位，故摧如。動得位，堂案：位，《義海》作「時」。故貞吉。應離爲罔，曰堂案：「曰」字疑誤。坎稱孚，❶坤弱爲裕。欲四之五成巽，初受其命，故无咎也。《集解》。《義海撮要》節引。

《象》曰：晉如摧如，獨行正也。

初動震爲行，初一稱獨也。《集解》。

裕无咎，未受命也。

五未之巽，故未受命也。《集解》。

六二，晉如愁如，貞吉。

震爲應，在坎上，故愁如。得位處中，故貞吉也。《集解》。

受茲介福，于其王母。

乾爲介福，艮爲手，坤爲虛，故稱受。介，大也。謂五已正中，乾爲王，坤爲母，故受茲介福，于其王母。《集解》。

六三，衆允悔亡。

坤爲衆。允，信也。土性信，故衆允。三失正，與上易位則悔亡，故《象》曰「上行也」。堂案：此下疑有脱誤。此則成小過，小過故有飛鳥之象焉。臼杵之利，見碩鼠出入坎穴，蓋取諸此也。《集解》。《義海撮要》節引。

《象》曰：衆允之志，上行也。

坎爲志，三之上成震，故曰「上行也」。《集解》。

矢得勿恤。《釋文》。

《象》曰：矢得勿恤，往有慶也。

動之乾，乾爲慶也。矢，古「誓」字；誓，信也。勿，无。卹，憂也。五變得正，坎象不見，故誓得勿卹，往有慶也。《集解》。

上九，晉其角。

❶「曰」，集解作「四」。

五已變之乾爲首，位在首上稱角，故晉其角也。《集解》。

維用伐邑，厲吉无咎，貞吝。

坤爲邑，動成震而體師象，坎爲心，故維用伐邑。得位乘五，故厲吉无咎而貞吝矣。《集解》。

明夷：

明夷，傷也。臨二之三而反晉也。明入地中，故傷矣。《集解》。

利艱貞。

謂五也。五失位，變出成坎，爲艱，故利艱貞矣。《集解》。

內文明而外柔順，以蒙大難，文王以之。

以，用也。三喻文王。大難謂坤，坤爲弑父。迷亂荒淫，若紂殺比干。三幽坎中，象文王之拘羑里。震爲諸侯，喻從文王者。紂懼出之，故以蒙大難，得身全矣。《集解》。

利艱貞，晦其明也。內難而能正其志，箕子以之。

箕子，紂諸父，故稱內難。五乾天位，今化爲坤，箕子之象。坤爲晦。箕子正之，出五成坎，體離，重明麗正，坎爲志，故正其志，箕子以之，而紂奴之矣。《集解》。

《象》曰：明入地中，明夷。君子以莅衆，用晦而明。

而，如也。君子謂三。體師象，以坎莅坤。坤爲衆、爲晦，離爲明，故用晦如明也。《集解》。

上六，不明晦，初登于天，後入于地。

應在三，離滅坤下，故不明晦。晉時在上麗乾，故登于天，照四國。今反在下，故後入于地，失其則。《集解》。

家人：

家人，利女貞。

遯初之四也。女謂離巽，二四得正，故利女貞也。《集解》。

男女正，天地之大義也。

遯乾爲天，三動坤爲地。男得天正於五，女得地正於二，故天地之大義也。《集解》。

父父子子，兄兄弟弟。

遯乾爲父，艮爲子，三五位正，故父父子子。三動時，震爲兄，艮爲弟，初三位正，故兄兄弟弟。《集解》。

夫夫婦婦。

三動時，震爲夫，巽四爲婦，初四位正，故夫夫婦婦也。《集解》。

六四，富家大吉。

《象》曰：富家大吉，順在位也。

三變體艮，艮爲篤實，坤爲大業，得位應初，順五乘三，比據三陽，故曰「富家大吉，順在位也」。謂順於五矣。《集解》。《義海撮要》節引。

《象》曰：王假有家，交相愛也。

乾爲愛也。二稱家，三動成震，五得交二，初得交四，故交相愛。震爲交也。《集解》。

上九，有孚，威如終吉。

謂三已變，與上易位成坎，坎爲孚，故有孚。乾爲威如，自上之坤，故威如。易則得位，故終吉也。《集解》。

《象》曰：威如之吉，反身之謂也。

謂三動坤爲身，上之三成既濟定，故反身之謂。此家道正，正家而天下定矣。《集解》。

睽：

睽，小事吉。

大壯上之三，在《繫》蓋取无妄二之五也。

小謂五，陰稱小，得中應剛，故吉。《集解》。

《彖》曰：睽，火動而上，澤動而下。

離火炎上，澤水潤下也。《集解》。

二女同居，其志不同行。

二女，離兑也。坎爲志，離上兑下。无妄震爲行，巽爲同，艮爲居。二五易位，震巽象壞，故二女同居，其志不同行也。《集解》。

説而麗乎明，柔進而上行，得中而應乎剛。

説，兑。麗，離也。明謂乾，當言大明以麗於晉。柔謂五，无妄巽爲進，從二之五，故上行。剛謂應乾，五伏陽，非應二也。與鼎五同義也。《集解》。

天地睽而其事同也。

五動乾爲天，四動坤爲地，故天地睽。坤爲事也，五動體同人，故事同矣。《集解》。

男女睽而其志通也。

四動艮爲男，兑爲女，故男女睽。坎爲志、爲通，故其志通也。《集解》。

萬物睽而其事類也。

四動，萬物出乎震，區以別矣，故萬物睽。坤爲事、爲類，故其事類也。《集解》。

初九，悔亡，喪馬，勿逐自復，見惡人无咎。

《象》曰：見惡人，以避咎也。

无應，悔也。四動得位，故悔亡。應在于坎，坎爲馬。四而堂案：「而」字疑衍。失位，之正入坤，坤爲喪，坎象不見，故喪馬。震爲逐，艮爲止，故勿逐。坤爲自，二至五體復象，故曰「復」。❶四動震馬來，故勿逐自復也。離爲見，惡人謂四，動入坤初，四復正，故見惡人以避咎矣。《集解》。

九二，遇主于巷，无咎。

二動體震，震爲主、爲大塗，艮爲徑路，大

❶「曰」，集解作「自」。

道而有徑路，故稱巷。變而得正，故无咎。

而未失道也。《集解》。

《象》曰：遇主于巷，未失道也。

動得正，故未失道。《集解》。

六三，見輿曳，其牛觢。❶

離爲見，坎爲車、爲曳，故見輿曳。四動坤爲牛、爲類，牛角一低一仰，故稱觢。離上而坎下，其牛觢也。《集解》。

其人天且劓，无初有終。

其人謂四，惡人也。黥額爲天，晁氏引云「剠鑿其額曰天」。割鼻爲劓。无妄乾爲天，震二之乾五，以陰墨其天，乾五之震二，毁艮，割其鼻也。兑爲刑人，故其人天且劓。失位，動得正成乾，故无初有終。象曰「遇剛」，是其義也。《集解》。

《象》曰：見輿曳，位不當也。无初有終，遇剛也。

動正成乾，故遇剛。《集解》。

九四，睽孤，遇元夫，交孚，厲无咎。

孤，顧也。在兩陰間，睽五顧三，故曰「睽孤」。震爲元夫，謂二已變，動而應震，故遇元夫也。震爲交，坎爲孚，動而得正，故交孚，厲无咎矣。《集解》。晁氏引首句。

《象》曰：交孚无咎，志行也。

坎動成震，故志行也。《集解》。

六五，悔亡，厥宗噬膚，往何咎。

往得位，悔亡也。動而之乾，乾爲宗，二體噬嗑，故曰「噬」。四變時，艮爲膚，故曰「厥宗噬膚」也。變得正成乾，乾爲慶，故往无咎，而有慶矣。《集解》。

上九，睽孤，見豕負塗，載鬼一車。

❶「觢」，注疏作「掣」。

睽三顧五，故曰「睽孤」也。離爲見，坎爲豕、爲雨，四變時，坤爲土，土得雨爲泥塗，四動艮爲背，豕背有泥，故見豕負塗矣。坤爲鬼，坎爲車，變在坎上，故載鬼一車也。《集解》。

先張之弧，後説之壺。❶ 晁氏云「説音税」。

謂五已變，乾爲先，應在三，坎爲弧，離爲矢，張弓之象也，故先張之弧。四動震爲後。説，猶置也。兑爲口，離爲大腹，坤爲器，大腹有口，坎酒在中，壺之象也。之應歷險以與兑，故後説之壺矣。《集解》。

匪寇婚媾，往遇雨則吉。

匪，非。坎爲寇，之三歷坎，故匪寇。陰陽相應，故婚媾。三在坎下，故遇雨。與上易位，坎象不見，各得其正，故則吉也。《集解》。

《象》曰：遇雨之吉，群疑亡也。

物三稱群，坎爲疑，三變坎敗，故群疑亡矣。《集解》。

蹇：

蹇，利西南。

觀上反三也。坤，西南卦，五在坤中，坎爲月，月生西南，故利西南。往得中，謂西南得朋也。《集解》。

不利東北。

謂三也。艮，東北之卦，月消於艮，喪乙滅癸，故不利東北，其道窮也。則東北喪朋矣。《集解》。

利見大人。

離爲見，大人謂五，二得位應五，故利見大人，往有功也。《集解》。《義海撮要》節引。

貞吉。

❶「壺」，注疏作「弧」。

謂五當位正邦，故貞吉也。《集解》。

《象》曰：蹇，難也，險在前也。見險而能止，知矣哉。

離見坎險，艮爲止。觀乾爲知，故知矣哉。《集解》。

利見大人，往有功也。

大人謂五，二往應五，五多功，故往有功也。《集解》。《義海撮要》節引。

蹇之時用大矣哉。

謂坎月生西南而終東北，震象出庚，兑象見丁，乾象盈甲，巽象退辛，艮象消丙，坤象窮乙，喪滅於癸，終則復始，以生萬物，故用大矣。《集解》。

君子以反身脩德。

君子謂觀，乾坤爲身，觀上反三，故反身。陽在三，進德脩業，故以反身脩德。孔子曰「德之不脩，是吾憂也」。《集解》。

初六，往蹇，來譽。

譽謂二，二多譽也。失位應陰，往歷坎險，故往蹇。變而得位，以陽承堂案：「承」疑作「比」。二，故來而譽矣。《集解》。

《象》曰：往蹇來譽，宜待時也。❶

艮爲時，謂變之正，以待四也。《集解》。

六二，王臣蹇蹇，匪躬之故。

觀乾爲王，坤爲臣、爲躬，坎爲蹇也。之應涉坤，二五俱坎，故王臣蹇蹇。觀上之三，折坤之體，臣道得正，故匪躬之故，象曰「終无尤也」。《集解》。

九三，往蹇來反。

應正歷險，故往蹇。反身據二，故來反也。《集解》。

《象》曰：往蹇來反，内喜之也。

❶「時」，注疏、集解無此字。

内謂二陰也。❶《集解》。

六四，往蹇來連。

連、輦、蹇，難也。在兩坎間，進則无應，故往蹇。退初介三，故來連也。《集解》。

九五，大蹇，朋來。

當位正邦，故大蹇。睽兑爲朋，故朋來也。《集解》。

上六，往蹇，來碩，吉，利見大人。

陰在險上，變失位，故往蹇。碩謂三，艮爲碩。退來之三，故來碩。得位有應，故吉也。離爲見，大人謂五，故利見大人矣。《集解》。

解：

解，利西南。

臨初之四，坤西南卦，初之四得坤衆，故利西南，往得衆也。《集解》。

无所往，其來復吉。

謂四本從初之四，失位於外而无所應，故无所往。宜來反初，復得正位，故其來復吉也。二往之五，四來之初，成屯體復象，故稱來復吉矣。《集解》。

有攸往，夙吉。

謂二也。夙，早也。離爲日、爲甲，日出甲上，故早也。九二失正，早往之五則吉，故有攸往夙吉，往有功也。《集解》。

《彖》曰：解，險以動，動而免乎險，解。

險，坎。動，震。解，二月，雷以動之，雨以潤之，物咸孚甲，萬物生震，震出險上，故免乎險也。《集解》。

《象》曰：雷雨作，解。君子以赦過宥罪。

君子謂三伏陽。出成大過。坎爲罪，入則大過象壞，故以赦過。二四失位，皆在坎

---

❶「内」下，集解有「喜」字。

獄中，三出體乾，兩坎不見，震喜兑悦，罪人皆出，故以宥罪。謂三入則赦過，出則宥罪，公用射隼以解悖，是其義也。《集解》。

初六，无咎。

與四易位，體震得正，故无咎也。《集解》。

《象》曰：剛柔之際，義无咎也。

體屯初震，剛柔始交，故无咎也。《集解》。

九二，田獲三狐，得黄矢，貞吉。

二稱田，田，獵也。變之正，艮爲狐，坎爲弓，離爲黄矢。矢貫狐體，二之五歷三爻，故田獲三狐，得黄矢。之正得中，故貞吉。《集解》。

《象》曰：九二貞吉，得中道也。

動得正，故得中道。《集解》。

六三，負且乘。

負，倍也。二變時，艮爲背，謂三以四艮倍五也。五來寇二時，❶坤爲車，三在坤上，故負且乘。小人而乘君子之器，故《象》曰「亦可醜也」。《集解》。

致寇至，貞吝。

五之二成坎，坎爲寇盜。上位慢五，下暴於二，慢藏悔盜，故致寇至，貞吝。《象》曰：「自我致戎，又誰咎也。」《集解》。

《象》曰：負且乘，亦可醜也。自我致戎，又誰咎也。

臨坤爲醜也。坤爲自我。以離兵伐三，故轉寇爲戎，艮手招盜，故誰咎也。《集解》。

九四，解而母，❷朋至斯孚。

二動時艮爲指。四變之坤爲母，故解而母。臨兑爲朋，坎爲孚，四陽從初，故朋至斯孚矣。《集解》。

---

❶「二」，集解作「三」。

❷「母」，注疏、集解作「拇」。下同。

六五，君子惟有解吉，有孚于小人。

君子謂二。之五得正成坎，坎爲心，故君子惟有解吉。小人謂五，陰爲小人，君子升位，則小人退在二，故有孚于小人，坎爲孚也。《集解》。

《象》曰：君子有解，小人退也。

二陽上之五，五陰小人退之二也。《集解》。

上六，公用射隼于高庸之上，❶獲之无不利。

上應在三，公謂三伏陽也。離爲隼。三失位，動出成乾，貫隼，入大過死象。故公用射隼于高庸之上，獲之无不利也。《集解》。

《象》曰：公用射隼，以解悖也。

坎爲悖，三出成乾，而坎象壞，故解悖也。《集解》。

虞翻周易注卷四

❶ 「庸」，注疏、集解作「墉」。下同。

虞翻周易注卷五

平湖孫堂步升輯

損：

有孚，元吉无咎，可貞，利有攸往。

泰初之上，損下益上，以據二陰，故有孚，元吉无咎。艮男居上，兑女在下，男女位正，故可貞，利有攸往矣。《集解》。

二簋應有時。

時謂春秋也。損二之五，震二月，益正月，春也。損七月，兑八月，秋也。謂春秋祭祀，以時思之。艮爲時，震爲應，故應有時也。《集解》。

損剛益柔有時。

謂冬夏也。二五已易成益，坤爲柔，謂損益上之三成既濟，坎冬離夏，故損剛益柔有時。《集解》。

損益盈虚，與時偕行。

乾爲盈，坤爲虚，損剛益柔，故損益盈虚。謂泰初之上，損二之五，益上之三，變通趨時，故與時偕行。《集解》。

《象》曰：山下有澤，損。君子以徵忿窒欲。

君子，泰乾。乾陽剛武爲忿，坤陰吝嗇爲欲。損乾之初成兑説，故徵忿。初上據坤，艮爲山，故窒欲也。《集解》。

初九，祀事遄往，《釋文》、《丙子學易編》同。无咎，酌損之。

祀，祭祀，坤爲事，謂二也。遄，速。酌，取也。二失正，初利二速往合志於正，❶堂案：「正」疑作「五」。得正无咎，已得之應，故

❶「正」，集解作「五」。

遄往，无咎，酌損之。《象》曰「上合志也」。「祀」，舊作「巳」也。《集解》。

《象》曰：祀事遄往，上合志也。❶

終成既濟，謂二上合志於五也。《集解》。

九二，利貞，征凶，弗損益之。

失位當之正，故利貞。征，行也。震爲征，失正毁折，故不征。之五則凶。二之五成益，小損大益，故弗損益之矣。《集解》。

《象》曰：九二利貞，中以爲志也。

動體離中，故爲志也。《集解》。

六三，三人行，則損一人。

泰乾三爻爲三人，震爲行，故三人行。損初之上，故則損一人。《集解》。

一人行，則得其友。

一人謂泰初，之上損剛益柔，故一人行。兑爲友，初之上，據坤應兑，故則得其友，言致一也。《集解》。

《象》曰：一人行，三則疑也。

坎爲疑，上益三成坎，故三則疑。《集解》。

六四，損其疾，使遄有喜，无咎。

四謂二也。四得位，遠應初，二疾上五，已得承之，謂二之五，三上復坎爲疾也。陽在五稱喜，故損其疾，使遄有喜。二上體觀，得正承五，故无咎矣。《集解》。

《象》曰：損其疾，亦可喜也。

二上之五，體大觀象，故可喜也。《集解》。

六五，或益之，十朋之龜，弗克違，元吉。

謂二五已變成益，故或益之。坤數十，兑爲朋。三上失位，三動離爲龜，十謂神、靈、攝、寶、文、筮、山、澤、水、火之龜也，故十朋之龜。三上易位成既濟，故弗克違，元吉矣。《集解》。

❶「上」，注疏、集解作「尚」。

上九，弗損益之，无咎，貞吉。

損上益三也。上失正，之三得位，故弗損益之，无咎貞吉。動成既濟，故大得志。《集解》。

利有攸往，得臣无家。

謂三往之上，故利有攸往。二五已動成益，坤爲臣。三變據坤成家人，故曰「得臣」。動而應三成既濟，則家人壞，故曰「无家」。《集解》。

《象》曰：弗損益之，大得志也。

謂二五已變，上下益三成既濟定，離坎體正，故大得志。《集解》。

益：

益，利有攸往。

否上之初也。損上益下，其道大光。二利往坎應五，故利有攸往，中正有慶也。《集解》。

利涉大川。

謂三失正，動成坎，體涣，坎爲大川，故利涉大川。涣，舟楫象，木道乃行也。《集解》。

民説无疆。

上之初，坤爲无疆，震爲喜笑。以貴下賤，大得民，故説无疆矣。《集解》。

自上下下，其道大光。

乾爲大明，以乾照坤，故其道大光。或以上之三，離爲大光矣。《集解》。

利有攸往，中正有慶。

中正謂五，而二應之，乾爲慶也。《集解》。

利涉大川，木道乃行。

謂三動成涣。涣，舟楫象，巽木得水，故木道乃行也。《集解》。

益動而巽，日進无疆。

震三動爲離，離爲日，巽爲進，坤爲疆，日與巽俱進，故日進无疆也。《集解》。

天施地生，其益无方。

乾下之坤，震爲出生，萬物出震，故天施地生。陽在坤初爲无方，日進无疆，故其益无方也。《集解》。

凡益之道，與時偕行。

上來益三，四時象正。艮爲時，震爲行，與損同義，故與時偕行也。《集解》。

《象》曰：風雷，益。君子以見善則遷，有過則改。

君子謂乾也。上之三，離爲見，乾爲善，坤爲過，坤三進之乾四，故見善則遷。乾上之坤初，改坤之過，體復象，復以自知，故有過則改也。《集解》。

初九，利用爲大作，元吉无咎。

大作謂耕播，耒耨之利，蓋取諸此也。坤爲用，乾爲大，震爲作，故利用爲大作。體復初得正，朋來无咎，故元吉无咎。震三月卦日中星鳥。敬授民時，故以耕播也。《集解》。

六二，或益之，十朋之龜，弗克違，永貞吉。

謂上從外來益也。故或益之。二得正遠應，利三之正，己得承之。坤數十，損兑爲朋，謂三變離爲龜，故十朋之龜。坤爲永，上之三得正，故永貞吉。《集解》。

王用享于帝，吉。

震稱帝，王謂五，否乾爲王，體觀象，艮爲宗廟，三變折坤牛，體噬嗑食，故王用享于帝。得位，故吉。《集解》。

《象》曰：或益之，自外來也。

乾上稱外，來益三堂案：「三」疑作「初」。也。《集解》。

六三，益之用凶事，无咎。

坤爲事，三多凶，上來益三得正，故益用凶事，无咎。《集解》。

有孚中行，告公用圭。

公謂三伏陽也。三動體坎，故有孚。震爲中行、爲告，位在中，故曰「中行」。三，公位，乾爲圭，乾之三，故告公用圭。圭，桓圭也。《集解》。

《象》曰：益用凶事，固有之矣。

三上失正當變，是固有之。《集解》。

六四，中行，告公從。

中行謂震，位在中，震爲行、爲從，故曰「中行」。公謂三，三上失位，四利三之正，已得以爲實，故曰「告公從」矣。《集解》。

利用爲依遷邦。

坤爲邦。遷，從也。❶堂案：「從」疑作「徙」，下句「坤從」，疑作「坤徙」。三動坤從，故利用爲依遷邦也。《集解》。

《象》曰：告公從，以益志也。

坎爲志。三之上堂案：「上」疑作「正」。有兩坎象，故以益志也。《集解》。

九五，有孚惠心，勿問元吉。

謂三上也。震爲問，三上易位，三五體坎已成既濟，坎爲心，故有孚惠心，勿問元吉。《象》曰「勿問之矣」。《集解》。

有孚惠我德。

坤爲我，乾爲德。三之上體坎，爲孚，故惠我德，象曰「大得志」。《集解》。

上九，莫益之。

莫，无也。自非上，无益初者。唯上當无應，故莫益之矣。《集解》。

或擊之。

謂上不益初，則以剥滅乾。艮爲手，故或擊之。《集解》。

立心勿恒，凶。

---

❶「從」，集解作「徙」。下同。

上體巽爲進退，故勿恒。動成坎心，以陰乘陽，故立心勿恒，凶矣。《集解》。

《象》曰：或益之，❶偏辭也。

偏，周帀也。三體剛凶，故至上應，乃益之矣。《集解》。

或擊之，自外來也。

外謂上，上來之三，故曰「自外來也」。《集解》。

夬：

夬，揚于王庭。

陽決陰，息卦也。剛決柔，與剝旁通。乾爲揚、爲王，剝艮爲庭，故揚于王庭矣。《集解》。

孚號有厲。

陽在二五稱孚，孚謂五也。二失位，動體巽，巽爲號，離爲光，不變則危，故孚號有厲，其危乃光也。《集解》。

告自邑，不利即戎。

陽息動復，剛長成夬。震爲告，坤爲自邑。夬從復升，坤逆在上，民衆消滅。二變時，離爲戎，故不利即戎，所尚乃窮也。《集解》。

利有攸往。

陽息陰消，君子道長，故利有攸往，剛長乃終。《集解》。

《彖》曰：夬，決也。剛決柔也。

乾決坤也。《集解》。

健而説，決而和。

健，乾；説，兑也。以乾陽獲陰之和，故決而和也。《集解》。

利有攸往，剛長乃終也。

乾體大成，以決小人，終乾之剛，故乃以終也。《集解》。

❶「或」，注疏、集解作「莫」。

君子以施祿及下，居德則忌。

君子謂乾，乾爲施祿。下謂剥坤，坤爲衆臣。以乾應坤，故施祿及下。乾爲德，艮爲居，故居德則忌。陽極陰生，謂陽忌陰。《集解》。

初九，壯于前趾，往不勝爲咎。

夬變大壯，大壯震爲趾，位在前，故壯于前。剛以應剛，不能克之，往如失位，故往不勝爲咎。《集解》。

《象》曰：不勝而往，咎也。

往失位應陽，故咎矣。《集解》。

九二，惕號，莫夜有戎，勿恤。晁氏云「號音号」，下同。

惕，懼也。二失位，故惕。變成巽，故號。剥坤爲草夜，❶二動成離，離爲戎，變而得正，故有戎。四變成坎，坎爲憂，坎又得正，故勿恤，謂成既濟定也。《集解》。

《象》曰：有戎勿恤，得中道也。

動得正應五，故得中道。《集解》。

九四，臀无膚，其行次且。

二四已變，坎爲臀，剥艮爲膚，毁滅不見，故臀无膚。大壯震爲行，坎爲破、爲曳，故其行次且。《集解》。

牽羊悔亡，聞言不信。

兑爲羊，二變巽爲繩，剥艮手持繩，故牽羊。謂四之正，得位承五，故悔亡。震爲言，坎爲耳，震坎象不正，故聞言不信也。《集解》。

《象》曰：其行次且，位不當也。聞言不信，聰不明也。

坎耳離目，折入於兑，故聰不明矣。《集解》。

九五，莧陸夬夬，中行无咎。

❶「草夜」，集解作「莫夜」。

莧，説也。莧，讀爲「夫子莧爾而笑」之「莧」。陸，和睦也。震爲笑，言五得正位，兑爲説，故莧陸夬夬。大壯震爲行，五在上中，動而得正，故中行无咎。舊讀言莧陸，字之誤也。馬君、荀氏，皆從俗言「莧陸」，非也。《集解》。堂案：「莧」，古「莞」字，見《論語》釋文，今本依唐石經作「莞」。《廣雅》云「莧，笑也」，字又從艸，從見。「陸」，古「睦」字，見《隸釋》。趙氏《輯聞》引虞云「莧，蕢」，史氏《學齋佔畢》又引作「莧，萁也；陸，商也」，俱非是。今《釋文》亦有誤者，晁氏改「陸」作「睦」，云「和也」，亦非。

《象》曰：中行无咎，中未光也。

在坎陰中，故未光也。《集解》。

上六，无號，終有凶。

應在於三，三動時體巽，巽爲號令，四已變坎，之應歷險，巽象不見，故无號。位極乘陽，故終有凶矣。《集解》。

《象》曰：无號之凶，終不可長也。

陰道消滅，故不可長也。《集解》。

姤：

姤，女壯。

消卦也，與復旁通。巽長女，女壯，傷也。陰傷陽，柔消剛，故女壯也。《集解》。

勿用取女。

陰息剥陽，以柔變剛，故勿用取女，不可與長也。《集解》。

后以施命誥四方。

后，繼體之君。姤陰在下，故稱后。與泰稱后同義也。乾爲施，巽爲命、爲誥。復震二月東方，姤五月南方，巽八月西方，復十一月北方，皆總在初，故以誥四方也。孔子行夏之時，經用周家之月，夫子傳《彖》、《象》以下，皆用夏家月，是故復爲十一月，姤爲五月矣。《集解》。

初六，繫于金柅，貞吉。

柅謂二也。巽爲繩，故繫柅。乾爲金，巽木入金，柅之象也。初四失正，易位乃吉，故貞吉矣。《集解》。

有攸往，見凶，羸豕孚蹢躅。

以陰消陽，往謂成坤，遯子弒父，否臣弒君。夬時，三動離爲見，故有攸往，見凶矣。三，夬之四，在夬動而體坎，坎爲豕、爲孚，巽繩操之，故稱羸也。巽爲舞、爲進退，操而舞，故羸豕孚蹢躅。以喻姤女望於五陽，如豕蹢躅也。《集解》。

《象》曰：繫于金柅，柔道牽也。

陰道柔，巽爲繩，牽於二也。《集解》。

九二，包有魚，无咎，不利賓。

巽爲白茅，在中稱包，《詩》云「白茅包之」。堂案：《釋文》引《詩》「包」作「苞」。魚謂初陰，巽爲魚，二雖失位，陰陽相承，故包有魚，无咎。「賓」謂四，乾尊稱賓，二據四應，故不利賓。或以包爲庖廚也。《集解》。《義海撮要》節引。

九三，臀无膚，其行次且，厲，无大咎。

夬時動之坎爲臀，艮爲膚，二折艮體，故臀无膚。復震爲行，其象不正，故其行次且。三得正位，雖則危厲，故无大咎矣。《集解》。

《象》曰：其行次且，行未牽也。

在夬失位，故牽羊。在姤得正，故未牽也。《集解》。

九五，以杞苞瓜，❶含章。《玩辭》云「苞」字與子夏本同。

杞，杞柳，木名也。巽爲杞、爲苞，乾圓稱瓜，故以杞苞瓜矣。含章謂五也。五欲使初四易位，以陰含陽，己得乘之，故曰「含

❶「苞」，注疏、集解作「包」。下同。

章」。初之四體兑口，故稱含也。《集解》。

有隕自天。

隕，落也。乾爲天，謂四隕之初，初上承五，故有隕自天矣。《集解》。

《象》曰：九五含章，中正也。有隕自天，志不舍命也。

巽爲命也。欲初之四承己，故不舍命矣。《集解》。

上九，姤其角，吝无咎。

乾爲首，位在首上，故稱角。動而得正，故无咎。《集解》。

萃：

萃，❶《釋文》云无「亨」字。王假有廟。

觀上之四也。觀乾爲王。假，至也。艮爲廟，體觀享祀，上之四，故假有廟，致孝享矣。《集解》。

利見大人，亨利貞。

大人謂五。三四失位，利之正，變成離，離爲見，故利見大人，亨利貞，聚以正也。《集解》。

用大牲吉，利有攸往。

坤爲牛，故曰「大牲」。四之三，折坤得正，故用大牲吉。三往之四，故利有攸往，順天命也。《集解》。

致孝享也。

亨，享祀也。五至初有觀象，謂享坤牛，故致孝享矣。《集解》。

利見大人亨，聚以正也。

坤爲聚，坤三之四，故聚以正也。《集解》。

用大牲吉，利有攸往，順天命也。

坤爲順，巽爲命，三往之四，故順天命也。《集解》。

❶「萃」下，注疏、集解有「亨」字。

觀其所聚，而天地萬物之情可見矣。

三四易位成離坎，坎月離日，日以見天，月以見地，故天地之情可見矣。與大壯、咸、恒同義也。《集解》。

君子以除戎器，戒不虞。

君子謂五。除，脩；戎，兵也。《詩》曰「脩爾車馬，弓矢戎兵」，陽在三四爲脩，坤爲器，三四之正，離爲戎兵、甲冑、飛矢，坎爲弓弧，巽爲繩，艮爲石，謂敹甲冑，鍛厲矛矢，故除戎器也。坎爲寇，坤爲亂，故戒不虞也。《集解》。

初六，有孚不終，乃亂乃萃。

孚謂五也，初四易位，五坎中，故有孚。失正當變，坤爲終，故不終。萃，聚也。坤爲亂，爲聚，故乃亂乃萃。失位不變，則相聚爲亂，故象曰「其志亂也」。《集解》。

若號，一握爲笑，勿恤，往无咎。

巽爲號，艮爲手，初稱一，故一握。初動成震，震爲笑。四動成坎，坎爲恤，故若號，一握爲笑，勿恤。初之四得正，故往无咎矣。《集解》。號，號令。晁氏。

《象》曰：乃亂乃萃，其志亂也。

坎爲志，初堂案：「初」下疑有「不」字。之四，❶其志亂也。《集解》。

六二，引吉无咎。

應巽爲繩，艮爲手，故引吉。得正應五，故无咎。利引四之初使避己，己得之五也。《集解》。

孚乃利用禴。

孚謂五，禴，夏祭也。體觀象，故利用禴。四之三，故用大牲。離爲夏，故禴祭，《詩》曰「禴祭烝嘗」，是其義。《集解》。

❶ 「初」下，集解有「不」字。

《象》曰：引吉无咎，中未變也。
二得正，故不變也。《集解》。
六三，萃如嗟如，无攸利，往无咎小吝。
坤爲萃，故萃如。巽爲號，故嗟如。失正，故无攸利。動得位，故往无咎小吝，謂往之四。《集解》。
《象》曰：往无咎，上巽也。
動之四，故上巽。《集解》。
九四，大吉无咎。
《象》曰：大吉无咎，位不當也。
以陽居陰，故位不當。動而得正，承五應初，故大吉而无咎矣。《集解》。《義海撮要》。
九五，萃有位无咎，匪孚，元永貞，悔亡。
得位居中，故有位无咎。匪孚，謂四也。四變之正，則五體皆正，故元永貞。與比《象》同義。四動之初，故悔亡。《集解》。
《象》曰：萃有位，志未光也。
陽在坎中，故志未光。與屯五同義。《集解》。
上六，齎資涕洟，❶无咎。
齎，持；資，賻也，貨財喪稱賻。自目曰涕，自鼻稱洟。坤爲財，巽爲進，故齎資也。三之四體離坎，艮爲鼻，涕淚流鼻目，故涕洟。得位應三，故无咎。上體大過死象，故有齎資涕洟之哀。《集解》。晁氏引首句。
《象》曰：齎資涕洟，未安上也。
乘剛遠應，故未安上也。《集解》。
升：
升，元亨。
臨初之三，又有臨象，剛中而應，故元亨也。《集解》。
用見大人，勿恤。

❶「資」，注疏、集解作「咨」。下同。

謂二當之五爲大人，離爲見，坎爲恤，二之五得正，故用見大人勿恤，有慶也。《集解》。

南征吉。

離，南方卦。二之五成離，故南征吉，志行也。《集解》。

《象》曰：柔以時升。

柔謂五，坤也。升謂二。坤邑无君，二當升五虚。震兑爲春秋，二升坎離爲冬夏，四時象正，故柔以時升也。《集解》。

南征吉，志行也。

二之五，坎爲志，震爲行。《集解》。

君子以慎德積小，以成高大。

君子謂三。小謂陽息復時，復小爲德之本。至二成臨，臨者，大也。臨初之三，巽爲高。二之五，艮爲慎，坤爲積，故慎德積小成高大。《集解》。

九二，孚乃利用禴，无咎。

禴，夏祭也。孚謂二，之五成坎爲孚，離爲夏，故乃利用禴，无咎矣。《集解》。

《象》曰：九二之孚，有喜也。

升五得位，故有喜。《集解》。

《象》曰：升虚邑，无所疑也。

坎爲疑，上得中，故无所疑也。《集解》。

六五，貞吉升階。

二之五，故貞吉。巽爲高，坤爲土，震升高，故升階也。《集解》。《會通》節引。

困：

困，亨。

否二之上，乾坤交，故通也。《集解》。

貞大人吉无咎。

貞大人吉謂五也。在困无應，宜静則无咎，故貞大人吉无咎。《集解》。《義海撮要》節引。

有言不信。

震爲言，折入兑，故有言不信，尚口乃窮。《集解》。

剛弇也。《釋文》。

有言不信，尚口乃窮也。

兑爲口，上變口滅，故尚口乃窮。《集解》。

君子以致命遂志。

君子謂三，伏陽也。否坤爲致，巽爲命，坎爲志，三入陰中，故致命遂志也。《集解》。

六三，困于石，據于蒺蔾。

二變正時，三在艮山下，故困于石。蒺蔾，木名。坎爲蒺蔾，二變艮手據坎，故據蒺蔾者也。《集解》。

入于其宫，不見其妻，凶。

巽爲人，二動艮爲宫，兑爲妻，謂上无應也。三在陰下，離象毁壞，隱在坤中，死其將至，故不見其妻凶也。《集解》。

九四，來荼荼，❶困于金轝，❷吝有終。

來，欲之初。荼荼，舒遲也。見險，故來荼荼。否乾爲金，坤爲轝。之應歷險，故困于金轝。易位得正，故吝有終矣。《集解》。

九五，劓刖，困于赤紱。

割鼻曰劓，斷足曰刖，四動時，震爲足，艮爲鼻，離爲兵，兑爲刑，故劓刖也。赤紱謂二，否乾爲朱，故赤。坤爲紱，二未變應五，故困于赤紱也。《集解》。

乃徐有説。

兑爲説，坤爲徐，二動應己，故乃徐有説也。《集解》。

上六，困于葛藟，于臲卼。

巽爲草莽稱葛藟，謂三也。兑爲刑人，故困于葛藟，于臲卼也。《集解》。《會通》節引。

❶「荼荼」，注疏、集解作「徐徐」。下同。

❷「轝」，注疏、集解作「車」。下同。

曰動悔有悔，征吉。

乘陽，故動悔。變而失正，故有悔。三已變正，己得應之，故征吉也。《集解》。

《象》曰：困于葛藟，未當也。

謂三未變當位應上故也。《集解》。

動悔有悔，吉行也。

行謂三變，乃得當位之應，故吉行者也。《集解》。

井：

井，改邑不改井。

泰初之五也。坤爲邑，乾初之五折坤，故改邑。初爲舊井，四應甃之，故不改井。《集解》。

无喪无得，往來井井。

无喪，堂案：此句疑作「坤爲喪」。泰初之五，坤象毀壞，故无喪。五來之初，失位无應，故无得。坎爲通，故往來井井。往謂之五，來謂之初也。《集解》。

汔至，亦未繘井。

巽繩爲繘。汔，幾也，謂二也。幾至初改，堂案：「改」疑作「故」。未繘井，未有功也。《集解》。

羸其瓶，凶。

羸，鈎羅也。艮爲手，巽爲繘，離爲瓶，手繘折其中，故羸其瓶。體兑毁缺，瓶缺漏，故凶矣。《集解》。

井養而不窮也。

兑口飲水，坎爲通，往來井井，故養不窮也。《集解》。

未有功也。

謂二未變應五，故未有功也。《集解》。

君子以勞民勸相。

君子謂泰乾也。坤爲民，初上成坎爲勸，故勞民勸相。相，助也，謂以陽助坤矣。

《集解》。

《象》曰：井泥不食，下也。舊井无禽，時舍也。

食，用也。初下稱泥。巽爲木堂案：「木」疑作「不」。果。无噬嗑食象，下而多泥，故不食也。乾爲舊，位在陰下，故舊井无禽，時舍也。謂時舍於初，非其位也，與乾二同義。《集解》。

九二，井谷射鮒，甕敝漏。

巽爲谷、爲鮒，鮒，小鮮也。離爲甕，甕瓶毀缺，羸其瓶凶，故甕敝漏也。《集解》。

《象》曰：井甃无咎，脩井也。

脩，治也。以瓦甓壘井稱甃。坤爲土，初之五成離，離火燒土爲瓦治象，故曰「井甃无咎，脩井也」。《集解》。

九五，井洌寒泉食。

泉自下出稱井。周七月，夏之五月，陰氣在下。二已變，坎十一月爲寒泉。初二已變，體噬嗑食，故洌寒泉食矣。《集解》。

上六，井收勿幕，有孚元吉。

幕，蓋也。收謂以轆轤收繘也。坎爲車，應巽繩、爲繘，故井收勿幕。有孚謂五坎，坎爲孚，故元吉也。《集解》。《義海撮要》、《漢上易傳》俱節引。

《象》曰：元吉在上，大成也。

謂初二已變，成既濟定，故大成也。《集解》。

虞翻周易注卷五

虞翻周易注卷六

平湖孫堂步升輯

革：

革，巳日乃孚，元亨利貞，悔亡。

遯上之初，與蒙旁通。悔亡謂四也。四失正，動得位，故悔亡。離爲日，孚謂坎。四動體離，五在坎中，故巳日乃孚。以成既濟，乾道變化，各正性命，保合太和，乃利貞，故元亨利貞悔亡矣。與乾《彖》同義也。《集解》。《六經天文編》節引。

《彖》曰：革，水火相息。

息，長也。離爲火，兑爲水，《繫》曰「潤之以風雨」，風，巽；雨，兑也。四革之正坎見，故獨於此稱水也。《集解》。

二女同居，其志不相得，曰革。

二女，離兑，體同人象，蒙艮爲居，故二女同居。四變，體兩坎象，二女有志，離火志上，兑水志下，故其志不相得，坎爲志也。《集解》。

文明以説，大亨以正，革而當，其悔乃亡。

文明謂離，説，兑也。大亨謂乾。四動成既濟定，故大亨以正。革而當位，故悔乃亡也。《集解》。

天地革而四時成。

謂五位成乾爲天，蒙坤爲地。震春兑秋，四之正，坎冬離夏，則四時具坤。革而成乾，故天地革而四時成也。《集解》。

湯武革命，順乎天而應乎人。

湯武謂乾，乾爲聖人。天謂五，人謂三，四動順五應三，故順天應人。巽爲命也。《集解》。

革之時大矣哉。

革天地，成四時，誅二叔，除民害，天下定，武功成，故大矣哉也。《集解》。堂案：此條雅雨堂本作干寶説，毛本、胡本並作虞翻，未知孰是，姑並存之。

君子以治曆明時。

君子，遯乾也。曆象謂日月星辰也。離爲明，坎爲月，離爲日，蒙艮爲星，四動成坎離，日月得正。天地革而四時成，故君子以治曆明時也。《集解》。

《象》曰：鞏用黄牛，不可以有爲也。

得位无應，動而必凶，故不可以有爲也。《集解》。

《象》曰：巳日革之，行有嘉也。

嘉謂五，乾爲嘉。四動承五，故行有嘉矣。《集解》。

《象》曰：革言三就，又何之矣。

四動成既濟定，故又何之矣。《集解》。

九四，悔亡，有孚，改命吉。

革而當，其悔乃亡。孚謂五也。巽爲命，四動，五坎改巽，故改命吉。四乾爲君，進退无恒，在離焚棄，體大過死，《傳》以比桀紂。湯武革命，順天應人，故改命吉也。《集解》。

《象》曰：改命之吉，信志也。

四動成坎，故信志也。《集解》。

九五，大人虎變，未占有孚。

乾爲大人，謂五也。蒙坤爲虎變。傳論湯武以坤臣爲君。占，視也，離爲占。四未之正，五未在坎，故未占有孚也。《集解》。

《象》曰：大人虎變，其文炳也。

乾爲大明，四動成離，故其文炳也。《集解》。

上六，君子豹變。

蒙艮爲君子、爲豹，從乾而更，故君子豹變

也。《集解》。

小人革面，征凶，居貞吉。

陰稱小人也。面謂四，革爲離，以順承五，故小人革面。乘陽失正，故征凶。得位，故居貞吉。蒙艮爲居也。《集解》。

《象》曰：君子豹變，其文蔚也。

蔚，蔇也。兑小，故其文蔚也。《集解》。

小人革面，順以從君也。

乾君謂五也。四變順五，故順以從君也。《集解》。

鼎：

鼎，元吉亨。

大壯上之初，與屯旁通。天地交，柔進上行，得中應乾五剛，故元吉亨也。《集解》。

《象》曰：鼎，象也。以木巽火，亨飪也。

六十四卦皆觀堂案：「觀」下疑有「象」字。繫辭，而獨於鼎言象，何也？象事知器，故獨言象也。《集解》。《學齋佔畢》。

聖人亨，以享上帝，而大亨以養聖賢。

聖人謂乾。初四易位體大畜，震爲帝，在乾天上，故曰「上帝」。體頤象，三動噬嗑食，故以享上帝也。大亨謂天地養萬物，聖人養賢，以及萬民。賢之能者稱聖人矣。《集解》。

巽而耳目聰明。

謂三也。三在巽上，動成坎離，有兩坎兩離象，乃稱聰明。日月相推而明生焉，故巽而耳目聰明。眇而視，不足以有明，聞言不信，聰不明，皆有一離一坎象故也。《集解》。

柔進而上行，得中而應乎剛，是以元亨。

柔謂五，得上中，應乾五剛，巽爲進，震爲行。非謂應二剛，與睽五同義也。《集解》。

君子以正位凝命。

君子謂三也。鼎五爻失正，獨三得位，故以正位。凝，成也。體姤謂堂案：「謂」疑作「爲」。陰始凝初，巽爲命，故君子以正位凝命也。《集解》。《義海撮要》。

初六，鼎顛趾。

趾，足也。應在四，大壯震爲足，折入大過，大過，顛也，故鼎顛趾也。《集解》。

利出否，得妾以其子，无咎。

初陰在下，故否。利出之四，故曰「利出」。兑爲妾，四變得正成震，震爲長子，繼世守宗廟而爲祭主，故得妾以其子，无咎矣。《集解》。

利出否，以從貴也。

出初之四，承乾五，故以從貴也。《集解》。

九二，鼎有實，我仇有疾，不我能即，吉。

二爲實，故鼎有實也。坤爲我，謂四也。二據四婦，堂案：婦，《漢上易傳》作「家」。故相與爲仇。謂三變時，四體坎，坎爲疾，故我仇有疾。四之二歷險，二動得正，故不我能即，吉。《集解》。《漢上易傳》節引。

《象》曰：鼎有實，慎所之也。

二變之正，艮爲慎。《集解》。

我仇有疾，終无尤也。

不我能即，吉，故終无尤也。《集解》。

九三，鼎耳革，其行塞，雉膏不食。

動成兩坎，坎爲耳，而革在乾，故鼎耳革。初四變時，震爲行，鼎以耳行。伏坎，震折而入乾，故其行塞。離爲雉，坎爲膏，初四已變，三動體頤，頤中无物，離象不見，故雉膏不食。《集解》。雉膏，八珍之一。晁氏。

方雨虧悔，終吉。

謂四已變，三動成坤，坤爲方，坎爲雨，故曰「方雨」。三動虧乾而失位，悔也。終復之正，故方雨虧悔，終吉也。《集解》。

《象》曰：鼎耳革，失其義也。

鼎以耳行，耳革行塞，故失其義也。《集解》。

九四，鼎折足，覆公餗，其刑渥，❶凶。

謂四變時，震爲足，足折入兑，故鼎折足。兑爲刑，渥，大刑也。鼎足折，則公餗覆，言不勝任。象入大過死，凶，故鼎折足，覆公餗，其刑渥，凶。《集解》。堂案：「刑」字今本作「形」，古通用。《家語·屈節解》云「誠於此者刑乎彼」，《顔氏家訓·名實》篇作「形於彼」，《吕氏春秋·大樂》篇「萌芽始震，凝㴓以形」，《御覽》引作「萌芽始厥，凝寒以刑」，《漢上易傳》引此亦作「形」。「渥」字，《漢上易傳》及晁氏並作「剭」，晁氏引虞云「剭，重刑也」，顔師古《漢書·叙傳》注曰「剭者，厚刑，謂重誅也」，亦與此合。

餗，八珍之具。《釋文》。

六五，鼎黄耳，金鉉，利貞。

離爲黄，三變，坎爲耳，故鼎黄耳。鉉謂三，貫鼎兩耳，乾爲金，故金鉉。動而得正，故利貞。《集解》。

上九，鼎玉鉉，大吉，无不利。

鉉謂三，乾爲玉鉉。體大有上九，自天右之，位貴據五，三動承上，故大吉，无不利。謂三虧悔應上，成未濟，雖不當位，六位相應，故剛柔節。《象》曰「巽堂案：「巽」下疑有「而」字。耳目聰明」，爲此九三發也。《集解》。

震：

震，亨，震來虩虩。

臨二之四，天地交，故通。虩虩謂四也。來應初，初命四變而來應己，四失位多懼，故虩虩。之内曰來也。《集解》。

笑言啞啞。

啞啞，笑且言，謂初也。得正有則，故笑言啞啞，後有則也。《集解》。

震驚百里，不喪匕鬯。

---

❶「刑」，注疏、集解作「形」。下同。

謂陽。從臨二陰爲百二十，舉其大數，故當震百里也。坎爲棘匕，上震爲鬯，坤爲喪，二上之坤成震，體坎，得其匕鬯，故不喪匕鬯也。《集解》。

《象》曰：震亨，震來虩虩，恐致福也。

懼變，承五應初，故恐致福也。《集解》。

笑言啞啞，後有則也。

則，法也。坎爲則也。《集解》。

震驚百里，驚遠而懼邇也。

遠謂四，近謂初，震爲百。謂四出驚遠，初應懼近也。《集解》。

出可以守宗廟社稷，以爲祭主也。

謂五出之正，震爲守，艮爲宗廟社稷，長子主祭器，故以爲祭主也。《集解》。

象曰：洊雷，震。君子以恐懼脩省。

君子謂臨二，二出之坤四，體堂案：「體」下疑有「復」字。以脩身。坤爲身，二之四，以陽照坤，故以恐懼脩省。《老子》曰「脩之身，德乃真」也。《集解》。

初九，震來虩虩，後笑言啞啞，吉。

虩虩謂四也。初位在下，故後笑言啞啞。得位，故吉也。《集解》。

《象》曰：震來虩虩，恐致福也。

陽稱福。《集解》。

笑言啞啞，後有則也。

得正，故有則也。《集解》。

六二，震來厲，億堂案：億，《漢上易傳》引作「噫」，云「於其反」。下同。喪貝，躋于九陵，勿逐，七日得。

厲，危也。乘剛故厲。億，惜辭也。坤爲喪。三動，離爲蠃蚌，故稱貝。在艮山下，故稱陵。震爲足，足乘初九，故躋於九陵。震爲逐，謂四已體復象，故喪貝勿逐。三動時，離爲日，震數七，故七日得者也。

《集解》。

六三，震蘇蘇，震行无眚。

《象》曰：震蘇蘇，位不當也。

死而復生稱蘇，三死坤中，動出得正，震爲生，故蘇蘇。坎爲眚，三出得正，坎象不見，故无眚。《春秋傳》曰「晉獲秦諜，六日而蘇」也。《集解》。

九四，震遂泥。

坤土得雨爲泥，位在坎中，故遂泥也。《集解》。

《象》曰：震遂泥，未光也。

在坎陰中，與屯五同義，故未光也。《集解》。

六五，震往來厲。

往謂乘陽，來謂應陰，失位乘剛，故往來厲也。《集解》。

億无喪有事。

坤爲喪也。事謂祭祀之事。出而體隨，王

享于西山，則可以守宗廟社稷爲祭主，故无喪有事也。《集解》。

《象》曰：震往來厲，危行也。

乘剛山頂，故危行也。《集解》。

其事在中，大无喪也。

動出得正，故无喪。《集解》。

上六，震索索，視矍矍。

上謂四也。欲之三隔坎，故震索索。三已動，應在離，故矍矍者也。《集解》。

征凶，震不于其躬于其鄰，无咎，婚媾有言。

上得位，震爲征，故征凶。四變時，坤爲躬，鄰謂五也。四上之五，震東兑西，故稱鄰。之五得正，故不于其躬于其鄰，无咎。謂三已變，上應三，震爲言，故婚媾有言。《集解》。

《象》曰：震索索，中未得也。

四未之五，故中未得也。《集解》。

雖凶无咎，畏鄰戒也。

謂五正位，已乘之逆，畏鄰戒也。《集解》。

艮：

艮其背，不獲其身，行其庭，不見其人，无咎。

觀五之三也。艮爲多節，故稱背。觀坤爲身，觀五之三，折坤爲背，故艮其背。坤象不見，故不獲其身。震爲行人，艮爲庭，坎爲隱伏，故行其庭不見其人。三得正，故无咎。《集解》。

《象》曰：艮，止也。

位窮於上，故止也。《集解》。

時止則止，時行則行。

時止謂上陽窮止，故止。時行，謂三體處震，爲行也。《集解》。

動静不失其時，其道光明。

動謂三，静謂上，艮止則止，震行則行，故不失時。五動成離，故其道光明。《集解》。

艮其止，止其所也。

謂兩象各止其所。《集解》。

上下敵應，不相與也。

艮其背，背也。兩象相背，故不相與也。《集解》。

《象》曰：兼山，艮。君子以思不出其位。

君子謂三也。三君子位，震爲出，坎爲隱伏，爲思，故以思不出其位也。《集解》。

初六，艮其趾，无咎，利永貞。

震爲趾，故艮其趾矣。失位變得正，故无咎，永貞也。《集解》。

《象》曰：艮其趾，未失正也。

動而得正，故未失正也。《集解》。

六二，艮其腓，不拯其隨，其心不快。

巽長爲股，艮小爲腓。拯，取也。隨謂下二陰。艮爲止，震爲動，故不拯其隨。坎爲心，故其心不快。《集解》。

《象》曰：不拯其隨，未違聽也。❶

坎爲耳，故未違聽也。《集解》。

九三，艮其限，裂其夤，厲閽心。

限，要帶處也。《釋文》作「限，要也」。坎爲要，五來之三，故艮其限。夤，脊肉，艮爲背，坎爲脊，艮爲手，震起艮止，故裂其夤。坎爲心，厲，危也。艮爲閽，閽，守門人，坎盜動門，故厲閽心。古「閽」作「熏」字，馬因言熏灼其心，未聞易道以坎水熏灼人也。荀氏以「熏」爲「動」，讀作「動」，皆非也。《集解》。《學齋佔畢》。

《象》曰：艮其限，危閽心也。

坎爲心，坎盜動門，故危閽心也。《集解》。

六四，艮其身，无咎。

身，腹也。觀坤爲身，故艮其身。得位承五，故无咎。或謂妊身也。五動則四體離婦，離爲大腹，孕之象也，故艮其身。得正承五而受陽施，故无咎。《詩》曰「大任有身，生此文王」也。《集解》。

《象》曰：艮其身，止諸躬也。

艮爲止，五動乘四則妊身，故止諸躬也。《集解》。

六五，艮其輔，言有孚，悔亡。

輔，面頰骨，上頰車者也。三至上體頤象，艮爲止，在坎車上，故艮其輔，謂輔車相依。震爲言，五失位，悔也，動得正，故言有孚，悔亡也。《集解》。《會通》節引。

《象》曰：艮其輔，以中正也。

五動之中，故以正中也。《集解》。

上九，敦艮吉。

无應静止，下據二陰，故敦艮吉也。《集解》。

《象》曰：敦艮之吉，以厚終也。

❶「違」，注疏、集解作「退」。下同。

坤爲厚，陽上據坤，故以厚終也。《集解》。

漸：

漸，女歸吉，利貞。

否三之四，女謂四。歸，嫁也。坤三之四承五，進得位，往有功。反成歸妹，兑堂案：「兑」疑作「故」。女歸吉。初上失位，故利貞，可以正邦也。《集解》。

《象》曰：漸之進也，女歸吉也。晁氏云無「也」字。

三進四得位，陰陽體正，故吉也。《集解》。

進得位，往有功也。

功謂五，四進承五，故往有功，巽爲進也。《集解》。

進以正，可以正邦也。其位，剛得中也。

謂初已變爲家人，四進已正而上不正，三動成坤爲邦，上來反三，故進以正，可以正邦。其位，剛得中。與家人道正同義。三在外體之中，故稱得中。乾《文言》曰「中不在人」，謂三也。此可謂上變既濟定者也。《集解》。

止而巽，動不窮也。

止，艮也。三變，震爲動。上之三據坤，動震成坎，坎爲通，故動不窮。往來不窮謂之通。《集解》。

《象》曰：山上有木，漸。君子以居賢德善俗。

君子謂否乾。乾爲賢德，坤陰小人柔弱爲俗。乾四之坤，爲艮爲居，以陽善陰，故以居賢德善俗也。《集解》。

初六，鴻漸于干，小子厲，有言无咎。

鴻，大鴈也。離五，鴻。漸，進也。小水從山流下稱「干」。艮爲山，爲小徑。坎水流下山，故鴻漸于干也。艮爲小子，初失位，故厲。變得正，三動受上成震，震爲言，故小子厲有言，无咎也。《集解》。

《象》曰：小子之厲，義无咎也。

動而得正，故義无咎也。《集解》。

六二，鴻漸于磐，飲食衎衎，吉。

艮爲山石，坎爲聚，聚石稱磐。初已之正，體噬嗑食，坎水陽物，並在頤中，故飲食衎衎。得正應五，故「吉」。《集解》。

《象》曰：飲食衎衎，不素飽。❶

素，空也。承三應五，故不素飽。《集解》。

九三，鴻漸于陸。

高平稱陸。謂初已變，坎水爲平，三動之坤，故鴻漸于陸。《集解》。

夫征不復。

謂初已之正，三動成震，震爲征、爲夫，而體復象，坎陽死坤中，坎象不見，故夫征不復也。《集解》。

婦孕不育，凶。

孕，妊娠也。育，生也。巽爲婦，離爲孕，三動成坤，離毀失位，故婦孕不育，凶。《集解》。《漢上易叢説》節引。

利用禦寇。

禦，當也。坤爲用，巽爲高，艮爲山，離爲戈兵甲冑，坎爲寇，自上禦下，三動坤順，坎象不見，故利用禦寇，順相保。保，大也。《集解》。

《象》曰：夫征不復，離群醜也。

坤三爻爲醜，物三稱群也。《集解》。

婦孕不育，失其道也。

三動離毀，陽隕坤中，故失其道也。《集解》。

利用禦寇，順相保也。

三動坤順，坎象不見，故以順相保也。《集解》。

六四，鴻漸于木，或得其桷，无咎。

巽爲木。桷，椽也，方者謂之桷。巽爲交、

---

❶「飽」下，注疏、集解有「也」字。

爲長木，艮爲小木，坎爲脊，離爲麗，小木麗長木，巽繩束之，象脊之形，椽桷象也，故或得其桷。得位順五，故无咎。四已承五，又顧得三，故或得其桷也矣。《集解》。

《象》曰：或得其桷，順以巽也。

坤爲順，以巽順五。《集解》。

九五，鴻漸于陵，婦三歲不孕。

陵，丘，婦謂四也。三動受上時，而四體半艮山，故稱陵。巽爲婦，離爲孕，坎爲歲，三動離壞，故婦三歲不孕。《集解》。

終莫之勝吉。

莫，无；勝，陵也。得正居中，故莫之勝吉。上終變之三，成既濟定，坎爲心，故象曰「得所願也」。《集解》。

《象》曰：終莫之勝吉，得所願也。

上之三，堂案：「三」下疑有「成」字。既濟定，故得所願也。《集解》。《漢上叢説》節引。

上九，鴻漸于陸。

陸謂三也。三坎爲平，變而成坤，故稱陸也。《集解》。

其羽可用爲儀，吉。

謂三變受，堂案：「受」下疑有「上」字。成既濟，與家人《象》同義。上之三得正，離爲鳥，故其羽可用爲儀，吉。三動失位，坤爲亂，乾四止坤，堂案：此句疑作「乾上正坤」。《象》曰「不可亂」，《象》曰「進堂案：「進」疑作「可」。以正邦」，爲此爻發也。三已得位，又變受上，權也。孔子曰「可與適道，未可與權」，宜无怪焉。《集解》。

《象》曰：其羽可用爲儀，吉，不可亂也。

坤爲亂，上來正坤，六爻得位，成既濟定，故不可亂也。《集解》。

歸妹：

歸妹。

歸，嫁也。兑爲妹。泰三之四，坎月離日，俱歸妹象。陰陽之義配日月，則天地交而萬物通，故以嫁娶也。《集解》。史徵《口訣義》云：「歸妹者，女子以嫁爲歸。歸妹即是從娣而嫁，故曰『歸妹也』。古者，諸侯一娶九女，姪娣從之。虞翻云：『九女者，貴其男女繼嗣宗享不絶也。』」

征凶。

謂四也。震爲征，三之四不當位，故征凶也。《集解》。

无攸利。

謂三也。四之三，失正无應，以柔乘剛，故无攸利也。《集解》。

《彖》曰：歸妹，天地之大義也。

乾天坤地，三之四，天地交，以離日坎月戰陰陽，陰陽之義配日月，則萬物興，故天地之大義。乾主壬，坤主癸，日月會北。震爲玄黄，天地之雜。震東兑西，離南坎北。六十四卦，此象最備四時正卦，故天地之大義也。《集解》。

天地不交而萬物不興。

乾三之坤四，震爲興，天地以離坎交陰陽，故天地不交則萬物不興矣。《集解》。

歸妹，人之終始也。

人始生乾而終于坤，故人之終始。雜卦曰「歸妹，女之終」。謂陰終坤癸，則乾始震庚也。《集解》。

説以動，所歸妹也。

説，兑；動，震也。謂震嫁兑，所歸必妹也。《集解》。

君子以永終知敝。

君子謂乾也。坤爲永終、爲敝，乾爲知，三之四爲永終，四之三兑爲毁折，故以永終知敝。《集解》。

初九，歸妹以娣，跛而履，征吉。

震爲兄，故嫁妹，謂三也。初在三下，動而應四，故稱娣。履，禮也。初九堂案：「九」疑作「无」。應變成坎，坎爲曳，故跛而履。應在震爲征，初爲娣，變爲陰，故征吉也。《集解》。

《象》曰：歸妹以娣，以恒也。跛而履吉，相承也。

陽得正，故以恒。恒堂案：下「恒」字疑作「也」。動初承二，堂案：「二」疑作「四」。故吉相承也。《集解》。

九二，眇而視，利幽人之貞。

視，應五也。震上兑下，離目不正，故眇而視。幽人謂二，初動二在坎中，故稱幽人。變得正，震喜兑説，故利幽人之貞，與履二同義也。《集解》。

《象》曰：利幽人之貞，未變常也。

常，恒也。乘初未之五，故未變常矣。《集解》。

六三，歸妹以須，反歸以娣。

須，需也。初至五體需象，故歸妹以須。娣謂初也。震爲反，反馬歸也。三失位，四反得正，兑進在四，見初進之，初在兑後，故反歸以娣。《集解》。

《象》曰：歸妹以須，位未當也。❶

三未變之陽，故位未當。《集解》。

九四，歸妹愆期，遲歸有時。

愆，過也。謂二變，三動之正，體大過象，坎月離日爲期。三變，日月不見，故愆期。坎爲曳，震爲行，行曳，故「遲」也。歸謂反三。震春兑秋，坎冬離夏，四時體正，故歸有時也。《集解》。

《象》曰：愆期之志，有待而行也。

待男行矣。《集解》。

❶「位」，注疏、集解無此字。

六五，帝乙歸妹，其君之袂，不如其娣之袂良。

三四已正，震爲帝，坤爲乙，故曰「帝乙」。泰乾爲良、爲君，乾在下爲小君，則妹也。袂口，袂之飾也。兑爲口，乾爲衣，故稱袂。謂三失位无應，娣袂謂二，得中應五，三動成乾爲良，故其君之袂，不如其娣之袂良，故《象》曰「以貴行也」矣。《集解》。

月幾望，吉。

幾，其也。坎月離日，兑西震東，日月象對，故曰「幾望」。二之五四，復三得正，故吉也。與小畜、中孚月幾望同義也。《集解》。

《象》曰：帝乙歸妹，不如其娣之袂良也。

三四復正，乾爲良。《集解》。

其位在中，以貴行也。

三四復，堂案：「復」下疑有「正」字。二之五，成既濟，五貴，故以貴行也。《集解》。

上六，女承筐，无實。

女謂應三兑也。自下受上稱承，震爲筐。以陰應陰，三四復位，坤爲虚，故无實，《象》曰「承虚筐也」。《集解》。

士刲羊无血，无攸利。

刲，刺也。震爲士，兑爲羊，離爲刀，故士刲羊。三四復位成泰，坎象不見，故无血。三柔承堂案：「承」疑作「乘」。剛，故无攸利也。《集解》。

《象》曰：上六无實，承虚筐也。

泰坤爲虚，故承虚筐也。《集解》。

豐：

豐，亨。

此卦三陰三陽之例，當從泰二之四。而豐三從噬嗑上來之三，折四于坎獄中而成豐，故君子以折獄致刑。陰陽交故通，噬嗑所謂利用獄者，此卦之謂也。《集解》。《漢上易叢説》節引。

王假之。

乾爲王。假，至也。謂四宜上至五，動之正成乾，故王假之，尚大也。《集解》。

勿憂，宜日中。

五動之正，則四變成離，離日中當五，在坎中，坎爲憂，故勿憂，宜日中。體兩離象照天下也。日中則昃，月盈則食。天地盈虛，與時消息。《集解》。

宜照天下也。

五動成乾，乾爲天，四動成兩離，重明麗正，故宜照天下，謂化成天下也。《集解》。

月盈則食。❶

月之行，生震見兑，盈于乾甲。五動成乾，故月盈。四變，體噬嗑食，故則食。此豐其屋，蔀其家也。《集解》。

天地盈虛，與時消息，而況於人乎，況於鬼神乎。

五息成乾爲盈，四消入坤爲虛，故天地盈虛也。豐之既濟，四時象具。乾爲神人，坤爲鬼。鬼神與人，亦隨時消息，謂人謀鬼謀，百姓與能，與時消息。《集解》。

君子以折獄致刑。

君子謂三。噬嗑四失正，繫在坎獄中。故上之三。折四入大過死象，故以折獄致刑。兑折爲刑。賁三得正，故无敢折獄也。《集解》。

初九，遇其配主。堂案：「配」當作「妃」。

妃嬪謂四也。四失位，在震爲主。五動體姤遇，故遇其妃主也。❷《集解》。

雖旬无咎，往有尚。

謂四失位，變成坤，應初，坤數十。四上之五成離，離爲日。《集解》。

❶「食」，集解作「蝕」。
❷「妃」，集解作「配」。

《象》曰：雖旬无咎，過旬災也。

體大過，故過旬災。四上之五，坎爲災也。《集解》。

六二，豐其蔀，日中見斗，往得疑疾。

日蔽雲中稱蔀。蔀小，謂四也。二利四之五，故豐其蔀。噬嗑離爲見，象在上爲日中，艮爲斗。斗，七星也。噬嗑艮爲星、爲止，坎爲北中，巽爲高舞。星止于中而舞者，北斗之象也。離上之三，隱坎雲下，故日中見斗。四往之五，得正成坎，坎爲疑疾，故往得疑疾也。《集解》。

有孚發若，吉。

坎爲孚。四發之五成坎孚，動而得位，故有孚發若吉也。《集解》。

《象》曰：有孚發若，信以發志也。

四發之五，坎爲志也。《集解》。

九三，豐其沛，日中見沫。堂案：《釋文》引《子夏傳》云「昧，星之小者」，晁氏以爲虞同子夏。

日在雲下稱沛。沛，不明也。沫，小星也。噬嗑離爲日，艮爲沫，故日中見沫。上之三，日入坎雲下，故見沫也。《集解》。《義海撮要》節引。

折其右肱，无咎。

兑爲折、爲右，噬嗑艮爲肱。上來之三，折艮入兑，故折其右肱。之三得正，故无咎也。《集解》。

《象》曰：豐其沛，不可大事也。

利四之陰，故不可大事。《集解》。

折其右肱，終不可用也。

四死大過，故終不可用。《集解》。

九四，豐其蔀。

蔀，蔽也。噬嗑離日之坎雲中，故豐其蔀。《象》曰「位不當也」。《集解》。

日中見斗。

噬嗑日在上爲中。上之三爲巽，巽爲入。日入坎雲下，幽伏不明，故日中見斗。《象》曰「幽不明」，是其義也。《集解》。

遇其夷主，吉。

震爲主，四行之正成明夷，則三體震爲夷主，故遇其夷主，吉也。《集解》。

《象》曰：豐其蔀，位不當也。日中見斗，幽不明也。

離上變入坎雲下，故幽不明。坎，幽也。《集解》。

遇其夷主，吉行也。

動體明夷，震爲行，故曰「吉行」。《集解》。

六五，來章，有慶譽，吉。

在内稱來。章，顯也。慶謂五，陽出稱慶也。譽謂二，二多譽。五發得正，則來應二，故來章，有應譽，吉也。《集解》。

《象》曰：六五之吉，有慶也。

動而成乾，乾爲慶。《集解》。

上六，豐其屋，蔀其家。

豐大，蔀小也。三至上體大壯屋象，故豐其屋。謂四五已變，上動成家人。大屋見則家人壞，故蔀其家。與泰二同義。故《象》曰「天降堂案：孟喜本「際」亦作「降」。祥明，以大壯爲屋象故也。《集解》。

闚其户，闃其无人，三歲不覿，凶。

謂從外闚三應。闃，空也。四動時，坤爲闔。户闔，故闚其户。坤爲空虚，三隱伏坎中，故闃其无人，《象》曰「自藏也」。四五易位，噬嗑離目爲闚。闚堂案：下「闚」字疑作「无」。人者，言皆不見。坎爲三歲，坤冥在上，離象不見，故三歲不覿，凶。《集解》。

闚其户，闃其无人，自藏也。

謂三隱伏坎中，故自藏者也。《集解》。

虞翻周易注卷七

平湖孫堂步升輯

旅：

旅，小亨，旅貞吉。

賁初之四，否三之五，非乾坤往來也。與噬嗑之豐同義。小謂柔，得貴位而順剛，麗乎大明，故旅小亨，旅貞吉。再言旅者，謂四凶惡，進退无恒，无所容處，故再言旅，惡而愍之。《集解》。

旅之時義大矣哉。

以離日麗天，縣象著明，莫大日月，故義大也。《集解》。

君子以明慎用刑，而不留獄。

君子謂三。離爲明，艮爲慎，兑爲刑，坎爲獄，賁初之四，獄象不見，故以明慎用刑，而不留獄，與豐折獄同義者也。《集解》。

《象》曰：旅瑣瑣，志窮災也。

瑣瑣，最蔽之貌也。失位遠應，之正介坎。坎爲災眚，艮手爲取。謂三動應坎，坎爲志，坤稱窮，故曰「志窮災也」。《集解》。

《象》曰：得僮僕貞，終无尤也。

艮爲僮僕，得正承三，故得僮僕貞而終无尤也。《集解》。

九三，旅焚其次，喪其僮僕，貞厲。

離爲火，艮爲僮僕。三動艮壞，故焚其次。坤爲喪，三動艮滅入坤，故喪其僮僕。動而失正，故貞厲矣。《集解》。

《象》曰：旅焚其次，亦以傷矣。

三動體剥，故傷也。《集解》。

以旅與下，其義喪也。

三變成坤，坤爲下、爲喪，故其義喪也。《集解》。

九四，旅于處，得其資斧，我心不快。

巽爲處。四焚棄惡人，失位遠應，故旅于處，言无所從也。離爲資斧，故得其資斧。三動，四坎爲心，其位未至，堂案：「至」疑作「正」。故我心不快也。《集解》。

六五，射雉，一矢亡。

三變坎爲弓，離爲矢，故射雉。五變乾體，堂案：疑作「體乾」。矢動雉飛，雉象不見，故一矢亡矣。《集解》。

終以譽命。

譽謂二，巽爲命。五終變成乾，則二來應己，故終以譽命。《集解》。

《象》曰：終以譽命，上逮也。

逮，及也。謂二上及也。《集解》。

上九，鳥焚其巢，旅人先笑後號咷。

離爲鳥、爲火，巽爲木、爲高。四失位變，震爲筐，巢之象也。今巢象不見，故鳥焚其巢。震爲笑，震在前，故先笑。應在巽，巽爲號咷，巽象在後，故後號咷。《集解》。

喪牛于易，凶。

謂三動時，坤爲牛。五動成乾，乾爲易。上失三，五動應二，故喪牛于易。失位无應，故凶也。五動成遯，六二執之用黄牛之革，則旅家所喪牛也。《集解》。

《象》曰：以旅在上，其義焚也。

離火焚巢，故其義焚也。《集解》。

喪牛之凶，❶終莫之聞也。

坎耳入兑，故終莫之聞。《集解》。

巽：

巽，小亨，利有攸往，利見大人。

❶「凶」，注疏、集解作「易」。

遯二之四。柔得位而順五剛，故小亨也。大人謂五，離目爲見。二失位利正，往應五，故利有攸往，利見大人矣。《集解》。

剛巽乎中正而志行。

剛中正謂五也。二失位，動成坎，坎爲志，終變爲震，震爲行也。《集解》。

《象》曰：隨風，巽。君子以申命行事。

君子謂遯乾也。巽爲命，重象，故申命。變至三，坤爲事，震爲行，故行事也。《集解》。

初六，進退，利武人之貞。

巽爲進退，乾爲武人。初失位，利之正爲乾，故利武人之貞矣。《集解》。

利武人之貞，志治也。

動而成乾，乾爲大明，故志治，乾元用九，天下治，是其義也。《集解》。

九三，頻巽，吝。

頻，頞也。謂二已變，三體坎艮，坎爲憂，艮爲鼻，故頻巽。无應在險，故吝也。《集解》。

六四，悔亡，田獲三品。

田謂二也，地中稱田。失位无應，悔也，欲二之初，己得應之，故悔亡。二動得正，處中應五，五多功，故《象》曰「有功也」。二動，艮爲手，故稱獲。謂艮爲狼，坎爲豕，艮二之初，離爲雉，故獲三品矣。《集解》。

九五，貞吉悔亡，无不利，无初有終。

得位處中，故貞吉悔亡，无不利也。震巽相薄，雷風无形，當變之震矣。巽究爲躁卦，故无初有終也。《集解》。

先庚三日，後庚三日，吉。

震，庚也。謂變初至二成離，至三成震，震主庚，離爲日，震三爻在前，故先庚三日，謂益時也。動四至五成離，終上成震，震爻在後，故後庚三日也。巽初失正，終變成震得位，故无初有終，吉。震究爲蕃鮮白，謂巽白，堂案：此四字，疑當作「蕃鮮謂巽」。巽究爲躁卦，躁卦謂震也。與蠱「先甲三日，後甲三日」同義。五動成蠱，乾成于甲，震成于庚。陰陽，天地之始終，故經舉甲庚于蠱彖、巽五也。《集解》。《六經天文編》節引。

《象》曰：九五之吉，位正中也。

居中得正，故吉也。《集解》。

上九，巽在牀下。

牀下謂初也。窮上反下成震，故「巽在牀下」。《象》曰「上窮也」，明當變窮上而復初者也。《集解》。

喪其齊斧，貞凶。

變至三時，離毀入坤，坤爲喪，巽爲齊，離爲斧，故喪其齊斧。三變失位，故貞凶。《集解》。

《象》曰：巽在牀下，上窮也。

陽窮上反下，故曰「上窮也」。《集解》。

喪其齊斧，正乎凶也。

上應于三，三動失正，故曰「正乎凶也」。《集解》。

兑：

兑，亨利貞。

大壯五之三也。剛中而柔外，二失正，動應五承三，故亨利貞也。《集解》。

《象》曰：兑，說也。

兑口，故說也。《集解》。

剛中而柔外，說以利貞。

剛中謂二五，柔外謂三上也。二三四利之正，故說以利貞也。《集解》。

是以順乎天而應乎人。

大壯乾爲天，謂五也。人謂三矣。二變順

五承三，故順乎天應乎人。坤爲順也。《集解》。

説以先民，民忘其勞。

謂二四已變成屯，坎爲勞，震喜兑説，坤爲民，坎爲心，民心喜説，有順比象，故忘其勞也。《集解》。

説以犯難，民忘其死。

體屯，故難也。三至上體大過死，變成屯，堂案：「屯」疑作「震」。民説无疆，故民忘其死。坎心爲忘，或以坤爲死也。《集解》。

説之大，民勸矣哉。

體比順象，故勞而不怨。震爲喜笑，故人勸也。《集解》。

《象》曰：麗澤，兑。君子以朋友講習。

君子，大壯乾也。陽息見兑，學以聚之，問以辯之。兑二陽同類爲朋，伏艮爲友，坎爲習，震爲講，兑兩口對，故朋友講習也。《集解》。

初九，和兑，吉。

得位，四變應己，故和兑吉矣。《集解》。

《象》曰：和兑之吉，行未疑也。

四變應初，震爲行，坎爲疑，故行未疑。《集解》。

九二，孚兑，吉，悔亡。

孚謂五也。四已變，五在坎中稱孚，二動得位應之，故孚兑，吉，悔亡矣。《集解》。

《象》曰：孚兑之吉，信志也。

二變應五，謂四已變，坎爲志，故信志也。《集解》。

六三，來兑，凶。

從大壯來。失位，故來兑凶矣。《集解》。

九四，商兑未寧，介疾有喜。

巽爲近利市三倍，故稱商兑。變之坎，水性流，震爲行，謂二已變，體比象，故「未寧」與比「不寧方來」同義也。坎爲疾，故介疾。得位承五，故有喜。《集解》。

《象》曰：九四之喜，有慶也。

陽爲慶，謂五也。《集解》。

九五，孚于剥，有厲。

孚謂五也。二四變，體剥象，故孚于剥。在坎未光，有厲也。《集解》。

上六，引兑。

无應乘陽，動而之堂案：「之」下疑有「三」字。巽爲繩。艮爲手。應在三，三未之正，故引兑也。《集解》。

《象》曰：上六引兑，未光也。

二四已變而體屯，上三未爲離，故未光也。《集解》。

涣：

涣，亨。

否四之二，成坎巽，❶天地交，故亨也。《集解》。

王假有廟。

乾爲王，假，至也。否體觀，艮爲宗廟，乾四之坤二，故王假有廟，王乃在中也。《集解》。

利涉大川，利貞。

坎爲大川，涣，舟楫象，故涉大川，乘木有功。二失正，變應五，故「利貞」也。❷《集解》。

利涉大川，乘木有功也。

巽爲木，坎爲水，故乘木有功也。《集解》。

《象》曰：風行水上，涣。先王以享于帝立廟。

否乾爲先王。享，祭也。震爲帝、爲祭，艮爲廟，四之二殺坤大牲，故以享帝立廟，謂

❶「巽」，集解作「震」。

❷「利貞」，集解作「利居貞」。

成既濟，有噬嗑食象故也。《集解》。

初六，用拯馬壯，吉，悔亡。❶堂案：今本及《集解》本俱無「悔亡」二字，《漢上易傳》引虞本有之，今據補。

坎爲馬，初失正，動，體大壯得位，故拯馬壯吉，悔亡之矣。《集解》。

《象》曰：初六之吉，順也。

承二，故順也。《集解》。

九二，渙奔其机，悔亡。

震爲奔，坎爲棘，爲矯輮，震爲足，輮棘有足，艮肱據之，憑机之象也。渙宗廟中故設机，二失位變得正，故渙奔其机，悔亡也。《集解》。

《象》曰：渙奔其机，得願也。

動而得位，故得願也。《集解》。

六四，渙其群，元吉。

謂二已變成坤，坤三爻稱群，得位順五，故元吉也。《集解》。

渙有丘，匪夷所思。

位半艮山，故稱丘。匪，非也。夷謂震，四應在初，三變，坎爲思，故匪夷所思也。《集解》。

《象》曰：渙其群元吉，光大也。

謂三已變成離，故四光大也。《集解》。

《象》曰：王居无咎，正位也。

五爲王，艮爲居，正位居五，四陰順命，故王居无咎，正位也。《集解》。

上九，渙其血，去逖出，无咎。

應在三，坎爲血，爲逖，逖，憂也。二變爲觀，坎象不見，故其血去逖出，无咎。《集解》。

《象》曰：渙其血，遠害也。

❶「悔亡」，注疏、集解無此二字。

乾爲遠，坤爲害，體遯上，故「遠害也」。《集解》。

節：

節，亨。

泰三之五，天地交也。五當位以節，中正以通，故節亨也。《集解》。

苦節不可貞。

謂上也。應在三，三變，成離火。炎上作苦。位在火上，故苦節。雖得位乘陽，故不可貞。《集解》。

苦節不可貞，其道窮也。

位極于上，乘陽，故窮也。《集解》。

説以行險。

兑説坎險，震爲行，故説以行險也。《集解》。

當位以節，中正以通。

中正謂五，坎爲通也。《集解》。

天地節而四時成。

泰，乾天、坤地、震春、兑秋、坎冬，三動離爲夏，故天地節而四時成也。《集解》。

節以制度，不傷財，不害民。

艮手稱制，坤數十爲度。坤又爲害、爲民、爲財，二動體剥，剥爲傷。三出復位成既濟定，坤剥不見，故節以制度，不傷財，不害民。《集解》。

君子以制數度，議德行。

君子，泰乾也。艮止爲制，坤爲度，震爲議、爲行，乾爲德，故以制數度，議德行。乾三之五爲制數度，坤五之乾爲議德行也。《集解》。

初九，不出户庭，无咎。

泰坤爲户，艮爲庭，震爲出，初得位應四，故不出户庭，无咎矣。《集解》。

《象》曰：不出户庭，知通塞也。

坎爲通。二變，坤土壅初爲塞。《集解》。

九二，不出門庭，凶。

變而之坤，艮爲門庭。二失位，不變出門應五則凶，故言不出門庭，凶矣。《集解》。

《象》曰：不出門庭凶，失時極也。

極，中也。未變之正，失時極矣。《集解》。

六三，不節若，則差若，❶无咎。

三，節家君子也。失位，故堂案：「故」下疑有「不」字。「節若」。嗟，哀號聲。震爲音聲、爲出，三動得正而體離坎，涕流出目，故則嗟若。得位乘二，故无咎也。《集解》。

六四，安節，亨。

二已變，艮止坤安，得正承五，有應于初，故安節亨。《集解》。

九五，甘節吉，往有尚。

得正居中，坎爲美，故甘節吉。往謂二，二失正，變往應五，故往有尚也。《集解》。

《象》曰：甘節之吉，居位中也。

艮爲居，五爲中，故居位中也。《集解》。

上六，苦節，貞凶，悔亡。

二三變在兩離，火炎上作苦，故苦節。乘陽，故貞凶。得位，故悔亡。《集解》。

中孚：

中孚。

訟四之初也。坎孚象在中，謂二也，故稱中孚。此當從四陽二陰之例，遯陰未及三，而大壯陽已至四，故從訟來。二在訟時，體離爲鶴，在坎陰中，故有鳴鶴在陰之義也。《集解》。

遯魚吉。堂案：李氏鼎祚曰：「虞以三至上體遯，便以豚魚爲遯魚。」

利涉大川。

坎爲大川，謂二已化邦，三利出涉，坎得

❶「差」，注疏、集解作「嗟」。

正，體涣，涣舟楫象，故利涉大川，乘木舟虚也。《集解》。

利貞。

謂二利之正，而應五也。中孚以利貞，乃應于天也。《集解》。

乃化邦也。

二化應五成坤，坤爲邦，故化邦也。《集解》。堂案：此下荀爽注一條，毛本、胡本誤作虞注，今入《荀氏易》内。

中孚以利貞，乃應乎天也。

訟乾爲天，二動應乾，故乃應乎天也。《集解》。

君子以議獄緩死。

君子謂乾也。訟坎爲獄，震爲議、爲緩，坤爲死。乾四之初，則二出坎獄，兑説震喜，坎獄不見，故議獄緩死也。《集解》。

九二，鳴鶴在陰，其子和之。我有好爵，吾與爾靡之。

靡，共也。震爲鳴，訟離爲鶴，坎爲陰夜，鶴知夜半，故鳴鶴在陰。二動成坤體益，五艮爲子，震巽同聲者相應，故其子和之。坤爲身，故稱我。吾謂五也。離爲爵，爵，位也。坤爲邦國。五在艮，閽寺庭闕之象，故稱好爵。五利二變之正應以，堂案：「以」疑作「已」。故吾與爾靡之矣。《集解》。

《象》曰：其子和之，中心願也。

坎爲心，動得正應五，故中心願也。《集解》。

六四，月幾望，馬匹亡，无咎。

訟坎爲月，離爲日。兑西震東，月在兑二，離在震三，日月象對，故月幾望。乾坎兩馬匹。初四易位，震爲奔走，體遯山中，乾坎不見，故馬匹亡。初四易位，故无咎矣。《集解》。

《象》曰：馬匹亡，絶類上也。

訟初之四，體與上絶，故絶類上也。《集解》。

九五，有孚攣如，无咎。

孚，信也，謂二在坎爲孚。巽繩艮手，故攣二，使化爲邦，得正應己，故无咎也。《集解》。

上九，翰音登于天，貞凶。

巽爲雞，應在震，震爲音，翰，高也。巽爲高，乾爲天，故翰音登于天。失位，故貞凶。禮薦牲，雞稱翰音也。《集解》。

小過：

小過，亨利貞。

晉上之三。當從四陰二陽，臨觀之例，臨陽未至三，而觀四已消也。又有飛鳥之象，故知從晉來。杵臼之利，蓋取諸此。柔得中而應乾剛，故亨。五失正，故利貞。過以利貞，與時行也。《集解》。

可小事。

小謂五，晉坤爲事，柔得中，故可小事也。《集解》。

不可大事。

大事堂案：「事」下疑有「謂」字。四，剛失位而不中，故不可大事也。《集解》。

飛鳥遺之音，不宜上宜下，大吉。

離爲飛鳥，震爲音，艮爲止。晉上之三，離去震在，鳥飛而音止，故飛鳥遺之音。上陰乘陽，故不宜上。下陰順陽，故宜下大吉。俗説或以卦象二陽在内，四陰在外，有似飛鳥之象，妄矣。《集解》。

柔得中，是以小事吉也。

謂五也。陰稱小，故小事吉也。《集解》。

剛失位而不中，是以不可大事也。

謂四也。陽稱大，故不可大事也。《集解》。

君子以行過乎恭。

君子謂三也。上貴三賤，晉上之三，震爲

行，故行過乎恭。謂三致恭以存其位，與謙三同義。《集解》。

喪過乎哀。

晉坤爲喪，離爲目，艮爲鼻，坎爲涕洟，震爲出。涕洟出鼻目，體大過遭死，喪過乎哀也。《集解》。

用過乎儉。

坤爲財用，爲吝嗇，艮爲止，兑爲小。小用止，密雲不雨，故用過乎儉也。《集解》。

初六，飛鳥以凶。

應四，離爲飛鳥。上之三，則四折入大過死，故飛鳥以凶。《集解》。

《象》曰：飛鳥以凶，不可如何也。

四死大過，故不可如何也。《集解》。

六二，過其祖，遇其妣。

祖謂祖母，初也。堂案：疑作「祖，謂初也」，「祖母」二字衍。母死稱妣，謂三。坤爲喪、爲母，折入大過死，故稱祖也。妣，堂案：疑作「故稱妣也」，「祖」字衍。二過初，故過其祖。五變，三體姤遇，故遇妣也。《集解》。

不及其君，遇其臣，无咎。

五動爲君，晉坤爲臣。二之五隔三，艮爲止，故不及其君。止如堂案：「如」疑作「以」。承三，得正，體姤遇象，故遇其臣，无咎也。《集解》。

《象》曰：不及其君，臣不可過也。

體大過下，止舍巽下，故不可過。與隨三同義。《集解》。

九三，弗過，防之，從或，戕之，凶。

防，防四也。失位，從或而欲折之初。戕，殺也。離爲戈兵。三從離上入坤，折四死大過中，故從或，戕之，凶也。《集解》。

《象》曰：從或戕之，凶如何也。

三來戕四，故凶如何也。《集解》。

《象》曰：弗過遇之，位不當也。往厲必戒，終不可長也。

體否上傾，故終不可長矣。《集解》。

六五，密雲不雨，自我西郊。

密，小也。晉坎在天爲雲，墜地成雨，上來之三，折坎入兑，小爲密，坤爲自我，兑爲西，五動乾爲郊，故密雲不雨，自我西郊也。《集解》。

公弋取彼在穴。

公謂三也。弋，矰繳射也。坎爲弓彈，離爲鳥矢，弋，无矢也。巽繩連鳥，弋人堂案：「人」疑作「取」。鳥之象。艮爲手，二爲穴，手入穴中，故公弋取彼在穴也。《集解》。

《象》曰：密雲不雨，已上也。

謂三坎水已之上六，故已上也。《集解》。

上六，弗遇過之，飛鳥離之，凶，是謂災眚。

謂四已變之坤，上得之三，故弗遇過之。離爲飛鳥，公弋得之，鳥下入艮手而死，故飛鳥離之，凶。晉坎爲災眚，故是謂災眚矣。《集解》。《漢上叢説》節引。

《象》曰：弗遇過之，已亢也。

飛下稱亢，晉上之三，❶堂案：「三」下疑有「故」字。已亢也。《集解》。《漢上易叢説》節引。

既濟：

既濟，亨小利貞。

泰五之二，小謂二也。柔得中，故亨小。六爻得位，各正性命，保合大和，故利貞矣。《集解》。《漢上易叢説》節引。

初吉。

初，始也。謂泰乾，乾知大始，故稱初。坤五之乾二，得正處中，故初吉，柔得中也。《集解》。

❶「三」下，集解有「故」字。

終亂。

泰坤稱亂，二上之五，終止于泰，則反成否。子弑其父，臣弑其君，天下无邦，終窮成坤，故亂，其道窮。《集解》。

初吉，柔得中也。

中謂二。《集解》。

終止則亂，其道窮也。

反否終坤，故其道窮也。《集解》。

六二，婦喪其髴，❶勿逐，七日得。

離爲婦，泰坤爲喪，髴髮，謂鬒髮也。晁氏引云「髴謂鬒髮也」。一名婦人之首飾，坎爲玄雲，故稱髴，《詩》曰「鬒髮如雲」，乾爲首，坎爲美，五取乾二之坤爲坎，坎爲盜，故婦喪其髴。泰震爲七，故勿逐七日得。與睽喪馬勿逐同義。「髴」或作「茀」，俗説以「髴」爲婦人蔽膝之「茀」，非也。《集解》。

九三，高宗伐鬼方，三年克之，小人勿用。

高宗，殷王武丁。鬼方，國名。乾爲高宗，坤爲鬼方。乾二之坤五，故高宗伐鬼方。坤爲年，位在三，故三年。坤爲小人，二上克五，故三年克之，小人勿用，《象》曰「憊也」。《集解》。

《象》曰：三年克之，憊也。

坎爲勞，故憊也。《集解》。

六四，繻有衣袽，終日戒。

乾爲衣，故稱「繻」。袽，敗衣也。乾二之五，衣象裂壞，故繻有衣袽。離爲日，坎爲盜，在兩坎間，故終日戒。謂伐鬼方，三年乃克，旅人勤勞，衣服皆敗，鬼方之民，猶或寇竊，故終日戒也。《集解》。

九五，東鄰殺牛，不如西鄰之禴祭，實受其福。

❶ 「髴」，注疏、集解作「茀」。下同。

泰震爲東，兑爲西，坤爲牛，震動五殺坤，故東鄰殺牛。在坎多眚，爲陰所乘，故不如西鄰之禴祭。禴，夏祭也。離爲夏。兑動，二體離明，得正承五順三，故實受其福，吉大來也。《集解》。

上六，濡其首，厲。

《象》曰：濡其首厲，何可久也。

乾爲首，五從二，上在坎中，故濡其首，厲。位極乘陽，故何可久。《集解》。

未濟：

未濟，亨。

否二之五也。柔得中，天地交，故亨。濟，成也。六爻皆錯，故稱未濟也。《集解》。《義海撮要》。《漢上易叢説》節引。

小狐汔濟。

否艮爲小狐。汔，幾也。濟，濟渡。狐濟幾渡而濡其尾，未出中也。《集解》。

濡其尾，无攸利。

艮爲尾，狐，獸之長尾者也。尾謂二，在坎水中，故濡其尾。失位，故无攸利，不續終也。《集解》。

小狐汔濟，未出中也。

謂二未變，在坎中也。《集解》。

濡其尾，无攸利，不續終也。

否陰消陽，至剥終坤，終止則亂，其道窮也。乾五之二，坤殺不行，故不續終也。《集解》。

君子以慎辨物居方。

君子，否乾也。艮爲慎，辨，辨别也。物謂乾，陽物也，坤陰堂案：「陰」下疑有「物」字。也，艮爲居，坤爲方，乾别五以居坤二，故以慎辨物居方也。《集解》。

初六，濡其尾，吝。

應在四，故濡其尾。失位，故吝。《集解》。

《象》曰：九二貞吉，中以行正也。
謂初已正，二動成震，故行正。《集解》。
九四，貞吉悔亡。
動正得位，故吉而悔亡矣。《集解》。
震用伐鬼方，三年有賞于大邦。
變之震體師，坤爲鬼方，故震用伐鬼方。坤爲年，爲大邦，陽稱賞。四在坤中，體既濟離三，故三年有賞于大邦。《集解》。震，敬也。晁氏。
六五，貞吉无悔。
之正則吉，故貞吉无悔。《集解》。
君子之光，有孚吉。
動之乾，離爲光，故君子之光也。孚謂二，二變應，已得有之，故有孚吉，坎稱孚也。《集解》。
《象》曰：君子之光，其暉吉也。
動之正，乾爲大明，故其暉吉也。《集解》。
上九，有孚于飲酒，无咎，濡其首，有孚失是。
坎爲孚，謂四也。上之三介四，故有孚。飲堂案：「飲」疑作「坎」。酒流頤中，故有孚于飲酒。終變之正，故无咎。乾爲首，五動，首在酒中，失位，故濡其首矣。孚，信；是，正也。六位失正，故有孚失是。謂若殷紂沈湎于酒，以失天下也。《集解》。
《象》曰：飲酒濡首，亦不知節也。
節，止也。艮爲節。飲酒濡首，故不知節矣。《集解》。

虞翻周易注卷七

虞翻周易注卷八

平湖孫堂步升輯

繫辭上

堂案：正義云：「『天尊地卑』爲第一章，『聖人設卦觀象』爲第二章，『彖者言乎象者』爲第三章，『精氣爲物』爲第四章，『顯諸仁，藏諸用』爲第五章，『聖人有以見天下之賾』爲第六章，『初六藉用白茅』爲第七章，『大衍之數』爲第八章，『子曰知變化之道』爲第九章，『天一地二』爲第十章，『是故易有太極』爲第十一章，『子曰書不盡言』爲第十二章，虞翻分爲十一章，合『大衍之數』併『知變化之道』共爲一章。」

天尊地卑，乾坤定矣。

天貴故尊，地賤故卑，定謂成列。《集解》。

卑高以陳，貴賤位矣。

乾高貴五，坤卑賤二，列貴賤者，存乎位也。《集解》。

動靜有常，剛柔斷矣。

斷，分也。乾剛常動，坤柔常靜。分陰分陽，迭用柔剛。《集解》。

方以類聚，物以群分，吉凶生矣。

物三稱群，坤方道靜，故以類聚。乾物動行，故以群分。乾生故吉，坤殺故凶，則吉凶生矣。《集解》。

在天成象，在地成形，變化見矣。

謂日月在天成八卦，震象出庚，兑象見丁，乾象盈甲，巽象伏辛，艮象消丙，坤象喪乙，坎象流戊，離象就己，故在天成象也。在地成形，謂震竹巽木、坎水離火、艮山兑澤，乾金坤土。在天爲變，在地爲化，剛柔相推，而生變化矣。《集解》。

是故剛柔相摩，八卦相蕩。

旋轉稱摩，薄也。乾以二五摩坤，成震坎艮，坤以二五摩乾，成巽離兑，故剛柔相摩，則八卦相蕩也。《集解》。

鼓之以雷霆，潤之以風雨。

鼓，動；《釋文》同。潤，澤也。雷，震；霆，艮；風，巽；雨，兑也。《集解》。

日月運行，一寒一暑。

日，離；月，坎；寒，乾；暑，坤也。運行往來，日月相推而明生焉，寒暑相推而歲成焉，故一寒一暑也。《集解》。

坤化成物。❶《釋文》。《丙子學易編》。

乾以易知，坤以簡能。

陽見稱易，陰藏爲簡。簡，閲也。乾息昭物，天下文明，故以易知，坤閲藏物，故以簡能矣。《集解》。

易則易知，簡則易從。

乾縣象著明，故易知。坤陰陽動闢，故易從。不習无不利，地道光也。《集解》。

易知則有親，易從則有功。

陽道成乾爲父，震坎艮爲子，本乎天者親上，故易知則有親。以陽從陰，至五多功，故易從則有功矣。《集解》。

易簡而天下之理得矣。

易爲乾息，簡爲坤消。乾坤變通，窮理以盡性，故天下之理得矣。《集解》。

而明吉凶悔吝。❷《釋文》。《丙子學易編》。

剛柔相推，而生變化。

剛推柔生變，柔推剛生化也。《集解》。

是故吉凶者，失得之象也。

吉則象得，凶則象失也。《集解》。

悔吝者，憂虞之象也。

悔則象憂，吝則象虞也。《集解》。

❶ 「化」，注疏、集解作「作」。

❷ 「悔吝」，注疏、集解無此二字。

晝夜者，剛柔之象也。❶《釋文》。《丙子學易編》。

堂案：下《繫》「剛柔相易」，虞注同。今本云「剛柔者，晝夜之象也」，與此異。

六爻之動。

陰陽失位則變，得位則否，故以陽居陰位，陽居陰位則動。《易裨傳·外篇》。

是故君子所居而安者，易之象也。《釋文》、《丙子學易編》同。

君子謂文王。象謂乾二之坤，成坎月離日，日月爲象。君子黄中通理，正位居體，故居而安者，易之象也。舊讀「象」誤作「厚」，或作「序」，非也。《集解》。

所變而玩者，爻之辭也。《釋文》、《丙子學易編》同。

爻者，言乎變者也。謂乾五之坤，坤五動則觀其變，舊作「樂」，字之誤。《集解》。

是故君子居則觀其象而翫其辭。

翫，弄也。謂乾五動成大有，以離之目，觀天之象。兑口翫習所繫之辭，故翫其辭。《集解》。

動則觀其變而翫其占。

謂觀爻動也。以動者尚其變。占事知來，故翫其占。《集解》。

是以自天右之，吉无不利。

謂乾五變之坤成大有，有天地日月之象。文王則庖犧，亦與天地合德，日月合明。天道助順，人道助信，履信思順，故自天右之，吉无不利也。《集解》。

彖者，言乎象者也。

在天成象，八卦以象告。彖説三才，故言乎象也。《集解》。

爻者，言乎變者也。

❶「晝夜者，剛柔之象也」，注疏、集解作「剛柔者，晝夜之象也」。

爻有六畫，所變而玩者，爻之辭也，謂九六變化，故言乎變者也。《集解》。

吉凶者，言乎其失得也。

得正言吉，失位言凶也。《集解》。

无咎者，善補過也。

失位爲咎。悔，變而之正，故善補過，孔子曰「退思補過」者也。《集解》。

辯吉凶者，存乎辭。

辯，别也。《釋文》。《丙子學易編》。

憂悔吝者，存乎介。

介，纖也。介如石焉，斷可識也，故存乎介，謂識小疵。《集解》。

震无咎者，存乎悔。

震，動也。有不善，未嘗不知之，知之，未嘗復行，无咎者，善補過，故存乎悔也。《集解》。

是故卦有小大，辭有險易。辭也者，各指其所之。

陽易指天，陰險指地，聖人之情見乎辭，故指所之。《集解》。

易與天地準，故能彌綸天下之道。❶

準，同也。彌，大。綸，絡。謂易在天下，包絡萬物，以言乎天地之間則備矣，故與天地準也。《集解》。

原始及終。❷《釋文》。

精氣爲物，遊魂爲變。

魂，陽物，謂乾神也。變謂坤鬼。乾純粹精，故主爲物。乾流坤體，變成萬物，故遊魂爲變也。《集解》。

是故知鬼神之情狀，與天地相似，故不違。

乾神似天，坤鬼似地。聖人與天地合德，

❶「下」，注疏、集解作「地」。

❷「及」，注疏、集解作「反」。

鬼神合吉凶，故不違。《集解》。

變天知命，故不憂。《釋文》。

繼之者善也，成之者性也。

繼，統也。謂乾能統天生物，坤合乾性，養化成之，故繼之者善，成之者性也。《集解》。

通變之謂事。

事謂變通趨時，以盡利天下之民，謂之事業也。《集解》。

夫易，廣矣，大矣。

乾象動直，故大。坤形動闢，故廣也。《集解》。

以言乎遠則不禦。

禦，止也。遠謂乾，天高，不禦也。《集解》。

以言乎邇則静而正。

「地」堂案：「地」疑作「邇」。謂坤。坤至静而德方，故正也。《集解》。

以言乎天地之閒則備矣。

謂易廣大悉備，有天地人道焉，故稱備也。《集解》。

變通配四時。

變通趨時，謂十二月消息也。泰大壯夬配春，乾姤遯配夏，否觀剥配秋，坤復臨配冬，謂十二月消息相變通，而周於四時也。《集解》。

夫易，聖人之所以崇德而廣業也。

崇德效乾，廣業法坤也。《集解》。

知崇體卑，❶崇效天，卑法地。

知謂乾，效天崇，體謂坤，法地卑也。《集解》。

天地設位，而易行乎其中矣。

位謂六畫之位。乾坤各三爻，故天地設位。易出乾入坤，上下无常，周流六虚，故

❶「體」，注疏、集解作「禮」。下同。

易行乎其中也。《集解》。

成性存存，道義之門。

知終終之，可與存義也。乾爲道門，坤爲義門。成性謂成之者性也。陽在道門，陰在義門，其易之門邪。《集解》。

聖人有以見天下之嘖，而擬諸其形容。

乾稱聖人，謂庖犧也。嘖謂初。自上議下稱擬。形容謂陰，在地成形者也。《集解》。

象其物宜，是故謂之象。

物宜謂陽，遠取諸物，在天成象，故象其物宜。象，謂三才八卦在天也。庖犧重爲六畫也。《集解》。

聖人有以見天下之動。

重言聖人，謂文王也。動謂六爻矣。《集解》。

言天下之至嘖，而不可惡也。

至嘖无情。陰陽會通，品物流宕，以乾簡堂案：「簡」疑作「開」，毛本亦作「開」。坤，易之至也。❶元善之長，故不可惡也。《集解》。

言天下之至動，而不可亂也。

以陽動陰，萬物以生，故不可亂。六二之動，直以方。「動」，舊誤作「嘖」也。《集解》。

擬之而後言，議之而後動。

以陽擬坤而成震，震爲言、議，爲後、動，故擬之而後言，議之而後動。安其身而後動，謂當時也矣。《集解》。

擬議以成其變化。

議天成變，擬地成化。天施地生，其益无方也。《集解》。

子曰：君子居其室，出其言善。

君子謂初也。二變，五來應之，艮爲居。初在艮內，故居其室。震爲出言，訟乾爲

❶「坤，易之至也」，集解作「以乾易坤，簡之至也」。

善，故出言善。此亦成益卦也。《集解》。

則千里之外應之，況其邇者乎。

謂二變，則五來應之，體益卦，坤數十。震爲百里，十之，千里也。外謂堂案：「謂」下疑有「巽」字。震巽同聲，同聲者相應，故千里之外應之。邇謂坤，坤爲順，二變順初，故況其邇者乎。此信及遯魚者也。《集解》。

居其室，出其言不善。

謂初陽動，入陰成坤，坤爲不善也。《集解》。

則千里之外違之，況其邇者乎。

謂初變體剥，弑父弑君。二陽肥遯，則坤違之而承于五，故千里之外違之，況其邇者乎。《集解》。

言出乎身，加乎民。

震爲出、爲言，坤爲身、爲民也。《集解》。

行發乎邇，見乎遠。

震爲行，坤爲邇，乾爲遠，兑爲見，謂二發應五，則千里之外，故行發邇見遠也。《集解》。

言行，君子之所以動天地也，可不慎乎？

二已變成益，巽四以風動天，震初以雷動地。中孚十一月雷動地中，艮爲慎，故可不慎乎？《集解》。

子曰：君子之道，或出或處，或默或語。

乾爲道，故稱君子也。同人反師，震爲出、爲語，坤爲默，巽爲處，故或出或處，或默或語也。《集解》。

二人同心，其利斷金。

二人謂夫婦，師震爲夫，巽爲婦。坎爲心，巽爲同。六二震巽，俱體師坎，故二人同心。巽爲利，乾爲金，以離斷金，故其利斷金。謂夫出婦處，婦默夫語，故同心也。《集解》。

同心之言，其臭如蘭。

臭，氣也。蘭，香草。震爲言，巽爲蘭，離日燥之，故其臭如蘭也。《集解》。

初六，藉用白茅，无咎。

其初難知，陰又失正，故獨舉初六。《集解》。

子曰：苟錯諸地而可矣。藉之用茅，何咎之有？慎之至也。

苟，或。錯，置也。頤坤爲地，故苟錯諸地。今藉以茅，故无咎也。《集解》。

夫茅之爲物薄。

陰道柔賤，故薄也。《集解》。

而用可重也。

香絜可貴，故可重也。《集解》。

子曰：勞而不伐，有功而不德，厚之至也。

坎爲勞，五多功。乾爲德，德言至。堂案：「德言至」三字疑衍。以上之貴，下居三賤，故勞而不伐，有功而不德。艮爲厚，坤爲至，故厚之至也。《集解》。

語以其功下人者也。

震爲語，五多功。下居三，故以其功下人者也。《集解》。

德言盛，禮言恭。

謙旁通履，乾爲盛德，坤爲禮。天道虧盈而益謙，三從上來，同之盛德，故恭。震爲言，故德言盛，禮言恭。《集解》。

謙也者，致恭以存其位者也。

坎爲勞，故能恭。三得位，故以存其位者也。《集解》。

子曰：貴而无位。

天尊，故貴。以陽居陰，故无位。《集解》。

高而无民。

在上故高，无陰，故无民也。《集解》。

賢人在下位。

乾稱賢人，下位謂初也。遯世无悶，故賢人在下位而不憂也。《集解》。

而无輔，是以動而有悔也。

謂上无民，故无輔。乾盈動傾，故有悔。文王居三，紂亢極上，故以爲誡也。《集解》。

子曰：亂之所生也，則言語以爲階。

節本泰卦，坤爲亂，震爲生、爲言語，坤稱階，故亂之所生，則言語以爲階也。《集解》。

君不密，則失臣，臣不密則失身。

泰乾爲君，坤爲臣、爲閉，故稱密。乾三之坤五，君臣毁賊，故君不密則失臣。坤五之乾三，坤體毁壞，故臣不密則失身。坤爲身也。《集解》。

幾事不密則害成。

幾，初也。謂二已變成坤，坤爲事，故幾事不密。初利居貞，不密。初動，則體剥，子弑其父，臣弑其君，故害成。《集解》。

是以君子慎密而不出也。

君子謂初，二動坤爲密，故「君子慎密」。體屯，盤桓，利居貞，故不出也。《集解》。

子曰：爲易者，❶其知盜乎？晁氏同。

爲易者謂文王。否上之二成困，三暴慢，以陰乘陽。二變，入宮爲萃。五之二，奪之成解，坎爲盜，故爲易者，其知盜乎？《集解》。

負也者，小人之事也。

陰稱小人，坤爲事，以賤倍貴，違禮悖義，故小人之事也。《集解》。

乘也者，君子之器也。

君子謂五。器，坤也。坤爲大車，故乘君子之器也。《集解》。

小人而乘君子之器，盜思奪之矣。

小人謂三。既違禮倍五，復乘其車。五來之二成坎，坎爲盜，思奪之矣。爲易者，知

❶「爲」，注疏、集解作「作」。

盜乎，此之謂也。《集解》。

上慢下暴，盜思伐之矣。

三倍五，上慢乾君而乘其器，下暴于二。二藏于坤，五來寇二，以離戈兵，故稱伐之，坎爲暴也。《集解》。

慢藏悔盜，野容悔淫。❶《釋文》同。

坎心爲悔，坤爲藏，兑爲見。藏不堂案：「不」疑作「而」。見，故「慢藏」。三動成乾爲野，坎水爲淫，二變藏坤，❷則五來奪之，故慢藏悔盜，野容悔淫。《集解》。悔謂悔恨，野容誨淫，言妖野容儀，教誨淫泆也。《釋文》。堂案：《釋文》下句注仍作「教誨」之「誨」，疑誤。

《易》曰：負且乘，致寇至。盜之招也。

五來奪三，以離兵伐之。故變寇言戎，以成三惡。二藏坤時，艮手招盜，故盜之招。《集解》。

歸奇於扐以象閏。

奇，所掛一策。扐，所揲之餘。不一則二，不三則四也。取奇以歸扐，扐并合掛左手之小指爲一扐，則以閏月定四時成歲，故歸奇於扐以象閏者也。《集解》。

五歲再閏，故再扐而後掛。

謂已一扐，復分掛，如初揲之歸奇于初扐。并掛左手次小指閒爲再扐，則再閏也。又分扐堂案：「扐」疑作「掛」。揲之如初，而掛左手第三指閒成一變，則布掛之一爻，謂已二扐，又加一爲三，并重合前二扐爲五歲，故五歲再閏，再扐而後掛，此參五以變。據此爲三扐，不言三閏者，閏歲餘十日，五歲閏六十日盡矣。後扐閏餘分，不得言三

❶「野」，注疏、集解作「冶」。下同。
❷「二」，集解作「三」。

扐二閏，故從言「再扐而後掛」者也。《集解》。

天數五，地數五。

天數五，謂一三五七九。地數五，謂二四六八十也。《集解》。

五位相得而各有合。

五位，謂五行之位。甲乾乙坤，相得合木，謂天地定位也。丙艮丁兑，相得合火，山澤通氣也。戊坎己離，相得合土，水火相逮也。庚震辛巽，相得合金，雷風相薄也。天壬地癸，相得合水，言陰陽相薄而戰于乾。故五位相得而各有合。或以一六合水，二七合火，三八合木，四九合金，五十合土也。《集解》。

天數二十有五。

一三五七九，故二十五也。《集解》。

地數三十。

二四六八十，故三十也。《集解》。

凡天地之數五十有五。

天二十五，地三十，故五十有五。天地數見于此，故大衍之數，略其奇五而言五十也。《集解》。

凡三百有六十。

陽爻三十六，陰爻二十四。三爻一百二十，曰三百者，舉大概也。《漢上易叢説》。

引而信之，觸類而長之。

引謂庖犧引信三才，兼而兩之以六畫。觸，動也。謂六畫以成六十四卦。故引而信之，觸類而長之。其取類也大，則發揮剛柔而生爻也。《集解》。

天下之能事畢矣。

謂乾以簡能，堂案：此句疑當作「謂聖人成能」。能説諸心，能研諸侯之慮，故能事畢。《集解》。

顯道神德行。

顯道神德行，堂案：此五字疑衍。乾二五之坤，成離日坎月，日月在天，運行照物，故顯道神德行。默而成，不言而信，存于德行者也。《集解》。

子曰：知變化之道者，其知神之所爲乎？

在陽稱變，乾二之坤；在陰稱化，坤五之乾。❶陰陽不測之謂神，知變化之道者，故知神之所爲。諸儒皆上「子曰」爲章首，而荀、馬又從之，甚非者矣。《集解》。

以言者尚其辭。

聖人之情見于辭，繫辭焉以盡言也。《集解》。

以卜筮者尚其占。

乾蓍稱筮，動離爲龜，龜稱卜。動則翫其占，故尚其占者也。《集解》。

是故君子將有爲也，將有行也，問焉而以言。

有爲謂建侯，有行謂行師也。乾二五之坤成震，有師象，震爲行、爲言、問，故有爲、有行，凡應九筮之法則筮之。謂問于蓍龜，以言其吉凶。爻象動内，吉凶見外。蓍德圓神，卦德方智，故史擬神知，以斷吉凶也。《集解》。

其受命也如嚮。

言神不疾而速，不行而至，不言善應。乾二五之坤成震巽，巽爲命，震爲嚮，故受命。同聲相應，故如嚮也。《集解》。

无有遠近幽深，遂知來物。

遠謂天，近謂地。陰謂幽，堂案：疑作「幽謂陰」。深謂陽。來物謂乾神。神以知來，感而遂通，謂幽贊神明而生蓍也。《集解》。

❶ 「在陽稱變，乾二之坤；在陰稱化，坤五之乾」，集解作「在陽稱變，乾五之坤；在陰稱化，坤二之乾」。

非天下之至精，孰能與於此。❶

至精謂乾，純粹精也。《集解》。

參五以變，❷錯綜其數。

逆上稱錯。綜，理也。謂五歲再閏，再扐而後掛，以成一爻之變，而倚六畫之數。卦從下升，故錯綜其數，則三天兩地而倚數者也。《集解》。

通其變，遂成天地之文。堂案：《釋文》云「文」，虞作「爻」，與此不合。

變而通之，觀變陰陽始立卦。乾坤相親，故成天地之文。物相雜，故曰「文」。《集解》。

極其數，遂定天下之象。

數，六畫之數。六爻之動，三極之道，故定天下吉凶之象也。《集解》。

非天下之至變，其孰能與於此。

謂參五以變，故能成六爻之義，六爻之義易以工也。❸《集解》。

易无思也，无爲也。

天下何思何慮，同歸而殊塗，一致而百慮，故无所爲，謂其静也專。《集解》。

寂然不動。

謂隱藏坤初，機息矣。專，故不動者也。《集解》。

感而遂通天下之故。

感，動也。以陽變陰，通天下之故，謂發揮剛柔而生爻者也。《集解》。

非天下之至神，其孰能與於此。

至神謂易，隱初入微，知幾其神乎。《集解》。

唯深也，故能通天下之志。

深謂幽贊神明。无有遠近幽深，遂知來

❶「孰」上，注疏、集解有「其」字。
❷「五」，注疏、集解作「伍」。
❸「工」，集解作「貢」。

物，故通天下之志，謂蓍也。《集解》。

唯幾也，故能成天下之務。

務，事也。謂易研幾開物，故成天下之務，謂卦者也。《集解》。

唯神也，故不疾而速，不行而至。

神謂易也，謂日月斗在天。日行一度，月行十三度，從天西轉，故不疾而速。星寂然不動，隨天右周，感而遂通，故不行而至者也。《集解》。

天一。

水甲。《集解》。

地二。

火乙。《集解》。

天三。

木丙。《集解》。

地四。

金丁。《集解》。

天五。

土戊。《集解》。

地六。

水己。《集解》。

天七。

火庚。《集解》。

地八。

木辛。《集解》。

天九。

金壬。《集解》。

地十。

土癸。《集解》。

子曰：夫易何爲而作也？

問易，何爲取天地之數也。《集解》。

夫易，開物成務，冒天下之道，如斯而已者也。

以陽闢坤，謂之開物。以陰翕乾，謂之成

務。冒，觸也。觸類而長之，如此也。《集解》。

六爻之義，易以工。❶《釋文》。

聖人以此先心，❷《釋文》同。退藏於密，吉凶與民同患。

聖人謂庖犧，以蓍神知來，故以先心。陽動入巽，巽爲退伏，坤爲閉户，故藏密。謂齊于巽以神明其德。陽吉陰凶，坤爲民，故吉凶與民同患，謂作《易》者，其有憂患也。《集解》。

神以知來，知以藏往。

乾神知來，坤知藏往。來謂先心，❸往謂藏密也。《集解》。

其孰能與於此哉！《本義辯證》云：「唐石經及李鼎祚本皆云『其孰能與此哉』。正義有『於』字，蓋宋以後人所增。」堂案：今《集解》亦有「於」字。

誰乎能爲此哉？謂古之聰明睿知之君也。《集解》。

古之聰明睿知，神武而不殺者夫。

謂大人也。庖犧在乾五，動而之坤，與天地合聰明。在坎則聰，在離則明。神武謂乾，睿知謂坤，乾坤坎離，反復不衰，故而不殺者夫。《集解》。

是以明於天之道，而察於民之故。

乾五之坤，以離日照天，故明天之道。以坎月照坤，故察民之故。坤爲民。《集解》。

以神明其德夫。絶句。《釋文》。

是故闔户謂之坤。

闔，閉翕也。謂從巽之坤。坤柔象夜，故以閉户者也。《集解》。

❶「工」，注疏、集解作「貢」。
❷「先」，注疏、集解作「洗」。下同。
❸「先心」，集解作「出見」。

闢户謂之乾。

闢，開也。謂從震之乾。乾剛象晝，故以開户也。《集解》。

一闔一闢謂之變。

陽變闔陰，陰變闢陽。剛柔相推，而生變化也。《集解》。

是故易有太極，是生兩儀。

太極，太一也。分爲天地，故生兩儀也。《集解》。

兩儀生四象。

四象，四時也。兩儀謂乾坤也。乾二五之坤，成坎離震兑。❶震春兑秋，坎冬離夏，故兩儀生四象。歸妹卦備，故《彖》獨稱天地之大義也。《集解》。

四象生八卦。

乾二五之坤，則生震坎艮。坤二五之乾，則生巽離兑。故四象生八卦。乾坤生春，艮兑生夏，震巽生秋，坎離生冬者也。《集解》。

八卦定吉凶。

陽生則吉，陰生則凶。謂方以類聚，物以群分，吉凶生矣。已言于上，故不言生而獨言定吉凶也。《集解》。

縣象著明，莫大乎日月。

謂日月縣天，成八卦象。三日莫，震象堂案：《漢上易卦圖》、《六經天文編》「震象、兑象、乾象、巽象、艮象、坤象」下俱有「月」字，《丹鉛總録》、《易圖明辨》引並同。出庚，八日，兑象見丁，十五日，乾象盈申，堂案：《漢上易卦圖》、《六經天文編》「申」下有「壬」字。十七堂案：「七」疑作「六」，諸本並同。日旦，巽象退辛，二十三日，艮象消丙，三十日，坤象滅乙，晦夕朔旦，堂案：《漢上易卦

❶「離」，原誤作「雜」，據集解改。

圖》、《六經天文編》「旦」下有「則」字。坎象堂案：《漢上易卦圖》、《六經天文編》「象」下有「水」字。流戊，日中則離，離象堂案：《漢上易卦圖》、《六經天文編》「象」下有「火」字。就己，堂案：《漢上易卦圖》「己」下有「成」字。戊己土位，象見于中。日月相推而明生焉，故縣象著明，莫大乎日月者也。《集解》。《漢上易卦圖》。《六經天文編》。《丹鉛總録》。

崇高莫大乎富貴。

謂乾正位于五，五貴坤富。以乾通坤，故高堂案：「高」疑作「莫」。大富貴也。《集解》。

備物致用，立成器以爲天下利，莫大乎聖人。

神農、黄帝、堯、舜是也。❶民多否閉。取乾之坤，謂之備物。以坤之乾，謂之致用。乾爲物，坤爲器用。否四之初，耕稼之利。否五之初，市井之利。否四之二，舟楫之利。否上之初，牛馬之利。謂十二蓋取，以利天下。❷通其變，使民不倦。神而化之，使民宜之。聖人作而萬物覩，故莫大乎聖人者也。《集解》。

探賾索隱，鉤深致遠，以定天下之吉凶，成天下之娓娓者，❸莫善乎蓍龜。

探，取；賾，初也。初隱未見，故探賾索隱，則幽贊神明而生蓍。初深，故曰「鉤深」。致遠謂乾，乾爲蓍。乾五之坤，大有離爲龜。乾生知吉，坤殺知凶，故定天下之吉凶，莫善于蓍龜也。《集解》。

繫辭焉所以告也。

謂繫《彖》、《象》之辭，八卦以象告也。《集解》。

定之以吉凶，所以斷也。

❶「是」，集解無此字。
❷「十二」，集解作「十三」。
❸「娓娓」，注疏、集解作「亹亹」。

繫辭焉以斷其吉凶，八卦定吉凶，以斷天下之疑也。《集解》。

子曰：右者，❶助也。

大有兑爲口，口助稱右。《集解》。

天之所助者，順也。

大有五以陰順上，故爲天所助者，順也。《集解》。

人之所助者，信也。

信謂二也。乾爲人、爲信，庸言之信也。《集解》。

履信思乎順，有以尚賢也。

大有五應二而順上，故履信思順。比坤爲順，坎爲思。乾爲賢人，坤伏乾下，故有以尚賢者也。《集解》。

子曰：書不盡言，言不盡意。

謂書《易》之動，九六之變，不足以盡《易》之所言。言之，則不足以盡庖犧之意也。《集解》。

鼓之舞之以盡神。

神，易也。陽息震爲鼓，陰消巽爲舞，故鼓之舞之以盡神。《集解》。

乾坤，其易之緼邪？惠徵君棟曰：「緼，虞作『韞』。」

緼，藏也。易麗乾藏坤，故爲易之緼也。《集解》。

虞翻周易注卷八

❶「右」，注疏、集解作「祐」。下同。

虞翻周易注卷九

平湖孫堂步升輯

繫辭下

八卦成列，象在其中矣。

象謂三才成八卦之象。乾坤列東，艮兑列南，震巽列西，坎離在中，故八卦成列，則象在其中。天垂象，見吉凶，聖人象之是也。《集解》。

因而重之，爻在其中矣。

謂參重三才爲六爻，發揮剛柔，則爻在其中。六畫稱爻。六爻之動，三極之道也。《集解》。重卦，伏犧。《輯聞》。

剛柔相推，變在其中矣。

謂十二消息，九六相變。剛柔相推，而生變化，故變在其中矣。《集解》。

繫辭焉而命之，動在其中矣。

謂繫《彖》、《象》九六之辭，故動在其中。鼓天下之動者，存乎辭者也。《集解》。

吉凶悔吝者，生乎動者也。

動謂爻也。爻者，效天下之動者也。爻象動内，吉凶見外，吉凶生而悔吝著，故生乎動也。《集解》。

剛柔者，立本者也。

乾剛坤柔，爲六子父母。乾天稱父，坤地稱母。本天親上，本地親下，故立本者也。《集解》。

變通者，趣時者也。

變通配四時，故趣時者也。《集解》。

吉凶者，貞勝者也。

貞，正也。勝，滅也。陽生則吉，陰消則凶者也。《集解》。

天下之動，貞夫一者也。

一謂乾元。萬物之動，各資天一陽氣以生，故天下之動，貞夫一者也。《集解》。

夫乾，確然示人易矣。

陽在初弗用，確然无爲，潛龍時也。不易世，不成名，故示人易者也。《集解》。

夫坤，隤然示人簡矣。

隤，安。簡，閱也。坤以簡能，閱內萬物，故示人簡者也。《集解》。

爻也者，效此者也。

效法之謂坤，謂效三才以爲六畫。《集解》。

象也者，象此者也。❶

成象之謂乾，謂聖人則天之象，分爲三才也。《集解》。

爻象動乎內，吉凶見乎外。

內，初；外，上也。陽象動內，則吉見外。陰爻動內，則凶見外也。《集解》。

古者庖犧氏之王天下也。

庖犧太昊氏以木德王天下，位乎乾五，五動見離，離生于木，故知火化。炮啖犧牲，號庖犧氏也。《集解》。

於是始作八卦。

謂庖犧觀鳥獸之文，則天八卦效之。易有太極，是生兩儀，兩儀生四象，四象生八卦。八卦乃四象之所生，非庖犧之所造也。故曰「象者，象此者也」。❷ 則大人造爻象以象天，卦可知也。而讀《易》者咸以爲庖犧之時，天未有八卦，恐失之矣。天

❶「象」，注疏、集解作「像」。

❷「象」，集解作「像」。

垂象，示吉凶，聖人象之，則天已有八卦之象。《集解》。

作結繩而爲罟，❶以田以魚，蓋取諸離。今本「罟」上有「網」字。

離爲日，堂案：「日」疑作「目」。巽爲繩。目之重者唯罟，故結繩爲罟。坤二五之乾成離，巽爲魚。坤二稱田，以罟取獸曰田。故取諸離也。《集解》。

庖犧氏没，神農氏作。

没，終；作，起也。神農以火德，繼庖犧王。火生土，故知土，則利民播種，號神農氏也。《集解》。

斲木爲耜，揉木爲耒，耒耨之利，以教天下，蓋取諸益。

否四之初也。巽爲木、爲入，艮爲手，乾爲金。手持金以入木，故斲木爲耜。耜止所蹈，因名曰耜。艮爲小木，手以橈之，故揉木爲耒。耒耜，耔器也。巽爲號令，乾爲天，故以教天下。坤爲田，巽爲股、進退。震足動耜，艮手持耒，進退田中，耕之象也。益萬物者，莫若雷風，故法風雷而作耒耜。《集解》。

日中爲市，致天下之民，聚天下之貨，交易而退，各得其所。蓋取諸噬嗑。

否五之初也。離象正上，故稱日中也。震爲足，艮爲徑路，震又爲大塗，❷否乾爲天，坤爲民，故致天下之民象也。坎水艮山，群珍所出，聚天下貨之象也。震升坎降，交易而退，各得其所。噬嗑，食也。市井交易，飲食之道，故取諸此也。《集解》。

堂案：此條毛本、胡本引作「翟玄注」，誤。

---

❶「爲」下，注疏、集解有「網」字。

❷「震爲足，艮爲徑路，震又爲大塗」，集解作「艮爲徑路，震爲足，又爲大塗」。

神農氏没，黄帝、堯、舜氏作。通其變，使民不倦。

變而通之以盡利，謂作舟楫，服牛乘馬之類，故使民不倦也。《集解》。

神而化之，使民宜之。

神謂乾。乾動之坤，化成萬物，以利天下。坤爲民也，象其物宜，故使民宜之也。《集解》。

黄帝、堯、舜垂衣裳而天下治，蓋取諸乾坤。

乾爲治，在上爲衣，坤下爲裳。乾坤，萬物之緼，故以象衣裳。乾爲明君，坤爲順臣，百官以治，萬民以察，故天下治，蓋取諸此也。《集解》。

服牛乘馬，引重致遠，以利天下，蓋取諸隨。

否上之初也。否乾爲馬、爲遠，坤爲牛、爲重。坤初之上爲引重，乾上之初爲致遠。艮爲背，巽爲股。在馬上，故乘馬。巽爲繩，繩束縛物，在牛背上，故服牛。出否之隨，引重致遠，以利天下，故取諸隨。《集解》。

斷木爲杵，闕地爲臼，❶臼杵之利，萬民以濟，蓋取諸小過。

晉上之三也。艮爲小木。上來之三斷艮，故斷木爲杵。坤爲地，艮手持木，以闕坤三，故闕地爲臼。艮止于下，臼之象也。震動而上，杵之象也。震出巽入，艮手持杵，出入臼中，春之象也。故取諸小過。本无乾象，故不言以利天下也。《集解》。

弦木爲弧，剡木爲矢，弧矢之利，以威天下，蓋取諸睽。

无妄，五之二也。巽爲繩、爲木，坎爲弧，離爲矢，故弦木爲弧。乾爲金，艮爲小木。

❶「闕」，注疏、集解作「掘」。下同。

五之二，以金剡艮，故剡木爲矢。乾爲威，五之二，故以威天下。弓發矢應而坎雨集，故取諸睽也。《集解》。

上古穴居而野處，後世聖人易之以宮室，上棟下宇，以待風雨，蓋取諸大壯。

无妄兩象易也。无妄乾在上，故稱上古。艮爲穴居，乾爲野，巽爲處，无妄乾人在路，故穴居野處。震爲後世，乾爲聖人。後世聖人，謂黄帝也。艮爲宮室，變成大壯，乾人入宮，故易以宮室。艮爲待，巽爲風，兑爲雨，乾爲高，巽爲長木，反在上爲棟。震陽動起爲上棟。宇謂屋邊也。兑澤動下爲下宇。无妄之大壯，巽風不見，兑雨隔震，與乾絶體，故上棟下宇，以待風雨，蓋取諸大壯者也。《集解》。

古之葬者，厚衣之以薪，葬之中野，不封不樹，喪期无數，後世聖人易之以棺椁，蓋取諸大過。

中孚上下易象也。本无乾象，故不言上古。大過乾在中，故但言古者。巽爲薪，艮爲厚，乾爲衣、爲野，乾象在中，故厚衣之以薪，葬之中野。穿土稱封，封，古窆字也。聚土爲樹。中孚无坤坎象，故不封不樹。坤爲喪，期謂從斬縗至緦麻，日月之期數。无坎離日月坤象，故喪期无數。巽爲木、爲入處，兑爲口，乾爲人。木而有口，乾人入處，棺斂之象。中孚艮爲山丘，巽木在裏，棺藏山陵，椁之象也。故取諸大過。《集解》。

上古結繩而治，後世聖人易之以書契，百官以治，萬民以察，蓋取諸夬。

履上下象易也。乾象在上，故復言上古。巽爲繩，離爲罟，乾爲治，故結繩以治。後世聖人，謂黄帝、堯、舜也。夬旁通剥，剥坤爲書，兑爲契，故易之以書契。乾爲百，剥艮爲官，坤爲衆臣、爲萬民、爲迷暗。乾爲治，夬反剥，以乾照坤，故百官以治，萬民以察。故取諸夬。大壯、大過、夬此三蓋取，直兩象上下相易，故俱言易之。大壯本无妄，夬本履卦，乾象俱在上，故言上古。中孚本无乾象，大過乾不在上，故但言古者。大過亦言後世聖人易之，明上古時也。《集解》。

是故易者，象也。

易謂日月，在天成八卦象。縣象著明，莫大日月是也。《集解》。

象也者，象也。❶《釋文》。

彖者，材也。

彖説三才，則三分天象，以爲三才，謂天地人道也。《集解》。

爻也者，效天下之動者也。

動，發也。謂兩三才爲六畫，則發揮剛柔而生爻也。《集解》。

是故吉凶生而悔吝著也。

爻象動内，則吉凶見外。吉凶悔吝者，生乎動者也，故曰著。《集解》。

陽卦奇，陰卦耦，其德行何也。

陽卦一陽，故奇。陰卦二陽，故耦。謂德行何可者也。《集解》。

天下何思何慮。

易无思也。既濟定，六位得正，故何思何慮。《集解》。

日往則月來。

謂咸初往之四，與五成離，故日往。與二成坎，故月來。之外日往，在内月來，此就爻之正者也。《集解》。

❶「象」，注疏、集解作「像」。

月往則日來。

初變之四，與上成坎，故月往。四變之初，與二成離，❶故日來者也。《集解》。

日月相推而明生焉。

既濟體兩離坎象，故明生焉。《集解》。

寒往則暑來。

乾爲寒，坤爲暑，謂陰息陽消，從姤至否，故寒往暑來也。《集解》。

暑往則寒來。

陰詘陽信，從復至泰，故暑往寒來也。《集解》。

詘信相感而利生焉。❷

感，咸象，故相感。天地感而萬物化生，聖人感人心而天下和平，故「利生」。利生謂陽出震，陰伏藏。《集解》。

龍蛇之蟄，以存身也。

蟄，潛藏也。龍潛而蛇藏。陰息初，巽爲蛇。陽息初，震爲龍。十月坤成，十一月復生。姤巽在下，龍蛇俱蟄。初坤爲身，故龍蛇之蟄，以存身也。《集解》。

窮神知化，德之盛也。

以坤變乾，謂之窮神。以乾通坤，謂之知化。乾爲盛德，故德之盛。《集解》。

子曰：非所困而困焉，名必辱。

困本咸，咸三入宮，以陽之陰，則二制坤，故以次咸。爲四所困，四失位惡人，故非所困而困焉。陽稱名，陰爲辱，以陽之陰下，故名必辱也。《集解》。

非所據而據焉，身必危。

謂據二，二失位，故非所據而據焉。二變時，坤爲身，二折坤體，故身必危。《集解》。

❶「二」，集解作「三」。

❷「詘」，注疏、集解作「屈」。

子曰：隼者，禽也。

離爲隼，故稱禽。言其行野容，如禽獸焉。《集解》。

弓矢者，器也。

離爲矢，坎爲弓，坤爲器。《集解》。

射之者，人也。

人，賢人也。謂乾三伏陽，出而成乾，故曰「射之者人」。人則公。三應上，故上令三出而射隼也。《集解》。

君子藏器於身，待時而動，何不利之有？

三伏陽爲君子。二變時，坤爲身、爲藏器、爲堂案：「爲」疑作「謂」。藏弓矢以待射隼。艮爲待、爲時，三待五來之二，弓張矢發，動出成乾，貫隼，入大過死，兩坎象壞，故何不利之有？象曰「以解悖」。三陰小人乘君子器，故上觀三出，射去隼也。《集解》。

動而不括，是以出而有獲，語成器而動者也。

括，作也。震爲語。乾五之坤二，成坎弓離矢。動以貫隼，故語成器而動者也。《集解》。

子曰：小人不恥不仁，不畏不義。

謂否也。以坤滅乾，爲不仁、不義，坤爲恥、爲義，乾爲仁，爲畏者也。《集解》。

不見利不動，不威不徵。❶

否乾爲威、爲利，巽爲近利。謂否五之初，成噬嗑市。離日見乾爲見利，震爲動，故不見利不動。五之初，以乾威坤，故不威不徵，震爲徵也。《集解》。

小徵而大戒，此小人之福也。

艮爲小，乾爲大。五下威初，坤殺不行。震懼虩虩，故小徵大戒。坤爲小人，乾爲福。以陽下陰，民説无疆，故小人之福也。

❶「徵」，注疏、集解作「懲」。下同。

《集解》。

善不積，不足以成名。惡不積，不足以滅身。

乾爲積善，陽稱名。坤爲積惡，爲身。以乾滅坤，故滅身者也。《集解》。

小人以小善爲无益而弗爲也。

小善謂復初。《集解》。

以小惡爲无傷而弗去也。

小惡謂姤初。《集解》。

故惡積而不可弇。

謂陰息姤至遯，子弑其父，故惡積而不可弇。《集解》。

罪天而不可解。

陰息遯成否，以臣弑君，故罪大而不可解也。《集解》。

是故君子安而不忘危。

君子，大人，謂否五也。否坤爲安，危謂上也。《集解》。

是以身安而國家可保也。

坤爲身，謂否反成泰，君位定於内，而臣忠於外，故身安而國家可保也。《集解》。

子曰：德薄而位尊。

鼎四也。則離九四凶惡小人，故德薄。四在乾位，故位尊。《集解》。

知少而謀大。

兑爲少知，乾爲大謀。四在乾體，故謀大矣。《集解》。

力少而任重。《本義辯證》曰：「力少，今本訛爲『力小』，石經及《集解》本皆作『少』。顔師古、章懷太子兩《漢書》注所引皆然。《王莽傳》曰：『德薄位尊，力少任大。』」

五至初，體大過，本末弱，故力少也。乾爲仁，故任重。以爲己任，不亦重乎？《集解》。

尟不及矣。

匙，少也。及，及于刑矣。《集解》。

子曰：知幾其神乎？

幾謂陽也。陽在復初稱幾。此謂豫四也。惡鼎四折足，故以此次。言豫四知幾而反復初也。《集解》。

君子上交不諂，下交不瀆，其知幾乎？

豫二謂四也。❶四失位諂瀆。上謂交五，五貴，震爲笑言。笑言且諂也。故上交不諂。下謂交三，坎爲瀆，故下交不瀆。欲其復初得正元吉，故其知幾乎？《集解》。

幾者，動之微，吉之先見者也。

陽見初成震，故動之微。復初元吉，吉之先見者也。《集解》。

子曰：顏氏之子，其殆庶幾乎！

幾者，神妙也。顏子知微，故殆庶幾。孔子曰：「回也，其庶幾也！」❷《集解》。

有不善，未嘗不知。

復以自知，老子曰「自知者明」。《集解》。

知之，未嘗復行也。

謂顏回不遷怒，不貳過。克己復理，❸天下歸仁。《集解》。

天地壹壺，萬物化醇。

謂泰上也。先說否，否反成泰，故不說泰。天地交，萬物通，故化醇。《集解》。

男女搆精，萬物化生。

謂泰初之上成損，艮爲男，兑爲女，故男女搆精。乾爲精。損反成益，萬物出震，故萬物化生也。《集解》。

子曰：君子安其身而後動。

❶「二」，集解作「上」。
❷「也」，集解作「乎」。
❸「理」，集解作「禮」。

謂反損成益。君子，益初也。坤爲安身，震爲後動。《集解》。

易其心而後語。

乾爲易，益初體復心，震爲後語。《集解》。

定其交而後求。

震專爲定，爲後，交謂剛柔始交，艮爲求也。《集解》。

君子脩此三者，故全也。

謂否上之初。損上益下，其道大光。自上下下，民説无疆，故全也。《集解》。

危以動，則民不與也。

謂否上九。高而无位，故危。坤民否閉，故弗與也。《集解》。

懼以語，則民不應也。

否上窮災，故懼。不下之初成益，❶故民不應。坤爲民，震爲應也。《集解》。

无交而求，則民不與也。

上來之初，故交。堂案：疑作「上不交初，故无交」。坤民否閉，故不與。震爲交。《集解》。

莫之與，則傷之者至矣。

上不之初，否消滅乾，則體剥傷，臣弑君，子弑父，故傷之堂案：「之」下疑有「者」字。至矣。《集解》。

陰陽合德而剛柔有體。

合德謂天地雜，保大和，日月戰。乾剛以體天，坤柔以體地也。《集解》。

於稽其類，其衰世之意邪。

稽，考也。三稱盛德，上稱末世。乾終上九，動則入坤。坤弑其君父，故爲亂世。陽出復震，入坤出坤，故衰世之意邪。《集解》。

❶「不」，集解作「來」。

夫易，章往而察來，❶而微顯闡幽，開而當名。

神以知來，知以藏往。微者顯之，謂從復成乾，是察來也。闡者幽之，謂從姤之坤，是章往也。陽息出初，故開而當名。《集解》。

其稱名也小。

謂乾坤與六子，俱名八卦而小成，故小。復小而辯于物者矣。《集解》。

其取類也大。

謂乾陽也。爲天爲父，觸類而長之，故大也。《集解》。

其旨遠，其辭文。

遠謂乾，文謂坤也。《集解》。

其言曲而中，其事肆而隱。

曲，詘。肆，直也。陽曲初，震爲言，故其言曲而中。坤爲事，隱未見，故肆而隱也。《集解》。

因貳以濟民行，以明失得之報。

二謂乾與坤也。坤爲民，乾爲行。行得則乾報以吉，行失則坤報以凶也。《集解》。

《易》之興也，其於中古乎！

興《易》者，謂庖犧也。文王書經，繫庖犧于乾五。乾爲古，五在乾中，故興于中古。繫以黄帝、堯、舜，爲後世聖人，庖犧爲中古，則庖犧以前爲上古。《集解》。

作《易》者，其有憂患乎。

謂憂患百姓，未知興利遠害，不行禮義，茹毛飲血，衣食不足。庖犧則天八卦，通爲六十四，以德化之。吉凶與民同患，故有憂患。《集解》。

是故履，德之基也。

❶「章」，注疏、集解作「彰」。

乾爲德。履與謙旁通，坤柔履剛，故德之基。坤爲基。《集解》。

謙，德之柄也。

坤爲柄。柄，本也。凡言德，皆陽爻也。《集解》。

復，德之本也。

復初，乾之元，故德之本也。《集解》。

恒，德之固也。

立不易方，守德之堅固。《集解》。

巽，德之制也。

巽風爲號令，所以制下，故曰「德之制也」。《集解》。

履和而至。

謙與履通，謙坤柔和，故履和而至。禮之用，和爲貴者也。《集解》。

復小而辨於物。❶

陽始見，故小。乾陽物，坤陰物，以乾居坤，故稱別物。《集解》。

損先難而後易。

損初之上，失正，故先難。終反成益，得位于初，故後易。易其心而後語。《集解》。

益長裕而不設。

謂天施地生，其益无方，凡益之道，與時偕行，故不設也。《集解》。

困窮而通。

陽窮否上，變之坤二成坎，坎爲通，故困窮而通也。《集解》。

履以和行。

禮之用，和爲貴，謙震爲行，故以和行也。《集解》。

謙以制禮。

陰稱禮。謙三以一陽制五陰，萬民服，故

❶「辨」，集解作「辯」。

以制禮也。《集解》。

復以自知。

有不善，未嘗不知，故自知也。《集解》。

恒以一德。

恒德之固，立不易方，從一而終，故一德者也。《集解》。

損以遠害。

坤爲害。泰以初止坤上，故遠害。乾爲遠。《集解》。

困以寡怨。

坤爲怨。否弑父與君，乾來上折坤二，故寡怨。坎水性通，故不怨也。《集解》。

井以辨義。❶

坤爲義。以乾別坤，故辨義也。《集解》。

爲道也，婁遷。堂案：婁，古「屢」字，見《漢書》。

遷，徙也。日月周流，上下无常，故婁遷也。《集解》。

變動不居，周流六虛。

變，易。動，行。六虛，六位也。日月周流，終則復始，故周流六虛。謂甲子之旬辰巳虛。坎戊爲月，離己爲日，入在中宮，其處空虛，故稱六虛。五甲如次者也。《集解》。

上下无常，剛柔相易。

剛柔者，晝夜之象也。在天稱上，入地爲下，故上下无常也。《集解》。

不可爲典要，唯變所適。

典堂案：毛本「典」下有「常」字。要，道也。上下无常，故不可爲典要。適乾爲晝，適坤爲夜。《集解》。

其出入以度，外内使知懼。

出乾爲外，入坤爲内。日行一度，故出入

❶「辨」，集解作「辯」。

以度。出陽知生，入陰懼死，使知懼也。《集解》。

又明於憂患與故。

神以知來，故明憂患。知以藏往，故知事故。作易者，其有憂患乎？《集解》。

无有保師，❶如臨父母。

臨，見也。言陰陽施行，以生萬物。无有師保，生成之者。萬物出生，皆如父母。孔子曰：「父母之道天地。」乾爲父，坤爲母。《集解》。

初帥其辭而揆其方。❷

初，始，下也。帥，正也。謂脩辭立誠。方謂坤也。以乾通坤，故初帥其辭而揆其方。《集解》。

既有典常，苟非其人，道不虛行。

其出入以度，故有典常。苟，誠也。其人謂乾爲賢人。神而明之，存乎其人，不言而信，謂之德行，故不虛行也。《集解》。

原始要終，以爲質也。

質，本也。以乾原始，以坤要終。謂原始及終，以知死生之說。《集解》。

六爻相雜，唯其時物也。

陰陽錯居稱雜，時陽則陽，時陰則陰，故唯其時物。乾陽物，坤陰物。《集解》。

若夫雜物撰德，辨是與非，❸則非其中爻不備。

撰德謂乾。辨，別也。是謂陽，非謂陰也。中，正。乾六爻，二四上非正。坤六爻，初三五非正。故雜物。因而重之，爻在其中。故非其中，則爻辭不備。道有變動，

❶「保師」，注疏、集解作「師保」。

❷「帥」，注疏、集解作「率」。下同。

❸「辨」，集解作「辯」。下同。

故曰「爻」也。《集解》。

噫！亦要存亡吉凶，則居可知矣。

謂知存知亡，要終者也。居乾吉則存，居坤凶則亡，故曰「居可知矣」。《集解》。

物相雜，故曰文。

乾，陽物。坤，陰物。純乾純坤之時，未有文章。陽物入坤，陰物入乾，更相雜成六十四爻，❶乃有文章，故曰「文」。《集解》。

《易》之興也，其當殷之末世，周之盛德邪？當文王與紂之事邪？

謂文王書《易》六爻之辭也。末世，乾上。盛德，乾三也。文王三分天下而有其二，以服事殷，周德其可謂至德矣，故周之盛德。紂窮否上，知存而不知亡，知得而不知喪，終以焚死，故殷之末世也。而馬、荀、鄭君從俗，以文王爲中古，失之遠矣。《集解》。

是故其辭危。

危謂乾三。夕惕若厲，故辭危也。《集解》。

其道甚大，百物不廢。

大謂乾道。乾三爻三十六物，故有百物。❷略其奇八，與大衍之五十同義。《集解》。

懼以終始，其要无咎。此之謂易之道也。

乾稱易道。終日乾乾，故无咎。危者使平，易者使傾，惡盈、福謙，故易之道者也。《集解》。

夫乾，天下之至健也，德行恒易以知險。

險謂坎也。謂乾二五之坤成坎離，日月麗天，天險不可升，故知險者也。《集解》。

夫坤，天下之至順也，德行恒簡以知阻。

❶「爻」，集解作「卦」。
❷「故有百物」，集解作「故百物不廢」。

阻，險阻也。謂坤二五之乾，艮爲山陵，坎爲水，巽高兑下。地險山川丘陵，故以知阻也。《集解》。

能説諸心。❶

乾五之坤，坎爲心，兑爲説，故能説諸心。《集解》。

能研諸侯之慮。晁氏曰：「虞本有『侯之』二字。」

坎心爲慮，乾初之坤爲震，震爲諸侯，故能研諸侯之慮。《集解》。

定天下之吉凶，成天下之娓娓者。

謂乾二五之坤，成離日坎月，則八卦象具。八卦定吉凶，故能定天下之吉凶。娓娓，進也。離爲龜，乾爲蓍。月生震初，故成天下之娓娓者。謂莫善蓍龜也。《集解》。

是故變化云爲，吉事有祥。

祥，幾祥也。吉之先見者也。陽出，變化云爲，吉事爲祥，謂復初乾元者也。《集解》。

象事知器，占事知來。

象事謂坤。坤爲器。乾五之坤成象，故象事知器也。占事謂乾以知來。乾五動成離，則翫其占，故知來。《集解》。

天地設位，聖人成能。

天尊五，地卑二，故設位。乾爲聖人，成能謂能説諸心，能研諸侯之慮，故成能也。《集解》。

人謀鬼謀，百姓與能。

乾爲人，坤爲鬼。乾二五之坤，坎爲謀。乾爲百，坤爲姓，故人謀鬼謀，百姓與能。《集解》。

八卦以象告。

在天成象，乾二五之坤，則八卦象成。兑口震言，故以象告也。《集解》。

❶「説」，集解作「悦」。下同。

剛柔雜居，而吉凶可見矣。

乾二之坤成坎，坤五之乾成離，故剛柔雜居。艮爲居。離有巽兑，坎有震艮，八卦體備，故吉凶可見也。《集解》。

變動以利言。

乾變之坤成震，震爲言，故變動以利言也。《集解》。

吉凶以情遷。

乾吉坤凶。六爻發揮，旁通情也，故以情遷。《集解》。

是以愛惡相攻而吉凶生。

攻，摩也。乾爲愛，坤爲惡，謂剛柔相摩，以愛攻惡生吉，以惡攻愛生凶，故吉凶生也。《集解》。

遠近相取而悔吝生。

遠陽謂乾，近陰謂坤。陽取陰生悔，陰取陽生吝，悔吝言小疵。《集解》。

情僞相感而利害生。

情陽僞陰也。情感僞生利，僞感情生害。乾爲利，坤爲害。《集解》。

或害之，悔且吝。

坤爲害。以陰居陽，以陽居陰，爲悔且吝也。《集解》。

將叛者，其辭慙。

坎人之辭也。近而不相得，故叛。坎爲隱伏，將叛。坎爲心，故慙也。《集解》。

中心疑者，其辭枝。

離人之辭也。火性枝分，故枝疑也。《集解》。

吉人之辭寡。

艮人之辭也。《集解》。

躁人之辭多。

震人之辭也。震爲決躁，恐懼虩虩，笑言

啞啞，故多辭。《集解》。

誣善之人，其辭游。

兑人之辭也。兑爲口舌誣乾，乾爲善人也。《集解》。

失其守者，其辭詘。❶

巽人之辭也。巽詰詘，陽在初守巽，初陽入伏陰下，故其辭詘。此六子也，離上坎下，震起艮止，兑見巽伏。上經終坎離，則下經終既濟未濟。上《繫》終乾坤，則下《繫》終六子。此《易》之大義者也。《集解》。

虞翻周易注卷九

❶「詘」，注疏、集解作「屈」。下同。

虞翻周易注卷十

平湖孫堂步升輯

說　卦

參天兩地而倚數。

倚，立。《釋文》同。參，三也。謂分天象爲三才，以地兩之，立六畫之數，故倚數也。《集解》。

觀變於陰陽而立卦。

謂立天之道，曰陰與陽，乾坤剛柔，立本者。卦謂六爻。陽變成震坎艮，陰變成巽離兑，故立卦。六爻三變，三六十八，則有十八變而成卦，堂案：疑作「則十有八變而成卦」。八卦而小成是也。《繫》曰：「陽，一君二民。陰，二君一民。」不道乾坤者也。《集解》。

發揮於剛柔而生爻。

謂立地之道曰柔與剛。發，動。揮，變。變剛生柔爻，變柔生剛爻，以三爲六也。因而重之，爻在其中，故生爻。《集解》。

和順於道德而理於義。

謂立人之道曰仁與義。和順謂坤，道德謂乾，以乾通坤，謂之理義也。《集解》。

窮理盡性以至於命。

以乾推坤，謂之窮理。以坤變乾，謂之盡性。性盡理窮，故至于命，巽爲命也。《集解》。

昔者聖人之作《易》也。

重言昔者，明謂庖犧也。《集解》。

將以順性命之理。

謂乾道變化，各正性命，以陽順性，以陰順

命。《集解》。

兼三才而兩之，故《易》六畫而成卦。

謂參天兩地，乾坤各三爻而成六畫之數也。《集解》。

分陰分陽，迭用柔剛。

迭，遞也。分陰爲柔以象夜，分陽爲剛以象晝。剛柔者，晝夜之象。晝夜更用，故迭用柔剛矣。《集解》。

故《易》六畫而成章。❶

章謂文理。乾三畫成天文，坤三畫成地理。《集解》。

天地定位。

謂乾坤。五貴二賤，故定位也。《集解》。《困學紀聞》。

山澤通氣。

謂艮兑。同氣相求，故通氣。《集解》。《困學紀聞》。

雷風相薄。

謂震巽。同聲相應，故相薄。《集解》。《困學紀聞》。

水火不相射。

謂坎離。射，厭也。《釋文》同。水火相通，坎戊離己，月三十日一會於壬，故不相射也。《集解》。《困學紀聞》。

八卦相錯。

錯摩，則剛柔相摩，八卦相蕩也。《集解》。

數往者順。

謂坤消從午至亥。上下，故順也。《集解》。

知來者逆。

謂乾息從子至巳。下上，故逆也。《集解》。

是故易，逆數也。

易謂乾，堂案：「乾」下疑有「氣從下生」四字。故

❶ 「畫」，注疏、集解作「位」。

逆數。

萬物出乎震。震，東方也。

出，生也。震初不見東，故不稱東方卦也。《集解》。

齊乎巽。巽，東南也。齊也者，言萬物之絜齊也。

巽陽隱初，又不見東南，亦不稱東南卦，與震同義。巽陽藏室，故絜齊。《集解》。

離也者，明也。萬物皆相見，南方之卦也。

離爲日、爲火，故明。日出照物，以日相見，離象三爻皆正日中，正南方之卦也。《集解》。

聖人南面而聽天下，嚮明而治，蓋取諸此也。

離南方，故南面。乾爲治，乾五之坤，坎爲耳，離爲明，故以聽天下，向明而治也。《集解》。

坤也者，地也。萬物皆致養焉，故曰「致役乎坤」。

坤陰无陽，故道廣布，不主一方，含弘光大，養成萬物。《集解》。

兑，正秋也，萬物之所説也，故曰「説言乎兑」。

兑三失位不正，故言正秋。兑象不見西，故不言西方之卦，與坤同義。兑爲雨澤，故説萬物。震爲言，震二動成兑，言從口出，故説言也。《集解》。

戰乎乾。乾，西北之卦也，言陰陽相薄也。

乾剛正五，堂案：「五」疑作「每」。月十五日，晨象西北，故西北之卦。薄，入也。坤十月卦，乾消剥入坤，故陰陽相薄也。《集解》。

坎者，水也。正北方之卦也，勞卦也，萬物之所歸也，故曰「勞乎坎」。

歸，藏也。坎二失位不正，故言正北方之卦，與兑正秋同義。坎月夜中，故正北方。

《集解》。

艮，東北之卦也，萬物之所成終，而所成始也。故曰「成言乎艮」。

艮三得正，故復稱卦。萬物成始乾甲，成終坤癸。艮東北是甲癸之間，故萬物之所成終，而成始者也。《集解》。《困學紀聞》節引。

然後能變化，既成萬物也。

謂乾變而坤化。乾道變化，各正性命，成既濟定，故既成萬物矣。《集解》。

乾，健也。

精剛自勝，動行不休，故健也。《集解》。

坤，順也。

純柔，承天時行，故順。《集解》。

震，動也。

陽出動行。《集解》。

巽，入也。

乾初入陰。《集解》。

坎，陷也。

陽陷陰中。《集解》。

離，麗也。

日麗乾剛。《集解》。

艮，止也。

陽位在上，故止。《集解》。

兑，説也。

震爲大笑。陽息震成兑，震言出口，故説。《集解》。

爲君。

貴而嚴也。《集解》。

爲父。

成三男，其取類大，故爲父也。《集解》。

爲大赤。

太陽爲赤，月望出入時也。《集解》。

爲良馬。

乾善，故良也。《集解》。

坤爲地。

柔道静。《集解》。

爲母。

成三女，能致養，故爲母。《集解》。

爲衆。

物三稱群。陰爲民，三陰相隨，故爲衆也。《集解》。

震爲雷。

太陽火，得水有聲，故爲雷也。《集解》。

爲駹。《釋文》。《容齋隨筆》。《六經奥論》云「『虞』作『驪』，音龍，非是」。

駹，蒼色。《釋文》同。震東方，故爲駹。舊讀作「龍」，上巳爲「龍」，非也。《集解》。《漢上易傳》。

爲玄黄。

天玄地黄，震天地之雜物，故爲玄黄。《集解》。

爲專。《釋文》、晁氏並同。

陽在初隱静，未出觸坤，故專，則乾静也專。延叔堅説，以「專」爲「旉」，大布，非也。《集解》。晁氏節引。

爲長子。

乾一索，故爲長子。《集解》。

其於馬也，爲善鳴。

爲雷，故善鳴也。《集解》。

爲馵足、爲作足。

馬白後左足爲馵。震爲左、爲足、爲有，❶堂案：「有」字疑衍。初陽白。故爲作堂案：「作」疑作「馵」。足。《集解》。

爲的顙。

的，白；顙，額也。震體頭在堂案：「頭在」疑

❶「有」，集解作「作」。

作「在頭」。口上，白，故的顙。《詩》云「有馬白顛」是也。《集解》。

爲阪生。❶

阪，陵阪也。《釋文》。

其究爲健，爲蕃鮮。

震巽相薄，變而至三，則下象究。與四成乾，故其究爲健，爲蕃鮮。巽究爲躁卦，躁卦則震。震雷巽風无形，故卦特變耳。《集解》。《漢上易傳》節引。

爲工。

爲近利市三倍，故爲工。子夏曰「工居肆」。《集解》。

爲白。

乾陽在上，故白。《集解》。

爲高。

乾陽在上，長故高。《集解》。

爲進退。

陽初退，故進退。《集解》。

爲臭。

臭，氣也。風至知氣。巽二入艮鼻，故爲臭。《繫》曰：「其臭如蘭。」《集解》。

其於人也，爲宣髮。《漢上易叢説》同。

爲白，故宣髮。馬君以宣爲寡髮，非也。《集解》。

爲廣顙。

變至三，坤爲廣。四動成乾爲顙，在頭口上，故爲廣顙。與震的顙同義。震一陽，故的顙。巽變乾二陽，故廣顙。《集解》。

爲多白眼。

爲白，離目上向，則白眼見，故多白眼。《集解》。

爲近利市三倍。

❶「阪」，注疏、集解作「反」。

變至三，成坤，坤爲近。四動乾，乾爲利。至五成噬嗑，故稱市。乾三爻爲三倍，故爲近利市三倍。動上成震，故其究爲躁卦。八卦諸爻，唯震巽變耳。《集解》。

其究爲躁卦。

變至五，成噬嗑爲市。動上成震，故其究爲躁卦。明震内體爲專，外體爲躁。《集解》。

爲溝瀆。

以陽闢坤，水性流通，故爲溝瀆也。《集解》。

爲隱伏。

陽藏坤中，故爲隱伏也。《集解》。

爲弓輪。

可矯揉，故爲弓輪。坎爲月，月在于庚爲弓，在甲象輪，故弓輪也。《集解》。

其於人也，爲加憂。

兩陰失心爲多眚，故加憂。《集解》。

爲心病。

爲勞而加憂，故心病。亦以坎爲心。坎二折坤，爲心病。《集解》。

其於輿也，爲多眚。

眚，敗也。坤爲大車，坎折坤體，故爲車多眚也。《集解》。

爲通。

水流瀆，故通也。《集解》。

爲月。

坤爲夜，以坎陽光坤，故爲月也。《集解》。

爲盜。

水行潛竊，故爲盜也。《集解》。

其於木也，爲堅多心。

陽剛在中，故堅多心，棘，棗屬也。《集解》。

爲甲冑。

外剛，故爲甲。乾爲首，巽繩貫甲而在首上，故爲冑。冑，兜鍪也。《集解》。

爲戈兵。

乾爲金，離火斷乾，燥而鍊之，故爲戈兵也。《集解》。

其於人也，爲大腹。

象日常滿，如妊身婦，故爲大腹。乾爲大也。《集解》。

爲乾卦。

火日熯燥物，故爲乾卦也。《集解》。

爲鼈、爲蟹、爲蠃、爲蚌、爲龜。

此五者皆取外剛内柔也。《集解》。

其於木也，爲折上槀。《釋文》、《漢上易叢説》同。

巽木在離中，體大過死，巽蟲食心則折也。蠹蟲食口木，堂案：疑作「蠹蟲口食木」。故上槀。或以離火燒巽，故折上槀。《集解》、晁氏《漢上易傳》俱節引。

爲徑路。

艮爲山中徑路。震陽在初，則爲大塗。艮陽小，故爲徑路也。《集解》。

爲門闕。

乾爲門，艮陽在門外，故爲門闕。兩小山，闕之象也。《集解》。

爲指。

艮手多節，故爲指。《集解》。

爲拘。

指屈伸制物，故爲拘。「拘」舊作「狗」，上已爲「狗」，字之誤。《集解》。

爲鼠。

似狗而小，在坎穴中，故爲鼠。晉九四是也。《集解》。

其於木也，爲多節。❶今本爲「堅多節」。

陽剛在外，故多節。松柏之屬。《集解》。

兑爲澤。

❶「爲」下，注疏、集解有「堅」字。

坎水半見，故爲澤。《集解》。

爲少女。

坤三索，位在末，故少也。《集解》。

爲巫。

乾爲神，兑爲通，與神通氣。女，故爲巫。《集解》。

爲口舌。

兑爲堂案：「爲」疑作「得」。震聲，故爲口舌。《集解》。

爲毁折。

二折震足，故爲毁折。《集解》。

爲附決。

乾體未圜，故附決也。《集解》。

其於地也，爲剛鹵。

乾二陽在下，故剛。澤水潤下，故鹹。《集解》。

爲妾。

三少女位賤，故爲妾。《集解》。

爲羔。《釋文》同。

羔，女使。皆取位賤，故爲羔。舊讀以震駹爲龍，艮拘爲狗，兑羔爲羊，皆已見上，此爲再出，非孔子意也。震已爲長男，又言長子，謂以當繼世，守宗廟，主祭祀，故詳舉之。三女皆言長、中、少，明女子各當外成，故别見之。此其大例者也。《集解》。

序　卦

物大然後可觀，故受之以觀。

臨反成觀，二陽在上，故可觀也。《集解》。

可觀而後有所合，故受之以噬嗑。噬嗑者，合也。

頤中有物食，故曰「合」也。《集解》。

物不可以苟合而已，故受之以賁。賁者，

飾也。

分剛上文柔，故飾。《集解》。

物不可以終盡，剥窮上反下。

陽四月窮上，消遘至坤者也。《集解》。

物畜然後可養，故受之以頤。頤者，養也。

天地養萬物，聖人養賢以及萬民。《集解》。

不養則不可動，故受之以大過。

人頤不動則死，故受之以大過。大過否卦，棺椁之象也。《集解》。

有天地。

謂天地否也。《集解》。

然後有萬物。

謂否反成泰。天地壹壺，萬物化醇，故有萬物也。《集解》。

有萬物，然後有男女。

謂泰已有否，否三之上，反正成咸。艮爲男，兑爲女，故有男女。《集解》。

有男女，然後有夫婦。

咸反成恒，震爲夫，巽爲婦，故有夫婦也。《集解》。

有夫婦，然後有父子。

謂咸上復乾成遯。乾爲父，艮爲子，故有父子。《集解》。

有父子，然後有君臣。

謂遯三復坤成否。乾爲君，坤爲臣，故有君臣也。《集解》。

有君臣，然後有上下。

否乾君尊上，坤臣卑下。天尊地卑，故有上下也。《集解》。

有上下，然後禮義有所錯。

錯，置也。謂天君父夫，象尊錯上。地婦臣子，禮卑錯下。坤，地道、妻道、臣道，故禮義有所錯者也。《集解》。

傷於外者，必反於家，堂案：今本作「必反其家」，唐石經同此。故受之以家人。

晉時在外，家人在內，故反家人。《集解》。

物不可以終止，故受之以漸。漸者，進也。

否三進之四，巽爲進也。《集解》。

進必有所歸，故受之以歸妹。

震嫁兑，兑爲妹。歸，嫁也。《集解》。

入而後説之，故受之以兑。兑者，説也。

兑爲講習，故學而時習之，不亦説乎。《集解》。

説而後散之，故受之以涣。涣者，離也。

風以散物，故離也。《集解》。

雜卦

《雜卦》者，雜六十四卦以爲義。其于《序卦》之外，别言也。昔者聖人之興，因時而作，隨其時宜，不必皆相因襲，當有損益之意也。故《歸藏》名卦之次，亦多異于時。王道踳駮，聖人之意或欲錯綜以濟之，故次《序卦》以其雜也。《正義》。《漢上易叢説》節引。

乾剛坤柔。

乾剛金堅，故剛。坤陰和順，故柔也。《集解》。

比樂師憂。

比五得位建萬國，故樂。師三失位輿尸，故憂。《集解》。

屯見而不失其居，蒙雜而著。

陰堂案：「陰」疑作「陽」。出初震，故見。盤桓，利居貞，故不失其居。蒙二陽在陰位，故雜。初雜爲交，故著。《集解》。

震，起也。艮，止也。

震陽動行，故起。艮陽終止，故止。《集解》。

損益，衰盛之始也。《會通》引《釋文》同，今《釋文》無之。

損，泰初益上，衰之始。益，否上益初，盛之始。《集解》。

大畜，時也。无妄，災也。

大畜五之復二成臨，時舍坤二，故時也。无妄上之遯初，子弑父，故災者也。《集解》。

萃聚而升不來也。

坤衆在內，故聚。升五不來之二，故不來。之內曰來也。《集解》。

謙輕而豫怡也。❶《釋文》同。

謙位三賤，故輕。豫薦樂祖考，故怡。怡或言怠也。《集解》。　晁氏節引。

噬嗑，食也。賁，无色也。

頤中有物，故食。賁離日在下，五動巽白，故无色也。《集解》。

兑見而巽伏也。

兑陽息二，故見，則見龍在田。巽乾初入陰，故伏也。《集解》。

隨，无故也。蠱，則飭也。

否上之初，君子弗用，故无故也。蠱，泰初上飭坤，故則飭也。《集解》。

剥，爛也。復，反也。

剥生於遘，陽得陰孰，故爛。復，剛反初。《集解》。

晉，晝也。明夷，誅也。

誅，傷也。離日在上，故晝也。明入地中，故誅也。《集解》。

井通而困相遇也。

泰初之五爲坎，故通也。困三遇四，故相遇也。《集解》。

咸，速也。恒，久也。

相感者，不行而至，故速也。日月久照，四時久成，故久也。《集解》。

---

❶「怡」，注疏、集解作「怠」。

渙，離也。節，止也。

渙散，故離。節制數度，故止。《集解》。

解，緩也。蹇，難也。

雷動出物，故緩。蹇險在前，故難。《集解》。

睽，外也。家人，内也。

離女在上，故外也。家人女正位乎内，故内者也。《集解》。

否泰反其類也。

否反成泰，泰反成否，故反其類。終日乾乾，反復之道。《集解》。

大壯則止，遯則退也。

大壯止陽，陽故止。遯陰消陽，陽故退。巽爲退者也。《集解》。

大有，衆也。同人，親也。

五陽並應，故衆也。夫婦同心，故親也。《集解》。

革，去故也。鼎，取新也。

革更故去，堂案：「去」下疑有「故」字。鼎亨飪，故取新也。《集解》。

小過，過也。中孚，信也。

五以陰過陽，故過。信及遯魚，故信也。《集解》。

豐多故。親，寡旅也。

豐大，故多。旅无容，故親寡。六十四象，皆先言卦，及道其指。至旅體離四焚棄之行，又在旅家，故獨先言親寡，而後言旅。《集解》。

小畜，寡也。履，不處也。

乾四之坤初成震，一陽在下，故寡也。乾三之坤上成剥，剥窮上失位，故不處。《集解》。

需，不進也。訟，不親也。

險在前也，故不進。天水違行，故不親也。《集解》。

大過，顛也。

顛，殞也。頂載澤中，故顛也。《集解》。

姤，遇也。柔遇剛也。

坤遇乾也。《集解》。

漸，女歸待男行也。

兑爲女，艮爲男。反成歸妹，巽成兑。故女歸待艮成震乃行，故待男行也。《集解》。

頤，養正也。

謂養三五。五之正爲功，三出坎爲聖，故曰「頤，養正」。與蒙以養正，聖功同義也。《集解》。

既濟，定也。

濟成六爻得位，堂案：「位」下疑有「故」字。定也。《集解》。《漢上易傳》。

歸妹，女之終也。

歸妹，人之終始。女終于嫁，從一而終，故女之終也。《集解》。

未濟，男之窮也。

否艮为男位。否五之二，六爻失正，而來下陰。未濟主月晦，乾道消滅，故男之窮也。《集解》。

夬，決也，剛決柔也。君子道長，小人道消也。❶「消」，今本作「憂」。

以乾決坤，故剛決柔也。乾爲君子，坤爲小人。乾息，故君子道長。坤體消滅，故小人道消。諭武王伐紂。自大過至此八卦，不復兩卦對説。大過死象，兩體姤決，故次以姤而終于夬。言君子之決小人，故君子道長，小人道消。《集解》。

虞翻周易注卷十

❶「消」，注疏、集解作「憂」。

王肅周易注序

《魏志·王肅字子邕，一作子雍。傳》云：「肅善賈、馬之學，而不好鄭氏，采會同異，爲《尚書》、《詩》、《論語》、三《禮》、《左傳》解，及撰定父朗所作《易傳》，皆列於學官。」《北史·儒林傳》云：「鄭玄《易》大行於河北，王肅《易》亦閒行焉。河南儒生講王輔嗣所注，師訓蓋寡。」由斯而言，肅雖不好鄭氏，而其《易》學固異於輔嗣，而不遠於鄭者也。十卷之注之餘，瀋勴有存焉，亦烏可使其無傳邪！孫堂識。

王肅周易注

平湖孫堂步升輯

上經

乾：

初九，潛龍勿用。

周公作爻辭。董氏《會通》。

九二，見龍在田，利見大人。

大人，聖人在位之目。《釋文》。《文選·聖主賢臣頌》注。

上九，亢龍有悔。

窮高曰亢，知進忘退，故悔也。《集解》。

大人造也。

造，七到反。就也，至也。《釋文》。

上下无常。上，時掌反。《釋文》。

水流溼，火就燥。

水之性潤，萬物而退下。火之性炎，盛而升上。《書·洪範》正義。

雲從龍，風從火。❶

龍舉而景雲屬，虎嘯而谷風興。《史記·伯夷傳》集解。

六爻發輝。❷

輝，散也。《釋文》。

亢之爲言也，知進而不知退，知存而不知亡，知得而不知喪，其唯愚人乎？❸ 知進退存亡，而不失其正者，其唯聖人乎？《釋文》。《輯聞》。《容齋隨筆》。《野客叢書》。

坤：

❶「火」，注疏、集解作「虎」。

❷「輝」，注疏、集解作「揮」。

❸「愚」，注疏、集解作「聖」。

西南得朋，東北喪朋。

　西南陰類，故得朋。東北陽類，故喪朋。《漢上易叢説》。

《象》曰：黄裳元吉，文在中也。

　坤爲文，五在中，故曰「文在中也」。《集解》。

屯：

乘馬班如。

　班如，槃桓不進也。《文選·演連珠》注。

六三，即麓无虞。

　麓，山足。《釋文》。

蒙：

上九，擊蒙。

　擊，治也。《釋文》。

需：

雲在天上，需。❶《釋文》。

致戎至。❷《釋文》。

訟：

終凶，訟不可成也。

　以訟成功者，終必凶也。《集解》。

自下訟上，患至掇也。

　掇，若手拾掇物然。正義。

九五，訟元吉。

《象》曰：訟元吉，以中正也。

　以中正之德，齊乖争之俗，元吉者也。❸《集解》。《義海撮要》。

上九，或錫之槃帶。❹《釋文》。

終朝三褫之。

　褫，解也。《釋文》。

師：

君子以容民畜衆。

❶「雲在天上」，注疏、集解作「雲上於天」。
❷「戎」，注疏、集解作「寇」。
❸「者」，集解無此字。
❹「槃」，注疏、集解作「鞶」。

畜，許六反。養也。《釋文》。《丙子學易編》。

否臧凶。否，方有反。《釋文》。

承天龍也。❶

龍，寵也。《釋文》。堂案：「龍」，古「寵」字。《詩·商頌》「爲龍爲光」，《箋》云「『龍』當作『寵』」，《左傳》引《小雅·蓼蕭》篇「龍光」作「寵光」，《周遲父鐘》亦作「龍光」。

比：

六三，比之匪人，凶。❷《釋文》。《丙子學易編》。

泰：

初九，拔茅茹。茹，音如。《釋文》。

同人：

君子以類族辯物。辯，卜免反。《釋文》。

九三，伏戎于莽。莽，冥黨反。《釋文》。

大有：

九二，大車以載。車，剛除反。《釋文》。堂案：《釋文》本一作「荆余反」，又作「剛余反」。山井鼎引元文作「剛徐反」。

九四，匪其彭。

彭，壯也。《釋文》。

豫：

六三，盱豫。

盱，大也。《釋文》。

朋盍簪。簪，祖感反。《釋文》。《群經音辨》。《類篇》引作「子感切」，《六經正誤》作「祖咸反」，误。

簪，速也。《集韻》。《類篇》。

隨：

大亨貞无咎，而天下隨之，❸隨之時，義大矣哉。《釋文》，朱子《本義》。堂案：《漢上易傳》引胡旦曰：「王肅本作『隨之』。篆字『之』爲『㞢』，『時』爲『旹』，轉隸者增『日』爲『時』。」

❶「龍」，注疏、集解作「寵」。
❷「凶」，注疏、集解無此字。
❸「之」，注疏、集解作「時」。

君子以鄉晦入宴息。❶宴，烏顯反。《釋文》。

蠱：

君子以振民毓德。❷《釋文》。

初六，幹父之蠱，有子，考絶句。无咎。《釋文》。

觀：

觀，盥而觀薦。❸《釋文》。堂案：吕氏《音訓》「而不薦」，陸氏曰「王肅本作『而觀薦』」。神廟本《釋文》同注疏，《音義》亦云「不薦」。王肅作「觀薦」，今《釋文》皆云王肅作，而「不觀薦」疑衍一「不」字。

大觀在上。觀音官。《釋文》。

噬嗑：

九四，噬乾胏得金矢。

四體離「離」，《初學記》作「皆」誤。陰卦，骨之象。骨在乾，肉脯之象。金矢所以獲野禽，故食之反得金矢，君子于味，必思其毒，于利必備其難。《初學記》二十六《器物部》。《太平御覽》八百六十二《飲食部》。《困學紀聞》。

上九，荷校滅耳，凶。

荷，擔。《釋文》。

聰不明也。

言其聰之不明。《釋文》。

賁：

賁，符文反。有文飾，黄白色。《釋文》。

山下有火，賁。

離下艮上，離爲火，艮爲山。賁，飾。《家語》注。

初九，賁其趾，舍車而徒。

在下，故稱趾。既舍其車，又飾其趾，是徒步也。《集解》。

義不乘也。❹晁氏。

❶「鄉」，注疏、集解作「嚮」。
❷「毓」，注疏、集解作「育」。
❸「觀」，注疏、集解作「不」。
❹「不」，注疏、集解作「弗」。

六五，賁于丘園，束帛戔戔。

失位无應，隱處丘園，蓋象衡門之人。《東都賦》注作「蓋蒙闇之人」。道德弥明，必有束帛之聘。戔戔，委積之貌也。《文選·謝平原內史表》注、《演連珠》注、《東都賦》注。

剥：

剥牀以辨。❶ 辨，否勉反。《釋文》。

六四，剥牀以膚，凶。

在下而安人者，牀也。在上而處牀者，人也。坤以象牀，艮以象人。牀剥盡以及人身，爲敗滋深，害莫甚焉，故曰「剥牀以膚，凶」也。《集解》。

復：

无禔悔。❷ 禔，時支反。《釋文》。

休復之吉，以下仁也。

下附于仁。《釋文》。

无妄：

妄，猶望，謂无所希望也。《釋文》。

頤：

六二，顛頤，拂經于丘頤，征凶。

養下曰「顛」。拂，違也。經，常也。丘，小山，謂六五也。二宜應五，反下養初，豈非顛頤。違常于五也，故曰「拂經于丘」矣。拂丘雖阻常理，養下故謂養賢。上既无應，征必凶矣。故曰「征凶」。《集解》。《義海撮要》。

由頤厲吉。

厲，危。《釋文》。

大過：音戈。《釋文》。《丙子學易編》。

習坎：

王公設險，以守其國。險之時，用大矣哉。

❶「辨」，集解作「辯」。

❷「禔」，注疏、集解作「祇」。

守險以德，據險以時，成功大矣。《集解》。

入于坎窞。窞，徒感反。《釋文》。《群經音辨》。《類篇》引作「盧感反」。

窞，坎底也。《釋文》。《集韻》。《類篇》。

險且枕。枕，針甚反。《釋文》。

離：

百穀草木麗乎地。❶《釋文》。

《象》曰：明兩作，離。大人以繼明照于四方。

兩離相續繼，《初學記》無「繼」字。明之義也。《初學記》十《儲宮部》。《太平御覽》一百四十六《皇親部》。

則大耋之嗟。耋，他結反。嗟，遭哥反。《釋文》。《集韻》。《類篇》。

八十曰耋。《釋文》。《集韻》引云「年八十也」。

九四，突如，其來如。突，唐屑反。《釋文》。

離王公也。

麗王者之後爲公。《釋文》。

王用出征，以正邦也。獲匪其醜，大有功也。《釋文》。

下　經

咸：

《象》曰：咸，感也。柔上而剛下，二氣感應以相與。止而說，男下女，是以亨利貞，取女吉也。

山澤以氣通，男女以禮感。男而下女，初婚之所以爲禮也。通義正，取女之所以爲吉也。《集解》。

憧憧往來。

憧憧往來，不絕貌。《釋文》。

九五，咸其脢。脢，音灰。《釋文》。《類篇》引作「呼回切」。

脢在背而夾脊。《正義》。晁氏。《集韻》引云「脢，

❶「地」，注疏、集解作「土」。

夾脊肉」。

遯：

莫之勝説。說如字。《釋文》。《黄氏日抄》。

説，解説也。《釋文》。

《象》曰：係遯之厲，有疾斃也。❶《釋文》。

三上係于二而獲遯，故曰「係遯」。病此係執而獲危懼，故曰「有疾憊堂案：《釋文》「憊」當作「斃」。也」。此于六二畜臣妾之象，足以畜其臣妾，不可施爲大事也。《集解》。

小人否。

否，備鄙反。塞也。《釋文》。

大壯：

壯，盛也。《釋文》。

君子用罔。

罔，无。《釋文》。

纍其角。❷纍音螺。《釋文》。

不祥也。

祥，善也。《釋文》。

晉：

矢得勿恤。

離爲矢。《釋文》。

明夷：

文王以之。

唯文王能用之。《釋文》。

夷于左般。❸

般，旋也。日隨天左旋也。《釋文》。《學齋佔畢》引云「音股，字作『般』」，誤，詳馬融《易》。

家人：

家人有嚴君焉，父母之謂也。父父子子，兄兄弟弟，夫夫婦婦，而家道正，正家而天下定矣。

❶「斃」，注疏、集解作「憊」。

❷「纍」，注疏、集解作「羸」。

❸「般」，注疏、集解作「股」。

凡男女所以各得其正者，由家人有嚴君也。家人有嚴君，故父子夫婦各得其正。

家家咸正，而天下之治大定矣。《集解》。

睽：音圭。《釋文》。

其志不同行。行，遐孟反。《釋文》。

天地睽而其事同也。

高卑雖異，同育萬物。《集解》。

其人天且鼿。❶鼿，魚一反。《釋文》。

後説之壺。❷《釋文》。

蹇：紀偃反。《釋文》。

往得中也。

中，適也。《釋文》。

解：

六三，負且乘。乘，繩證反。《釋文》。

九四，解而拇。

拇，手大指。《釋文》。

損：

上九，弗損益之，无咎貞吉。利有攸往，得臣无家。

處損之極，損極則益，故曰「弗損益之」。非无咎也，爲下所益，故无咎。據五應三，三陰上附，外内相應，上下交接，正之吉也，故利有攸往矣。剛陽居上，群下共臣，故曰「得臣」矣。得臣則萬方一軌，故无家也。《集解》。《義海撮要》。

益：

告公用桓圭。❸《釋文》。

夬：

壯于頯。❹音龜。《釋文》。《六經正誤》。

其行趑趄。

---

❶「鼿」，注疏、集解作「劓」。

❷「壺」，注疏作「弧」。

❸「桓」，注疏、集解無此字。

❹「頯」，注疏、集解作「頄」。

趑趄，行止之礙也。《釋文》。

九五，莧陸夬夬。

莧陸，一名商陸，正義。《學齋佔畢》。一名章陸。《兼明書》。

姤：

勿用取女，不可與長也。

女不可取，以其不正，不可與長久也。《集解》。

后以施命詰四方。❶

詰，起一反。止也。《釋文》。

初六，繫于金抳。❷《釋文》。

柅，織績之器，婦人所用。正義。抳，正義仍作「柅」。

羸豕孚蹢躅。羸，劣隨反。《釋文》。

萃：

萃，亨，王假有廟。《釋文》。

君子以除戎器。

除，猶脩治。《釋文》。《丙子學易編》。

若號。户羔反。《釋文》。晁氏云「號爲號咷」。

六二，引吉，无咎。

六二與九五相應，俱履貞正。引，由，迎也。爲吉所迎，何咎之有？《舊唐書》一百《王志愔列傳》。

孚乃利用禴。

禴，殷春祭名。《釋文》。

上六，齎咨涕洟。齎，將啼反。《釋文》。

升：

君子以慎德。❸《釋文》。朱子《本義》。

王用亨于岐山。亨，許兩反。《釋文》。

困：

❶ 「詰」，注疏、集解作「誥」。

❷ 「抳」，注疏、集解作「柅」。

❸ 「慎」，注疏、集解作「順」。

九四，來余余。❶《釋文》。堂案：余余，猶荼荼，舒遲貌。《説文》云「余，語之舒也」，《爾雅・釋詁》「余，我也」，孫炎云「余，舒遲之身也」。又《釋天》「四月爲余」，李巡云：「四月，萬物皆生枝布葉，故曰余余，舒也。」孫炎本「余」作「舒」，云物之枝葉發舒。

九五，臲卼。❷

臲卼，妍喆反。不安貌。《釋文》。《丙子學易編》。

井：

汔至，亦未繘井。汔，其乞反。《釋文》。

君子以勞民勸相。相如字。《釋文》。

九二，井谷射鮒。

射，音亦。厭也。《釋文》。鮒，小魚也。《太平御覽》九百三十七《鱗介部》。

雍敝漏。❸敝，扶滅反。《釋文》。

九五，井洌寒泉食。洌音例。《釋文》。

震：

震驚百里，不喪匕鬯。

《彖》曰：震驚百里，驚遠而懼邇也。出可以守宗廟社稷，以爲祭主也。

在有靈而尊者，莫若于天。有靈而貴者，莫若于王。有聲而威者，莫若于雷。有政而嚴者，莫若于侯。是以天子當乾，諸侯用震。地不過一同，雷不過百里。政行百里則匕鬯，亦不喪祭祀。國家大事不喪，宗廟安矣。處則諸侯執其政，出則長子掌其祀。《太平御覽》一百四十六《皇親部》。

六三，震蘇蘇。

蘇蘇，躁動貌。《釋文》。

艮：

不承其隨。❹晁氏。

❶「余余」，注疏、集解作「徐徐」。
❷「臲卼」，注疏、集解作「劓刖」。
❸「雍」，注疏、集解作「甕」。
❹「承」，注疏、集解作「拯」。

厲熏心。❶

熏灼其心。《漢上易傳》。

漸：

漸之進也，女歸吉，利貞。《釋文》。《丙子學易編》。

君子以居賢德，善風俗。❷《釋文》。《漢上易傳》。

初六，鴻漸于干。

干，山閒澗水也。《釋文》。

飲食衎衎，吉。

行衎，寬饒之貌也。《文選·魏都賦》注。

歸妹：

天地不交，而萬物不興。

男女交而後人民蕃，天地交然後萬物興，故歸妹以及天地交之義也。《集解》。

征凶，位不當也。无攸利，柔乘剛也。

以征，則有不正之凶。以處，則有乘剛之進也。故无所利矣。《集解》。

九四，歸妹愆期。

愆，過也。《文選注》二十八。

豐：

雖旬无咎。旬，尚純反。《釋文》。

豐其蔀。蔀，普苟反。《釋文》。

日中見沬。音妹。《釋文》。《廣韻》。

天際祥也。❸《釋文》。

自戕也。❹

戕，慈羊反。殘也。《釋文》。

旅：

旅，軍旅。《釋文》。

初六，旅瑣瑣。

瑣瑣，細小貌。《釋文》。

❶「熏」，集解本作「閽」。

❷「風」，注疏、集解無此字。

❸「際」，集解作「降」。

❹「戕」，注疏、集解作「藏」。

喪牛于易，凶。易音亦。《釋文》。

渙：

初六，用拯馬壯，吉。

拯，拔也。《釋文》。

九五，渙汗其大號。

王者出令，不可復返，喻如身中汗出，出不可返也。《北堂書鈔》一百三《藝文部》。

中孚：

柔在内而剛得中，説而巽，孚乃化邦也。

三四在内，二五得中，兑説而巽順，故孚也。《集解》。

利涉大川，乘木舟虚也。

中孚之象，外實内虚，有似可乘虚木之舟也。《集解》。

我有好爵。好，呼報反。《釋文》。

或罷。音皮。《釋文》。

小過。音戈。《釋文》。

不宜上宜下大吉，上逆而下順也。

四五失位，故曰「上逆」。二三得正，故曰「下順」也。《集解》。《義海撮要》。

既濟：

六二，婦喪其髴，❶勿逐，七日得。

《象》曰：七日得，以中道也。

體柔應五，履順承剛，婦人之義也。髴，首飾。坎爲盜，離爲婦。喪其髴，鄰于盜也。勿逐自得，履中道也。二五相應，故七日得也。《集解》。

六四，繻有衣袽。繻音須，袽音如。《釋文》。

未濟：

小狐汔濟。

坎爲水、爲險、爲隱伏，物之在險，穴居隱伏。往來水閒者，狐也。《漢上易傳》。

❶「髴」，注疏、集解作「茀」。

繫辭上傳《釋文》云：「王肅本皆作《繫辭》上傳，訖于《雜卦》，皆有『傳』字。」

在天成象。

象者，日月星。《禮·樂記》正義。

在地成形。

山川澤物也。《禮·樂記》正義。

八卦相蕩。唐黨反。《釋文》。

鼓之以雷霆。音庭。《釋文》。

乾知泰始。《釋文》。

而易成位乎其中。《釋文》。

六爻之動，三極之道也。

陰陽、剛柔、仁義爲三極，三極之道，三才極至之理。《釋文》。《丙子學易編》。《小學紺珠》天文類一。

齊小大者存乎卦。

齊，猶正也。陽卦大，陰卦小，卦列則小大分，故曰「齊小大者存乎卦」也。《集解》。

憂悔吝者存乎介。

介，纖介也。《釋文》。

震无咎者存乎悔。

震，動也。《釋文》。《丙子學易編》。

故能弥綸天下之道。

弥綸，纏裹也。《釋文》。《文選·文賦》注。堂案：《釋文》此句無「弥」字。

犯違天地之化而不過。❶《釋文》。

故君子之道尟矣。

尟，少也。《釋文》。

其利斷金。斷，丁管反。《釋文》。

野容誨淫。❷

言妖野音也。容儀，教誨淫泆也。《釋文》。

❶「犯」，注疏、集解作「範」。

❷「野」，注疏、集解作「冶」。

掛一以象三。掛音卦。《釋文》。

錯綜其數。

錯，交也。綜，理事也。《文選注》十三、三十四。

夫《易》闓物成務。《釋文》。堂案：「闓」與「開」同。《說文》云「闓，開也」，《儀禮·鄉射》篇「袒決遂」，注「決，猶闓也」，彼《釋文》云「闓音開」。

聖人以此洗心。洗，悉禮反。《釋文》。

古之聰明睿知、神武而不殺者夫！殺，所戒反。《釋文》。

闢户謂之坤。闢，甫亦反。《釋文》。

是故易有太極，是生兩儀。

此章首獨言是故者，揔衆章之意。《釋文》。

兩儀，天地也。《文選注》二十四、三十六。

河出圖。

河圖，八卦也。《尚書·顧命》正義。

雒出書。《釋文》。

乾坤其易之緼邪。緼，於問反。《釋文》。

繫辭下傳

何以守位？曰仁。《釋文》。

上古結繩而治。

結繩，識其政事。《書·孔序》正義。

以體天地之撰。士眷反。《釋文》。

困，德之辯也。辯，卜免反。《釋文》。

《易》之爲書也不可遠。袁万反。《釋文》。

噫！亦要存亡吉凶，則居可知矣。噫，於力反。居音基。《釋文》。

噫，辭也。《釋文》。

知者觀其彖辭。

彖，舉象之要也。《釋文》。

成天下之亹亹者。

亹亹，勉也。《釋文》。

說卦傳

昔者聖人之作《易》也。

伏犧得河圖而作《易》。正義序。《玉海》三十五。

參天兩地而倚數。

倚，其綺反。立也。《釋文》。《集韻》。五位相合，以陰從陽，天得三合，謂一三與五也；地得兩合，謂二與四也。正義。

水火不相射。

射，音亦。厭也。《釋文》。

雷以動之，風以散之，雨以潤之，日以晅之，❶艮以止之，兑以説之，乾以君之，坤以藏之。

互相備也。正義。

神也者，眇萬物而爲言者也。❷眇音妙。《釋文》。堂案：「眇」古「妙」字，見《陳君閣道碑》。

眇，成也。《集韻》去聲八。

橈萬物者，莫疾乎風。橈，乃教反。《釋文》。

燥萬物者，莫熯乎火。熯，呼旦反。《釋文》。

故水火無「不」字。相逮。《釋文》。

震一索而得男。

索，求也。《釋文》。

爲旉。音孚。《釋文》。

旉，華之通名。鋪爲華皃謂之藪。戴侗《六書故》三十三。

爲香臭。❸《釋文》。正義。

爲矯輮。奴又反，又女九反，又如又反。《釋文》。

爲亟心。亟，去記反。《釋文》。

爲黔喙之屬。黔，其嚴反。《釋文》。

---

❶「晅」，注疏、集解作「烜」。

❷「眇」，注疏、集解作「妙」。

❸「香」，注疏、集解無此字。

序卦傳

屯者，物之始生也。

屯，剛柔始交而難生，故爲物始生也。正義。

豫必有隨。

歡豫人必有隨。正義。

不養則不可動，故受之以大過。

過莫大于不養。正義。

雜卦傳

蠱，則飾也。《釋文》。

王肅周易注一卷

姚信周易注序

《吴志》不列姚信字德祐，一字元直。傳，其行事略見他傳中。信嘗受業于范平，平之學，能研覽墳、索，徧該百氏，故信亦如之。所著有《士緯》十卷，《周易注》十卷，或云十二卷。今其全書雖佚，然觀其解《明夷》「右槃」之義，述伏羲得「河圖」之説，及引《詩》之「盱日」釋「盱豫」。信乎！其能穿貫群書，非彼分文析字，因陋就寡，信口説而背傳記者比也。孫堂識。

姚信周易注

平湖孫堂步升輯

上下經

乾：

初九，潛龍勿用。

周公作爻辭。董氏《會通》。

大人造也。正義云：「造，爲『造至』之『造』。」

《文言》曰：

乾坤爲門户，文説乾坤，六十二卦皆放焉。《集解》。

知終終之，可與存義也。

知終者，可以知始。終謂三也。義者，宜也。知存知亡，君子之宜矣。《集解》。

坤：

陰凝於陽必戰。❶《釋文》。

屯：

君子以經綸。

經，緯也。時在屯難，是天地經綸之日，故君子法之，須經綸艱難也。《集解》。綸謂緯也。以織綜經緯，此君子之事。正義。《會通》。

泰：

城復于湟。❷《釋文》。

大有：

公用亨于天子。

亨，祀也。《釋文》。

匪其彭。

彭，旁。《釋文》。

❶「凝」，注疏、集解作「疑」。

❷「湟」，注疏、集解作「隍」。

謙：

六二，鳴謙，貞吉。

三體震爲善鳴，二親承之，故曰「鳴謙」。得正處中，故貞吉。《集解》。

豫：

六三，盱豫。

盱日始出，《詩》「盱日始旦」。《釋文》。

大畜：

初九，有厲，利己。己音紀。《釋文》。

良馬逐逐。❶

逐逐，疾並驅之貌。《釋文》。

頤：

《象》曰：頤貞吉，養正則吉也。

以陽養陰，動于下，止于上，各得其正，則吉也。《集解》。

習坎：

寔于叢棘。❷

寔，置也。《釋文》。

明夷：

夷于右槃。❸《釋文》。

自辰右旋入丑。《釋文》。

萃：

君子以除戎器。

除，猶修治。《釋文》。《丙子學易編》。

升：

君子以順德。《釋文》。

豐：

王假之，尚大也。

四體震，王假大也。四上之五，得其盛位謂之大。《集解》。

豐其沛：

❶「逐」，注疏、集解無此字。

❷「寔」，注疏、集解作「寘」。

❸「右槃」，注疏、集解作「左股」。

沛，滂沛也。《釋文》。

折其右股。❶《釋文》。

闃其无人。❷《釋文》。

旅：

《象》曰：旅，小亨。

此本否卦三五交易，去其本體，故曰「客旅」。《集解》。

渙：

渙有近，❸匪夷所思。《釋文》。

未濟：

九二，曳其輪，貞吉。

坎爲曳、爲輪，兩陰夾陽，輪之象也。二應于五而隔于四，止而據初，故曳其輪。處中而行，故曰「貞吉」。《集解》。

繫辭上 堂案：正義云：「『天尊地卑』爲第一章，『聖人設卦觀象』爲第二章，『彖者言乎象者』爲第三章，『精氣爲物』爲第四章，『顯諸仁藏諸用』爲第五章，『聖人有以見天下之賾』爲第六章，『初六藉用白茅』爲第七章，『大衍之數』爲第八章，『子曰知變化之道』爲第九章，『天一地二』爲第十章，『是故易有太極』爲第十一章，『子曰書不盡言』爲第十二章，馬季長、荀爽、姚信等又分『白茅』章後取『負且乘』更爲別章，成十三章。」

日月違行。❹《釋文》。

坤化成物。❺

「化」當爲「作」。《釋文》。《丙子學易編》。

坤以簡能。

「能」當爲「從」。《釋文》。《丙子學易編》。

可久，則賢人之德。可大，則賢人之業。

賢人，乾坤也。言乾以日新爲德，坤以富有爲業也。《集解》。

❶「股」，注疏、集解作「肱」。
❷「闃」，注疏、集解作「闃」。
❸「近」，注疏、集解作「丘」。
❹「違」，注疏、集解作「運」。
❺「化」，注疏、集解作「作」。

辯吉凶者存乎辭。

辯，别也。《釋文》。

以行其典體。❶《釋文》。

儀之而後動。❷《釋文》。

則言語以爲機。❸《釋文》。

野容誨淫。❹

言妖野容儀，教誨淫泆也。《釋文》。

大衍之數五十，其用四十有九。

天地之數五十有五者，其六以象六畫之數，故減之而用四十九。正義。《筮宗》。《易圖説》。《鉤隱圖》。《群書攷索》前集一别集三。《玉海》三十六。《禮書》七十三。

此所以成變化而行鬼神也。

此天地之數五十有五，分爲爻者，故能成就乾坤之變化，能知鬼神之所爲也。《集解》。

繫辭下

吉凶者，貞稱者也。❺《釋文》。

夫坤，妥然示人簡矣。❻《釋文》。

作結繩而爲罟。❼

罟，猶网也。《釋文》。

象也者，象也。❽《釋文》。

精義入神，以致用也。

陽稱精，陰爲義，入在初也。陰陽在初，深不可測，故謂之神。變爲姤復，故曰「致用也」。《集解》。

君子知微知章，❾知柔知剛。

❶「體」，注疏、集解作「禮」。
❷「儀」，注疏、集解作「議」。
❸「機」，注疏、集解作「階」。
❹「野」，注疏、集解作「冶」。
❺「稱」，注疏、集解作「勝」。
❻「妥」，注疏、集解作「隤」。
❼「爲」下，注疏、集解有「網」字。
❽「象」，注疏、集解作「像」。
❾「章」，注疏、集解作「彰」。

此謂豫卦也。二下交初，故曰「知微」。上交于三，故曰「知章」。體坤處和，故曰「知柔」。與四同功，故曰「知剛」。《集解》。

井德之地也。

井養而不窮，德居地也。《集解》。

說　卦

昔者，聖人之作《易》也。

伏犧得河圖而作《易》。正義序。《玉海》卷三十五。連山氏神農。得河圖，夏人因之曰《連山》。歸藏氏黃帝。得河圖，商人因之曰《歸藏》。伏羲氏得河圖，周人因之曰《周易》。《漢上易傳》。《玉海》三十五。

水火不相射。

射，音亦。厭也。《釋文》。

爲專。

專，一也。《釋文》。

爲弓倫。❶《釋文》。

爲蠡。❷《釋文》。

序　卦

履而泰然後安，故受之以泰。泰者，通也。今本衍「而泰」二字。

安上治民，莫過于禮。有禮然後泰，泰然後安也。《集解》。

雜　卦

謙輕而豫怠也。怠如字。《釋文》。

姚信周易注一卷

❶「倫」，注疏、集解作「輪」。

❷「蠡」，注疏、集解作「蟹」。

王廙周易注序

漢以後，諸家《易》説猶得見其大概者，賴有《正義》、《集解》諸書。史氏《口訣義》所引，則又與諸書互有詳略，且能補諸書之所遺。獨王廙字世將。《易注》，《口訣義》止引賁大《象》一條，又坎大象注云：「至『險未夷，教不可廢』二句，與王弼同，故不録。」已見《集解》，第字句稍異，今不能定其孰爲元文也。又如《説卦》「兑爲羊」注「羊者，順之畜」云云，正義引爲王廙説，《集解》即以爲孔穎達之説。蓋前人引書，止取釋義，故往往不拘元文，并不拘所出之姓氏耳。孫堂識。

王廙周易注

平湖孫堂步升輯

上下經

大有：

明辨晣也。❶晣，章舌反。《釋文》。

謙：

利用寢伐。《釋文》。

豫：

上六，冥豫。

冥，深也。《釋文》。

賁：

《象》曰：山下有火，賁。君子以明庶政，无敢折獄。

山下有火，文明相照。此條依《口訣義》，《集解》作「文相照也」。夫山之爲體，層峰峻嶺，岩巒峭麗參差，被日光照耀，如以雕飾而見文章，「岩巒」至「文章」十八字，《集解》作「峭嶮參差直置其形已如雕飾復加火照彌見文章」二十字。賁之象也。《口訣義》。《集解》。

咸：

咸其腓。

腓，腓腸也。《釋文》。動于腓腸，斯則行矣。正義。

益：

王用亨于帝。亨，許庚反。《釋文》。

夬：

惕號莫夜。號音号。《釋文》。

❶「辨晣」，注疏、集解作「辯哲」。

萃：

若號。户羔反。《釋文》。

豐：

豐其蔀。蒲户反。《釋文》。

豐其沛。豐蓋反，又補賴反。《釋文》。

既濟：

襦有衣袽。❶《釋文》。

上下繫辭

在地成形。

形謂山川等。《太平御覽》三十六《地部》一。

言行，君子之樞機。

樞，户樞也。機，弩牙也。《釋文》。

二人同心，其利斷金。同心之言，其臭如蘭。

金，至堅矣，同心者其利无不入。蘭，芳物也，无不樂者，言其同心者物无不樂也。《世説新語注·言語二》。

大衍之數五十。

衍，廣也。《釋文》。

《易》曰：介于石。介，古黠反。《釋文》。

《易》曰：不遠復，无祇悔。祇音支。《釋文》。

説卦

發揮於剛柔而生爻。

揮，散也。《釋文》。

故水火无「不」字。相逮。《釋文》。

兑爲羊。

羊者，順之畜，故爲羊也。正義。

爲瘠馬。

健之甚者，爲多骨也。《釋文》。

---

❶「襦」，注疏、集解作「繻」。

爲駁馬。

駁馬能食虎豹，取其至健也。正義。堂案：「駁」當作「駮」。《爾雅・釋畜》云「駮如馬，倨牙食虎豹」，《海外北經》云「北海有獸焉，其名曰駮，狀如白馬，鋸牙食虎豹」，《西山經》云「中曲山有獸，如馬而身黑，二尾一角，虎牙爪，音如鼓音，其名曰駮，是食虎豹可以禦兵」，並與此注義同。《集解》本亦作「駮馬」。

爲大塗。

大塗，萬物所出。《太平御覽》百九十五《居處部》。

爲矯揉。❶《釋文》。《漢上易傳》。

其於輿也，爲多眚。

眚，病也。《釋文》。

爲徑路。

物始，故爲徑路。《太平御覽》百九十五《居處部》。

序卦 闕

雜卦 闕

王廙周易注一卷

❶「揉」，注疏、集解作「輮」。

張璠周易集解序

張璠《周易集解》十二卷，見《釋文·序録》。《釋文》於坤卦「直方大，不習无不利，則不疑其所行也」下云「張璠本此上有『易曰』二字。」賁卦「舍車而徒」，《釋文》「車，鄭、張本作『輿』」，吕氏《音訓》引此文直云「鄭、張璠本作『輿』」，王應麟亦云「《釋文》引張璠本」。惟明神宗時，所刊《釋文》坤卦，「張璠本」三字誤作「張倫本」。朱檢討彝尊《經義攷》引以爲據，凡《釋文》所引「張云」俱作「張倫説」，張璠則另列一家。《經義攷》又云：「張璠《易注》有云『險而止，山也。險而動，泉也』，《太平御覽》引之。」案：《御覽》三十八卷引楊乂《易卦序論》有此二句，下更有「動静皆蒙險，故曰山」二句，與《初學記》第五卷同，張璠無此文也。又《家人》卦「婦子嘻嘻」，《仲氏易》云「張楫作嬉嬉」，亦未知所據。檢討之言，爲後學所取信，其偶誤處，正不可以不辯。孫堂識。

張璠周易集解

平湖孫堂步升輯

序：

蜜蜂以兼采爲味。《文選·任彦昇薦士表》注。《太平御覽》八百五十七《飲食部》。

上　下　經

乾：

雲從龍，風從虎。

猶言龍從雲，虎從風也。《史記·伯夷傳》集解。

坤：

《易》曰：❶直方大，不習，无不利，則不疑其所行也。《釋文》。

賁：

舍輿而徒。❷《釋文》。

習坎：

置于叢棘。《釋文》。

恒：

上六，震恒，凶。《釋文》。

震，動也。晁氏。

大壯：

羝羊觸藩。

羝羊，羖羊也。《釋文》。

虆其角。❸《釋文》。

家人：

婦子嬉嬉。❹《釋文》。

❶「易曰」，注疏、集解無此二字。
❷「輿」，注疏、集解作「車」。
❸「虆」，注疏、集解作「羸」。
❹「嬉嬉」，注疏、集解作「嘻嘻」。

蹇：

象曰：往蹇來譽，宜時也。《釋文》。

姤：

以杞包瓜。《釋文》。

杞，苟杞。《釋文》。

井：

井渫不食，爲我心惻。

可爲惻，然傷道未行也。然不食以被任用也。《文選·登樓賦》注。《史記·屈原傳》集解。

繫　辭

犯圍天地之化而不過。❶

犯圍，猶裁成也。《釋文》。

而觀其會通。

會者，陰陽合會，若蒙九二也。通者，乾坤交通，既濟是也。《集解》。

説　卦闕

序　卦闕

雜　卦闕

張璠周易集解一卷

❶「犯」，注疏、集解作「範」。

向秀周易義序

向秀《易》，諸《志》皆不載。惟《釋文·序録》云「秀爲《易義》」，又云「張璠《集解》依向秀本」。正義及李氏《集解》閒采其説，然亦不多見。案《晉書》，向秀字子期，河内懷人，清悟有遠識，雅好老莊之學。《莊子》内外篇嘗爲之隱解，發明奇趣，振起玄風。蓋亦輔嗣之流，故於象數之學獨少發明云。孫堂識。

向秀周易義

平湖孫堂步升輯

上下經

乾：

利見大人。

聖人在位，謂之大人。《史記·索隱》二十六。

坤：

馴致其道。

馴，從也。《釋文》。

泰：

六四，翩翩，不富以其鄰。

翩翩，輕舉貌。《釋文》。

豫：

六三，盱豫悔，遲有悔。

盱豫，小人喜説佞媚《釋文》无「佞媚」二字。之貌也。《集解》。《釋文》。《輯聞》同《集解》。

復：

中以自考也。

考，察也。《釋文》。

大畜：

《象》曰：天在山中，大畜。

止莫若山，大莫若天，天在山中，大畜之象。天爲大器，山則極止，❶大器，故名大畜也。《集解》。

大過：

棟橈，本末弱也。

棟橈則屋壞，主弱則國荒。所以橈，由于

❶「止」下，集解有「能止」二字。

初上兩陰爻也。初爲善始，末是令終。始終皆弱，所以棟橈。《集解》。

習坎：

檢且枕。❶《釋文》。

明夷：

文王似之。❷《釋文》。

箕子似之。《釋文》。

益：

益，利有攸往，利涉大川。

明王之道，志在惠下，故取下謂之損，與下謂之益。《正義》。

困：

曰：動悔，有悔。

言其无不然。《釋文》。

井：

九三。井渫不食。

渫者，浚治去泥濁也。《史記·屈原傳》集解。

繫　辭闕

説　卦闕

序　卦闕

雜　卦闕

向秀周易義一卷

❶「檢」，注疏、集解作「險」。

❷「似」，注疏、集解作「以」。下「似」字同。

干寶周易注元序

吾師草廬先生，謂《易》爲五經冠，而吴、晉英舊以《易解》聞。吾鹽得兩君子，爲陸鬱林公紀、干常侍令升。第干氏《易》有注者，僅三十卦。卦惟乾備六爻，餘祇一象一爻而已，要皆自古《易》類萃中摘抄。然亦羲文象數，幸衍一脈于蛟潭海澨閒，不可謂東南《易》髓不自令升標揭之也。况駿心雄理，遺詞英上，不必右遜輔嗣。録之使與窻中海色相照映，不翅起晉人而清言也乎！天曆二年己巳一陽日，武原屠曾體乾。

有元我祖手録傳此，但不能得陸氏《易》與稱合璧夜光耳。昔人有謂令升著作都非正典，其然乎？更爲手訂，以竢完本。慰吾祖未見之思，則在我有志昆孫之圖之也。正德七年壬申秋七月三日，致仕太子太保刑部尚書六世孫勳拜手跋。

嘗覽群籍，《干子》十卷，干令升寶《周易注》十卷，《周易宗塗》四卷，《爻義》一卷，《問難》二卷，《玄品》二卷，有其名亡其書。及從里中太史氏後借讀《文淵閣書目》，《易》類一百十種，晉以上惟存京君明《傳》、鄭康成《注》、王輔嗣《略例》并《注》，而《子夏傳》唐張素履僞作不覩。有干氏《易》，略見李鼎祚《易傳集解》中。海鹽樊侯博綜墳典，專精譔述，録示干常侍《易解》，似於載籍節比句櫛者絶無僅有，希世奇書也。令升新蔡人，徙吴郡海鹽，仕吴，爲著作郎，賜爵關内侯。入晉，領國史爲散騎常侍，補山陰令，遷始安太守。所著《晉紀總論》、《搜神記》具在《志林》，必悉之。凌稚哲《萬姓統譜》干、于二姓俱收，令升不幾於金全、余佘、栢相、李季兩氏掛名耶！是以洪陽亳鼇字辯，不可不寓目。干氏宗干讐，于氏宗于定國。干裔有居海鹽者，有居嘉善以摶埴爲業，干窑鎮由是得名，是干非于無疑。試取阮嗣宗《易》義，同刻題曰「晉易」，亦快事也。繡水項臯謨懋功甫譔。堂案：訛「干」爲「于」，宋時已然，邢凱《坦齋通編》曾辯之。

干寶周易注序

前人嘗謂干寶字令升。《易》以卦爻配月或配日時，傅諸人事，以前世已然之迹，證之訓義頗有據。顧其書惟李氏《集解》、陸氏《釋文》嘗引之，他書閒采《周禮注》，《易注》則未之見也。元我鄉屠曾所録《干氏易》一卷，以爲皆自古《易》類萃中摘抄，其實不過《集解》一書耳。何干氏《易》之傳者較諸家更尠邪！案《釋文·序録》《周易注》十卷，《隋志》載有《爻義》一卷，《集解》所引當即是《爻義》，《釋文》乃其《易注》也。屠氏所録，本刻在《鹽邑志林》中，今用其本，而于其抄輯《集解》之舛誤及闕漏者，據雅雨堂本正之、補之，并以《釋文》附焉。孫堂識。

干寶周易注

海鹽屠曾體乾輯
平湖孫堂步升補

上　經

乾：

初九，潛龍勿用。

位始，故稱初。陽重，故稱九。陽在初九，十一月之時，自復來也。初九甲子，天正之位，而乾元所始也。陽處三泉之下，聖德在愚俗之中。此文王在羑里之爻也。雖有聖明之德，未被時用，故曰「勿用」。《集解》。

九二，見龍在田，利見大人。

陽在九二，十二月之時，自臨來也。二爲地上，田在地之表而有人功者也。陽氣將施，聖人將顯。此文王免于羑里之日也，故曰「利見大人」。《集解》。

九三，君子終日乾乾，夕惕若，厲，无咎。

爻以氣表，繇以龍興，嫌其不關人事，故著君子焉。陽在九三，正月之時，自泰來也。陽氣始出地上而接動物，人爲靈，故以人事成天地之功者，在于此爻焉。故君子以之憂深思遠，朝夕匪懈。仰憂嘉會之不序，俯懼義和之不逮，反復天道，謀始反終，故曰「終日乾乾」。此蓋文王反國，大釐其政之日也。凡无咎者，憂中之喜，善補過者也。文恨早耀文明之德，以蒙大難，增脩柔順，以懷多福，故曰「无咎」矣。《集解》。《義海撮要》節引。

九四，或躍在淵，无咎。

陽氣在四，二月之時，自大壯來也。四，虛中也。躍者，暫起之言，既不安于地，而未能飛于天也。四以初爲應。淵謂初九甲子，龍之所由升也。或之者，疑之也。此武王舉兵孟津，觀釁而退之爻也。守柔順，則逆天人之應。通權變，❶則違經常之教。故聖人不得已而爲之，故其辭疑矣。《集解》。《義海撮要》。

九五，飛龍在天，利見大人。

陽在九五，三月之時，自夬來也。五在天位，故曰「飛龍」。此武王克紂正位之爻也。聖功既就，萬物既覩，故曰「利見大人」矣。《集解》。《義海撮要》節引。

上九，亢龍有悔。

陽在上九，四月之時也。亢，過也。乾體既備，上位既終。天之鼓物，寒暑相報。聖人治世，威德相濟。武功既成，義在止戈。盈而不反，必陷于悔。《集解》。《義海撮要》節引。

君子以自强不息。

言君子通之于賢也。凡勉强以進德，不必須在位也。故堯舜一日萬幾，文王日昃不暇，❷仲尼終夜不寢，顔子欲罷不能。自此以下，莫敢淫心捨力，故曰「自强不息」矣。《集解》。《義海撮要》。

君子行此四德者，故曰：乾，元亨利貞。

夫純陽，天之精氣。四行，君之懿德。是故乾冠卦首，辭表篇目，明道義之門在于此矣。猶《春秋》之備五始也，故夫子留意焉。然則體仁正己，所以化物。觀運知時，所以順天。器用隨宜，所以利民。守正一業，所

❶「變」，集解作「道」。
❷「暇」下，集解有「食」字。

以定俗也。亂則敗禮，其教淫。逆則拂時，其功否。錯則妨用，其事廢。忘則失正，其官敗。四德者，文王所由興。四愆者，商紂所由亡。《集解》。

利貞者，性情也。

以施化利萬物之性，以純一正萬物之情。《集解》。《義海撮要》。

君子以成德爲行。

君子之行，動静可觀，進退可度。動以成德，无所苟行也。《集解》。

坤：

坤，元亨，利牝馬之貞。

陰氣之始，婦德之常，故稱元。與乾合德，故稱亨。行天者莫若龍，行地者莫若馬，故乾以龍繇，坤以馬象也。坤陰類，故稱利牝馬之貞矣。《集解》。

初六，履霜堅冰至。

重陰，故稱六。剛柔相推故生變，占變故有爻，《繫》曰「爻者，言乎變者也」，故《易》繫辭皆稱九六也。陽數奇，陰數偶，是以乾用一也，坤用二也。陰氣在初，五月之時，自姤來也。陰氣始動乎三泉之下，言陰氣動矣，則必至于履霜，履霜則必至于堅冰，言有漸也。藏器于身，貴其俟時，故陽在潛龍，戒以勿用。防禍之原，欲其先幾，故陰在三泉，而顯以履霜也。《集解》。

六二，直方大，不習，无不利。

陰氣在二，六月之時，自遯來也。陰出地上，佐陽成物，臣道也，妻道也。❶臣貴其直，義尚其方，地體其大，故曰「直方大」。士該九德，然後可以從王事，女躬四教，然

❶「也」下，集解有「臣之事君，妻之事夫，義成者也」凡十二字。

後可以配君子。道成于我而用之于彼，不妨以仕學爲政，不妨以嫁學爲婦，故曰「不習无不利」也。《集解》。

不習无不利，地道光也。

女德光于夫，士德光于國也。《集解》。

六三，含章可貞，或從王事，无成有終。

陰氣在三，七月之時，自否來也。陽降在四，三公位也。陰升在三，三公事也。上失其權，位在諸侯。坤體既具，陰黨成群，君弱臣强，戒在二國。唯文德之臣，然後可以遭之，運而不失其柔順之正。坤爲文，坤象既成，故曰「含章可貞」。此蓋平襄之王，垂拱以賴晉鄭之輔也。苟利社稷，專之則可，故曰「或從王事」。遷都誅親，疑于專命，故亦或之。失後順之節，故曰「无成」。終于濟國安民，故曰「有終」。《集解》。

或從王事，知光大也。

位彌高，德彌廣也。《集解》。

六四，括囊，无咎无譽。

陰氣在四，八月之時，自觀來也。天地將閉，賢人必隱懷智苟容，以觀時釁。此蓋甯戚、蘧瑗與時卷舒之爻也。不艱其身則无咎，功業不建故无譽也。《集解》。

六五，黄裳元吉。

陰氣在五，九月之時，自剥來也。剥者，反常道也。黄，中之色。裳，下之飾。元，善之長也。中美能黄，上美爲元，下美則裳。陰登于五，柔居尊位，若成，昭之主，周、霍之臣也，百官總己，專斷萬機，雖情體信順，而貌近僭疑，周公其猶病諸。堂案：《志林》本無此句，今據雅雨本補。言必忠信，行必篤敬，然後可以取信于神明，无尤于四海也。故曰「黄裳元吉」也。《集解》。

《象》曰：黄裳元吉，文在中也。

當總己之任，處疑僭之閒，而能終元吉之福者，由文德在中也。《集解》。

上六，龍戰于野，其血玄黄。

陰在上六，十月之時也。爻終于酉而卦成于乾，乾體純剛，不堪陰盛，故曰「龍戰」。戌亥，乾之都也，故稱龍焉。陰德過度，以逼乾戰。郭外曰郊，郊外曰「野」。坤位未申之維，而氣溢酉戌之閒，故曰「于野」。未離陰類，故曰「血」。陰陽色雜，故曰「玄黄」。言陰陽離則異氣，合則同功，君臣夫妻，其義一也。故文王之忠于殷，抑參二之强，以事獨夫之紂，蓋欲彌縫其闕，而匡救其惡，以祈殷命，以濟生民也。紂遂長惡不悛，天命殛之，是以至于武王，遂有牧野之事，是其義也。《集解》。

《象》曰：龍戰于野，其道窮也。

天道窮，至于陰陽相薄也。君德窮，至于攻戰受誅也。柔順窮，至于用權變矣。《集解》。

用六，利永貞。

陰體其順，臣守其柔，所以秉義之和，履貞之幹，唯有推變，終歸于正。是周公始于負扆南面，以先王道，卒于復子明辟，以終臣節，故曰「利永貞」也。《集解》。《義海撮要》節引。

含萬物而化光。

光，大也。謂坤含藏萬物，順承天施，然後化光也。《集解》。

屯：

雷雨之動滿形，天造草昧，宜建侯而不寧。

水運將終，木德將始，殷周際也。百姓盈盈，匪君子不寧。天下既遭屯險之難，後王宜蕩之以雷雨之政，故封諸侯以寧之也。《集解》。

蒙：

蒙，亨。

蒙者，離宮陰也。世在四，八月之時，降陽布德，薺麥並生，而息來在寅，故蒙。于世爲八月，于消息爲正月卦也。正月之時，陽氣上達，故屯爲物之始生，蒙爲物之穉也。施之于人，則童蒙也。苟得其運，雖蒙必亨，故曰「蒙亨」。此蓋以寄成王之遭周公也。《集解》。

蒙以養正，聖功也。

武王之崩，年九十三矣，而成王八歲。言天後成王之年，將以養公正之道，而成三聖之功。《集解》。

初六，發蒙，利用刑人，用說桎梏，以往吝。

《象》曰：利用刑人，以正法也。

初六戊寅，平明之時，天光始照，故曰「發蒙」。此成王始覺周公至誠之象也。坎爲法律，寅爲貞廉，以貞用刑，故利用刑人矣。此成王將正四國之象也。說，解也。正四國之罪，宜釋周公之黨，故曰「用說桎梏」。既感《金縢》之文，追恨昭德之晚，故曰「以往吝」。初二失位，吝之由也。《集解》。堂案：《志林》本同，《集解》、《序卦》一條列在此條之下，今移入後。

需：

雲上於天。

上，升也。《釋文》。

初九，需于郊，利用恒，无咎。

郊，乾坎之際也。既已受命進道，北郊未可以進，故曰「需于郊」。處不避汙，出不辭難，臣之常節也。得位有應，故曰「利用恒」。雖小稽留，終于必達，故曰「无咎」。《集解》。

訟：

訟，有孚。

訟，離之遊魂也。離爲戈兵，此天氣將刑殺，聖人將用師之卦也。訟，不親也。兆民未識天命不同之意。《集解》。

君子以作事謀始。

省民之情，以制作也。武王故先觀兵孟津，蓋以卜天下之心，故曰「作事謀始」也。《集解》。

師：

險而順，以此毒天下而民從之。

坎爲險，坤爲順。兵革刑獄，所以險民也。毒民于險中，而得順道者，聖王之所難也。毒，荼苦也。五刑之用，斬刺肌體，六軍之鋒，殘破城邑，皆所荼毒奸凶之人，使服王法者也，故曰「以此毒天下而民從之」。毒以治民，明不獲已而用之，故于《彖》、《象》、六爻皆著戒懼之辭也。《集解》。《義海撮要》節引。

上六，大君有命，開國承家，小人勿用。

大君，聖人也。有命，天命也。五常爲王位，至師之家而變其例者，上爲郊也，故易位，以見武王親征，與師人同處于野也，離上九曰「王用出征，有嘉折首」。上六爲宗廟，武王以文王行，故正開國之辭于宗廟之爻。明己之受命，文王之德也，故《書·泰誓》曰「予克紂，非予武，惟朕文考无罪。紂克予，非朕文考有罪，惟予小子无良」。開國，封諸侯也。承家，立都邑也。小人勿用，非所能矣。《集解》。《義海撮要》節引。

《象》曰：大君有命，以正功也。

湯武之事。《集解》。

小人勿用，必亂邦也。

楚靈、齊閔窮兵之禍也。《集解》。

比：

比，吉。原筮元永貞，无咎，不寧方來，後夫凶。

比者，坤之歸魂也。亦世于七月，而息來在巳，去陰居陽，承乾之命，義與師同也。原，卜也。《周禮》三卜，一曰原兆。坤德變化，反歸其所，四方既同，萬國既親，故曰「比吉」。考之蓍龜，以謀王業，大相東土，卜惟洛食，遂乃定鼎郟鄏，卜世三十，卜年七百，德善長于兆民，戩禄永于被業，故曰「原筮元永貞」。逆取順守，居安如危，故曰「无咎」。天下歸德，不唯一方，故曰「不寧方來」。後服之夫，違天失人，必災其身，故曰「後夫凶」也。《集解》。

六二，比之自内，貞吉。

二在坤中。坤，國之象也。得位應五而體寛大，君樂民人自得之象也，故曰「比之自内，貞吉」矣。《集解》。

六三，比之匪人。

《象》曰：比之匪人，不亦傷乎。

六三乙卯，坤之鬼吏，在比之家，有土之君也。周爲木德，卯爲木辰，同姓之國也。爻失其位，辰體陰賊，管蔡之象也。比建萬國，唯去此人，故曰「比之匪人」，不亦傷王政乎！《集解》。

六四，外比之，貞吉。

《象》曰：外比於賢，以從上也。

四爲三公，在比之象而得其位，上比聖主，下御列國，方伯之象也。能外親九服賢德之君，務宣上志，綏萬邦也。故曰：「外比于賢，以從上也。」《集解》。《義海撮要》節引。

履：

九五，夬履，貞厲。

《象》曰：夬履貞厲，位正當也。

夬，決也。居中履正爲履，貴主萬方，所履一決于前，恐夬失正，恒懼危厲，故曰「夬履貞厲，位正當也」。《集解》。

大有：

九三，公用享于天子。

享，宴也。《釋文》。《義海撮要》。《六經正誤》引胡一桂曰「享訓宴享，房審權亦採録之」。

九四，匪其彭。

彭，亨，驕滿貌。《釋文》。《玩辭》。《六經正誤》。

噬嗑：

初九，屨校滅趾，无咎。

趾，足也。屨校，貫械也。初居剛躁之家，體貪狠之性，以震揜巽，强暴之男也。行侵陵之罪，以陷屨校之刑，故曰「屨校滅趾」。得位于初，顧震知懼，小徵大戒，以免刑戮，故曰「无咎」矣。《集解》。

《象》曰：屨校滅趾，不行也。

不敢遂行强也。《集解》。

賁：

觀乎天文，以察時變。觀乎人文，以化成天下。

四時之變，縣乎日月，聖人之化，成乎文章。觀日月而要其會通，觀文明而化成天下。《集解》。堂案：此條《志林》本多訛句，今從雅雨堂《集解》本。

《象》曰：白賁无咎，上得志也。

白，素也。延山林之人，采素士之言，以飾其政，故上得志也。《集解》。《義海撮要》。

習坎：

水荐至。❶《釋文》。堂案：此「荐」字，與郭璞《爾雅注》

❶「荐」，注疏、集解作「洊」。

引同。舊本《釋文》亦作「薦」，《爾雅・釋言》「荐，再也」，《小爾雅》云「荐，重也」，《大雅・雲漢》篇「饑饉薦臻」，《毛傳》「薦，重也」，正義云「此『薦』與『荐』，字異義同」。

初六，習坎，入于坎窞，凶。

窞，坎之深者也。江、河、淮、濟，百川之流，行乎地中，水之正也。及其爲災，則泛濫平地，而入于坎窞，是水失其道也。刑獄之用，必當于理，刑之正也。及其不平，則枉濫无辜，是法失其道也。故曰「入于坎窞凶」矣。《集解》。

六三，來之坎坎，險且枕。入于坎窞，勿用。

《象》曰：來之坎坎，終无功也。枕，晁氏引作「桉」。

坎，十一月卦也。又失其位，喻殷之執法者失中之象也。來之坎坎者，斥周人觀釁于殷也。枕，安也。險且枕者，言安忍以暴政加民而无哀矜之心。淫刑濫罰，百姓无所措手足，故曰「來之坎坎，終无功也」。《集解》。

下　經

明夷：

六四，入于左腹，獲明夷之心，于出門庭。

一爲室，二爲户，三爲庭，四爲門，故曰「于出門庭」矣。《集解》。

蹇：

九五，大蹇，朋來。

《象》曰：大蹇朋來，以中節也。

在險之中而當五位，故曰「大鶱」。此蓋以託文王爲紂所囚也。承上據四應二，衆陰並至。此蓋以託四臣能以權智相救也。故曰「以中節也」。《集解》。

益：

王用享于帝，吉。

聖王先成其名，❶而後致力于神，故王用享于帝。在巽之宫，處震之象，是則倉精之帝同始祖矣。《集解》。

六三，益之用凶事，无咎。有孚中行，告公用圭。

《象》曰：益用凶事，固有之也。

固有如桓文之徒，罪近篡弑，功實濟世。六三失位而體奸邪，處震之動，懷巽之權，是矯命之士，争奪之臣，桓文之爻也。故曰「益之用凶事」。在益之家而居坤中，能保社稷，愛撫人民，故曰「无咎」。既乃中行近仁，故曰「有孚中行」。然後俯列盟會，仰致錫命，故曰「告公用圭」。《集解》。

夬：

孚號有厲，其危乃光也。

夬九五則飛龍在天之爻也。應天順民，以發號令，故曰「孚號」。以柔決剛，以臣伐君，君子危之，故曰「有厲」。德大而心小，功高而意下，故曰「其危乃光也」。《集解》。

告自邑。

殷民告周以紂无道。《集解》。

姤：

九五，以杞包瓜，含章。

初二體巽爲草木，二人爲田，田中之果，柔而蔓者，瓜之象也。《集解》。

升：

九二，孚乃利用禴，无咎。

《象》曰：九二之孚，有喜也。

剛中而應，故「孚」也。又言乃利用禴，于春時也，非時而祭曰「禴」。然則文王儉以

❶「名」，集解作「民」。

恤民，四時之祭，皆以禴禮，神享德與信，不求備也，故既濟九五曰東鄰殺牛，不如西鄰之禴祭，實受其福。九五坎，坎爲豕。然則禴祭以豕而已，不奢盈于禮，故曰「有喜」矣。《集解》。

困：

初六，臀困于株木。

兑爲孔穴，坎爲隱伏。隱伏在下而漏孔穴，臀之象也。《集解》。

井：

井，改邑不改井，无喪无得，往來井井。汔至，亦未繘井，羸其瓶，凶。

水，殷德也。木，周德也。夫井，地之德也，所以養民性命，而清潔之主者也。自震化行，至于五世，改殷紂比屋之亂俗，而不易成湯昭假之法度也，故曰「改邑不改井」。二代之制，各因時宜，損益雖異，括囊則同，故曰「无喪无得，往來井井」也。當殷之末，井道之窮，故曰「汔至」。周德雖興，未及革正，故曰「亦未繘井」。井泥爲穢，百姓无聊，比屋之間，交受塗炭，故曰「羸其瓶，凶」矣。《集解》。

初六，井泥不食，舊井无禽。

在井之下，體本土爻，故曰「泥」也。井而爲泥，則不可食，故曰「不食」。此託紂之穢政，不可以養民也。舊井謂殷之末喪師也，亦皆清潔无水禽之穢，又況泥土乎！故曰「舊井无禽」矣。《集解》。

九三，井渫不食，爲我心惻，可用汲，王明，並受其福。

《象》曰：井渫不食，行測也。求王明，受福也。

此託殷之公侯，時有賢者，獨守成湯之法度，而不見任，謂微、箕之倫也，故曰「井渫不食，爲我心惻」。惻，傷悼也。民乃外附，故曰「可用汲」。周德來被，故曰「王明」。王得其民，民得其王，故曰「求王明，受福也」。《集解》。

六四，井甃无咎。

以甎壘井曰甃。《釋文》。

上六，井收网幕。❶《釋文》。堂案：《漢上易傳》引作「井收勿网」，誤。

《象》曰：元吉在上，大成也。

處井上位，在瓶之水也，故曰「非收」。幕，覆也。井以養生，政以養德，无覆水泉而不惠民，无蘊典禮而不興教，故曰「井收网幕」。网幕則教信于民，民服教則大化成也。《集解》。

革：

已日乃孚，革而信之。

天命已至之日也。乃孚，大信著也。武王陳兵孟津之上，諸侯不期而會者八百國，皆曰「紂可伐矣」，武王曰「爾未知天命，未可也」，還歸。二年，紂殺比干，囚箕子，爾乃伐之，所謂已日乃孚，革而信也。《集解》。《義海撮要》節引。

天地革而四時成，湯武革命，順乎天而應乎人，革之時大矣哉。

革天地，成四時，誅二叔，除民害，天下定，武功成，故曰「大矣哉」也。堂案：《志林》本無此條，今據雅雨堂《集解》補。

初九，鞏用黃牛之革。

鞏，固也。離爲牝牛，離爻本坤，黃牛之象也。在革之初而无應據，未可以動，故曰「鞏用黃牛之革」。此喻文王雖有聖德，天下歸周，三分有二，而服事殷，是其義也。

❶「网」，注疏、集解作「勿」。

《集解》。

九四，悔亡，有孚，改命吉。

《象》曰：改命之吉，信志也。

爻入上象，喻紂之郊也。以逆取而四海順之，動凶器而前歌後舞，故曰「悔亡」也。中流而白魚入舟，天命信矣，故曰「有孚」。甲子夜陣雨甚至，水德賓服之祥也，故曰「改命之吉，信志也」。《集解》。

上六，君子豹變，小人革面，征凶，居貞吉。

《象》曰：君子豹變，其文蔚也。小人革面，順以從君也。

君子，大賢次聖之人。謂若太公、周、召之徒也。豹，虎之屬。蔚，炳之次也。君聖臣賢，殷之頑民，皆改志從化，故曰「小人革面」。天下既定，必倒載干戈，包之以虎皮。將率之士，使爲諸侯。故曰「征凶，居貞吉」。得位有應，君子之象也。《集解》。《義海撮要》。堂案：「必倒載」至「爲諸侯」十八字，《義海》本作「當偃武不用」五字。

鼎：

六五，鼎黄耳，金鉉，利貞。

凡舉鼎者，鉉也。尚三公者，王也。金喻可貴，中之美也，故曰「金鉉」。鉉鼎得其物，施令得其道，故曰「利貞」也。《集解》。

上九，鼎玉鉉，大吉，无不利。

玉又貴于金者。凡亨飪之事，自鑊升于鼎，載于俎，自俎入于口，馨香上達，動而彌貴，故鼎之義，上爻愈吉也。鼎主亨飪，不失其和；金玉鉉之，不失其所，公卿仁賢，天王明聖之象也。君臣相臨，剛柔得節，故曰「吉无不利」也。《集解》。

震：

震驚百里，驚遠而懼邇也。出可以守宗廟社稷，以爲祭主也。

周，木德震之正象也。爲殷諸侯，殷諸侯之制，其地百里，是以文王小心翼翼，昭事上帝，聿懷多福，厥德不回，以受方國，故以百里而臣諸侯也。爲諸侯，故主社稷。爲長子，而爲祭主也。祭禮薦陳甚多，而經獨言不喪匕鬯者，上牲體，❶薦鬯酒，人君所自親也。《集解》。

初九，震來虩虩，後笑言啞啞。

得震之正，首震之象者。震來虩虩，羑里之厄也。笑言啞啞，後受方國也。《集解》。《義海撮要》節引。

六二，震來厲，億喪貝，躋于九陵，勿逐，七日得。

《象》曰：震來厲，乘剛也。

六二木爻，震之身也，得位无應，而以乘剛爲危。此託文王積德累功，以被囚爲禍也，故曰「震來厲」。億，歎辭也。貝，寶貨也，産乎東方，行乎大塗也。此以喻紂拘文王，閎夭之徒乃于江淮之浦，求盈箱之貝，而以賂紂也，故曰「億喪貝」。貝，水物而方升于九陵，今雖喪之，猶外府也，故曰「勿逐，七日得」。七日得者，七年之日也。故《書》曰「誕保文武受命，惟七年」是也。《集解》。《義海撮要》。

漸：

其羽可用爲儀吉，不可亂也。

處漸高位，斷漸之進，順艮之言，謹巽之含，❷履坎之通，據離之耀，婦德既終，母教又明，有德而可愛，❸有儀而可象，故曰「其羽可用爲儀，不可亂也」。《集解》。

歸妹：

❶「上」，集解作「匕」。
❷「含」，集解作「全」。
❸「愛」，集解作「受」。

歸妹，人之終始也。

歸妹者，衰落之女也。父既没矣，兄主其禮，子續父業，人道所以相終始也。《集解》。

《象》曰：澤上有雷，歸妹。

雷薄于澤，八月九月，將藏之時也。君子象之，故不敢恃當今之虞，而慮將來之禍也。《集解》。

豐：

勿憂，宜日中。

豐，坎宮陰世在五，以其宜中而憂其昃也。坎爲夜，離爲晝，以離變坎，至于天位，日中之象也。殷水德，坎象。晝敗而離居之，周伐殷，居王位之象也。聖人德大而心小，既居天位而戒懼不怠。勿憂者，勸勉之言也。猶《詩》曰「上帝臨汝，无貳爾心」。言周德當天人之心，宜居王位，故宜日中。《集解》。

九三，豐其芾。❶

芾，祭祀之蔽膝。《釋文》。

上六，豐其屋，蔀其家。闚其户，闃其无人，三歲不覿凶。

在豐之家，處乾之位，乾爲屋宇，故曰「豐其屋」。此蓋託紂之侈，造爲璿室玉臺。❷蔀其家者，以記紂多傾國之女也。社稷既亡，宫室虚曠，故曰「闚其户，闃其无人」。闃，无人貌也。三者，天地人之數也。凡國于天地，有興亡焉，故王者之亡其家也，必天示其祥，地出其妖，人反其常。非斯三者，亦弗之亡也，故曰「三歲不覿，凶」。然則璿室之成，三年而後亡國矣。《集解》。

堂案：《志林》本此下誤引李鼎祚説一段，今删去。

❶「芾」，注疏、集解作「沛」。

❷「臺」下，集解有「也」字。

旅：

六五，射雉，一矢亡，終以譽命。

《象》曰：終以譽命，上逮也。

逮，安也。❶離爲雉、爲矢，巽爲木、爲進退，艮爲手，兑爲決。有木在手，進退其體，矢決于外，射之象也。一陰升乾，故曰「一矢」。履非其位，下又无應，雖復射雉，終亦失之，故曰「一矢亡」也。一矢亡者，喻有損而小也。此記禄父爲王者後，雖小叛擾，終逮安周室，故曰「終以譽命」矣。《集解》。堂案：《集解》本俱無「逮安也」三字，《釋文》亦不見，《志林》本有，今姑存之。

節：

上六，苦節，貞凶，悔亡。

《象》稱苦節不可貞，在此爻也。稟險伏之教，懷貪狠之志，以苦節之性而遇甘節之主，必受其誅，華士少正卯之爻也，故曰「貞凶」。苦節既凶，甘節志得，故曰「悔亡」。《集解》。

中孚：

我有好爵，吾與爾縻之。❷

縻，亡池反。散也。《釋文》。

既濟：

婦喪其髴。❸

髴，馬髴也。《釋文》。

九三，高宗伐鬼方，三年克之，小人勿用。

高宗，殷中興之君。鬼方，北方國也。高宗嘗伐鬼方，三年而後克之。離爲伐兵，故稱伐。坎爲北方，❹故稱鬼。在既濟之家而述先代之功，以明周因于殷，有所弗

❶「逮安也」，集解無此三字。
❷「縻」，注疏、集解作「靡」。
❸「髴」，注疏、集解作「茀」。
❹「爲」，集解作「當」。

革也。《集解》。

未濟

未濟，亨，小狐汔濟，濡其尾，无攸利。

坎爲狐。《説文》曰：「汔，涸也。」案剛柔失正，故未濟也。五居中應剛，故亨也。小狐力弱，汔乃可濟，水既未涸而乃濟之，故尾濡而无所利也。《集解》。《義海撮要》節引。

小狐汔濟，未出中也。

狐，野獸之妖者，以喻禄父。中謂二也，困而猶處中故也。此以託紂雖亡國，禄父猶得封矣。《集解》。

濡其尾，无攸利，不續終也。

言禄父不能敬奉天命，以續既終之禮，謂叛而被誅也。《集解》。

雖不當位，剛柔應也。

六爻皆相應，故微子更得爲客也。《集解》。

九二，曳其輪，貞吉。

坎爲輪，離爲牛，牛曳輪，上以承五命，猶東蕃之諸侯，共攻三監，以康周道，故曰「貞吉」也。《集解》。

六三，未濟征凶，利涉大川。

《象》曰：未濟征凶，位不當也。

吉凶者，言乎其得失也。禄父反叛，管蔡與亂，兵連三年，誅及骨肉，故曰「未濟征凶」。平克四國，以濟大難，故曰「利涉大川」。坎也。以六居三，不當其位，猶周公以臣而君，故流言作矣。《集解》。

六五，貞吉无悔，君子之光，有孚吉。

以六居五，周公攝政之象也，故曰「貞吉无悔」。制禮作樂，復子明辟，天下乃明其道，乃信其誠，故君子之光，有孚吉矣。《集解》。

繫辭上

悔吝者，憂虞之象也。

悔亡則虞，有小吝則憂。憂虞未至于失得，悔吝不入于吉凶。事有小大，故辭有急緩，各象其意也。《集解》。

憂悔吝者，存乎介。

介，纖介也。《釋文》。

故神无方而易无體。

否泰盈虚者，神也。變而周流者，易也。言神之鼓萬物无常方，易之應變化无定體也。《集解》。

慎斯術也以往。慎，時震反。《釋文》。

大衍之數五十，其用四十有九。

衍，合也。《集解》、《釋文》同。

古之聰明睿知，神武而不殺者夫。殺，所戒反。《釋文》。

是故易有太極，是生兩儀。

發初言是故，總衆篇之義也。《集解》。

繫辭下

重門擊欜，以待虣客。

卒暴之客，爲奸寇也。《集解》。

是故易者，象也。

言是故，又總結上義也。《集解》。堂案：《志林》本此下誤連虞翻説共二十字，今删去。

精義入神，以致用也。

能精義理之微，以得未然之事，是以涉于神道而逆禍福也。《集解》。堂案：《志林》本此條共四十八字，與汲古閣《集解》本同，似有錯誤，今從雅雨堂本。

萬夫之望。

言君子苟達於此，則萬夫之望矣。周公聞齊魯之政，知後世彊弱之勢。辛有見被髮而祭，則知爲戎狄之居。凡若此類，可謂知幾也。皆稱君子，君子則以得幾，不必聖者也。《集解》。

男女構精，萬物化生。

男女，猶陰陽也，故萬物化生。不言陰陽而言男女者，以指釋損卦六三之辭，主於人事也。《集解》。

辯物，正言，斷辭，則備矣。

辯物，辯物類也。正言，言正義也。斷辭，斷吉凶也。如此則備於經矣。《集解》。

謙，德之柄也。

柄所以持物，謙所以持禮者也。《集解》。

无有師保，如臨父母。

言易道以戒懼爲本，所謂懼以終始，歸无咎也。外爲丈夫之從王事，則夕惕若厲。内爲婦人之居室，則无攸遂也。雖无師保切磋之訓，其心敬戒，常如父母之臨己者也。《集解》。

《易》之爲書也。

重發《易》者，別殊旨也。《集解》。

六爻相雜，唯其時物也。

一卦六爻，則皆雜有八卦之氣。若初九爲震爻，九二爲坎爻也。或若見辰戌言艮，巳亥言兑也。或若以甲壬名乾，以乙癸名坤也。或若以午位名離，以子位名坎。或若德來爲好物，刑來爲惡物。王相爲興，休廢爲衰。《集解》。

初辭擬之，卒成之終。

初擬議之，故難知。卒終成之，故易知。本末勢然也。《集解》。

爻有等，故曰物。

等，群也。爻中之義，群物交集。五星、四氣，六親、九族，福德、刑殺，衆形萬類，皆來發於爻，故總謂之物也。象頤中有物曰噬嗑，是其義也。《集解》。

文不當，故吉凶生焉。

其辭爲文也。動作云爲，必考其事，令與爻義相稱也。事不稱義，雖有吉凶，則非今日之吉凶也。故元亨利貞而穆姜以死，黄裳元吉南蒯以敗。是所謂文不當也。故於經，則有君子吉，小人否。於占，則王相之氣，君子以遷官，小人以遇罪也。《集解》。

說卦

幽贊於神明而生蓍。

幽，昧，人所未見也。贊，求也。言伏羲用明於昧冥之中，以求萬物之性爾，乃得自然之神物。能通天地之精，而管御百靈者，始爲天下生用蓍之法者也。《集解》。

爲駹。

駹，雜色。《釋文》。《容齋隨筆》。《六經奥論》云：「干作『驪』，音龍。非是。」

爲旉。

旉，一作「藪」。花之通名，鋪爲花朵，一作「皃」。謂之藪。《釋文》。《集韻》。《類篇》。

爲枯上熇。❶《釋文》。

序卦

有天地，然後萬物生焉。

物有先天地而生者矣，今正取始于天地。天地之先，聖人弗之論也。故其所法象，必自天地而還。《老子》曰「有物混成，先天地生。吾不知其名，彊字之曰道」，上《繫》曰「法象莫大乎天地」，《莊子》曰「六合之外，聖人存而不論」，《春秋穀梁傳》曰

❶「熇」，注疏、集解作「槁」。

「不求知所不可知者，智也」。而今後世，浮華之學，彊支離道義之門，求入虛誕之域，以傷政害民。豈非讒說殄行，大舜之所疾者乎！《集解》。

物稺不可不養也，故受之以需。需者，飲食之道也。

需，坤之遊魂也。雲升在天，而雨未降，翺翔東西，須之象也。王事未至，飲食之日也。夫坤者，地也，婦人之職也，百穀果蓏之所生，禽獸魚鼈之所託也。而在遊魂變化之家，即亨爨腥實以爲和味者也，故曰「需者，飲食之道也」。《集解》。

有上下，然後禮義有所錯。

錯，施也。此詳言人道，三綱六紀，有自來也。人有男女，陰陽之性，則自然有夫婦配合之道。有夫婦配合之道，則自然有剛柔尊卑之義。陰陽化生，血體相傳，則自然有父子之親。以父立君，以子資臣，則必有君臣之位。有君臣之位，故有上下之序。有上下之序，則必禮以定其體，義以制其宜。明先王制作，蓋取之於情者也。上經始於乾坤，有生之本也。下經始於咸、恒，人道之首也。《易》之興也，當殷之末世，有妲己之禍。當周之盛德，有三母之功。以言天不地不生，夫不婦不成，相須之至，王教之端。故《詩》於《關雎》爲《國風》之始。而《易》於咸、恒，備論禮義所由生也。《集解》。

雜卦

晉，晝也；明夷，誅也。

日上中，君道明也。明君在上，罪惡必罰也。《集解》。

夬，決也，剛決柔也。君子道長，小人道消也。

凡《易》既分爲六十四卦以爲上下經，天人之事，各有始終。夫子又爲《序卦》，以明其相承受之義。然則周公、文王所遭遇之運，武王、成王所先後之政，蒼精受命短長之期，備于此矣。而夫子又重爲《雜卦》，以易其次第。《雜卦》之末，又改其例，不以兩卦反覆相酬者，以示來聖後王，明道非常道，事非常事也。化而裁之存乎變，是以終之以決，言能決斷其中，唯陽德之主也。故曰「易窮則變，通則久」。總而觀之，伏羲、黄帝皆繫世象賢，欲使天下世有常君也。而堯、舜禪代，非黄、農之化，朱、均頑也。湯、武逆取，非唐、虞之迹，桀紂之不君也。伊尹廢立，非從順之節，使太甲思愆也。周公攝政，非湯武之典，成王幼年也。凡此皆聖賢所遭遇異時者也。夏政尚忠，忠之弊野，故殷自野以教敬。敬之弊鬼，故周自鬼以教文。文弊薄，故《春秋》閲諸三代而損益之。顔回問爲邦，子曰：「行夏之時，乘殷之輅，服周之冕。」弟子問政者數矣，而夫子不與言三代損益，以非其任也。回則備言，王者之佐，伊尹之人也，故夫子及之焉。是以聖人之於天下也，同不是，異不非。百世以俟聖人而不惑，一以貫之矣。《集解》。

干寶周易注一卷

蜀才周易注序

《釋文·序録》引《蜀李書》云：「蜀才姓范，名長生，一名賢，自號蜀才。」然案崔鴻《十六國春秋》李雄即成都王位，拜長生爲丞相，尊曰「范賢」，則賢非蜀才名也。又《華陽國志》西山侯賢，名長生，一名延久，又名九重。一曰支，字元涪。《顏氏家訓·書證篇》所引《李蜀書》，一名《漢之書》，《漢之書》常璩撰，見《隋志》。與陸所引當是一書，然亦不云名賢，陸所據，誤也。蜀才善天文，有術數，其所注《易》，大抵主荀爽「乾升坤降」之義，惜不多見云。孫堂識。

蜀才周易注

平湖孫堂步升輯

上下經

坤：

坤厚載物。

坤以廣厚之德，載含萬物，无有窮竟也。《集解》。

德合无疆。

天有无疆之德，而坤合之，故云「德合无疆」也。《集解》。

陰凝於陽必戰。❶《釋文》。

需：

需，有孚，光亨，貞吉，位乎天位，以正中也。

此本大壯卦。案：六五降四，有孚，光亨，貞吉。九四升五，位乎天位，以正中也。《集解》。

訟：

訟，有孚窒惕，中吉，剛來而得中也。

此本遯卦。案：二進居三，三降居二，是剛來而得中也。《集解》。

師：

剛中而應，行險而順。

此本剝卦。案：上九降六六，❷二升上，是剛中而應，行險而順也。《集解》。

比：

原筮，元永貞，无咎，以剛中也。

此本師卦。案：六五降二，九二升五，剛

❶「凝」，注疏、集解作「疑」。

❷「六」集解作「二」。

往得中，爲比之主，故能原究筮道，以求長正而无咎矣。《集解》。

泰：

《彖》曰：泰，小往大來，吉亨。

此本坤卦。小謂陰也，大謂陽也。天氣下，地氣上，陰陽交，萬物通，故吉亨。《集解》。

否：

大往小來。

此本乾卦。大往，陽往而消。小來，陰來而息也。《集解》。

同人：

《彖》曰：同人，柔得位得中而應乎乾，曰同人。

此本夬卦。九二升上，上六降二，則柔得位得中而應乎乾。下奉上之象，義同于人，故曰「同人」。《集解》。《漢上易叢説》節引。

大有：

大輿以載。❶《釋文》。

謙：

君子以捊多益寡。

捊，取也。《釋文》。

豫：

朋盍撍。❷

撍，速也。《釋文》。

隨：

隨時之義大矣哉。

此本否卦。剛自上來居初，柔自初而升上。則內動而外説，是動而説，隨也。相隨而大亨无咎，得于時也。得時則天下隨之矣，故曰「隨時之義大矣哉」。《集解》。

❶「輿」，注疏、集解作「車」。

❷「撍」，注疏、集解作「簪」。

初九，館有渝。❶《釋文》。《兩漢刊誤補遺》。堂案：「館」與「官」通，《儀禮·聘禮》「管人布幕於寢門外」，注云「管，猶館也，古文『管』作『官』」。

臨：

至于八月有凶，消不久也。

此本坤卦。剛長而柔消，故大亨利正一作「貞」。也。案：臨，十二月卦也。自建丑之月，至建申之月，凡歷八月則成否也。否則天地不交，萬物不通，是至于八月有凶，斯之謂也。《集解》。《義海撮要》節引。

觀：

《彖》曰：大觀在上。

此本乾卦。案：柔小浸長，剛大在上，其德可觀，故曰「大觀在上」也。《集解》。《義海撮要》節引。

賁：

君子以命庶政。❷《釋文》。

无妄：

《彖》曰：无妄，剛自外來而爲主于內。動而健，剛中而應。大亨以正，天之命也。

此本遯卦。案：剛自上降，爲主于初，故動而健，剛中而應也。于是乎邪妄之道消，大通以正矣。无妄大亨，乃天道恒命也。《集解》。

大畜：

其德剛上而尚賢。

此本大壯卦。案：剛自初升，爲主于外。剛陽居上，尊尚賢也。《集解》。

九二，輿說輹。輹音服，又音福。《釋文》。

離：

❶「館」，注疏、集解作「官」。

❷「命」，注疏、集解作「明」。

則大咥之嗟。❶《釋文》。

咸：

《彖》曰：咸，感也。柔上而剛下，二氣感應以相與。

此本否卦。案：六三升上，上九降三，是柔上而剛下，二氣交感以相與也。《集解》。《義海撮要》。《會通》節引。

恒：

剛上而柔下，雷風相與，巽而動。

此本泰卦。案：六四降初，初九升四，是剛上而柔下也。分乾與坤，雷也。分坤與乾，風也。是雷風相與，巽而動也。《集解》。

大壯：

累其角。❷《釋文》。

晉：

柔進而上行。

此本觀卦。案：九五降四，六四進五，是柔進而上行。《集解》。

明夷：

《彖》曰：明入地中，明夷。

此本臨卦也。案：夷，滅也。九二升三，六三降二，明入地中也。明入地中，則明滅也。《集解》。

六五，其子之明夷。❸《釋文》。堂案：《説文》箕，籀文作「𠔱」，古文省作「𠀠」，《鐘鼎款識》「商箕鼎」字亦作「𠀠」。《攈古遺文》云「古『其』、『箕』二字通」。

損：

二軌可用亨。❹亨，許庚反。《釋文》。堂案：《儀禮·公食大夫》篇「宰夫設黍稷六簋于俎西」注云「古文『簋』皆作『軌』」。今案《説文》古文「簋」作「匭」，或從軌

❶「咥」，注疏、集解作「耋」。

❷「累」，注疏、集解作「羸」。

❸「其」，注疏、集解作「箕」。

❹「軌」，注疏、集解作「簋」。「亨」，注疏、集解作「享」。

省，亦作「匭」，又作「朹」。

《彖》曰：損，損下益上，其道上行。

此本泰卦。案：坤之上九下處乾三，乾之九三上升坤六，損下益上者也。陽德上行，故曰「其道上行」也。《集解》。

君子以澄忿窒欲。❶《釋文》。晁氏曰：「蜀才作『登』，『登』，古文『澄』字。」

《象》曰：損其疾，亦可喜也。

四當承上，而有初應，必上之所疑矣。初，四之疾也，宜損去初，使上遄喜。《集解》。

益：

《彖》曰：益，損上益下，民説无疆。

此本否卦。案：乾之上九下處坤初，坤之初六上升乾四，損上益下者也。《集解》。《義海撮要》。堂案：《義海》所引多訛句，與毛本、胡本、《集解》同，此從雅雨本。

夬：

九三，壯于仇。❷《釋文》。

九五，莧睦夬夬。❸

睦，親也，通也。《釋文》。睦，和也。晁氏。

姤：

初六，繫于金尼。❹

尼，止也。《釋文》。

萃：

君子以除戎器。

除去戎器，脩行文德也。《釋文》。

一握爲笑。

握，當讀爲「夫三爲屋」之「屋」。《釋文》。

孚乃利用躍。❺《釋文》。

❶「澄」，注疏、集解作「懲」。
❷「仇」，注疏、集解作「頄」。
❸「睦」，注疏、集解作「陸」。
❹「尼」，注疏、集解作「柅」。
❺「躍」，注疏、集解作「禴」。

井：

累其瓶。❶《釋文》。

旅：

《彖》曰：旅，小亨，柔得中乎外而順乎剛。止而麗乎明，是以小亨旅貞吉也。

否三升五，柔得中于外，上順于剛。九五降三，降不失正。止而麗乎明，所以小亨，旅貞吉也。《集解》。

繫　辭

鼓之以雷霆。

霆，疑爲電。《釋文》。堂案：《玉篇》云「霆，電也」，《西京雜記》董仲舒曰：「雷，其相擊之聲也。電，其相擊之光也。」

易知則有親，易從則有功。

以其易知，故物親而附之。以其易從，故物法而有功也。《集解》。

辯吉凶者存乎辭。

辯，別也。《釋文》。

盛象之謂乾。❷《釋文》。堂案：成、盛義同。《公羊》莊八年《春秋經》「夏師及齊師圍成」，《傳》云「成者，盛也」，《考工記·匠人》「白盛」注云「盛之言成也」。

效法之謂坤。《釋文》。

知崇體卑。❸《釋文》。

有功而不置。❹《釋文》。

大衍之數五十。

衍，廣也。《釋文》。

夫《易》，聖人之所以極深而揅幾也。《釋文》。

❶「累」，注疏、集解作「羸」。
❷「盛」，注疏、集解作「成」。
❸「體」，注疏、集解作「禮」。
❹「置」，注疏、集解作「德」。

聖人以此先心。❶《釋文》。

説卦

參天兩地而奇數。❷《釋文》。堂案：惠徵君定字云：「『倚』鄭玄注《周禮》引作『奇』。❸『倚』本古『奇』字。《荀子・大儒篇》云『倚物怪變』，❹楊倞讀爲『奇』。《漢書・外戚傳》『欲倚兩女』，《史記》作『奇』，《方言》曰『倚，奇也』，郭璞云『奇耦參兩成五，故云奇』。」

序卦闕

雜卦闕

蜀才周易注一卷

❶「先」，注疏、集解作「洗」。
❷「奇」，注疏、集解作「倚」。
❸「倚」下，惠棟《九經古義》有「數」字。
❹「大儒篇」，四庫本《荀子》作「儒效篇」。

翟玄周易義序

翟子玄《易義》不見于隋唐諸史《經籍志》，其世次亦無攷。陸德明序九家姓名，列在姚信之後，疑亦魏晉閒人。顧《釋文》以爲翟子玄，《集解》又稱爲翟玄，一人而兩其名，何與？或云玄其名，子玄其字，陸德明引荀爽、京房等八人，不稱字，子玄獨稱字，又何説？孫堂識。

翟玄周易義

平湖孫堂步升輯

上下經

乾：

忠信，所以進德也。

忠于五，所以脩德也。《集解》。

脩辭立其誠，所以居業也。

居三，脩其教令，立其誠信，民敬而從之。《集解》。

知至至之，可與幾也。

知五可至而至之，故可與行幾微之事也。《集解》。

與四時合其序。

乾坤有消息，從四時來也。《集解》。

坤：

地道也，妻道也，臣道也。

坤有此三者也。《集解》。

訟：

終朝三拕之。❶

上以六三，錫下三「三」當作「二」。陽，群剛交爭，得不以讓，故終一朝之閒，各一奪之，爲三拕。《集解》。

泰：

九二，包巟。

巟，虛也。二五相應，五虛无陽，二上包之。《集解》。

隨：

君子以嚮晦入宴息。

❶「拕」，注疏、集解作「褫」。

晦者，冥也。雷者，陽氣，春夏用事。今在澤中，秋冬時也。故君子象之，日出視事，其將晦冥，退入宴寢而休息也。《集解》。

頤：

天地養萬物。

天，上；地，初也。萬物，衆陰也。天地以元氣養萬物，聖人以正道養賢及萬民，此其聖也。《集解》。

晉：

《象》曰：碩鼠貞厲，❶位不當也。晁氏曰：「翟玄作『碩鼠』。」

碩鼠晝伏夜行，貪猥无已，謂雖進承上，❷上，《義海撮要》作「五」。然潛據下陰，久居不正之位，位，《義海撮要》作「地」。故有危厲《義海撮要》作「故危也」。也。《集解》。《義海撮要》。

睽：

後說之壺。❸《釋文》。

夬：

告自邑。

坤稱邑也。《集解》。

錫號，❹莫夜。

錫，賜也。《釋文》。

九三，壯于頄，有凶。

頄，面顴頰閒骨也。《釋文》。頄，面也。謂上處乾首之前稱頄，頄，夾閒骨。三往壯上，故有凶也。《集解》。

姤：

剛遇中正，天下大行也。

剛謂九五，遇中處正，教化大行于天下也。《集解》。

---

❶「碩」，注疏、集解作「鼫」。

❷「上」，集解作「五」。

❸「壺」，注疏作「弧」。

❹「錫」，注疏、集解作「惕」。

《象》曰：天下有風，姤。

天下有風，風无不周布，故君以施令，告化四方之民矣。《集解》。

困：

《象》曰：困于酒食，中有慶也。

陽從上來，居中得位，富有二陰，故中有慶也。《集解》。

九四，來荼荼。❶

荼荼，音圖。內不定之意。《釋文》。

革：

革言三就，有孚。

言三就上二陽，乾得共有，信據于二陰，故曰「革言三就，有孚」于二矣。《集解》。

鼎：

君子以正位擬命。❷

擬，度也。《釋文》。

漸：

初六，鴻漸于干。

干，涯也。《釋文》。

或得其桷。

方曰桷，桷，椽也。《釋文》。

巽：

六四，悔亡，田獲三品。

田獲三品，下三爻也。謂初巽爲雞，二兑爲羊，三離雉也。《集解》。

上下繫辭

言行，君子之樞機。樞機之發，榮辱之主也。

樞主開閉，機主發動，開閉有明暗，發動有中否，主于榮辱也。《集解》。

是故法象莫大乎天地。

❶「荼荼」，注疏、集解作「徐徐」。

❷「擬」，注疏、集解作「凝」。

見象立法，莫過天地也。《集解》。

化而財之謂之變。

化變剛柔而財之，故謂之變也。《集解》。

推而行之謂之通。

推行陰陽，故謂之通也。《集解》。

《易》曰：憧憧往來，朋從爾思。

此咸之九四辭也。咸之爲卦，三君三民，四獨遠陰，思慮之爻也。《集解》。

是故君子安而不忘危。

在安而慮危。《集解》。

存而不忘亡。

在存而慮亡。《集解》。

治而不忘亂。

在治而慮亂。《集解》。

說卦

爲繩直。

上二陽，共正一陰，使不得邪僻，如繩之直。《集解》。

序卦闕

雜卦闕

翟玄周易義一卷

九家周易集注序

《九家易注》乃後人集荀爽等九家之説，陳振孫謂荀爽所集，非也。《釋文·序録》列九家姓名荀爽、京房、馬融、鄭玄、宋衷、虞翻、陸績、姚信、翟子玄。皆漢魏人，則此書當出自魏晉人手。至八卦逸象三十一，查元章疑爲後人所增，但秦漢之際，《易》亡《説卦》。孝宣時，河内女子得《説卦》，安知此三十一象非即古經逸文乎？ 孫堂識。

九家周易集注

平湖孫堂步升輯

上　經

乾：

大哉乾元。

陽稱大，六爻純陽，故曰「大」。乾者純陽，衆卦所生，天之象也。觀乾之始以知天德，惟天爲大，惟乾則之，故曰「大哉」。元者，氣之始也。《集解》。

乃統天。

乾之爲德，乃統繼天道，與天合化也。《集解》。

亢龍有悔，盈不可久也。

陽當居五，今乃居上，故曰「盈」也。亢極失位，當下之坤三，故曰「盈不可久」，若太上皇者也。下之坤三，屈爲諸侯，故曰「悔」者也。《集解》。

元者，善之長也。

乾者，君卦也。六爻皆當爲君，始而大通，君德會合，故元爲善之長也。《集解》。

亨者，嘉之會也。

通者，謂陽，合而爲乾，衆善相繼，故曰「嘉之會也」。《集解》。

庸行之謹。

以陽居陰位，故曰「謹」也。庸，常也。謂言常以信，行常以謹矣。《集解》。

善世而不伐。

陽升居五，處中居上，始以美德利天下。不言所利，即是不伐。故《老子》曰「上德不德，是以有德」，此之謂也。《集解》。

時乘六龍。

謂時之元氣，以王而行，履涉衆爻，是乘六龍也。《集解》。

坤：

坤，元亨，利牝馬之貞。君子有攸往，先迷後得主，利。

坤爲牝、爲迷。《集解》。

至哉坤元。

謂乾氣至坤，萬物資受而以生也。坤者純陰，配乾生物，亦善之始，地之象也，故又歎言至美。《集解》。《義海撮要》節引。

柔順利貞，君子攸行。

謂坤爻本在柔順陰位，則利正之乾，則陽爻來據之，故曰「君子攸行」。《集解》。

《象》曰：履霜堅冰，陰始凝也。馴致其道，至堅冰也。

霜者，乾之命也。堅冰者，陰功成也。謂坤初六之乾四，履乾命令而成堅冰也。此卦本乾，陰始消陽，起于此爻，故履霜也。馴，猶順也。言陽順陰之性，成堅冰矣。初六始姤。姤爲五月盛夏而言堅冰，五月陰氣始生地中，言始于微霜，終至堅冰，以明漸順至也。《集解》。

《象》曰：六二之動，直以方也。

謂陽，下動應之，則直而行，布陽氣于四方也。《集解》。

其血玄黃。

實本坤體，未離其類，故稱血焉，血以喻陰也。玄黃，天地之雜，言乾坤合居也。《集解》。

而動也剛。

坤一變而成震，陰動生陽，故動也剛。《集解》。

發于事業。

天地交而萬物生也。謂陽德潛藏，變則發見，若五動爲比，乃事業之盛。《集解》。

爲其兼晁氏同。于陽也，❶故稱龍焉。

陰陽合居，故曰「兼陽」。謂上六坤行至亥，下有伏乾。陽者變化，晁氏作「陰陽變化」。以喻龍焉。《集解》。晁氏。

屯：

《象》曰：雲雷屯。

雷雨者，興養萬物。今言屯者，十二月雷伏藏地中，未得動出，雖有雲雨，非時長育，故言屯也。《集解》。

十年乃字，反常也。

陰出于坤，今還爲坤，故曰「反常也」。陰出于坤，謂乾再索而得坎。今變成震，中有坤體，故言陰出于坤，今還于坤。謂二從初即逆，應五順也。去逆就順，陰陽道正，乃能長養，故曰「十年乃字」。《集解》。

上六，乘馬班如，泣血漣如。

上六乘陽，故班如也。下二四爻，雖亦乘陽，皆更得承五，憂解難除。今上无所復承，憂難不解，故泣血漣如也。體坎爲血，伏離爲目，互艮爲手，掩目流血，泣之象也。《集解》。

需：

六四，需于血，出自穴。

雲從地出，上升于天。自地出者，莫不由穴，故曰「需于血，出自穴」也。《集解》。

《象》曰：需于血，順以聽也。

雲欲升天，須時當降，順以聽五，五爲天也。《集解》。

《象》曰：酒食貞吉，以中正也。

謂乾二當升五，正位者也。《集解》。

❶「兼」，注疏、集解作「嫌」。「于」下，注疏、集解有「无」字。

訟：

《象》曰：以訟受服，亦不足敬也。

初二三四皆不正，以不正相訟而得其服，故不足敬也。《集解》。

師：

初六，師出以律。

坎爲法律也。《集解》。

九二，在師中，吉无咎，王三錫命。

《象》曰：在師中吉，承天寵也。

雖當爲王，尚在師中，爲天所寵，事克功成，故吉「吉」一作「言」。无咎。二非其位，蓋謂武王受命而未即位也。受命爲王，定天下以師，故曰「在師中吉」。《集解》。《義海撮要》。

小畜：

《象》曰：風行天上，小畜。

風者，天之命令也。今行天上，則是令未下行。畜而未下，小畜之義也。《集解》。

《象》曰：夫妻反目，不能正室也。

四互體離，離爲目也。離既不正，五引而上，三引而下，故反目也。輿以輪成車，夫以妻成室，今以妻乘夫，其道逆，故不能正室。《集解》。

《象》曰：有孚攣如，不獨富也。

有信，下三爻也。體巽，故攣如。如謂連接其鄰，鄰謂四也。五以四陰作財，與下三陽共之，故曰「不獨富也」。《集解》。

履：

說而應乎乾。

動來爲兑而應上，故曰「說而應乎乾」也。以喻一國之君，應天子命以臨下。承上以巽，據下以說，其正應天，故虎爲之不咥人也。《集解》。

是以履虎尾不咥人，亨。

虎尾謂三也。三以說道履五之應，上順于

天，故不咥人，亨也。能巽説之道，順應于五，故雖踐虎，不見咥噬也。太平之代，虎不食人。亨謂于五也。《集解》。

泰：

君子道長，小人道消也。

謂陽息而升，陰消而降也。陽稱息者，長也，起復成巽，萬物盛長也。陰言消者，起姤終乾，萬物成熟，成熟則給用，給用則分散，故陰用特言消也。《集解》。

不戒以孚，中心願也。

乾升坤降，各得其正。陰得承陽，皆陰心之所願也。《集解》。

六五，帝乙歸妹，以祉元吉。

五者帝位，震象稱乙，是爲帝乙。六五以陰處尊位，帝者之姊妹，五在震後，明其爲妹也。五應于二，當下嫁二，婦人謂嫁曰歸，故言帝乙歸妹。謂下居二，以中和相承，故元吉也。《集解》。

《象》曰：以祉元吉，中以行願也。

五下于二而得中正，故言中以行願也。《集解》。

勿用師，自邑告命。貞吝。

《象》曰：城復于隍，其命亂也。

乾當來上，不可用師而拒之也。自邑者，謂從坤性而降也。告命者，謂下爲巽，宣布君之命令也。三陰自相告語，俱下服順承乾也。城復于隍，國政崩也。坤爲亂，否巽爲命，交在泰上，故其命亂也。《集解》。

否：

《象》曰：拔茅貞吉，志在君也。

陰志在下，欲承君也。《集解》。

九四，有命无咎，疇離祉。

巽爲命。謂受五之命，以據三陰，故无咎。无命而據，則有咎也。疇者，類也。謂四應初據三，與二同功，故陰類皆離祉也。離，附。祉，福也。陰皆附之，故曰「有福」。謂下三陰離受五四之福也。《集解》。

九五，休否，大人吉。

否者，消卦。陰欲消陽，故五處和居正，以否絶之。乾坤異體，升降殊隔，卑不犯尊，故大人吉也。《集解》。

同人：

《彖》曰：同人。

謂乾舍于離，同而爲日。天日同明，以照于下。君子則之，上下同心，故曰「同人」。《集解》。

言相克也。

乾爲言。《集解》。

大有：

《象》曰：大有上吉，自天右也。❶

上九説五，以柔處尊而自謙損。尚賢奉己，上下應之，爲乾所右，故吉且和也。《集解》。

謙：

《彖》曰：謙亨。

艮山坤地。山至高，地至卑。以至高下至卑，故曰「謙」也。謙者，兑世。艮與兑合，故亨。《集解》。史徵《口訣義》。

《象》曰：謙謙君子，卑以自牧也。

承陽卑謙，以陽自牧養也。《集解》。

《象》曰：无不利撝謙，不違則也。

陰撝上陽，不違法則。《集解》。

《象》曰：鳴謙，志未得也。可用行師，征邑國也。

陰陽相應，故鳴謙也。雖應不承，故志未得。謂下九三，可行師來上，坤爲邑國也。

❶「右」，注疏、集解作「祐」。

三應上，上呼三，征來居五位，故曰「利用行師，征邑國也」。《集解》。

豫：

而況建侯行師乎。

震爲建侯，坤爲行師。建侯所以興利，行師所以除害，興利除害，民所豫樂也。天地有生殺，萬物有始終。王者盛衰，亦有迭更。猶武王承亂而應天地，建侯行師，奉辭除害，民得豫説，君得安樂也。《集解》。

隨：

《象》曰：澤中有雷，隨。

兑澤震雷，八月之時，雷藏於澤，則天下隨時之象也。《集解》。

初九，官有渝，晁氏。《兩漢刊誤補遺》同。貞吉，出門交有功。

渝，變也。謂陽來居初，得正爲震，震爲子，得土之位，故曰「官」也。陰陽出門，相與交通。陰往之上，亦不失正，故曰「貞吉」而「交有功」。《集解》。

蠱：

利涉大川，往有事也。

陽往據陰，陰來乘陽，故有事也。此卦本泰，乾天有河，坤地有水，二爻升降，出入乾坤，利涉大川也。陽往求五，陰來求二，未得正位，戎事不息，故有事。《集解》。

臨：

《象》曰：敦臨之吉，志在内也。

志在升二也。陰以陽爲主，故志在内也。《集解》。

觀：

《象》曰：風行地上，觀。先王以省方，觀民設教。

先王謂五，應天順民，受命之王也。風行地上，草木必偃。枯槁朽腐，獨不從風，謂應外之爻。天地氣絶，陰陽所去，象不化之民，五刑所加。故以省察四方，觀視民俗而設其教也。言先王德化，光被四表。有不賓之民，不從法令，以五刑加之，以齊德教也。《集解》。

噬嗑：

《象》曰：何校滅耳，聰不明也。

當據離坎以爲聰明。坎既不正，今欲滅之，故云「聰不明也」。《集解》。

復：

无⿰多支悔。❶⿰多支音支。《釋文》。趙汝楳《輯聞》。

无妄：

《象》曰：天下雷行，物與无妄。

天下雷行，陽氣普徧，无物不與，故曰「物與」也。物受之以生，无有災妄，故曰「物與无妄」也。《集解》。

大畜：

六四，童牛之告。❷

牛觸角著横木，所以告人。《釋文》。

頤：

虎視眈眈。

艮有虎象。《會通》。張氏。

大過：

《象》曰：過涉之凶，不可咎也。

君子以禮義爲法，小人以畏慎爲宜。至于大過之世，不復遵常，故君子犯義，小人犯刑，而家家有誅絶之罪，不可咎也。大過之世，君子遜遯，不行禮義，謂當不義則争之，若比干諫而死是也。桀紂之民，可比屋而誅，上化致然，亦不可咎。曾子曰：「上失其道，民散久矣。如得其情，則哀矜而勿喜」，是其義也。《集解》。

習坎：

❶「⿰多支」，注疏、集解作「祇」。

❷「告」，注疏、集解作「牿」。

險且玷。❶《釋文》。

上六，係用徽纆，寘于叢棘，三歲不得凶。

《象》曰：上六失道，凶三歲也。

坎爲叢棘，又爲法律。案《周禮》：王之外朝，左九棘、右九棘、面三槐。司寇公卿，議獄於其下。害人者，加明刑，任之以事。上罪三年舍，中罪二年而舍，下罪一年而舍也。《集解》。《義海撮要》節引。

離：

不鼓缶而歌，則大耋之差，❷凶。

鼓缶者，以目下視。離爲大腹，瓦缶之象。謂不取二也。歌者，口仰向上，謂兑爲口而向上取五也。日昃者，向下也。今不取二而上取五，則上九耋之。陽稱大也。差者，謂上被三奪五，憂差窮凶也。火性炎上，故三欲取五也。《集解》。

《象》曰：日昊之離，何可久也。

日昊當降，何可久長。三當據二，以爲鼓缶。而今與四同取于五，故曰「不鼓缶而歌」也。《集解》。

《象》曰：𠫓如其來如，无所容也。

在五見奪，在四見棄，故无所容也。《集解》。

《象》曰：六五之吉，離王公也。

戚差順陽，附麗于五，故曰「離王公」也。陽當居五，陰退還四，五當爲王，三則三公也。四處其中，附上下矣。《集解》。

下經

咸：

乘口説也。❸《釋文》。

❶「玷」，注疏、集解作「枕」。
❷「差」，注疏、集解作「嗟」。
❸「乘」，注疏、集解作「媵」。

恒：

剛柔皆應，恒。

初四、二五雖不正，而剛柔皆應，故通无咎矣。《集解》。

《象》曰：不恒其德，无所容也。

言三取初隔二，應上見乘，是无所容。无居自容，故貞吝。《集解》。

晉：

《象》曰：受兹介福，以中正也。

五動得正中，故二受大福矣。大福謂馬與蕃庶之物是也。《集解》。

九四，晉如鼫鼠，貞厲。晁氏曰：「九家作『鼫鼠』。」

鼫鼠喻貪，謂四也。體離欲升，體坎欲降。游不度瀆，不出坎也。飛不上屋，不至上也。緣不及木，❶不出離也。穴不掩身，五坤薄也。走不先足，外震在下也。五伎皆劣，四爻當之，故曰「晉如鼫鼠」也。《集解》。

明夷：

有攸往，主人有言。

四者初應，衆陰在上，爲主人也。初欲上居五，則衆陰有言。言謂震也。四五體震，爲雷聲，故曰「有攸往，主人有言」也。《集解》。

六二，明夷于左股，晁氏曰：「九家直云『明夷于左股』。」用承晁氏曰：「九家作『承』。」❷馬壯，吉。

左股謂初，爲二所夷也。離爲飛鳥，蓋取小過之義，鳥飛舒翼而行。夷者，傷也。今初傷垂翼在下，故曰「明夷于左股」矣。九三體坎，坎爲馬也。二應與五，三與五同功。二以中和應天，應天合衆。欲升上三以壯于五，故曰「用承馬壯，吉」。《集解》。

❶「及」，集解作「極」。

❷「承」，注疏、集解作「拯」。

承，升也。晁氏。

《象》曰：六二之吉，順以則也。

二欲上三居五，五爲天子，❶坎爲法律，君有法則，衆陰當順從之矣。《集解》。

九三，明夷于南狩，得其大首，不可疾貞。

歲終田獵，名曰狩也。南者，九五。大陽之位，故稱南也。暗昧道終，三可升上而獵于五，得據大陽首位，故曰「明夷于南狩，得其大首」。自暗復明，當以漸次，不可卒正，故曰「不可疾貞」也。《集解》。

《象》曰：入于左腹，獲心意也。

四欲上三居五爲坎，坎爲心，四以坤爻爲腹，故曰「入于左腹，獲心意也」。《集解》。

家人：

《象》曰：六二之吉，順以巽也。

謂二居貞，巽順于五，則吉矣。《集解》。《義海撮要》作「順以巽，謂二居正，順于五也」。

《象》曰：家人嗃嗃，未失也。婦子嘻嘻，失家節也。

別體異家，陰陽相據，喜樂過節也。別體異家，謂三五也。陰陽相據，三五各相據陰，故言婦子也。《集解》。

睽：

睽之時用大矣哉。

乖離之卦，於義不大。而天地事同，共生萬物，故曰「用大」。《集解》。

解：

《象》曰：公用射隼，以解悖也。

隼，鷙鳥也。今捕食雀者。其性疾害，喻暴君也。陰盗陽位，萬事悖亂，今射去之，故曰「以解悖也」。《集解》。

益：

---

❶「五」，集解無此字。

有孚中行，告公用圭。

天子以尺二寸元圭事天，以九寸事地也。上公執桓圭九寸，諸侯執信圭七寸，諸伯執躬圭七寸，諸子執穀璧五寸，諸男執蒲璧五寸。五等諸侯，各執之以朝見天子也。《集解》。

姤：

天地相遇，品物咸章也。

謂陽起子，運行至四月，六爻成乾。巽位在巳，故言乾成于巽。既成，轉舍于離。萬物皆盛大，坤從離出，與乾相遇，故言天地遇也。《集解》。

初六，繫于金柅，貞吉。有攸往，見凶。

絲繫于柅，猶女繫于男，故以喻初宜繫二也。若能專心順二則吉，故曰「貞吉」。今既爲二所據，不可往應四，往則有凶，故曰「有攸往，見凶」也。《集解》。《義海撮要》節引。

《會通》引作「荀氏」。

萃：

利貞。

五以正聚陽，故曰「利貞」。《集解》。

升：

初六，允升大吉。

《象》曰：允升大吉，上合志也。

謂初失正，乃與二陽允然合志，俱升五位，故曰「上合志也」。《集解》。

困：

初六，臀困于株木。

臀謂四，株木，三也。三體爲木，澤中无水，兑金傷木，故枯爲株也。初者四應，欲進之四，四困于三，故曰「臀困于株木」也。《集解》。

入于幽谷，三歲不覿。

幽谷，二也。此本否卦，謂陰來入坎，與初

同體，故曰「入幽谷」。三者，陽數。謂陽陷險中，爲陰所弇，終不得見，故曰「三歲不覿」也。《集解》。

入于其宮，不見其妻，不詳也。❶

此本否卦，二四同功一作「宮」。爲艮，艮爲門闕，宮之象也。六三居困而位不正，上困于民，内无仁恩，親戚叛逆，誅將加身，入宮无妻，非常之困，故曰「不詳也」。《集解》。

鼎：

《象》曰：鼎，象也。以木巽火，亨飪也。

鼎言象者，卦也木火，「卦也木火」四字誤，疑當作「卦體木火」。互有乾兑。乾金兑澤，澤者，水也。爨以木火，是鼎鑊亨飪之象。亦象三公之位，上則調和陰陽，下而撫毓百姓。鼎能孰物養人，故云「象也」。牛鼎受一斛，天子飾以黄金，諸侯白金。三足以象三台，足上皆作鼻目爲飾也。羊鼎五斗，天子飾以黄金，諸侯白金，大夫以銅。豕鼎三斗，天子飾以黄金，諸侯白金，大夫銅，士鐵。三鼎形同。亨飪，煮肉。上離陰爻爲肉也。《集解》。董逌《廣川書跋》引作「荀爽」。

九四，鼎折足，覆公餗，其刑渥，❷凶。晁氏曰：「『渥』九家作『剭』。」

鼎者，三足一體，猶三公承天子也。三公謂調陰陽，鼎謂調五味。足折餗覆，猶三公不勝其任，傾敗天子之美，故曰「覆餗」也。《集解》。

《象》曰：覆公餗，信如何也。

渥者，厚大，言辠重也。既覆公餗，信有大辠。刑罰當加，无可如何也。《集解》。

❶「詳」，注疏、集解作「祥」。
❷「刑」，注疏、集解作「形」。

豐：

勿憂，宜日中。

震動而上，故勿憂也。日者君，中者五，君宜居五也。謂陰處五日中之位，當傾昃矣。《集解》。

《象》曰：有孚發若，信以發志也。

信著于五，然後乃可發其順志。《集解》。堂案：此條毛本、胡本俱引作「虞翻説」，訛。

九三，豐其沛，日中見沬。

大暗謂之沛。沬，斗杓後小星也。《集解》。堂案：項氏《玩辭》引九家本，經文與《集解》同，晁氏「沬」引作「昧」，云「斗杓後星」。

旅：

六二，旅即次，懷其資，得僮僕貞。

即，就。次，舍。資，財也。以陰居二，即就其舍，故旅即次。承陽有實，故懷其資。初者卑賤，二得履之，故得僮僕。處和得位，正居，是故曰「得僮僕貞」矣。《集解》。《義海撮要》節引。

巽：

上九，巽在牀下。

上爲宗廟。禮封賞出軍，皆先告廟，然後受行。三軍之命，將之所專，故曰「巽在牀下」也。《集解》。

渙：

九五，渙汗其大號。

謂五建二爲諸侯，使下君國，故宣布號令，百姓被澤，若汗之出身，不還反也。此本否卦，體乾爲首，來下處二，成坎水，汗之象也。陽稱大，故曰「渙汗其大號」也。《集解》。

節：

《象》曰：安節之亨，承上道也。

言四得正奉五，上通于君，故曰「承上道也」。《集解》。

小過：

九四，无咎，弗過遇之。

以陽居陰，行過乎恭。今雖失位，進則遇五，故无咎也。四體震動，位既不正，當動上居五，不復過五，故曰「弗過遇之」矣。《集解》。

繫辭上

方以類聚。

謂姤卦，陽爻聚于午也。方，道也。謂陽道施生，萬物各聚其所也。《集解》。

物以群分。

謂復卦，陰爻群于子也。陰主成物，故曰「物」也。至于萬物一成，分散天下也，以周人用，故曰「物以群分」也。《集解》。

乾知大始。

始謂乾稟元氣，萬物資始也。《集解》。

原始及終，❶故知死生之說。

陰陽交合，物之始也。陰陽分離，物之終也。合則生，離則死，故原始及終，故知死生之說矣。交合，泰時春也。分離，否時秋也。《集解》。

而道濟天下，故不過。

言乾坤道，濟成天下而不過也。《集解》。

旁行而不流。

旁行，周合。六十四卦月主五卦，爻主一日，歲既周而復始也。《集解》。

範圍天地之化而不過。

範者，法也。圍者，周也。言乾坤消息，法周天地，而不過于十二辰也。辰，日月所會之宿，謂諏訾、降婁、大梁、實沈、鶉首、鶉火、鶉尾、壽星、大火、析木、星紀、玄枵

❶「及」，注疏、集解作「反」。下同。

之屬是也。《集解》。

言天下之至册，❶而不可亂也。《釋文》。

是故可與酬酢，可與右神矣。❷

陽往爲酬，陰來爲酢。陰陽相配，謂之右神也。孔子言大衍以下，至于能事畢矣。此足以顯明易道，又神易德行。可與經義相斟酌也，故喻以賓主酬酢之禮。所以助前聖，發見于神，秘矣。《禮·飲酒》主人酌賓爲獻，賓酌主人爲酢。主人飲之，又酌賓爲酬也。先舉爲酢，答報爲酬，酬取其報。以象陽唱陰和，變化相配。是助天地，明其鬼神者也。《集解》。

是故聖人以通天下之志。

凡言是故者，承上之辭也。謂以動者尚其變，變而通之，以通天下之志也。《集解》。

以定天下之業。

謂以制器者尚其象也。凡事業之未立，以易道決之，故言以定天下之業。《集解》。

以斷天下之疑。

謂卜筮者尚其占也。占事知來，故斷天下之疑。《集解》。

舉而措之天下之民，謂之事業。

謂聖人畫卦爲萬民事業之象，故天下之民尊之，得爲事業矣。《集解》。

默而成，❸晁氏曰：「無『之』字。」不言而信，存乎德行。

默而成，謂陰陽相處也。不言而信，謂陰陽相應也。德者，有實。行者，相應也。《集解》。

繫辭下

俯則觀法于地。

❶「册」，注疏、集解作「動」。
❷「右」，注疏、集解作「祐」。
❸「成」下，注疏、集解有「之」字。

艮兑爲山澤也。地有水火五行，八卦之形者也。《集解》。

與地之宜。

謂四方四維，八卦之位，山澤高卑，五土之宜也。《集解》。

以類萬物之情。

六十四卦，凡有萬一千五百二十册。册、類一物，故曰「類萬物之情」。以此庖犧重爲六十四卦明矣。《集解》。

黄帝、堯、舜垂衣裳而天下治，蓋取諸乾坤。

黄帝以上，羽皮革木，以禦寒暑。至乎黄帝，始制衣裳，垂示天下。衣取象乾，居上覆物。裳取象坤，在下含物也。《集解》。

挎木爲舟，❶掞木爲楫。❷舟楫之利，以濟不通，致遠以利天下，蓋取諸涣。

木在水上，流行若風，舟楫之象也。此本否卦，九四之二。挎，除也。巽爲長、爲木，艮爲手，乾爲金。艮手持金，故挎木爲舟，掞木爲楫也。乾爲遠、天，故濟不通，致遠以利天下矣。法涣而作舟楫，蓋取斯義也。《集解》。

重門擊㯓，以待虣客，蓋取諸豫。

下有艮象。從外示之，震復爲艮。兩艮對合，重門之象也。㯓者，兩木相擊以行夜也。艮爲手，爲小木，又爲上持。震爲足，又爲木，爲行。坤爲夜。即手持㯓木夜行，擊門之象也。坎爲盜。虣，水虣。長无常，故以待虣客。既有不虞之備，故取諸豫矣。《集解》。

上古結繩而治，後世聖人，易之以書契。百官以治，萬民以察，蓋取諸夬。

古者无文字，其有約誓之事，事大大其繩，

❶「挎」，注疏、集解作「刳」。

❷「掞」，注疏、集解作「剡」。

事小小其繩。結之多少，隨物衆寡，各執以相考，亦足以相治也。夬本坤世，下有伏坤，書之象也。上又見乾，契之象也。以乾照坤，察之象也。夬者，決也。取百官以書治職，萬民以契明其事。契，刻也。大壯進而成夬，金決竹木爲書契象，故法夬而作書契矣。《集解》。《路史·因提紀》注節引。

利用安身，以崇德也。

利用，陰道用也，謂姤時也。陰升上究，則乾伏坤中，詘以求信。陽當復升，安身嘿處也。時既潛藏，故利用安身，以崇其德。崇德，體卑而德高也。《集解》。

《易》曰：屨校滅趾，无咎。此之謂也。

噬嗑六五，本先在初，處非其位，小人者也。故歷説小人所以爲罪，終以致害，雖欲爲惡，能止不行，則无咎。《集解》。

《易》曰：何校滅耳，凶。

噬嗑上九爻辭也。陰自初升五，所在失正，積惡而罪大，故爲上所滅。善不積，斥五陰爻也。聰不明者，聞善不聽，聞戒不改，故凶也。《集解》。

以體天地之撰。

撰，數也。萬物形體，皆受天地之數也。謂九天數，六地數也。剛柔得以爲體矣。《集解》。

以通神明之德。

隱藏謂之神，著見謂之明。陰陽交通，乃謂之德。《集解》。

其稱名也，雜而不越。

陰陽，雜也。名謂卦名。陰陽雖錯，而卦象各有次序，不相踰越。《集解》。

巽以行權。

巽象號令，又爲近利。人君政教，進退釋

利，而爲權也。《春秋傳》曰：「權者，反于經，然後有善者也。」此所以説九卦者，聖人履憂，濟民之所急行也。故先陳其德，中言其性，後敘其用，以詳之也。西伯勞謙，殷紂驕暴。臣子之禮有常，故創易道以輔濟君父者也。然其意義，廣遠幽微。孔子指撮解此九卦之德，合三復之道。明西伯之于紂，不失上下。《集解》。

説　卦

坤以藏之。

謂建申之月，坤在乾下，包藏萬物也。乾坤交索，既生六子，各任其才，往生物也。又雷與風雨，變化不常，而日月相推，迭有來往，是以四卦以義言之。天地山澤，恒在者也，故直説名矣。《集解》。

巽爲雞。

應八風也。風應節而變，變不失時。雞時至而鳴，與風相應也。二九十八，主風精爲雞，故雞十八日剖而成雛。二九順陽曆，故雞知時而鳴也。《集解》。

坎爲豕。

污辱卑下也。六九五十四，主時精爲豕，坎豕懷胎四月而生。宣時理節，是其義也。《集解》。

艮爲狗。

艮止，主守禦也。艮數三，七九六十三，三主斗，斗爲犬，故犬懷胎三月而生。斗運行十三時日出，故犬十三日而開目。斗運行四匝，犬亦夜繞室也。火之精，畏水不敢飲，但舌舐水耳。犬鬭，以水灌之則解也。犬近奎星，故犬淫，當路不避人者也。《集解》。《玩辭》節引。

爲老馬。

言氣衰也。息至巳，必當復消，故爲老馬也。《集解》。

爲龍，爲直，爲衣，爲言。《釋文》。《漢上易傳》。《本義》。《玩辭》。

爲子母牛。

土能生育，牛亦含養，故爲子母牛也。《集解》。

爲文。

萬物相雜，故爲文也。《集解》。

爲牝，爲迷，爲方，爲囊，爲裳，爲黄，爲帛，爲漿。《釋文》。《漢上易傳》。《本義》。《玩辭》。

爲蒼筤竹。

蒼筤，青也。震陽在下，根長堅剛。陰爻在中，使外蒼筤也。《集解》。

爲萑葦。

萑葦，蒹葭也。根莖叢生，蔓衍相連，有似雷行也。《集解》。

爲王，爲鵠，爲鼓。《釋文》。《漢上易傳》。《本義》。《玩辭》。

爲楊，爲鸛。《釋文》。《漢上易傳》。《本義》。《玩辭》引，「楊」作「揚」，云：「巽稱而隱，稱即揚也。揚子曰『巽以揚』。」

爲薄蹄。

薄蹄者在下，水又趨下，趨下則流散，流散則薄，故爲薄蹄也。《集解》。

爲宫，爲律，爲可，爲棟，爲叢棘，爲狐，爲蒺蔾，爲桎梏。《釋文》。《漢上易傳》。《本義》。《玩辭》引，「棟」作「楝」，云：「『楝』字疑當爲『棟』。」

爲牝牛。《釋文》。《漢上易傳》。《本義》。《玩辭》。

爲鼻，爲虎，爲狐。《釋文》。《漢上易傳》。《本義》。《玩辭》。

爲常，爲輔頰。《釋文》。《漢上易傳》。《本義》。《玩辭》。

常，西方神也。《釋文》。

序卦

訟必有衆起，故受之以師。師者，衆也。

乾爲衆物，❶坎爲衆水。上下皆衆，故曰「師」也。凡制軍，萬有二千五百人爲軍。天子六軍，大國三軍，次國二軍，小國一軍。軍有將，皆命卿也。二千五百人爲師，師帥皆中大夫。五百人爲旅，旅帥皆下大夫也。《集解》。

以喜隨人者，必有事，故受之以蠱。蠱者，事也。

子行父事，備用致用，❷而天下治也。備物致用，立成器以爲天下利，莫大于聖人。子脩聖道，行父之事，以臨天下，無爲而治。《集解》。

進必有所傷，故受之以明夷。夷者，傷也。

日在坤下，其明傷也。言進極當降，復入于地，故曰「明夷」也。《集解》。

雜卦 闕

九家周易集注一卷

❶「乾」，集解作「坤」。
❷「用」，集解作「物」。

劉瓛周易義疏序

劉瓛字子珪。《乾坤義》一卷，《繫辭義疏》二卷，並見《隋書·經籍志》，《釋文·序録》止偁其注《繫辭》，而不及《乾坤義》。然案李善《文選注》及李鼎祚《集解》，有引乾坤二卦中説者，是明有《乾坤義》一書也。又董氏《會通》於「同人九三」采劉説，則又出《隋志》所紀二書之外。儻當時亡其書，并亡其目與？抑爲後人所依託與？俱不可知矣。《繫辭義疏》，《釋文》所采亦止一條，故更取唐釋玄應所引者并録之。孫堂識。

劉瓛周易義疏

平湖孫堂步升輯

上　經

乾：

用九。

揔六爻純陽之義，故曰「用九」也。《集解》。

《彖》曰。

彖者，斷也，斷一卦之才也。《集解》。

首出庶物，萬國咸寧。

陽氣爲萬物之所始，故曰「首出庶物」。立君而天下皆寧，故曰「萬國咸寧」也。《集解》。

《文言》曰。

依文而言其理，故曰「文言」。《集解》。《義海撮要》。

坤：

至哉坤元。

至，極也。《文選·鄒陽書》注。

萬物資生。

自無出有曰生，生得性之始也。《文選·陶淵明詩》注、《魏都賦》注引首句。

乃順承天。

萬物資生于地，故地承天而生也。《集解》。

同人：

升其高陵。

三居下體之上，故謂之陵。有憑上之志，故謂之升。《會通》。堂案：《義海撮要》亦引此注，前後共多八句，但《義海》引劉氏說甚多，此亦不標劉瓛，故依《會通》。

繫辭

鼓之以雷霆。

霆，雷也。震爲雷，離爲電。釋玄應《大智度論音義》第二十。堂案：《玉篇》「霆，電也」，《穀梁》隱九年傳云「電，霆也」，陸佃《埤雅》「霆，或謂之電」，又云「音庭則爲雷，音蜓則爲電」。是霆、蜓俱有平上二聲。此「霆」字，徐邈音徒鼎反，《爾雅》「蜓蚞之蜓」，謝嶠音同。今注首句云「霆，雷也」，雷乃「電」字之誤，況下文明云「離爲電」。

憂悔吝者，存乎介。

介，微也。釋玄應《五分律音義》第八。

冶容誨淫。

冶，妖冶也。謂傲雅自得，莊飾鮮明之貌也。釋玄應《中本起經音義》下卷。謂恣態之貌也。《維摩詰經音義》上卷。《大愛道比丘尼經音義》下卷引首句。

聖人以此洗心。

洗，悉殄反。盡也。《釋文》。

成天下之亹亹者。

亹亹，猶微微也。釋玄應《大智度論音義》第十六。

說卦 闕

序卦 闕

雜卦 闕

劉瓛周易義疏一卷終

周易注

〔三國・魏〕王弼
〔東晉〕韓康伯　撰
陳紹燕　王同印　校點

目録

校點說明

王弼（二二六—二四九），字輔嗣，三國魏山陽高平（今山東金鄉縣西北）人，是魏晉玄學的主要創始人之一。其易學著作有《周易注》和《周易略例》。

魏晉玄學發生於魏正始年間（二四〇—二四九）。當時，一批門閥士族執政者和知識分子，以極大的興趣反復討論關於有無、本末、體用等理論問題，他們以《老子》、《莊子》、《周易》（又稱「三玄」）作爲基本的思想資料，通過詮釋《老子》、《莊子》、《周易》來闡發自己的觀點。他們崇尚虛無，出言玄妙，因而人們稱這種討論爲「玄談」。王弼的《周易注》是玄學的代表作之一。他反對漢儒以象解《易》，提倡以義理解《易》，故就易學自身的發展來說，王弼是義理派的奠基人。但他在《周易注》中却滲入了老莊的觀點。比如以老子的「無」解釋「太極」和「大衍之數」中的「一」，用老子的以無爲本、以靜爲本解說《復・彖》，以自然無爲解說《臨》九五和《損・彖》；以莊子「得意忘言」解說《周易》，認爲：「言生於象，故可尋言以觀象；象生於意，故可尋象以觀意」，「得象而忘言，得意而忘象」。

王弼未注《繫辭》等易傳，晉韓康伯（三三二—三八〇）依王弼義補注《繫辭》等傳。

王弼和韓康伯的注解成爲玄學派解《易》的代表。唐代編《五經正義》，王、韓兩家注被《周易正義》確立爲標準解釋，成爲官方頒佈的經注定本之一和科舉取士的教科書。唐宋以來，士人學子大都受其薰陶，故其影響深遠，流傳下來的版本衆多，有單注本、注疏合刻本等。

此次校點以《四部叢刊》影印上海商務印書館涵芬樓藏宋刊十卷本《周易注》爲底本，主要以阮元《十三經注疏》本《周易兼義》（簡稱「阮刻本」）和嚴靈峰《無求備齋易經集成》影宋《周易注》附音義本（簡稱「無求備齋本」）爲校本。傅增湘撰《藏園群書經眼録》一書説底本爲「宋撫州公使庫刊遞修本，十行十六字，注雙行二十四字，白口，四周雙闌。版心上記大小字數，下記刊工姓名。上魚尾下有壬戌刊、壬申重刊、癸丑重刊各字。卷一、十六葉有『開禧乙丑換』五字」。《四部叢刊書録》據「開禧乙丑換」知爲「（宋）寧宗時所補，由此推之，記壬戌者爲嘉泰二年（一二〇二），記壬申者爲嘉定五年（一二一二），俱寧宗年號」。底本精確年代雖難以認定，但爲宋刻本無疑。原刻字精良，舛誤極少。底本未附陸德明《釋文》，較他本更爲簡潔，是一個好的版本。故《書録》稱：「周易单注本絶少宋槧，此誠經部之甲觀矣。」底本包括王弼《周易注》六卷，韓康伯的《繫辭》等傳注三卷，唐邢璹注王弼《周易略例》一卷。

阮元的《校勘記》（簡稱「阮校」）是一份重要的學術成果，本次校勘中多有稱引。在標點過程中，於高亨先生的《周易大傳今注》，樓宇烈先生的《王弼集校釋》以及李學勤先生主編、北京大學出版社出版的標點横排本《十三經注疏》之《周易正義》，也多有參考。

校點者　陳紹燕　王同印

周易上經乾傳第一

王弼注

䷀乾下乾上乾，元亨利貞。

初九，潛龍勿用。《文言》備矣。

九二，見龍在田，利見大人。出潛離隱，故曰「見龍」，處於地上，故曰「在田」。德施周普，居中不偏，雖非君位，君之德也。初則不彰，三則「乾乾」，四則「或躍」，上則過亢。「利見大人」，唯二、五焉。

九三，君子終日乾乾，夕惕若厲，无咎。處下體之極，居上體之下，在不中之位，履重剛之險。上不在天，未可以安其尊也；下不在田，未可以寧其居也。純脩下道，則居上之德廢；純脩上道，則處下之禮曠。故「終日乾乾」，至于「夕惕」，猶「若厲」也。居上不驕，在下不憂，因時而惕，不失其幾，雖危而勞，可以「无咎」。處下卦之極，愈於上九之亢，故竭知力而後免於咎也。乾三以處下卦之上，故免亢龍之悔。坤三以處下卦之上，故免龍戰之災。

九四，或躍在淵，无咎。去下體之極，居上體之下，乾道革之時也。上不在天，下不在田，中不在人，履重剛之險，而无定位所處，斯誠進退无常之時也。近乎尊位，欲進其道，迫乎在下，非躍所及。欲靜其居，居非所安，持疑猶豫，未敢決志。用心存公，進不在私，疑以爲慮，不謬於果，故「无咎」也。

九五，飛龍在天，利見大人。不行不躍，而在乎天，非飛如何？故曰「飛龍」也。龍德在天，則大人之路亨也。夫位以德興，德以位叙，以至德而處盛位，萬物之覩，不亦宜乎？

上九，亢龍有悔。

用九，見群龍无首，吉。九，天之德也。能用天德，乃見「群龍」之義焉。夫以剛健而居人之首，則物之所不與也。以柔順而爲不正，則佞邪之道也。故乾吉在「无首」，坤利在「永貞」。

《彖》曰：大哉乾元！萬物資始，乃統天。雲行雨施，品物流形，大明終始，六位時成，時乘六龍以御天。乾道變化，各正性命。天也者，形之名也。健也者，用形者也。夫形也者，物之累也。有天之形，而能永保无虧；爲物之首，統之者豈非至健哉！大明乎終始之道，故六位不失其時而成。升降无常，隨時而用。處則乘潛龍，出則乘飛龍，故曰「時乘六龍」也。乘變化而御大器，静專動直，不失大和，豈非正性命之情者邪？ 保合大和，乃利貞。不和而剛暴。 首出庶物，萬國咸寧。萬國所以寧，各以有君也。

《象》曰：天行健，君子以自强不息。「潛龍勿用」，陽在下也。「見龍在田」，德施普也。「終日乾乾」，反復道也。以上言之則不驕，以下言之則不憂，反復皆道也。❶ 「或躍在淵」，進无咎也。「飛龍在天」，大人造也。「亢龍有悔」，盈不可久也。「用九」，天德，不可爲首也。

《文言》曰：「元」者，善之長也。「亨」者，嘉之會也。「利」者，義之和也。「貞」者，事之幹也。君子體仁足以長人，嘉會足以合禮，利物足以和義，貞固足以幹事。君子行此四德者，故曰：「乾，元亨利貞。」

初九曰「潛龍勿用」，何謂也？子曰：「龍德而隱者也。不易乎世，不爲世俗所移易也。不成乎名，遯世无悶，不見是而无悶，樂則行之，憂則違之，確乎其不可拔，潛龍也。」九二曰「見龍在田，利見大人」，何謂也？子曰：「龍德而正中者也。庸言之信，庸行之謹，閑邪存其誠，善世而不伐，德博而化。《易》曰：『見龍在田，利見大人。』君德也。」九三曰「君子終日乾乾，夕惕若厲，无咎」，何謂也？子曰：「君子進德脩業。忠信所以進德也。脩辭立其誠，所以居業也。知至至之，可與幾

❶「皆」下，無求備齋本有「合」字。

也。❶知終終之，可與存義也。處一體之極，是「至」也。居一卦之盡，是「終」也。處事之至而不犯咎，「知至」者也，故可與成務矣。處終而能全其終，「知終」者也。夫進物之速者，義不若利；存物之終者，利不及義。故「靡不有初，鮮克有終」。夫「可與存義」者，其唯「知終」者乎？是故居上位而不驕，在下位而不憂。居下體之上，在上體之下，明夫終敝，故「不驕」也。知夫至至，故「不憂」也。故乾乾因其時而惕，雖危无咎矣。」惕，怵惕之謂也。處事之極，失時則廢，懈怠則曠，故「因其時而惕，雖危无咎。」九四曰「或躍在淵，无咎」，何謂也？子曰：「上下无常，非爲邪也。進退无恒，非離群也。君子進德脩業，欲及時也。故无咎。」九五曰「飛龍在天，利見大人」，何謂也？子曰：「同聲相應，同氣相求。水流濕，火就燥，雲從龍，風從虎。聖人作而萬物覩。本乎天者親上，本乎地者親下。則各從其類也。」上九曰「亢龍有悔」，何謂也？子曰：「貴而无位，高而无民，下无陰也。賢人在下位而无輔，賢人雖在下而當位，不爲之助。是以動而有悔也。」處上卦之極而不當位，故盡陳其闕也。獨立而動，物莫之與矣。《乾·文言》首不論「乾」而先說「元」，下乃曰「乾」，何也？夫乾者統行四事者也。君子以自强不息，行此四者，故首不論「乾」而下曰「乾，元亨利貞」。餘爻皆説龍，至於九三獨以「君子」爲目，何也？夫易者象也。象之所生，生於義也。有斯義，然後明之以其物，故以龍叙「乾」，以馬明「坤」，隨其事義而取象焉。是故初九、九二，龍德皆應其義，故可論龍以明之也。至於九三，「乾乾、夕惕」，非龍德也。明以君子當其象矣。統而舉之，「乾」體皆龍，別而叙之，各隨其義。

「潛龍勿用」，下也。「見龍在田」，時舍也。「終日乾乾」，行事也。「或躍在淵」，自試也。「飛龍在天」，上治也。「亢龍有悔」，窮之災也。乾元「用九」，天下治也。此一章全以人事明之也。九，陽也。陽，剛直之物也。夫能全用剛

❶「與」下，無求備齋本有「言」字。

直，放遠善柔，非天下至理，未之能也。故「乾元用九」，則「天下治」也。夫識物之動，則其所以然之理，皆可知也。龍之爲德，不爲妄者也。潛而勿用，何乎？必窮處於下也。見而在田，必以時之通舍也。以爻爲人，以位爲時，人不妄動，則時皆可知也。文王明夷，則主可知矣。仲尼旅人，則國可知矣。

「潛龍勿用」，陽氣潛藏。「見龍在田」，天下文明。「終日乾乾」，與時偕行。與天時俱不息。「或躍在淵」，乾道乃革。「飛龍在天」，乃位乎天德。「亢龍有悔」，與時偕極。與時運俱終極。乾元「用九」，乃見天則。此一章全説天氣以明之也。九，剛直之物，唯乾體能用之，用純剛以觀天，天則可見矣。

「乾元」者，始而亨者也。「利貞」者，性情也。不爲「乾元」，何能通物之始？不性其情，何能久行其正？是故「始而亨者」，必「乾元」也。利而正者，必「性情」也。乾始能以美利利天下，不言所利，大矣哉！大哉乾乎！剛健中正，純粹精也。六爻發揮，旁通情也。時乘六龍，以御天也。雲行雨施，天下平也。

君子以成德爲行，日可見之行也。「潛」之爲言也，隱而未見，行而未成，是以君子弗「用」也。君子學以聚之，問以辯之，以君德而處下體，資納於物者也。寬以居之，仁以行之。《易》曰「見龍在田，利見大人」，君德也。九三重剛而不中，上不在天，下不在田，故「乾乾」因其時而「惕」，雖危「无咎」矣。九四重剛而不中，上不在天，下不在田，中不在人，故「或」之。或之者，疑之也。故「无咎」。夫「大人」者與天地合其德，與日月合其明，與四時合其序，與鬼神合其吉凶，先天而天弗違，後天而奉天時。天且弗違，而況於人乎，況於鬼神乎。「亢」之爲言也，知進而不知退，知存而不知亡，知得而不知喪。其唯聖人乎。知進退存亡而不失其正者，其唯聖人乎。

䷁坤下坤上坤，元亨，利牝馬之貞。坤，貞之所利，利於牝馬也。馬在下而行者也，而又牝焉，順之至也。至順而後乃「亨」，故唯利於「牝馬之貞」。君子有攸往，先迷後得，主利。西南得朋，東北喪朋，安貞吉。西南致養之地，與坤同道者也，故曰「得朋」。東北反西南者也，故曰「喪朋」。陰之爲物，必離其黨，之於反類，而後獲安貞吉。

《彖》曰：至哉坤元！萬物資生，乃順承天，坤厚載物，德合无疆。含弘光大，品物咸亨，牝馬地類，行地无疆。地之所以得「无疆」者，以卑順行之故也。乾以龍御天，坤以馬行地。柔順利貞，君子攸行，先迷失道，後順得常。「西南得朋」，乃與類行。「東北喪朋」，乃終有慶。「安貞」之吉，應地无疆。地也者，形之名也。坤也者，用地者也。夫兩雄必爭，二主必危，有地之形，與剛健爲耦，而能永保无疆，❶用之者不亦至順乎？若夫行之不以「牝馬」，利之不以「永貞」，方而又剛，柔而又圓，求安難矣。

《象》曰：地勢坤，地形不順，其勢順。君子以厚德載物。

初六，履霜，堅冰至。始於履霜，至于堅冰，所謂至柔而動也剛。陰之爲道，本於卑弱而後積著者也，故取「履霜」以明其始。陽之爲物，非基於始以至於著者也，故以出處明之，則以初爲潛。

《象》曰：「履霜堅冰」，陰始凝也。馴致其道，至「堅冰」也。

六二，直方大，不習无不利。居中得正，❷極於地質，任其自然而物自生，❸不假脩營而功自成，故「不習」焉而「无不利」。❹

《象》曰：六二之動，直以方也。動而直

❶「能」，阮刻本作「以」。
❷「正」，無求備齋本作「位」。
❸「其」，無求備齋本作「於」。
❹「利」下，無求備齋本有「者」字。

方，任其質也。「不習无不利」，地道光也。

六三，含章可貞，或從王事，无成有終。三處下卦之極，而不疑於陽，應斯義者也。不爲事始，須唱乃應，待命乃發，含美而可正者也，故曰「含章可貞」也。有事則從，不敢爲首，故曰「或從王事」也。不爲事主，順命而終，故曰「无成有終」也。

《象》曰：「含章可貞」，以時發也，「或從王事」，知光大也。知慮光大，故不擅其美。

六四，括囊，无咎无譽。處陰之卦，以陰居陰，履非中位，无「直方」之質，不造陽事，无「含章」之美，括結否閉，賢人乃隱。施慎則可，非泰之道。

《象》曰：「括囊，无咎」，慎不害也。

六五，黄裳，元吉。黄，中之色也。裳，下之飾也。「坤」爲臣道，美盡於下。夫體无剛健而能極物之情，通理者也。以柔順之德，處於盛位，任夫文理者也。垂黄裳以獲元吉，非用武者也。極陰之盛，不至疑陽，以「文在中」，美之至也。

《象》曰：「黄裳，元吉」，文在中也。用黄裳而獲元吉，以「文在中」也。

上六，龍戰于野，其血玄黄。陰之爲道，卑順不盈，乃全其美。盛而不已，固陽之地，陽所不堪，故「戰于野」。

《象》曰：「龍戰于野」，其道窮也。

用六，利永貞。用六之利，「利永貞」也。

《象》曰：「用六」永貞，以大終也。能以永貞，大終者也。

《文言》曰：坤至柔而動也剛，至靜而德方。動之方正，❶不爲邪也。柔而又圓，消之道也。其德至靜，德必方也。後得主而有常，含萬物而化光。坤道其順乎，承天而時行。

積善之家，必有餘慶；積不善之家，必有餘殃。臣弑其君，子弑其父，非一朝一夕之故，其所由來者漸矣，由辯之不早辯也。

❶「正」，阮刻本作「直」。

《易》曰「履霜堅冰至」，蓋言順也。

「直」其正也，「方」其義也。君子敬以直内，義以方外，敬義立而德不孤。「直方大，不習无不利」，則不疑其所行也。

陰雖有美，「含」之以從王事，弗敢成也。地道也，妻道也，臣道也。地道「无成」，而代「有終」也。

天地變化，草木蕃，天地閉，賢人隱。《易》曰「括囊，无咎无譽」，蓋言謹也。

君子黄中通理，正位居體，美在其中，而暢於四支，發於事業，美之至也。

陰疑於陽必「戰」。辯之不早，疑盛乃動，故「必戰」。爲其嫌於无陽也，爲其嫌於非陽而戰。故稱「龍」焉。猶未離其類也。猶未失其陰類爲陽所滅。故稱「血」焉。猶與陽戰而相傷，故稱「血」。夫「玄黄」者，天地之雜也，天玄而地黄。

䷂震下坎上屯，元亨，利貞。剛柔始交是以「屯」也。不交則否，故屯乃大亨也。大亨則无險，故「利貞」。勿用有攸往，往益「屯」也。利建侯。得主則定。

《彖》曰：屯，剛柔始交而難生，動乎險中，大亨貞。始於險難，至於大亨，而後全正，故曰「屯，元亨，利貞」。雷雨之動滿盈，雷雨之動，乃得滿盈，皆剛柔始交之所爲。天造草昧。宜「建侯」而不寧。屯體不寧，故利「建侯」也。「屯」者，天地造始之時也，造物之始，始於冥昧，故曰「草昧」也。處造始之時，所宜之善，莫善「建侯」也。❶

《象》曰：雲雷，屯。君子以經綸。君子經綸之時。

初九，磐桓，利居貞，利建侯。處屯之初，動則難生，不可以進，故「磐桓」也。處此時也，其利安在？不唯居貞建侯乎？夫息亂以静，守静以侯，安民在正，弘正在謙。屯難之世，陰求於陽，弱求於强，民思其主之時

❶「莫善建侯」，無求備齋本作「莫善於建侯也」。

也。❶初處其首而又下焉。爻備斯義，宜其得民也。

《象》曰：雖「磐桓」，志行正也。不可以進，故「磐恒」也。非爲宴安棄成務也，故「雖磐桓，志行正也」。以貴下賤，大得民也。陽貴而陰賤也。

六二，屯如邅如，乘馬班如，匪寇婚媾。女子貞不字，十年乃字。志在乎五，不從於初。屯難之時，正道未行，與初相近而不相得，困於侵害，故屯邅也。時方屯難，正道未通，涉遠而行，難可以進，故曰「乘馬班如」也。寇，謂初也。无初之難，則與五婚矣，故曰「匪寇婚媾」也。志在於五，不從於初，故曰「女子貞不字」也。屯難之世，勢不過十年者也，十年則反常，反常則本志斯獲矣。故曰「十年乃字」。

《象》曰：「六二」之難，乘剛也。「十年乃字」，反常也。

六三，即鹿无虞，惟入于林中，君子幾，不如舍，往吝。三既近五而无寇難，四雖比五，其志在初，不妨己路，可以進而无屯邅也。見路之易，不揆其志，五應在二，往必不納，何異无虞以從禽乎？雖見其禽，而无其虞，徒入于林中，其可獲乎？幾，辭也。夫君子之動，豈取恨辱哉！故不如舍。「往吝」，窮也。

《象》曰：「即鹿无虞」，以從禽也。君子舍之，「往吝」窮也。

六四，乘馬班如，求婚媾，往吉，无不利。二雖比初，執貞不從，不害己志者也。求與合好，往必見納矣。故曰「往吉，无不利」。

《象》曰：「求」而往，明也。見彼之情狀也。

九五，屯其膏，小貞吉，大貞凶。處屯難之時，居尊位之上，不能恢弘博施，无物不與，拯濟微滯，亨于群小，而繫應在二，屯難其膏，非能光其施者也。固志同好，不容他間，小貞之吉，大貞之凶。

《象》曰：「屯其膏」，施未光也。

上六，乘馬班如，泣血漣如。處險難之極，下无應援，進无所適，雖比於五，五屯其膏，不與相得，居不獲安，行无所適，窮困闉厄，无所委仰，故「泣血漣如」。

❶「其」下，無求備齋本有「求」字。

《象》曰：「泣血漣如」，何可長也。

䷃坎下艮上蒙，亨。匪我求童蒙，童蒙求我。初筮告，再三瀆，瀆則不告。「筮」者，決疑之物也。童蒙之來求我，欲決所惑也。決之不一，不知所從，則復惑也。故初筮則告，再三則瀆。瀆，蒙也。能爲初筮，其唯二乎？以剛處中，能斷夫疑者也。利貞。「蒙」之所利，乃利正也。夫明莫若聖，昧莫若蒙。蒙以養正，乃聖功也。然則養正以明，失其道矣。

《象》曰：蒙，山下有險，險而止，蒙。退則困險，進則閡山，不知所適，蒙之義也。蒙「亨」，以亨行時中也。時之所願，唯願「亨」也。以亨行之，得時中也。「匪我求童蒙，童蒙求我」，志應也。「我」謂非「童蒙」者也。非「童蒙」者，即陽也。凡不識者求問識者，識者不求所告。闇者求明，明者不諮於闇。故「蒙」之爲義，「匪我求童蒙，童蒙求我」也。童蒙之來求我，志應故也。「初筮告」，以剛中也。謂二也。二爲衆陰之主也，无剛決中，何由得初筮之告乎？「再三瀆，瀆則不告」。瀆，蒙也。蒙以養正，聖功也。

《象》曰：山下出泉，蒙。山下出泉，未知所適，蒙之象也。君子以果行育德。「果行」者，初筮之義也。「育德」者，養正之功也。

初六，發蒙，利用刑人，用説桎梏，以往吝。處蒙之初，二照其上，故蒙發也。蒙發疑明，刑説當也。「以往吝」，刑不可長。

《象》曰：「利用刑人」，以正法也。刑人之道，道所惡也。以正法制，故刑人也。

九二，包蒙吉，納婦吉，子克家。以剛居中，童蒙所歸，包而不距，則遠近咸至，故「包蒙吉」也。婦者，配己而成德者也。體陽而能包蒙，以剛而能居中，以此納配，物莫不應，故「納婦吉」也。處于卦内，以剛接柔，親而得中，能幹其任，施之於「子克家」之義。

《象》曰：「子克家」，剛柔接也。

六三，勿用取女，見金夫，不有躬，无攸利。童蒙之時，陰求於陽，晦求於明，各求發其昧者也。六三在下卦之上，上九在上卦之上，男女之義也。上不求三而三求上，女先求男者也。女之爲體，正行以待命者也。

見剛夫而求之，故曰「不有躬」也。施之於女，行在不順，故「勿用取女」而「无攸利」。

《象》曰：「勿用取女」，行不順也。

六四，困蒙，吝。獨遠於陽，處兩陰之中，闇莫之發，故曰「困蒙」也。困於蒙昧，不能比賢以發其志，亦以鄙矣，故曰「吝」也。

《象》曰：「困蒙」之吝，獨遠實也。陽稱實也。

六五，童蒙，吉。以夫陰質居於尊位，不自任察而委於二，付物以能，不勞聰明，功斯克矣，故曰「童蒙吉」。

《象》曰：「童蒙」之吉，順以巽也。委物以能，不先不爲，「順以巽」也。

上九，擊蒙，不利爲寇，利禦寇。處蒙之終，以剛居上，能擊去童蒙，以發其昧者也，故曰「擊蒙」也。童蒙願發而己能擊去之，合上下之願，故莫不順也。爲之扞禦，則物咸附之。若欲取之，則物咸叛矣，故「不利爲寇，利禦寇」也。

《象》曰：利用「禦寇」，上下順也。

䷄乾下坎上需，有孚，光亨，貞吉。利涉大川。

《彖》曰：需，須也，險在前也。剛健而不陷，其義不困窮矣。「需，有孚，光亨，貞吉」，位乎天位，以正中也。謂五也，位乎天位，用其中正，以此待物，需道畢矣，故「光亨，貞吉」。利涉大川，往有功也。乾德獲進，往輒亨也。

《象》曰：雲上於天，需。君子以飲食宴樂。童蒙已發，盛德光亨，飲食宴樂，其在茲乎！

初九，需于郊，利用恒，无咎。居需之時，最遠於難，能抑其進以遠險待時，雖不應幾，可以保常也。

《象》曰：「需于郊」，不犯難行也。「利用恒，无咎」，未失常也。

九二，需于沙，小有言，終吉。轉近於難，故曰「需于沙」也。不至致寇，故曰「小有言」也。近不逼難，遠不後時，履健居中，以待其會，雖「小有言」，以吉終也。

《象》曰：「需于沙」，衍在中也。雖「小有言」，以吉終也。

九三，需于泥，致寇至。以剛逼難，欲進其道，所以招寇而致敵也。猶有須焉，不陷其剛。寇之來也，自我所招，敬慎防備，可以不敗。

《象》曰：「需于泥」，災在外也。自我「致寇」，敬慎不敗也。

六四，需于血，出自穴。凡稱血者，陰陽相傷者也。陰陽相近而不相得，陽欲進而陰塞之，則相害也。穴者，陰之路也，處坎之始，居穴者也。九三剛進，四不能距，見侵則辟，順以聽命者也，故曰「需于血，出自穴」也。

《象》曰：「需于血」，順以聽也。

九五，需于酒食，貞吉。「需」之所須，以待達也。己得天位，暢其中正，无所復須，故酒食而已，獲「貞吉」也。

《象》曰：「酒食，貞吉」，以中正也。

上六，入于穴，有不速之客三人來，敬之，終吉。六四所以「出自穴」者，以不與三相得而塞其路，不辟則害，故不得不出自穴而辟之也。至於上六，處卦之終，非塞路者也。與三爲應，三來之己，乃爲己援，故无畏害之辟，而乃有入穴之固也。三陽所以不敢進者，須難之終也。難終則至，不待召也。己居難終，故自來也。處无位之地，以一陰而爲三陽之主，故必「敬之」而後「終吉」。

《象》曰：「不速之客」來，「敬之終吉」，雖不當位，未大失也。處无位之地，不當位者也。敬之則得終吉，故「雖不當位，未大失也」。

䷅坎下乾上訟，有孚，窒惕，中吉，窒，謂窒塞也。皆惕，然後可以獲中吉。終凶。利見大人，不利涉大川。

《象》曰：訟，上剛下險，險而健，訟。「訟，有孚，窒惕，中吉」，剛來而得中也。「終凶」，訟不可成也。「利見大人」，尚中正也。「不利涉大川」，入于淵也。凡不和而訟，无施而可，涉難特甚焉。唯有信而見塞懼者，乃可以得吉也。猶復不可終，中乃吉也。不閉其源，使訟不至，雖每不枉，而訟至終竟，此亦凶矣。故雖復有信，而見塞懼，猶不可以爲終也。故曰「訟，有孚，窒惕，中吉，終凶」也。无善聽者，雖有其實，何由得明？而令有信塞懼者得其「中吉」，必有善聽之主焉，其在二乎？以剛而來，正夫群小，斷不失中，應斯任也。

《象》曰：天與水違行，訟。君子以作事謀始。「聽訟，吾猶人也，必也使无訟乎！」无訟在於謀始，謀始在於作制。契之不明，訟之所以生也。物有其分，職不相濫，争何由興？訟之所以起，契之過也。故有德司契而不責於人。

初六，不永所事，小有言，終吉。處訟之始，訟不可終，故「不永所事」，然後乃吉。凡陽唱而陰和，陰非先唱者也。四召而應，見犯乃訟。處訟之始，不爲訟先，雖不能不訟，而了訟必辯明也。

《象》曰：「不永所事」，訟不可長也。雖「小有言」，其辯明也。

九二，不克訟，歸而逋，其邑人三百户，无眚。以剛處訟，不能下物，自下訟上，宜其不克。若能以懼歸竄，其邑乃可以免災。邑過三百，非爲竄也。竄而據强，災未免也。

《象》曰：「不克訟」，歸逋竄也。自下訟上，患至掇也。

六三，食舊德，貞厲，終吉。或從王事，无成。體夫柔弱以順於上，不爲九二自下訟上，不見侵奪，保全其有，故得食其「舊德」而不失也。居争訟之時，處兩剛之間，而皆近不相得，故曰「貞厲」。柔體不争，繫應在上，衆莫能傾。故曰「終吉」。上壯争勝，難可忤也。故或從王事，不敢成也。

《象》曰：「食舊德」，從上吉也。

九四，不克訟。初辯明也。復即命渝，安貞吉。處上訟下，可以改變者也，故其咎不大。若能反從本理，變前之命，安貞不犯，不失其道，「爲仁由己」，故吉從之。

《象》曰：「復即命渝」，安貞不失也。

九五，訟，元吉。處得尊位，爲訟之主，用其中正以斷枉直，中則不過，正則不邪，剛无所溺，公无所偏，故「訟元吉」。

《象》曰：「訟，元吉」，以中正也。

上九，或錫之鞶带，終朝三褫之。處訟之極，以剛居上，訟而得勝者也。以訟受錫，榮何可保？故終朝之間，褫帶者三也。

《象》曰：以訟受服，亦不足敬也。

䷆坎下坤上**師，貞，丈人吉，无咎。**丈人，嚴莊之稱也。爲師之正，丈人乃吉也。興役動衆无功，罪也。故吉乃「无咎」也。

《彖》曰：師，衆也。貞，正也。能以衆正，可以王矣。剛中而應，行險而順，以此毒天下，而民從之，「吉」又何咎矣？毒，猶役也。

《象》曰：地中有水，師。君子以容民畜衆。

初六，師出以律，否臧凶。爲「師」之始，齊師者也。齊衆以律，失律則散，故「師出以律」。律不可失，失律而臧，何異於否？失令有功，法所不赦，故師出不以律，否臧皆凶。

《象》曰：「師出以律」，失律凶也。

九二，在師中吉，无咎。王三錫命。以剛居中，而應於上，在師而得中者也。承上之寵，爲師之主，任大役重，无功則凶，故吉乃无咎也。行師得吉，莫善懷邦，邦懷衆服，錫莫重焉，故乃得成命。

《象》曰：「在師中吉」，承天寵也。「王三錫命」，懷萬邦也。

六三，師或輿尸，凶。以陰處陽，以柔乘剛，進則无應，退无所守，以此用師，宜獲「輿尸」之凶。

《象》曰：「師或輿尸」，大无功也。

六四，師左次，无咎。得位而无應，无應不可以行，得位則可以處，故「左次」之而「无咎」也。行師之法，欲右背高，故「左次」之。

《象》曰：「左次，无咎」，未失常也。雖不能有獲，足以不失其常也。

六五，田有禽，利執言，无咎。長子帥師，弟子輿尸，貞凶。處師之時，柔得尊位，陰不先唱，柔不犯物，犯而後應，往必得直，故「田有禽」也。物先犯己，故可以「執言」而「无咎」也。柔非軍帥，陰非剛武，故不躬行，必以授也。授不得主，❶則衆不從，故「長子帥師」

❶「主」，阮刻本作「王」。

可也。「弟子」之凶，固其宜也。❶

《象》曰：「長子帥師」，以中行也。「弟子輿尸」，使不當也。

上六，大君有命，開國承家，小人勿用。處師之極，師之終也。「大君」之命，不失功也。「開國承家」，以寧邦也。「小人勿用」，非其道也。

《象》曰：「大君有命」，以正功也。「小人勿用」，必亂邦也。

䷇坤下坎上比，吉，原筮，元永貞，无咎。不寧方來，後夫凶。

《象》曰：比，吉也。比，輔也，下順從也。「原筮，元永貞，无咎」，以剛中也。處比之時，將「原筮」以求无咎，其唯「元永貞」乎？夫群黨相比，而不以「元永貞」，則凶邪之道也。若不遇其主，則雖永貞而猶未足免於咎也。使永貞而无咎者，其唯九五乎？「不寧方來」，上下應也。上下无陽以分其民，五獨處尊，莫不歸之，上下應之，既親且安，安則不安者託焉，故不寧方所以來，「上下應」故也。夫无者求有，有者不求所與，危者求安，安者不求所保。火有其炎，寒者附之，故已苟安焉，則「不寧方來」矣。「後夫凶」，其道窮也。將合和親，而獨在後，親成則誅，是以凶也。

《象》曰：地上有水，比。先王以建萬國，親諸侯。萬國以「比」建。諸侯以「比」親。

初六，有孚。比之无咎。有孚盈缶，終來有它，吉。處比之始，爲比之首者也。夫以不信爲比之首，則禍莫大焉，故必「有孚盈缶」，然後乃得免比之咎，故曰「有孚，比之无咎」也。處比之首，應不在一，心无私吝，則莫不比之。著信立誠，盈溢乎質素之器，則物終來无衰竭也。親乎天下，著信盈缶，應者豈一道而來？故必「有它吉」也。

《象》曰：比之初六，「有它吉」也。

六二，比之自内，貞吉。處比之時，居中得位，而繫應在五，不能來它，故得其「自内，貞吉」而已。

《象》曰：「比之自内」，不自失也。

❶「固」，阮刻本作「故」。

六三，比之匪人。四自外比，二爲五貞，近不相得，遠則无應，所與比者皆非己親，故曰「比之匪人」。

《象》曰：「比之匪人」，不亦傷乎！

六四，外比之，貞吉。外比於五，履得其位，比不失賢，處不失位，故「貞吉」也。

《象》曰：外比於賢，以從上也。

九五，顯比。王用三驅，失前禽。邑人不誡，吉。爲比之主，而有應在二，「顯比」者也。比而顯之，則所親者狹矣。夫无私於物，唯賢是與，則去之與來皆无失也。夫「三驅」之禮，禽逆來趣己則舍之，背己而走則射之，愛於來而惡於去也，故其所施，常「失前禽」也。以「顯比」而居王位，用三驅之道者也，故曰「王用三驅，失前禽」也。用其中正，征討有常，伐不加邑，動必討叛，邑人无虞，故「不誡」也。雖不得乎大人之吉，是「顯比」之吉也。此可以爲上之使，非爲上之道。

《象》曰：「顯比」之吉，位正中也。舍逆取順，「失前禽」也。「邑人不誡」，上使中也。

上六，比之无首，凶。「无首」，後也。處卦之終，是後夫也。親道已成，无所與終，爲時所棄，宜其凶也。

《象》曰：「比之无首」，无所終也。

䷈乾下巽上小畜，亨。不能畜大，止健剛志，故行是以亨。密雲不雨，自我西郊。

《彖》曰：小畜，柔得位而上下應之，曰小畜。謂六四也，成卦之義在此爻也。體无二陰以分其應，故「上下應之」也。既得其位而「上下應之」，三不能陵，小畜之義。健而巽，剛中而志行，乃亨。「密雲不雨」，尚往也。「自我西郊」，施未行也。小畜之勢，足作密雲，乃「自我西郊」，未足以爲雨也。何由知未能爲雨？夫能爲雨者，陽上薄陰，陰能固之，然後烝而爲雨。今不能制初九之「復道」，固九二之「牽復」，九三更以不能復爲劣也。下方尚往，施豈得行？故密雲而不能爲雨，「尚往」故也。何以明之？夫陰能固之，然後乃雨乎。上九獨能固九三之路，故九三不可以進而「輿説輻」也。能固其路而安於上，故得「既雨既處」。若四、五皆能若上九之善畜，則能雨明矣。故舉一卦而論之，能爲小畜密雲而已。陰苟不足以固陽，則雖復至盛，密雲自我西郊，故不能雨也。雨之未下，即施之未行也。彖全論一卦之體，❶故曰「密雲不雨」。《象》各言一爻之德，故曰「既雨既處」也。

《象》曰：風行天上，小畜。君子以懿文德。未能行其施者，故可以懿文德而已。

初九，復自道，何其咎？吉。處乾之始，以升巽初，四爲己應，不距己者也。以陽升陰，復自其道，順而无違，何所犯咎？得義之吉。

《象》曰：「復自道」，其義吉也。

九二，牽復，吉。處乾之中，以升巽五，五非畜極，非固己者也。雖不能若陰之不違，可牽以獲復，是以吉也。

《象》曰：「牽復」在中，亦不自失也。

九三，輿説輻，夫妻反目。上爲畜盛，不可牽征，以斯而進，故必「説輻」也。己爲陽極，上爲陰長，畜於陰長，不能自復，方之「夫妻反目」之義也。

《象》曰：「夫妻反目」，不能正室也。

六四，有孚，血去惕出，无咎。夫言「血」者，陽犯陰也。四乘於三，近不相得，三務於進，而己隔之，將懼侵克者也。上亦惡三，而能制焉，志與上合，共同斯誠。三雖逼己，而不能犯，故得「血去」懼除，保无咎也。

《象》曰：「有孚」、「惕出」，上合志也。

九五，有孚攣如，富以其鄰。處得尊位，不疑於二，來而不距，二牽己攣，不爲專固，「有孚攣如」之謂也。以陽居陽，處實者也。居盛處實，而不專固，「富以其鄰」者也。

《象》曰：「有孚攣如」，不獨富也。

上九，既雨既處，尚德載。婦貞厲，月幾望，君子征凶。處小畜之極，能畜者也。陽不獲亨，故「既雨」也。剛不能侵，故「既處」也。體巽處上，剛不敢犯，「尚德」者也。爲陰之長，能畜剛健，德積載者也。婦制其夫，臣制其君，雖貞近危，故曰「婦貞厲」也。陰之盈盛，莫盛於此，故曰「月幾望」也。滿而又進，必失其道。陰疑於陽，必見戰伐，雖復君子，以征必凶，故曰「君子征凶」。

《象》曰：「既雨既處」，德積載也。「君

❶「全」，阮刻本作「至」。

子征凶」，有所疑也。夫處下可以征而无咎者，唯泰也則然。坤本體下，又順而弱，不能敵剛，故可以全其類，征而吉也。自此以往，則其進各有難矣。夫巽雖不能若艮之善畜，猶不肯爲坤之順從也，故可得少進，不可盡陵也。是以初九、九二其復則可，至於九三，則「輿説輻」也。夫「大畜」者，畜之極也，畜而不已，畜極則通，是以其畜之盛，在於四、五，至于上九，道乃大行。「小畜」，積極而後乃能畜，是以四、五可以進，而上九説征之輻。

䷉兑下乾上履虎尾，不咥人，亨。

《彖》曰：履，柔履剛也。説而應乎乾，是以「履虎尾，不咥人，亨」。凡彖者，言乎一卦之所以爲主也，成卦之體，在六三也。「履虎尾」者，言其危也。三爲履主，以柔履剛，履危者也。「履虎尾」而不見咥者，以其説而應乎乾也。乾，剛正之德者也。不以説行夫佞邪，而以説應乎乾，宜其「履虎尾」不見咥而亨。剛中正，履帝位而不疚，光明也。言五之德。

《象》曰：上天下澤，履。君子以辯上下，定民志。

初九，素履往，无咎。處履之初，爲履之始。履道惡華，故素乃无咎。處履以素，何往不從，必獨行其願，物无犯也。

《象》曰：「素履」之往，獨行願也。

九二，履道坦坦，幽人貞吉。履道尚謙，不喜處盈，務在致誠，惡夫外飾者也。而二以陽處陰，履於謙也。居内履中，隱顯同也，履道之美，於斯爲盛，故「履道坦坦」，无險厄也。在幽而貞，宜其吉。

《象》曰：「幽人貞吉」，中不自亂也。

六三，眇能視，跛能履。履虎尾，咥人，凶。武人爲于大君。居「履」之時，以陽處陽，猶曰不謙，而況以陰居陽，以柔乘剛者乎？故以此爲明，眇目者也。以此爲行，跛足者也。以此履危，見咥者也。志在剛健，不脩所履，欲以陵武於人。「爲于大君」，行未能免於凶。而志存于五，頑之甚也。

《象》曰：「眇能視」，不足以有明也。「跛能履」，不足以與行也。「咥人」之「凶」，位不當也。「武人爲于大君」，志剛也。

九四，履虎尾，愬愬，終吉。逼近至尊，以陽承陽，❶處多懼之地，故曰「履虎尾，愬愬」也。然以陽居陰，以謙爲本，雖處危懼，終獲其志，故「終吉」也。

《象》曰：「愬愬終吉」，志行也。

九五，夬履，貞厲。得位處尊，以剛決正，故曰「夬履，貞厲」也。履道惡盈，而五處實，❷是以危。

《象》曰：「夬履，貞厲」，位正當也。

上九，視履考祥，其旋元吉。禍福之祥，生乎所履。處履之極，履道成矣。故可視履而考祥也。居極應説，高而不危，是其旋也。履道大成，故「元吉」也。

《象》曰：「元吉」在上，大有慶也。

周易卷第一

經三千二百五十五字

注五千九百四十四字

❶「承」，無求備齋本作「乘」。

❷「實」，阮刻本作「尊」。

周易上經泰傳第二

王弼注

䷊乾下坤上泰，小往大來，吉亨。

《彖》曰：「泰，小往大來，吉亨。」則是天地交而萬物通也，上下交而其志同也。內陽而外陰，內健而外順。內君子而外小人，君子道長，小人道消也。

《象》曰：天地交，泰。后以財成天地之道，輔相天地之宜，以左右民。泰者，物大通之時也。上下大通，則物失其節，故財成而輔相，以左右民也。

初九，拔茅茹，以其彙，征吉。茅之爲物，拔其根而相牽引者也。茹，相牽引之貌也。三陽同志，俱志在外。初爲類首，己舉則從，若「茅茹」也。上順而應，不爲違距，進皆得志，故以其類「征吉」。

《象》曰：「拔茅」、「征吉」，志在外也。

九二，包荒，用馮河，不遐遺，朋亡。得尚于中行。體健居中，而用乎「泰」，能包含荒穢，受納馮河者也。用心弘大，无所遐棄，故曰「不遐遺」也。无私无偏，存乎光大，故曰「朋亡」也。如此，乃可以得尚于中行。尚，猶配也。「中行」謂五。

《象》曰：「包荒」得尚于中行，以光大也。

九三，无平不陂，无往不復。艱貞无咎。勿恤其孚，于食有福。乾本上也，坤本下也，而得泰者，降與升也。而三處天地之際，將復其所處。復其所處，則上守其尊，下守其卑，是故无往而不復也，无平而不陂也。處天地之將閉，平路之將陂，時將大變，世將大革，而居不失其正，動不失其應，艱而能貞，不失其義，故「无咎」也。信義誠著，故不恤其孚而自明也，故曰「勿恤其孚，于食有福」也。

《象》曰：「无往不復」，天地際也。天地將各分復之際。

六四，翩翩，不富以其鄰，不戒以孚。乾樂上復，坤樂下復，四處坤首，不固所居，見命則退，故曰「翩翩」也。坤爻皆樂下，己退則從，故不待富而用其鄰也。莫不與己同其志願，故不待戒而自孚也。

《象》曰：「翩翩不富」，皆失實也。「不戒以孚」，中心願也。

六五，帝乙歸妹，以祉元吉。婦人謂嫁曰「歸」。「泰」者，陰陽交通之時也。女處尊位，履中居順，降身應二，感以相與，用中行願，不失其禮。「帝乙歸妹」，誠合斯義。履順居中，行願以祉，盡夫陰陽交配之宜，故「元吉」也。

《象》曰：「以祉元吉」，中以行願也。

上六，城復于隍，勿用師。自邑告命，貞吝。居泰上極，各反所應，泰道將滅，上下不交，卑不上承，尊不下施，是故「城復于隍」，卑道崩也。「勿用師」，不煩攻也。「自邑告命，貞吝」，否道已成，命不行也。

《象》曰：「城復于隍」，其命亂也。

䷋坤下乾上否之匪人，不利君子貞，大往小來。

《彖》曰：「否之匪人，不利君子貞，大往小來」，則是天地不交而萬物不通也，上下不交而天下无邦也。內陰而外陽，內柔而外剛，內小人而外君子，小人道長，君子道消也。

《象》曰：天地不交，否。君子以儉德辟難，不可榮以禄。

初六，拔茅茹，以其彙，貞吉亨。居否之初，處順之始，爲類之首者也。順非健也，何可以征？居否之時，動則入邪，三陰同道，皆不可進，故「茅茹」以類，❶貞而不諂，則「吉亨」。

《象》曰：「拔茅」、「貞吉」，志在君也。志在於君，故不苟進。

六二，包承，小人吉，大人否，亨。居「否」之世，而得其位，用其至順，包承於上。小人路通，內柔外剛，大人「否」之，其道乃亨。

❶「茅茹」，無求備齋本作「拔茅」。

《象》曰：「大人否，亨」，不亂群也。

六三，包羞。俱用小道以承其上，而位不當所以「包羞」也。

《象》曰：「包羞」，位不當也。

九四，有命，无咎，疇離祉。夫處「否」而不可以有命者，以所應者小人也。有命於小人，則消君子之道者也。今初志在君，處乎窮下，故可以有命无咎，而疇麗福也。疇謂初也。

《象》曰：「有命无咎」，志行也。

九五，休否，大人吉。其亡其亡，繫于苞桑。居尊當位，能休否道者也。施否於小人，否之休也。唯大人而後能然，故曰「大人吉」也。處君子道消之時，己居尊位，何可以安？故心存將危，乃得固也。

《象》曰：「大人」之「吉」，位正當也。

上九，傾否，先否後喜。先傾後通，故「後喜」也。始以傾爲「否」，後得通，乃喜。

《象》曰：「否」終則「傾」，何可長也。

䷌離下乾上 同人于野，亨。利涉大川。利君子貞。

《彖》曰：同人，柔得位得中，而應乎乾，曰「同人」。二爲同人之主。同人曰「同人于野，亨。利涉大川」，乾行也。所以乃能「同人于野，亨。利涉大川」，非二之所能也，是乾之所行，故特曰「同人曰」。文明以健，中正而應，君子正也。行健不以武，而以文明用之，相應不以邪，而以中正應之，君子正也，故曰「利君子貞」。唯君子爲能通天下之志。君子以文明爲德。

《象》曰：天與火，同人。天體於上，而火炎上，同人之義也。君子以類族辨物。君子、小人，各得所同。

初九，同人于門，无咎。居同人之始，爲同人之首者也。无應於上，心无係吝，通夫大同，出門皆同，故曰「同人于門」也。出門同人，誰與爲咎？

《象》曰：「出門同人」，又誰咎也？

六二，同人于宗，吝。應在乎五，唯同於主，過主則否。用心褊狹，鄙吝之道。

《象》曰：「同人于宗」，吝道也。

九三，伏戎于莽，升其高陵，三歲不興。居同人之際，履下卦之極，不能包弘上下，通夫大同，物黨相分，欲乖其道，貪於所比，據上之應，其敵剛健，非力所當，故「伏戎于莽」，不敢顯亢也。「升其高陵」，望不敢進，量斯勢也，「三歲」不能興者也。三歲不能興，則五道亦以成矣，安所行焉。

《象》曰：「伏戎于莽」，敵剛也。「三歲不興」，安行也。安，辭也。

九四，乘其墉，弗克攻，吉。處上攻下，力能乘墉者也。履非其位，以與人争，二自五應，三非犯己，攻三求二，尤而效之，違義傷理，衆所不與，故雖乘墉而不克也。不克則反，反則得吉也。❶不克乃反，其所以得吉，困而反則者也。

《象》曰：「乘其墉」，義弗克也。其「吉」，則困而反則也。

九五，同人先號咷，而後笑，大師克相遇。《象》曰：「柔得位、得中而應乎乾，曰同人。」然則體柔居中，衆之所與，執剛用直，衆所未從，故近隔乎二剛，未獲厥志，是以「先號咷」也。居中處尊，戰必克勝，故「後笑」也。不能使物自歸，而用其强直，故必須「大師克」之，然後「相遇」也。

《象》曰：「同人」之先，以中直也。「大師相遇」，言相克也。

上九，同人于郊，无悔。郊者，外之極也。處「同人」之時，最在於外，不獲同志，而遠於内争，故雖无悔吝，亦未得其志。

《象》曰：「同人于郊」，志未得也。凡處同人而不泰焉，則必用師矣。不能大通，則各私其黨而求利焉。楚人亡弓，不能亡楚，愛國愈甚，益爲它災。是以同人不弘剛健之爻，皆至用師也。

䷍乾下離上 大有，元亨。不大通，何由得「大有」乎？

---

❶「反則得吉也」，《經典釋文》云：「一本作『反則得得則吉也』。」無求備齋本下《音義》云「反則得則得則吉也」一本作「反則得得則吉也」。王弼原注或非「反則得吉也」五字。

「大有」，則必元亨矣。

《彖》曰：大有，柔得尊位，大中而上下應之，曰「大有」。處尊以柔，居中以大，體无二陰以分其應，上下應之，靡所不納，「大有」之義也。其德剛健而文明，應乎天而時行，是以「元亨」。德應於天，則行不失時矣。剛健不滯，文明不犯，應天則大，時行无違，是以「元亨」。

《象》曰：火在天上，大有。君子以遏惡揚善，順天休命。「大有」，包容之象也。故遏惡揚善，成物之美，順夫天德，休物之命。❶

初九，无交害，匪咎，艱則无咎。以夫剛健爲大有之始，不能履中，滿而不溢，術斯以往，後害必至，其欲匪咎，「艱則无咎」也。

《象》曰：大有初九，无交害也。

九二，大車以載，任重而不危。有攸往，无咎。健不違中，爲五所任，任重不危，致遠不泥，故可以往而「无咎」也。

《象》曰：「大車以載」，積中不敗也。

九三，公用亨于天子，小人弗克。處「大有」之時，居下體之極，乘剛健之上，而履得其位，與五同功，威權之盛，莫此過焉。公用斯位，乃得通乎天子之道也。小人不克，害可待也。

《象》曰：「公用亨于天子」，小人害也。

九四，匪其彭，无咎。既失其位，而上近至尊之威，下比分權之臣，其爲懼也可謂危矣。唯夫有聖知者，乃能免斯咎也。三雖至盛，五不可舍，能辯斯數，專心承五，常匪其旁，則「无咎」矣。旁，謂三也。

《象》曰：「匪其彭，无咎」，明辯晳也。明，猶才也。

六五，厥孚交如，威如，吉。居尊以柔，處大以中，无私於物，上下應之。信以發志，故其孚交如也。夫不私於物，物亦公焉。不疑於物，物亦誠焉。既公且信，何難何備？不言而教行，何爲而不「威如」？爲「大有」之主，而不以此道，吉可得乎？

❶「成物之美順夫天德休物之命」，阮刻本作「成物之性順天休命順物之命」。

《象》曰：「厥孚交如」，信以發志也。「威如」之吉，易而无備也。

上九，自天祐之，吉，无不利。大有，豐富之世也。處大有之上，而不累於位，志尚乎賢者也。餘爻皆乘剛，而己獨乘柔，順也。五爲信德，而己履焉，履信之謂也。雖不能體柔，而以剛乘柔，思順之義也。居豐有之世，而不以物累其心，高尚其志，尚賢者也。爻有三德，盡夫助道，故《繫辭》具焉。

《象》曰：大有上「吉」，自天祐也。

䷎艮下坤上謙，亨。君子有終。

《象》曰：「謙，亨」，天道下濟而光明，地道卑而上行。天道虧盈而益謙，地道變盈而流謙，鬼神害盈而福謙，人道惡盈而好謙。謙尊而光，卑而不可踰，君子之終也。

《象》曰：地中有山，謙。君子以裒多益寡，稱物平施。多者用謙以爲裒，少者用謙以爲益，隨物而與，施不失平也。

初六，謙謙君子，用涉大川，吉。處謙之下，謙之謙者也。能體「謙謙」，其唯君子。用涉大難，物无害也。

《象》曰：「謙謙君子」，卑以自牧也。牧，養也。

六二，鳴謙，貞吉。鳴者，聲名聞之謂也。得位居中，謙而正焉。

《象》曰：「鳴謙，貞吉」，中心得也。

九三，勞謙，君子有終，吉。處下體之極，履得其位，上下无陽以分其民，衆陰所宗，尊莫先焉。居謙之世，何可安尊？上承下接，❶勞謙匪懈，❷是以吉也。

《象》曰：「勞謙君子」，萬民服也。

六四，无不利，撝謙。處三之上，而用謙焉，則是自上下下之義也。承五而用謙順，❸則是上行之道也。盡乎奉上下下之道，故「无不利」。指撝皆謙，不違則也。

《象》曰：「无不利，撝謙」，不違則也。

---

❶「接」，無求備齋本作「綏」。

❷「懈」，阮刻本、無求備齋本作「解」。

❸「承」，無求備齋本作「乘」。

六五，不富以其鄰，利用侵伐，无不利。居於尊位，用謙與順，故能不富而用其鄰也。以謙順而侵伐，所伐皆驕逆也。

《象》曰：「利用侵伐」，征不服也。

上六，鳴謙。利用行師，征邑國。最處於外，不與內政，故有名而已，志功未得也。處外而履謙順，可以征邑國而已。❶

《象》曰：「鳴謙」，志未得也。可用行師，「征邑國」也。夫吉凶悔吝，生乎動者也。動之所起，興於利者也。故飲食必有訟，訟必有衆起。未有居衆人之所惡而爲動者所害，處不競之地而爲争者所奪，是以六爻雖有失位，无應。乘剛，而皆无凶咎悔吝者，以謙爲主也。「謙尊而光，卑而不可踰」，信矣哉。

䷏坤下震上 豫，利建侯行師。

《象》曰：豫，剛應而志行，順以動，豫。豫，順以動，故天地如之，而況「建侯行師」乎？天地以順動，故日月不過，而四時不忒。聖人以順動，則刑罰清而民服。豫之時義大矣哉！

《象》曰：雷出地奮，豫。先王以作樂崇德。殷薦之上帝，以配祖考。

初六，鳴豫，凶。處豫之初，而特得志於上。樂過則淫，志窮則凶，豫何可鳴？

《象》曰：初六「鳴豫」，志窮凶也。

六二，介于石，不終日，貞吉。處豫之時，得位履中，安夫貞正，不求苟豫者也。順不苟從，豫不違中，是以上交不諂，下交不瀆。明禍福之所生，故不苟說。辯必然之理，故不改其操。「介如石」焉「不終日」，明矣。

《象》曰：「不終日，貞吉」，以中正也。

六三，盱豫悔，遲有悔。居下體之極，處兩卦之際，履非其位，承動豫之主。若其睢盱而豫，❷悔亦生焉。遲而不從，豫之所疾。位非所據，而以從豫，進退離

❶「征邑國」，阮刻本作「邑一國」。

❷「而」，無求備齋本作「之」。

悔，宜其然矣。

《象》曰：「盱豫」有悔，位不當也。

九四，由豫，大有得。勿疑，朋盍簪。處豫之時，居動之始，獨體陽爻，衆陰所從。莫不由之以得其豫，故曰「由豫，大有得」也。夫不信於物，物亦疑焉，故勿疑則朋合疾也。❶盍，合也。簪，疾也。

《象》曰：「由豫，大有得」，志大行也。

六五，貞疾，恒不死。四以剛動，爲豫之主。專權執制，非己所乘，故不敢與四争權。而又居中處尊，未可得亡，是以必常至于「貞疾，恒不死」而已。

《象》曰：六五「貞疾」，乘剛也。「恒不死」，中未亡也。

上六，冥豫成，有渝，无咎。處動豫之極，極豫盡樂，故至于「冥豫成」也。過豫不已，何可長乎？故必渝變，然後「无咎」。

《象》曰：「冥豫」在上，何可長也。

䷐震下兑上隨，元亨利貞，无咎。

《彖》曰：隨，剛來而下柔，動而説，隨。大亨貞无咎，而天下隨時，隨時之義大矣哉。震剛而兑柔也，以剛下柔，動而之説，乃得隨也。爲隨而不大通，逆於時也。相隨而不爲利正，災之道也。故大通利貞，乃得无咎也。爲隨而今大通利貞，❷得於時也。得時則天下隨之矣。隨之所施，唯在於時也。時異而不隨，否之道也，故「隨時之義大矣哉」！

《象》曰：澤中有雷，隨。君子以嚮晦入宴息。澤中有雷，動説之象也。物皆説隨，可以无爲，不勞明鑒，故君子嚮晦入宴息也。

初九，官有渝，貞吉。出門交有功。居隨之始，上无其應，无所偏係，動能隨時，意无所主者也。隨不以欲，以欲隨宜者也。故官有渝變，隨不失正也。出門无違，何所失哉！

《象》曰：「官有渝」，從正吉也。「出門交有功」，不失也。

六二，係小子，失丈夫。陰之爲物，以處隨

❶「合」，無求備齋本作「盍」。
❷「今」，無求備齋本作「令」，是。

世，不能獨立，必有係也。居隨之時，體於柔弱，❶而以乘夫剛動，豈能秉志？違於所近，隨此失彼，弗能兼與。五處己上，初處己下，故曰「係小子，失丈夫」也。

《象》曰：「係小子」，弗兼與也。

六三，係丈夫，失小子。隨有求得，利居貞。陰之爲物，以處隨世，不能獨立，必有係也。雖體下卦，二已據初，將何所附？故舍初係四，志在「丈夫」。四俱无應，亦欲於己隨之，則得其所求矣，故曰「隨有求得」也。應非其正，以係於人，何可以妄，故「利居貞」也。初處己下，四處己上，故曰「係丈夫，失小子」也。

《象》曰：「係丈夫」，志舍下也。下，謂初也。

九四，隨有獲，貞凶。有孚在道，以明，何咎？處説之初，下據二陰，三求係己，不距則獲，故曰「隨有獲」也。居於臣地，履非其位，以擅其民，失於臣道，違正者也，故曰「貞凶」。體剛居説，而得民心，能幹其事，而成其功者也。雖違常義，❷志在濟物，心存公誠，❸著信在道，以明其功，何咎之有？

《象》曰：「隨有獲」，其義凶也。「有孚在道」，明功也。

九五，孚于嘉，吉。履正居中，而處隨世，盡隨時之宜，得物之誠，故「嘉吉」也。

《象》曰：「孚于嘉，吉」，位正中也。

上六，拘係之，乃從維之，王用亨于西山。隨之爲體，陰順陽者也。最處上極，不從者也。隨道已成，而特不從，故「拘係之」乃從也。「率土之濵，莫非王臣」，而爲不從，王之所討也，故「維之」，王用亨于西山也。兑爲西方，山者，塗之險隔也。處西方而爲不從，故王用通于西山。

《象》曰：「拘係之」，上窮也。處于上極，故窮也。

䷑巽下艮上蠱，元亨，利涉大川。先甲三日，後

❶「於」，阮校曰：「錢本、閩、監、毛本『於』作『分』，是也。」

❷「違」，阮刻本作「爲」。

❸「存」，阮刻本作「有」。

甲三日。

《彖》曰：蠱，剛上而柔下，上剛可以斷制，下柔可以施令。巽而止，蠱。既巽又止，不競争也。有事而无競争之患，故可以有爲也。「蠱，元亨」，而天下治也。有爲而大亨，非天下治而何也？「利涉大川」，往有事也。「先甲三日，後甲三日」，終則有始，天行也。蠱者，有事而待能之時也。可以有爲，其在此時矣。物已説隨，則待夫作制以定其事也。進德脩業，往則亨矣。故「元亨，利涉大川」也。「甲」者，創制之令也。創制不可責之以舊，故先之三日，後之三日，使令洽而後乃誅也。❶因事申令，終則復始，若天之行用四時也。

《象》曰：山下有風，蠱。君子以振民育德。蠱者，有事而待能之時也，故君子以濟民養德也。

初六，幹父之蠱，有子，考无咎，厲，終吉。處事之首，始見任者也。以柔巽之質，幹父之事，能承先軌，堪其任者也，故曰「有子」也。任爲事首，能堪其事，「考」乃「无咎」也。故曰「有子，考无咎」也。當事之首，是以危也，能堪其事，故「終吉」也。

《象》曰：「幹父之蠱」，意承考也。幹事之首，時有損益，不可盡承，故意承而已。

九二，幹母之蠱，不可貞。居於内中，宜幹母事，故曰「幹母之蠱」也。婦人之性，難可全正，宜屈己剛，既幹且順，故曰「不可貞」也。幹不失中，得中道也。

《象》曰：「幹母之蠱」，得中道也。

九三，幹父之蠱，小有悔，无大咎。以剛幹事，而无其應，故「有悔」也。履得其位，以正幹父，雖「小有悔」，終「无大咎」。

《象》曰：「幹父之蠱」，終无咎也。

六四，裕父之蠱，往見吝。體柔當位，幹不以剛，而以柔和，能裕先事者也。然无其應，往必不合，故曰「往見吝」。

《象》曰：「裕父之蠱」，往未得也。

❶「洽」，阮刻本、無求備齋本作「治」。阮校曰：「閩、監、毛本同，岳本、宋本、古本、足利本『治』作『洽』。」

六五，幹父之蠱，用譽。以柔處尊，用中而應，承先以斯，用譽之道也。

《象》曰：「幹父」用譽，承以德也。以柔處中，不任威力也。

上九，不事王侯，高尚其事。最處事上，而不累於位。「不事王侯」，高尚其事也。

《象》曰：「不事王侯」，志可則也。

䷒兑下坤上臨，元亨利貞。至于八月有凶。

《象》曰：臨，剛浸而長，說而順，剛中而應。大亨以正，天之道也。陽轉進長，陰道日消。君子日長，小人日憂，「大亨以正」之義。「至于八月有凶」，消不久也。八月陽衰而陰長，小人道長，君子道消也。故曰「有凶」。

《象》曰：澤上有地，臨。君子以教思无窮，容保民无疆。相臨之道，莫若說順也。不恃威制，得物之誠，故物无違也。是以君子「教思无窮，容保民无疆」也。

初九，咸臨，貞吉。咸，感也，感應也。有應於四，感以臨者也。四履正位，而己應焉，志行正者也。以剛感順，志行其正，以斯臨物，正而獲吉也。

《象》曰：「咸臨，貞吉」，志行正也。

九二，咸臨，吉，无不利。有應在五，感以臨者也。剛勝則柔危，而五體柔，非能同斯志者也。若順於五，則剛德不長，何由得「吉，无不利」乎？全與相違，則失於感應。其得「咸臨，吉，无不利」，必未順命也。

《象》曰：「咸臨，吉，无不利」，未順命也。

六三，甘臨，无攸利。既憂之，无咎。甘者，佞邪說媚，不正之名也。履非其位，居剛長之世，而以邪說臨物，宜其「无攸利」也。若能盡憂其危，改脩其道，剛不害王，❶故「咎不長」。

《象》曰：「甘臨」，位不當也。「既憂之」，咎不長也。

六四，至臨，无咎。處順應陽，不忌剛長，而乃

❶「王」，阮刻本、無求備齋本作「正」，是。

應之，履得其位，盡其至者也。剛勝則柔危，柔不失正，則得「无咎」也。

《象》曰：「至臨，无咎」，位當也。

六五，知臨，大君之宜，吉。處於尊位，履得其中，能納剛以禮，用違其正，❶不忌剛長而能任之，委物以能而不犯焉，則聰明者竭其視聽，知力者盡其謀能，不爲而成，不行而至矣。「大君之宜」，如此而已，故曰「知臨，大君之宜，吉」也。

《象》曰：「大君之宜」，行中之謂也。

上六，敦臨，吉，无咎。處坤之極，以敦而臨者也。志在助賢，以敦爲德，雖在剛長，剛不害厚，故「无咎」也。

《象》曰：「敦臨」之吉，志在内也。

䷓坤下巽上觀，盥而不薦，有孚顒若。王道之可觀者，莫盛乎宗廟。宗廟之可觀者，莫盛於盥也。至薦簡略，不足復觀，故觀盥而不觀薦也。孔子曰：「禘自既灌而往者，吾不欲觀之矣。」盡夫觀盛，則下觀而化矣。故觀至盥，則「有孚顒若」也。

《象》曰：大觀在上。下賤而上貴也。順而巽，中正以觀天下，觀。「盥而不薦，有孚顒若」，下觀而化也。觀天之神道，而四時不忒。聖人以神道設教，而天下服矣。統説觀之爲道，不以刑制使物，而以觀感化物者也。神則无形者也。不見天之使四時，而「四時不忒」，不見聖人使百姓，而百姓自服也。

《象》曰：風行地上，觀。先王以省方觀民設教。

初六，童觀，小人无咎，君子吝。處於觀時而最遠朝美，❷體於陰柔不能自進，无所鑒見，故曰「童觀」。趣順而已，无所能爲，小人之道也。故曰「小人无咎」。君子處大觀之時，而爲「童觀」，不亦鄙乎。

《象》曰：「初六，童觀」，小人道也。

六二，闚觀，利女貞。處在於内，寡所鑒見，體

❶「違」，阮刻本、無求備齋本作「建」，是。

❷「時」，阮刻本作「盟」。「朝」，阮刻本作「德」。

於柔弱，從順而已。猶有應焉，不爲全蒙，所見者狹，故曰「闚觀」。居内得位，柔順寡見，故曰「利女貞」，婦人之道也。處「大觀」之時，居中得位，不能「大觀」廣鑒，闚觀而已，誠「可醜」也。

《象》曰：「闚觀，女貞」，亦可醜也。

六三，觀我生，進退。居下體之極，處二卦之際，近不比尊，遠不「童觀」，觀風者也。居此時也，可以「觀我生進退」也。

《象》曰：「觀我生進退」，未失道也。處「進退」之時，以觀進退之幾，「未失道」也。

六四，觀國之光，利用賓于王。居觀之時，最近至尊，「觀國之光」者也。居近得位，明習國儀者也，故曰「利用賓于王」也。

《象》曰：「觀國之光」，尚賓也。

九五，觀我生，君子无咎。居於尊位，爲觀之主，宣弘大化，光于四表，觀之極者也。上之化下，猶風之靡草，故觀民之俗，以察己道，百姓有罪，在予一人。君子風著，己乃「无咎」。上爲化主，將欲自觀，乃觀民也。

《象》曰：「觀我生」，觀民也。

上九，觀其生，君子无咎。「觀我生」，自觀其道者也。「觀其生」，爲民所觀者也。不在於位，最處上極，高尚其志，爲天下所觀者也。處天下所觀之地，可不慎乎？故君子德見，乃得「无咎」。「生」，猶動出也。

《象》曰：「觀其生」，志未平也。特處異地，爲衆所觀，不爲平易，和光流通，「志未平」也。

周易卷第二

經二千四十七字

注四千七十四字

周易上經噬嗑傳第三

王弼注

☲☳震下離上噬嗑，亨。利用獄。噬，齧也。嗑，合也。凡物之不親，由有間也。物之不齊，由有過也。有間與過，齧而合之，所以通也。刑克以通，獄之利也。

《彖》曰：頤中有物，曰「噬嗑」。頤中有物，齧而合之，「噬嗑」之義也。噬嗑而亨。有物有間，不齧不合，无由亨也。剛柔分，動而明，雷電合而章。剛柔分動，不溷乃明，「雷電」並合，不亂乃章，皆「利用獄」之義。柔得中而上行，雖不當位，「利用獄」也。謂五也。能爲齧合而通，必有其主，五則是也。「上行」，謂所之在進也。凡言「上行」，皆所之在貴也。雖不當位，不害用獄也。

《象》曰：雷電，噬嗑。先王以明罰勑法。

初九，屨校滅趾，无咎。居无位之地，以處刑初，受刑而非治刑者也。凡過之所始，必始於微，而後至於著。罰之所始，必始於薄，而後至於誅。過輕戮薄，故「屨校滅趾」，桎其行也。足懲而已，故不重也。過而不改，乃謂之過。小懲大誡，乃得其福，故「无咎」也。「校」者，以木絞校者也，即械也。「校」者取其通名也。

《象》曰：「屨校滅趾」，不行也。過止於此。

六二，噬膚滅鼻，无咎。噬，齧也。齧者，刑克之謂也。處中得位，所刑者當，故曰「噬膚」也。乘剛而刑，未盡順道，噬過其分，故「滅鼻」也。刑得所疾，故雖「滅鼻」而「无咎」也。「膚」者，柔脆之物也。

《象》曰：「噬膚滅鼻」，乘剛也。

六三，噬腊肉，遇毒，小吝无咎。處下體之極，而履非其位，以斯食物，其物必堅。豈唯堅乎？將遇其毒。「噬」以喻刑人，「腊」以喻不服，「毒」以喻怨生。然承於四而不乘剛，雖失其正，刑不侵順，故雖「遇毒」，小吝无咎。

《象》曰：「遇毒」，位不當也。

九四，噬乾胏，得金矢。利艱貞，吉。雖體陽爻，爲陰之主，履不獲中，而居非其位。以斯噬物，物亦不服，故曰「噬乾胏」也。金，剛也。矢，直也。「噬乾胏」而得剛直，可以利於艱貞之吉，未足以盡通理之道也。

《象》曰：「利艱貞，吉」，未光也。

六五，噬乾肉，得黄金，貞厲无咎。乾肉，堅也。黄，中也。金，剛也。以陰處陽，以柔乘剛，以噬於物，物亦不服，故曰「噬乾肉」也。然處得尊位，以柔乘剛而居於中，能行其戮者也。履不正而能行其戮，剛勝者也。噬雖不服，得中而勝，故曰「噬乾肉，得黄金」也。己雖不正，而刑戮得當，故雖「貞厲」，而无咎也。

《象》曰：「貞厲无咎」，得當也。

上九，何校滅耳，凶。處罰之極，惡積不改者也。罪非所懲，故刑及其首，至于「滅耳」。及首非誡，滅耳非懲，凶莫甚焉。

《象》曰：「何校滅耳」，聰不明也。聰不明故不慮，惡積至于不可解也。

䷕離下艮上賁，亨。小利有攸往。

《彖》曰：賁「亨」，柔來而文剛，故「亨」。分剛上而文柔，故「小利有攸往」。剛柔不分，文何由生？故坤之上六來居二位，「柔來」「文剛」之義也。柔來文剛，居位得中，是以「亨」。乾之九二，分居上位，「分剛上而文柔」之義也。剛上文柔，不得中位，不若柔來文剛，故「小利有攸往」。天文也。剛柔交錯而成文焉，天之文也。文明以止，人文也。止物不以威武，而以文明，人之文也。觀乎天文，以察時變。觀乎人文，以化成天下。解天之文，❶則時變可知也。解人之文，則化成可爲也。

《象》曰：山下有火，賁。君子以明庶政，无敢折獄。處賁之時，止物以文明，不可以威刑，故「君子以明庶政」，而「无敢折獄」。

❶「解」，阮刻本作「觀」。下「解人之文」之「解」同。

初九，賁其趾，舍車而徒。在賁之始，以剛處下，居於无位，棄於不義，安夫徒步以從其志者也，故飾其趾。「舍車而徒」，義弗乘之謂也。

《象》曰：「舍車而徒」，義弗乘也。

六二，賁其須。得其位而无應，三亦无應，俱无應而比焉，近而相得者也。「須」之爲物，上附者也。脩其所履，❶以附於上，故曰「賁其須」也。

《象》曰：「賁其須」，與上興也。

九三，賁如濡如，永貞吉。處下體之極，居得其位，與二相比，俱履其正，和合相潤，以成其文者也。既得其飾，又得其潤，故曰「賁如濡如」也。永保其貞，物莫之陵，故曰「永貞吉」也。

《象》曰：「永貞」之吉，終莫之陵也。

六四，賁如皤如，白馬翰如，匪寇婚媾。有應在初，而閡於三，爲己寇難，二志相感，不獲通亨。欲靜則欽初之應，❷欲進則懼三之難，故或飾或素，內懷疑懼也。鮮絜其馬，「翰如」以待，雖履正位，未敢果其志也。三爲剛猛，未可輕犯，「匪寇」乃婚，終无尤也。

《象》曰：六四當位，疑也。「匪寇婚媾」，終无尤也。

六五，賁于丘園，束帛戔戔，吝，終吉。處得尊位，爲飾之主，飾之盛者也。施飾於物，其道害也。施飾丘園，盛莫大焉。故賁于束帛，「丘園」乃落。賁于丘園，帛乃「戔戔」。用莫過儉，泰而能約，故必「吝」焉，乃得「終吉」也。

《象》曰：六五之「吉」，有喜也。

上九，白賁，无咎。處飾之終，飾終反素，故任其質素，不勞文飾而「无咎」也。以白爲飾而无憂患，得志者也。

《象》曰：「白賁，无咎」，上得志也。

䷖坤下艮上剥，不利有攸往。

《象》曰：剥，剥也，柔變剛也。「不利有攸往」，小人長也。順而止之，觀象也。君子

❶「脩」，阮刻本、無求備齋本作「循」。

❷「欽」，四庫本作「失」，阮刻本作「疑」。

尚消息盈虛，天行也。坤順而艮止也。所以「順而止之」，不敢以剛止者，以觀其形象也。强亢激拂，觸忤以隕身。身既傾焉，功又不就，非君子之所尚也。

《象》曰：山附於地，剥。上以厚下安宅。「厚下」者，牀不見剥也。「安宅」者，物不失處也。「厚下安宅」，治「剥」之道也。

初六，剥牀以足，蔑貞，凶。牀者，人之所以安也。「剥牀以足」，猶云剥牀之足也。蔑，猶削也。剥牀之足，滅下之道也。下道始滅，剛隕柔長，則正削而凶來也。

《象》曰：「剥牀以足」，以滅下也。

六二，剥牀以辨，蔑貞，凶。「蔑」，猶甚極之辭也。辨者，足之上也。「剥」道浸長，故剥其辨也。稍近於「牀」，轉欲滅物之所處，長柔而削正。以斯爲德，物所棄也。

《象》曰：「剥牀以辨」，未有與也。

六三，剥之，无咎。與上爲應，群陰剥陽，我獨協焉。雖處於剥，可以无咎。

《象》曰：「剥之，无咎」，失上下也。三，上下各有二陰，而三獨應於陽，則失「上下」也。

六四，剥牀以膚，凶。初、二剥牀，民所以安，未剥其身也。至四，剥道浸長，牀既剥盡，以及人身，小人遂盛，物將失身，豈唯削正，靡所不凶。

《象》曰：「剥牀以膚」，切近災也。

六五，貫魚，以宫人寵，无不利。處「剥」之時，居得尊位，爲剥之主者也。剥之爲害，小人得寵，以消君子者也。若能施寵小人於宫人而已，不害於正，則所寵雖衆，終无尤也。「貫魚」謂此衆陰也。駢頭相次，似「貫魚」也。

《象》曰：「以宫人寵」，終无尤也。

上九，碩果不食，君子得輿，小人剥廬。處卦之終，獨全不落，故果至于碩而不見食也。君子居之，則爲民覆蔭，小人用之，則剥下所庇也。

《象》曰：「君子得輿」，民所載也。「小人剥廬」，終不可用也。

䷗震下坤上復，亨。出入无疾，朋來无咎，反復其道，七日來復。利有攸往。

《象》曰：復「亨」，剛反動而以順行，是以「出入无疾」，入則爲反，出則剛長，故「无疾」。疾，猶病也。朋來无咎，朋，謂陽也。「反復其道，七日來復」，陽氣始剥盡，至來復時，凡七日。天行也。以天之行，反復不過七日，復之不可遠也。「利有攸往」，剛長也。往則小人道消也。復，其見天地之心乎。復者，反本之謂也。天地以本爲心者也。凡動息則静，静非對動者也。語息則默，默非對語者也。然則天地雖大，富有萬物，雷動風行，運化萬變，寂然至无，是其本矣。故動息地中，乃天地之心見也。若其以有爲心，則異類未獲具存矣。

《象》曰：雷在地中，復。先王以至日閉關，商旅不行，后不省方。方，事也。冬至，陰之復也。夏至，陽之復也。故爲復則至於寂然大静，先王則天地而行者也。動復則静，行復則止，事復則无事也。

初九，不遠復，无祇悔，元吉。最處復初，始復者也。復之不速，遂至迷凶。「不遠」而復，幾悔而反，以此脩身，患難遠矣。錯之於事，其殆庶幾乎？故「元吉」也。

《象》曰：「不遠」之復，以脩身也。

六二，休復，吉。得位處中，最比於初。上无陽爻，以疑其親。陽爲仁行，在初之上，而附順之下，仁之謂也。既處中位，親仁善鄰，復之休也。

《象》曰：「休復」之吉，以下仁也。

六三，頻復，厲，无咎。頻，頻蹙之貌也。處下體之終，雖愈於上六之迷，已失復遠矣，是以蹙也。蹙而求復，未至於迷，故雖危「无咎」也。復道宜速，蹙而乃復，義雖无咎，它來難保。

《象》曰：「頻復」之厲，義无咎也。

六四，中行獨復。四，上下各有二陰，而處厥中，履得其位，而應於初，獨得所復，順道而反，物莫之犯，故曰「中行獨復」也。

《象》曰：「中行獨復」，以從道也。

六五，敦復，无悔。居厚而履中，居厚則无怨，履中則可以自考，雖不足以及「休復」之吉，守厚以復，悔可免也。《象》曰：「敦復，无悔」，中以自考也。

上六，迷復，凶。有災眚。用行師，終有大敗。以其國君凶，至于十年不克征。最處復後，是迷者也。以迷求復，故曰「迷復」也。用之「行師」，難用有克也，終必大敗。用之於國，則反乎君道也。大敗乃復，量斯勢也。雖復十年脩之，猶未能征也。

《象》曰：「迷復」之凶，反君道也。

䷘震下乾上无妄，元亨利貞。其匪正有眚，不利有攸往。

《象》曰：无妄，剛自外來而爲主於內。謂震也。動而健，震動而乾健也。剛中而應。謂五也。大亨以正，天之命也。「剛自外來而爲主於內」，動而愈健，剛中而應，威剛方正，私欲不行，何可以妄？使有妄之道滅，无妄之道成，非「大亨利貞」而何？「剛自外來而爲主於內」，則柔邪之道消矣。動而愈健，則剛直之道通矣。「剛中而應」，則齊明之德著矣，故「大亨以正」也。天之教命，何可犯乎？何可妄乎？是以「匪正」則有眚，而「不利有攸往」也。「其匪正有眚，不利有攸往」，无妄之往，何之矣？天命不祐，行矣哉！「匪正有眚」，不求改以從正，而欲有所往。居不可以妄之時，而欲以不正有所往，將欲何之？天命之所「不祐」，竟矣哉！

《象》曰：天下雷行，物與无妄。與，辭也，猶皆也。天下雷行，物皆不可以妄也。先王以茂對時育萬物。茂，盛也。物皆不敢妄，然後萬物乃得各全其性，「對時」育物，莫盛於斯也。

初九，无妄，往吉。體剛處下，以貴下賤，行不犯妄，故「往」得其志。

《象》曰：「无妄」之往，得志也。

六二，不耕穫，不菑畬，則利有攸往。不耕而穫，不菑而畬，代終已成而不造也。不擅其美，乃盡臣道，故「利有攸往」。

《象》曰：「不耕穫」，未富也。

六三，无妄之災，或繫之牛。行人之得，邑人之災。以陰居陽，行違謙順，是「无妄」之所以爲災也。牛者，稼穡之資也。二以不耕而穫「利有攸往」，而三爲不順之行，故「或繫之牛」，是有司之所以爲獲，彼人之所以爲災也。故曰「行人之得，邑人之災」也。

《象》曰：「行人」得牛，「邑人」災也。

九四，可貞，无咎。處「无妄」之時，以陽居陰，以剛乘柔，履於謙順，比近至尊。故可以任正，固有所守，而「无咎」也。

《象》曰：「可貞，无咎」，固有之也。

九五，无妄之疾，勿藥有喜。居得尊位，爲无妄之主者也。下皆「无妄」，害非所致，而取藥焉，疾之甚也。非妄之災，勿治自復。非妄而藥之則凶，故曰「勿藥有喜」。

《象》曰：无妄之「藥」，不可試也。「藥」，攻有妄者也。而反攻无妄，故「不可試也」。

上九，无妄，行有眚，无攸利。處不可妄之極，唯宜靜保其身而已，故不可以行也。

《象》曰：「无妄」之行，窮之災也。

䷙乾下艮上大畜，利貞，不家食，吉。利涉大川。

《彖》曰：大畜，剛健篤實，煇光日新其德。凡物既厭而退者，弱也。既榮而隕者，薄也。夫能「煇光日新其德」者，唯「剛健篤實」也。剛上而尚賢，謂上九也。處上而大通，剛來而不距，「尚賢」之謂也。能止健，大正也。健莫過乾，而能止之，非夫「大正」未之能也。「不家食，吉」，養賢也。「利涉大川」，應乎天也。有大畜之實，以之養賢，令賢者不家食，乃吉也。「尚賢」制健，「大正」應天，不憂險難，故「利涉大川」也。

《象》曰：天在山中，大畜。君子以多識前言往行，以畜其德。物之可畜於懷，令德不散，盡於此也。

初九，有厲，利已。四乃畜已，未可犯也。故進則有厲，已則利也。

《象》曰：「有厲，利已」，不犯災也。處健之始，未果其健者，故能「利已」。

九二，輿説輹。五處畜盛，未可犯也。遇斯而進，故「輿説輹」也。居得其中，能以其中，不爲馮河，死而无悔，遇難能止，故「无尤」也。

《象》曰：「輿説輹」，中无尤也。

九三，良馬逐，利艱貞，曰閑輿衛，利有攸往。凡物極則反，故畜極則通。初二之進，值於畜盛，故不可以升。至於九三，升于上九，而上九處天衢之亨，塗徑大通，進无違距，可以馳騁，故曰「良馬逐」也。履當其位，進得其時，之乎通路，不憂險厄，故「利艱貞」也。閑，閡也。衛，護也。進得其時，雖涉艱難而无患也，輿雖遇閑而故衛也。與上合志，故「利有攸往」也。

《象》曰：「利有攸往」，上合志也。

六四，童牛之牿，元吉。處艮之始，履得其位，能止健初，距不以角，柔以止剛，剛不敢犯，抑鋭之始，以息强争，豈唯獨利，乃將「有喜」也。

《象》曰：六四「元吉」，有喜也。

六五，豶豕之牙，吉。豕牙横猾，剛暴難制之物，謂二也。五處得尊位，爲畜之主。二剛而進，能豶其牙，柔能制健，禁暴抑盛，豈唯能固其位，乃將「有慶」也。

《象》曰：六五之「吉」，有慶也。

上九，何天之衢，亨。處畜之極，畜極則通，大畜以至於大亨之時。何，辭也。猶云：何畜，乃天之衢亨也。

《象》曰：「何天之衢」，道大行也。

䷚ 震下艮上 頤，貞吉。觀頤，自求口實。

《彖》曰：頤「貞吉」，養正則吉也。「觀頤」，觀其所養也。「自求口實」，觀其自養也。天地養萬物，聖人養賢，以及萬民，頤之時大矣哉！

《象》曰：山下有雷，頤。君子以慎言語，節飲食。言語、飲食，猶慎而節之，而况其餘乎？

初九，舍爾靈龜，觀我朶頤，凶。「朶頤」者，嚼也。以陽處下，而爲動始，不能令物由己養，動而求養者也。夫安身莫若不競，脩己莫若自保。守道則福至，求禄則辱來。居養賢之世，不能貞其所履，以全其德，而舍其靈龜之明兆，羨我朶頤而躁求，離其致養之至道，闚我寵禄而競進，「凶」莫甚焉。

《象》曰：「觀我朶頤」，亦不足貴也。

六二，顛頤，拂經于丘。頤，征凶。養下，曰顛。拂，違也。經，猶義也。丘，所履之常也。處下體之中，无應於上，反而養初居下，不奉上而反養下，故曰「顛頤，拂經于丘」也。以此而養，未見其福也。以此而行，未見有與，故曰「頤征凶」。

《象》曰：六二「征凶」，行失類也。類皆上養，而二處下養初。

六三，拂頤，貞凶。十年勿用，无攸利。履夫不正，以養於上，納上以諂者也。拂養正之義，故曰「拂頤，貞凶」也。處頤而爲此行，十年見棄者也。立行於斯，无施而利。

《象》曰：「十年勿用」，道大悖也。

六四，顛頤，吉。虎視眈眈，其欲逐逐，无咎。體屬上體，居得其位，而應於初。以上養下，得頤之義，故曰「顛頤，吉」也。下交不可以瀆，故「虎視眈眈」。威而不猛，不惡而嚴。養德施賢，何可有利？故「其欲逐逐」，尚敦實也。脩此二者，然後乃得全其吉而「无咎」。觀其自養則履正，察其所養則養陽，頤爻之貴，斯爲盛矣。

《象》曰：「顛頤」之吉，上施光也。

六五，拂經，居貞吉，不可涉大川。以陰居陽，「拂頤」之義也。行則失類，故宜「居貞」也。无應於下而比於上，故可守貞從上，得順之吉。❶雖得居貞之吉，處頤違謙，難未可涉也。

《象》曰：「居貞」之吉，順以從上也。

上九，由頤，厲，吉。利涉大川。以陽處上而履四陰，陰不能獨爲主，必宗於陽也。故莫不由之以得其養，故曰「由頤」。爲衆陰之主，不可瀆也，故厲乃吉。有似家人「悔厲」之義，貴而无位，是以厲也。高而有民，是以吉也。爲養之主，物莫之違，故「利涉大川也」。

《象》曰：「由頤，厲，吉」，大有慶也。

䷛ 巽下兑上 大過，音相過之過。棟橈，利有攸往。亨。

《象》曰：「大過」，大者過也。大者，乃能過

❶「順」，阮刻本、無求備齋本作「頤」。

也。「棟橈」，本末弱也。初爲本，而上爲末也。剛過而中，謂二也。居陰「過」也。處二「中」也。拯弱興衰，不失其中也。巽而説行，「巽而説行」，以此救難，難乃濟也。「利有攸往」，乃亨。危而弗持，則將安用？故往乃亨。大過之時，大矣哉。是君子有爲之時。

《象》曰：澤滅木，大過。君子以獨立不懼，遯世无悶。此所以爲「大過」，非凡所及也。

初六，藉用白茅，无咎。以柔處下，過而可以「无咎」，其唯慎乎！

《象》曰：「藉用白茅」，柔在下也。

九二，枯楊生稊，老夫得其女妻，无不利。「稊」者，楊之秀也。以陽處陰，能過其本而救其弱者也。上无其應，心无特吝，處過以此，无衰不濟也。故能令枯楊更生稊，老夫更得少妻，拯弱興衰，莫盛斯爻，故「无不利」也。老過則枯，少過則稚。以老分少，則稚者長。以稚分老，則枯者榮，「過以相與」之謂也。大過至衰而已至壯，以至壯輔至衰，應斯義也。

《象》曰：老夫女妻，過以相與也。

九三，棟橈，凶。居大過之時，處下體之極，不能救危拯弱，以隆其棟，而以陽處陽，自守所居，又應於上，係心在下，❶宜其淹溺而凶衰也。

《象》曰：「棟橈」之凶，不可以有輔也。

九四，棟隆，吉。有它吝。體屬上體，以陽處陰，能拯其弱，不爲下所橈者也，故「棟隆，吉」也。而應在初，用心不弘，故「有它吝」也。

《象》曰：「棟隆」之吉，不橈乎下也。

九五，枯楊生華，老婦得其士夫，无咎无譽。處得尊位，而以陽處陽，未能拯危。處得尊位，亦未有橈，故能生華，不能生稊，能得夫，不能得妻。處「棟橈」之世，而爲「无咎无譽」，何可長哉！故生華不可久，士夫誠可醜也。

《象》曰：「枯楊生華」，何可久也？老婦士夫，亦可醜也。

❶「下」，阮刻本、無求備齋本作「一」。

上六，過涉滅頂，凶，无咎。處大過之極，過之甚也。涉難過甚，故至于「滅頂，凶」，志在救時，故不可咎也。

《象》曰：「過涉」之凶，不可咎也。雖「凶」无咎，不害義也。

䷜坎下坎上❶習坎。「坎」，險陷之名也。「習」，謂便習之。有孚，維心亨，剛正在內，「有孚」者也。陽不外發而在乎內，「心亨」者也。行有尚。內亨外闇，內剛外順，以此行險，「行有尚」也。

《彖》曰：「習坎」，重險也。坎以險爲用，故特名曰「重險」，言「習坎」者，習乎重險也。水流而不盈，行險而不失其信。險陗之極，故水流而不能盈也。處至險而不失剛中，「行險而不失其信」者，「習險」之謂也。❷「維心亨」，乃以剛中也。「行有尚」，往有功也。便習於「坎」，而之坎地，盡坎之宜，故「往」必「有功」也。天險不可升也，不可得升，故得保其威尊。地險山川丘陵也。有山川丘陵，故物得以保全也。王公設險以守其國，國之爲衛，恃於險也。言自天地以下莫不須險也。險之時用大矣哉！非用之常，用有時也。

《象》曰：水洊至，習坎。重險縣絶，故「水洊至」也。不以「坎」爲隔絶，相仍而至，習乎「坎」也。君子以常德行，習教事。至險未夷，教不可廢，故以「常德行」，而「習教事」也。習於坎，然後乃能不以險難爲困，而「德行」不失常也。故則夫「習坎」，以「常德行」而「習教事」也。

初六，習坎，入于坎窞，凶。「習坎」者，習爲險難之事也。最處坎底，入「坎窞」者也。處重險而復入坎底，其道「凶」也。行險而不能自濟，「習坎」而入「坎窞」，失道而窮在坎底，上无應援可以自濟，是以凶也。

《象》曰：「習坎」入坎，失道凶也。

九二，坎有險，求小得。履失其位，故曰

❶「坎下坎上」，原誤作「坎上坎下」，據通例改。
❷「險」，阮刻本作「坎」。

「坎」。上无應援，故曰「有險」。坎而有險，未能出險之中也。處中而與初、三相得，故可以「求小得」也。初、三未足以爲援，故曰「小得」也。

《象》曰：「求小得」，未出中也。

六三，來之坎坎，險且枕，入于坎窞，勿用。既履非其位，而又處兩「坎」之間，出則之「坎」，居則亦「坎」，故曰「來之坎坎」也。枕者，枝而不安之謂也。出則无之，處則无安，故曰「險且枕」也。來之皆「坎」，无所用之，徒勞而已。

《象》曰：「來之坎坎」，終无功也。

六四，樽酒簋貳，用缶，納約自牖，終无咎。處重險而履正，以柔居柔，履得其位，以承於五，五亦得位，剛柔各得其所，不相犯位，皆无餘應以相承比，明信顯著，不存外飾，處「坎」以斯，雖復一樽之酒，二簋之食，瓦缶之器，納此至約，自進於牖，乃可羞之於王公，薦之於宗廟，故「終无咎」也。

《象》曰：「樽酒簋貳」，剛柔際也。剛柔相比而相親焉，「際」之謂也。

九五，坎不盈，祗既平，无咎。爲坎之主，而无應輔可以自佐，未能盈坎者也。坎之「不盈」，則險不盡矣。祗，辭也。爲坎之主，盡平乃无咎，故曰「祗既平，无咎」也。説「既平」乃「无咎」，明九五未免於咎也。

《象》曰：「坎不盈」，中未大也。

上六，係用徽纆，寘于叢棘，三歲不得，凶。險陗之極，不可升也。嚴法峻整，難可犯也。宜其囚執寘于思過之地。「三歲」，險道之夷也。險終乃反，故三歲不得自脩，三歲乃可以求復，故曰「三歲不得，凶」也。

《象》曰：上六失道，凶「三歲」也。

䷝離下離上　離，利貞，亨。離之爲卦，以柔爲正，故必貞而後乃亨，故曰「利貞，亨」也。畜牝牛，吉。柔處于內而履正中，牝之善也。外强而內順，牛之善也。離之爲體，以柔順爲主者也，故不可以畜剛猛之物，而吉於「畜牝牛」也。

《象》曰：「離」，麗也。麗，猶著也。各得所著之宜。日月麗乎天，百穀草木麗乎土。重明以麗乎正，乃化成天下，柔麗乎中正，故

「亨」。是以「畜牝牛，吉」也。柔著于中正，乃得通也。柔通之吉，極於「畜牝牛」，不能及剛猛也。

《象》曰：明兩作，離。大人以繼明照于四方。「繼」，謂不絶也。「明照」相繼，不絶曠也。

初九，履錯然，敬之，无咎。「錯然」者，警慎之貌也。處離之始，將進而盛，未在既濟，故宜慎其所履，以敬爲務，辟其咎也。

《象》曰：「履錯」之敬，以辟咎也。

六二，黄離，元吉。居中得位，以柔處柔，履文明之盛而得其中，故曰「黄離，元吉」也。

《象》曰：「黄離，元吉」，得中道也。

九三，日昃之離，不鼓缶而歌，則大耋之嗟，凶。嗟，憂歎之辭也。處下離之終，明在將没，故曰「日昃之離」也。明在將終，若不委之於人，養志无爲，則至于耋老有嗟，凶矣，故曰「不鼓缶而歌，則大耋之嗟，凶」也。

《象》曰：「日昃之離」，何可久也？

九四，突如其來如，焚如，死如，棄如。處於明道始變之際，昏而始曉，没而始出，故曰「突如其來如」。其明始進，其炎始盛，故曰「焚如」。逼近至尊，履非其位，欲進其盛，以炎其上，命必不終，故曰「死如」。違「離」之義，无應无承，衆所不容，故曰「棄如」也。

《象》曰：「突如其來如」，无所容也。

六五，出涕沱若，戚嗟若，吉。履非其位，不勝所履。以柔乘剛，不能制下，下剛而進，將來害己，憂傷之深，至于沱嗟也。然所麗在尊，四爲逆首，憂傷至深，衆之所助，故乃沱嗟而獲吉也。

《象》曰：六五之「吉」，離王公也。

上九，王用出征，有嘉折首，獲匪其醜，无咎。離，麗也。各得安其所麗謂之「離」。處離之極，離道已成，則除其非類以去民害，「王用出征」之時也。故必「有嘉折首，獲匪其醜」，乃得「无咎」也。

《象》曰：「王用出征」，以正邦也。

周易卷第三

經一千九百七十五字

注四千六百九十四字

周易下經咸傳第四

王弼注

䷞艮下兑上咸，亨，利貞。取女吉。

《彖》曰：咸，感也。柔上而剛下，二氣感應以相與。是以「亨」也。止而説，故「利貞」也。男下女，「取女吉」也。是以「亨，利貞」、「取女吉」也。天地感而萬物化生，二氣相與，乃化生也。聖人感人心而天下和平。觀其所感，而天地萬物之情可見矣。天地萬物之情，見於所感也。凡感之爲道，不能感非類者也，故引「取女」以明同類之義也。同類而不相感應，以其各亢所處也。故女雖應男之物，必下之而後取女乃吉也。

《象》曰：山上有澤，咸。君子以虛受人。以虛受人，物乃感應。

初六，咸其拇。處咸之初，爲感之始，所感在末，故有志而已。如其本實，未至傷静。

《象》曰：「咸其拇」，志在外也。四屬外卦。❶

六二，咸其腓，凶，居吉。咸道轉進，離拇升腓，腓體動躁者也。感物以躁，凶之道也。由躁故凶，居則吉矣。

《象》曰：雖「凶，居吉」，順不害也。陰而爲居，順之道也。不躁而居，「順不害也」。

九三，咸其股，執其隨，往吝。股之爲物，隨足者也。進不能制動，退不能静處，所感在股，「志在隨人」者也。志在隨人，所「執」亦以賤矣。用斯以往，吝其宜也。

《象》曰「咸其股」，亦不處也。志在隨人，所執下也。

九四，貞吉，悔亡。憧憧往來，朋從爾思。處上卦之初，應下卦之始，居體之中，在股之上，二體

❶「卦」，阮刻本作「也」。

始相交感，以通其志，心神始感者也。凡物始感而不以之於正，則至於害，故必貞然後乃吉，吉然後乃得亡其悔也。始在於感，未盡感極，不能至於无思以得其黨，故有「憧憧往來」，然後「朋從」其思也。

《象》曰：「貞吉，悔亡」，未感害也。未感於害，故可正之，得「悔亡」也。「憧憧往來」，未光大也。

九五，咸其脢，无悔。脢者，心之上，口之下，進不能大感，退亦不爲无志，其志淺末，故「无悔」而已。

《象》曰：「咸其脢」，志末也。

上六，咸其輔頰舌。咸道轉末，故在口舌言語而已。

《象》曰：「咸其輔頰舌」，滕口説也。「輔頰舌」者，所以爲語之具也。「咸其輔頰舌」，則「滕口説」也。「憧憧往來」，猶未光大，況在滕口，薄可知也。

䷟巽下震上恒，亨，无咎，利貞。恒而亨，以濟三事也。恒之爲道，亨乃「无咎」也。恒通无咎，乃利正也。利有攸往。各得所恒，脩其常道，終則有始，往而无違，故「利有攸往」也。

《彖》曰：恒，久也。剛上而柔下，剛尊柔卑，得其序也。雷風相與，長陽、長陰，能相成也。巽而動，動无違也。剛柔皆應，不孤媲也。恒。皆可久之道。恒「亨，无咎，利貞」，久於其道也。道得所久，則常通无咎而利正也。❶天地之道，恒久而不已也。得其所久，故不已也。「利有攸往」，終則有始也。得其常道，故終則復始，往无窮極。日月得天而能久照，四時變化而能久成，聖人久於其道而天下化成。言各得其所恒，故皆能長久。觀其所恒，而天地萬物之情可見矣。天地萬物之情，見於所恒也。

《象》曰：雷風，恒。長陽、長陰，合而相與，可久之道也。君子以立不易方。得其所久，故「不易」也。

❶「常」，無求備齋本作「恒」。

初六，浚恒，貞凶，无攸利。處恒之初，最處卦底，始求深者也。求深窮底，令物无餘緼，漸以至此，物猶不堪，而況始求深者乎？以此爲恒，凶正害德，无施而利也。

《象》曰：「浚恒」之凶，始求深也。

九二，悔亡。雖失其位，恒位於中，可以消悔也。

《象》曰：九二「悔亡」，能久中也。

九三，不恒其德，或承之羞，貞吝。處三陽之中，居下體之上，處上體之下，上不全尊，下不全卑，中不在體，體在乎恒，而分无所定，无恒者也。德行无恒，自相違錯，不可致詰，故「或承之羞」也。施德於斯，物莫之納，鄙賤甚矣，故曰「貞吝」也。

《象》曰：「不恒其德」，无所容也。

九四，田无禽。恒於非位，雖勞无獲也。❶

《象》曰：久非其位，安得禽也？

六五，恒其德，貞。婦人吉，夫子凶。居得尊位，爲恒之主，不能「制義」，而係應在二，❷用心專貞，從唱而已。「婦人」之吉，「夫子」之凶也。

《象》曰：「婦人」貞吉，從一而終也。「夫子」制義，從婦凶也。

上六，振恒，凶。夫静爲躁君，安爲動主。故安者，上之所處也。静者，可久之道也。處卦之上，居動之極，以此爲恒，无施而得也。

《象》曰：「振恒」在上，大无功也。

䷠艮下乾上遯，亨，小利貞。

《彖》曰：「遯亨」，遯而亨也。遯之爲義，遯乃通也。剛當位而應，與時行也。謂五也。「剛當位而應」，非否亢也。遯不否亢，能「與時行」也。「小利貞」，浸而長也。陰道欲浸而長，正道亦未全滅，故「小利貞」也。遯之時義，大矣哉！

《象》曰：天下有山，遯。天下有山，陰長之象。君子以遠小人，不惡而嚴。

❶「獲」，原誤作「復」，今據阮刻本、無求備齋本改。

❷「二」，原誤作「上」，今據阮刻本、無求備齋本改。

初六，遯尾，厲，勿用有攸往。「遯」之爲義，辟内而之外者也。「尾」之爲物，最在體後者也。處遯之時，不往何災，而爲「遯尾」，禍所及也。危至而後求行，難可免乎？厲則「勿用有攸往」也。

《象》曰：「遯尾」之厲，不往何災也。

六二，執之用黄牛之革，莫之勝説。居内處中，爲遯之主，物皆遯己，何以固之？若能執乎理中厚順之道以固之也，則莫之勝解。

《象》曰：「執用黄牛」，固志也。

九三，係遯，有疾厲。畜臣妾，吉。在内近二，以陽附陰，宜遯而係，故曰「係遯」。遯之爲義，宜遠小人，以陽附陰，係於所在，不能遠害，亦已憊矣，宜其屈辱而危厲也。係於所在，「畜臣妾」可也。施於大事，凶之道也。

《象》曰：「係遯」之厲，有疾憊也。「畜臣妾，吉」，不可大事也。

九四，好遯，君子吉，小人否。處於外而有應於内，君子「好遯」，故能舍之。小人繫戀，是以「否」也。

《象》曰：「君子」好遯，「小人」否也。音臧否之否。

九五，嘉遯，貞吉。遯而得正，反制於内，小人應命，率正其志，「不惡而嚴」，得正之吉，遯之嘉也。

《象》曰：「嘉遯，貞吉」，以正志也。

上九，肥遯，无不利。最處外極，无應於内，超然絶志，心无疑顧，憂患不能累，矰繳不能及，是以「肥遯，无不利」也。

《象》曰：「肥遯，无不利」，无所疑也。

䷡乾下震上 大壯，利貞。

《彖》曰：「大壯」，大者壯也。大者，謂陽爻。小道將滅，大者獲正，故「利貞」也。剛以動，故壯。「大壯利貞」，大者正也，正大而天地之情可見矣。天地之情，正大而已矣。弘正極大，則天地之情可見矣。

《象》曰：雷在天上，大壯。剛以動也。君子以非禮弗履。壯而違禮則凶，凶則失壯也。故君子以「大壯」而順禮也。

初九，壯于趾，征凶，有孚。夫得「大壯」者，必能自終成也。未有陵犯於物而得終其壯者。在下而壯，故曰「壯于趾」也。居下而用剛壯，以斯而進，窮凶可必也，故曰「征凶，有孚」。

《象》曰：「壯于趾」，其孚窮也。言其信窮。

九二，貞吉。居得中位，以陽居陰，履謙不亢，是以「貞吉」。

《象》曰：九二「貞吉」，以中也。

九三，小人用壯，君子用罔，貞厲。羝羊觸藩，羸其角。處健之極，以陽處陽，用其壯者也。故小人用之以爲壯，君子用之以爲羅己者也。「貞厲」以壯，雖復羝羊，以之觸藩，能无羸乎？

《象》曰：「小人用壯」，君子罔也。

九四，貞吉，悔亡。藩決不羸。壯于大輿之輹。下剛而進，將有憂虞。而以陽處陰，行不違謙，不失其壯，故得「貞吉」而「悔亡」也。已得其壯，而上陰不罔己路，故「藩決不羸」也。「壯于大輿之輹」，无有能說其輹者，可以往也。

《象》曰：「藩決不羸」，尚往也。

六五，喪羊于易，无悔。居於大壯，以陽處陽，猶不免咎，而況以陰處陽，以柔乘剛者乎？羊，壯也。必喪其羊，失其所居也。能喪壯于易，不于險難，故得「无悔」。二履貞吉，能幹其任，而已委焉，則得「无悔」。委之則難不至，居之則敵寇來，故曰「喪羊于易」。

《象》曰：「喪羊于易」，位不當也。

上六，羝羊觸藩，不能退，不能遂。无攸利，艱則吉。有應於三，故「不能退」，懼於剛長，故「不能遂」。持疑猶豫，志无所定，以斯決事，未見所利。雖處剛長，剛不害正。苟定其分，固志在一，❶以斯自處，則憂患消亡，故曰「艱則吉」也。

《象》曰：「不能退，不能遂」，不詳也。❷

---

❶ 「一」，阮校云：「閩、監、毛本『一』作『三』。」孔穎達疏亦云：「但難固其志，不捨於三，即得吉。」

❷ 「詳」，阮校云：「古本、足利本『詳』作『祥』。」

「艱則吉」，咎不長也。

䷢坤下離上 晉，康侯用錫馬蕃庶，晝日三接。

《彖》曰：「晉」，進也。明出地上，順而麗乎大明。柔進而上行，凡言「上行」者，所之在貴也。是以「康侯用錫馬蕃庶，晝日三接」也。康，美之名也。順以著明，臣之道也。「柔進而上行」，物所與也。故得「錫馬」而「蕃庶」。「以訟受服」，則「終朝三褫」。柔進受寵，則一晝「三接」也。

《象》曰：「明出地上」，晉。君子以自昭明德。以順著明，自顯之道。

初六，晉如摧如，貞吉。罔孚，裕，无咎。處順之初，應明之始，明順之德，於斯將隆。進明退順，不失其正，故曰「晉如摧如，貞吉」也。處卦之始，功業未著，物未之信，❶故曰「罔孚」。方踐卦始，未至履位，以此爲足，自喪其長者也。故必「裕」之，然後「无咎」。

《象》曰：「晉如摧如」，獨行正也。「裕，无咎」，未受命也。未得履位，「未受命也」。

六二，晉如愁如，貞吉。受兹介福，于其王母。進而无應，其德不昭，故曰「晉如愁如」。居中得位，履順而正，不以无應而回其志，處晦能致其誠者也。脩德以斯，聞乎幽昧，得正之吉也，故曰「貞吉」。「母」者，處内而成德者也。「鳴鶴在陰」，則「其子和之」，立誠於闇，闇亦應之，故其初「愁如」。履貞不回，則乃受兹大福「于其王母」也。

《象》曰：「受兹介福」，以中正也。

六三，衆允，悔亡。處非其位，悔也。志在上行，與衆同信，順而麗明，故得「悔亡」也。

《象》曰：「衆允」之，志上行也。

九四，晉如鼫鼠，貞厲。履非其位，上承於五，下據三陰，履非其位。又負且乘，无業可安，志无所據，以斯爲進，正之危也。進如「鼫鼠」，无所守也。

《象》曰：「鼫鼠貞厲」，位不當也。

六五，悔亡。失得勿恤，往吉，无不利。柔得尊位，陰爲明主，能不用察，不代下任也。故雖不當

❶「信」，原誤作「言」。今據阮刻本、無求備齋本改。

位，能消其悔。「失得勿恤」，各有其司，術斯以往，「无不利」也。

《象》曰：「失得勿恤」，往有慶也。

上九，晉其角，維用伐邑，厲吉，无咎，貞吝。處進之極，過明之中，明將夷焉。已在乎角，而猶進之，非亢如何？失夫道化无爲之事，必須攻伐，然後服邑，危乃得吉，吉乃无咎。用斯爲正，亦以賤矣。

《象》曰：「維用伐邑」，道未光也。

䷣離下坤上明夷，利艱貞。

《象》曰：明入地中，明夷。内文明而外柔順，以蒙大難，文王以之。「利艱貞」，晦其明也。内難而能正其志，箕子以之。

《象》曰：明入地中，明夷。君子以莅衆，「莅衆」顯明，蔽僞百姓者也。故以蒙「養正」，以明夷「莅衆」。用晦而明。藏明於内，乃得明也。顯明於外，乃所辟也。

初九，明夷于飛，垂其翼。君子于行，三日不食。有攸往，主人有言。明夷之主，在於上六。上六爲至闇者也。初處卦之始，最遠於難也。遠難過甚，「明夷」遠遯，絶跡匿形，不由軌路，故曰「明夷于飛」。懷懼而行，行不敢顯，故曰「垂其翼」也。尚義而行，故曰「君子于行」也。志急於行，飢不遑食，故曰「三日不食」也。殊類過甚，以斯適人，人必疑之，故曰「有攸往，主人有言」。

《象》曰：「君子于行」，義不食也。

六二，明夷，夷于左股。用拯馬壯，吉。「夷于左股」，示行不能壯也。❶以柔居中，用夷其明，進不殊類，退不近難。不見疑憚，順以則也。故可「用拯馬」而壯，吉也。不垂其翼，然後乃免也。

《象》曰：六二之「吉」，順以則也。順之以則，故不見疑。

九三，明夷于南狩，得其大首，不可疾貞。處下體之上，居文明之極，上爲至晦，入地之物也。故夷其明，以獲南狩，得大首也。「南狩」者，發其明也。既

❶「示」，阮刻本作「是」。

誅其主，將正其民。民之迷也，其日固已久矣。化宜以漸，不可速正，故曰「不可疾貞」。

《象》曰：「南狩」之志，乃大得也。去闇主也。

六四，入于左腹，獲明夷之心，于出門庭。左者，取其順也。「入于左腹」，得其心意，故雖近不危。雖時辟難，門庭而已，能不逆忤也。

《象》曰：「入于左腹」，獲心意也。

六五，箕子之明夷，利貞。最近於晦，與難爲比，險莫如茲。而在斯中，猶闇不能没，明不可息，正不憂危，故「利貞」也。

《象》曰：「箕子」之貞，明不可息也。

上六，不明晦，初登于天，後入于地。處明夷之極，是至晦者也。本其初也，在乎光照，轉至於晦，遂「入于地」。

《象》曰：「初登于天」，照四國也。「後入于地」，失則也。

䷤離下巽上家人，利女貞。「家人」之義，各自脩一家之道，不能知家外他人之事也。統而論之，非元亨利君子之貞，故「利女貞」。其正在家内而已。

《象》曰：家人，女正位乎内，謂二也。男正位乎外。謂五也。家人之義，以内爲本，故先説女也。男女正，天地之大義也。家人有嚴君焉，父母之謂也。父父、子子、兄兄、弟弟、夫夫、婦婦，而家道正，正家而天下定矣。

《象》曰：風自火出，家人。由内以相成熾也。君子以言有物而行有恒。家人之道，脩於近小而不妄也。故君子以言必有物而口无擇言，行必有恒而身无擇行。

初九，閑有家，悔亡。凡教在初而法在始，家瀆而後嚴之，志變而後治之，則「悔」矣。處家人之初，爲家人之始，故宜必以「閑有家」，然後「悔亡」也。

《象》曰：「閑有家」，志未變也。

六二，无攸遂，在中饋，貞吉。居内處中，履得其位，以陰應陽，盡婦人之正義。无所必遂，職乎「中饋」，巽順而已，是以「貞吉」也。

《象》曰：六二之「吉」，順以巽也。

九三，家人嗃嗃，悔厲，吉。婦子嘻嘻，終吝。以陽處陽，剛嚴者也。處下體之極，爲一家之長者也。行與其慢，寧過乎恭。家與其瀆，寧過乎嚴。是以家人雖「嗃嗃，悔厲」，猶得其道。「婦子嘻嘻」，乃失其節也。

《象》曰：「家人嗃嗃」，未失也。「婦子嘻嘻」，失家節也。

六四，富家，大吉。能以其富順而處位，故「大吉」也。若但能富其家，何足爲大吉？體柔居巽，履得其位，明於家道，以近至尊，能富其家也。

《象》曰：「富家，大吉」，順在位也。

九五，王假有家，勿恤，吉。假，至也。履正而應，處尊體巽，王至斯道，以有其家者也。居於尊位，而明於家道，則下莫不化矣。父父、子子、兄兄、弟弟、夫夫、婦婦，六親和睦，交相愛樂，而家道正。「正家而天下定矣」，故「王假有家」則勿恤而吉。

《象》曰：「王假有家」，交相愛也。

上九，有孚，威如，終吉。處家人之終，居家道之成，「刑于寡妻」以著于外者也，故曰「有孚」。凡物以猛爲本者，則患在寡恩，以愛爲本者，則患在寡威，故家人之道尚威嚴也。家道可終，唯信與威，身得威敬，人亦如之。反之於身，則知施於人也。

《象》曰：「威如」之吉，反身之謂也。

䷥兑下離上 睽，小事吉。

《彖》曰：睽，火動而上，澤動而下。二女同居，其志不同行。説而麗乎明，柔進而上行，得中而應乎剛，是以「小事吉」。事皆相違，害之道也，何由得「小事吉」？以有此三德也。天地睽而其事同也，男女睽而其志通也，萬物睽而其事類也，睽之時用大矣哉！睽離之時，非小人之所能用也。

《象》曰：上火下澤，睽。君子以同而異。同於通理，異於職事。

初九，悔亡。喪馬勿逐，自復。見惡人，

无咎。處睽之初，居下體之下，无應獨立，悔也。與四合志，故得「悔亡」。「馬」者，必顯之物。處物之始，乖而喪其馬，物莫能同其私，必相顯也，故「勿逐」而「自復」也。時方乖離，而位乎窮下，上无應可援，下无權可恃，顯德自異，爲惡所害，故「見惡人」乃得免咎也。

《象》曰「見惡人」，以辟咎也。

九二，遇主于巷，无咎。處睽失位，將无所安。然五亦失位，俱求其黨，出門同趣，不期而遇，故曰「遇主于巷」也。處睽得援，雖失其位，未失道也。

《象》曰：「遇主于巷」，未失道也。

六三，見輿曳，其牛掣。其人天且劓，无初有終。凡物近而不相得，則凶。處睽之時，履非其位，以陰居陽，以柔乘剛，志在於上而不和於四，二應於五則近而不相比，故「見輿曳」。「輿曳」者，履非其位，失所載也。「其牛掣」者，滯陽所在，不獲進也。「其人天且劓」者，四從上取，二從下取，而應在上九，執志不回。初雖受困，終獲剛助。

《象》曰：「見輿曳」，位不當也。「无初有終」，遇剛也。

九四，睽孤，遇元夫，交孚，厲，无咎。无應獨處，五自應二，三與己睽，故曰「睽孤」也。初亦无應特立。處睽之時，俱在獨立，同處體下，同志者也。而己失位，比於三五，皆與己乖，處无所安，故求其疇類而自託焉，故曰「遇元夫」也。同志相得而无疑焉，故曰「交孚」也。雖在乖隔，志故得行，故雖危无咎。

《象》曰：「交孚」无咎，志行也。

六五，悔亡。厥宗噬膚，往，何咎？非位，悔也，有應故亡。❶厥宗謂二也。「噬膚」者，齧柔也。三雖比二，二之所噬，非妨己應者也。以斯而往，何咎之有？往必合也。

《象》曰：「厥宗噬膚」，往有慶也。

上九，睽孤。見豕負塗，載鬼一車。先張之弧，後説之弧。匪寇婚媾，往遇雨則

❶「有應故亡」，阮校曰：「古本、足利本『亡』上有『悔』字。按《集解》有『悔』字，《正義》本同。是古本之所據也。」

吉。處睽之極，睽道未通，故曰「睽孤」。己居炎極，三處澤盛，睽之極也。以文明之極，而觀至穢之物，「睽」之甚也。「豕」而「負塗」，穢莫過焉。至睽將合，至殊將通，恢詭譎怪，道將爲一。未至於洽，❶先見殊怪，故「見豕負塗」，甚可穢也。見鬼盈車，吁可怪也。「先張之弧」，將攻害也。「後説之弧」，睽怪通也。四剠其應，故爲寇也。「睽」志將通，「匪寇婚媾」，往不失時，睽疑亡也。貴於「遇雨」，和陰陽也。陰陽既和，「群疑亡」也。

《象》曰：「遇雨」之吉，群疑亡也。

䷦艮下坎上蹇，利西南，不利東北。西南，地也。東北，山也。以難之平則難解，以難之山則道窮。利見大人。往則濟也。貞吉。爻皆當位，各履其正，居難履正，正邦之道也。正道未否，難由正濟，故「貞吉」也。遇難失正，吉可得乎？

《彖》曰：蹇，難也，險在前也。見險而能止，知矣哉！蹇「利西南」，往得中也。「不利東北」，其道窮也。「利見大人」，往有功也。當位「貞吉」，以正邦也。蹇之時用大矣哉！蹇難之時，非小人之所能用也。

《象》曰：山上有水，蹇。山上有水，蹇難之象。君子以反身脩德。險難莫若反身脩德。

初六，往蹇，來譽。處難之始，居止之初，獨見前識，覩險而止，以待其時，知矣哉！故「往」則遇「蹇」，「來」則得譽。

《象》曰：「往蹇，來譽」，宜待也。

六二，王臣蹇蹇，匪躬之故。處難之時，履當其位，居不失中，以應於五。不以五在難中，私身遠害，執心不回，志匡王室者也。故曰「王臣蹇蹇，匪躬之故」。履中行義，以存其上，處蹇以此，未見其尤也。

《象》曰：「王臣蹇蹇」，終无尤也。

九三，往蹇，來反。進則入險，來則得位，故曰「往蹇，來反」。爲下卦之主，是内之所恃也。

《象》曰：「往蹇，來反」，内喜之也。

❶「洽」，無求備齋本作「合」，阮刻本作「治」。阮校曰：「宋本『治』作『洽』。」

六四，往蹇，來連。往則无應，來則乘剛，往來皆難，故曰「往蹇，來連」。得位履正，當其本實，雖遇於難，非妄所招也。

《象》曰：「往蹇，來連」，當位實也。

九五，大蹇，朋來。處難之時，獨在險中，難之大者也，故曰「大蹇」。然居不失正，履不失中，執德之長，不改其節，如此則同志者集而至矣，故曰「朋來」也。

《象》曰：「大蹇，朋來」，以中節也。

上六，往蹇，來碩，吉。利見大人。往則長難，來則難終，難終則衆難皆濟，志大得矣。故曰「往蹇，來碩，吉」。險夷難解，大道可興，故曰「利見大人」也。

《象》曰：「往蹇，來碩」，志在內也。有應在內，往則失之。來則志獲，「志在內也」。「利見大人」，以從貴也。

䷧坎下震上解，利西南。西南，衆也。解難濟險，利施於衆也。亦不困于東北，❶故不言「不利東北」也。无所往，其來復，吉。有攸往，夙吉。未有善於解難，而迷於處安也。解之爲義，解難而濟厄者也。无難可往，以解來復，則不失中。有難而往，則以速爲吉也。无難則能復其中，有難則能濟其厄也。

《象》曰：解，險以動，動而免乎險，解。動乎險外，故謂之「免」。免險則解，故謂之「解」。「解，利西南」，往得衆也。「其來復吉」，乃得中也。「有攸往，夙吉」，往有功也。天地解而雷雨作，雷雨作而百果草木皆甲坼。天地否結，則雷雨不作。交通感散，雷雨乃作也。雷雨之作，則險厄者亨，否結者散，故「百果草木皆甲坼」也。解之時大矣哉！无所而不釋也。❷難解之時，非治難時，故不言用。體盡於解之名，无有幽隱，故不曰義。

《象》曰：雷雨作，解。君子以赦過宥罪。

初六，无咎。「解」者，解也。屯難盤結，於是乎

❶「亦」，阮刻本作「遇難」。

❷「所」，阮刻本作「圻」。阮校曰：「『圻』，當作『坼』。毛本作『所』，非也。」

解也。處蹇難始解之初，在剛柔始散之際，將赦罪厄以夷其險。處此之時，不煩於位而「无咎」也。

《象》曰：剛柔之際，義无咎也。或有過咎，非其理也。義，猶理也。

九二，田獲三狐，得黄矢，貞吉。狐者，隱伏之物也。剛中而應，爲五所任，❶處於險中，知險之情，以斯解物，能獲隱伏也，故曰「田獲三狐」也。黄，理中之稱也。矢，直也。田而獲三狐，得乎理中之道，不失枉直之實，能全其正者也，故曰「田獲三狐，得黄矢，貞吉」也。

《象》曰：九二「貞吉」，得中道也。

六三，負且乘，致寇至，貞吝。處非其位，履非其正，以附於四，用夫柔邪以自媚者也。乘二負四，以容其身。寇之來也，自己所致，雖幸而免，正之所賤也。

《象》曰：「負且乘」，亦可醜也。自我致戎，又誰咎也？

九四，解而拇，朋至斯孚。失位不正，而比於三，故三得附之爲其拇也。三爲之拇，則失初之應，故「解其拇」然後「朋至」而信矣。

《象》曰：「解而拇」，未當位也。

六五，君子維有解，吉。有孚于小人。居尊履中而應乎剛，可以「有解」而獲吉矣。以君子之道解難釋險，小人雖闇，猶知服之而无怨矣。故曰「有孚于小人」也。

《象》曰：「君子」有解，「小人」退也。

上六，公用射隼于高墉之上，獲之，无不利。初爲四應，二爲五應，三不應上，失位負乘，處下體之上，故曰「高墉」。墉非隼之所處，高非三之所履，上六居動之上，爲解之極，將解荒悖而除穢亂者也。故用射之。極而後動，成而後舉，故必「獲之」而「无不利」也。

《象》曰：「公用射隼」，以解悖也。

䷨兑下艮上損，有孚，元吉，无咎，可貞，利有攸往。曷之用？二簋可用享。

《象》曰：損，損下益上，其道上行。艮爲陽，兑爲陰。凡陰順於陽者也。陽止於上，陰説而順，損下

❶「任」，原誤作「住」，今據阮刻本、無求備齋本改。

益上，上行之義也。損而「有孚，元吉，无咎，可貞，利有攸往」，損之爲道，損下益上，損剛益柔也。損下益上，非補不足也。損剛益柔，非長君子之道也。爲損而可以獲吉，其唯有孚乎？「損而有孚」，則「元吉，无咎」而可正，「利有攸往」矣。「損剛益柔」，不以消剛。「損下益上」，不以盈上，損剛而不爲邪，益上而不爲諂，則何咎而可正？雖不能拯濟大難，以斯有往，物无距也。「曷之用」？曷，辭也。「曷之用」，言何用豐爲也。「二簋可用享」，二簋，質薄之器也。行損以信，雖二簋而「可用享」。二簋應有時。至約之道，不可常也。損剛益柔有時，下不敢剛，貴於上行，「損剛益柔」之謂也。剛爲德長，損之不可以爲常也。損益盈虚，與時偕行。自然之質，各定其分，短者不爲不足，長者不爲有餘，損益將何加焉？非道之常，故必「與時偕行」也。

《象》曰：山下有澤，損。山下有澤，損之象也。君子以懲忿窒欲。可損之善，莫善忿欲也。

初九，已事遄往，无咎，酌損之。損之爲道，「損下益上」，損剛益柔，以應其時者也。居於下極，損剛奉柔，則不可以逸。處損之始，則不可以盈，事已則往，不敢宴安，乃獲「无咎」也。剛以奉柔，雖免乎咎，猶未親也。故既獲「无咎」，復自「酌損」，乃得合志也。遄，速也。

《象》曰：「已事遄往」，尚合志也。尚合於志，故速往也。

九二，利貞，征凶。弗損，益之。柔不可全益，剛不可全削，下不可以无正。初九已損剛以順柔，九二履中，而復損己以益柔，則剥道成焉，故不可「遄往」而利貞也。進之乎柔，則凶矣。故曰「征凶」也。故九二不損而務益，以中爲志也。

《象》曰：九二「利貞」，中以爲志也。

六三，三人行則損一人，一人行則得其友。損之爲道，「損下益上，其道上行」。三人，謂自六三已上三陰也。三陰並行，以承於上，則上失其友，内无其主，名之曰「益」，其實乃「損」。故天地相應，乃得化淳。男女匹配，乃得化生。陰陽不對，生可得乎？故六三獨行，乃得其友。三陰俱行，❶則必疑也。

❶「三」，阮刻本作「二」。

《象》曰：「一人行」，三則疑也。

六四，損其疾，使遄有喜，无咎。履得其位，以柔納剛，能「損其疾」也。疾何可久？故速乃有喜。損疾以離其咎，「有喜」乃免，故使速乃有喜，有喜乃「无咎」也。

《象》曰：「損其疾」，亦可喜也。

六五，或益之，十朋之龜，弗克違，元吉。以柔居尊，而爲損道，江海處下，百谷歸之，履尊以損，則「或益之」矣。朋，黨也。龜者，決疑之物也。陰非先唱，柔非自任，尊以自居，損以守之。故人用其力，事竭其功，知者慮能，明者慮策，弗能違也，則衆才之用盡矣。獲益而得「十朋之龜」，足以盡天人之助也。

《象》曰：六五「元吉」，自上祐也。

上九，弗損，益之，无咎，貞吉，利有攸往。得臣无家。處損之終，上无所奉，損終反益。剛德不損，乃反益之，而不憂於咎。用正而吉，不制於柔，剛德遂長，故曰「弗損，益之，无咎，貞吉，利有攸往」也。居上乘柔，處損之極，尚夫剛德，爲物所歸，故曰「得臣」。「得臣」則天下爲一，故「无家」也。

《象》曰：「弗損，益之」，大得志也。

䷩震下巽上益，利有攸往，利涉大川。

《彖》曰：益，損上益下，民説无疆。震，陽也。巽，陰也。巽非違震者也。處上而巽，不違於下，「損上益下」之謂也。自上下下，其道大光。「利有攸往」，中正有慶。五處中正，「自上下下」，故「有慶」也。以中正有慶之德「有攸往」也。何適而不利哉！「利涉大川」，木道乃行。木者，以涉大川爲常，而不溺者也。以益涉難，同乎「木」也。益動而巽，日進无疆。天施地生，其益无方。損上益下。凡益之道，與時偕行。益之爲用，施未足也。滿而益之，害之道也。故「凡益之道，與時偕行」也。

《象》曰：風雷，益。君子以見善則遷，有過則改。遷善改過，益莫大焉。

初九，利用爲大作，元吉，无咎。處益之初，居動之始。體夫剛德，以莅其事而之乎巽，以斯「大作」

必獲大功。夫居下非「厚事」之地，在卑非任重之處，大作非小功所濟，故「元吉」乃得「无咎」也。

《象》曰：「元吉无咎」，下不厚事也。時可以「大作」，而下不可以「厚事」，得其時而无其處，故「元吉」乃得「无咎」也。

六二，或益之，十朋之龜，弗克違，永貞吉。王用享于帝，吉。以柔居中，而得其位，處内履中，居益以沖。益自外來，不召自至，不先不爲，則朋龜獻策，同於損卦六五之位，位不當尊，故吉在「永貞」也。帝者，生物之主，興益之宗，出震而齊巽者也。六二居益之中，體柔當位，而應於巽，享帝之美，在此時也。

《象》曰：「或益之」，自外來也。

六三，益之，用凶事，无咎。有孚中行，告公用圭。以陰居陽，求益者也，故曰「益之」。益不外來，己自爲之，物所不與，故在謙則戮，救凶則免。以陰居陽，處下卦之上，壯之甚也。用救衰危，物所恃也，故「用凶事」，乃得「无咎」也。若能益不爲私，志在救難，壯不至亢，不失中行，以此告公，國主所任也。用圭之禮，備此道矣，故曰「有孚中行，告公用圭」也。公者，臣之極也。凡事足以施天下，則稱王，次天下之大者，則稱公。六三之才，不足以告王，足以告公，而得用圭也，故曰「中行，告公用圭」也。

《象》曰：益「用凶事」，固有之也。用施凶事，乃得固有之也。

六四，中行告公從，利用爲依遷國。居益之時，處巽之始，體柔當位，在上應下。卑不窮下，高不處亢，位雖不中，用「中行」者也。以斯告公，何有不從？以斯「依遷」，誰有不納也。

《象》曰：「告公從」，以益志也。志得益也。

九五，有孚惠心，勿問元吉，有孚惠我德。得位履尊，爲益之主者也。爲益之大，莫大於信。爲惠之大，莫大於心。因民所利而利之焉，惠而不費，「惠心」者也。信以惠心，盡物之願，故不待問而「元吉」，「有孚惠我德」也。以誠惠物，物亦應之，故曰「有孚惠我德」也。

《象》曰：「有孚惠心」，勿問之矣。「惠我德」，大得志也。

上九，莫益之，或擊之，立心勿恒，凶。處益之極，過盈者也。求益无已，心无恒者也。无厭之求，人弗與也。獨唱莫和，是偏辭也。人道惡盈，怨者非一，故曰「或擊之」也。

《象》曰：「莫益之」，偏辭也。「或擊之」，自外來也。

周易卷第四

經二千五百七十六字

注五千五百六十八字

周易下經夬傳第五

王弼注

䷪乾下兑上夬，揚于王庭，孚號有厲。告自邑，不利即戎，利有攸往。夬，與剥反者也。剥以柔變剛，至於剛幾盡。夬以剛決柔，如剥之消剛。剛隕則君子道消，柔消則小人道隕。君子道消，則剛正之德不可得直道而用，刑罰之威不可得坦然而行。「揚于王庭」，其道公也。

《彖》曰：夬，決也，剛決柔也。健而説，決而和。健而説，則決而和矣。「揚于王庭」，柔乘五剛也。剛德齊長，一柔爲逆，衆所同誅，而无忌者也，故可「揚于王庭」。「孚號有厲」，其危乃光也。剛正明信，以宣其令，則柔邪者危，故曰「其危乃光」也。「告自邑，不利即戎」，所尚乃窮也。以剛斷制，告令可也。「告自邑」，謂行令於邑也。用剛即戎，尚力取勝也。尚力取勝，物所同疾也。「利有攸往」，剛長乃終也。剛德愈長，柔邪愈消，故「利有攸往」，道乃成也。

《象》曰：澤上於天，夬。君子以施禄及下，居德則忌。「澤上於天」，夬之象也。澤上於天，必來下潤，「施禄及下」之義也。「夬」者，明法而決斷之象也。忌，禁也。法明斷嚴，不可以慢，故「居德」以明禁也。施而能嚴，嚴而能施，健而能説，決而能和，美之道也。

初九，壯于前趾，往不勝，爲咎。居健之初，爲決之始，宜審其策，以行其事。壯其前趾，往而不勝，宜其咎也。

《象》曰：「不勝」而往，咎也。「不勝」之理，在往前也。

九二，惕號，莫夜有戎，勿恤。居健履中，以斯決事，能審己度而不疑者也。故雖有惕懼號呼，「莫夜有戎」，不憂不惑，故「勿恤」也。

《象》曰：「有戎，勿恤」，得中道也。

九三，壯于頄，有凶。君子夬夬，獨行，遇雨若濡，有愠无咎。頄，面權也，謂上六也。最處體上，故曰「權」也。剥之六三，以應陽爲善。夫剛長則君子道興，陰盛則小人道長。然則處陰長而助陽則善，處剛長而助柔則凶矣。夬爲剛長，而三獨應上六，助於小人，是以凶也。君子處之，必能弃夫情累，決之不疑，故曰「夬夬」也。若不與衆陽爲群，而獨行殊志，應於小人，則受其困焉。「遇雨若濡」，有恨而无所咎也。

《象》曰：「君子夬夬」，終无咎也。

九四，臀无膚，其行次且。牽羊悔亡，聞言不信。下剛而進，非己所據，必見侵食，失其所安，故「臀无膚，其行次且」也。羊者，抵很難移之物，❶謂五也。五爲夬主，非下所侵。若牽於五，則可得「悔亡」而已。剛亢不能納言，自任所處，「聞言不信」，以斯而行，凶可知矣。

《象》曰：「其行次且」，位不當也。「聞言不信」，聰不明也。同於噬嗑「滅耳」之凶。

九五，莧陸夬夬，中行无咎。莧陸，草之柔脆者也。決之至易，故曰「夬夬」也。夬之爲義，以剛決柔，以君子除小人者也。而五處尊位，最比小人，躬自決者也。以至尊而敵至賤，雖其克勝，未足多也。處中而行，足以免咎而已，未足光也。

《象》曰：「中行无咎」，中未光也。

上六，无號，終有凶。處夬之極，小人在上，君子道長，衆所共棄，故非號咷所能延也。

《象》曰：「无號」之凶，終不可長也。

䷫巽下乾上姤，女壯，勿用取女。

《象》曰：姤，遇也。柔遇剛也。施之於人，即女遇男也。一女而遇五男，爲壯至甚，故不可取也。「勿用取女」，不可與長也。天地相遇，品物咸章也。匹乃功成也。剛遇中正，天下大行也。化乃大行也。姤之時義大矣哉！凡言「義」者，不盡於所見，中有意謂者也。

❶「抵很」，阮刻本作「抵狠」。阮校曰：「岳本『抵狠』作『牴很』。古本亦作『牴』。《釋文》出『牴很』。『牴』本又作『抵』，或作『羝』。」

《象》曰：天下有風，姤。后以施命誥四方。

初六，繫于金柅，貞吉。有攸往，見凶。羸豕孚蹢躅。金者，堅剛之物。柅者，制動之主，謂九四也。初六處遇之始，以一柔而承五剛，體夫躁質，得遇而通，散而无主，自縱者也。柔之爲物，不可以不牽。臣妾之道，不可以不貞，故必繫于正應，乃得「貞吉」也。若不牽于一，而有攸往，行則唯凶是見矣。羸豕，謂牝豕也。群豕之中，豭强而牝弱，故謂之「羸豕」也。孚，猶務躁也。夫陰質而躁恣者，「羸豕」特甚焉，言以不貞之陰，失其所牽，其爲淫醜，若「羸豕」之「孚」務「蹢躅」也。

《象》曰：「繫于金柅」，柔道牽也。

九二，包有魚，无咎，不利賓。初陰而窮下，故稱「魚」。不正之陰，處遇之始，不能逆近者也。初自樂來應己之廚，非爲犯奪，故「无咎」也。擅人之物，以爲己惠，義所不爲，故「不利賓」也。

《象》曰：「包有魚」，義不及賓也。

九三，臀无膚，其行次且，厲，无大咎。處下體之極，而二據於初，不爲己乘，居不獲安，行无其應，不能牽據，以固所處，故曰「臀无膚，其行次且」也。然履得其位，非爲妄處，不遇其時，故使危厲，災非己招，是以「无大咎」也。

《象》曰：「其行次且」，行未牽也。

九四，包无魚，起凶。二有其魚，故失之也。无民而動，失應而作，是以「凶」也。

《象》曰：「无魚」之凶，遠民也。

九五，以杞包瓜，含章，有隕自天。「杞」之爲物，生於肥地者也。「包瓜」爲物，繫而不食者也。九五履得尊位，而不遇其應，得地而不食，「含章」而未發，❶不遇其應，命未流行。然處得其所，體剛居中，志不舍命，不可傾隕，故曰「有隕自天」也。

《象》曰：九五「含章」，中正也。「有隕自天」，志不舍命也。

上九，姤其角，吝，无咎。進之於極，无所復

❶「含」，原誤作「舍」，今據無求備齋本、阮刻本改。

遇，遇角而已，故曰「姤其角」也。進而无遇，獨恨而已，不與物争，其道不害，故无凶咎也。

《象》曰：「姤其角」，上窮吝也。

䷬坤下兑上萃，亨。聚乃通也。王假有廟。假，至也。王以聚至有廟也。利見大人，亨，利貞。聚，得大人乃得通而利正也。用大牲吉，全夫聚道，「用大牲」乃吉也。聚道不全而用大牲，神不福也。利有攸往。

《彖》曰：萃，聚也。順以説，剛中而應，故聚也。但順而説，則邪佞之道也。剛而違於中應，則强亢之德也。何由得聚？順説而以剛爲主，主剛而履中，履中以應，故得聚也。「王假有廟」，致孝享也。全聚，乃得致孝之享也。「利見大人，亨」，聚以正也。大人，體中正者也。通聚以正，聚乃得全也。「用大牲吉，利有攸往」，順天命也。「順以説」而不損剛，順天命者也。天德剛而不違中，順天則説，而以剛爲主也。觀其所聚，而天地萬物之情可見矣。「方以類聚，物以群分」，情同而後乃聚，氣合而後乃群。

《象》曰：澤上於地，萃。君子以除戎器，戒不虞。聚而无防，則衆生心。

初六，有孚不終，乃亂乃萃，若號，一握爲笑，勿恤，往无咎。有應在四而三承之，心懷嫌疑，故「有孚不終」也。不能守道，以結至好，迷務競争，故「乃亂乃萃」也。「一握」者，小之貌也。「爲笑」者，懦劣之貌也。己爲正配，❶三以近寵，若安夫卑退，謙以自牧，則「勿恤」而往无咎也。

《象》曰：「乃亂乃萃」，其志亂也。

六二，引吉，无咎，孚乃利用禴。居萃之時，體柔當位，處坤之中，己獨處正，與衆相殊，異操而聚，民之多僻，獨正者危。未能變體以遠於害，故必見引，然後乃「吉」而「无咎」也。禴，殷春祭名也，四時祭之省者也。居聚之時，處於中正，而行以忠信，故可以省薄薦於鬼神也。

《象》曰：「引吉，无咎」，中未變也。

❶「配」，無求備齋本作「妃」。

六三，萃如，嗟如，无攸利。往无咎，小吝。履非其位，以比於四，四亦失位，不正相聚，相聚不正，患所生也。干人之應，害所起也，故「萃如，嗟如，无攸利」也。上六亦无應而獨立，處極而憂危，思援而求朋，巽以待物者也。與其萃於不正，不若之於同志，故可以「往」而「无咎」也。二陰相合，猶不若一陰一陽之至，❶故有「小吝」也。

《象》曰：「往无咎」，上巽也。

九四，大吉，无咎。履非其位，而下據三陰，得其所據，失其所處。處聚之時，不正而據，故必「大吉」立夫大功，然後「无咎」也。

《象》曰：「大吉，无咎」，位不當也。

九五，萃有位，无咎，匪孚。元永貞，悔亡。處聚之時，最得盛位，故曰「萃有位」也。四專而據，己德不行，自守而已，故曰「无咎，匪孚」。夫脩仁守正，久必悔消，故曰「元永貞，悔亡」。

《象》曰：「萃有位」，志未光也。

上六，齎咨涕洟，无咎。處聚之時，居於上極，五非所乘，內无應援。處上獨立，近遠无助，危莫甚焉。「齎咨」，嗟歎之辭也。若能知危之至，懼禍之深，憂病之甚，至于「涕洟」，不敢自安，亦衆所不害，故得「无咎」也。

《象》曰：「齎咨涕洟」，未安上也。

䷭巽下坤上升，元亨。用見大人，勿恤。巽順可以升，陽爻不當尊位，无嚴剛之正，則未免於憂，故「用見大人」，乃「勿恤」也。南征吉。以柔之南，則麗乎大明也。

《彖》曰：柔以時升。柔以其時，乃得升也。巽而順，剛中而應，是以大亨。純柔則不能自升，剛亢則物不從。既以時升，又「巽而順，剛中而應」，以此而升，故得「大亨」。「用見大人，勿恤」，有慶也。「南征吉」，志行也。巽順以升，至于大明，「志行」之謂也。

《象》曰：地中生木，升。君子以順德，

❶「至」，阮校曰：「閩、監、毛本『至』作『應』。按：《正義》作『應』。」

積小以高大。

初六，允升，大吉。允，當也。巽卦三爻皆升者也。雖无其應，處升之初，與九二、九三合志俱升。當升之時，升必大得，是以「大吉」也。

《象》曰：「允升，大吉」，上合志也。

九二，孚乃利用禴，无咎。與五爲應，往必見任。體夫剛德，進不求寵，閑邪存誠，志在大業，故乃利用納約于神明矣。

《象》曰：九二之「孚」，有喜也。

九三，升虛邑。履得其位，以陽升陰，以斯而舉，莫之違距，故若「升虛邑」也。

《象》曰：「升虛邑」，无所疑也。往必得也。❶

六四，王用亨于岐山，吉，无咎。處升之際，下升而進，可納而不可距也。距下之進，攘來自專，則殃咎至焉。若能不距而納，順物之情，以通庶志，則得「吉」而「无咎」矣。「岐山」之會，順事之情，无不納也。

《象》曰：「王用亨于岐山」，順事也。

六五，貞吉，升階。升得尊位，體柔而應，納而不距，任而不專，故得「貞吉，升階」而尊也。

《象》曰：「貞吉，升階」，大得志也。

上六，冥升，利于不息之貞。處升之極，進而不息者也。進而不息，故雖冥猶升也。故施於不息之正則可，用於爲物之主則喪矣。終於不息，消之道也。

《象》曰：「冥升」在上，消不富也。勞不可久也。

䷮坎下兑上困，亨。窮必通也，處窮而不能自通者，小人也。貞大人吉，无咎。處困而得「无咎」，吉乃免也。有言不信。

《象》曰：困，剛揜也。剛，見揜於柔也。險以説，困而不失其所亨。處險而不改其説，「困而不失其所亨」也。其唯君子乎？「貞大人吉」，以剛中也。處困而用剛，不失其中，履正而能體大者

❶「也」，阮刻本作「邑」。

也。能正而不能大博，未能濟困者也，故曰「貞大人吉」也。

「有言不信」，尚口乃窮也。處困而言，不見信之時也。非行言之時，而欲用言以免，必窮者也。其吉在於「貞大人」，口何爲乎？

《象》曰：澤无水，困。君子以致命遂志。澤无水，則水在澤下，水在澤下，困之象也。處困而屈其志者，小人也。「君子固窮」，道可忘乎？

初六，臀困于株木，入于幽谷，三歲不覿。最處底下，沈滯卑困，居无所安，故曰「臀困于株木」也。欲之其應，二隔其路，居則「困于株木」，進不獲拯，必隱遯者也，故曰「入于幽谷」也。困之爲道，不過數歲者也。以困而藏，困解乃出，故曰「三歲不覿」也。

《象》曰：「入于幽谷」，幽不明也。言「幽」者，不明之辭也。入于不明，以自藏也。

九二，困于酒食，朱紱方來，利用亨祀，征凶，无咎。以陽居陰，尚謙者也。居困之時，處得其中。體夫剛質，而用中履謙，應不在一，心无所私，盛莫先焉。夫謙以待物，物之所歸。剛以處險，難之所濟。履中則不失其宜，无應則心无私恃，以斯處困，物莫不至，不勝豐衍，故曰「困于酒食」，美之至矣。坎，北方之卦也。朱紱，南方之物也。處困以斯，能招異方者也，故曰「朱紱方來」也。豐衍盈盛，故「利用亨祀」。盈而又進，傾之道也。以此而往，❶凶誰咎乎？故曰「征凶，无咎」。

《象》曰：「困于酒食」，中有慶也。

六三，困于石，據于蒺蔾，入于其宫，不見其妻，凶。石之爲物，堅而不納者也，謂四也。三以陰居陽，志武者也。四自納初，不受己者。二非所據，剛非所乘。上比困石，下據蒺蔾，无應而入，焉得配耦？在困處斯，凶其宜也。

《象》曰：「據于蒺蔾」，乘剛也。「入于其宫，不見其妻」，不祥也。

九四，來徐徐，困于金車，吝，有終。金車，謂二也。二剛以載者也，故謂之「金車」。「徐徐」者，疑懼之辭也。志在於初，而隔於二，履不當位，威命不行。棄

❶「往」，阮刻本、無求備齋本作「征」。

之則不能，欲往則畏二，故曰「來徐徐，困于金車」也。有應而不能濟之，故曰「吝」也。然以陽居陰，履謙之道，量力而處，不與二争，雖不當位，物終與之，故曰「有終」也。

《象》曰：「來徐徐」，志在下也。下，謂初也。雖不當位，有與也。

九五，劓刖，困于赤紱，乃徐有説，利用祭祀。以陽居陽，任其壯者也。不能以謙致物，物則不附，忿物不附而用其壯猛，行其威刑，異方愈乖，遐邇愈叛，刑之欲以得，乃益所以失也。故曰「劓刖，困于赤紱」也。二以謙得之，五以剛失之，體在中直，能不遂迷，困而後能用其道者也。致物之功，不在於暴，故曰「徐」也。困而後乃徐，徐則有説矣，故曰「困于赤紱，乃徐有説」也。祭祀，所以受福也。履夫尊位，困而能改，不遂其迷，以斯祭祀，必得福焉，故曰「利用祭祀」也。

《象》曰：「劓刖」，志未得也。「乃徐有説」，以中直也。「利用祭祀」，受福也。

上六，困于葛藟，于臲卼。曰動悔有悔。征吉。居困之極，而乘於剛，下无其應，行則愈繞者也。行則纏繞，居不獲安，故曰「困于葛藟，于臲卼」也。下句无困，困於上也。❶處困之極，行无通路，居无所安，困之至也。凡物窮則思變，困則謀通，處至困之地，用謀之時也。「曰」者，思謀之辭也。謀之所行，有隙則獲，言將何以通至困乎？「曰動悔」，令生有悔，以征則濟矣，故曰「動悔有悔，征吉」也。

《象》曰：「困于葛藟」，未當也。所處未當，故致此困也。「動悔有悔」，吉行也。

䷯巽下坎上井，改邑不改井，井，以不變爲德者也。无喪无得，德有常也。往來井井。不渝變也。汔至亦未繘井，已來至而未出井也。羸其瓶，凶。井道以已出爲功也。幾至而覆，與未汲同也。

《彖》曰：巽乎水而上水，井。音舉上之上。井養而不窮也。「改邑不改井」，乃以剛中也。以剛處中，故能定居其所而不變也。「汔至亦未繘井」，未有功也。井以已成爲功。「羸其瓶」，

❶「困」，阮刻本作「因」。

是以凶也。

《象》曰：木上有水，井。君子以勞民勸相。「木上有水」，井之象也。上水以養，養而不窮者也。相，猶助也。可以勞民勸助，莫若養而不窮也。

初六，井泥不食，舊井无禽。最在井底，上又无應，沈滯滓穢，故曰「井泥不食」也。井泥而不可食，則是久井不見渫治者也。久井不見渫治，禽所不嚮，而況人乎？一時所共棄舍也。井者不變之物，居德之地，恒德至賤，物无取也。

《象》曰：「井泥不食」，下也。「舊井无禽」，時舍也。

九二，井谷射鮒，甕敝漏。谿谷出水，從上注下，水常射焉。井之爲道，以下給上者也。而无應於上，反下與初，故曰「井谷射鮒」。鮒，謂初也。失井之道，水不上出，而反下注，故曰「甕敝漏」也。夫處上宜下，處下宜上，井已下矣，而復下注，其道不交，則莫之與也。

《象》曰：「井谷射鮒」，无與也。

九三，井渫不食，爲我心惻，可用汲。王明，並受其福。渫，不停污之謂也。處下卦之上，履得其位，而應於上，得井之義也。當井之義，而不見食，脩己全絜，而不見用，故「爲我心惻」也。爲，猶使也。不下注而應上，故「可用汲」也。王明，則見照明，既嘉其行，又欽其用，故曰「王明，並受其福」也。

《象》曰：「井渫不食」，行惻也。行感於誠，故曰「惻」也。求「王明」，受福也。

六四，井甃，无咎。得位而无應，自守而不能給上，可以脩井之壞，補過而已。

《象》曰：「井甃，无咎」，脩井也。

九五，井洌寒泉，食。洌，絜也。居中得位，體剛不橈，不食不義，中正高絜，故「井洌寒泉」然後乃食也。

《象》曰：「寒泉」之食，中正也。

上六，井收。勿幕有孚，元吉。處井上極，水已出井，井功大成，在此爻矣，故曰「井收」也。群下仰之以濟，淵泉由之以通者也。幕，猶覆也。不擅其有，不私其利，則物歸之，往无窮矣，故曰「勿幕有孚，元吉」也。

《象》曰：「元吉」在上，大成也。

䷰離下兑上 革，已日乃孚，元亨利貞。悔亡。夫民可與習常，難與適變；可與樂成，難與慮始。故革之爲道，即日不孚，「已日乃孚」也。孚，然後乃得「元亨利貞，悔亡」也。已日而不孚，革不當也。悔吝之所生，生乎變動者也。革而當，其「悔」乃亡也。

《彖》曰：革，水火相息，二女同居，其志不相得，曰「革」。凡不合而後乃變生，變之所生，生於不合者也。故取不合之象以爲「革」也。「息」者，生變之謂也。火欲上而澤欲下，水火相戰，而後生變者也。「二女同居」，而有水火之性，近而不相得也。「已日乃孚」，革而信之，文明以説，大亨以正，革而當，其悔乃亡。夫所以得革而信者，「文明以説」也。「文明以説」，履正而行，以斯爲革，應天順民，「大亨以正」者也。革而大亨以正，非當如何？ 天地革而四時成，湯武革命，順乎天而應乎人，革之時大矣哉！

《象》曰：澤中有火，革。君子以治歷明時。❶ 歷數時會，❷存乎變也。

初九，鞏用黄牛之革。在革之始，革道未成，固夫常中，未能應變者也。此可以守成，不可以有爲也。鞏，固也。黄，中也。牛之革，堅仞不可變也。固之所用常中，堅仞不肯變也。

《象》曰：「鞏用黄牛」，不可以有爲也。

六二，已日乃革之，征吉，无咎。陰之爲物，不能先唱，順從者也。不能自革，革已乃能從之，故曰「已日乃革之」也。二與五雖有水火殊體之異，同處厥中，陰陽相應，往必合志，不憂咎也，是以「征吉」而无咎。

《象》曰：「已日革之」，行有嘉也。

九三，征凶，貞厲。革言三就，有孚。已處火極，上卦三爻，雖體水性，皆從革者也。自四至上，從命而變，不敢有違，故曰「革言三就」，其言實誠，故曰「有孚」。「革言三就」有孚，而猶征之，凶其宜也。

《象》曰：「革言三就」，又何之矣。

九四，悔亡，有孚改命，吉。初九處下卦之下，九四處上卦之下，故能變也。无應，悔也。與水火相

---

❶「歷」，阮刻本作「曆」。

❷「歷」，阮刻本、無求備齋本皆作「曆」。

比，能變者也。是以「悔亡」。處水火之際，居會變之始，能不固吝，不疑於下，信志改命，不失時願，是以「吉」也。「有孚」則見信矣，見信以「改命」，則物安而无違，故曰「悔亡，有孚改命，吉」也。處上體之下，始宣命也。

《象》曰：「改命」之吉，信志也。信志而行。

九五，大人虎變，未占有孚。未占而孚，合時心也。

《象》曰：「大人虎變」，其文炳也。

上六，君子豹變，小人革面。居變之終，變道已成，君子處之，能成其文。小人樂成，則變面以順上也。征凶，居貞吉。改命創制，變道已成，功成則事損，事損則无爲，故居則得正而吉，征則躁擾而凶也。

《象》曰：「君子豹變」，其文蔚也。「小人革面」，順以從君也。

䷱巽下離上鼎，元吉，亨。革去故，而鼎取新。取新而當其人，易故而法制齊明，吉然後乃亨，故先「元吉」而後「亨」也。鼎者，成變之卦也。革既變矣，則制器立法以成之焉。變而无制，亂可待也。法制應時，然後乃吉。賢愚有別，尊卑有序，然後乃亨，故先「元吉」而後乃「亨」。

《彖》曰：鼎，象也。法象也。以木巽火，亨飪也。「亨飪」，鼎之用也。聖人亨，以享上帝，而大亨以養聖賢。亨者，鼎之所爲也。革去故而鼎成新，故爲亨飪調和之器也。去故取新，聖賢不可失也。飪，孰也。天下莫不用之，而聖人用之，乃上以享上帝，而下以「大亨」養聖賢也。巽而耳目聰明。聖賢獲養，則已不爲而成矣。故「巽而耳目聰明」也。柔進而上行，得中而應乎剛，是以元亨。謂五也。有斯二德，故能成新，獲大亨也。

《象》曰：木上有火，鼎。君子以正位凝命。凝者，嚴整之貌也。鼎者，取新成變者也。革去故而鼎成新。「正位」者，明尊卑之序也。「凝命」者，以成教命之嚴也。

初六，鼎顛趾，利出否。得妾以其子，无咎。凡陽爲實而陰爲虛。鼎之爲物，下實而上虛。而今陰在下，則是爲覆鼎也。鼎覆，則趾倒矣。否，謂不善之物也。取妾以爲室主，亦「顛趾」之義也。處鼎之初，將在納新，施顛以出穢，得妾以爲子，故「无咎」也。

《象》曰：「鼎顛趾」，未悖也。倒以寫否，故未悖也。「利出否」，以從貴也。棄穢以納新也。

九二，鼎有實，我仇有疾，不我能即，吉。以陽之質，處鼎之中，有實者也。有實之物，不可復加，益之則溢，反傷其實。「我仇」，謂五也。困於乘剛之疾，不能就我，則我不溢，得全其吉也。

《象》曰：「鼎有實」，慎所之也。有實之鼎，不可復有所取。才任已極，不可復有所加。「我仇有疾」，終无尤也。

九三，鼎耳革，其行塞，雉膏不食，方雨，虧，悔，終吉。鼎之爲義，虚中以待物者也。而三處下體之上，以陽居陽，守實无應，无所納受。耳宜空以待鉉，而反全其實塞，故曰「鼎耳革，其行塞」，雖有雉膏，而終不能食也。雨者，陰陽交和，不偏亢者也。雖體陽爻，而統屬陰卦。若不全任剛亢，務在和通，「方雨」則悔虧，終則吉也。

《象》曰：「鼎耳革」，失其義也。

九四，鼎折足，覆公餗，其形渥，凶。處上體之下而又應初，既承且施，非己所堪，故曰「鼎折足」也。初已「出否」，至四所盛，則已絜矣，故曰「覆公餗」也。渥，沾濡之貌也。既「覆公餗」，體爲渥沾，知小謀大，不堪其任，受其至辱，災及其身，故曰「其形渥，凶」也。

《象》曰：「覆公餗」，信如何也。不量其力，果致凶災，信如之何？

六五，鼎黄耳，金鉉，利貞。居中以柔，能以通理，納乎剛正，故曰「黄耳，金鉉，利貞」也。耳黄，則能納剛正以自舉也。

《象》曰：「鼎黄耳」，中以爲實也。以中爲實，所受不妄也。

上九，鼎玉鉉，大吉，无不利。處鼎之終，鼎道之成也。居鼎之成，體剛履柔，用勁施鉉，以斯處上，高不誠亢，得夫剛柔之節，能舉其任者也。應不在一，則靡所不舉，故曰「大吉，无不利」也。

《象》曰：「玉鉉」在上，剛柔節也。

䷲震下震上震，亨。懼以成，則是以亨。震來虩虩，笑言啞啞。震之爲義，威至而後乃懼也，故曰「震來虩虩」，恐懼之貌也。震者，驚駭怠惰，以肅懈慢者也，故「震來虩虩」恐致福也，「笑言啞啞」後有則也。震驚百里，不喪匕鬯。威震驚乎百里，則足可以不喪匕鬯矣。❶匕所以載鼎實。鬯，香酒，奉宗廟之盛也。

《彖》曰：震，「亨」。「震來虩虩」，恐致福也。「笑言啞啞」，後有則也。「震驚百里」，驚遠而懼邇也。威震驚乎百里，則惰者懼於近矣。出可以守宗廟社稷，以爲祭主也。明所以堪長子之義也。不喪匕鬯，則已「出可以守宗廟」。

《象》曰：洊雷，震。君子以恐懼脩省。

初九，震來虩虩，後笑言啞啞，吉。體夫剛德，爲卦之先，能以恐懼脩其德也。

《象》曰：「震來虩虩」，恐致福也。「笑言啞啞」，後有則也。

六二，震來厲，億喪貝。躋于九陵，勿逐，七日得。「震」之爲義，威駭怠懈，肅整惰慢者也。初幹其任而二乘之，「震來」則危，喪其資貨，亡其所處矣，故曰「震來厲，億喪貝」。億，辭也。貝，資貨、糧用之屬也。犯逆受戮，无應而行，行无所舍。威嚴大行，物莫之納，无糧而走。雖復超越陵險，必困于窮匱，不過七日。故曰「勿逐，七日得」也。

《象》曰：「震來厲」，乘剛也。

六三，震蘇蘇，震行无眚。不當其位，位非所處，故懼「蘇蘇」也。而无乘剛之逆，故可以懼行而「无眚」也。

《象》曰：「震蘇蘇」，位不當也。

九四，震遂泥。處四陰之中，居恐懼之時，爲衆陰之主，宜勇其身，以安於衆。若其震也，遂困難矣。履夫不正，不能除恐，使物安己，德未光也。

《象》曰：「震遂泥」，未光也。

六五，震往來厲，億无喪，有事。往則无

❶「足」，阮刻本作「是」。

應，來則乘剛，恐而往來，不免於危。夫處震之時，而得尊位，斯乃有事之機也。而懼往來，將喪其事，故曰「億无喪，有事」也。

《象》曰：「震往來厲」，危行也。其事在中，大无喪也。大則无喪，往來乃危也。

上六，震索索，視矍矍，征凶。震不于其躬，于其鄰，无咎。婚媾有言。處震之極，極震者也。居震之極，求中未得，故懼而「索索」，視而「矍矍」，无所安親也。已處動極而復征焉，凶其宜也。若恐非已造，彼動故懼，懼鄰而戒，合於備豫，故「无咎」也。極懼相疑，故雖婚媾而有言也。

《象》曰：「震索索」，中未得也。雖「凶」无咎，畏鄰戒也。

䷳艮下艮上艮其背，目无患也。不獲其身。所止在後，故不得其身也。行其庭，不見其人。相背故也。无咎。凡物對面而不相通，否之道也。艮者，止而不相交通之卦也。各止而不相與，何得无咎？唯不相見乃可也。施止於背，不隔物欲，得其所止也。「背」者，无見之物也。无見則自然靜止，靜止而无見，則「不獲其身」矣。「相背」者，雖近而不相見，故「行其庭，不見其人」也。夫施止不於无見，令物自然而止，而强止之，則姦邪並興，近而不相得則凶。其得「无咎」，艮「其背，不獲其身。行其庭，不見其人」故也。

《彖》曰：艮，止也。時止則止，時行則行。動靜不失其時，其道光明。止道不可常用，必施於不可以行，適於其時，道乃光明也。艮其止，止其所也。易背曰止，以明背即止也。施止不可於面，施背乃可也。施止於止，不施止於行，得其所矣，故曰「艮其止，止其所也」。上下敵應，不相與也。是以「不獲其身」，「行其庭，不見其人」，无咎也。

《象》曰：兼山，艮。君子以思不出其位。各止其所，不侵官也。

初六，艮其趾，无咎，利永貞。處止之初，行无所之，故止其趾，乃得「无咎」。至靜而定，故「利永貞」。

《象》曰：「艮其趾」，未失正也。

六二，艮其腓，不拯其隨，其心不快。隨，

謂趾也。止其腓，故其趾不拯也。腓體躁而處止，而不得拯其隨，❶又不能退聽安静，故「其心不快」也。

《象》曰：「不拯其隨」，未退聽也。

九三，艮其限，列其夤，厲薰心。限，身之中也。三當兩象之中，故曰「艮其限」。夤，當中脊之肉也。止加其身，中體而分，故「列其夤」，而憂危「薰心」也。艮之爲義，各止於其所，上下不相與，至中則列矣。列加其夤，危莫甚焉。危亡之憂，乃薰灼其心也。施止體中，其體分焉。體分兩主，大器喪矣。

《象》曰：「艮其限」，危薰心也。

六四，艮其身，无咎。中上稱身，履得其位，止求諸身，得其所處，故不陷於咎也。

《象》曰：「艮其身」，止諸躬也。自止其躬，不分全體。

六五，艮其輔，言有序，悔亡。施止於輔，以處於中，故口无擇言，能亡其悔也。

《象》曰：「艮其輔」，以中正也。能用中正，故「言有序」也。

上九，敦艮，吉。居止之極，極止者也。敦重在上，不陷非妄，宜其「吉」也。

《象》曰：「敦艮」之吉，以厚終也。

䷴艮下巽上漸，女歸吉，利貞。漸者，漸進之卦也。止而巽，以斯適進，漸進者也。以止巽爲進，故「女歸吉」也。進而用正，故「利貞」也。

《象》曰：漸，之進也，之於進也。「女歸」吉也。進得位，往有功也。進以正，可以正邦也。其位剛得中也。以漸進得位也。止而巽，動不窮也。

《象》曰：山上有木，漸。君子以居賢德善俗。賢德以止巽則居，風俗以止巽乃善。

初六，鴻漸于干。小子厲有言，无咎。鴻，水鳥也。適進之義，始於下而升者也，故以鴻爲喻。六爻皆以進而履之爲義焉。❷始進而位乎窮下，又无其應，

---

❶「拯」，原誤作「極」，今據阮刻本、無求備齋本改。

❷「六爻」，阮刻本作「之又」。

若履于干，危不可以安也。始進而未得其位，則困於小子，窮於謗言，故曰「小子厲有言」也。困於小子讒諛之言，未傷君子之義，故曰「无咎」也。

《象》曰：「小子」之厲，義无咎也。

六二，鴻漸于磐。飲食衎衎，吉。磐，山石之安者也。進而得位，居中而應，本无禄養，進而得之，其爲歡樂，願莫先焉。

《象》曰：「飲食衎衎」，不素飽也。

九三，鴻漸于陸。夫征不復，婦孕不育，凶。利禦寇。陸，高之頂也。進而之陸，與四相得，不能復反者也。「夫征不復」，樂於邪配，則婦亦不能執貞矣。非夫而孕，故「不育」也。三本艮體，而棄乎群醜，與四相得，遂乃不反，至使婦孕不育。見利忘義，貪進忘舊，凶之道也。異體合好，順而相保，物莫能間，故「利禦寇」也。

《象》曰：「夫征不復」，離群醜也。「婦孕不育」，失其道也。利用「禦寇」，順相保也。

六四，鴻漸于木。或得其桷，无咎。鳥而之木，得其宜也。「或得其桷」，遇安棲也。雖乘于剛，志相得也。

《象》曰：「或得其桷」，順以巽也。

九五，鴻漸于陵。婦三歲不孕，終莫之勝，吉。陵，次陸者也。進得中位，而隔乎三、四，不得與其應合，故「婦三歲不孕」也。各履正而居中，三、四不能久塞其塗者也。不過三歲，必得所願矣。進以正邦，三年有成，成則道濟，故不過「三歲」也。

《象》曰：「終莫之勝，吉」，得所願也。

上九，鴻漸于陸。其羽可用爲儀，吉。進處高絜，不累於位，无物可以屈其心而亂其志。峨峨清遠，儀可貴也，故曰「其羽可用爲儀，吉」。

《象》曰：「其羽可用爲儀，吉」，不可亂也。

䷵兑下震上歸妹，征凶，无攸利。妹者，少女之稱也。兑爲少陰，震爲長陽，少陰而承長陽，説以動，嫁妹之象也。

《象》曰：歸妹，天地之大義也。天地不

交，而萬物不興。歸妹，人之終始也。陰陽既合，長少又交，「天地之大義」，人倫之終始。說以動，所歸妹也。少女而與長男交，少女所不樂也。而今「說以動」，所歸必妹也，雖與長男交，嫁而係姊，❶是以說也。「征凶」，位不當也。履於不正，說動以進，妖邪之道也。「无攸利」，柔乘剛也。以征則有不正之凶，以處則有乘剛之逆。

《象》曰：澤上有雷，歸妹。君子以永終知敝。歸妹，相終始之道也。故「以永終知敝」。

初九，歸妹以娣，跛能履，征吉。少女而與長男爲耦，非敵之謂，是娣從之義也。妹，少女之稱也。少女之行，善莫若娣。夫承嗣以君之子，雖幼而不妄行，少女以娣，雖「跛能履」，斯乃恒久之義，吉而相承之道也。以斯而進，吉其宜也。

《象》曰：「歸妹以娣」，以恒也。「跛能履」，吉相承也。

九二，眇能視，利幽人之貞。雖失其位，而居内處中，眇猶能視，足以保常也。在内履中而能守其常，故「利幽人之貞」也。

《象》曰：「利幽人之貞」，未變常也。

六三，歸妹以須，反歸以娣。室主猶存，而求進焉。進未值時，故有須也。不可以進，故「反歸」待時，「以娣」乃行。

《象》曰：「歸妹以須」，未當也。

九四，歸妹愆期，遲歸有時。夫以不正无應而適人也，必須彼道窮盡，无所與交，然後乃可以往，故「愆期，遲歸」，以待時也。

《象》曰：「愆期」之志，有待而行也。

六五，帝乙歸妹，其君之袂，不如其娣之袂良。月幾望，吉。歸妹之中，獨處貴位，故謂之「帝乙歸妹」也。袂，衣袖，所以爲禮容者也。「其君之袂」，謂帝乙所寵也。即五也。爲帝乙所崇飾，故謂之「其君之袂」也。配在九二，兑少震長，以長從少，不若以少從長之爲美也，故曰「不若其娣之袂良」也。位在乎中，以貴而行，極陰

❶「姊」，無求備齋本、阮刻本作「娣」。

之盛，以斯適配，雖不若少，往亦必合，故曰「月幾望，吉」也。

《象》曰：「帝乙歸妹」，不如其娣之袂良也。其位在中，以貴行也。

上六，女承筐，无實。士刲羊，无血。无攸利。羊，謂三也。處卦之窮，仰无所承，下又无應，爲女而承命，則筐虛而莫之與。爲士而下命，則「刲羊」而「无血」。刲羊而无血，不應所命也。進退莫與，故曰「无攸利」也。

《象》曰：上六「无實」，承虛筐也。

周易卷第五

經二千六百九字

注六千三百八十四字

周易下經豐傳第六

王弼注

䷶離下震上豐，亨，王假之，大而亨者，王之所至。勿憂，宜日中。豐之爲義，闡弘微細，通夫隱滯者也。爲天下之主，而令微隱者不亨，憂未已也。故至「豐亨」，乃得「勿憂」也。用夫豐亨不憂之德，宜處天中，以偏照者也。故曰「宜日中」也。

《彖》曰：豐，大也。音闡大之大也。明以動，故「豐」。「王假之」，尚大也。大者王之所尚，故至之也。「勿憂，宜日中」，宜照天下也。以勿憂之德，故宜照天下也。日中則昃，月盈則食，天地盈虛，與時消息，而況於人乎？況於鬼神乎？豐之爲用，困於昃食者也。施於未足則尚豐，施於已盈則方溢，不可以爲常，故具陳消息之道者也。

《象》曰：雷電皆至，豐。君子以折獄致刑。文明以動，不失情理也。

初九，遇其配主，雖旬无咎，往有尚。處豐之初，其配在四，以陽適陽，以明之動，能相光大者也。旬，均也。雖均「无咎，往有尚」也。初四俱陽爻，故曰「均」也。

《象》曰：「雖旬无咎」，過旬災也。過均則争，交斯叛也。

六二，豐其蔀，日中見斗。往得疑疾，有孚發若，吉。蔀，覆曖，鄣光明之物也。處明動之時不能自豐，以光大之德，既處乎内，而又以陰居陰，所豐在蔀，幽而无覩者也，故曰「豐其蔀，日中見斗」也。日中者，明之盛也。斗見者，闇之極也。處盛明而豐其蔀，故曰「日中見斗」。不能自發，故「往得疑疾」。然履中當位，處闇不邪，「有孚」者也。若，辭也。有孚可以發其志，不困於闇，故獲吉也。

《象》曰：「有孚發若」，信以發志也。

九三，豐其沛，日中見沬。折其右肱，无

咎。沛，幡幔，所以禦盛光也。沬，微昧之明也。應在上六，志在乎陰，雖愈乎以陰處陰，亦未足以免於闇也。所豐在沛，日中見沬之謂也。施明，則見沬而已。施用，則折其右肱。故可以自守而已，未足用也。

《象》曰：「豐其沛」，不可大事也。明不足也。「折其右肱」，終不可用也。雖有左在，不足用也。

九四，豐其蔀，日中見斗。遇其夷主，吉。以陽居陰，「豐其蔀」也。得初以發，「夷主吉」也。

《象》曰：「豐其蔀」，位不當也。「日中見斗」，幽不明也。「遇其夷主」，吉行也。

六五，來章有慶譽，吉。以陰之質，來適尊陽之位，能自光大，章顯其德，獲「慶譽」也。

《象》曰：六五之「吉」，有慶也。

上六，豐其屋，蔀其家，闚其户，闃其无人。三歲不覿，凶。屋，藏蔭之物。以陰處極，而最在外，不履於位，深自幽隱，絶跡深藏者也。既「豐其屋」，又「蔀其家」，屋厚家覆，闇之甚也。雖「闚其户，闃其无人」，弃其所處而自深藏也。處於明動尚大之時，而深自幽隱以高其行，大道既濟而猶不見，隱不爲賢，更爲反道，凶其宜也。三年，豐道之成，治道未濟，隱猶可也。既濟而隱，以治爲亂也。

《象》曰：「豐其屋」，天際翔也。翳光最甚者也。「闚其户，闃其无人」，自藏也。可以出而不出，「自藏」之謂也。非有爲而藏，不出户庭，失時致凶，況自藏乎？凶其宜也。

䷷艮下離上旅，小亨，旅貞吉。不足全夫貞吉之道，唯足以爲旅之「貞吉」，故特重曰「旅貞吉」也。

《彖》曰：旅，「小亨」，柔得中乎外而順乎剛，止而麗乎明，是以「小亨，旅貞吉」也。夫物失其主則散，柔乘於剛則乖，既乖且散，物皆羈旅，何由得小亨而貞吉乎？夫陽爲物長，而陰皆順陽。唯六五乘剛，而復得中乎外，以承于上，陰各順陽，不爲乖逆。止而麗明，動不履妄，雖不及剛得尊位，恢弘大通，足以小亨，❶令附旅者不失其正，得其所安也。旅之時義大

❶「足」，阮刻本作「是」。

矣哉！旅者，大散。物皆失其所居之時也。咸失其居，物願所附，豈非知者有爲之時？

《象》曰：山上有火，旅。君子以明慎用刑，而不留獄。止以明之，刑戮詳也。

初六，旅瑣瑣，斯其所取災。最處下極，寄旅不得所安，而爲斯賤之役，所取致災，志窮且困。

《象》曰：「旅瑣瑣」，志窮災也。

六二，旅即次，懷其資，得童僕貞。次者，可以安行旅之地也。懷，來也。得位居中，體柔奉上，以此寄旅，必獲次舍。懷來資貨，得童僕之所正也。旅不可以處盛，故其美盡於童僕之正也。過斯以往，則見害矣。童僕之正，義足而已。

《象》曰：「得童僕貞」，終无尤也。

九三，旅焚其次，喪其童僕，貞厲。居下體之上，與二相得，以寄旅之身，而爲施下之道，與萌侵權，主之所疑也，故次焚僕喪，而身危也。

《象》曰：「旅焚其次」，亦以傷矣。以旅與下，其義喪也。

九四，旅于處，得其資斧，我心不快。斧，所以斫除荆棘以安其舍者也。雖處上體之下，不先於物，然而不得其位，不獲平坦之地，客乎所處，不得其次，而得其資斧之地，故其心「不快」也。

《象》曰：「旅于處」，未得位也。「得其資斧」，心未快也。

六五，射雉，一矢亡，終以譽命。射雉以一矢而復亡之，明雖有雉，終不可得矣。寄旅而進，雖處于文明之中，居于貴位，此位終不可有也。以其能知禍福之萌，不安其處，以乘其下而上承於上，故終以「譽」而見「命」也。

《象》曰：「終以譽命」，上逮也。

上九，鳥焚其巢，旅人先笑後號咷，喪牛于易，凶。居高危而以爲宅，「巢」之謂也。客而得上位，❶故「先笑」也。以旅而處于上極，衆之所嫉也。以不親之身，而當嫉害之地，必凶之道也。故曰「後號咷」。牛

❶「而」，阮刻本作「旅」。

者，稼穡之資。以旅處上，衆所同嫉，故「喪牛於易」，不在於難。物莫之與，危而不扶，「喪牛于易」，故莫之聞。❶莫之聞，則傷之者至矣。

《象》曰：以旅在上，其義焚也。「喪牛于易」，終莫之聞也。

☴巽下巽上巽，小亨。全以巽爲德，是以「小亨」也。上下皆巽，不違其令，命乃行也。故申命行事之時，上下不可以不巽也。利有攸往，巽悌以行，物无距也。利見大人。大人用之，道愈隆。

《彖》曰：重巽以申命。「命」乃行也。未有不巽而命行也。剛巽乎中正而志行，以剛而能用巽，處于中正，物所與也。柔皆順乎剛。明无違逆，故得「小亨」。是以「小亨，利有攸往，利見大人」。

《象》曰：隨風，巽。君子以申命行事。

初六，進退，利武人之貞。處令之初，未能服令者也，故「進退」也。成命齊邪，莫善武人，故「利武人之貞」以整之。

《象》曰：「進退」，志疑也。巽順之志，進退疑懼。「利武人之貞」，志治也。

九二，巽在牀下，用史巫紛若，吉，无咎。處巽之中，既在下位，而復以陽居陰，卑巽之甚，故曰「巽在牀下」也。卑甚失正，則入于咎過矣。能以居中而施至卑於神祇，而不用之於威勢，則乃至于「紛若」之吉，而亡其過矣。故曰「用史巫紛若，吉，无咎」也。

《象》曰：「紛若」之吉，得中也。

九三，頻巽，吝。頻，頻蹙，不樂而窮，不得已之謂也。以其剛正而爲四所乘，志窮而巽，是以「吝」也。

《象》曰：「頻巽」之吝，志窮也。

六四，悔亡，田獲三品。乘剛，悔也。然得位承五，卑得所奉。雖以柔御剛，❷而依尊履正，以斯行命，必能獲強暴，遠不仁者也。獲而有益，莫善三品，故曰「悔亡，田獲三品」。一曰「乾豆」，二曰「賓客」，三曰「充君之庖」。

《象》曰：「田獲三品」，有功也。

❶「故」，阮刻本作「終」。

❷「御」，阮刻本作「乘」。

九五，貞吉，悔亡，无不利。无初有終。先庚三日，後庚三日，吉。以陽居陽，損於謙巽。然秉乎中正以宣其令，物莫之違，故曰「貞吉，悔亡，无不利」也。化不以漸，卒以剛直，用加於物，故初皆不說也。終於中正，邪道以消，故「有終」也。申命令謂之庚。夫以正齊物，不可卒也。民迷固久，直不可肆也。故先申三日，令著之後，復申三日，然後誅而无咎怨矣。甲、庚，皆申命之謂也。

《象》曰：九五之「吉」，位正中也。

上九，巽在牀下，喪其資斧，貞凶。處巽之極，極巽過甚，故曰「巽在牀下」也。斧所以斷者也，過巽失正，喪所以斷，故曰「喪其資斧，貞凶」也。

《象》曰：「巽在牀下」，上窮也。「喪其資斧」，正乎凶也。

䷹兑下兑上兑，亨，利貞。

《彖》曰：兑，說也。剛中而柔外，說以「利貞」，說而違剛則諂，剛而違說則暴，剛中而柔外，所以「說以利貞」也。剛中，故利貞。柔外，故說亨。是以順乎天而應乎人。天剛而不失說者也。說以先民，民忘其勞。說以犯難，民忘其死。說之大，民勸矣哉。

《象》曰：麗澤，兑。君子以朋友講習。麗，猶連也。施說之盛，莫盛於此。

初九，和兑，吉。居兑之初，應不在一，无所黨係，「和兑」之謂也。說不在諂，履斯而行，未見有疑之者，「吉」其宜矣。

《象》曰：「和兑」之吉，行未疑也。

九二，孚兑，吉，悔亡。說不失中，有孚者也。失位而說，孚吉乃「悔亡」也。

《象》曰：「孚兑」之吉，信志也。其志信也。

六三，來兑，凶。以陰柔之質，履非其位，來求說者也。非正而求說，邪佞者也。

《象》曰：「來兑」之凶，位不當也。

九四，商兑未寧，介疾有喜。商，商量裁制之謂也。介，隔也。三爲佞說，將近至尊，故四以剛德裁而隔之，匡內制外，是以「未寧」也。處於幾近，閑邪「介疾」，宜其「有喜」也。

《象》曰：九四之「喜」，有慶也。

九五，孚于剥，有厲。比於上六，而與相得，處尊正之位，不説信乎陽，而説信乎陰，「孚于剥」之義也。「剥」之爲義，小人道長之謂。

《象》曰：「孚于剥」，位正當也。以正當之位，信於小人而疏君子，故曰「位正當」也。

上六，引兑。以夫陰質，最處説後，静退者也。故必見引，然後乃説也。

《象》曰：上六「引兑」，未光也。

䷺坎下巽上 涣，亨，王假有廟。利涉大川，利貞。

《彖》曰：涣「亨」，剛來而不窮，柔得位乎外而上同。二以剛來居內，而不窮於險。四以柔得位乎外，而與上同。內剛而无險困之難，外順而无違逆之乖，是以亨，「利涉大川，利貞」也。凡剛得暢而无忌回之累，柔履正而同志乎剛，則皆亨，「利涉大川，利貞」也。「王假有廟」，王乃在中也。王乃在乎涣然之中，故至「有廟」也。「利涉大川」，乘木有功也。「乘木」，即涉難也。木者專所以涉川也。涉難而常用涣道，必「有功」也。

《象》曰：風行水上，涣。先王以享于帝，立廟。

初六，用拯馬壯，吉。涣，散也。處散之初，乖散未甚，故可以遊行，得其志而違於難也。不在危劇而後乃逃竄，故曰「用拯馬壯，吉」。

《象》曰：初六之「吉」，順也。觀難而行，不與險争，故曰「順也」。

九二，涣奔其机，悔亡。机，承物者也。謂初也。二俱无應，與初相得，而初得散道，離散而奔，得其所安，故「悔亡」也。

《象》曰：「涣奔其机」，得願也。

六三，涣其躬，无悔。涣之爲義，内險而外安者也。散躬志外，不固所守，與剛合志，故得「无悔」也。

《象》曰：「涣其躬」，志在外也。

六四，涣其群，元吉。涣有丘，匪夷所思。踰乎險難，得位體巽，與五合志。内掌機密，外宣化命者也。故能散群之險，以光其道。然處於卑順，不可自專，而爲散之任，猶有丘墟匪夷之慮，雖得元吉，所思不可忘也。

《象》曰：「涣其群，元吉」，光大也。

九五，涣汗其大號。涣王居，无咎。處尊履正，居巽之中，散汗大號，以盪險阨者也。爲涣之主，唯「王居」之，乃得「无咎」也。

《象》曰：「王居」无咎，正位也。正位不可以假人。

上九，涣其血，去逖出，无咎。逖，遠也。最遠於害，不近侵克，散其憂傷，遠出者也。散患於遠害之地，誰將咎之哉？

《象》曰：「涣其血」，遠害也。

䷻兑下坎上節，亨。苦節，不可貞。

《象》曰：節「亨」，剛柔分而剛得中。坎陽而兑陰也。陽上而陰下，剛柔分也。剛柔分而不亂，剛得中而爲制主，節之義也。節之大者，莫若剛柔分，男女别也。「苦節，不可貞」，其道窮也。爲節過苦，則物不能堪也。物不能堪，則不可復正也。説以行險，當位以節，中正以通。然後乃亨也。❶无説而行險，過中而爲節，則道窮也。天地節而四時成，節以制度，不傷財，不害民。

《象》曰：澤上有水，節。君子以制數度，議德行。

初九，不出户庭，无咎。爲節之初，將整離散而立制度者也。故明於通塞，慮於險僞，不出户庭，慎密不失，然後事濟而「无咎」也。

《象》曰：「不出户庭」，知通塞也。

九二，不出門庭，凶。初已造之，至二宜宣其制矣，而故匿之，失時之極，則遂廢矣。故「不出門庭」，則「凶」也。

《象》曰：「不出門庭，凶」，失時極也。

❶「乃」，阮刻本作「及」。

六三，不節若，則嗟若，无咎。若，辭也。以陰處陽，以柔乘剛，違節之道，以至哀嗟。自己所致，无所怨咎，故曰「无咎」也。

《象》曰：「不節」之嗟，又誰咎也。

六四，安節，亨。得位而順，不改其節而能亨者也。承上以斯，得其道也。

《象》曰：「安節」之亨，承上道也。

九五，甘節，吉，往有尚。當位居中，爲節之主，不失其中，不傷財，不害民之謂也。爲節而不苦，❶非甘而何？術斯以往，「往有尚」也。

《象》曰：「甘節」之吉，居位中也。

上六，苦節，貞凶。悔亡。過節之中，以至亢極，「苦節」者也。以斯施正，❷物所不堪，正之凶也。以斯脩身，行在无妄，故得「悔亡」。

《象》曰：「苦節，貞凶」，其道窮也。

䷼兑下巽上中孚，豚魚吉。利涉大川。利貞。

《彖》曰：中孚，柔在内而剛得中，説而巽。孚，有上四德，然後乃孚。乃化邦也。信立而後邦乃化也。柔在内而剛得中，各當其所也。❸剛得中則直而正，柔在内則静而順。説而以巽，則乖争不作。如此則物无巧競，敦實之行著，而篤信發乎其中矣。「豚魚吉」，信及豚魚也。魚者，蟲之隱者也。豚者，獸之微賤者也。争競之道不興，中信之德淳著，則雖微隱之物，信皆及之。「利涉大川」，乘木舟虚也。乘木於用舟之虚，則終已无溺也。用中孚以涉難，若乘木舟虚也。❹中孚以「利貞」，乃應乎天地。盛之至也。

《象》曰：澤上有風，中孚。君子以議獄緩死。信發於中，雖過可亮也。

初九，虞吉，有它不燕。虞，猶專也。爲信之始，而應在四，得乎專吉者也。志未能變，繫心於一，故「有

❶「而」，阮刻本作「之」。

❷「正」，阮校曰：「閩、監、毛本『正』作『人』，依《正義》當作『人』。」

❸「當」，無求備齋本作「得」。

❹「若乘木舟虚也」，阮校曰：「古本作『若乘木於舟虚者也』。」

它不燕」也。

《象》曰：初九「虞吉」，志未變也。

九二，鳴鶴在陰，其子和之。我有好爵，吾與爾靡之。處内而居重陰之下，而履不失中，不徇於外，任其真者也。立誠篤至，❶雖在闇昧，物亦應焉，故曰「鳴鶴在陰，其子和之」也。不私權利，唯德是與，誠之至也，故曰「我有好爵」，與物散之。

《象》曰：「其子和之」，中心願也。

六三，得敵，或鼓或罷，或泣或歌。三居少陰之上，四居長陰之下，對而不相比，「敵」之謂也。以陰居陽，欲進者也。欲進而閡敵，故「或鼓」也。四履正而承五，非己所克，故「或罷」也。不勝而退，懼見侵陵，故「或泣」也。四履乎順，不與物校，退而不見害，故「或歌」也。不量其力，進退无恒，憊可知也。

《象》曰：「或鼓或罷」，位不當也。

六四，月幾望，馬匹亡，无咎。居中孚之時，處巽之始，應説之初，居正履順，以承於五，内毗元首，外宣德化者也。充乎陰德之盛，故曰「月幾望」。「馬匹亡」者，弃群類也。若夫居盛德之位，而與物校其競争，則失其所盛矣。故曰絶類而上，履正承尊，不與三争，乃得「无咎」也。

《象》曰：「馬匹亡」，絶類上也。類，謂三俱陰爻，故曰「類」也。

九五，有孚攣如，无咎。「攣如」者，繫其信之辭也。處中誠以相交之時，居尊位以爲群物之王，❷信何可舍？故「有孚攣如」，乃得「无咎」也。

《象》曰：「有孚攣如」，位正當也。

上九，翰音登于天，貞凶。翰，高飛也。飛音者，音飛而實不從之謂也。居卦之上，處信之終，信終則衰，忠篤内喪，華美外揚，故曰「翰音登于天」也。翰音登天，正亦滅矣。

《象》曰：「翰音登于天」，何可長也。

䷽ 艮下震上 小過，亨，利貞。可小事，不可大

❶「至」，無求備齋本作「志」。阮校曰：「岳本、監、毛本『至』作『志』。」

❷「王」，阮刻本、無求備齋本作「主」。

事。飛鳥遺之音，不宜上，宜下，大吉。飛鳥遺其音，聲哀以求處，上愈无所適，下則得安。愈上則愈窮，莫若飛鳥也。

《彖》曰：「小過」，小者過而「亨」也。小者，謂凡諸小事也。過於小事而通者也。過以「利貞」，與時行也。過而得以利貞，應時宜也。施過於恭儉，「利貞」者也。柔得中，是以「小事」吉也。剛失位而不中，是以「不可大事」也。成大事者，必在剛也。柔而浸大，剥之道也。有「飛鳥」之象焉，不宜上，宜下，即飛鳥之象。「飛鳥遺之音，不宜上，宜下，大吉」，上逆而下順也。上則乘剛，逆也。下則承陽，順也。施過於不順，凶莫大焉。施過於順，過更變而爲吉也。

《象》曰：山上有雷，小過。君子以行過乎恭，喪過乎哀，用過乎儉。

初六，飛鳥以凶。小過上逆下順，而應在上卦。進而之逆，无所錯足，飛鳥之凶也。

《象》曰：「飛鳥以凶」，不可如何也。

六二，過其祖，遇其妣。不及其君，遇其臣，无咎。過而得之謂之「遇」，在小過而當位，過而得之之謂也。祖，始也，謂初也。妣者，居内履中而正者也。過初而履二位，故曰「過其祖」而「遇其妣」，過而不至於僭，盡於臣位而已，故曰「不及其君，遇其臣，无咎」。

《象》曰：「不及其君」，臣不可過也。

九三，弗過防之，從或戕之，凶。小過之世，大者不立，故令小者得過也。居下體之上，以陽當位，而不能先過防之，至令小者咸過，而復應而從焉。其從之也，則戕之凶至矣。故曰「弗過防之，從或戕之，凶」也。

《象》曰：「從或戕之」，凶如何也？

九四，无咎，弗過遇之，往厲必戒，勿用永貞。雖體陽爻而不居其位，不爲貴主，故得无咎也。失位在下，不能過者也。以其不能過，故得合於免咎之宜，故曰「弗過遇之」。夫宴安酖毒，不可懷也。處於小過不寧之時，而以陽居陰，不能有所爲者也。以此自守，免咎可也。以斯攸往，危之道也。不交於物，物亦弗與，无援之助，故危則必戒而已，无所告救也。沉没怯溺，自守而已，以斯而處於群小之中，未足任者也。故曰「勿用永貞」，言不足用之於永貞。

《象》曰：「弗過遇之」，位不當也。「往厲必戒」，終不可長也。

六五，密雲不雨，自我西郊，公弋取彼在穴。小過者，小者過於大也。六得五位，陰之盛也，故「密雲不雨」，至于「西郊」也。夫雨者，陰布於上，而陽薄之而不得通，則烝而爲雨，今艮止於下而不交焉，故「不雨」也。是故小畜尚往而亨則「不雨」也，小過陽不上交亦「不雨」也。雖陰盛于上，未能行其施也。「公」者，臣之極也。五極陰盛，故稱「公」也。弋，射也。「在穴」者，隱伏之物也。小過者，過小而難未大作，猶在隱伏者也。以陰質治小過，能獲小過者也，故曰「公弋取彼在穴」也。除過之道，不在取之，足及密雲，❶未能雨也。

《象》曰：「密雲不雨」，已上也。陽已上，故止也。

上六，弗遇過之，飛鳥離之，凶。是謂災眚。小人之過，遂至上極，過而不知限，至于亢也。過至於亢，將何所遇？飛而不已，將何所託？災自己致，復何言哉！

《象》曰：「弗遇過之」，已亢也。

䷾離下坎上既濟，亨小，利貞。初吉，終亂。

《象》曰：既濟「亨」，小者亨也。「既濟」者，以皆濟爲義者也。「小」者不遺，乃爲皆濟，故舉小者以明既濟也。「利貞」，剛柔正而位當也。「剛柔正而位當」，則邪不可以行矣，故唯正乃利貞也。「初吉」，柔得中也。「終」止則「亂」，其道窮也。柔得中則小者亨也。柔不得中，則小者未亨。小者未亨，雖剛得正，則爲未既濟也。故既濟之要，在柔得中也。以既濟爲家者，❷道極无進，終唯有亂，故曰「初吉，終亂」。終亂不爲自亂，由止故亂，故曰「終止則亂」也。

❶「足及」，阮刻本作「是乃」。阮校曰：「宋本、足利本『是乃』作『足及』。古本同也。」

❷「家」，阮刻本作「安」。阮校曰：「錢本、古本、足利本『安』作『象』，宋本作『家』。案：『家』即『象』之誤。」

《象》曰：水在火上，既濟。君子以思患而豫防之。存不忘亡，既濟不忘未濟也。

初九，曳其輪，濡其尾，无咎。最處既濟之初，始濟者也。始濟未涉於燥，故輪曳而尾濡也。雖未造易，心无顧戀，志弃難者也。其於義也，无所咎矣。

《象》曰：「曳其輪」，義无咎也。

六二，婦喪其茀，勿逐，七日得。居中履正，處文明之盛，而應乎五，陰之光盛者也。然居初、三之間，而近不相得，上不承三，下不比初。夫以光盛之陰，處於二陽之間，近而不相得，能无見侵乎？故曰「喪其茀」也。稱「婦」者，以明自有夫，而它人侵之也。茀，首飾也。夫以中道執乎貞正，而見侵者，衆之所助也。處既濟之時，不容邪道者也。時既明峻，衆又助之，竊之者逃竄而莫之歸矣。量斯勢也，不過七日，不須己逐，而自得也。

《象》曰：「七日得」，以中道也。

九三，高宗伐鬼方，三年克之。小人勿用。處既濟之時，居文明之終，履得其位，是居而未而能濟者也。❶故伐鬼方，❷三年乃克也。君子處之，故能興也。小人居之，遂喪邦也。

《象》曰：「三年克之」，憊也。

六四，繻有衣袽，終日戒。繻，宜曰濡。衣袽，所以塞舟漏也。履得其正，而近不與三五相得。夫有隙之棄舟，而得濟者，「有衣袽」也。鄰於不親而得全者，「終日戒」也。

《象》曰：「終日戒」，有所疑也。

九五，東鄰殺牛，不如西鄰之禴祭，實受其福。牛，祭之盛者也。禴，祭之薄者也。居既濟之時，而處尊位，物皆濟矣。將何爲焉？其所務者，祭祀而已。祭祀之盛，莫盛脩德，故沼沚之毛，蘋蘩之菜，可羞於鬼神。故「黍稷非馨，明德惟馨」。是以「東鄰殺牛，不如西鄰之禴祭，實受其福」也。

《象》曰：「東鄰殺牛」，不如西鄰之時也。在於合時，不在於豐也。「實受其福」，吉大

❶「而未」，阮刻本、無求備齋本作「衰未」。

❷「故伐鬼方」，阮刻本作「高宗伐鬼方」。

來也。

上六，濡其首，厲。處既濟之極，既濟道窮，則之於未濟。之於未濟，則首先犯焉。過進不已，❶則遇於難，故「濡其首」也。將没不久，危莫先焉。

《象》曰：「濡其首，厲」，何可久也？

䷿坎下離上未濟，亨。小狐汔濟，濡其尾，无攸利。

《彖》曰：未濟「亨」，柔得中也。以柔處中，不違剛也。能納剛健，故得亨也。「小狐汔濟」，未出中也。小狐不能涉大川，須汔然後乃能濟。處未濟之時，必剛健拔難，然後乃能濟，汔乃能濟，未能出險之中。「濡其尾，无攸利」，不續終也。小狐雖能渡，而无餘力，將濟而濡其尾，力竭於斯，不能續終。險難猶未足以濟也。濟未濟者，必有餘力也。雖不當位，剛柔應也。位不當，故未濟。剛柔應，故可濟。

《象》曰：火在水上，未濟。君子以慎辨物居方。「辨物居方」，令物各當其所也。

初六，濡其尾，吝。處未濟之初，最居險下，不可以濟者也。而欲之其應，進則溺身。未濟之始，始於既濟之上六也，濡其首猶不反，至于濡其尾，不知紀極者也。然以陰處下，非爲進亢，遂其志者也。困則能反，故不曰凶。事在已量，而必困乃反，頑亦甚矣，故曰「吝」也。

《象》曰：「濡其尾」，亦不知極也。

九二，曳其輪，貞吉。體剛履中而應於五，五體陰柔應與而不自任者也。居未濟之時，處險難之中，體剛中之質，而見任與拯救危難，經綸屯蹇者也。用健施難，循難在正，❷而不違中，故「曳其輪，貞吉」也。

《象》曰：九二「貞吉」，中以行正也。位雖不正，中以行正也。

❶「進」，阮刻本作「惟」。阮校：「岳本、錢本、宋本、足利本『惟』作『進』，古本同。一本作『過進惟不已』。閩、監、毛本『惟』作『而』。」孔穎達疏曰：「若進而不已，必遇於難。」

❷「施難」、「循難」，阮刻本作「拯難」、「靖難」。阮校曰：「岳本、閩、監、毛本同。宋本、足利本『拯』作『施』，『靖』作『循』，古本同。」

六三，未濟，征凶，利涉大川。以陰之質，失位居險，不能自濟者也。以不正之身，力不能自濟，而求進焉，喪其身也，故曰「征凶」也。二能拯難，而己比之，棄己委二，載二而行，溺可得乎？何憂未濟，故曰「利涉大川」。

《象》曰：「未濟，征凶」，位不當也。

九四，貞吉，悔亡。震用伐鬼方，三年有賞于大國。處未濟之時，而出險難之上，居文明之初，體乎剛質，以近至尊，雖履非其位，志在乎正，則吉而「悔亡」矣。其志得行，靡禁其威，故曰「震用伐鬼方」也。「伐鬼方」者，興衰之征也。故每至興衰而取義焉。處文明之初，始出於難，其德未盛，故曰「三年」也。五居尊以柔，體乎文明之盛，不奪物功者也。故以「大國」賞之也。

《象》曰：「貞吉，悔亡」，志行也。

六五，貞吉，无悔。君子之光，有孚，吉。以柔居尊，處文明之盛，爲未濟之主，故必正然後乃吉，吉乃得「无悔」也。夫以柔順文明之質，居於尊位，付與於能，而不自役，使武以文，御剛以柔，斯誠「君子之光」也。付物以能，而不疑也，物則竭力，功斯克矣，故曰「有孚，吉」。

《象》曰：「君子之光」，其暉吉也。

上九，有孚于飲酒，无咎。濡其首，有孚，失是。未濟之極，則反於既濟。既濟之道，所任者當也。所任者當，則可信之，无疑而已逸焉。故曰「有孚于飲酒，无咎」也。以其能信於物，故得逸豫，而不憂於事之廢。苟不憂於事之廢，而耽樂之甚，❶則至于失節矣。由於有孚，失於是矣，故曰「濡其首，有孚，失是」也。

《象》曰：「飲酒」濡首，亦不知節也。

周易卷第六

經二千三十四字

注四千九百一字

---

❶「而耽樂之甚」，阮刻本作「而躭於樂之甚」。

周易繫辭上第七

韓康伯注

天尊地卑，乾坤定矣。乾坤，其易之門户，先明天尊地卑，以定乾坤之體。卑高以陳，貴賤位矣。天尊地卑之義既列，則涉乎萬物，貴賤之位明矣。動静有常，剛柔斷矣。剛動而柔止也。動止得其常體，則剛柔之分著矣。方以類聚，物以群分，吉凶生矣。方有類，物有群，則有同有異，有聚有分也。順其所同則吉，乖其所趣則凶，故「吉凶生矣」。在天成象，在地成形，變化見矣。象，況日月星辰。形，況山川草木也。縣象運轉以成昏明，山澤通氣而雲行雨施，故「變化見矣」。是故剛柔相摩，相切摩也，言陰陽之交感也。八卦相盪。相推盪也，言運化之推移。鼓之以雷霆，潤之以風雨。日月運行，一寒一暑。乾道成男，坤道成女。乾知大始，坤作成物。乾以易知，坤以簡能。天地之道，不爲而善始，不勞而善成，故曰易簡。易則易知，簡則易從。易知則有親，易從則有功。順萬物之情，故曰「有親」。通天下之志，故曰「有功」。有親則可久，有功則可大。有易簡之德，則能成可久、可大之功。可久則賢人之德，可大則賢人之業。天地易簡，萬物各載其形，聖人不爲，群方各遂其業。德業既成，則入於形器，故以「賢人」目其德業。易簡而天下之理得矣。天下之理，莫不由於易簡，而各得順其分位也。天下之理得，而成位乎其中矣。成位，況立象也。❶極易簡則通天下之理。通天下之理，故能成象。並乎天地言其中，則明並天地也。❷

聖人設卦觀象，此總言也。繫辭焉而明吉

❶「況」，阮刻本作「至」。阮校曰：「岳本、宋本、古本、足利本『至』作『況』。」

❷「明並」，阮刻本作「並明」。阮校曰：「岳本、宋本、古本、足利本『並明』作『明並』。」

凶，剛柔相推而生變化。繫辭，所以明吉凶。剛柔相推，所以明變化也。吉凶者，存乎人事也。變化者，存乎運行也。是故，吉凶者，失得之象也。由有失得，故「吉凶」生。悔吝者，憂虞之象也。失得之微者，足以致憂虞而已，故曰「悔吝」。變化者，進退之象也。往復相推，迭進退也。剛柔者，晝夜之象也。晝則陽剛，夜則陰柔。始總言吉凶變化，而下別明悔吝、晝夜者，悔吝則吉凶之類，晝夜亦變化之道。吉凶之類，則同因繫辭而明。變化之道，則俱由剛柔而著。故始總言之，下則明失得之輕重，辨變化之小大，故別序其義也。六爻之動，三極之道也。三極，三材也。兼三材之道，故能見吉凶，成變化也。是故君子所居而安者，易之序也。序易象之次序。所樂而玩者，爻之辭也。是故君子居則觀其象而玩其辭，動則觀其變而玩其占。是以自天祐之，吉，无不利。

彖者，言乎象者也。彖，總一卦之義也。爻者，言乎變者也。爻各言其變也。吉凶者，言乎其失得也。悔吝者，言乎其小疵也。无咎者，善補過也。是故，列貴賤者存乎位，爻之所處曰「位」，六位有貴賤也。齊小大者存乎卦，卦有小大也。齊，猶言辯也。即「彖者言乎象」也。辯吉凶者存乎辭。辭，爻辭也。即「爻者，言乎變」也。言象所以明小大，言變所以明吉凶。故小大之義存乎卦，吉凶之狀見乎爻，至於悔吝、无咎，其例一也。吉凶、悔吝、小疵、无咎皆生乎變，事有小大，故下歷言五者之差也。憂悔吝者存乎介，介，纖介也。王弼曰「憂悔吝之時，其介不可慢也」，即「悔吝者，言乎小疵」也。震无咎者存乎悔。无咎者，善補過也。震，動也。故動而无咎，存乎其悔過也。是故，卦有小大，辭有險易。其道光明曰大，君子道消曰小。之泰則其辭易，之否則其辭險。辭也者，各指其所之。

《易》與天地準，作《易》以準天地。故能彌綸天地之道。仰以觀於天文，俯以察於地理，是故知幽明之故。原始反終，故知死生之説。「幽明」者，有形无形之象。「死生」者，始終之數也。

精氣爲物，遊魂爲變，精氣烟熅，❶聚而成物。聚極則散，而遊魂爲變也。遊魂言其遊散也。是故知鬼神之情狀。盡聚散之理，則能知變化之道，无幽而不通也。與天地相似，故不違。德合天地，故曰「相似」。知周乎萬物，而道濟天下，故不過。知周萬物，則能以道濟天下也。旁行而不流，應變旁通，而不流淫也。樂天知命，故不憂。順天之化，故曰「樂」也。安土敦乎仁，故能愛。安土敦仁者，萬物之情也。物順其情，則仁功贍矣。範圍天地之化而不過，「範圍」者，擬範天地而周備其理也。曲成萬物而不遺。「曲成」者，乘變以應物，不係一方者也，則物宜得矣。通乎晝夜之道而知。通幽明之故，則无不知也。故神无方而易无體。自此以上，皆言神之所爲也。方、體者，皆係於形器者也。神則陰陽不測，易則唯變所適，不可以一方一體明。

一陰一陽之謂道。道者何？无之稱也，无不通也，无不由也，況之曰道。寂然无體，不可爲象，❷必有之用極而无之功顯，故至乎「神无方而易无體」，而道可見矣。故窮變以盡神，因神以明道，陰陽雖殊，无一以待之。在陰爲无陰，陰以之生。在陽爲无陽，陽以之成，故曰「一陰一陽」也。繼之者，善也。成之者，性也。仁者見之謂之仁，知者見之謂之知。仁者資道以見其仁，知者資道以見其知，各盡其分。百姓日用而不知，故君子之道鮮矣。君子體道以爲用也，仁知則滯於所見，百姓則日用而不知，體斯道者不亦鮮矣。故「常无欲，以觀其妙」，始可以語至而言極也。

顯諸仁，藏諸用，衣被萬物，故曰「顯諸仁」。日用而不知，故曰「藏諸用」。鼓萬物而不與聖人同憂。萬物由之以化，故曰「鼓萬物」也。聖人雖體道以爲

❶「烟熅」，阮校曰：「閩、監、毛本『烟熅』作『絪緼』。」

❷「不可」，無求備齋本作「而道」。

用，未能全无以爲體，❶故順通天下，則有經營之功也。❷盛德大業至矣哉。夫物之所以通，事之所以理，莫不由乎道也。聖人功用之母，體同乎道，盛德大業所以能至。富有之謂大業。廣大悉備，故曰「富有」。日新之謂盛德。體化合變，故曰「日新」。生生之謂易。陰陽轉易，以成化生。成象之謂乾，擬乾之象。效法之謂坤。效坤之法。極數知來之謂占。通變之謂事。物窮則變，變而通之，事之所由生也。陰陽不測之謂神。神也者，變化之極，妙萬物而爲言，不可以形詰者也，故曰「陰陽不測」。嘗試論之曰：原夫兩儀之運，萬物之動，❸豈有使之然哉？莫不獨化於大虛，欻爾而自造矣。造之非我，理自玄應，化之无主，數自冥運，故不知所以然而況之神。是以明兩儀以大極爲始，❹變化而稱極乎神也。夫唯知天之所爲者，窮理體化，坐忘遺照。至虛而善應，則以道爲稱。不思而玄覽，則以神爲名。蓋資道而同乎道，由神而冥於神者也。

夫易，廣矣，大矣！以言乎遠則不禦。窮幽極深，无所止也。以言乎邇則靜而正。則近而當。以言乎天地之間則備矣。夫乾，其靜也專，其動也直，是以大生焉。專，專一也。直，剛正也。夫坤，其靜也翕，其動也闢，是以廣生焉。翕，歛也。止則翕歛其氣，動則闢開以生物也。乾統天首物，爲變化之元，通乎形外者也。坤則順以承陽，功盡於己，用止乎形者也。故乾以專直言乎其材，坤以翕闢言乎其形。廣大配天地，變通配四時，陰陽之義配日月，易簡之善配至德。《易》之所載，配此四義。子曰：易其至矣乎！夫易，聖人所以崇德而廣業也。窮理入神，其德崇也。兼濟萬物，其業廣也。知崇禮卑，知以崇爲貴，禮以卑爲用。崇效天，卑法地。極知之崇，象天高而統物，備禮之用，象地

❶「全」，阮刻本作「至」。阮校曰：「岳本、錢本、宋本、足利本『至』作『全』。……古本亦作『全』，無『无』字。」

❷「功」，阮刻本作「迹」。阮校曰：「閩、監、毛本同。……《釋文》：『則有經營之功也。』」

❸「萬」，無求備齋本作「方」。

❹「大」，阮刻本作「太」。

廣而載物也。天地設位，而易行乎其中矣。天地者，易之門户，而「易」之爲義，兼周萬物，故曰「行乎其中矣」。成性存存，道義之門。物之存成，由乎道義也。

聖人有以見天下之賾，而擬諸其形容，象其物宜，乾剛坤柔，各有其體，故曰「擬諸形容」。是故謂之象。聖人有以見天下之動，而觀其會通，以行其典禮，典禮適時之所用。繫辭焉以斷其吉凶，是故謂之爻。言天下之至賾而不可惡也，言天下之至動而不可亂也。《易》之爲書，不可遠也。惡之則逆於順，錯之則乖於理。擬之而後言，議之而後動，擬議以成其變化。擬議以動，則盡變化之道。

「鳴鶴在陰，其子和之。我有好爵，吾與爾靡之。」鶴鳴則子和，脩誠則物應。❶我有好爵，與物散之，物亦以善應也。明擬議之道，繼以斯義者，誠以吉凶失得存乎所動。同乎道者，道亦得之。同乎失者，失亦違之。莫不以同相順，以類相應。動之斯來，綏之斯至。鶴鳴于陰，氣同則和。出言户庭，千里或應。出言猶然，況其大者乎？千里或應，況其邇者乎？故夫憂悔吝者，存乎纖介。定失得者，慎於樞機。是以君子擬議以動，慎其微也。

子曰：君子居其室，出其言善，則千里之外應之，況其邇者乎？居其室，出其言不善，則千里之外違之，況其邇者乎？言出乎身，加乎民。行發乎邇，見乎遠。言行，君子之樞機。樞機，制動之主。樞機之發，榮辱之主也。言行，君子之所以動天地也，可不慎乎！

同人「先號咷而後笑」。子曰：君子之道，或出或處，或默或語。二人同心，其利斷金。同人終獲「後笑」者，以有同心之應也。夫所況同者，豈係乎一方哉？君子出處默語，❷不違其中，則其迹雖

❶「誠」，無求備齋本作「成」。
❷「默語」，無求備齋本作「語默」。

異，道同則應。同心之言，其臭如蘭。

初六「藉用白茅，无咎」，子曰：苟錯諸地而可矣。藉之用茅，何咎之有？慎之至也。夫茅之爲物薄，而用可重也。慎斯術也以往，其无所失矣。

「勞謙，君子有終，吉」，子曰：勞而不伐，有功而不德，厚之至也。語以其功下人者也。德言盛。禮言恭。謙也者，致恭以存其位者也。

「亢龍有悔」，子曰：貴而無位，高而无民，賢人在下，位而无輔，是以動而有悔也。

「不出户庭，无咎」，子曰：亂之所生也，則言語以爲階。君不密則失臣，臣不密則失身，幾事不密則害成。是以君子慎密而不出也。

子曰：作《易》者，其知盜乎？言盜亦乘釁而至也。《易》曰「負且乘，致寇至」，負也者，小人之事也。乘也者，君子之器也。小人而乘君子之器，盜思奪之矣。上慢下暴，盜思伐之矣。慢藏誨盜。冶容誨淫。《易》曰「負且乘，致寇至」，盜之招也。

大衍之數五十，其用四十有九。王弼曰：演天地之數，所賴者五十也。其用四十有九，則其一不用也。不用而用以之通，非數而數以之成，斯易之大極也。❶四十有九，數之極也。夫无不可以无明，必因於有，故常於有物之極，而必明其所由之宗也。分而爲二以象兩。掛一以象三。揲之以四，以象四時。歸奇於扐以象閏。五歲再閏，故再扐而後掛。奇，況四揲之餘，不足復揲者也。分而爲二，既揲之餘，合掛於一，故曰「再扐而後掛」。凡閏，十九年七閏爲一章，五歲再閏者二，故略舉其凡也。天數五，五，奇也。地數五。五，耦也。五位相得而各有合。天地之數各五，五數相配，以合成金、木、水、火、土。天數二十有五，五

❶「大」，阮刻本作「太」。

奇合爲二十五。地數三十，五耦合爲三十。凡天地之數五十有五。此所以成變化而行鬼神也。變化以此成，鬼神以此行。乾之策二百一十有六，陽爻六，一爻三十六策，六爻二百一十六策。坤之策百四十有四，陰爻六，一爻二十四策，六爻一百四十四策。凡三百有六十，當期之日。二篇之策，萬有一千五百二十，當萬物之數也。二篇三百八十四爻，陰陽各半，合萬一千五百二十策。是故，四營而成易，分而爲二以象兩，一營也。掛一以象三，二營也。揲之以四，三營也。歸奇於扐，四營也。十有八變而成卦。八卦而小成。引而伸之，伸之六十四卦。觸類而長之，天下之能事畢矣。顯道，顯明也。神德行，由神以成其用。是故可與酬酢，可與祐神矣。可與應對萬物之求，❶助成神化之功也。「酬酢」，猶應對也。

子曰：知變化之道者，其知神之所爲乎？夫變化之道，不爲而自然。故知變化者，則知神之所爲。易有聖人之道四焉：以言者尚其辭，以動者尚其變，以制器者尚其象，以卜筮者尚其占。此四者存乎器象，可得而用也。是以君子將有爲也，將有行也，問焉而以言。其受命也如響，无有遠近幽深，遂知來物。非天下之至精，其孰能與於此。參伍以變，錯綜其數，通其變，遂成天地之文。極其數，遂定天下之象。非天下之至變，其孰能與於此。易无思也，无爲也，寂然不動，感而遂通天下之故。非天下之至神，其孰能與於此。夫非忘象者，則無以制象。非遺數者，无以極數。至精者，无籌策而不可亂。至變者，體一而无不周。至神者，寂然而无不應。斯蓋功用之母，象數所由立，故曰非至精、至變、至神，則不得與於斯也。夫易，聖人之所以極深而研幾也。唯深也，故能通天下之志。唯幾也，故

❶「與」，阮刻本作「以」。

能成天下之務。極未形之理則曰深，適動微之會則曰幾。唯神也，故不疾而速，不行而至。子曰：易有聖人之道四焉者，此之謂也。四者由聖道以成，故曰「聖人之道」。

天一地二，天三地四，天五地六，天七地八，天九地十。易以極數通神明之德。故明易之道，先舉天地之數也。子曰：夫易，何爲者也？夫易，開物成務，冒天下之道，如斯而已者也。冒，覆也。言易通萬物之志，成天下之務，❶其道可以覆冒天下也。是故，聖人以通天下之志，以定天下之業，以斷天下之疑。是故，蓍之德圓而神，卦之德方以知。圓者，運而不窮。方者，止而有分。言蓍以圓象神，卦以方象知也。唯變所適，无數不周，故曰「圓」。卦列爻分，各有其體，故曰「方」也。六爻之義易以貢。貢，告也。六爻變易，以告吉凶。聖人以此洗心，洗濯萬物之心。退藏於密，言其道深微，萬物日用而不能知其原，故曰「退藏於密」，猶藏諸用也。吉凶與民同患。表吉凶之象，以同民所憂患之事，故曰「吉凶與民同患」也。神以知來，知以藏往。明蓍卦之用，同神知也。蓍定數於始，於卦爲來。卦成象於終，於蓍爲往。往來之用相成，猶神知也。其孰能與此哉！古之聰明叡知神武而不殺者夫！服萬物而不以威刑也。是以明於天之道，而察於民之故，是興神物以前民用。定吉凶於始也。聖人以此齊戒，洗心曰齊，防患曰戒。以神明其德夫。是故闔户之謂坤，坤道包物。闢户謂之乾。乾道施生。一闔一闢謂之變，往來不窮謂之通。見乃謂之象，兆見曰象。形乃謂之器，成形曰器。制而用之謂之法，利用出入，民咸用之謂之神。

是故易有大極，❷是生兩儀，夫有必始於无，

---

❶ 「務」，原誤作「志」，今據阮刻本、無求備齋本改。

❷ 「大」，阮刻本作「太」。阮校曰：「閩、監、毛本同，石經、岳本『太』作『大』。《釋文》『大』音『泰』。」

故大極生兩儀也。大極者，无稱之稱，不可得而名，取其有之所極，況之大極者也。兩儀生四象，四象生八卦。卦以象之。八卦定吉凶，八卦既立，則吉凶可定。吉凶生大業。既定吉凶，則廣大悉備。是故法象莫大乎天地，變通莫大乎四時，縣象著明莫大乎日月，崇高莫大乎富貴。位所以一天下之動，而濟萬物。備物致用，立成器以爲天下利，莫大乎聖人。探賾索隱，鉤深致遠，以定天下之吉凶，成天下之亹亹者，莫大乎蓍龜。是故，天生神物，聖人則之。天地變化，聖人效之。天垂象，見吉凶，聖人象之。河出圖，洛出書，聖人則之。易有四象，所以示也。繫辭焉，所以告也。定之以吉凶，所以斷也。《易》曰「自天祐之，吉无不利」，子曰：祐者，助也。天之所助者，順也。人之所助者，信也。履信思乎順，又以尚賢也，是以自天祐之，吉无不利也。

子曰：書不盡言，言不盡意。然則聖人之意，其不可見乎？子曰：聖人立象以盡意，設卦以盡情僞，繫辭焉以盡其言，變而通之以盡利，極變通之數，則盡利也。故曰「易窮則變，變則通，通則久」。鼓之舞之以盡神。乾坤，其易之縕邪？❶縕，❷淵奧也。乾坤成列，而易立乎其中矣。乾坤毁，則無以見易。易不可見，則乾坤或幾乎息矣。是故，形而上者謂之道，形而下者謂之器。化而裁之謂之變，因而制其會通，適變之道也。推而行之謂之通，乘變而往者，無不通也。舉而錯之天下之民謂之事業。事業所以濟物，故舉而錯之於民。是故，夫象，聖人有以見天下之賾，而擬諸其形容，象其物宜，是故謂之象。聖人有以見天下之動，而觀其

❶「縕邪」，原誤作「韞耶」。今據阮刻本、無求備齋本改。
❷「縕」，原誤作「韞」，今據阮刻本、無求備齋本改。

會通，以行其典禮，繫辭焉以斷其吉凶，是故謂之爻。極天下之賾者存乎卦，鼓天下之動者存乎辭。辭，爻辭也。爻以鼓動，效天下之動也。化而裁之存乎變，推而行之存乎通，神而明之存乎其人，體神而明之，不假於象，故「存乎其人」。默而成之，不言而信，存乎德行。德行，賢人之德行也。順足於内，故默而成之也。體與理會，故不言而信也。

周易卷第七

經注

周易繫辭下第八

韓康伯注

八卦成列，象在其中矣。備天下之象也。因而重之，爻在其中矣。夫八卦，備天下之理而未極其變，故「因而重之」以象其動。用擬諸形容，以明治亂之宜，觀其所應，以著適時之功，則爻卦之義所存各異，故「爻在其中矣」。剛柔相推，變在其中矣。繫辭焉而命之，動在其中矣。剛柔相推，況八卦相盪，或否或泰，繫辭焉而斷其吉凶，況之六爻動以適時者也。立卦之義，則見於象，象，適時之功，則存之爻辭，王氏之例詳矣。吉凶悔吝者，生乎動者也。有變動而後有吉凶。剛柔者，立本者也。變通者，趣時者也。立本況卦，趣時況爻。吉凶者，貞勝者也。「貞」者，正也，一也。夫有動則未免乎累，殉吉則未離乎凶。盡會通之變而不累於吉凶者，其唯貞者乎？老子曰：「王侯得一以爲天下貞。」萬變雖殊，可以執一御也。天地之道，貞觀者也。明夫天地萬物莫不保其貞，以全其用也。日月之道，貞明者也。天下之動，貞夫一者也。夫乾，確然示人易矣。夫坤，隤然示人簡矣。確，剛貌也。隤，柔貌也。乾坤皆恒一其德，物由以成，故簡易也。爻也者，效此者也。象也者，像此者也。爻象動乎内，兆數見於卦也。吉凶見乎外。失得驗於事也。功業見乎變，功業由變以興，故見乎變也。聖人之情見乎辭。辭也者，各指其所之，故曰「情」也。天地之大德曰生。施生而不爲，故能常生，故曰「大德」也。聖人之大寶曰位。夫无用則无所寶，有用則有所寶也。无用而常足者，莫妙乎道。有用而弘道者，莫大乎位。故曰：「聖人之大寶曰位。」何以守位？曰仁。何以聚人？曰財。財所以資物生也。理財正辭，禁民爲非，曰義。

古者包犧氏之王天下也，仰則觀象於天，俯則觀法於地，觀鳥獸之文與地之宜，聖人之作《易》，无大不極，无微不究。大則取象天地，細則觀鳥獸之文，與地之宜也。近取諸身，遠取諸物，於是始作八卦，以通神明之德，以類萬物之情。作結繩而爲罔罟，以佃以漁，蓋取諸離。離，麗也。罔罟之用，必審物之所麗也，魚麗于水，獸麗于山也。包犧氏没，神農氏作，斲木爲耜，揉木爲耒，耒耨之利，以教天下，蓋取諸益。制器致豐，以益萬物。日中爲市，致天下之民，聚天下之貨，交易而退，各得其所，蓋取諸噬嗑。噬嗑，合也。市人之所聚，異方之所合，設法以合物，噬嗑之義也。神農氏没，黄帝、堯、舜氏作，通其變，使民不倦，通物之變，故樂其器用，不解倦也。神而化之，使民宜之。易，窮則變，變則通，通則久。通變則無窮，故可久。是以自天祐之，吉无不利。黄帝、堯、舜垂衣裳而天下治，蓋取諸乾、坤。垂衣裳以辨貴賤，乾尊坤卑之義也。刳木爲舟，剡木爲楫，舟楫之利，以濟不通，致遠以利天下，蓋取諸涣。涣者，乘理以散通也。服牛乘馬，引重致遠，以利天下，❶蓋取諸隨。隨，隨宜也。服牛乘馬，隨物所之，各得其宜也。重門擊柝，以待暴客，❷蓋取諸豫。取其備豫。斷木爲杵，掘地爲臼，臼杵之利，萬民以濟，蓋取諸小過。以小用而濟物也。弦木爲弧，剡木爲矢，弧矢之利，以威天下，蓋取諸睽。睽，乖也。物乖則争興，弧矢之用，所以威乖争也。上古穴居而野處，後世聖人易之以宮室，上棟下宇，以待風雨，蓋取諸大壯。宮室壯大於穴居，故制爲宮室，取諸大壯也。古之葬者，厚衣之以薪，葬之中野，

❶「蓋取諸涣」至「以利天下」二十四字，原缺，今據阮刻本、無求備齋本補。

❷「暴」，原誤作「賔」，今據阮刻本、無求備齋本改。

不封不樹，喪期无數。後世聖人易之以棺槨，❶蓋取諸大過。取其過厚。上古結繩而治，後世聖人易之以書契，百官以治，萬民以察，蓋取諸夬。夬，決也。書契所以決斷萬事也。

是故易者，象也。象也者，像也。彖者，材也。材，才德也。彖，言成卦之材，以統卦義也。爻也者，效天下之動者也。是故吉凶生而悔吝著也。

陽卦多陰，陰卦多陽，其故何也？陽卦奇，陰卦耦。夫少者多之所宗，一者衆之所歸。陽卦二陰，故奇爲之君。陰卦二陽，故耦爲之主。其德行何也？辨陰陽二卦之德行也。陽一君而二民，君子之道也。陰二君而一民，小人之道也。陽，君道也。陰，臣道也。君以无爲統衆，无爲則一也。臣以有事代終，有事則二也。故陽爻畫奇，以明君道必一。陰爻畫兩，以明臣體必二。斯則陰陽之數，君臣之辨也。以一爲君，君之德也。二居君位，非其道也。故陽卦曰君子之道，陰卦曰小人之道也。

《易》曰：「憧憧往來，朋從爾思。」天下之動，必歸乎一。思以求朋，未能一也。一以感物，不思而至。

子曰：天下何思何慮？天下同歸而殊塗，一致而百慮。天下何思何慮？夫少則得，多則惑。塗雖殊，其歸則同。慮雖百，其致不二。苟識其要，不在博求。一以貫之，不慮而盡矣。日往則月來，月往則日來，日月相推而明生焉。寒往則暑來，暑往則寒來，寒暑相推而歲成焉。往者屈也，來者信也，屈信相感而利生焉。尺蠖之屈，以求信也。龍蛇之蟄，以存身也。精義入神，以致用也。精義，物理之微者也。神，寂然不動，感而遂通，故能乘天下之微，會而通其用也。利用安身，以崇德也。利用之道，皆安其身而後動也。精義由於入神以致其用，利用由於安身以崇其德。理必由乎

❶「世」，原誤作「之」，今據阮刻本、無求備齋本改。

其宗，事各本乎其根，歸根則寧，天下之理得也。若役其思慮以求動用，忘其安身以殉功美，則僞彌多而理愈失，名彌美而累愈彰矣。過此以往，未之或知也。窮神知化，德之盛也。

《易》曰：「困于石，據于蒺蔾，入于其宮，不見其妻，凶。」子曰：非所困而困焉，名必辱。非所據而據焉，身必危。既辱且危，死期將至，妻其可得見邪？

《易》曰：「公用射隼于高墉之上，獲之，无不利。」子曰：隼者，禽也。弓矢者，器也。射之者，人也。君子藏器於身，待時而動，何不利之有。動而不括，是以出而有獲。語成器而動者也。❶括，結也。君子待時而動，則无結閡之患也。

子曰：小人不恥不仁，不畏不義，不見利不勸，不威不懲。小懲而大誡，此小人之福也。《易》曰「履校滅趾，无咎」，此之謂也。

善不積，不足以成名。惡不積，不足以滅身。小人以小善爲无益而弗爲也，以小惡爲无傷而弗去也，故惡積而不可揜，罪大而不可解。《易》曰：「何校滅耳，凶。」

子曰：危者，安其位者也。亡者，保其存者也。亂者，有其治者也。是故，君子安而不忘危，存而不忘亡，治而不忘亂，是以身安而國家可保也。《易》曰：「其亡！其亡！繫于苞桑。」

子曰：德薄而位尊，知小而謀大，力少而任重，鮮不及矣。《易》曰：「鼎折足，覆公餗，其形渥，凶。」言不勝其任也。

子曰：知幾，其神乎。君子上交不諂，下交不瀆，其知幾乎？形而上者況之道，形而下者況之器。於道不冥而有求焉，❷未離乎諂也。於器不絕而

---

❶「而」下，無求備齋本有「後」字。

❷「冥」，原誤作「宜」，今據阮刻本、無求備齋本改。

有交焉，未免乎瀆也。能无諂、瀆，窮理者也。❶幾者，動之微，吉之先見者也。幾者，去无入有。理而未形，❷不可以名尋，不可以形覩者也。唯神也不疾而速，感而遂通，故能朗然玄照，❸鑒於未形也。合抱之木，起於毫末，吉凶之彰，始於微兆，故爲吉之先見也。君子見幾而作，不俟終日。《易》曰：「介于石，不終日，貞吉。」介如石焉，寧用終日，斷可識矣。定之於始，故不待終日也。君子知微知彰，知柔知剛，萬夫之望。❹此知幾其神乎？

子曰：顏氏之子，其殆庶幾乎？有不善未嘗不知，知之未嘗復行也。在理則昧，造形而悟，顏子之分也。失之於幾，故有不善。得之於二，不遠而復，故知之未嘗復行也。《易》曰：「不遠復，无祇悔，元吉。」吉凶者，失得之象也。得二者於理不盡，❺未至成形，故得不遠而復。舍凶之吉，免夫祇悔，而終獲元吉。祇，大也。

天地絪緼，萬物化醇。男女構精，萬物化生。《易》曰「三人行，則損一人，一人行，則得其交」，❻言致一也。致一而後化成也。

子曰：君子安其身而後動，易其心而後語，定其交而後求。君子脩此三者，故全也。危以動，則民不與也。懼以語，則民不應也。无交而求，則民不與也。莫之與，則傷之者至矣。《易》曰：「莫益之，或擊之，立心勿恒，凶。」夫虚己存誠，則衆之所不迕也。躁以有求，則物

❶「也」，阮刻本作「乎」。

❷「未」，阮刻本作「無」。阮校曰：「岳本、宋本、古本、足利本『无』作『未』，《集解》同。」

❸「照」，阮刻本作「昭」。阮校曰：「岳本、宋本、古本、足利本『昭』作『照』，《集解》同。」

❹「夫」，原誤作「物」，今據阮刻本、無求備齋本改。

❺「二」，阮刻本作「一」。阮校曰：「岳本、宋本、古本、足利本『一』作『二』。」

❻「交」，阮刻本作「友」。

之所不與也。❶
子曰：乾坤，其易之門邪。乾，陽物也。
坤，陰物也。陰陽合德，而剛柔有體。以體
天地之撰，撰，數也。以通神明之德。其稱名
也，雜而不越。備物極變，故其名雜也。各得其序，不
相踰越，況爻繇之辭也。於稽其類，其衰世之意
邪。有憂患而後作易，世衰則失得彌彰，爻繇之辭，所以
辨失得，❷故知「衰世之意邪」。稽，猶考也。夫易彰往
而察來，而微顯闡幽，易无往不彰，无來不察，而微
以之顯，幽以之闡。闡，明也。開而當名，辨物正
言，❸斷辭則備矣。開釋爻卦，使各當其名也。理類
辨明，故曰「斷辭」也。其稱名也小，其取類也大。
託象以明義，因小以喻大。其旨遠，其辭文，其言
曲而中，變化无恒，不可爲典要，故其言曲而中也。其
事肆而隱。事顯而理微也。因貳以濟民行，以
明失得之報。貳則失得也，因失得以通濟民行，故「明
失得之報」也。失得之報者，得其會則吉，乖其理則凶。

《易》之興也，其於中古乎？作《易》者，
其有憂患乎？无憂患，則不爲而足也。是故，履，
德之基也。基，所蹈也。謙，德之柄也。復，德
之本也。夫動本於靜，語始於默。復者，各反其所始，故
爲德之本也。恒，德之固也。固，不傾移也。損，德
之脩也。益，德之裕也。能益物者，其德寬大也。
困，德之辯也。❹困而益明。井，德之地也。所
處不移，象居得其所也。巽，德之制也。巽，所以申命
明制也。履，和而至。和而不至，從物者也。和而能
至，故可履也。謙，尊而光。復，小而辨於物。
微而辨之，不遠復也。恒，雜而不厭。雜而不厭，是以

❶ 「與」，阮刻本作「欲」。阮校曰：「岳本、宋本、古本、足利本『欲』作『與』。按：《正義》作『與』。」

❷ 「辨」，阮刻本作「明」。阮校曰：「岳本『明』作『辨』。宋本、古本、足利本作『辯』。」

❸ 「辨」，無求備齋本作「辯」。注「理類辨明」同。

❹ 「辯」，阮刻本作「辨」。

能恒。損，先難而後易。刻損以脩身，故「先難」也。身脩而无患，故「後易」也。益，長裕而不設。有所興爲，以益於物，故曰「長裕」。因物興務，不虛設也。困，窮而通。處窮而不屈其道也。井，居其所而遷。改邑不改井，井所居不移，而能遷其施也。巽，稱而隱。稱揚命令，而百姓不知其由也。履，以和行。謙，以制禮。復，以自知。求諸己也。恒，以一德。以一爲德也。損，以遠害。止於修身，故可以遠害而已。益，以興利。困，以寡怨。困而不濫，无怨於物。井，以辯義。施而无私，義之方也。❶巽，以行權。權，反經而合道。必合乎巽順，而後可以行權也。

《易》之爲書也不可遠，擬議而動，不可遠也。爲道也屢遷。變動不居，周流六虛。六虛，六位也。上下无常，剛柔相易。不可爲典要，不可立定準也。唯變所適。變動貴乎適時，趣舍存乎會也。其出入以度，外内使知懼，明出入之度，使物知外内之戒也。出入猶行藏，外内猶隱顯。遯以遠時爲吉，豐以幽隱致凶，漸以高顯爲美，明夷以處昧利貞，此外内之戒也。又明於憂患與故。故，事故也。无有師保，如臨父母。安而不忘危，存而不忘亡，終日乾乾，不可以殆也。初率其辭而揆其方，既有典常。能循其辭以度其義，原其初以要其終，則唯變所適，是其常典也。明其變者，存其要也。故曰「苟非其人，道不虛行」。苟非其人，道不虛行。

《易》之爲書也，原始要終，以爲質也。質，體也。卦兼終始之義也。六爻相雜，唯其時物也。爻各存乎其時。物，事也。其初難知，其上易知，本末也。初辭擬之，卒成之終。夫事始於微，而後至於著。初者，數之始，擬議其端，故「難知」也。上者，卦之終，事皆成著，故「易知」也。若夫雜物撰德，辯是與非，則非其中爻不備。噫！亦要

❶「方」，原誤作「弓」，今據阮刻本、無求備齋本改。

存亡吉凶，則居可知矣。知者觀其彖辭，則思過半矣。夫彖者，舉立象之統，論中爻之義，約以存博，簡以兼衆，雜物撰德，而一以貫之。形之所宗者道，衆之所歸者一，其事彌繁，則愈滯乎形，其理彌約，則轉近乎道。彖之爲義，存乎一也。一之爲用，同乎道矣。形而上者，可以觀道，過半之益，不亦宜乎。二與四同功同陰功也。而異位，有内外也。其善不同，二多譽，二處中，❶故多譽也。四多懼，近也。位逼於君，故多懼也。柔之爲道不利遠者。其要无咎，其用柔中也。四之多懼，以近君也。柔之爲道，須援而濟，故有「不利遠者」。二之能无咎，柔而處中也。三與五同功同陽功也。而異位，有貴賤也。三多凶，五多功，貴賤之等也。其柔危，其剛勝邪。三五陽位，柔非其位，處之則危，居以剛健，勝其任也。夫所貴剛者，閑邪存誠，動而不違其節者也。所貴柔者，含弘居中，順而不失其貞者也。若剛以犯物，則非剛之道，柔以卑佞，則非柔之義也。

《易》之爲書也，廣大悉備。有天道焉，有人道焉，有地道焉。兼三材而兩之，故六。六者非它也，三材之道也。《説卦》備矣。道有變動，故曰爻。爻有等，故曰物。等，類也。乾，陽物也。坤，陰物也。爻有陰陽之類，而後有剛柔之用，故曰「爻有等，故曰物」。物相雜，故曰文。剛柔交錯，玄黄相雜。❷文不當，故吉凶生焉。

《易》之興也，其當殷之末世，周之盛德邪？當文王與紂之事邪？文王以盛德蒙難，而能亨其道，故稱文王之德，以明易之道也。是故其辭危。文王與紂之事，危其辭也。危者使平，易者使傾。易，慢易也。其道甚大，百物不廢，懼以終始，其要无咎，此之謂易之道也。夫文不當而吉凶生，則保其存者亡，不忘亡者存。有其治者亂，不忘危者安。懼以終始，歸於无咎，安危之所由，爻象之大體也。

夫乾，天下之至健也，德行恒易，以知

❶「中」，阮刻本、無求備齋本作「中和」。
❷「相」，阮刻本作「錯」。

險。夫坤，天下之至順也，德行恒簡，以知阻。能説諸心，能研諸侯之慮。諸侯，物主有爲者也。能説萬物之心，能精爲者之務。定天下之吉凶，成天下之亹亹者。是故，變化云爲，吉事有祥，象事知器，占事知來。夫變化云爲者，行其吉事，則獲嘉祥之應。觀其象事，則知制器之方。玩其占事，則覩方來之驗也。天地設位，聖人成能。聖人乘天地之正，萬物各成其能。人謀鬼謀，百姓與能。人謀，況議於衆，以定失得也。鬼謀，況寄卜筮以考吉凶也。不役思慮，而失得自明。不勞探射，❶而吉凶自著。類萬物之情，通幽深之故，故百姓與能，樂推而不厭也。八卦以象告，以象告人。爻象以情言，辭有險易，而各得其情也。剛柔雜居，而吉凶可見矣。變動以利言，變而通之，以盡利也。吉凶以情遷。吉凶无定，唯人所動，情順乘理以之吉，情逆違道以蹈凶，❷故曰「吉凶以情遷」也。是故，愛惡相攻而吉凶生，泯然同順，何吉何凶？愛惡相攻，然後逆順者殊，故「吉凶生」。遠近相取而悔吝生，相取猶相資也。遠近之爻，互相資取，而後有「悔吝」也。情僞相感而利害生。情以感物，則得利。僞以感物，則致害也。凡易之情，近而不相得，則凶。近，況比爻也。易之情，剛柔相摩，變動相適者也。近而不相得，必有乖違之患。或有相違而无患者，得其應也。相順而皆凶者，乖於時也。存事以考之，則義可見矣。或害之，悔且吝。夫无對於物，而後盡全順之道，豈可有欲害之者乎？雖能免濟，必有悔吝也。或欲害之辭也。將叛者其辭慙，中心疑者其辭枝，吉人之辭寡，躁人之辭多，誣善之人其辭游，失其守者其辭屈。

周易卷第八

❶「射」，阮刻本作「討」。阮校曰：「岳本、宋本、古本、足利本『討』作『射』。」

❷「蹈」，阮刻本作「陷」。阮校曰：「岳本、宋本、古本、足利本『陷』作『蹈』。按：『蹈』字是也。」

周易說卦第九

韓康伯注

昔者聖人之作《易》也，幽贊於神明而生蓍，幽，深也。贊，明也。蓍受命如響，❶不知所以然而然也。參天兩地而倚數，參，奇也。兩，耦也。七九陽數，六八陰數。觀變於陰陽而立卦，卦，象也。蓍，數也。卦則雷風相薄，山澤通氣，擬象陰陽變化之體。蓍則錯綜天地參兩之數，蓍極數以定象，卦備象以盡數，故蓍曰「參天兩地而倚數」，卦曰「觀變於陰陽」也。發揮於剛柔而生爻，剛柔發散，變動相生。和順於道德，而理於義，❷窮理盡性以至於命。命者，生之極。窮理則盡其極也。

昔者聖人之作《易》也，將以順性命之理，是以立天之道曰陰與陽，立地之道曰柔與剛，在天成象，在地成形。陰陽者，言其氣。剛柔者，言其形。變化始於氣象而後成形。萬物資始乎天，成形乎地，故天曰陰陽，地曰柔剛也。或有在形而言陰陽者，本其始也。在氣而言柔剛者，要其終也。立人之道曰仁與義。兼三才而兩之，故易六畫而成卦。分陰分陽，迭用柔剛，故易六位而成章。設六爻以效三才之動，故六畫而成卦也。六位，爻所處之位也。二、四爲陰，三、五爲陽，故曰「分陰分陽」。六爻升降，或柔或剛，故曰「迭用柔剛」也。

天地定位，山澤通氣，雷風相薄，水火不相射。八卦相錯，數往者順，知來者逆，易八卦相錯，變化理備。❸於往則順而知之，於來則逆而數之。

❶「響」，阮刻本作「嚮」。阮校曰：「岳本、宋本、古本、足利本『嚮』作『響』。《釋文》：『嚮』，本又作『響』。」

❷「義」下，無求備齋本有注：「易所以和天道、明地德。理，行義也。」阮校曰：「此下古本有『易所以和天道、明地德、順地德，理行義』十二字注。足利本同，惟『理行義』作『理仁義也』。」

❸「化」，原缺，今據阮刻本、無求備齋本補。

是故易逆數也。作《易》以逆覩來事，以前民用。

雷以動之，風以散之，雨以潤之，日以烜之，艮以止之，兑以説之，乾以君之，坤以藏之。帝出乎震，齊乎巽，相見乎離，致役乎坤，説言乎兑，戰乎乾，勞乎坎，成言乎艮。萬物出乎震，震，東方也。齊乎巽，巽，東南也。齊也者，言萬物之絜齊也。離也者，明也，萬物皆相見，南方之卦也。聖人南面而聽天下，嚮明而治，蓋取諸此也。坤也者，地也，萬物皆致養焉，故曰「致役乎坤」。兑，正秋也，萬物之所説也，故曰「説言乎兑」。戰乎乾，乾，西北之卦也，言陰陽相薄也。坎者，水也，正北方之卦也，勞卦也，萬物之所歸也，故曰「勞乎坎」。艮，東北之卦也，萬物之所成終而所成始也，故曰「成言乎艮」。

「神」也者，妙萬物而爲言者也。於此言神者，明八卦運動、變化、推移，莫有使之然者。神則无物，妙萬物而爲言也。則雷疾風行，❶火炎水潤，莫不自然相與爲變化，故能萬物既成也。動萬物者，莫疾乎雷。橈萬物者，莫疾乎風。❷燥萬物者，莫熯乎火。説萬物者，莫説乎澤。潤萬物者，莫潤乎水。終萬物、始萬物者，莫盛乎艮。故水火相逮，雷風不相悖，山澤通氣，然後能變化，既成萬物也。

乾，健也。坤，順也。震，動也。巽，入也。坎，陷也。離，麗也。艮，止也。兑，説也。乾爲馬，坤爲牛，震爲龍，巽爲雞，坎爲豕，離爲雉，艮爲狗，兑爲羊。乾爲首，坤爲腹，震爲足，巽爲股，坎爲耳，離爲目，艮爲手，兑爲口。乾，天也，故稱乎父。坤，地也，

❶「則」，阮刻本、無求備齋本作「則」。阮校曰：「盧文弨云『則』當作『明』。《集解》作『明則』，衍『則』字。」

❷「風」上，原缺「雷橈萬物者莫疾乎」八字，今據阮刻本、無求備齋本補。

故稱乎母。震，一索而得男，故謂之長男。巽，一索而得女，故謂之長女。坎，再索而得男，故謂之中男。離，再索而得女，故謂之中女。艮，三索而得男，故謂之少男。兑，三索而得女，故謂之少女。

乾爲天，爲圜，爲君，爲父，爲玉，爲金，爲寒，爲冰，爲大赤，爲良馬，爲老馬，爲瘠馬，爲駁馬，爲木果。

坤爲地，爲母，爲布，爲釜，爲吝嗇，爲均，爲子母牛，爲大輿，爲文，爲衆，爲柄，其於地也爲黑。

震爲雷，爲龍，爲玄黄，爲旉，爲大塗，爲長子，爲決躁，爲蒼筤竹，❶爲萑葦。其於馬也，爲善鳴，爲馵足，爲作足，爲的顙。其於稼也，爲反生。其究爲健，爲蕃鮮。

巽爲木，爲風，爲長女，爲繩直，爲工，爲白，爲長，爲高，爲進退，爲不果，爲臭。其於人也，爲寡髮，爲廣顙，爲多白眼。爲近利市三倍。其究爲躁卦。

坎爲水，爲溝瀆，爲隱伏，爲矯輮，爲弓輪。其於人也，爲加憂，爲心病，爲耳痛，爲血卦，爲赤。其於馬也，爲美脊，爲亟心，爲下首，爲薄蹄，爲曳。其於輿也，爲多眚，爲通，爲月，爲盜。其於木也，爲堅多心。

離爲火，爲日，爲電，爲中女，爲甲胄，爲戈兵。其於人也，爲大腹。爲乾卦，爲鼈，爲蟹，爲蠃，爲蚌，爲龜。其於木也，爲科上槁。

艮爲山，爲徑路，爲小石，爲門闕，爲果蓏，爲閽寺，爲指，爲狗，爲鼠，爲黔喙之屬。其於木也，爲堅多節。

兑爲澤，爲少女，爲巫，爲口舌，爲毀折，爲附決。其於地也，爲剛鹵。爲妾，爲羊。

❶「筤」，原誤作「莨」，今據阮刻本、無求備齋本改。

周易序卦第十

有天地，然後萬物生焉。盈天地之間者唯萬物，故受之以屯。屯者，盈也。屯者，物之始生也。屯，剛柔始交，故爲物之始生也。物生必蒙，故受之以蒙。蒙者，蒙也。物之穉也。物穉不可不養也，故受之以需。需者，飲食之道也。飲食必有訟，故受之以訟。夫有生則有資，有資則争興也。訟必有衆起，故受之以師。師者，衆也。衆必有所比，故受之以比。衆起而不比，則争无由息，必相親比而後得寧也。比者，比也。比必有所畜，故受之以小畜。比非大通之道，則各有所畜以相濟也。由比而畜，故曰「小畜」而不能大也。物畜然後有禮，故受之以履。履者，禮也。禮所以適用也。故既畜則宜用，有用則須禮也。履而泰然後安，故受之以泰。泰者，通也。物不可以終通，故受之以否。物不可以終否，故受之以同人。否則思通，人人同志，故可出門同人，不謀而合。與人同者，物必歸焉，故受之以大有。有大者不可以盈，故受之以謙。有大而能謙必豫，故受之以豫。豫必有隨，順以動者，衆之所隨。故受之以隨。以喜隨人者必有事，故受之以蠱。蠱者，事也。有事而後可大，可大之業，由事而生。故受之以臨。臨者，大也。物大然後可觀，故受之以觀。可觀而後有所合，故受之以噬嗑。可觀則異方合會也。❶ 嗑者，合也。物不可以苟合而已，故受之以賁。賁者，飾也。物相合，則須飾以脩外也。致飾然後亨則盡矣，故受之以剥。極飾則實喪也。剥者，剥也。物不可以終盡剥，窮上反下，故受之以

❶ 「合會」，無求備齋本作「會合」。

復。復則不妄矣，故受之以无妄。有无妄，然後可畜，故受之以大畜。物畜然後可養，故受之以頤。頤者，養也。不養則不可動，故受之以大過。不養則不可動，養過則厚。物不可以終過，故受之以坎。坎者，陷也。過而不已，則陷没也。陷必有所麗，故受之以離。離者，麗也。物窮則變，極陷則反所麗也。

有天地，然後有萬物。有萬物然後有男女，有男女然後有夫婦，有夫婦然後有父子，有父子然後有君臣，有君臣然後有上下，有上下然後禮義有所錯。言咸卦之義也。凡《序卦》所明，非《易》之緼也。蓋因卦之次，託以明義。咸柔上而剛下，感應以相與。夫婦之象，莫美乎斯。人倫之道，莫大乎夫婦，故夫子殷勤深述其義，以崇人倫之始，而不係之於離也。先儒以乾至離爲上經，天道也。咸至未濟爲下經，人事也。夫《易》六畫成卦，三材必備，錯綜天人以效變化，豈有天道人事偏於上下哉？斯蓋守文而不求義，失之遠矣。夫婦之道，不可以不久也。故受之以恒。恒者，久也。物不可以久居其所，故受之以遯。遯者，退也。夫婦之道，以恒爲貴，而物之所居，不可以恒，宜與世升降，有時而遯也。物不可以終遯，遯，君子以遠小人。遯而後亨，何可終邪？則小人遂陵，君子日消也。故受之以大壯。陽盛陰消，君子道勝。物不可以終壯，故受之以晉。晉，以柔而進也。晉者，進也。雖以柔而進，要是進也。進必有所傷，故受之以明夷。日中則昃，月盈則食。夷者，傷也。傷於外者，必反於家，故受之以家人。傷於外，必反脩諸内。家道窮必乖，室家至親，過在失節，故家人之義，雖嚴與敬，樂勝則流，禮勝則離。家人尚嚴，其敝必乖也。故受之以睽。睽者，乖也。乖必有難，故受之以蹇。蹇者，難也。物不可終難，故受之以解。解者，緩也。緩必有所失，故受之以損。損而不已必益，故受之以益。益而不已必決，益而不已則盈，故必決也。故受之以夬。夬者，決也。決必有遇，以正決邪，必有嘉遇也。❶故受之以姤。姤者，遇也。物相遇而後聚，故受之以萃。萃者，聚也。聚而上者謂之升，故受之以升。升而不已必困，故受之以困。困乎上者必反下，故受之以井。井道不可不革，井久則濁穢，宜革易其故。故受之以革。革物者莫若鼎，故受之以鼎。革去故，鼎取新。既以去故，則宜制器立法以治新也。鼎所以和濟生物，成新之器也。故取象焉。主器者莫若長子，故受之以震。震者，動也。物不可以終動，止之，❷故受之以艮。艮者，止也。物不可以終止，故受之以漸。漸者，進也。進必有所歸，故受之以歸妹。❸得其所歸者必大，故受之以豐。豐者，大也。窮大者必失其居，故受之以旅。旅而无所容，故受之以巽。旅而无所容，以巽則得所入也。❹巽者，入也。入而後説之，故受之以兑。兑者，説也。説而後散之，故受之以渙。説不可偏係，故宜散也。渙者，離也。渙者，發暢而无所壅滯，則殊趣各肆而不反，❺則遂乖離也。物不可以終離，故受之以節。夫事有其節，則物之所同守而不散越也。節而信之，故受之以中孚。孚，信也。既已有節，則宜信以守之。有其信者必行之，故受之以小過。守其信者，則失貞而不諒之道，而以信爲過，故曰「小過」也。有過物者必濟，行過乎恭，禮過乎儉，可以矯世厲俗，有所濟也。故受之以既濟。物不可窮也，故受之以未濟終焉。有爲而能濟者，以已窮物者也。物窮則乖，功極則亂，其可濟乎？故受之以未濟也。

❶「嘉」，阮刻本作「喜」。

❷「止之」，無求備齋本作「動必止之」。阮校曰：「岳本、古本、足利本『止』上有『動必』二字。」

❸「以」，原缺，今據阮刻本、無求備齋本補。

❹「所」，阮刻本作「出」。

❺「趣」，阮刻本作「越」。阮校曰：「岳本、宋本、古本、足利本『越』作『趣』。」

周易雜卦第十一

雜卦者，雜糅衆卦，錯綜其義，或以同相類，或以異相明也。

乾剛坤柔，比樂師憂。雜比則樂，動衆則憂。臨、觀之義，或與或求。以我臨物，故曰「與」。物來觀我，故曰「求」。屯見而不失其居。屯，利建侯，君子經綸之時。雖見而磐桓，利貞，不失其居也。蒙，雜而著。雜者未知所定也。求發其蒙，則終得所定。著，定也。震，起也。艮，止也。損、益盛衰之始也。極損則益，極益則損。大畜，時也。因時而畜，故能大也。无妄，災也。无妄之世，妄則災也。萃聚，而升不來也。來，還也。方在上升，故不還也。謙輕，而豫怠也。謙者不自重也。噬嗑，食也。賁，无色也。飾貴合衆，无定色也。兑見，而巽伏也。兑貴顯説，巽貴卑退。隨，无故也。蠱，則飭也。隨時之宜，不繫於故也。隨則有事，受之以蠱。飭，整治也。蠱所以整治其事也。剥，爛也。物熟則剥落也。復，反也。晉，晝也。明夷，誅也。誅，傷也。井通，而困相遇也。井，物所通用而不吝也。困，安於所遇而不濫也。❶咸，速也。物之相應，莫速乎咸。恒，久也。涣，離也。節，止也。解，緩也。蹇，難也。睽，外也。相疏外也。家人，内也。否、泰，反其類也。大壯，則止。遯，則退也。大正則小人止，小人亨則君子退。大有，衆也。同人，親也。革，去故也。鼎，取新也。小過，過也。中孚，信也。豐，多故也。高者懼危，滿者戒盈，豐大者多憂故也。親寡，旅也。親寡故寄旅也。離上，而坎下也。火炎上，水潤下。❷小畜，寡也。不足以兼濟也。履，不處也。王弼

❶「於」，原缺，今據阮刻本、無求備齋本補。
❷「下」，原誤作「水」，今據阮刻本、無求備齋本改。

云：履卦，陽爻皆以不處其位爲吉也。需，不進也。畏險而止也。訟，不親也。大過，顛也。本末弱也。❶姤，❷遇也，柔遇剛也。漸，女歸待男行也。女從男也。頤，養正也。既濟，定也。歸妹，女之終也。女終於出嫁也。未濟，男之窮也。剛柔失位，其道未濟，故曰窮也。夬，決也，剛決柔也。君子道長，小人道憂也。君子以決小人，長其道。小人見決去，爲深憂也。❸

周易卷第九

❶「末」，原誤作「未」，今據阮刻本、無求備齋本改。

❷「姤」，原誤作「遘」，今據阮刻本、無求備齋本改。

❸文末十八字注，阮刻本無。阮校曰：「足利本此下有『君子以決小人長其道小人見決云深憂也』十八字注。」按：阮校或誤將「去爲」作「云」，故僅有十七字。

周易略例序

唐四門助教邢璹注

原夫兩儀未位，❶神用藏於視聽，一氣化矣。至賾隱乎名言，於是河龍負圖，犧皇畫卦，仰觀俯察，遠物近身，八象窮天地之情，六位備剛柔之體。言大道之妙，有一陰一陽，論聖人之範圍，顯仁藏用，寔三元之胎祖，鼓舞財成。爲萬有之蓍龜，知來藏往。是以孔子三絶，未臻樞奥。劉安九師，尚迷宗旨。臣舞象之年，鼓篋鱣序，漁獵墳典，偏習《周易》，研窮耽玩，無舍寸陰，是知卦之紀綱，周文王之言略矣。象之吉凶，魯仲尼之論備矣。❷至如王輔嗣《略例》，大則揔一部之指歸，小則明六爻之得失，承乘逆順之理，應變情僞之端，用有行藏，辭有險易。觀之者，可以經緯天地，探測鬼神，匡濟邦家，推辟咎悔。雖人非上聖，亦近代一賢。臣謹依其文，輒爲註解，雖不足敷弘易道，庶幾有裨於教義，亦猶螢爝增輝於太陽，涓流助深於巨壑。臣之志也，敢不上聞。

❶「位」，明刊本作「立」。日本藏慶長本亦作「立」。
❷「魯」，無求備齋本作「孔」。

周易略例卷第十

明彖

王弼

夫彖者，何也？將釋其義，故假設問端，而曰「何」。統論一卦之體，明其所由之主者也。統論一卦功用之體。明，辯也。辯卦體功用所由之主。立主之義，義在一爻明辯也。夫衆不能治衆，治衆者，至寡者也。萬物是衆，一是寡。衆不能治衆，治衆者，至少以治之也。夫動不能制動，制天下之動者，貞夫一者也。天下之動，動則不能自制，制其動者，貞之一者也。老子曰：「王侯得一以爲天下貞。」然則一爲君體，君體合道，動是衆，衆由一致也。❶制衆歸一，故静爲躁君，安爲動主。故衆之所以得咸存者，主必致一也。致，猶歸也。衆得皆存，其存有必歸於一，❷故無心於存，皆得其存也。動之所以得咸運者，原必无二也。動所以運運不已者，謂无二動。故無心於動，而動不息也。物无妄然，必由其理。物，衆也。妄，虚妄也。天下之衆衆皆无妄，无妄之理，必由君主統之也。統之有宗，會之有元，統領之以宗主，會合之以元首。故繁而不亂，衆而不惑。統之有宗主，雖繁而不亂。會之以元首，雖衆而不惑。故六爻相錯，可舉一以明也。錯，雜也。六爻或陰或陽，錯雜交亂，舉貞一之主以明其用。剛柔相乘，可立主以定也。六爻有剛有柔，或乘或據，有逆有順，可立主以定之。是故「雜物撰德，撰，數也。雜，聚也。聚其物體，數其德行。辯是與非」，辯，明也。得位而承之，是也。失位而據之，非也。則非其中爻，莫之備矣！然則非是中之一爻，莫之能備。《訟・彖》云：「訟，有孚窒惕，中吉，剛

❶「致」，無求備齋本作「制」。
❷「必」，無求備齋本作「心」。

來而得中也。」《困・彖》云「貞，大人吉，以剛中也」之例是也。故自統而尋之，物雖衆，則知可以執一御也。无爲之一者，道也、君也。統而推尋，萬物雖殊，一之以神道。百姓雖衆，御之以君主也。由本以觀之，義雖博，則知可以一名舉也。博，廣也。本，謂君也、道也。義雖廣，舉之在一也。故處璇璣以觀大運，則天地之動未足怪也。據會要以觀方來，則六合輻湊未足多也。天地雖大，覩之以璇璣。六合雖廣，據之以要會。天地之運，不足怪其大。六合輻湊，不足稱其多。故舉卦之名，義有主矣，「觀其彖辭，則思過半矣」。彖總卦義，義主中爻。簡易者，道也、君也。道能化物，君能馭民。❶智者觀之，思過其半。夫古今雖殊，軍國異容，中之爲用，故未可遠也。古今革變，軍國殊別，中正之用，❷終無疏遠。品制萬變，宗主存焉。彖之所尚，斯爲盛矣。品變積萬，存之在一。夫少者，多之所貴也。寡者，衆之所宗也。自此以下，明至少者爲至多之所主，豈直指其中爻而已。一卦五陽而一陰，則一陰爲之主矣。同人、履、小畜、大有之例是也。五陰而一陽，則一陽爲之主矣。師、比、謙、豫、復、剥之例是也。夫陰之所求者陽也，陽之所求者陰也。王弼曰：夫陰陽相求之物，以所求者貴也。陽苟一也，❸五陰何得不同而歸之？陰苟隻焉，五陽何得不同而從之？故陰爻雖賤，而爲一卦之主者，處其至少之地也。王氏曰：陽貴而陰賤，以至少處至多之地，爻雖賤，衆亦從之。《小畜・彖》云「柔得位而上下應之」，是也。或有遺爻而舉二體者，卦體不由乎爻也。遺，棄也。棄此一爻，而舉二體以明其義，卦體之義不在一爻，豐、歸妹之類是也。繁而不憂亂，變而不憂惑，約以存博，簡以濟衆，其唯彖乎！簡易者，道也、君也。萬物

❶「馭」，無求備齋本作「御」。
❷「正」，無求備齋本作「貞」。
❸「也」，無求備齋本、明汲古閣毛晉本作「焉」。

是衆，道能生物，君能養民。物雖繁，不憂錯亂。爻雖變，不憂迷惑。亂而不能惑，變而不能渝，「非天下之至賾，其孰能與於此乎」！萬物雖雜，不能惑其君。六爻雖變，不能渝其主。非天下之至賾，神武之君，其孰能與於此，言不能也。故觀象以斯，義可見矣。觀象以斯，其義可見。

明爻通變

夫爻者，何也？將釋其義，假設問辭。言乎變者也。爻者，效也。物剛效剛，物柔效柔，遇物而變，動有所之，故云「言乎變者也」。變者，何也？情僞之所爲也。變之所生，生於情僞。情僞所適，巧詐多端，故云「情僞之所爲也」。夫情僞之動，非數之所求也。情欲僞動，數莫能求。故合散屈伸，與體相乖。物之爲體，或性同行乖，情貌相違，同歸殊塗，一致百慮。故萃卦六二「引吉，无咎」。萃之爲體，貴相從就。六二志在静退，不欲相就。人之多僻，己獨取正，❶其體雖合，志則不同，故曰「合散」。《乾》之初九「潛龍勿用」，初九身雖潛屈，❷情无憂悶，其志則申，故曰「屈伸」。形躁好静，質柔愛剛，體與情反，質與願違。至如風虎、雲龍，嘯吟相感，物之體性，形願相從。此則情體乖違，質願相反。故《歸妹》九四「歸妹愆期，遲歸有時」。四體是震，是形躁也。愆期待時，是好静也。履卦六三「武人爲于大君」，志剛也。兑體是陰，是質柔也。志懷剛武，爲于大君，是愛剛也。巧歷不能定其算數，聖明不能爲之典要。萬物之情，動變多端，雖復巧歷、聖明，不能定算其數，制典法，立要會也。法制所不能齊，度量所不能均也。雖復法制度量，不能均齊詐僞長短。爲之乎，豈在夫大哉！情有巧僞，變動相乖，不在於大，而聖明、巧歷尚測不知，豈在乎大哉。陵三軍者，或懼於朝廷之儀。暴威武者，或困於酒色之娱。陵三軍、暴威武，視死如歸，若獻酬、揖讓，汗成霡霂。

❶「取」，無求備齋本、明汲古閣毛晉本作「處」。

❷「身」上，無求備齋本無「初九」二字。

此皆體質剛猛，懼在微小。故《大畜》初九「有厲，利已」，九二「輿説輻」。❶雖復剛健，怯於柔弱也。近不必比，遠不必乖。近爻不必親比，遠爻不必乖離。屯六二、初九爻雖相近，守「貞」不從。九五雖遠，「十年乃字」，此例是也。「同聲相應」，高下不必均也。「同氣相求」，體質不必齊也。初四、二五、三上，同聲相應，不必均高卑也。同氣相求，不必齊形質也。召雲者龍，命吕者律。雲，水氣也。龍，水畜也。召水氣者水畜，此明有識感无識。命陰吕者陽律，此明无識感有識。故二女相違，而「剛柔合體」。二女俱是陰類而相違，剛柔雖異而合體，此明異類相應。隆墀永歎，遠壑必盈。隆，高也。墀，水中墀也。永，長也。處高墀而長歎，遠壑之中盈響而應。九五尊高，喻於隆墀。六二卑下，同於遠壑，唱和相應也。投戈散地，則六親不能相保。投，置也。散，逃也。置兵戈於逃散之地，雖是至親，不能相保守也。遯卦九四「好遯，君子吉」，處身於外，難在於內。處外，則超然遠遯。初六至親，不能相保守也。同舟而濟，則吴越何患乎異心。同在一舟而俱濟彼岸，胡越雖殊，其心皆同。若漸卦三、四，異體和好，物莫能間。順而相保，似若同在一舟。上下殊體，猶若吴越。「利用禦寇」，何患乎異心。故苟識其情，不憂乖遠。苟明其趣，不煩强武。苟識同志之情，何憂胡越也。苟知逃散之趣，不勞用其威武也。「能説諸心，能研諸慮」，❷諸物之心，憂其凶患，爻變示之，則物心皆説。諸侯之慮，在於育物，爻變告之，其慮益精。睽而知其類，異而知其通。《睽・彖》曰：「萬物睽而其事類也，男女睽而其志同也。」其唯明爻者乎？知趨舍，察安危，辯吉凶，知變化，其唯明爻者乎？故有善邇而遠至，命宫而商應。善，脩治也。邇，近也。近脩治言語，千里遠應。若《中孚》之九二「鳴鶴在陰，其子和之」，鳴於此和於彼，聲同則應，有若宫商也。脩下而高者降，與彼而取此者服矣！處下脩正，高必命之。

❶ 「九二」，原誤作「九三」，今據底本卷三經文改。

❷ 「諸慮」，通行本《周易・繫辭》作「諸侯之慮」。

《否》之初六「拔茅，貞吉」、九四「有命，疇離祉」也。與，謂上也。取，謂下也。君上福禄不獨有之，下人服者，感君之德。《大有》六五「厥孚交如，❶威如，吉」之例是也。是故「情僞相感」，遠近相追。正應相感是實情，蹇之二五之例。不正相感是僞情，頤之三、上之例。有應雖遠而相追，睽之三、上之例。无應近則相取，賁之二、❷三之例是也。「愛惡相攻」，屈伸相推。同人三、四有愛有惡，迭相攻伐。否、泰二卦一屈一伸，更相推謝。見情者獲，直往則違。獲，得也。見彼之情，往必得志，《屯》之六四「求婚媾，往吉，无不利」之例。不揆則往，彼必相違。六三「即鹿无虞，惟入于林中，君子幾不如舍，往吝」之例是也。故「擬議以成其變化」，「語成器」而後有格。格，作括。括，結也。動則擬議，極於變化，語成器而後无結閡之患也。不知其所以爲主，鼓舞而天下從者，見乎其情者也。鼓舞，猶變化也。易道變化，應人如響，退藏於密，不知爲主也。其爲變化，萬物莫不從之而變，是顯見其情。《繫辭》曰「聖人之情見乎辭」，又曰「鼓之舞之以盡神」。是故「範圍天地之化而不過，曲

成萬物而不遺」，範，法也。圍，周圍也。模範周圍天地變化之道而不過差，委曲成就萬物而不有遺失。「通乎晝夜之道」而无體，「一陰一陽」而无窮。陽通晝，陰通夜。晝夜猶變化也。極神妙之道而无體可明。一者，道也。道者，虚无也。在陰之時，不以生長而爲功。在陽之時，不以生長而爲力，是以生長无窮。若以生長爲功，各盡於有物之功，極豈得无窮乎！「非天下之至變，其孰能與於此」哉！非六爻至極通變以應萬物，則不能與於此也。是故卦以存時，爻以示變。❸

明卦適變通爻

夫卦者，時也。爻者，適時之變者也。卦者，統一時之大義。爻者，適時中之通變。夫時有否

❶「如」，原誤作「加」，今據無求備齋本改。
❷「賁」，原誤作「貴」，今據無求備齋本改。
❸「變」下，無求備齋本、明汲古閣毛晉本有「卦以存時爻以應變」八字注。

泰，故用有行藏。泰時則行，否時則藏。「卦有小大」，故「辭有險易」。陰長則小，陽生則大。否卦辭險，泰卦辭易。一時之制，可反而用也。一時之吉，可反而凶也。一時有「大畜」之制，反有「天衢」之用。❶一時有豐、亨之吉，反有羈旅之凶是也。故卦以反對，而爻亦皆變。諸卦之體，兩相反正，其爻隨卦而變。《泰》之初九「拔茅，彙，征吉」，《否》之初六「拔茅，彙，貞」。❷卦既隨時，爻變亦準也。❸是故用无常道，事无軌度，動静屈伸，「唯變所適」。卦既推移，道用无常。爻逐時變，故事无軌度。動出静入，屈往伸來，唯變所適也。故名其卦，則吉凶從其類。存其時，則動静應其用。名其謙、比，則吉從其類。名其蹇、剥，則凶從其類。震時，則動應其用。艮時，則静應其用。尋名以觀其吉凶，舉時以觀其動静，尋謙、比、蹇、剥，則觀知吉凶也。舉艮、震，則觀知動静也。則一體之變，由斯見矣。夫應者，同志之象也。位者，爻所處之象也。得應，則志同相和。陰位，小人所處。陽位，君子所處。承乘者，逆順之象也。遠近者，險易之象也。陰承陽則順，陽承陰則逆。故小過六五乘剛，逆也。六二承陽，順也。遠難則易，近難則險。需卦九三近坎，險也。初九遠險，易矣。內外者，出處之象也。初上者，始終之象也。內卦是處，外卦是出。初爲始，上爲終。是故，雖遠而可以動者，得其應也。雖險而可以處者，得其時也。上下雖遠，而動者有其應也。革六二去五雖遠，陰陽相應，往者「无咎」也。雖險可以處者，得其時也。需上六居險之上，不憂出穴之凶，得其時也。弱而不懼於敵者，得所據也。憂而不懼於亂者，得所附也。師之六五，爲師之主體，是陰柔，「禽」來犯「田」，

❶「一時有」至「之用」，慶長本、明刻本作「一時有大畜比泰之制反有天衢後夫復隍之用」。

❷「貞」，原誤作「征」，今據無求備齋本、明汲古閣毛晉本改。

❸「變亦」，原誤作「亦變」，今據無求備齋本改。

「執言」往討，處得尊位，所以不懼也。《遯》九五「嘉遯，貞吉」，處遯之時，小人浸長，君子道消，逃遯於外，附著尊位，率正小人，不敢爲亂也。柔而不憂於斷者，得所御也。雖後而敢爲之先者，應其始也。體雖柔弱，不憂斷制，良由柔御於陽，終得剛勝，則《噬嗑》六五「噬乾肉，得黄金」之例。初爻處下，有應於四者。即是體後而敢爲之先，則《泰》之初九「拔茅茹，以其彙，征吉」之例是也。物競而獨安於静者，要其終也。物甚争競，己獨安静，會其終也。《大有》上九「自天祐之，吉无不利」，餘並乘剛，競其豐富，己獨安静，不處於位，由居上極，要其終也。故觀變動者，存乎應。察安危者，存乎位。爻有變動，在乎應，有應而動，動則不失，若《謙》之九三「勞謙君子，有終吉」之例。爻之安危在乎位，得位則安，若《節》之六四「安節，亨」之例。失位則危，若《晉》之九四「晉如鼫鼠，貞厲」之類是。辯逆順者，存乎承乘。陰乘於陽，逆也。《師》之六三「師或輿尸，❶凶」，陰承於陽，順也。《噬嗑》六三「小吝，无咎」，承於九四，雖失其正，「小吝，无咎」也。明出處者，存乎外内。遯，君子處外。臨，君子處内。遠近終始，各存其會。適得其時，則吉。失其要會，則凶。避險尚遠，趣時貴近。《遯》之上九「肥遯，无不利」，此尚遠也。《觀》之六四「觀國之光，利用賓于王」，此貴近也。比、復好先，乾、壯惡首。《比》初六「有孚，无咎」，上六「比之无首，凶」。《復》之初九「不遠復，无祇悔，元吉」，上六「迷復，凶」。《乾》上九「亢龍有悔」，《大壯》上六「羝羊觸藩，不能退，不能遂，无攸利」之例是也。明夷務闇，豐尚光大。《明夷·象》云「利艱貞，晦其明也」，《豐》繇云「勿憂，宜日中」，是也。吉凶有時，不可犯也。時有吉凶，不可越分輕犯。動静有適，不可過也。動静適時，不可過越而動。犯時之忌，罪不在大。失其所適，過不在深。若《夬》之九三「壯于頄，有凶」，得位有應，時方陽長，同決小人，三獨應之，犯時之忌，凶其宜也。《大過》九四「棟隆吉，有它吝」，大過之時，陽處陰位爲美，九四陽處陰位，能隆其棟，良由應初，則有它吝，此所適違時也。

❶「三」，原誤作「二」，今據底本卷一經文改。

動天下，滅君主，而不可危也。事之大者，震動宇宙，弑滅君主，違於臣道，不可傾危。若《離》之九四「突如其來如，焚如，死如，棄如」之例是也。侮妻子，用顏色，而不可易也。事之小者，侮慢妻子，用顏色。若家人尚嚴，不可慢易。《家人》九三「家人嗃嗃，悔厲吉。婦子嘻嘻，終吝」是也。故當其「列貴賤」之時，其位不可犯也。位有貴賤，爻有尊卑，職分既定，不可觸犯。遇其憂悔吝之時，其介不可慢也。吉凶之始彰也，存乎微兆，悔吝纖介雖細，不可慢易而不慎也。觀爻思變，變斯盡矣。

明象

夫象者，出意者也。言者，明象者也。立象所以表出其意。作其言者，顯明其象。若乾能變化，龍是變物，欲明乾象，假龍以明乾。欲明龍者，假言以象龍。龍則象之意也。盡意莫若象，盡象莫若言。象以表意，言以盡象。言生於象，故可尋言以觀象。若言能生龍，尋言可以觀龍。象生於意，故可尋象以觀意。乾能明意，尋乾以觀其意。意以象盡，象以言著。意之盡也，象以盡之。象之著也，言以著之。故言者所以明象，得象而忘言。象者所以存意，得意而忘象。既得龍象，其言可忘。既得乾意，❶其龍可捨。猶蹄者所以在兔，得兔而忘蹄。蹄以喻言，兔以喻象。存蹄得兔，得兔忘蹄。筌者所以在魚，得魚而忘筌也。求魚在筌，得魚弃筌。然則，言者，象之蹄也。象者，意之筌也。蹄以喻言，筌以比象。是故，存言者，非得象者也。存象者，非得意者也。未得象者存言，言則非象。未得意者存象，象則非意。象生於意而存象焉，則所存者乃非其象也。所存者在意也。言生於象而存言焉，則所存者乃非其言也。所存者在象也。然則，忘象者，乃得意者也。忘

❶「乾意」，無求備齋本作「乾象」。

言者，乃得象者也。忘象得意，忘言得象。得意在忘象，得象在忘言。棄執而後得之。故立象以盡意，而象可忘也。重畫以盡情，而畫可忘也。盡意可遺象，盡情可遺畫。若盡和同之意，忘其天火之象。得同志之心，拔茅之畫盡可棄也。是故，觸類可爲其象，合義可爲其徵。徵，驗也。觸逢事類則爲象，魚、龍、牛、馬、鹿、狐、鼠之類。大人、君子，義同爲驗也。義苟在健，何必馬乎？類苟在順，何必牛乎？大壯九三有乾，亦云「羝羊」。坤卦无乾，象亦云「牝馬」。爻苟合順，何必坤乃爲牛？義苟應健，何必乾乃爲馬？遯无坤，六二亦稱牛。明夷无健，❶六二亦稱馬。而或者定馬於乾，唯執乾爲馬，其象未弘也。案文責卦，有馬无乾，則僞説滋漫，難可紀矣。互體不足，遂及卦變。變又不足，推致五行。推廣金木水火土爲象也。一失其原，巧愈彌甚。一失聖人之原旨，廣爲譬喻，失之甚。縱復或值，而義无所取。蓋存象忘意之由也。失魚兔，則空守筌蹄。遺健順，則空説龍馬。❷忘象以求其意，❸義斯見矣。

辯位

案，《象》无初上得位失位之文。陰陽居之，不云得失。又，《繫辭》但論三五、二四「同功異位」，亦不及初上，何乎？問其意也。唯《乾》上九《文言》云「貴而无位」，陽之居也。《需》上六云「雖不當位」。陰之居也。若以上爲陰位邪？則《需》上六不得云「不當位」也。若以上爲陽位邪？則《乾》上九不得云「貴而无位」也。陰陽處之，皆云非位，而初亦不説當位、失位也。不論當位、失位、凶吉之由。

❶「健」，無求備齋本作「乾」。
❷「則」上，原衍一「則」字，今據無求備齋本删。
❸「忘」，原脱，今據無求備齋本補。

然則初上者，是事之終始，无陰陽定位也。初爲始，上爲終。施之於人爲終始，非禄位之地也。故《乾》初謂之「潛」，過五謂之「无位」。未有處其位而云「潛」，上有位而云「无」者也。歷觀衆卦，盡亦如之，初上无陰陽定位，亦以明矣。夫位者，列貴賤之地，待才用之宅也。宅，居也。二、四陰賤，小人居之。三、五陽貴，君子居之。爻者，守位分之任，應貴賤之序者也。各守其位，應之以序。位有尊卑，爻有陰陽。尊者，陽之所處。卑者，陰之所履也。故以尊爲陽位，卑爲陰位。去初上而論位分，則三、五各在一卦之上，亦何得不謂之陽位？二、四各在一卦之下，亦何得不謂之陰位？初上者，體之終始，事之先後也。故位无常分，事无常所，非可以陰陽定也。尊卑有常序，終始无常主。四爻有尊卑之序，終始无陰陽之常主也。故《繫辭》但論四爻功位之通例，而不及初、上之定位也。然事不可无終始，卦不可无六爻，初、上雖无陰陽本位，是終始之地也。統而論之，爻之所處則謂之位。卦以六爻爲成，則不得不謂之「六位時成」也。

略例下

凡體具「四德」者，則轉以勝者爲先，故曰「元亨利貞」也。元爲生物之始，春也。亨爲會聚於物，夏也。利爲和諧品物，秋也。貞能幹濟於物，冬也。乾用此四德，以成君子大人之法也。其有先貞而後亨者，亨由於貞也。離卦云：「利貞亨。」凡陰陽者，相求之物也，近而不相得者，志各有所存也。比之六三，處二四之間，四自外比，二爲五貞，所與比者，皆非己親，是有所存者也。故凡陰陽二爻，率相比而无應，則近而不相得。《隨》之六三「係丈夫」，九四「隨有獲」，是无應而相得之例也。有應，則雖遠而相得。既濟六二，有應於五，與初三相近，情不相得之例。然時有險易，「卦有小大」，否險，泰易。遯小，臨大。同救以相親，同辟以相疏。睽之初九、九四，陰陽非應，俱是「睽孤」。同處體下，交孚相救，而得「悔亡」，是同救相親。困之初六，有應於四，潛身「幽谷」，九四有應於初，「來徐徐」，志意懷疑，同避「金車」，兩相疏遠也。故或有違斯例者也，然存時以考之，義可得也。或有情僞生，違此例者，存其時，考其驗，莫不得之。凡《彖》者，統論一卦之體者也。《象》者，各辯一爻之義者也。《彖》統論卦體，《象》各明一爻之義。故履卦六三，爲兑之主，以應於乾。成卦之體，在斯一爻，故《彖》敘其「應」，雖危而亨也。《彖》云：柔履剛，説而應乎乾，是以「履虎尾，不咥人，亨」也。《象》則各言六爻之義，明其吉凶之行。去六三成卦之體，而指説一爻之德，故危不獲亨，而見「咥」也。六三：「履虎尾，咥人，凶。」《彖》言「不咥」，《象》言見「咥」，明爻、彖其義各異也。訟之九二，亦同斯義。《訟·彖》云：「有孚窒惕，中吉，剛來而得中。」注云「其在二乎，以剛而來，正夫羣小，斷不失中，應斯任矣」，九二「不克訟，歸而逋，其邑人三百户，无眚」也。凡《彖》者，通論一卦之體者也。一卦之體必由一爻爲主，則指明一爻之美，以統一卦之義，䷍大有之類是也。卦體不由乎一爻，則全以二體之義明之，䷶豐卦之類是也。凡言「无咎」者，本皆有咎者也。防得其道，故得「无咎」也。《乾》之九三「君子終日乾乾」无咎，若防失其道，則有過咎也。「吉，无咎」者，本亦有咎，由吉故得免也。師「貞丈人吉，无咎」，注云：「興役動衆，无功，罪也，故吉乃免咎。」「无咎，吉」者，先免於咎，而後吉從之也。《比》初六「有孚，比之无咎。終來，有它吉」之例也。或亦處得其時，吉不待功，不犯於咎，則獲吉也。《需》之九二「需于沙，小有言，終吉」，注云：「近不逼難，遠不後時，履健居中，以待其會，雖小有言，以吉終也。」

或有罪自已招，无所怨咎，亦曰「无咎」。故《節》六三曰「不節若，則嗟若，无咎」，《象》曰「不節之嗟，又誰咎也」，此之謂矣。

卦略

䷂屯。此一卦，皆陰爻求陽也。屯難之世，弱者不能自濟，必依於彊，民思其主之時也。故陰爻皆先求陽，不召自往。馬雖「班如」，而猶不廢。不得其主，無所馮也。初體陽爻，處首居下，應民所求，合其所望，故「大得民」也。江海處下，百川歸之。君能下物，萬民歸之。

䷃蒙。此一卦，陰爻亦先求陽。夫陰昧而陽明，陰困「童蒙」，陽能發之。凡不識者求問識者，識者不求所告。闇者求明，明者不諮於闇。故「童蒙求我」，匪我求童蒙也。故六三先唱，則犯於爲「女」。四遠於陽，則「困蒙，吝」。初比於陽，則「發蒙」也。

䷉履。《雜卦》曰：「履，不處也。」又曰「履者，禮也」。謙以制禮。陽處陰位，謙也。故此一卦，皆以陽處陰爲美也。九五「夬履，貞厲」，履道惡盈，而五處尊位，三居陽位則見「咥」也。

䷒臨。此剛長之卦也。剛勝則柔危矣。柔有其德，乃得免咎。故此一卦，陰爻雖美，莫過「无咎」也。

䷓觀。觀之爲義，以所見爲美者也。故以近尊爲尚，遠之爲「吝」。遠爲「童觀」，近爲「觀國」。

䷛大過。大過者，「棟橈」之世也。「本末」皆弱，棟已橈矣。而守其常，則是危而弗扶，凶之道也。以陽居陰，拯弱之義也。故陽爻皆以居陰位爲美。濟衰救危，唯在同好，則所贍褊矣。九四有應，則「有它吝」。九二无應，則「无不利」也。大過之時，陽處陰位，心无係應爲吉。陽得位有應則凶也。

䷠遯。小人浸長，難在於內，亨在於外，與臨卦相對者也。臨，剛長則柔危。遯，柔長故剛遯也。遯以遠時爲吉，不係爲美。上則「肥遯」，初則有「厲」。

䷡大壯。未有違謙越禮能全其壯者也，故陽爻皆以處陰位爲美。用壯處謙，壯乃全也。用壯處壯，則「觸藩」矣。

䷣明夷。爲闇之主，在於上六。初最遠之，故曰「君子于行」。五最近之而難不能溺，故謂之「箕子之貞，明不可息也」。三處明極而征至闇，❶故曰「南狩，獲其大首」也。遠難藏明，明夷之義。

䷥睽者，睽而通也。於兩卦之極觀之，義最見矣。極睽而合，極異而通，故先見怪焉，洽乃「疑亡」也。火動而上，澤動而下，睽義見矣。

䷶豐。此一卦明以動之卦也。尚於光顯，宣揚發暢者也。故爻皆以居陽位又不應陰爲美，其統在於惡闇而已矣。小闇謂之「沛」，大闇謂之「蔀」。闇甚則明盡，未盡則明昧。明盡則斗星見，明微故「見昧」。无明則无與乎世，見昧則「不可以大事」。「折其右肱」，雖左肱在，豈足用乎？「日中」之盛而「見昧」而已，豈足任乎？豐之爲義，貴在光大，惡於闇昧也。

❶「征」，無求備齋本作「往」。

鳴謝

《儒藏》精華編惠蒙善助，共襄斯文；謹列如左，用伸謝忱。

本焕法師　壹佰萬元

北京大學《儒藏》編纂中心

本册审稿人 蘇永利 王國軒 孫通海 張衍田 郭 彧

本册責任編委 甘祥満 李暢然

圖書在版編目（CIP）數據

儒藏．精華編．一/北京大學《儒藏》編纂中心編．—北京：北京大學出版社，2009.7

ISBN 978-7-301-11719-4

Ⅰ．儒…　Ⅱ．北…　Ⅲ．儒家　Ⅳ．B222

中國版本圖書館CIP數據核字（2009）第081550號

書　　　名：儒藏（精華編一）
著作責任者：北京大學《儒藏》編纂中心　編
責 任 編 輯：王　應　肖瀟雨
標 準 書 號：ISBN 978-7-301-11719-4/B·0405
出 版 發 行：北京大學出版社
地　　　址：北京市海淀區成府路205號　100871
網　　　址：http：//www.pup.cn
電 子 信 箱：dianjiwenhua@163.com
電　　　話：郵購部 62752015　發行部 62750672　編輯部 62756694
　　　　　　出版部 62754962
印　刷　者：北京中科印刷有限公司
經　銷　者：新華書店
　　　　　　787毫米×1092毫米　16開本　52.5印張　513千字
　　　　　　2009年7月第1版　2009年7月第1次印刷
定　　　價：1200.00元

ISBN 978-7-301-11719-4
9 787301 117194
02 >
定價：1200.00元